规则与博弈

单一 著

补贴与反补贴法律制度与实务

THE LEGAL SYSTEM AND PRACTICE OF
SUBSIDIES AND COUNTERVAILING
MEASURES UNDER THE WTO FRAMEWORK

醉里挑灯看剑,梦回吹角连营。
献给曾经一起并肩奋斗、百折不挠的同事们!
献给所有为中国贸易救济事业不懈努力的人们!

序一

当今世界正经历百年未有之大变局。特别是,世界经济深刻调整变革,单边主义、保护主义、去全球化等思潮抬头,贸易摩擦持续升级,多边主义和多边贸易体制受到严重冲击,经济全球化遭遇波折,世界经济不稳定性、不确定性加大。开放还是封闭,合作共赢还是零和博弈,关乎各国利益,关乎人类前途命运。在这一重要历史关头,习近平总书记多次指出,各国应该坚持开放的政策取向,旗帜鲜明地反对保护主义、单边主义,提升多边和双边开放水平。各国应该推动构建公正、合理、透明的国际经贸规则体系,推进贸易和投资自由化、便利化,促进全球经济进一步开放、交流、融合。习总书记的讲话,向全世界充分展现了中国坚持开放合作、坚持多边主义、完善全球治理、推动经济全球化深入发展的坚定决心,构建新型国际关系、构建人类命运共同体的世界情怀;也指明了经济全球化的发展方向,为新时代中国国际经济法学的研究和发展提出了新课题和新使命。

世界贸易组织(WTO)在执行多边贸易规则、贸易谈判和争端解决机制三大功能上均受到严重挑战。特别是,包括反补贴规则在内的 WTO 改革已成为当前经济全球化发展过程中的热点议题。补贴与反补贴规则在 WTO 改革中极具复杂性与敏感性。补贴政策不仅与国际贸易有关,与各国社会经济发展目标有关,也与国际关系、国际政治相关。一方面,补贴政策作为应对市场失灵和解决经济发展不平衡问题的手段之一,被许多国家和地区普遍使用;另一方面,有些补贴又会对国际贸易产生扭曲作用,干预市场对资源的有效配置。因此,WTO 框架下的《补贴与反补贴措施协定》(以下简称《SCM 协定》)并非完全禁止所有的补贴,而是对补贴进行了分类,既规定了禁止性补贴,也规定了可诉性补贴。近年来,一些主要成员方提出重构反补贴规则,认为《SCM 协定》对补贴约束不够,提出的补贴议题与非市场经济模式甚至与政治体制挂钩,将补贴问题政治化,针对中国的指向性明显。从单边角度看,美国修改其反补贴规则,重新修订其反补贴措施中享有一定豁免权利的发展中国家名单,提出了改革WTO中发展中国家地位的备忘录;并将汇率低估(currency undervaluation)作为补贴的一种形式,发起了货币低估补贴调查。从区域协定角度看,无论是《全面与进步跨太平洋伙伴关系协定》(CPTPP),还是《美国—墨西哥—加拿大协定》(USMCA)等协定,都在《SCM协定》的基础上增加了国有企业的补贴规则,扩大了反补贴适用范围。从多边贸易体系角度看,面对WTO陷入自成立以来的巨大危机,主要成员方通过各种方式提出了WTO改革方案,而这些改革方案特别关注补贴政策问题。美国提出强化透明度和通知要求程序,甚至提出经催告而未通报的补贴为禁止性补贴。欧盟也提出类似的议案。美国还联合欧盟、日本以三方贸易部长联合声明的方式发声,自2017年12月12日发布第一份联合声明以来,迄今共发布7份联合声明,主张强化和严格补贴纪律。2020年1月14日,第七份三方联合声明就加强WTO现行产业补贴规则的方式达成一致,并指出《SCM协定》的修改应包括扩大禁止性补贴的种类,强化通知的义务,明确补贴的外部基准适用及公共机构的定义等。在这一轮WTO反补贴规则改革的进程中,作为多边贸易体系坚定维护者的中国,必须在深入研究WTO框架下补贴与反补贴法律制度的基础上,积极参与乃至引领相关规则的谈判,提出建设性的改革方案,争取取得最大的共识,以维护广大发展中国家成员和新兴市场经济体的重大发展利益。

单一同志对补贴与反补贴的研究有很强的敏锐性和前瞻性。单一同志于2003年9月起在华东政法学院攻读国际经济法博士学位,当时正值中国2001年加入WTO后不久,中国已遭受其他成员方的多起反倾销调查,而尚未遭遇反补贴调查。在论文选题讨论中,单一同志认为中国加入WTO后面临的反补贴立案调查及措施将会越来越多,这将是一个非常重要的经济和法律问题,并决定以此为博士论文选题。当时,中国学界研究反补贴规则的学者屈指可数。单一同志在完成博士学位论文后,在自己的工作岗位上并没有停止对该领域的研究,又在博士论文的基础上深耕细耘,于2008年完成了《WTO框架下补贴与反补贴法律制度与实务》一书。

我感到高兴的是,单一同志对补贴与反补贴的跟踪研究有着很强的持续性和深透性,18年来始终关注和跟踪补贴与反补贴规则的最新发展及WTO改革。特别是,《WTO框架下补贴与反补贴法律制度与实务》一书出版后,反补贴规则逐渐成为热点问题,WTO争端解决机构(DSB)的上诉机构裁决中很多涉及补贴双重计算及外部基准、国有企业公共机构的认定、反补贴调查程序中的不利推定等问题,这些问题进一步引发了单一同志的深入思考。尤其是,美国反补贴税相关法案的修订,WTO有关补贴与反补贴强化的议案,以及国际上某些国家对中国相关政策的指责,激励和推动单一同志更加深入思考和研究:在中国更高层次的对外开放中,如何妥善应对并积极参与WTO反补贴规则的谈判与改革,更好地维护国家主权、安全、发展利益;如何更好地推动国内相关改革、完善公平竞争制度,使市场在资源配置中起决定性作用,更好地发挥政府作用。

可以说,单一同志对补贴与反补贴的研究,既有很强的理论性,又有很强的实践性。她在商务部工作期间,负责了很多重大补贴与反补贴案件的调查和应对工作,有丰富的实践经验。该书以WTO框架下《SCM协定》的运用实践与理论研究为视角,探讨经济全球化趋势下补贴与反补贴措施的法制演变;重点论述补贴的认定标准等实体规范、反补贴调查的程序规范以及农产品补贴争议等问题;以WTO反补贴规则为基准,深入剖析中国面临的反补贴调查的法律挑战并提出具体的应对建议。本书是理论与实践的深度结合,在大量的最新的第一手资料和第一手案件调查经验的基础上完成。《WTO框架下补贴与反补贴法律制度与实务》一书近40万字,本书60余万字,更厚重,更全面成熟,更有价值。无论是理论分析还是实践运用,无论是对国际问题的研究还是对中国问题的分析,单一同志都有深入的思考和独到的见解,包括提出如何拓展广大发展中国家成员和新兴市场经济体的发展空间。令我感慨和欣慰的是,在中国加入WTO近20年的今天,特别是面对错综复杂的补贴与反补贴规则之争,单一同志再次向广大读者奉献多年持续潜心研究的最新成果。我想,本书不仅是中国法学界、经济学界在补贴和反补贴领域理论研究的新建树,也为中国实务部门提供了可资借鉴的经验。

如何实现各国经济的协同进步,解决发展不平衡带来的问题,缩小发展差距,促进共同繁荣,引导经济全球化朝着更加开放、包容、普惠、平衡、共赢的方向发展,是中国与世界各国的共同责任。中国仍然是世界上最大的发展中国家,我们必须坚定维护以联合国为核心、以国际法为基础的国际体系,必须坚持以公平正义的理念引领WTO改革,维护以世界贸易体系为核心的多边贸易体制和规则;积极参与反补贴规则谈判,积极推进国际贸易自由化、便利化,在更高起点上坚持和创新多边主义,推动完善更加公平合理的国际经济治理体系。衷心希望单一同志继续关注WTO及补贴与反补贴领域的最新发展,深入研究世界经济和中国经济面临的新情况、新问题,深化中国法学、政治学和经济学相关领域的研究,特别是,如何运用WTO规则强化补贴制度设计中的市场化运作,强化补贴的普遍适用性,用好间接性金融工具,积极妥善处理国际贸易争端,稳步推进WTO相关改革,稳步推进国内补贴制度的完善,全面提高对外开放水平,为应对全球性挑战,完善全球治理,形成国际合作和竞争新优势,继续贡献自己的智慧和方案。

作为她的博士生导师,值此专著出版之际,是为序。

曹建明

2020年8月

序二

单一博士的著作《规则与博弈——补贴与反补贴法律制度与实务》由北京大学出版社出版。作者于2009年在法律出版社出版了《WTO框架下补贴与反补贴法律制度与实务》一书。10多年之后，作者在该书基础上增加了新的章节，更新了主体内容。作为她曾经的领导和同事，我向她表示衷心祝贺。

关于这本著作，我很赞赏作者的前瞻性选题和开创性探索。10多年前，补贴与反补贴问题国内鲜有人知，研究者屈指可数。现在，补贴与反补贴成为中外经贸磋商和谈判的焦点问题，也成为研究国际经贸规则的热点问题。补贴与反补贴问题的复杂性，决定了研究这个问题需要勇气和韧性。这本著作的立论及论证有理有据，旁征博引，显示出作者扎实的法律功底和研究能力。作者不是从事教学科研工作的学院派人士，而是从事法律实务工作的国家公务人员，能够在繁忙的工作之余沉下心来，孜孜不倦，写出如此大部头且学理性较强的国际经济贸易法律专著，实属不易，令人钦佩。

这本著作对WTO补贴与反补贴的规则及案例、主要WTO成员的法律与实践进行了全面、系统、深入的研究和探讨，无论对于研究WTO贸易救济规则及补贴政策，还是对于开展反补贴调查和反补贴应对工作都大有裨益。尤其在当前关于WTO的改革问题被提上议程，补贴与反补贴规则成为众矢之的，研究补贴与反补贴问题更加具有现实意义。本书的出版可谓恰逢其时。

从研究WTO规则与法律实践的角度看，我认为本书具有以下三个特点：

第一，开创性。本书是以博士学位论文为基础撰写而成的。众所周知，凡是攻读博士学位的学生，在论文选题过程中一般都会按照导师要求,选择具有开创性的课题进行研究。这是保证学位论文取得高水平研究成果的前提和基础。名师出高徒,作者是我国著名法学家曹建明教授的博士生,得到了导师高标准、严要求的指导。在我国 2001 年加入 WTO 之后,作者敏锐地捕捉到经济全球化时代我国经贸发展与 WTO 规则接轨的问题,而在这一过程中难免会发生贸易摩擦和冲突,应对这种新的挑战,就需要深入研究和掌握 WTO 规则,全面了解 WTO 主要成员的法律制度与实践做法,从而更好地维护国家和企业的利益。作者以 WTO 框架下的补贴与反补贴规则为主线,深入探讨与之相关的若干理论问题和实践问题。同类著作鲜见,专门研究补贴与反补贴问题的著作更是凤毛麟角。因而可以说本书弥补了国内在补贴与反补贴研究领域的短板,具有开创意义。

第二,系统性。全书共 13 章,洋洋洒洒 60 多万字,内容涵盖 WTO 框架下的补贴与反补贴规则与实践的各个方面,涉及补贴与反补贴的经济理论基础、法律渊源及规则演变,补贴的法律含义、类型划分及认定标准,反补贴措施的法律依据、特殊规则(发展中国家成员方的特殊和差别待遇、农产品补贴的纪律约束),反补贴措施的司法审查,中国的补贴政策以及国外对中国采取的反补贴调查和措施,中国反补贴立法及实践评析,WTO 多哈回合谈判点评,等等。这些问题的研究探讨具有高度专业性,需要查阅大量资料,进行全面梳理分析。本书的框架结构和议题内容形成了一个比较完整的补贴与反补贴问题研究体系,采用了文献分析法、比较分析法、案例分析法、逻辑推理法、归纳法等研究方法,符合学术研究规范,是一本具有较高学术水准的专著。

第三,实务性。本书的独特之处表现在,它不仅专注于 WTO 法律与规则的理论研究,还结合补贴与反补贴实践,分析了大量案例,包括 WTO 争端解决诉讼案、主要 WTO 成员反补贴调查案及措施、中国反补贴调查案等,具有法律实务性。通过对这些案例的分析,读者能够详细了解主要 WTO 成员的补贴政策和反补贴措施使用情况,有助于准确理解、正确运用补贴与反补贴规则。基于此,本书体现出学理探讨与实务分析相结合的特点。

我和作者曾经在商务部公平贸易局(后来改名为贸易救济调查局)共事多年。本书中所提到的一些贸易救济调查案件都是我们共同经历的,尤其是开启我国反补贴调查首案的过程令人难忘。单一博士当时是直接负责这个案件的调查官,她利用自己的专业特长,勇挑重担,积极探索,发挥了重要作用。从该案实践开始,我们逐步建立起中国反补贴调查制度,包括制定调查手册、完善程序规则。我们呕心沥血,废寝忘食,深入研究 WTO 贸易救济规则及案例,积极参与多哈回合规则谈判,不断提升贸易救济调查的实践能力,为维护我国公平贸易秩序,促进我国产业发展付出了巨大的努力,作出了应有的贡献。

由此引申开来,在百年未有之大变局的新时代,随着我国国力和影响力的日益增强,我们更需要清醒认知我国的国际地位,理性分析我国担负的国际责任,冷静研判我国面临的复杂形势。作为全球第二大经济体、第一大进出口贸易国,在经贸领域,我国应当遵循和捍卫 WTO 的核心原则及规则,坚决维护多边贸易体系,积极推进国际贸易自由化、便利化。在当前 WTO 改革议程上,我们应该积极参与各议题的讨论磋商,包括完善补贴与反补贴规则,发挥负责任大国的作用,通过参与制定新的国际经贸规则,建立透明、公平、完善的国际贸易环境。面对日趋增多的国际经贸摩擦,要学懂弄通并运用 WTO 规则,维护自身正当权益,妥善处理国际经贸争端,积极推动和平、发展、合作与共赢。

周晓燕[①]

2020 年 4 月

[①] 商务部贸易救济调查局前局长,国际发展法组织(IDLO)顾问、清华大学国际争端解决研究院兼职研究员。

目 录

词语缩略表 ··· 001
导　言 ··· 001
第一章　补贴与反补贴措施经济理论基础 ······················· 011
　第一节　概　述 ··· 011
　　一、研究补贴与反补贴法律制度要以经济学理论为基础 ······ 012
　　二、研究补贴与反补贴措施要重视其法律演变过程 ············ 015
　第二节　补贴和反补贴措施成因复杂 ····························· 016
　　一、补贴措施体现了资源配置的复杂性 ·························· 016
　　二、反补贴措施体现了贸易政策的复杂性 ······················· 019
　　三、补贴与反补贴措施对福利的影响 ····························· 021
　第三节　贸易政策与贸易理论的演变史 ·························· 023
　　一、工业革命前的重商主义 ·· 024
　　二、西方早期贸易政策与古典贸易理论 ························· 026
　　三、第二次世界大战前西方各国贸易保护政策与凯恩斯理论 ··· 031
　　四、第二次世界大战后国际自由贸易与新贸易理论的发展 ···· 033
　第四节　关于贸易理论的新思考 ···································· 038
　　一、逆全球化 ·· 039
　　二、2008年金融危机后美国贸易政策的变化 ··················· 042
　　三、中国方案 ·· 045
第二章　补贴与反补贴措施的法律演变 ·························· 049
　第一节　补贴与反补贴措施的国际法渊源 ······················· 050
　　一、GATT时期补贴与反补贴的法律规则 ······················· 050
　　二、《SCM协定》的产生 ·· 060
　第二节　美国和欧盟的反补贴法律制度 ·························· 064

一、美国的反补贴法律制度 ……………………………………… 065
　　二、欧盟的反补贴法律制度 ……………………………………… 075
　第三节　其他成员方的反补贴法律制度 ……………………………… 083
　　一、加拿大的反补贴法律制度 …………………………………… 083
　　二、印度的反补贴法律制度 ……………………………………… 090
　　三、澳大利亚的反补贴法律制度 ………………………………… 093
　　四、欧亚经济联盟的反补贴法律制度 …………………………… 095
　第四节　WTO 成员方积极开启反补贴调查 ………………………… 099
　　一、WTO 成员方运用反补贴调查的情况 ……………………… 099
　　二、WTO 成员方运用反补贴调查的特点 ……………………… 101
　　三、美国和加拿大运用反补贴调查的情况 …………………… 104

第三章　关于"补贴"的法律认定 …………………………………… 106
　第一节　关于"补贴"的定义 ………………………………………… 108
　　一、《SCM 协定》对补贴的定义 ………………………………… 109
　　二、各成员方法律对补贴的认定 ………………………………… 111
　　三、DSB 对"补贴"一般性定义的解释 ………………………… 115
　　四、DSB 关于"财政资助"的认定 ……………………………… 116
　　五、DSB 关于"公共机构"的认定 ……………………………… 128
　　六、《SCM 协定》第 1.1（a）（2）条中"GATT 1994 第 16 条意义上
　　　　的任何形式的收入或价格支持"的含义 …………………… 134
　第二节　关于补贴利益的认定 ………………………………………… 135
　　一、关于《SCM 协定》第 1.1（b）条中"授予一项利益"的认定 … 136
　　二、补贴利益的计算中"外部基准"的使用 …………………… 137
　　三、利益的可传递性 ……………………………………………… 140
　　四、多哈规则谈判中关于"利益传递"的争论 ………………… 143
　第三节　补贴利益的计算 ……………………………………………… 146
　　一、《SCM 协定》关于"补贴利益计算"的规定 ……………… 146
　　二、DSB 对"补贴利益计算"的解释 …………………………… 148
　　三、中国调查机关关于"补贴利益计算"的做法 ……………… 149
　　四、多哈规则谈判中关于"补贴计算"的修改建议 …………… 152
　第四节　"专向性"认定的法律研究 ………………………………… 158
　　一、"专向性"的法律含义 ……………………………………… 158

二、《SCM 协定》中"专向性"的界定 …………………………………… 160
　三、DOC"专向性"的适用原则 …………………………………………… 162
　四、多哈规则谈判关于"事实专向性"认定标准的讨论 ……………… 167
第五节　DSB 对"专向性"的认定 ………………………………………… 169
　一、专向性的确定应基于"肯定性证据" ………………………………… 169
　二、关于具有"法律上的专向性"的补贴认定问题 …………………… 170
　三、判定具有"事实上的专向性"的补贴所需的因素 ………………… 171
　四、关于具有"地区专向性"补贴的认定及对"某些企业"
　　　概念界定 ……………………………………………………………… 176
　五、关于"企业或产业,或一组企业或产业"的界定 ………………… 177
第六节　加严补贴纪律的多哈规则提案及 WTO 改革 …………………… 179
　一、多哈规则谈判关于"补贴定义"的提案 …………………………… 179
　二、关于补贴纪律新发展 ………………………………………………… 181

第四章　禁止性补贴的法律研究 ……………………………………… 185
第一节　禁止性补贴的法律构成 …………………………………………… 186
　一、"出口补贴"的法律认定 …………………………………………… 187
　二、"进口替代补贴"的法律认定 ……………………………………… 202
　三、禁止性补贴类别的扩大 ……………………………………………… 206
第二节　禁止性补贴救济的特殊性研究 …………………………………… 208
　一、禁止性补贴的磋商 …………………………………………………… 209
　二、禁止性补贴的加速程序 ……………………………………………… 213
　三、禁止性补贴的执行 …………………………………………………… 215
第三节　针对中国禁止性补贴的 WTO 争议解决案件 …………………… 220
　一、美国、墨西哥分别诉中国税收补贴案 ……………………………… 221
　二、美国、墨西哥和危地马拉分别诉中国出口补贴案 ………………… 223
　三、美国诉中国风能设备补贴措施案 …………………………………… 223
　四、墨西哥诉中国纺织品和服装补贴案 ………………………………… 223
　五、美国诉中国汽车及汽车零部件补贴案 ……………………………… 224
　六、美国诉中国外贸转型升级示范基地和外贸公共服务
　　　平台案 ………………………………………………………………… 225
　七、中国被诉至 WTO 的禁止性补贴项目梳理 ………………………… 227

第四节 针对其他成员方禁止性补贴的 WTO 争议解决案件 …… 229
 一、欧共体大飞机案 …… 229
 二、美国诉印度太阳能电池和模板措施案 …… 236

第五章 可诉补贴的法律研究 …… 239
第一节 可诉补贴的法律特征 …… 240
 一、利益丧失或减损即"非违反之诉" …… 240
 二、严重侵害另一成员的利益 …… 242
第二节 可诉补贴救济的法律研究 …… 250
 一、时限较短 …… 251
 二、消除不利影响或撤销补贴 …… 252
 三、适当的反措施 …… 252
 四、征收反补贴税 …… 253
第三节 多哈规则谈判关于可诉补贴的修订 …… 253
 一、是否恢复《SCM 协定》第 6.1 条 …… 254
 二、加强严重侵害的补救措施 …… 257
第四节 不可诉补贴的恢复 …… 257

第六章 补贴的损害认定及因果关系研究 …… 260
第一节 相似产品与国内产业的实证分析 …… 260
 一、"相似产品"的界定 …… 261
 二、"国内产业"的界定 …… 276
第二节 关于损害确定的法律问题 …… 281
 一、损害确定的实质要件问题 …… 282
 二、损害确定的程序要件问题 …… 296
 三、成员方关于损害确定的法律规定 …… 298
第三节 损害累积评估的法律问题 …… 303
 一、"累积评估"的法律渊源与各成员方的实践 …… 304
 二、《SCM 协定》对累积评估的规定 …… 308
 三、累积评估的特殊形式——交叉累积评估 …… 310
 四、多哈规则谈判关于"累积评估"的争议 …… 311
第四节 关于补贴与损害之间因果关系的认定 …… 312
 一、"因果关系"的认定标准 …… 313
 二、成员方关于"因果关系"的实践 …… 319

三、多哈规则谈判关于"因果关系"的提案 ………………………… 321
　第五节　确定损害时对公共利益的法律考量 ……………………… 323
　　一、《SCM 协定》关于"公共利益"的规定 ……………………… 323
　　二、成员方国内法关于"公共利益"的规定 ……………………… 325
　　三、多哈规则谈判关于"公共利益"条款的争议 ………………… 333

第七章　反补贴措施的有关问题 ……………………………………… 336
　第一节　反补贴法授权的有关措施 ………………………………… 337
　　一、临时措施 …………………………………………………………… 337
　　二、承诺 ………………………………………………………………… 340
　　三、反补贴税的征收 …………………………………………………… 345
　　四、追溯征收反补贴税 ………………………………………………… 350
　第二节　反倾销调查中对受补贴产品的征税处理 ………………… 352
　　一、GATT 及 WTO 的避免重复征税原则 ……………………… 352
　　二、欧盟的征税实践 …………………………………………………… 352

第八章　反补贴措施的审查 …………………………………………… 355
　第一节　评审标准 ……………………………………………………… 355
　第二节　反补贴措施的复审程序 ……………………………………… 358
　　一、反补贴措施复审的含义 …………………………………………… 358
　　二、反补贴措施复审的条件和标准 …………………………………… 359
　　三、反补贴措施的期终复审 …………………………………………… 361
　　四、多哈规则谈判关于复审的提案 …………………………………… 363
　　五、中国反补贴措施复审 ……………………………………………… 364
　第三节　反补贴措施的司法审查 ……………………………………… 367
　　一、反补贴措施司法审查的含义 ……………………………………… 368
　　二、反补贴措施司法审查的主体 ……………………………………… 369
　　三、反补贴措施司法审查的范围 ……………………………………… 373
　　四、反补贴措施司法审查的标准 ……………………………………… 375
　　五、中国反补贴措施司法审查的法律适用 …………………………… 376

第九章　关于农产品补贴的法律问题 ………………………………… 379
　第一节　WTO 对农产品补贴的约束 ………………………………… 380
　　一、GATT 对农产品国际贸易的例外规定 …………………… 380
　　二、《农业协定》的产生 ……………………………………………… 381

三、《农业协定》对出口补贴的约束 ……………………… 383
　　四、《农业协定》关于国内支持的规定 …………………… 386
　第二节　"和平条款"终止适用对农业补贴纪律的影响 ……… 392
　　一、《农业协定》第13条"和平条款"的含义 ……………… 392
　　二、"和平条款"终止的法律影响 …………………………… 393
　第三节　欧美农业补贴政策法律问题分析 ……………………… 395
　　一、美欧重要农业补贴政策 ………………………………… 396
　　二、主要法律问题分析 ……………………………………… 399
　第四节　多哈回合谈判暂停原因的解析 ………………………… 401
　　一、多哈回合谈判的由来及暂停 …………………………… 401
　　二、暂停的主要原因——农业和非农产品市场准入议题的
　　　　分歧 ……………………………………………………… 407
　　三、暂停的次要原因——决策和谈判制度上的低效率 …… 409
　第五节　农业补贴多边博弈——美国诉中国农业支持政策 …… 413
　　一、入世谈判的陷阱 ………………………………………… 413
　　二、中国的国内支持措施 …………………………………… 414
　　三、案件背后的中美博弈 …………………………………… 415

第十章　中国补贴的多双边之诉 ……………………………… 418
　第一节　美国对中国发起的反补贴调查第一案——铜版纸案 …… 419
　　一、案件背景和法律争议点 ………………………………… 419
　　二、铜版纸案涉及的中国补贴项目 ………………………… 424
　第二节　补贴问题成为中美贸易争端之核心 …………………… 429
　　一、两党携手扫清法律障碍 ………………………………… 430
　　二、调查机关与司法机关的权力边界 ……………………… 432
　　三、利用反补贴工具施加政治影响 ………………………… 433
　第三节　美国反补贴调查中对中国补贴项目的歧视性认定 …… 435
　　一、"低价提供原材料"及"政策性贷款"项目中"公共机构"
　　　　的认定 …………………………………………………… 436
　　二、"低价提供原材料项目"中"外部基准"的适用 ………… 439
　　三、"政策性贷款项目"中"外部基准"的适用 ……………… 442
　　四、"出口信贷项目"的"不利事实"推定 …………………… 444
　　五、"对人民币低估项目"的认定 …………………………… 446

第四节　除美国外的 WTO 其他成员对中国发起的反补贴调查 … 454
    一、加拿大对中国发起的反补贴调查 …………………………… 454
    二、欧盟对中国发起的反补贴调查 ……………………………… 462
    三、澳大利亚对中国发起的反补贴调查 ………………………… 468
    四、印度对中国发起的反补贴调查 ……………………………… 469
    五、WTO 其他成员对中国发起的反补贴调查 ………………… 470

第十一章　中国反补贴法律制度与实践 ………………………………… 473
  第一节　中国反补贴调查制度 ………………………………………… 473
    一、早期反补贴调查依据 ………………………………………… 473
    二、2002 年实施的《反补贴条例》及相关法规 ……………… 473
    三、中国反补贴调查的主管机关 ………………………………… 475
    四、中国反补贴调查的基本程序 ………………………………… 476
  第二节　中国反补贴调查实践 ………………………………………… 477
    一、中国反补贴调查的开启 ……………………………………… 477
    二、中国反补贴调查的主要特点 ………………………………… 478
    三、中国反补贴调查案中认定的主要补贴项目 ………………… 480
    四、中国反补贴调查实践的意义 ………………………………… 495
  第三节　WTO 争端案件对中国反补贴调查的影响 ………………… 496
    一、美国诉中国取向性硅电钢双反案 …………………………… 497
    二、美国诉中国白羽肉鸡双反案 ………………………………… 510
    三、美国诉中国汽车双反案 ……………………………………… 516
    四、案件的结果和影响 …………………………………………… 518
  第四节　完善中国反补贴立法和实践 ………………………………… 519
    一、对现行《反补贴条例》的完善建议 ………………………… 519
    二、对反补贴调查实践的完善建议 ……………………………… 522

第十二章　中国补贴政策现状及调整 …………………………………… 528
  第一节　WTO 视角下的中国补贴政策 ……………………………… 528
    一、中国补贴政策的种类 ………………………………………… 528
    二、中国补贴政策中被诉至 WTO 的禁止性补贴 …………… 537
  第二节　WTO 其他成员的补贴政策 ………………………………… 542
    一、WTO 其他成员的补贴政策的借鉴 ………………………… 543
    二、美国紧急状态法中的补贴提供方式值得借鉴 ……………… 546

第三节　关于完善中国补贴政策的建议 ················· 555
　一、补贴政策合规的必要性 ························· 556
　二、补贴政策调整的方向 ··························· 558
　三、补贴政策实施方式的调整建议 ··················· 562

第十三章　发展中国家成员的特殊和差别待遇问题 ············ 571
第一节　WTO 关于"特殊和差别待遇"的规定 ············ 571
　一、关于"发展中国家"与"特殊和差别待遇"的基本概念 ······ 571
　二、WTO 改革的主要分歧："发展中国家成员"问题 ······· 574
第二节　关于发展中国家成员"特殊和差别待遇"的规定 ········ 577
　一、《东京守则》中关于发展中国家成员"特殊和差别待遇"
　　的规定 ······································· 578
　二、《SCM 协定》中关于发展中国家成员"特殊和差别待遇"
　　的规定 ······································· 579
第三节　发展中国家成员面临的困境和出路 ················· 585
　一、发展中国家成员面临的困境 ····················· 586
　二、发展中国家成员改变困境的出路 ················· 587

结束语 ·· 593

参考文献 ·· 595

词语缩略表

《AD 协定》	《关于执行 1994 年关税与贸易总协定第 6 条的协定》(又称《反倾销协定》)
CAFC	美国联邦巡回上诉法院(U.S. Court of Appeals for the Federal Circuit)
CAP	欧盟《共同农业政策》(Common Agricultural Policy)
CBP	美国海关与边境保护局(U.S. Bureau of Customs and Border Protection)
CESTAT	印度海关、税收、黄金(管制)上诉法庭
C.F.R.	美国《联邦法律汇编》(The U.S. Code of Federal Regulations)
CIT	美国国际贸易法院(U.S. Court of International Trade)
CPTPP	《全面与进步跨太平洋伙伴关系协定》(Comprehensive and Progressive Agreement for Trans-Pacific Partnership)
CSCM	美国补贴与反补贴委员会(The U.S. Commission on Subsidy and Countervailing Duty Measures)
DDA	多哈发展议程(Doha Development Agenda),也称为多哈回合、多哈回合(贸易)谈判
DOE	美国能源部(U.S. Department of Energy)
DOC	美国商务部(U.S. Department of Commerce)
DOT	美国财政部(U.S. Department of Treasury)

DGTR	印度贸易救济总局(The Directorate General of Trade Remedies, India)
DSB	WTO 争端解决机构(Dispute Settlement Body)
DSU	《关于争端解决规则与程序的谅解》(Understanding of Dispute Settlement Rules and Procedures)
EPA	《欧日经济伙伴关系协定》(Japan-EU Economic Partnership Agreement)
FR/Fed.Reg	美国《联邦公报》(Federal Register)
GATS	《服务贸易总协定》(General Agreement for Trade of Services)
GATT 1947	1947 年《关税及贸易总协定》(General Agreement on Tariffs and Trade 1947)
GATT 1994	1994 年《关税及贸易总协定》(General Agreement on Tariffs and Trade 1994)
ITA	美国商务部下设的国际贸易管理局(International Trade Administration)
IA	美国商务部下设的国际贸易管理局的进口管理处(Import Administration)
ILC	联合国国际法委员会(International Law Commission)
ITC	美国国际贸易委员会(U.S. International Trade Commission)
NAFTA	《北美自由贸易协定》
《SCM 协定》	《补贴与反补贴措施协定》(Agreement on Subsidies and Countervailing Measures)
SIMA	加拿大《特别进口措施法》[①](Special Import Measures Act, Canada)

---

① 1984 年 12 月 1 日制定,后经多次修订。

SIMR	加拿大《特别进口措施条例》（Special Import Measures Regulation, Canada）
TFEU	《欧盟运行条约》（Treaty on the Functioning of the European Union）
URAA	《1994年乌拉圭回合协定法》（Uruguay Round of Agreements Act of 1994）
U.S.C.	美国法典（United States Code）
USMCA	《美国—墨西哥—加拿大协定》（United States-Mexico-Canada Agreement）
USTR	美国贸易代表办公室（The Office of the U.S. Trade Representative）
WTO	世界贸易组织（World Trade Organization）
WTO PGE	WTO常设专家组（WTO Permanent Group of Experts）
《东京守则》	1979年东京回合《反倾销与反补贴守则》（Agreement on Interpretations and Applications of Articles VI, XVI & XXIII of the General Agreement on Tariffs and Trade）
《对外贸易法》	《中华人民共和国对外贸易法》
《反补贴条例》	《中华人民共和国反补贴条例》
《反倾销条例》	《中华人民共和国反倾销条例》
《建立WTO的协定》	《建立世界贸易组织的马拉喀什协定》（Marrakesh Agreement Establishing the World Trade Organization）
《罗马条约》	《欧洲经济共同体条约》
《贸易救济议定书》	《针对第三国使用特别保障、反倾销和反补贴措施议定书》
欧委会	欧盟委员会
双反调查	反倾销反补贴合并调查
《中国入世议定书》	《中华人民共和国加入世界贸易组织议定书》

导　言

一、研究的意义

从经济功能上看,补贴是政府调整经济结构的重要手段,补贴形式多种多样,其目的旨在促进生产、帮助产业发展,补贴一直作为有效的贸易保护工具被各国采用,几乎所有发达国家在不同经济发展阶段都使用补贴来促进某些领域的发展。世界贸易组织(World Trade Organization,以下简称 WTO)之前身《1947 年关税及贸易总协定》(The General Agreement on Tariffs and Trade,以下简称 GATT 1947)起草时,补贴对国际贸易秩序的影响被各国所关注。随后,前后 8 个回合的多边贸易谈判,促成了全球进口关税的大幅降低,带来了全球贸易量的快速增长。但自 20 世纪 90 年代以来,各国为各自的国家利益采取了若干贸易保护措施,对全球贸易自由化造成威胁,在崇尚自由贸易主义的美国的倡导下,《补贴与反补贴措施协定》(Agreement on Subsidies and Countervailing Measures,以下简称《SCM 协定》)对补贴的定义、反补贴措施的调查程序、损害的确定、反补贴税的征收、多边监督机制和争端解决机制都加以规范,对反补贴措施的滥用加以严格限制。

WTO 在促进贸易自由化进程、遏制贸易保护主义、推进全球贸易政策透明度和可预见性、解决贸易争端等方面取得很大成就;但多哈回合谈判已然失败,WTO 多边贸易体制面临严峻挑战。正如我的恩师曹建明教授在其著作[①]中指出的,每个成员方都要认真考虑几个问题:首先,如何客观评价经济全球化和 WTO 民主决策;其次,如何协调发达成员方与发展中成员方的矛盾;再次,如何正确处理好区域一体化与多边贸易体制之间的关系。今日来看,这些问题正是 WTO 出现危机的症结所在。

---

① 参见曹建明、贺小勇:《世界贸易组织》(第三版),法律出版社 2011 年版,第396 页。

根据 WTO 的最新统计数据显示,从 1995 年 1 月 1 日 WTO 成立以来截至 2019 年 12 月 31 日,WTO 成员方共提起反补贴调查案件 577 件,遭受反补贴立案调查的国家和地区主要有中国、印度、韩国、印度尼西亚、土耳其、美国、泰国、欧盟及意大利。而同期发起的反倾销调查案件高达 5 944 余起。从总量上看,与反倾销措施相比,反补贴措施的数量处于相对较低水平;但从涉案金额及广度来看,反补贴措施涉及当事国的政治、经济体制和法律制度等多个领域,其危害性和影响面远远超过反倾销措施。必须注意的是,继加拿大首次对中国产品采取双反调查后,美国也接连不断针对中国产品采取极为密集的双反调查,中国快速成为反补贴调查的重要目标国。继加拿大、美国之后,澳大利亚成为第三个对中国发起双反调查的成员方。据笔者初步统计,2004 年 4 月 1 日至 2019 年 12 月 31 日,中国已遭受双反调查 123 起,其中 2017 年有 11 起、2018 年有 18 起、2019 年有 6 起。作为反补贴措施的头号使用国美国,发起的所有反补贴调查案几乎都涉及中国,这在 WTO 乃至 GATT 历史上都是极为罕见的。笔者 10 年前曾预见:反补贴调查的全球示范效应已逐步显现,全球范围内会出现针对中国产品持续、密集的反补贴立案调查及措施。加强研究补贴与反补贴法律制度及实践迫在眉睫。

对多边贸易法律制度的研究长期以来一直是国际经济法学领域研究的热点之一,但中国对补贴与反补贴法律制度的学术研究还不够深入,在实践上也缺乏经验积累。如何应对其他成员方的反补贴调查,如何灵活运用反补贴调查以维护中国产业安全和合法权益,是实务部门需要认真研究的,也是相关机构和学术研究智库界需要认真思考的,这也是中国政府治理能力面临的一个国际挑战——如何有效参与 WTO 及国际事务,有理有节地维护国家利益、声誉和产业合法权益。随着国际外部环境的不确定性增加,如何在参与国际分工中趋利避害,如何应对一些国家因民粹主义和逆全球化思潮抬头而转嫁内部矛盾的行为,如何提升在国际组织中的话语权和影响力从而更多地参与国际治理等问题,都是需要我们认真思考研究的。

简而言之,笔者希望通过上述研究,进一步加深对 WTO 框架下的补贴与反补贴法律制度的理解,深入挖掘贸易救济措施背后的政治动机和经济利益,检验中国补贴政策与 WTO 规则的相符性,归纳总结 WTO 案例中的法律认定原则及诉讼技巧,了解 WTO 法律与成员方国内法的相互作用,提高中国反补贴调查和应对调查的实战能力,为中国补贴与反补贴法律制度的学术理论研究、立法完善和实践尽绵薄之力。

二、研究方法

笔者主要采用法律研究比较法、文献分析法和争端解决个案实证研究法等法律分析方法,结合 GATT 和 WTO 相关规则的文献及各成员方国内反补贴法的法律适用进行横向比较,对同时期前后立法与政策变迁进行纵向比较,从法律角度综合分析补贴与反补贴法律制度的立法精神、功能、法律适用和改革方向等基本问题,从判例中阐释、检验法律的适用,发现蕴涵在个案中的法律原则。同时采用以经济分析为先导,以比较分析、实证分析等法律研究方法为核心,以历史与政治学的研究方法为辅助的综合研究方法,试图从经济、政治、社会和法律等多元化角度进行综合分析研究,尝试多方位扩展研究的深度和广度以揭示补贴与反补贴法律制度的内在动因和本质及发展方向。笔者从事贸易救济措施调查工作 16 年,深刻认识到:贸易救济措施的启动和调查绝不仅仅是一项法律措施或者贸易政策,而是在国际政治经济大环境下各方势力相互协调的结果,仅用单纯的法律研究方法不能满足研究的需要,而要运用经济学、政治学、社会学、公共管理等其他学科的研究方法进行综合分析和研究。WTO 体系下及各成员方补贴与反补贴法律制度的产生、发展都有其深层次的经济因素和政治政策背景,要想洞悉一个法律问题的内生因子,则必须要在法学、经济学和政治学的基础上综合研究,并对与补贴相关的各成员方的宏观经济政策和调控手段、产业扶持政策以及政经价值取向加以评估,对反补贴调查案件涉案国别、时期、数量及产业状况进行量化分析,透过现象看本质,揭示各成员方补贴政策的本质及反补贴贸易救济措施的目标和效果。采用政治学的研究方法,主要是由 WTO 自身的组织特点及反补贴措施与生俱来的政策功能决定的。考察 WTO 的历史研究文献不难发现,第二次世界大战后国际政治学和国际政治经济学蓬勃发展,各种理论如功能主义和权力政治理论、博弈理论、决策理论、组织理论等均被充分运用到对 WTO 的分析研究中,这些理论为 WTO 组织权力结构的稳定和发展、WTO 与成员方及成员方之间的内部关系、WTO 与其他国际组织之间的外部关系等贸易竞合过程,提供了不同的解释或在学理上进行了观点的比较和澄清。因此笔者尝试对补贴与反补贴法律制度中的法律问题进行政策分析及评估,试图厘清在 WTO 和各成员方国内法律框架下的补贴与反补贴法律制度体系的运作、决策模式及政策形成与发展等关键性问题,对补贴与反补贴法律制度持续发展的动力来源及走向作出判断。采用历史研究方法主要是进行回溯性分析,通过回顾 WTO 补贴与反补贴规则的谈判历史、政策变迁,了解规则背后的成因及在国际经贸大格局下各成员之间的妥协、调和、博弈,更清楚、准确地认识补贴与反补贴规则的立法宗旨、发展进程及法律适用原则。笔者希望通过真正的跨学科研究,更全面分析贸易措施背后的成因。

三、主要内容

本书围绕 WTO 框架下的补贴与反补贴法律制度,系统地阐述了 WTO 补贴与反补贴规则的基本理论和重要法律问题,通过引用大量 WTO 案例及各成员方国内法律实践对相关理论进行论证,以反补贴措施涉及的法律问题及逻辑关系为主线设计本书的体例和章节。笔者认为,国际社会应该进一步加强对补贴与反补贴规则的法律约束,使其更加规范化、标准化和制度化,这样才能真正维护国际贸易秩序,实现全球贸易的公平,但同时应该考虑到各成员方经济发展的不平衡,应该客观地考虑发展中国家成员的发展不平衡问题并给予更多的弹性,最终提升人类的福祉,这应是国际组织追求的终极目标。本书正是围绕上述核心精神进行研究和讨论的。

本书的研究框架及体系:全文共分为十三章五十一节。

导言部分主要阐述了研究的范围、意义及方法。

第一章为补贴与反补贴措施的经济理论基础。此章分为四节,"以古为镜,可知兴替",笔者通过回顾国际贸易经典理论,剖析补贴与反补贴措施产生的历史背景和政治、经济原因,挖掘其内在动因,并试图对 GATT/WTO 补贴与反补贴规则的谈判历史和各成员方国内反补贴法的发展进程进行回顾和分析,以探究政策变迁及各成员间妥协、调和及与国际政治经济外在大环境的互动关系。要全面了解国际补贴与反补贴法律体系,必须从其国内和国际规则演变背后的逻辑入手,而各国贸易政策、全球贸易规则的演变与贸易理论是以一种循环发展的模式相互影响的,要理解贸易政策和贸易规则背后逻辑的演变,必须从贸易理论入手。

第二章为补贴与反补贴措施的法律制度。此章分为四节,系统论述了补贴与反补贴措施的法律制度演变,介绍主要成员方的国内反补贴法的发展历程及目前全球反补贴措施实施的特点。补贴与反补贴法是由国内法发展演化成国际法,成为国际规则后,各国又把国际法转化为国内法,力争与国际规则保持高度一致性且国际法优先。这些在其他法律领域都是较为少见的,但由于各国法律、经济、政治制度等不同,国内反补贴法律与规章仍保留了各自的特点。

第三章为补贴认定标准的法律问题研究。此章分为六节,通过结合DSB专家组和上诉机构裁定对补贴加以界定,并阐述了WTO项下补贴分类的最新发展。其中,补贴专向性的认定是反补贴调查的核心问题,笔者结合DSB案例对补贴专向性的界定要件及欧美的相关实践进行全面细致的剖析。此章对补贴的认定标准、计算及专向性测试标准等问题的研究和见解具有新意。

第四章为禁止性补贴的法律研究。此章分为四节,前两节主要通过DSB的裁决对禁止性补贴的法律构成、救济的特殊性两个方面进行了研究;对出口补贴的法律和事实上的认定进行了详细的论述,特别是第二节对禁止性补贴救济的特殊性进行了深入分析,从而提出惩罚性的损害赔偿是问题所在。后两节主要介绍WTO成员方关于禁止性补贴的DSB案例以及法律分析。

第五章为可诉补贴的法律研究。此章分为四节,主要根据《SCM协定》对可诉补贴的法律特征和救济制度进行了分析,特别是对"非违反之诉"和"严重侵害"条款进行详细论述,介绍了"多哈(回合)补贴与反补贴规则谈判"中各成员方的修订建议并进行评述,还介绍了不可诉补贴的恢复。

第六章为补贴的损害认定及因果关系研究。此章分为五节,笔者主要采用实证分析法并结合DSB的裁决,从法理上对国内产业和相似产品的认定、累积评估的方法、因果关系及公共利益问题进行分析和论述。该部分篇幅较长,几乎囊括了所有与损害认定相关的问题,特别是对交叉累积评估问题的研究,在其他著作中较为少见。

第七章主要从调查实务的角度介绍了反补贴措施执行和实施中存在的重要法律问题。此章重点对双反调查时如何避免重复征税的问题进行了探讨,并结合反倾销调查的实践经验,对在何种情况下评估补贴的影响进行了较为细致的分析。

第八章介绍了与反补贴措施审查有关的问题,如WTO项下的评审标准、行政复审程序及司法审查。此章分为三节,笔者重点探讨了争议较大的评审标准问题,其能否在反补贴措施中适用,以及反补贴司法审查的问题。笔者试图通过对上述反补贴措施涉及的相关法律问题的研究,对反补贴措施加以规制,通过程序的规范化实现实体的法律化,以使反补贴调查的法律标准更加规范、统一和公平,也更具透明度,真正实现各成员方所期望的公正与平衡,实现《SCM 协定》的目标。

第九章重点对 WTO 农产品补贴的法律问题进行了研究,此章分为五节,主要从 WTO《农业协定》(Agreement on Agriculture)对农产品补贴的约束、和平条款的终止、多哈回合农业谈判暂停三个方面分析了农业补贴的特殊性所在,对农产品补贴规则的特点进行研究,并期望对符合中国国情的农业补贴法律制度的建立有所启示。

第十章主要介绍了美国及其他成员方近年来对中国发起的反补贴调查。反补贴的"法律规定"最早出现于美国 1890 年《关税法》,在美国的推动下写入了 GATT 条文中,因此,美国一直是反补贴措施的最大"玩家"。此章分为四节,自加拿大于 2004 年 4 月对中国的烧烤架和紧固件发起首起双反调查以来,中国已成为遭受反补贴调查最多的国家。笔者着重分析了美国及其他成员方针对中国采取的反补贴措施及原因,并就各成员方发起的反补贴措施提出了应对策略。

第十一章介绍了中国的反补贴法律制度,检验中国补贴政策与 WTO 规则的相符性。此章分为四节,中国于 2009 年开启了反补贴调查的实践,自本书截稿之日,中国已成功发起 10 余起反补贴调查,完善和丰富了中国贸易救济调查实践和手段,并跻身有能力开展反补贴调查的成员方行列,避免了不公平竞争,维护了国内产业的合法权益。此外,笔者还针对美国就中国发起的三起反补贴调查在 WTO 提出的申诉进行了分析,并提出了完善中国反补贴立法与实践方面的建议。

第十二章是关于中国补贴政策的现状及调整。此章分为三节,主要观点是产业政策在资源分配出现市场失灵时进行政策性干预;贸易政策与产业政策密切相关;二者使国内资源配置问题因国际贸易而衍生出国际资源配置问题。各国产业政策都以保护本国产业利益为出发点,但在实践中也受国际规则和国际竞争环境的约束。如何使贸易政策与产业政策协调一致,这对政府的治理能力提出挑战。

第十三章是关于发展中国家成员的特殊和差别待遇问题。此章分为三节,系统介绍了发展中国家成员的特殊和差别待遇问题,还指出发达国家成员先是通过"特殊和差别待遇"过渡期的提法吸引发展中国家走到谈判桌前,放下处在不同发展期的顾虑,然后利用早期优势以及政策制定者优势为后来入局者设定了很多不合理条款。发展中国家成员为了融入国际社会和推动国内改革,为加入这个"富人圈"而不得不作出妥协和让步,此章最后提出了发展中国家成员面临的困境和出路。

四、《WTO 框架下补贴与反补贴法律制度与实务》出版时的研究状况及不足

2008 年,笔者在博士论文的基础上出版了《WTO 框架下补贴与反补贴法律制度与实务》一书。该书对补贴制度的理论渊源、补贴的定义和构成要件、补贴政策的实施对国际贸易的影响、《SCM 协定》条文的梳理,以及各国反补贴法律实务问题进行了研究和探讨。就当时国内外的研究状况来看,国外关于补贴与反补贴法律问题的专著仅有一本:*The Law of Subsidies Under the GATT/WTO System*, by Marc Benitah。[①] 但该书侧重于对 DSB 案例中涉及的反补贴实体法律问题进行分析,并未涉及补贴及反补贴的相关理论。笔者翻阅了大量的国外学术期刊发现,国外学者对反补贴法律问题的分析大多是从本国的实际情况出发,且集中在对个别实体问题的分析和局部研究,因而对中国实践的借鉴价值有限。从国内的研究状况来看,早期有朱榄叶教授撰写的《世界贸易组织国际贸易纠纷案例评析》一书,内容涉及反补贴案例;还有马楚教授撰写的《WTO 补贴与反补贴规则》一书,该书主要是对《SCM 协定》基本内容的介绍,对中国补贴现状的分析具有一定的参考价值。近两年来,随着现实的需要,国内对补贴与反补贴法律的研究日益增多,相关著作有:《补贴与反补贴制度分析》,李本著;《国际货物贸易中的补贴与反补贴法律问题研究》,甘瑛著;《法律较量与政策权衡——WTO 中补贴与反补贴规则的实证分析》和《论 WTO 中的财政补贴与我国的战略取向》,段爱群著。[②] 除此之外,国内外诸多学者、专家撰写的大量关于 WTO 总体情况的书籍中,对补贴与反补贴法律制度都只进行简单的介绍。因此,与 WTO 的另一贸易救济措施——反倾销相比,对补贴与反补贴的研究,中国还处于起步阶段,缺乏对补贴与反补贴法律制度中重点问题的深入研究,往往仅限于对 WTO 补贴与反补贴规则的介绍和字面解释,具有参考价值的研究资料较少,特别是在实践中如何运用补贴与反补贴规则解决中国实际问题的具有可操作性的研究不多。笔者试图有所突破,加深理论研究的深度并增加实用性。

---

① 在笔者完稿之际,该作者出版了第二本关于补贴的著作:*The WTO Law of Subsidies A Comprehensive Approach*。

② 较为有趣的是,这些作者都与华东政法大学颇有渊源。

《WTO框架下补贴与反补贴法律制度与实务》的不足之处在于：补贴与反补贴法律制度问题非常复杂，实体问题和程序问题各有特点，补贴与反补贴法律制度既涉及法律问题、经济问题，也涉及政治问题，知识体系非常庞杂。虽然笔者花费了三年多的时间和精力，但一是当时国内的理论研究状况及可利用的资源相当有限；二是中国尚处于反补贴调查初期，部分论据缺乏实践的检验；三是由于国家补贴政策复杂而繁多，笔者只能对公开的资料进行分析研究。有鉴于此，笔者力图通过对WTO反补贴措施案例的分析和理解，以弥补实践经验较少和研究资料不足的问题。但客观条件的限制可能会对部分问题的研究产生影响，而且笔者自身的认识能力有限，本书的观点还存在一定的局限性，个别观点还有偏颇之处。在此，恳请各位读者批评和指正。

五、本书出版说明

《WTO框架下补贴与反补贴法律制度与实务》出版时，正值加拿大和美国相继对中国开启反补贴调查，笔者作为商务部原进出口公平贸易局调查官，参与了应对工作，在书中对中国遭遇反补贴调查的特点、被调查补贴项目进行了梳理并提出了应对建议，同时对中国补贴政策制定和完善提出了建设性意见。该书出版后获得同事及业内同仁的高度认可，令笔者备受鼓舞。2009年，笔者作为中国首起对美国反补贴调查案件的调查官亲历了该案的全过程，见证了中国在反补贴调查领域实现了零的突破。随后，笔者又负责了中国对欧盟的首起反补贴调查案。这两个标志性案件让笔者对补贴制度和反补贴调查实践有了更多的思考，也让笔者更深刻地体会到：在处理国际贸易争端时，不仅要从法律角度去思考行为，也要从经济层面去挖掘背后的原因；不仅要看到规则层面的适用与否，还要去思考制度层面的顶层设计。如何进行有效决策？如何提高补贴的效率？如何增加政府管理的透明度？如何限制行政官员的自由裁量权，避免因寻租而导致的低效？如何平衡效率与公正？如何高效发挥财政和产业政策的功效？如何选择国家经贸政策和战略？如何平衡社会、市场与政府三者之间的关系？这些思考让笔者下定决心，借助身处反补贴调查工作第一线的经验，结合对WTO贸易救济规则及国家和地区经济体制结构和政府运作机制、模式的理解和经验开始了本书的写作，历经12年终于完成。因全球经济增长放缓，世界经贸格局发生重大变化，国际贸易理论和一些WTO发达国家成员方的价值取向也发生了巨大变化。

美欧日寻求改革产业补贴规则,剑指中国。笔者认为,补贴与反补贴,既是规则之争,更是制度之辩。国际治理能力的竞争已随着中国的崛起和国际体系的变革而成为当前国际社会不可忽视的问题。对补贴与反补贴规则的理解和运用离不开其所依附的产业政策、竞争政策和贸易政策,而产业政策、竞争政策和贸易政策则又是对不同利益的调整和平衡,甚至是不同意识形态在不同的历史阶段互相作用而形成的产物。

笔者很认同美国著名政治学家和社会学家李普塞特(Seymour Martin Lipset)的观点:"只懂得一个国家的人,他实际上什么国家都不懂(Those who only know one country know no country)。"因此,只有超越仅研究单一国家的局限性,才能知道什么是真正的共同规律,什么是真正的特殊情况。如果没有比较分析的视野,既不利于深刻地认识中国,也不利于明智地认识世界①,也很难对未来作出预判。

笔者希望本书深入探讨并解决下述问题:

一是中国如何充分利用好反补贴调查这个工具的政策性功能。实践出真知,有调查研究才有发言权。梳理近10年来应对国外反补贴调查的实践和研究,知己知彼;同时,总结中国对美国及欧盟的反补贴调查工作的实践经验,扬长避短。这些都非常重要且迫在眉睫。

二是寻找中国陷入被西方广泛指责进行非法补贴困境的出路。如何应对其他成员方的大量反补贴调查及施行重商主义的贸易政策?如何在战略上和法律抗辩上迎战具体项目中涉及的政策性贷款、低价提供原材料、国有企业不公平竞争(汇率低估等问题)的诟病?如何设计出一套兼顾市场与政府、平衡干预与自由、既兼容国际规则又符合中国国情的政策体系?这些问题都是当务之急。学者理应为解决新问题提供政策建议。

三是中国在解决全球经贸治理体系变革重点问题中的角色。国际政治经贸形势存在高度的不确定性,逆全球化和民粹主义抬头,WTO何去何从?WTO改革谈判路在何方?如何平衡发达国家成员与发展中国家成员的利益?中国应如何应对并发挥积极作用?中国能为国际治理提供哪些经验?

因此,本书不是对《WTO框架下补贴与反补贴法律制度与实务》一书

---

① 〔印〕考希克·巴苏:《信念共同体:法和经济学的新方法》,宣晓伟译,中信出版集团2020年版,"比较译丛"序,第Ⅵ页。

的简单的数据和内容的更新，更是对补贴和反补贴领域重要问题进一步深入的系统性思考。通过严谨、系统地介绍和论述中国反补贴调查实务以及中国被其他成员方进行反补贴调查涉及的重点补贴项目，力图揭示这些调查方法背后的逻辑和政策目的，揭示国际治理体系中的一些重大问题。前事不忘，后事之师，在写作中笔者尽力把规则和事件背后的历史脉络呈现给读者。想准确把握当下事态，不管中窥豹，不盲人摸象，只有高度重视历史的借鉴意义，才能跳出现实的局限，不被反智主义裹挟。笔者认真阐述了一些建设性思考，还增补了关于产业政策的作用、补贴的合规性论述以及提供制定补贴政策和实施方式的具体建议，希望对中央政府和地方政府的政策制定和贸易救济调查及应对工作具有参考价值，对理论界人士研究 WTO 框架下的补贴与反补贴法律制度提供思路，为实务界人士全面理解和掌握该法律制度提供解决方案，期冀能使读者更深入了解反补贴法律制度及其本质，最终共同为补贴与反补贴法律制度的完善贡献绵薄之力，为中国营造良好的外部发展环境而努力。

非常幸运，我的长辈师长、亲朋好友一直鼓励我、给我最大的支持！10 年来，我的导师、我的父母一直鼓励我要坚持不懈地进行专业研究，同时再去尝试拓展不同的领域。本书的写作是在工作之余完成的，牺牲了很多家庭时光，我很感激家人的理解，孩子还专门设计了书的封面并在 2018 年中美贸易摩擦升级之际对我说："尽早面世就是这本书的最大价值。"真心感谢在成书过程中，帮助过我的人，特别是在最后的撰写阶段，我得到了商务部贸易救济调查局前局长周晓燕女士、几位前同事和好友的帮助，他们牺牲个人的时间阅稿并提出宝贵意见。我很珍惜在商务部工作期间建立的友情，遇到很多志趣相投的同事，与他们在一起总是获益良多、斗志满怀。特别是云女士，一直在帮我做让人厌烦的编辑整理工作，在此表示最诚挚的谢意！感谢北京大学出版社副总编辑蒋浩老师及本书责编田鹤老师的细致工作，让书中内容的表述更加清晰流畅，感谢柴美玲老师的封面设计工作，感谢他们在疫情肆虐之际帮助本书得以顺利出版。本书未尽之处，还望多多包涵、指正。

第一章
补贴与反补贴措施经济理论基础

第一节 概 述

补贴作为国际经济贸易中的一种现象是随着商品交易国际化即国际贸易的发展而产生和发展的。从全球经济发展历程看,补贴是各国支持经济发展,实现经济和社会目标的重要手段。早在15世纪,补贴作为一种财政手段、有效的贸易保护工具,已被各国政府广泛采用。亚当·斯密(Adam Smith)反对补贴,反对《谷物法》,支持自由贸易,他在1776年《国富论》一书第四卷第五章中详细论述了当时各国通过补贴(他称为"bounties")对出口实行官方财政支持和鼓励措施,使生产商的生产成本降低,进而使销售价格降低,让产品在国际市场上具有竞争优势。这段论述揭示了倾销产生的一个原因及出口补贴的作用。①

各国政府一直把补贴作为推行国家社会经济政策的重要手段,以实现生产、贸易、金融和环境保护等方面的战略目标。但各国政府也深知补贴会对正常的资源分配产生消极影响,使生产与贸易领域中的经营活动不能完全按市场规则进行,产生不公平竞争。在国际贸易中,对出口产品的补贴使得出口产品的价格低于在国内销售的价格,进而对进口国同类产品的产业造成损害,引发恶性竞争,阻碍进口国产业的正常发展。20世纪初期,由于更加隐蔽、外交影响小等特点,补贴逐步代替关税成为更常见的保护主义政策,因此补贴进一步泛滥。这一破坏国际贸易公平秩序的行为,为世界各国所不能容忍,逐渐引起国际社会的高度重视,继而

---

① 参见李双元、李先波主编:《世界贸易组织(WTO)法律问题专题研究》,中国方正出版社2003年版,第232页。

演变为当今世界一个重要而突出的国际问题。因此,如何规范补贴的使用,如何通过国际规则和国内法来实现对补贴的约束,如何抵消他国补贴对本国产业的损害以及在不违反国际规则的前提下如何最大限度地发挥补贴的功效是各国所关注的。

纵观国际贸易理论300多年的历史沿革可以看出,国际贸易理论信奉实用主义哲学,与现实结合得极为紧密。不同贸易政策的实施,必然会影响国内外的利益分配。每一个国家在不同的发展阶段都有符合自己利益的政策取向和价值判断;每一个历史发展阶段都有其内在的背景和时代特点;每一个政策的制定都有其经济和政治上的考虑;每一个经济学说的选择都有其存在的必要性和当时所处时代执政党的内在价值选择。只有掌握历史发展脉络,剖析政策的深层次原因才可以客观、正确地判断一个政策的有效性及其历史价值,才可以判断一项贸易措施的功效和科学性。作为核心政策工具的补贴,对经济、贸易、社会福利都产生深刻影响。补贴可以用来服务于特定的利益集团,也可以惠及广大民众。欧洲的农业补贴最具代表性,欧共体成立的政治基础是欧洲内部就农业问题达成一致,正是基于这一共识,其他领域的规则才得以推进。因此,对补贴与反补贴措施的研究一定要沿着补贴与反补贴法律制度的发展进程,一方面应该脚踏实地从具体法律条文入手,仔细分析法律认定的合理性和有效性;另一方面一定要立意高远,要在微观、宏观经济学理论的基础上,总结历史经验教训并结合全球经济贸易大背景及各国政治经济特点,去分析不同发展阶段的各国贸易政策的选择偏好,去认清世界政治、经济、贸易大格局,以清楚判断补贴与反补贴法律制度的发展方向和各成员方的相关调查政策走向。

一、研究补贴与反补贴法律制度要以经济学理论为基础

正如国际经济法学界两位著名学者杰克逊(John H. Jackson)和彼德斯曼(Ernst-Ulrich Petersmann)所指出的,经济学理论对研究国际经济法学领域具有重要性,国际经济法是建立在国内经济法的理论基础上的,更是建立在宏观经济学理论基础上的,国家对经济究竟是应当管制、放任,还是在管制和放任之间找到一个切入点是国际经济法非常关注的

问题。①

为更好地研究补贴与反补贴法律制度,看清各成员方采取贸易政策的真实意图和策略选择偏好,对补贴与反补贴法律制度的未来走向作出准确的判断,必须了解当代经济全球化条件下国际交换的必然性及其国际交换活动的一般规律,掌握国际贸易的基本理论及相关的经济学理论基础,研究基于这些理论而采取的贸易政策,弄清表面背后的真正原因尤为重要。国家之间关于补贴与反补贴规则谈判的立场及主张都直接反映了其经济诉求。自国际贸易产生以来,无论就世界范围还是就单一国家而言,无论是在学术界还是在实践部门,都始终存在自由贸易主义和贸易保护主义两种主张。它们的存在都有各自的合理理由,政府可以根据所处的实际情况选择实施不同的贸易政策和措施,这两股力量角逐的结果往往决定着贸易政策的倾向、程度、范围和效应。在国际经贸实践中,没有哪个国家实行完全的自由贸易主义或完全的贸易保护主义,而往往是自由贸易政策与贸易保护政策并存。例如,美国政府在全球范围内大力宣扬和推行自由贸易主义的同时,也巧妙运用补贴政策提高产业竞争力,并通过频频发起贸易救济调查,实行贸易保护主义措施。从世界经贸发展进程来看,其是一个从贸易保护主义到自由贸易主义再到贸易保护主义的价值观交替的过程。

经济发展程度不同的国家,诉求自然是不同的。美国、欧盟等发达国家和地区作为全球经济一体化的倡导者,极力推动自由贸易,推动经济和政治全球化,使全球贸易总量迅猛增长,各国之间的相互依存度增加,国际贸易结构明显升级。但有些学者由此盲目地认为这些国家和地区的做法是开放的、先进的,而忽视了这些国家和地区才真正是自由贸易的最大受益者,忽视了在全球化过程中这些发达国家和地区对其他国家政治、经济、文化等全方位的侵蚀,更加忽略了贸易保护措施在其经贸发展和产业扩张进程中发挥的重要作用。一方面,发达国家和地区的工业已经通过补贴带来的超额利润完成了产业升级转型,占据了全球产业链的顶端,在高附加值工业品领域占据了绝对优势。而此领域极强的产能需要销售市场,只有通过倡导自由贸易,才能打开其他国家的市场,提高他国对其的经济依存度。这同时增强了发达国家和地区在文化、意识形态上的影响

---

① 参见〔德〕E.-U. 彼德斯曼:《国际经济法的宪法功能与宪法问题》,何志鹏、孙璐、王彦志译,高等教育出版社2004年版,第10页。

力,其借以施加政治影响,从而再实现其经济目的。另一方面,发达国家和地区从以工业为主导的经济体向以服务业为主导的经济体转型,而其国民所需求的低附加值工业品必须依赖进口来满足,这是它们推进商品贸易自由化的主要动机。因为这会改善它们的贸易条件,降低它们所需物品的成本,这也是为何发达国家和地区一直在强化服务贸易领域竞争,但缺乏进一步推动服务贸易领域补贴规则谈判的强烈意愿。因为谈判形成的规则对双方都具有约束力,它们希望如同货物贸易领域一样,以规则上的先发优势占据竞争地位。笔者赞同约瑟夫·斯蒂格里茨在《大转型——我们时代的政治与经济起源》一书序言中的观点——波兰尼揭穿了自由市场的神话:从来不存在真正自由、自发调节的市场体系。从已经工业化的国家发展历程看,政府不仅通过关税保护了工业,还通过政府资助实现了生产力的突破性提高。波兰尼指出,"自由市场的意识形态是如何成为新工业利益的婢女的,而这些利益又是如何对这种意识形态加以选择利用的——当他们对利益有要求时,他们照样会要求政府干预";"发达工业国家在教导不那么发达的国家避开保护主义和政府补贴的邪恶,但另一方面,它们却并不怎么乐意向发展中国家具有优势的商品和服务开放市场,尽管它们强硬要求发展中国家开放自己的市场"①。然而互联网时代带来社会变革,很多国家开始意识到未来几十年附加值最高和最具竞争力的行业会转向高新制造业,这也是为何出现逆全球化,它们还是希望通过保护主义政策为本国尚处于幼稚企业阶段的高新制造业抢占先机。等到它们真正站稳了脚跟,还是会反过来推进部分低附加值的服务业和制造业的自由贸易进程,进而改善贸易条件。历史都是循环反复的。

  从世界各国的情况来看,补贴是一个普遍的经济现象,即使是成熟的市场经济国家,政府也离不开补贴这种手段,特别是对于发展中国家而言。正如《SCM协定》第27条第1款所指出的,补贴在发展中国家成员的经济发展计划中发挥着重要作用。因此,补贴和反补贴措施不能仅仅归结为法律问题,更是一个重要的经济问题,体现在国家的经济政策目标中。因此,补贴与反补贴措施在现实中的演变是由各国经济诉求的变化所决定的,研究补贴与反补贴法律制度一定要以经济学理论为基础。

---

① 〔英〕卡尔·波兰尼:《大转型——我们时代的政治与经济起源》,冯钢、刘阳译,当代世界出版社2020年版,导言。

二、研究补贴与反补贴措施要重视其法律演变过程

直至 1947 年 GATT 起草之时，补贴对国际贸易秩序的影响才为各国所关注。在世界多边贸易体制形成之初，法律问题并没有得到重视，在 GATT 前几轮的多边贸易谈判中，参加者大多是各国的外交官和贸易问题专家，很少看到法律专家的身影。由于国际经济关系的特殊性和复杂性，缺乏良好的法律基础使得 GATT 1947 的执行出现了越来越多的问题：缺乏强有力的组织机构，使得多边贸易谈判的进展越来越艰难；在各国国内利益的驱动下，形形色色的贸易保护措施层出不穷；缺乏监督执行机构，GATT 对各国违反其协定的行为显得软弱无力。[1] 因此，用法律专业知识处理 GATT 核心问题的要求以及对规则的期望超出了以往任何时候，1983 年 GATT 秘书处正式设立了法律司，从此，法律在 GATT 中发挥出越来越重要的作用。随后，8 个回合[2]的多边贸易谈判，特别是东京回合后，补贴给国际贸易带来的负面影响日益显现，以美国为首的新兴工业国家强烈要求限制补贴的使用。尤其是 20 世纪 90 年代，各国采取了若干贸易保护措施，对全球贸易自由化造成威胁，在崇尚自由贸易主义的美国倡导下[3]，乌拉圭回合谈判最终订立《SCM 协定》，对补贴的定义、反补贴措施的调查程序、损害的确定、反补贴税的征收以及多边监督和争端解决机制等加以规范，并严格限制了反补贴措施的滥用。之后，各成员方也纷纷制定了与之相一致的国内反补贴法律。于是，对 WTO 法律体系的研究日益得到重视，研究成果层出不穷。综观历史文献，20 世纪 90 年代出现了大量针对 WTO 相关协定和条文的解释、DSB 案例以及 WTO 决策过程的研究成果，呈现了 WTO 研究"法律中心主义"倾向。

因此笔者认为，掌握补贴与反补贴法律制度相关历史沿革，可以更好地理解补贴与反补贴相关协定和规则各条款的形成原因，有助于正确定位补贴与反补贴法律制度的功能，准确理解法律条款的含义；有利于认清

---

[1] 参见〔美〕约翰·H. 杰克逊：《GATT/WTO 法理与实践》，张玉卿、李成钢、杨国华等译，新华出版社 2002 年版，第 1 页。

[2] 分别是日内瓦回合（Geneva Round, 1947）、安纳西回合（Annecy Round, 1948）、托奎回合（Torquay Round, 1950）、日内瓦回合（Geneva Round, 1956）、狄龙回合（Dillon Round, 1960—1961）、肯尼迪回合（Kennedy Round, 1964—1967）、东京回合（Tokyo Round, 1973—1979）、乌拉圭回合（Uruguay Round, 1986—1994）。

[3] 美国之所以崇尚自由贸易主义理论是与其当时国内经济结构和需求密不可分的。在乌拉圭回合《SCM 协定》谈判时，美国主张严惩补贴，欧盟则强调严格规范反补贴税的征收。

各成员方在WTO补贴与反补贴规则谈判中的真实意图,并预测补贴与反补贴法律制度的未来走向。当然,这也有利于中国政府积极应对其他成员方对中国的反补贴调查,也有利于中国政府更加合规高效地制定产业政策提供补贴去促进经济和社会发展,更有利于中国调查机关利用补贴与反补贴调查维护国内产业的合法权益。

第二节 补贴和反补贴措施成因复杂

在市场经济条件下市场在资源配置中起决定性的作用,由此来看,补贴作为政府干预市场的财政手段,应该是一种辅助性的调节手段,因此其支出规模应该受到严格控制。但现实的情况是补贴广泛存在。《欧日经济伙伴关系协定》(EPA)第12.1条甚至明确指出:成员方认识到,补贴是实现公共政策目标的必要手段。在WTO争端解决案件中,补贴国往往据理力争,试图维持其补贴措施。从进口国的角度看,出口国对相应产品的补贴,等于向进口国的消费者或者下游产业提供了低价产品,而《SCM协定》将出口补贴明确规定为"禁止性"补贴。此外,《SCM协定》并不是要求WTO成员方取消所有的补贴,而是对补贴行为进行分类予以规制。这些现象的存在,说明补贴与反补贴措施的复杂性,不仅是法律的,也是经济的、政治的、文化的。对其复杂性的认识,有利于更深入理解WTO框架下补贴与反补贴措施的相关法律问题。

一、补贴措施体现了资源配置的复杂性

从经济学角度看,"国民经济核算体系"(SNA)[①]把补贴定义为"政府单位,包括非常住政府单位根据企业的生产活动水平或企业生产、销售、进口的货物和服务的数量或价值,对企业作出的现期无偿支付"。由此可见,首先,财政补贴是一种政府的转移性支出,是政府单方面的、无偿的支付。这种支出与政府的购买支出不同,其中并无等价、有偿的交换发生。

[①] SNA产生于第二次世界大战之后,市场经济国家为了避免20世纪30年代资本主义经济危机的再现,普遍要求定期统计核算国民生产总值、国民收入、社会总消费、社会总投资、社会总资产、国际收支等宏观经济指标,各国先后制订了本国的国民经济核算方案。为了使世界各国的经济核算指标具有可比性、相容性和集合性,便于国际汇总和对比,联合国于1953年制定公布了《国民经济核算体系和辅助系统表》,称旧SNA;经过实践,于1968年提出修正后的《国民经济核算体系》,称新SNA。世界上有100多个国家和地区采用该体系的基本统计方法,结合本国的实际,制定了本国的国民经济核算体系。

其次,从经济影响上看,转移性支出影响的是国民收入的分配,补贴受益人的收入增加;通过补贴受益人的支出,补贴才进一步对需求总量及结构发生影响并作用于实体经济。最后,补贴产生替代效应。由于补贴改变了一部分产品、服务和生产要素的价格,它的实施将使相对价格结构发生变化,使消费者和生产者在产品和服务可替代的范围内更多地购买受补贴品,并相对减少对其他产品、服务的购买。

政府为什么要采取这种单方面财政支出的补贴行为呢?若围绕政府补贴与价值规律的关系看,可以分为以下几种情况:

一是当价值规律不能很好发挥作用时,政府补贴可以起到激发价值规律的作用。政府可以对私人投资公用产品或服务领域给予财政支持。例如,私人建造灯塔,灯塔发出的光芒——一艘船的使用并不影响另一艘船的使用——具有公用产品的性质。而政府会对该类公用产品或服务的收费进行相应的管制,因为无论多少船只使用这个灯塔,边际成本都不会增加。[①] 那么,政府对这些公用产品或服务的投资提供补贴,具有合理性。基于此,在《SCM 协定》中,有关补贴的含义区别于经济学中的含义。政府的财政支持需要具有专向性(specificity),才能够构成《SCM 协定》中的补贴;而对公用产品或服务的政府财政支持,是经济学意义上的补贴,不属于《SCM 协定》中的补贴。

二是虽然可以依赖价值规律来优化资源配置,以此来促进经济发展,但往往需时甚长;此时运用政府补贴去主动推动这一过程,可以视为对价值规律的自觉运用。例如,企业在进行新药品的研发阶段,投资巨大,耗时较长,一种新药从研制到上市一般需要 10 年左右时间,需要从 4 000~10 000 个配方中挑选一个,平均成本为 5 亿美元[②],即使成功后能够利用专利权的保护获得收益,但时间成本巨大,此时往往需要政府对企业研发提供相应的补贴支持。《SCM 协定》第四部分"不可诉补贴",就包含了政府对企业或高校研发活动提供的补贴。

三是价值规律虽可优化资源配置,但让其自动发挥作用,则可能在特定时期导致经济波动,社会成本往往很高。此时,运用补贴来熨平这一波动,则可认为是对价值规律合理的限制。典型例子如 2020 年爆发的全球

---

① 参见薛兆丰:《薛兆丰经济学讲义》,中信出版集团股份有限公司 2018 年版,第 245 页。
② See Jacques J. Gorlin, "An Analysis of the Pharmaceutical—Related Provisions of the WTO TRIPS Agreement", Intellectual Property Institute, 1999, p.2.

新型冠状病毒肺炎(COVID-19)(以下简称"新冠肺炎")疫情,对企业打击巨大,在这个时候,政府提供相应的补贴,帮助企业渡过难关,就具有合理性。关于这类补贴的豁免性规定,《SCM协定》中没有明确规定(估计当初谈判未曾预料此类情形),但在此后的区域贸易协定中就对此类补贴进行了豁免。比如EPA第一章第12.3.3条和12.3.6条规定,本章补贴纪律不适用于双方因自然灾害或其他例外发生以及应对国家或全球经济危机而采取的补贴措施。

四是政府补贴措施看似是对价值规律的违背,但实则是为实现更重要的价值目标。因为众所周知,价值规律的自发作用可能导致国民收入分配两极分化,加剧地区发展的不均衡,而公平分配和地区均衡发展对任何社会来说都是十分重要的目标,适当运用财政补贴,有助于社会实现这些目标。例如《SCM协定》第四部分"不可诉补贴"中就包含了政府对落后地区提供的补贴。

五是政府出于发展本国某种产业的考虑,予以补贴支持。既然绝对优势理论与比较优势理论学说所倡导的自由贸易能够使各国受益,那么各国本应取消各种贸易干预措施,实施完全的贸易自由化。如大卫·李嘉图(David Ricardo)宣称,"如果将国家在贸易上所加的一切限制一扫而空,让贸易在它自己富有活力的原则下寻找它的道路前进,那就准会使贸易在差不多漫无止境的情况下增长"[1]。但是,现实情况是,没有一个国家(地区)实行绝对的自由贸易,都或多或少采取贸易政策对国际贸易进行干预或管理。这是因为:(1)对幼稚产业的保护。处于发展初期的国家,应该通过保护性的措施来保护其国内有关产业,尤其是制造业,直到该产业达到一定的规模和先进程度,能与进口产品竞争或能出口竞争。(2)对国际合作的关注。比较优势理论仅仅关注国际分工,没有关注国际合作问题。国际合作缺乏机制性安排,一旦遇到战争或商业恐慌,合作关系往往立即中断。缺乏国际合作,自由贸易就没有基础。(3)对国家经济安全的考虑。当今世界,有的国家经济发展已经达到较高程度,有的国家则还比较落后,后者如果不实行保护措施,其国民经济就会在前者的优势竞争下被打垮,从而沦落到被奴役的境地。这些保护性措施中,政府的补贴就是常见的一种措施。这种补贴的复杂性在于,其实施的效果是

---

[1] 参见〔英〕大卫·李嘉图:《李嘉图著作和通信集(第五卷)》,〔英〕斯拉法主编,蔡受百译,商务印书馆1983年版,第447页。

否能够如政府所愿,能够在市场配置资源中起到积极的辅助作用;其实施的过程是否透明且规范,而不是暗箱操作;其对国际贸易的影响是否可以预见,而不是造成产能过剩。对于这种补贴,《SCM协定》分别以"可诉性补贴"和"禁止性补贴"予以规范。值得关注的是,即使在发达国家,亦存在此类补贴。例如,DOE依据《2007年能源独立和安全法案》(EISA)第136节制定了"先进技术汽车制造贷款项目"(Advanced Technology Vehicles Manufacturing Incentive Program),美国国会对该项目的授权贷款总额达到250亿美元;并针对重点领域研究制定了《电网现代化计划》(2011)、《美国清洁能源制造计划》(2013)、《从互联网到机器人——美国机器人路线图》(2013)、《美国人工智能研究与发展战略计划》(2016)、《美国机器智能国家战略》(2018)等。再如,欧盟与美国在WTO有关飞机补贴的争端,一直诉讼了多年,迄今仍未解决。

总体而言,补贴具有相当的复杂性,不是非此即彼、非黑即白的措施,需要具体问题具体分析。需要指出的是,在资源配置过程中,市场应该起决定性的作用,补贴作为政府支持措施,只能是对市场机制的一种矫正和有益补充,补贴的方式应科学并符合市场规律和价值判断。WTO各成员方在制定补贴政策时,要注意规范性问题,要提高补贴的透明度和补贴的效率。政府应有效利用补贴的修正功能去弥补市场规律失灵时对经济发展造成的消极影响。

二、反补贴措施体现了贸易政策的复杂性

《SCM协定》将反补贴措施分为两大类(不可诉补贴条款到期后),一类是可诉性补贴,一类是禁止性补贴。其中禁止性补贴包括进口替代补贴和出口补贴。

进口替代补贴是指以本国商品替代进口商品为目的,对本国生产者或购买本国产品的消费者提供的补贴。这类补贴在经济上不被认可有两方面的原因,一是因为其违背了WTO市场准入的原则,对于其他出口国来说,这种补贴与关税等其他保护主义措施的效果是一样的;二是这类补贴会降低经济效率,因为如果本国商品需要补贴才能代替进口商品,就意味着本国生产者的生产效率低于国外生产者的效率,通过补贴支持,国内生产者扩大了生产量,就相当于将全世界范围内的资源由更高效的国外生产者导向了低效的国内生产者,降低了国际分工的效率。

同样,以促进出口为目的,对本国出口产品的补贴从经济学的角度来看,一般也都不被认可。出口补贴会增加本国商品在国际市场上的竞争力,但同时也会影响同类商品出口国在其他进口国的市场准入,甚至会导致其他出口国采取类似的补贴政策,引起恶性竞争和无谓的资源浪费。同时,出口补贴也会如同进口替代补贴一样,将资源由更有效的国外生产者导向低效的国内生产者,从而降低全球经济效率,减少贸易带来的红利。

正因如此,《SCM协定》将进口替代补贴和出口补贴归类为"禁止性"补贴,无须证明损害就可以采取反补贴措施。

虽然从全球的角度来看,降低出口商品价格的补贴往往会降低全球经济效率,减少贸易红利,但是从进口国的角度来看,如果其进口商品得到了出口国的补贴,无论是会影响效率的出口补贴还是一些其他形式的国内补贴,进口国一般来说是会受益的,因为实质上进口国是在以更低的价格购买他国的商品。就算本国也有生产类似商品的企业,如果仅仅考虑经济利益,而不考虑其他,那么在一般的市场条件下[①],消费者从低价进口商品获得的利益远远大于生产者受到的损害,因为消费者可以更低的价格购买更多的商品,而生产者也可以将生产资料投入其他回报更高的行业中去,其社会总福利甚至会比在自由贸易下还高。这也是"感谢信"派观点的来源,因为从经济利益的角度来看,进口国对于出口国补贴的正确处理方式应该是向对方的大使馆发一封感谢信。

这一点有助于理解实践中的贸易政策。因为在笔者看来,这既反映了日本与美国在20世纪50年代到20世纪80年代的贸易关系,也反映了中国与美国在20世纪80年代到21世纪10年代的贸易关系。在相对应的历史时期里,美国国内消费的低附加值工业产品主要是从这两个国家进口的,这两个国家也都或多或少通过补贴政策或者外汇政策降低了本国商品的价格,其生产的产品也并没有对美国主要行业产生竞争的威胁,而且两国都利用贸易所获取的美元购买了大量的美国国债,相当于把贸易所得又借给了美国。从以上分析来看,美国才是这种贸易关系的最大获利者,而美国在20世纪80年代和近几年对中国的发难,本身不是针对这种贸易关系,或仅针对补贴本身,而是因为中国在攀爬全球产业链的

---

① 主要排除两种特殊情况:一是倾销导致国内外类似商品生产商都停止生产,并且不能在短时间内重新进入市场,这就会导致出口国生产商成为寡头,可以大幅度提价,减少进口国的国民福利;二是"战略贸易理论",在多寡头的市场环境下,补贴可以增加出口国的市场份额,降低进口国的国民福利。

过程中开始触及美国的核心利益。从美国的经济利益角度来看,他国的补贴打造了竞争优势,使其在高附加值的产业领域成为美国的竞争对手,触及了美国的核心利益。

总而言之,笔者认为 GATT/WTO 下的补贴与反补贴体系是建立在经济学理论基础之上的,其本身并不是一套完善、最优的体系,而是一套通过各国协商和妥协在不断演变的体系。无论是发展中国家成员方还是发达国家成员方,有不满意的地方都应努力去实现自己的诉求,改变现有规则,以实现自己的经济、政治和社会目标。更重要的是,从经济学原理的角度来看,降低出口商品价格的补贴并不会影响进口国的核心经济利益,最后威胁到进口国的往往是出口国产业快速的升级转型,在国际市场上对进口国的高附加值产业形成了竞争性的威胁,才会导致进口国采取保护主义措施或以其他经济以及非经济的手段来维持自身的利益。

三、补贴与反补贴措施对福利的影响

传统经济学以完全竞争和信息的完全充分为前提,不考虑规模收益变化。在现实情况下,这种理想的假设是不合理的,而且有很多复杂的复合因子,这也使得在实践中判断补贴及反补贴措施对福利的影响变得十分复杂。比如,就出口补贴来说,不论补贴对补贴国的福利影响如何,进口国都会因外国补贴而增加国民福利,进口国政府采取反补贴措施以抵消外国补贴的行为是降低本国国民福利的,进口国不但不应当征收反补贴税,相反还应当感谢补贴国为其增加国民福利。即使外国政府的补贴使得外国产业能够比效率更高的国内产业以更低的成本进行销售,进口国政府也无须担心外国产业的这种成本优势,而应当承认重新确定的国际价格支配着这些产品的市场,从而将本国稀缺资源更好地分配到那些更具效率的产品生产中去。只有在补贴国以垄断为目的而进行补贴的情况下,进口国采取的反补贴措施才可能保护本国国民福利不受减损,该观点被称为"感谢信"派。[①] 但是,这个观点是不全面的。杰克逊教授一针见血地指出上述观点的偏颇之处:考虑的角度都仅仅从进口国出发,没有从全球福利的角度出发。[②] 笔者赞同杰克逊教授的观点,进口国

---

① See John H. Jackson, William J. Davey and Alan O. Sykes, Jr, *Legal Problems of International Economic Relations Cases, Materials and Text*, 4th ed., West Group, 1992, p.771.

② *Ibid.*, p.772.

采取反补贴措施征收反补贴税不仅是保护国内产业免受损害的需要,也是实现全球福利最大化的需要。

以全球福利最大化的"经济效率"派认为,随着自由贸易政策所强调的公平竞争与"比较优势"原则在国际贸易中的兴起,补贴的做法不但会扭曲补贴国国内资源的有效分配,还会使其国内的整体福利下降,故受到"比较优势"原则的质疑。"经济效率"派认为应该最大限度地减少扭曲自由贸易的政府政策,政府补贴试图为国内产业创造成本优势就是对市场的扭曲,会导致资源配置失衡,从而降低经济效率。而在多边力量不足以阻止国家采取补贴政策的情况下,就有必要通过单边征收反补贴税的方法来进行有效的贸易限制,因而制定和实施反补贴税法是非常必要的。如果有一个类似于欧盟对产业损害幅度评估的方法可以对自身福利和贸易伙伴福利的影响进行福利分析,是不是可以更加精准和科学地确认本国的均衡位置呢?虽然在整体上看,实际情况通常是对一国有利的结果往往对另一国是不利的。贸易的成败事关整个国家的得失。①

同理,以博弈论为理论基础进行客观分析,会发现补贴与反补贴措施是共生的,使全球福利和国内福利最大化的最有效战略是让所有的国家避免成为第一个补贴者。但是当某个外国政府因利益驱动而成为首个补贴者时,根据博弈理论,此时提高国民福利和全球福利的最有效策略就是立刻针锋相对地予以反击。虽然对于进口国而言,为了规制贸易伙伴的补贴行为而征收反补贴税,最初可能发生一定的成本,但若不征税,进口国需要花费更多的成本去适应由于补贴而造成的价格扭曲以及资源的重新配置。

最后,如果基于新贸易理论分析,适当合理的补贴可以增加补贴国的福利,也有可能改善全球经济效率。在多寡头垄断的国际市场里,补贴可以使本国产业获取更大的国际发展空间,将他国企业的利润转移到本国企业中来,从而增加本国国民福利;同理,当幼稚行业存在收益递增的规模经济时,补贴可以帮助无法靠市场力量发展起来的产业完成基础设施等方面的原始积累,从而使其成长为高效的新兴产业,进而改善全球经济效率,提升全球福利。因此,反补贴税的征收应该是以消除不良影响为限度的,否则如同可抵消的补贴一样,是不公平的贸易行为,这也是《SCM协定》以及各国国内反补贴法所要解决的问题。

---

① 参见〔美〕拉夫尔·戈莫里、〔美〕威廉·鲍莫尔:《全球贸易和国家利益冲突》,文爽、乔羽译,李婧校,中信出版集团 2018 年版,第 85 页。

第三节　贸易政策与贸易理论的演变史

贸易理论源于国际贸易的实践,客观地反映了社会经济发展,而贸易理论又会改变贸易政策,催生新的贸易实践,以此周而复始,推动国家经济和国际贸易的发展。[①] 纵观历史,各国在贸易政策上的主张总是在贸易保护主义和自由贸易主义之间交替轮换,各国会根据其经济发展阶段的不同、在全球产业链所处的位置、主要产业在全球市场竞争的需要,去推行对自己最有利的全球贸易体制,并从不同的贸易和经济理论中寻求支持。这也导致了政府在制定政策时所采纳的贸易学说往往与该贸易学说的产生有时间差,如英国的自由贸易运动掀起于亚当·斯密学说出版后的半个世纪;而美国幼稚产业保护政策在汉密尔顿(Alexander Hamilton)报告出版25年后才被实施。[②]

从各国贸易政策的演变史中不难看出,各国所采取的主张和试图推行的全球贸易制度都以本国经济利益为出发点,没有一个国家会真正接受古典贸易理论中的比较优势的说法,将本国经济限制于低附加值、劳动密集、资源密集的产业,所有国家都会尝试升级自己的产业,提高整体经济效率,试图用有限的生产资料生产出最多的产品,从而能在国际贸易交换中获得更大的社会福利。当少数特定国家的主要产业处于全球供应链的顶端,其生产力远远超过世界其他国家时,它们往往会推行自由贸易主义的主张,开拓海外市场,改善本国贸易条件,而当其他国家的产业结构和生产力逐渐赶上甚至超越了这些国家时,它们就会采取贸易保护措施,打压他国的产业升级转型,并扶持本国新兴产业,进一步培养新的增长动力。

在笔者看来,各国贸易政策的演变将这个规律体现得淋漓尽致,第一阶段是工业革命到第二次世界大战前各工业化国家贸易政策的演变,第二阶段是第二次世界大战后发达国家与发展中国家贸易政策的角逐。工业革命早期,英国在生产力上占据了绝对的优势,因此提倡自由贸易主义,而以美国和德国为代表的其他工业化国家,由于其工业发展相对于英国仍然处于落后地位,不得不提倡贸易保护主义,以扶持本国工业发

[①] 参见曹建明、贺小勇:《世界贸易组织》(第二版),法律出版社2004年版,第7页。
[②] 同上。

展;但是到了20世纪初期,欧美各国工业发展都到达了一个较高的水平,各国间竞争日益明显,贸易保护主义开始盛行,再加上30年代经济大萧条的冲击,各国间的贸易壁垒达到了一个前所未有的高度。

第二次世界大战之后,发达国家间达成了一定的共识,形成了一套以美国为核心的国际贸易体系,而这种贸易和产业上的角逐更多是在发达国家与发展中国家间得到了体现。发达国家逐渐变成以高附加值制造业和服务业为主的经济体,而其国内所需的低附加值制造业主要从发展中国家进口,先是日本,然后是中国。在这种国际分工的背景下,推进商品的自由贸易既开拓了高附加值制造业海外的市场,又通过国际竞争降低了低附加值制造业商品的价格,而当一些高速发展的发展中国家到达了一个新的经济发展阶段,开始由低附加值制造业向高附加值制造业和服务业转型时,某些发达国家就会采取贸易保护主义手段或者其他政治经济措施来维护本国产业的利益,阻止这些发展中国家继续升级转型。

一、工业革命前的重商主义

15世纪到18世纪中叶,西欧各国处于原始工业化时期(Proto-industrialization)阶段,开始走向世界市场,以商业农产品和小作坊手工艺品为主的商品经济逐步形成,这一经济现象促成了重商主义思想的发展。在英国、西班牙、法国和荷兰等国出现了许多关于国际贸易方面的著作,但尚未形成系统的理论,这些理论被统称为重商主义(Mercantilism)。重商主义是早期的国际贸易理论,它代表的是商业资本利益的经济思想和政策体系,主张国家贸易政策应当以增加出口、禁止或减少进口为目标,最大化减少贸易经常账户的赤字,从而增加以金银为主的国内货币储存,因为其认为货币是衡量财富的唯一标准。英国是当时经济最发达的国家,重商主义的发展也最为成熟。英国根据重商主义理论对美洲大陆殖民地实行严格的贸易政策,使英国本土获得了超额利润,但也正是这种苛刻的贸易政策,导致波士顿的茶农暴力反抗,由此引发了美国的独立战争。独立战争是反重商主义的体现。

重商主义的发展经历了两个阶段,即以"货币差额论"为中心的早期重商主义时期(从15世纪到16世纪中叶)和以"贸易差额论"为中心的晚期重商主义时期(从16世纪下半叶到17世纪中叶)。这一时期的资本主义国家经历了形成、发展、积累、强大的过程,为了实现重商主义的政策目标,欧洲各国在此阶段都采取了贸易保护政策。这一时期是资本主义形成和原始积累的历史阶段,各国生产效率并没有显著差异,也不存在需要大力拓展海外市场来满足国内生产力的需求。有一种理论认为,重商主义的产生是因为当时西欧各国从亚洲进口了大量手工艺品和原材料,这类贸易赤字导致西欧各国金银的大量外流,从而导致其国内货币流通不足,并压抑了国内经济发展,以当时人们对经济原理的理解,他们能想到唯一的解决方案就是采取重商主义贸易政策,但实际上这种货币短缺的现象直到工业革命初期和拿破仑战争时期,随着纸币的出现才得到了缓解。

重商主义学说认为,财富和利润都来自货币和商品的交换,即财富来自流通领域,国内贸易只是财富在国家内部的转移,不会增加该国的财富,只有对外贸易才能增加一个国家的财富。也就是说,必须进行国家干预,实行保护主义的对外贸易政策,保证黄金白银能够更多地流入国内,较少地流向国外,确保对外贸易顺差,维持有利的贸易平衡。要保证对外贸易顺差,就要采取各种保护措施来限制进口和鼓励出口,如采取高额的进口关税、出口退税和出口补贴等贸易保护工具。因此,重商主义学说主张国家干预经济,导致当时西欧各国对其贸易实行严格的管制和保护措施,往往采取关税与出口补贴相结合的方式来抑制进口,增加出口,甚至使国内生产商在政府补贴政策的支持下,对外实行倾销策略,有效地排挤竞争对手,占领并扩大市场。从短期的经济效益来看,其亏损可从政府的出口补贴和国内市场的高价中得到补偿;从长期的经济效益来看,其因在国际市场上的垄断地位而获得补偿。对实施补贴的政府而言,其通过产业的发展获得有力的贸易地位,运用国家干预来迅速积累国家财富,进而提高国家的竞争力。①

英国的《谷物法》就是重商主义最有代表性的政策,亚当·斯密在《国富论》中对此政策进行了详细的分析与批判。重商主义对外贸易理论和政策在一定的历史阶段刺激了资本的原始积累,推动了资本主义生产方式的发展,促进了商品货币经济的蓬勃发展和封建自然经济的加速瓦解。但是,随着资本主义的进一步发展,18世纪末期特别是进入19世纪中期,以英国为首的工业先行国家生产力大幅提高,规模优势和成本优势已经完全显现,无须出口补贴就能够支持其在国际市场的竞争地位,国内也开始出现过剩的产能。在这种情况下,重商主义制度下建立的经济

---

① 参见叶全良、孟阳、田振花:《国际商务与反补贴》,人民出版社2005年版,第28页。

上的特许以及垄断制度带来的效率低下等弊端阻碍了生产力的发展,而西方各国在工业化上的进程速度也开始出现分化,因此从 18 世纪末期开始,各国开始采取不同的贸易政策,并以不同的贸易理论作为支撑。

二、西方早期贸易政策与古典贸易理论

在古典经济学家看来,重商主义是庸俗的,把货币积累与供给等同于经济繁荣是错误的,把国际贸易看作一种零和游戏的观点也是一种错误。代表性的经济学家有威廉·佩第、亚当·斯密、大卫·李嘉图、托马斯·马尔萨斯等。他们都认为,自由竞争的市场机制是由一只"看不见的手"支配着社会经济活动;反对国家干预经济生活,主张市场调节,实行自由放任原则的经济政策;分析了国民财富增长的条件、促进或阻碍国民财富增长的原因。

从 18 世纪末期开始,英国与以美国、德国为代表的西方国家采取了完全相反的贸易政策,英国以亚当·斯密的绝对优势理论(absolute advantage theory)和大卫·李嘉图比较优势理论(comparative advantage theory)为基础,开始倡导自由贸易。

在当时的历史条件下,英国工业革命大大提高了生产力和劳动生产率,国内产能的过剩需要通过扩大销售市场来化解,而通过各种手段开拓海外市场,是英国、荷兰等西方强国的首要目标,而这些目标有通过战争和侵略手段实现的,有通过谈判和不平等条约实现的。市场渗透是所有帝国主义国家明确表达的政治目标[①],如英国利用鸦片消除对华贸易逆差以及实现对印度的殖民统治;英国主导的"自由贸易"体制使得埃及屈服于英帝国主义,无法与英国的利益和计划相抗衡,无法实现工业化。[②] 在同一时期,以美国和德国为代表的其他西方国家,其工业化进程相比英国较慢,国内制造业在国际市场上缺少竞争力,为了保护本国工业的发展,不得不采取保护主义的贸易政策。美国和德国分别采用了亚历山大·汉密尔顿(1791 年)和李斯特(1841 年)提出的贸易保护理论,实行了贸易保护主义政策。格林斯潘指出,亚历山大·汉密尔顿给美国设计的是一个依靠工业生产来推动经济进步、依靠银行来灌溉经济运作的

---

① 参见〔美〕斯文·贝克特:《棉花帝国——一部资本主义全球史》,徐轶杰、杨燕译,民主与建设出版社 2019 年版,第 347 页。
② 同上书,第 151 页。

城镇化国家。① 因此,英国和德国、美国采取不一样的贸易政策,这是基于不同时期该国经济在全球的地位所决定的。

(一)亚当·斯密的绝对优势理论

自由主义的推行促进了工业革命的发展,工业革命也推动了自由主义的发展。从18世纪60年代开始,英国开始了工业革命,并逐渐成为当时工业化最发达的国家,在世界经济中占主导地位。巨大的生产力需要从海外获得廉价原料和一个更加开放的世界销售市场,以实现增加出口的目的。这必然要求实行自由贸易,废除根据重商主义理论建立起来的对外贸易管制政策,为新兴产业资本的扩张扫清障碍。英国古典经济学应运而生。这一学说的著名代表为亚当·斯密(Adam Smith,1723—1790),他认为国民财富是一个国家生产的商品价值的总量,任何一个部门的劳动都是财富的源泉;自由贸易能够促进生产的发展和产量的增加,通过国际分工使两个国家的生产要素从生产能力低的行业转移到高的行业,实现资源再配置,提高生产效率。亚当·斯密极力反对重商主义提出的国家贸易保护和补贴政策可以增加财富的观点,认为通过国家干预人为地保持贸易顺差本身是徒劳无益的,保护政策绝对不会增加资本数量,只能使一部分资本转入此前没有的或不很发达的产业而已。② 亚当·斯密认为,市场这只"看不见的手"会自动协调各方利益。每一个国家都有适宜于生产某些特定产品的绝对有利的生产条件,通过专业化生产,然后彼此进行交换,这对交换双方都是有利的,自由贸易不仅不会使一国破产,反而会使它变得更加富裕和强大。亚当·斯密主张对内采取自由放任的经济政策,对外实行自由贸易政策,反对国家干预并力主解除国家对贸易的管制,包括关税征收、出口补贴和奖励金,认为政府的职责是"守夜人",维护公共安全和管理,提供公共服务。该主张符合英国当时需要打开其他国家市场的经济需求,因此得到了官方的支持和宣扬。亚当·斯密提出的绝对优势理论学说,为自由贸易政策奠定了理论基础,第一次从生产领域阐述了各国之间通过各自绝对优势进行分工和专业化生产,提高效率获得经济利益,进而增加社会财富的理论。亚当·斯密明确地指出了国际贸易的基本原因和利益所在以及分工对提高劳动生

---

① 参见〔美〕艾伦·格林斯潘、〔美〕阿德里安·伍尔德里奇:《繁荣与衰退——一部美国经济发展史》,束宇译,中信出版集团2019年版,引言第XV页。
② 参见曹建明、贺小勇:《世界贸易组织》(第二版),法律出版社2004年版,第4页。

产率和促进生产力发展的巨大意义,从而为建立科学的国际贸易理论奠定了良好的基础。其成名之作《国民财富的性质和原因的研究》①明确提出了经济自由主义思想,对重商主义贸易保护的观点进行了系统评判,论证了国与国之间开展不受限制的贸易活动所形成的国际分工是经济增长的重要途径。

(二)大卫·李嘉图的比较优势理论

绝对优势理论有其先进性和合理性,但仍无法回答一个现实问题:两国在做贸易,但一国在任何产业均无优势,那么,是两国均能获益,还是没有优势的国家净损失而另一国净受益?②

英国工业资产阶级的代言人大卫·李嘉图(David Ricardo,1772—1823)作为古典经济学的集大成者在1817年发表的《政治经济学及赋税原理》(On the Principles of Political Economy and Taxation)中回答了这个问题。他提出比较优势理论,认为基于各国劳动生产率的不同,只要相对劳动生产率水平不一致,各国都可有各自的比较优势。在自由贸易条件下,只要两国选择各自在成本上具有比较优势(即较大的比较优势或较小的比较劣势)的产品参与国际分工,进行专业化生产,然后参与国际交换,可使资源配置更加合理,节约社会劳动,提高劳动生产率,两国都可从国际贸易中获得利益。李嘉图认为,自由贸易对于英国而言,"如果外国认识了自由贸易主义的原则,这就毫无疑问,英国所获得的利益,将数倍于任何国家可以从这一规则得到的利益"③。"在商业完全自由的制度下,各国都必然把它的资本和劳动用在最有利于本国的用途上,这种个体利益的追求很好地与整体的普遍幸福结合在一起。由于鼓励勤勉,奖励智巧,并最有效地利用自然所赋予的各种特殊力量,它使劳动得到最有效和最经济的分配;同时,由于增加生产总额,它使人们都得到好处,并以利害关系和互相交往的共同纽带把文明世界各民族结合成一个统一的社会";"但最能保障整体利益的莫过于把总资本做最有利的分配,也就是实行普遍的自由贸易"。④ 英国也依此理论成为一个实行自由贸易的国家。综上,在该理论下,任何对经济的干预都是不明智的,是不利于国际分工和国际贸易的。由此,补贴的使用自然是对自由经济的阻碍,是不该

---

① Inquiry into the Nature and Causes of the Wealth of Nations,也翻译为《国富论》。
② 参见曹建明、贺小勇:《世界贸易组织》(第二版),法律出版社2004年版,第5页。
③ 同上书,第6页。
④ 任勤:《贸易自由与贸易保护的相互博弈、制衡与兼容》,载《福建论坛》2005年第3期。

支持的。该理论虽然没有直接分析补贴给自由贸易带来的负面影响,但却为日后反补贴措施的提出提供了理论基础,并成为 WTO 不断发展和完善的理论依据。

比较优势理论将亚当·斯密基于绝对优势的自由贸易理论向前推进了一大步,解释了当今世界经济技术发展水平和层次不同的国家之间进行贸易的基础。绝对优势关注的是不同国家生产同一种产品的效率差别,而比较优势关注的首先是同一国家内部生产不同产品的效率差别,然后才是不同国家间的对比。这一学说发展脉络为当时大部分经济学家接受,并为后来的经济学家所推崇,以此为基础通过赫克歇尔(Heckscher)和俄林(Ohlin)将技术、要素禀赋和偏好集于一体、建立在一般均衡分析框架基础上的新古典贸易理论(即"自然禀赋"学说)的标准模型揭示了国际贸易产生的原因以及开放市场的积极效果。

"自然禀赋"和"自由贸易"学说之所以成为英国贸易政策的理论基石,上述两位代表性的经济学家和他们的自由贸易理论之所以也得到政府的认可和推崇,是因为他们为当时英国资产阶级向外扩张和建立世界霸权提供了理论依据。英国从 1786 年订立《英法通商条约》开始推行自由贸易,将原来基于重商主义的保护干涉措施先后废除,自此进入了自由贸易的黄金时代。但事实上,英国当时能成为世界头号工业强国,并不是因为其倡导自由贸易,而是因为其经济发展阶段需要推行自由贸易,英国政府又不择手段地打开了世界上许多国家的大门,为本国经济发展获取了大量廉价的原材料和海外市场,才快速发展成了世界头号工业强国。

由此可见,政策制定者信奉的是实用主义哲学,其采取的经济学理论都是出于本国经济发展需要,是为了现实服务的;而经济学家的经济学说因能够服务于政策需要,所以声名显赫,这也是为何会有经济学是一门科学而不应是一门显学之争。

(三)亚历山大·汉密尔顿的贸易保护学说

18 世纪美国独立之初,经济上仍然受英国的控制,工业革命也处于起步阶段,与英国相比,基础非常差,于是美国采用贸易保护制度与英国的自由贸易政策相对抗。曾任首届美国财政部部长的亚历山大·汉密尔顿于 1791 年 12 月向国会提交了著名的《关于制造业的报告》(Report On the Subject of Manufactures),阐述了保护和发展制造业的必要性和有利条件,极力主张保护贸易关税,并提出了工业保护制度的纲领和以加强国家干预为主要内容的一系列措施,如禁止进口或限制进口、禁止原材料出口、实行出口补贴或出口奖励制度、对以出口为目的的进口产品实行关税减免或退税等。上述主张对美国政府的经济政策产生了深远影响,美国的工业在高度保护条件下迅速发展,于20世纪前半叶取代英国成为世界头号工业强国。汉密尔顿的学说为落后国家进行经济自卫并与先进国家相抗衡提供了理论依据,恩格斯在《保护关税制度和自由贸易》一文中肯定了美国选择贸易保护政策的重要意义。

(四)李斯特的保护幼稚工业论

19世纪初期,德国在纺织、采矿、冶金、机械制造等行业都有所发展,但与英国相比还相当落后,受英国廉价工业品的冲击很大。[1] 德国贸易保护学派的代表人物李斯特(Friederich List)于1841年在《政治经济学的国民体系》(National System of Political Economy)一书中提出了"保护幼稚工业论"。李斯特认为,一个国家进入农工商业时期以后,实行自由贸易是可取的,因为民族工业已具备国际竞争力,可以在国外市场上进行无所限制的竞争。李斯特一针见血地指出对工商业已经具有国际竞争力的英国来说,提倡自由贸易是可取的,英国采取的策略是"向别的国家苦口宣传自由贸易的好处,用那种过来人后悔莫及的语气告诉它们,自己过去走了许多弯路,现在才终于发现了自由贸易这个真理"[2],其真实目的是通过自由贸易政策理论来扼杀其未来的竞争对手。[3] 李斯特认为对于当时的德国,经济状况类似于英国经济发展的早期阶段,应该对与国家发展相关的幼稚工业(即有前途但刚刚发展且国外有强有力竞争对手的工业)实行保护。李斯特还认为,实行贸易保护主义是发展民族工业所必须付出的代价。在该理论的指导下,19世纪末期,德国成为欧洲高度贸易保护的国家,德国经济在保护政策的扶持下有了飞速发展。马克思在评价保护关税政策时指出:"保护关税成了它反对封建主义和专制政权的武器,是它聚集了自己的力量和实现国内自由贸易的手段。"[4] 李斯特提出的经济发展的不同阶段应采取不同的对外贸易政策的观点是科学的,为德国在市场经济初期制定符合国情的发展战略和经济政策提供了理论依

---

[1] 参见冯宗宪等主编:《国际贸易理论、政策与实务》,西安交通大学出版社2004年版,第178页。

[2] 〔德〕弗里德里希·李斯特:《政治经济学的自然体系》,杨春学译,商务印书馆1997年版,第307页。

[3] 参见左大培:《对自由贸易的迷信》,载《经济管理文摘》2002年第7期。

[4] 《马克思恩格斯选集》(第四卷),人民出版社1972年版,第282、459页。

据,确立了保护贸易理论在国际贸易理论体系中的地位,标志着自由贸易学派和保护贸易学派的完全形成,为发达国家保护增长产业提供了理论依据,也为发展中国家和农业国家工业化提供了思路。

综上,贸易保护学说和保护幼稚工业论被统称为古典贸易保护理论,其核心思想是:国家应该通过保护性关税和配额或者其他手段如补贴等,来保护发展早期产业尤其是制造业,直到该产业发展到一定的规模和具有比较优势后,能与进口产品竞争或能够出口;当本国的新生工业发展到足够强大可以与外国同类产业进行竞争时就撤销贸易保护。这一理论为美国、加拿大、德国和日本等许多国家的贸易保护政策提供了理论依据,也为后来 GATT 的幼稚产业保护条款提供了经济理论依据。但早期的贸易保护主义并没有真正形成完整的理论体系,由于缺少扎实的经济学基础,并不能清晰地解释在什么情况下一国应当采取贸易保护政策,以及为何采取贸易保护政策会对一国乃至全球经济产生比以比较优势为基础的自由贸易政策更优的结果。这也是为何古典自由贸易理论在很长一段时间里都占据了绝对优势的主要原因。

笔者认为,古典自由贸易理论假设的前提是国际市场和国内市场处于完全静止状态,但比较优势会要求资源丰富和人口丰富的国家生产劳动力资源密集的低附加值产品,而资本和技术丰厚的国家生产利润更高的商品。虽然比较优势理论很好地阐释了国际分工的必然性和自由贸易对全球经济效率提高的重要性,但在现实世界里,并没有哪个国家甘愿永远生产低附加值、资源密集、劳动力密集型的产品,所有国家都希望能站在全球产业链的顶端,以最少的生产资料生产最多的高附加值商品来换取更多的利润。资本和技术需要有一个积累过程,此过程中不得不采取保护主义政策,这又必然会损害他国利益。因此,贸易保护主义理论为各国决策者所簇拥,因为在不具有比较优势的行业实行自由贸易政策,国家只能成为受害者。也正是这种亘古不变的动因,才促使了贸易保护主义理论的不断成熟和演变。

三、第二次世界大战前西方各国贸易保护政策与凯恩斯理论

在 19 世纪末 20 世纪初,美国和德国的贸易保护政策开花结果,其发展进程基本上达到了与英国持平的水平,同时两国还在发展大规模的工业产品制造商,进一步通过规模效益降低成本,提升本国工业产品在国际市场的竞争力。随着发达工业国家的产品大量涌入世界市场,由于各个

国家经济发展阶段不同,在各个行业的实力不同,每个国家都希望在自己国家工业化程度高的行业实行自由贸易政策,对自己工业化程度还不高的行业实行贸易保护政策。

在这种历史背景下,爱德华时期的英国于19世纪90年代开始了关税改革,其中最有名的是1903年成立的英国关税改革联盟,包括了许多当时有名的政治家和学者,但由于种种政治原因,此项改革最终并没有真正实现。而奉行自由贸易主义的英国,其全球经济地位也开始走下坡路,标志性事件是从1918年开始,纽约逐步取代了伦敦,成为全球金融和商贸的中心。直至20世纪20年代,英国政府才开始在汽车、化工、人造丝(rayon)等当时的新兴产业增加关税,通过贸易保护政策鼓励本国相关行业的发展,使其能与美国和德国等国在国际市场上竞争,但为时已晚,整个20年代,英国经济几乎陷入了停滞。而受全球经济大萧条的影响,美国于1930年通过《斯穆特-霍利关税法案》①进一步提高了对两万多种进口商品征收的关税;英国随后彻底放弃了自由贸易政策,于1932年通过了《进口税法案》,对绝大多数进口商品征收10%的进口关税。

简而言之,由于当时西方国家经济阶段相似,各行业间国际竞争日益加强,发展水平自然有高低之分,每个国家都希望在自己国家工业化程度高的行业实行贸易自由政策,对自己工业化程度还不高的行业实行贸易保护政策。各国竞相采取贸易保护措施,关税壁垒与补贴大量出现,自由贸易由此受到沉重的打击。各国自身的经济危机由于无法通过世界市场进行调节,从而发展成为世界范围的经济危机。三次世界范围的经济危机及因之而来的两次世界大战,使一度在西方国家占主流地位的古典经济学理论受到了严重的质疑。因为古典经济学理论无法解释经济危机的现象,无法找到发生经济危机的原因,也没有解决经济危机的办法和理论依据。各国政府迫切需要一种新的经济理论来为国家干预经济政策提供理论依据,凯恩斯理论适时而生。

凯恩斯理论主要研究如何扩大有效需求,解决生产力过剩,提高国民

---

① 1930年美国总统胡佛签署《斯穆特-霍利关税法案》,对两万多种进口商品征收50%的关税,结果造成许多国家对美国采取了报复性关税措施,使美国的进口额和出口额都骤降。美国的进口额从1929年的44亿美元骤降至1933年的15亿美元,降幅达66%;美国的出口额则从54亿美元骤降至21亿美元,降幅达61%。1929—1934年间的世界贸易规模萎缩了约66%。该法案是造成全球经济大萧条的诱因之一。

收入水平,吸收更多的就业者,达到充分就业。但在对外贸易政策方面,虽然在凯恩斯的一生中其主张多次发生变化①,并未形成一套完整明确的理论体系,但其主张通过政府干预来扩大出口、限制进口,同时也认为,顺差过大也可能不利于本国的经济,会造成工资成本上升而影响竞争力,会造成国内利率降低而使贵金属外流,会对其他国家造成损害而发生毫无意义的国际竞争。这一理论为 GATT 的存在提供了理论依据。而且凯恩斯和同期的经济学家为政府使用补贴政策改善经济效率,刺激经济增长打下了重要的理论基础。比如剑桥大学的经济学教授庇古(Arthur Cecil Pigou,1877—1959)在 1920 年出版的《福利经济学》一书中指出,政府应该对资源配置进行干预,通过补贴鼓励那些边际私人纯产值大于边际社会纯产值的产业发展,实现社会福利最大化。② 这也是西方理论界关于财政补贴的最早研究。随后很多的研究都围绕着福利和利益分享、公益事业的定价、补贴与税收的关系等问题而展开。

四、第二次世界大战后国际自由贸易与新贸易理论的发展

第二次世界大战后,各国都需要尽快恢复生产、重建经济,而发达国家不仅需要对国内经济进行重建,也需要对国际经济秩序进行修复。在当时,商品贸易仍旧是各国经济往来的主要部分,国际贸易秩序的恢复是国际经济秩序恢复的主要内容。当时恢复世界贸易所要面对的问题,主要是竞相贬值的汇率政策和各国间的关税壁垒。③ 20 世纪二三十年代经济危机依然影响着各国的经济复苏,主要表现为:国际货币体制崩溃,国际金融秩序一片混乱,外汇投机盛行,资本市场游资泛滥,国家间的经济贸易关系矛盾重重,特别是随着凯恩斯理论的广泛应用,高关税壁垒丛生,各国竭力推行贸易保护政策以维护本国经济。出口补贴导致的不公平竞争以及反补贴措施滥用、高关税壁垒等严重影响了国际贸易的健康发展,扭曲或损害了贸易各国的利益。各国意识到无序状态危害了国际贸易,抑制了经济的自由增长,必须解决零和效应与囚徒困境。

为改变国际社会的无序状态,1946 年世界贸易和就业会议成立了组

---

① See Barry Eichengreen, The Journal of Economic History, Vol. 44, No. 2, *The Tasks of Economic History* (Jun., 1984), pp.363-373.
② 参见陈支农:《庇古与〈福利经济学〉》,载《财经政法资讯》2001 年第 2 期。
③ 参见[美]科依勒·贝格威尔、罗伯特·W. 思泰格尔:《世界贸易体系经济学》,雷达、詹宏毅等译,中国人民大学出版社 2005 年版,第 1 页。

建国际贸易组织的筹备委员会,讨论并于1947年10月审议通过美国提出的《国际贸易组织宪章》(即《哈瓦那宪章》),但由于美国国会的反对,最终导致国际贸易组织的流产。在《哈瓦那宪章》起草和审批的同时,参与国已着手进行了一系列的多边谈判,1947年10月,23个国家进行了关税减让谈判,并最终达成了GATT 1947,并自1948年1月1日起临时生效。GATT原本是想作为国际贸易组织的一部分,但由于国际贸易组织中途夭折,这个临时生效的协定竟一直"临时"了近50年,在促进国际贸易的自由发展和解决国家间的贸易分歧与纠纷中起到了非常重要的作用。

通过研究对外贸易政策在世界范围内的演变,我们可以看到,虽然每个国家都希望自己的国家实行贸易保护政策而其他的国家都实行自由贸易政策,但这是不可能实现的。各国推行贸易保护主义实现自身利益不惜损害他国利益的冲动是永远存在的。希望通过市场的自动调节功能来使各国实行合适的贸易政策,也是不现实的。各国在贸易政策领域的博弈是一个囚徒困境,当其他国家都实行自由贸易政策时,一国如果采取贸易保护政策就会受益;当其他各国都实行贸易保护政策时,一国的最优选择也是实行贸易保护政策;但是当全球各国都实行自由贸易政策时,全球的利益才是最大化的。因此,最佳的解决办法就是通过在世界范围内建立多边贸易体系,通过多边贸易谈判来制定可行的协定使各成员方实行克制的贸易政策。因此,补贴作为最隐蔽的贸易保护工具之一,成为在《关税及贸易总协定》之后各国最为喜欢的贸易工具之一,可以说,补贴与反补贴措施作为贸易政策手段真正被加以重视和研究,是从GATT开始。《布雷顿森林协定》[①]在金融领域也起到了相同的作用。这两项应运而生的经济协定对世界经济发展产生了深远影响,并由此形成了第二次世界大战后的国际贸易体系和国际货币体系。

但笔者认为,发达国家在建立这套国际贸易体系时,是有着更深层次考虑的。在经历了19世纪二三十年代的贸易壁垒战之后,发达国家充分意识到了它们之间以贸易壁垒为手段的竞争损耗是极大的,与其争夺其他发达国家有限的市场份额,还不如通过自由贸易拓展发展中国家市

---

① 1944年7月,在美国新罕布什尔州的布雷顿森林召开有44个国家参加的联合国与联盟国家国际货币金融会议,通过以"怀特计划"为基础的《联合国家货币金融会议的最后决议书》以及《国际货币基金组织协定》和《国际复兴开发银行协定》两个附件,总称为《布雷顿森林协定》。

场,同时进行国际再分工,将附加值低的制造业让利给发展中国家,而发达国家进一步将生产资料集中于高附加值的制造业和服务业。这种全球范围内的再分工,在过去的 70 年里的确给发展中国家带来了难得的机会,也为全球经济带来了前所未有的繁荣景象,但这种全球分工模式注定是不会长久的。

任何一个发展中国家,在经历过一段由低附加值、劳动密集、资源密集领域贸易带来的高速增长后,都会希望能进一步升级自己的产业,逐渐进入国际生产链的顶端,以更高的效率,用有限的生产资料生产更高价值的产品,再通过国际贸易换取更多的本国需要的商品与服务。但是在产业升级的过程中,发展中国家发现其往往需要采取贸易保护政策,来扶持其高附加值产业的发展,这和过去一百多年里英国与德国和美国的竞争是一模一样的,但真正触及现有发达国家的经济利益的不是贸易保护政策本身,而是升级后产生的企业会对发达国家现有的企业产生竞争性威胁,从而有可能会损害到发达国家的经济利益。从美国先是对工业制造竞争强国德国和日本,随后对中国的限制和打压就充分认证了这点。

(一)新贸易理论

正如前文所述,在实践中,日本与美国在第二次世界大战后到 20 世纪 80 年代这段时间里,中国与美国从 20 世纪 80 年代到现在这段时间里,都是这种矛盾最深刻的体现。而在 20 世纪 70 年代发展出来的新贸易理论,更是为发展中国家挑战这种国际分工,进行产业升级提供了重要的理论基础。

新贸易理论以现实中普遍存在的不完全竞争和规模经济为依据,利用动态分析的方法,指出比较优势除了由先天自然资源禀赋决定,还可以通过政府培育形成,在古典贸易理论"比较优势"的理论基础上提出了"动态比较优势"的概念。某些现阶段弱小但存在规模经济的行业完全可以通过政府的保护与扶植在将来成长为具有比较优势的行业,这是一个从幼稚产业到成熟产业的发展过程。凭借关税、国内补贴、出口补贴等政策手段,扶持本国产业的成长,增加其在国际市场上的竞争力,从而谋求规模经济的额外收益,并借机掠夺他国的市场份额和产业利润。这一贸易政策不但无损本国经济福利,反而有可能提高自身的福利水平。

新贸易理论是古典贸易保护理论的一种升级。该理论除了主张贸易保护政策应当被运用于保护具有规模经济的幼稚产业以稳固产业发展的基础;还主张要把补贴、税收优惠、政府与企业合作等支持措施使用在研究与开发费用投入高、知识外溢性强等有着较强正外部性的行业,比如航空、汽车、钢铁、半导体、计算机、远程通信等领域。因为,市场力量并不能解决相关外部性带来的效率损失,在这种情况下,国家应该给予补贴以扶持这类产业的发展,使其发挥外溢效应推动社会经济快速发展。

从理论贡献来看,新贸易理论是李斯特的保护幼稚工业理论的升级,从经济学原理的角度明确哪些产业可以被认定为幼稚产业,并解释了在什么情况下,贸易保护政策可能会比自由贸易政策带来更多的全球福利。从另外一个角度看,新贸易理论理顺了古典贸易保护理论和古典自由贸易理论间的关系,使二者从一种非黑即白的意识形态的争论,变成了一套可以通过细致的研究来辨别二者在实践中适用性的科学体系。

(二)补贴与战略性贸易理论

按照一般经济学理论,在国际贸易中,一国对出口产品实施补贴促进出口,提高出口产品的竞争力,但受益方是进口国的消费者,因为出口补贴使产品的价格更为低廉,从而提高其生活水平;同时补贴会扭曲贸易产品的相对价格,从而造成本国社会福利的损失。也就是说,出口国的补贴在提高了进口国的福利水平的同时也损害了自身。既然如此,为什么几乎所有国家都不愿意放弃出口补贴呢?新贸易理论中的一个分支即战略性贸易理论(The Strategic Trade Theory)从经济学的角度给出了补贴存在的理由。

该理论采用了不完全竞争(尤其是多寡头垄断)和规模收益递增的假设,并把市场结构引入贸易政策分析。市场份额是决定各国企业利润的重要因素,市场竞争变成少数企业之间的博弈,通过政府补贴等手段,企业可以抢占第三国出口市场使竞争对手削减生产,获得额外的市场份额和利润。这个理论标志性的文章是 1985 年加拿大不列颠哥伦比亚大学教授詹姆斯·布兰德(James Brander)和美国波士顿学院的巴巴拉·斯潘塞(Barbara Spencer)在杂志《国际经济学》上发表的《出口补贴和争夺国际市场》一文。[①]

第二次世界大战之后,产业内贸易的兴起和发展,加速了各国经济上相互融合和渗透的过程,使得国家与国家以及国家集团间的竞争越来越激烈。美国为了通过经济对外扩张解决国内的经济问题,积极倡导贸易

---

① 参见冯宗宪等主编:《国际贸易理论、政策与实务》,西安交通大学出版社 2004 年版,第 194 页。

自由化。在20世纪70年代后,由于各国发展速度不平衡,美国的钢铁等工业遇到来自日本、西欧的激烈竞争,贸易逆差不断扩大。在这种情况下,美国国内贸易政策制定者对国际贸易理论重新进行了梳理,并把重心放在了刚刚产生的新贸易理论上,在探索如何创造、培育和发挥贸易优势的过程中,逐步形成一种在不完全竞争和规模经济条件下,通过各种补贴政策保护和扶持具有发展潜力的战略性产业来创造和强化贸易优势,争夺国际市场份额,提高本国的国际竞争力,从而获取市场份额和工业超额利润的新的政策思路,此思路后来在战略性贸易理论中得到了进一步的加强。① 该理论产生于20世纪80年代,它从一国国民福利最大化的角度重新审视了被传统贸易理论批判的补贴的作用,提出与传统经济学相反的观点。②

早在新贸易理论形成之前,就有某些国家利用补贴实行产业扶植政策,从而使本国经济驶入了快车道,日本、韩国和新加坡等都是这类政策的具体受益者。从20世纪50年代开始,日本通过一系列振兴民族工业的法律,对具体行业给予了大量的财政补贴和优惠贷款,使这些行业逐渐发展为具有比较优势和竞争力的行业。新加坡则是另一个成功利用出口补贴的国家,它通过对出口产业的大量减税并附加一系列配套的刺激出口的措施,使其出口导向战略获得了巨大的成功。就在这一时期,阿根廷的经济学家普雷维什(Raul Prebisch)提出了外围与中心理论。该理论认

---

① 在该论文中,两位学者阐述了其战略性贸易理论的重要组成部分——出口补贴的战略意义,标志着战略贸易理论的创立。该理论认为实施进口保护以实现鼓励出口的目的(克鲁格曼Krugman,1984年);其核心是"利润转移论"和"外部经济论",为政府干预"提供了合理的辩护"(克鲁格曼,1992年)。参见〔美〕保罗·克鲁格曼主编:《战略性贸易政策与新国际经济学》,海闻等译,中国人民大学出版社、北京大学出版社2000年版,第179页。

② 詹姆斯·布兰德和巴巴拉·斯潘塞两位学者认为,一国政府总是以谋求本国福利最大化为目标,而补贴则是实现这一目标的有效手段,然而由于《东京守则》的限制,各国政府不能直接给予生产商出口补贴,因此政府会避实就虚在科研开发方面给生产商补贴。这样政府就可以参与私人企业科研开发的决策,影响私人企业转向政府所希望的产业或部门。战略性贸易理论的出口补贴观点假定某产品的规模经济如此之大,以至于整个世界市场只能容纳极少数厂商,有时甚至只能有一个盈利厂商,无论厂商中哪一方首先站稳脚跟,都会迫使其他厂商退出而稳获超额利润。如果某国政府率先通过科研补贴方式给予本国厂商支持,本国厂商就会赢得这一市场份额和超额利润。这种转移利润在于政府支持的补贴额,使补贴国净福利增加。进一步分析可以发现补贴降低了国内厂商的边际成本,使厂商有更高的反应曲线,获得更大的国际市场份额。由于利润更高,减去补贴后国家福利也有所增加,补贴本身只不过是一种转移支付,这是补贴的最直接效应。补贴使国内厂商采取积极的进取性市场战略,从而迫使外国竞争对手作出相应让步。这是战略性贸易理论中影响最大、被引证最多的一种观点。详见何忠伟:《中国农业补贴政策效果与体系研究》,中国农业出版社2005年版,第47页。

为,在传统的国家分工中,发展中国家处在经济的外围的位置,而发达国家则处在经济的中心位置,这种国际分工格局对发展中国家不利,应该允许发展中国家使用保护关税的政策对其国内产业进行适当的保护。可以说,这种理论与战略性贸易理论不谋而合,只是倾向于对发展中国家的保护。该理论为发展中国家制定贸易和关税政策提供了理论依据,具有现实意义[①];也为发展中国家在国际组织寻求特殊和差别待遇提供了理论依据。

总而言之,纵观过去几百年贸易理论和贸易实践的演变历史,各国都会根据其经济发展阶段的不同、在全球产业链所处的位置、其主要产业在全球市场竞争的需要去制定符合本国利益的贸易政策。而现有的发达国家与发展中国家的国际分工注定是不会长久的,随着越来越多的发展中国家进行产业升级,都会或多或少地触及发达国家的核心经济利益,从而导致发达国家采取贸易保护政策来维护本国利益。对此马克思也有关于国际不平等交换的论述[②],并指出经济全球化加深了"核心国家"对"边缘国家","资产阶级"对"无产阶级"的剥削。简而言之,就是经济全球化过程,是发达国家与发展中国家之间利益不断博弈的过程,从发达国家不平等地转移超额剩余价值、推行贸易保护主义到自由贸易主义再到贸易保护主义的过程,充分反映了不平等的国际政治经济秩序依然存在。

综上,笔者认为,从经济主权原则和战略性原则角度出发,补贴的存在是有合理性的,但为了减少补贴的负面效应,应该对其进行区分:合理的,应当允许其存在的;不合理的,应当对其进行限制或禁止的。这是《SCM协定》最终想要实现的,也是将补贴分为"禁止性补贴""可诉补贴"和"不可诉补贴"三种类型的原因。

第四节 关于贸易理论的新思考

自2008年全球金融危机以来,一些国家民粹主义逐步复苏,逐步走上了逆全球化的道路。在这种大的思潮下,再加上不少发展中国家的高

---

① 参见王传丽编著:《补贴与反补贴措施协定条文释义》,湖南科学技术出版社2006年版,第24页。
② 参见林航、谢志忠:《全球化视角下国际贸易理论的历史演进》,载《华侨大学学报(哲学社会科学版)》2016年第6期。

速发展逐渐加剧了高附加值制造行业的国际竞争,一些国家的国际贸易政策转向保护主义,而世界贸易格局也由多边协商共赢的自由贸易开始转变为一些国家通过单边贸易保护政策为本国谋取更多福利的囚徒困境。特别是 2020 年年初的全球疫情大规模爆发,让笔者异常担忧全球政治经济形势,很多学者也有同样的担忧,有学者直接指出:"民粹主义指数已经达到了'二战'前的高度,这是一个令人担忧的水平,可能对全球合作构成很大挑战。"①笔者真心呼吁各国政要及国际组织领导人都应胸怀天下,要从人类未来去考虑,以增加人类福祉为己任,要小心谨慎处理国际事务,不可激发矛盾,不可让民粹主义大行其道;反之,战争一触即发,后果不堪设想。本节将对逆全球化下的世界经贸格局变化、各国贸易保护主义背后的成因以及补贴与反补贴制度的局限性进行论述。

一、逆全球化

在过去的 20 多年里,接替社会主义和资本主义对抗的,是带有浓重民族、宗教、历史文化色彩的利益冲突、价值观冲突和身份认同冲突。② 2008 年金融危机之后,2011 年全球贸易增长急剧减缓以来,特别是 2016 年英国脱欧公投和美国特朗普当选以及法国民族阵线选举失败,意大利右翼民粹政党异军突起以及其他欧洲国家民粹主义政党支持率上升的政党动荡现象,辅之以资本的贪婪和有限度的社会福利制度,导致全球化成为民粹主义发泄不满的标靶。众多学者提出对全球化和国际秩序的思考,俄罗斯学者认为,全球化被攻击的原因就是它破坏了传统的价值观,威胁到文化的一致性,剥夺了公民权,仅仅保护特殊利益。③ 未来 20 年可以被描述为世界经济深度变革、一些传统认知与规范将被修正的一段时期。④ 从世界政治秩序的角度出发,当下世界秩序作为"冷战"后全球发展的首个阶段正在面临危机,这一危机势必伴随着国际关系紧张

---

① 朱民:《全球经济进入衰退已基本成为定局,中国经济已开始触底反弹,低油价可能会维持很长时间》,载 21 世纪财经网(http://m.21jingji.com/article/20200320/herald/24a4b77f23dc673891de714c2a440de0.html),访问日期:2018 年 7 月。
② 参见〔俄〕亚历山大·亚历山德罗维奇·登金主编:《2035 年的世界全球预测》,杨成、华盾译,时事出版社 2019 年版,前言。
③ 参见〔美〕迈克尔·佩蒂斯:《大失衡:贸易、冲突和世界经济的危险前路》,王璟译,译林出版社 2014 年版。
④ 参见〔美〕约瑟夫·E. 斯蒂格里茨:《全球化逆潮》,李扬、唐克、章添香等译,机械工业出版社 2019 年版。

的加剧、全球动荡与不可预测性的增加,以及世界政治经济影响力与权力等级的重构。造成不稳定性与自发性变化激增的因素包括主要国家领导人之间互不信任感加深、冲突情绪渐强,以及世界范围内某些国家脱离全球发展的危险增加。① 近年来个别西方国家自己内部出现产业空心化等问题,为转嫁和解决国内矛盾而推行贸易保护主义,为逆全球化和民粹主义思想滋生提供了土壤。民粹主义思潮有利于推行贸易保护政策,利用收入不均等现象进一步加深社会矛盾,民粹主义是转移社会矛盾的最佳手段之一。朱民教授指出,美国由于人口老龄化和劳动生产率的持续下降引发了一系列结构性经济问题,导致企业活力下降,从而致使许多40~50岁的中产阶级生活水平持续下降,社会地位也不断下降,他们充分意识到了自里根开始实施的以新自由主义为核心的经济和外交政策,会进一步加剧美国国内居民分配不均,使得少数最富有的1%的人能利用手中财富,通过游说等政治手段分得更大的蛋糕,而中产阶级的日子只会越来越难过。② 笔者认为,也正是因为掌握了这些人的心理,特朗普提出的一系列政策才获得了广泛的支持。但是直接对国内经济社会矛盾发难的政治风险过大,极为不明智。在这种情况下最优的选择自然是鼓励民粹主义思想发展,将国内矛盾转向国外,将广大中产阶级要求重新分配国内利益的诉求转变为对世界其他各国要求重新分配利益的诉求。也正是基于这种思路,美国在近些年来才会抛弃国际组织和秉持了几十年的互惠共赢的贸易理念,开始频繁采取单边贸易保护政策,以减少全球福利、降低全球效率为代价,为本国夺取更多的利益,以转移国内社会矛盾,获得更广范围的选民支持。中国国务院副总理刘鹤在《两次全球大危机的比较研究》一书中指出:"在公共政策空间被挤压得很小的情况下,发达国家政府所采取的民粹主义政策通常是危机的推手。"③ 历史经验表明,各国政府在面临政治危机和经济危机时,应该更多地从理性出发,而非从选民、政党、阶级利益出发。

---

① 参见〔俄〕亚历山大·亚历山德罗维奇·登金主编:《2035年的世界全球预测》,杨成、华盾译,时事出版社2019年版,第25页。
② 参见朱民:《特朗普的冲击:经济政策及全球影响》,载《债券》2017年第4期。因为老龄化,美国未来要负担更多的退休金、保险金和医疗保险,这些额外的钱要从哪里来? 要从劳动生产率来。但劳动生产率在下降,这是因为资本投资在下降,劳动力供应量在下降;而资本投资下降又同产能过剩、产业轻化的经济结构变化连在一起,所以企业也没有活力。
③ 刘鹤主编:《两次全球大危机的比较研究》,中国经济出版社2013年版。

2008年金融危机以来,产生了很多对新自由主义经济学的质疑。对于国内问题,学者们开始研究以市场为主导的分配体系所导致的收入和财富分配不均的加大,如皮卡提。这方面的担忧进一步加大了国内的社会矛盾,而像英国等发达国家的政策制定者和政党也开始重新考虑20世纪80年代将重要基础设施行业,比如电力和能源,私有化的决定是否是最有效率的决定,甚至开始考虑将一些特定企业国有化。虽然欧盟和美国都在国际场合指责中国国有企业的不当竞争问题,还提出竞争中立之说,但在对外政策上,以美国为代表,政策制定者开始摒弃自由贸易和合作共赢的理念,转而开始实施各种保护主义措施为本国谋福利,而不惜损害全球福利,消减全球效率,世界似乎回到了20世纪20年代。对新自由主义经济学的质疑,无疑加剧了国内矛盾,更加剧了国家之间的矛盾。[①]

历史经验表明,各国的贸易政策选择在不同的阶段完全取决于各自的经济利益,发达国家利用其优势地位,推行有利于自己的经济学说和经济政策,中美贸易摩擦充分印证了此特点。但从政治经济学原理的角度来看,全球合作共赢,促进各领域自由贸易是人类历史发展的必然走向,而纵观人类发展的历史,各国社会和全球合作领域的发展都是以波浪形式前进的。中国需在短期内对抗这波逆全球化潮流给中国带来的政治和经济上的冲击,又要在长期内坚定不移地作为促进全球贸易自由化、构建合作共赢全球体制的推进者,才是既符合人类历史发展规律,又符合本国根本利益的长远之策。

疫情出现以来,美国、英国等以此为由出台的一系列刺激计划也进一步证明了这点。2020年3月10日欧委会发布新欧洲工业战略文件,提

---

① 对贫富差距拉大的研究,参见朱民:《特朗普的冲击:经济政策及全球影响》,载《债券》2017年第4期。从全球范围看,也面临着政治拐点。收入分配的恶化就是标志之一。笔者研究了近100年以来的数据,发现第二次世界大战以前世界发达国家前10%富人的收入占全部收入的比重约43%,收入极具不公平是导致第二次世界大战爆发的重要原因。第二次世界大战以后前10%富人的收入急剧下跌,到20世纪七八十年代才开始缓慢上涨。而现在发达国家前10%富人的收入占全部收入的比重几乎回到第二次世界大战前的水平,达到40%,这当然会引起很大的社会不安,所以近几年民粹主义迅速抬头,世界民粹主义指数几乎回到第二次世界大战前的水平。上一次"二战"时期民粹主义兴起时,主要体现为德国和意大利的法西斯,而最近民粹主义的分布更为广泛,在英国、美国、法国、意大利、西班牙、荷兰都有兴起,这是全球政治的重大拐点。

出新欧洲工业战略①一揽子计划,同时提出强化贸易救济工具、加严补贴规则等方面。可以看出,一切都是双重标准的、利己的,只有法治才能遏制私欲,国际组织要真正发挥作用,规范各国行为,才能实现全球共同发展,共同富裕,增加世界整体福祉。

翻阅国内外书籍时,笔者发现国外学者早在 2003 年左右就开始进行针对民粹主义和反全球化思潮的经济模型和理论研究,认为全球社会意识碎片化、宗教极端主义、国家主权限制、民族主义、孤立主义都是阻碍全球化的因素。而国内学术界的贸易理论研究相对滞后,或者说研究方向和范围较为单一,逆向思维的少些,大概在 2010 年左右才有一些文章出现"反全球化"的提法或思考,大部分经济和贸易法领域的著作都在以亚当·斯密和大卫·李嘉图为基础的古典贸易理论范畴内进行讨论,而且很多还是停留在全球化下经贸政策以及 WTO 规则的介绍性研究。这一切都限制了我们的视野,要摆脱人们先入为主的认知和理论体系,进行"范式转换",需要大量的数据支持和论证去反向证明。当然这对于凭一己之力的学者来讲是非常艰难的,需要相关部门及时组织专业人士或者引导智库才能够有更高的站位去研究未来之事、谋未来之策,去预判未来几十年的国际贸易形势以及使其朝着有利于中国的方向发展。

二、2008 年金融危机后美国贸易政策的变化

近 10 年来,国内外许多学者对传统的国际贸易理论进行了再思考,但随着经济飞速发展,国际贸易形势均已经发生巨大变化,传统的贸易理论和新贸易理论已很难合理地解释现实中存在的一些国际贸易现象。几个世纪过去了,我们今天看到的事实是世界各国的差距进一步拉大,世界贸易的快速发展并没有改变以发达国家为中心的贸易格局,并没有改变发展中国家在全球贸易额中比重不断下降的事实,仅中国是一个例外。这让人们对传统的绝对优势理论和自然禀赋论、保护幼稚产业理论产生了质疑。作为新贸易理论的重要组成部分——战略性贸易理论在日本获得成功,但在其他国家却不具有适用性。这些理论也都不能很好

---

① 包括三大方面内容:新欧洲工业战略、适应可持续和数字发展的中小企业战略、服务企业和消费者的单一市场行动计划,旨在指导欧洲工业实现气候中立和数字领军的双重转型,增强欧盟在全球产业竞赛的竞争力和地缘政治角逐的战略自主性。该战略将维护全球公平竞争环境作为欧洲工业生态化和数字化转型的七大基础之一,就此提出了知识产权保护、重新审查竞争规则、善用贸易救济工具等八大行动计划。

地解释贸易失衡问题。① 非常遗憾的是,迄今为止最成功的国际组织——世界贸易组织,正在受到很多质疑和抨击,尤其是来自美国的激烈批评。有很多学者认为这是转嫁国内政治压力的方法;也是为某些发达国家成员方过早的工业空心化,为早先放弃工业品贸易进入服务贸易的错误决策而开脱。如 2018 年 7 月在世界贸易组织总理事会上,张向晨大使驳斥美国政府代表之言铿锵有力:"任何所谓的结构性问题归根到底都是国内问题。例如,不解决美国储蓄率低的问题,贸易逆差是不可能根本解决的。在批评别人的时候不要忘记自己是怎么走过来的,像发达国家一样,发展中国家保护知识产权水平的提高需要一个过程,发展中国家也需要通过制定产业政策帮助实现工业化,正如巴基斯坦的沙淘奇(Tauqir Shah)大使所言,不能做过河拆桥、上房抽梯的事。我们当然应该考虑 WTO 的未来,研究如何使多边贸易体制适应全球化的变化,在此方面中国愿意发挥建设性的作用,作出自己的贡献。但是,WTO 的当务之急,是制止单边主义和保护主义的蔓延,让争端解决机制恢复正常运转,让贸易战尽快停下来,而不是转移视线和寻找替罪羊。"②

发达国家将金融危机以来出现的各种社会问题归咎于贸易,张向晨大使的发言将问题带入了更宽更深的层面。针对金融危机以来的种种问题,很多金融学者给出了不同的解答。如易纲行长认为,国际金融危机爆发以来,主要发达经济体实施了空前的货币刺激,从降息等常规货币政策,到零利率、量化宽松、前瞻性指引乃至负利率等非常规货币政策。由于主要发达经济体债务高企、增长动力不足、通缩压力挥之不去,非常规货币政策正趋于"常态化"。③ 2020 年 3 月,为应对疫情,美联储一次性降息为零,开启无限制宽松,再次表明发达国家在这条道路上越走越远。朱民教授认为,全球债务高危、高风险导致的高波动和高不确定性④,全球

---

① 参见〔美〕拉夫尔·戈莫里、〔美〕威廉·鲍莫尔:《全球贸易和国家利益冲突》,文爽、乔羽译,李婧校,中信出版集团 2018 年版,第 85 页。
② 《张向晨大使在 WTO 总理事会上反驳美国对中国经济模式的指责》,载新华社网站,访问日期:2018 年 7 月 29 日。
③ 参见易纲:《坚守币值稳定目标 实施稳健货币政策》,载《求是》2019 年第 23 期。
④ 参见朱民:《在债务的阴影下,我们面对的不确定性》,"2019 经济展望与投资趋势"暨《债务危机》新书发布会演讲,2019 年 3 月 22 日。

化导致的关联性①,以及人的偏好变化等,都增加了复杂性。但是,当前呈现出的情况是,发达国家弱化了本国内部金融、财政等政策的影响②,更多地将矛头指向贸易。

笔者认为,出现这些变化有理论和现实两方面的原因。从理论上来说,社会发展中的新现象促进了新的经济学理论的产生,如纸币的发明和通胀问题、国家主权与货币政策和财政政策乘数、大萧条后产生的凯恩斯主义。超主权国际组织与全球贸易自由化,契合了第二次世界大战后社会发展对贸易理论的需求。2008年金融危机以来,政府应对政策工具的限制、危机对社会福利的影响等促使对新自由主义经济学的反思。从现实上来说,发展中国家的经济发展和科技进步开始触及发达国家的利益。尤其是在面对5G、人工智能、大数据等新兴科技时,发展中国家和发达国家处于同一起跑线。后发国家利用包袱小、重置成本低等优势,尝试争夺未来新兴制造业的优势地位,已经开始与发达国家优势产业正面竞争。历史仿佛再次重演20世纪20年代英国与美国、德国的竞争。可以确定的是,对于新兴制造业的争夺肯定会尘埃落定,当国与国之间的利益分配完成,又会形成以获胜者需求为首的自由贸易体系,就如同第二次世界大战后一样,历史总是惊人的相似。国际分工发展不等于价值链的等同分配,拥有产业优势的国家会通过不断调整的贸易政策,维护其高端产业的优势和高利润。

也有西方学者指出:"当前世界经济的许多问题都体现在中国与西方经济体之间的紧张关系上,两者有着截然不同的社会制度和经济管理方式。"③虽然WTO上诉机构在很多的案件裁决中明确指出,"不能仅仅因为一个实体的所有权性质或者是否受政府控制来认定该实体是否是公共

---

① 参见朱民在2019年亚布力中国企业家年会上的演讲。经济危机以前,发达国家经济增长波动的关联性比较强,其他国家的波动关联性都低于10%。危机发生时,整个关联性一下高达80%,危机以后有所下降,现在仍然在40%到50%之间。也就是说,今天的经济是要涨一起涨,要跌一起跌,整个关联性从金融市场延展和扩展到实体经济,这是影响今天全球经济运动一个特别重要的力量。根本原因是整个经济行为改变的方式发生了根本的变化。

② 中国人民银行研究局副局长张雪春在2019中国金融年度论坛暨金融街金融市场峰会上表示,要解决这些问题,更重要的就是需要依靠财政政策和结构性改革,但是在民粹主义盛行的大背景下,很多国家的结构性改革在政治上难以达成共识,以致应对危机的临时性量化宽松的货币政策也迟迟无法推出。

③ 〔土〕丹尼·罗德里克:《贸易的真相:如何构建理性的世界经济》,卓贤译,中信出版集团2018年版。

机构"①,但个别成员是利用社会制度的不同而频频发难。美国政府代表公然在2018年7月WTO总理事会上提交文件,对中国经济模式进行指责:中国违背入世时的承诺,没有对相悖于国际贸易体系的政策及行为进行相应调整,并坚持国家主导的贸易破坏性的经济模式。经济改革意味着完善政党对于经济的管理。美国认为,这种行为给WTO其他成员带来了巨大的经济压力以及严峻挑战,并从中国政府和中国共产党构建的非市场导向模式、非市场的资源分配、中国经济模式给WTO其他成员的负担,以及中国从自身经济模式中获益四个方面进行了说明。张向晨大使掷地有声、有理有据地进行了回应②,笔者简要概括如下:多边贸易谈判的结果是各成员国内政策和世界贸易自由化进程之间的平衡,这种平衡反映在各项规则和成员关税减让表以及服务贸易减让表当中,其中包含了各成员合法的管理政策和措施。WTO是一套通过谈判形成的契约,成员方依据契约的规定行事,契约之外,则是各自的自由空间。发达国家是产业政策和补贴的发明者和主要使用者。18世纪末期美国汉密尔顿的《关于制造业的报告》开启了制定产业政策的先河。美国制定了很多产业政策,如《先进制造业伙伴计划》(AMP)、《信息高速公路计划》(NII)。根据美国补贴监控组织"好工作优先"统计,2000—2015年这16年间,美国联邦政府以拨款或者税收抵免形式至少向企业补贴了680亿美元。如其他国家,中国也制定了产业政策和发展规划,在经济和社会发展中发挥了一定的作用,但不能恶意夸大其作用。美方指责其评价政策和影响采用双重标准,论据和论点之间没有逻辑关系,论据的选择和使用缺乏严谨的态度。如瑞士大使尚博文(Didier Chambovey)先生所言,"WTO成员具有多样性,有着各自不同的经济模式,有着各自不同的管理贸易投资的框架。但在这种多样性当中,有一种共同的东西,即大家都相信市场的力量,尽管程度有所不同"③。

三、中国方案

笔者认为,世界各国已经密不可分,逆全球化的潮流只会暂时阻碍全

---

① 《中国驻世贸组织代表驳斥美国无端指责》,载人民网,访问日期:2020年3月20日。
② 参见《张向晨大使在WTO总理事会上反驳美国对中国经济模式的指责》,载新华社网站,访问日期:2018年7月29日。
③ 《中国代表驳斥美国对中国经济模式的指责》,载中华人民共和国中央人民政府网站,访问日期:2020年3月20日。

球经济的融合发展进程。从金融角度来看,1996年拉美股票市场和亚洲股票市场的互动率只有16%,也就是说亚洲股票市场动1%,拉美会动0.16%,但这个数值在2008年金融危机前达到了90%,现在还保持在70%左右。从宏观经济的角度来看,早先发达国家之外的国家经济增长关联性仅有10%不到,在2008年金融危机时期此关联性达到了80%。从产业链的角度来看,原先以发达国家为主的产业链已经扩展到了全球范围,以中国为首的东亚经济体在全球制造业产业链中已经占据了举足轻重的地位,而服务业的外包也使得很多行业将非必要服务业放到了像印度之类低人工成本的发展中国家中去,通过远程服务的形式完成。在笔者看来,这种"超级关联性"是不太可能因为极少数几个国家采取保护主义措施而真正减少的,因为互通有无,国际分工是第二次世界大战以来世界经济高速腾飞发展最重要的原因,虽然如前文所述,具体分工和国际体制中对发达国家的偏移还有待进一步更正。笔者认为,人类发展的历史总是以波浪形式前行的,世界各国都应该更加积极地参与国际治理体制建设,要维护多边的为世界经贸利益和规则服务的国际组织。

笔者在商务部工作16年,深刻体会到中国政府对国际规则和国际合作伙伴的尊重,中国政府一直严格遵守国际经贸规则,并努力调整自己的发展模式去适应国际外部发展环境。中国国务院副总理、中美首席谈判代表刘鹤同志在2019年11月撰文指出:"在资源配置方式方面,我们坚持社会主义市场经济改革方向,破除了社会主义和市场经济对立的思想教条,实现了从高度集中的计划经济体制向社会主义市场经济体制的转变,把有效的市场机制和有度的宏观调控结合起来。""要素市场发育不充分,存在市场决定要素配置范围有限、要素流动存在体制机制障碍等问题。要推进要素市场制度建设,重点是在土地、金融、科技、数据等领域健全制度规则,深化市场化改革,实现要素价格市场决定、流动自主有序、配置高效公平。"①中国政府一直在努力前行。

笔者认同道格拉斯·欧文在《贸易的冲突:美国贸易政策200年》②一书中的观点——政治冲突与贸易政策如影随形,美国贸易政策是其国内利益集团博弈的结果。从美国贸易史来看,贸易政策和关税措施从来不是

---

① 刘鹤:《坚持和完善社会主义基本经济制度》,载求是网(http://www.qstheory.cn/zdwz/2019-11/22/c_1125260223.htm),访问日期:2019年11月22日。
② 参见〔美〕道格拉斯·欧文:《贸易的冲突:美国贸易政策200年》,余江等译,中信出版集团2019年版。

偶然的，不仅仅单纯地维护公平贸易。笔者与欧美调查机关打交道多年，它们很会利用规则找突破口，经常会让我们有百口莫辩之感。它们在制定国际规则时从制度上为其未来发展预设了空间，为后来者埋了钉子。笔者通过阅读美国大量经济学家的论著，进一步证实了一贯的思考，如英国剑桥大学研究发展经济学的张夏准教授，在2002年撰写的《过河拆桥：历史是如何被篡改以为新自由主义的资本主义辩护的》一文中指出，"现在所有的发达国家历史上都曾实施过严格的贸易保护主义政策，只是当它们具备了相对于对手的技术优势之后，才主张降低关税和非关税壁垒。美国走的正是英国道路，只不过走得更坚决，也更高明"。简而言之，就是在产业上获得竞争优势后，发达资本主义国家政府以自由贸易为幌子利用国家实力推倒贸易壁垒，将世界范围内的各个市场合而为一，并在国际治理体系上和国际规则上维护对它们发展有利的垂直型国际分工体系以确保能够长期在国际分工中获益。

笔者深信，无论怎么博弈，合作共赢是王道，世界经济的繁荣依赖于全球各国合力推动，全球经济治理虽然依赖于国际贸易和金融治理规则，但一切国际规则的实现离不开国内政治的认可和意愿，以及国家治理和国际治理体制的协调。国际秩序对发展中国家和新兴市场国家还存在明显的偏见，国际组织应该进一步发挥促进发展和协调经济政策的重要性，发达国家在未来WTO改革谈判中，要更加严肃地对待发展中国家的诉求，要更平衡地对待发展中国家的利益。① 其实无论对谁而言，在全球经济危机和战争中没有赢家，在经济全球化条件下，单个国家解决这些问题的能力明显不足，而大国相互合作又如此困难，面对世界出现的总需求萎缩和资本、技术与劳动力在全球宏观配置失衡的局面，加上一些国家的经济增长陷入绝境，既带来本国的社会政治问题，也快速向全球传染，怎样解决这个全球性的复杂问题，亟须提出一个可行方案。② 为避免双输局面，正如当前很多国家领导人和国际组织负责人所呼吁的："回到理性的对话，确保贸易一体化持续推进非常重要。"面对增速迟缓的全球经济形势，以及贸易保护主义和逆全球化浪潮，中国积极倡导"一带一路"，践行共商共建共享全球治理观，通过完善多边机制、双边机制，开展地区间

---

① 参见〔美〕科依勒·贝格威尔、〔美〕罗伯特·W.思泰格尔：《世界贸易体系经济学》，雷达、詹宏毅等译，中国人民大学出版社2005年版，后记。
② 参见中国国务院副总理刘鹤曾作为课题负责人撰写的《两次全球大危机的比较研究》研究报告。刘鹤主编：《两次全球大危机的比较研究》，中国经济出版社2013年版。

合作等多种方式,努力构筑开放、包容、普惠、平衡、共赢的新型全球化;以推动全人类发展,改善生存环境,减少贫困人口,提升全球福祉为己任。也正如习近平总书记大气磅礴高瞻远瞩指出的:"中国方案是:构建人类命运共同体,实现共赢共享。……各国特别是主要经济体要加强宏观政策协调,兼顾当前和长远,着力解决深层次问题。要抓住新一轮科技革命和产业变革的历史性机遇,转变经济发展方式,坚持创新驱动,进一步发展社会生产力、释放社会创造力。要维护世界贸易组织规则,支持开放、透明、包容、非歧视性的多边贸易体制,构建开放型世界经济。"[1]因此,如何引领全球经济的健康发展,中华民族伟大复兴进程中如何与世界各国人民携手共同发展以最终实现全球治理的公平正义是时代赋予中国的历史使命。

---

[1] 国家主席习近平于2017年1月18日在联合国日内瓦总部发表了题为《共同构建人类命运共同体》的主旨演讲,载 http://politics.people.com.cn/n1/2017/0119/c1001-29033860.html,访问日期:2017年1月19日。

第二章
补贴与反补贴措施的法律演变

各国政府基于不同的目标会采用各种手段干预国际贸易,就动机而言,大致分为几类:财政收入的需要,如征收关税;国内产业保护的需要,如限制进口;国内自然资源保护的需要,如出口限制等。WTO 是目前唯一协调和管理国际贸易关系的全球性国际经济组织。WTO 一方面承认政府有干预国际贸易的主权;另一方面则通过相应的规则和机制性的安排,将政府干预国际贸易的主权尽可能限制在合理范围内,以建立开放、公平和可预见性的国家贸易关系。[①] 补贴是一国或地区政府实现其社会和经济目标而对特定人群、产业、地区予以支持的重要手段,但特定的补贴与倾销一样,是国际贸易中不公平的贸易行为,应加以限制和抵制。同时,滥用反补贴措施又会成为贸易保护主义的工具,对国际经贸关系造成不良影响。为了规范各成员的补贴行为和反补贴措施,WTO 及其前身 GATT 以法律文件的形式作出了相关规定。早在国际组织规范之前,各国早已高度关注补贴,很多国家也早有相关的法律规定。本章分为国际法规范和国内法规范两部分分别介绍补贴和反补贴税法的法律渊源。国际法规范主要是指 GATT 1947 第 6 条和第 16 条、1979 年《东京守则》、GATT 1994、1994 年乌拉圭回合中的《SCM 协定》及 WTO《农业协定》;国内法规范主要是指各国关于反补贴措施的国内立法,包括法律、行政法规、对外贸易法典和关税法等形式。纵观这些法规的发展历程,国际法律规范和国内法律规范是相互转化、相互作用和相互影响的,国内反补贴法的日趋成熟促进国际反补贴法律的成熟和发展,而国际反补贴法在促进国内反补贴立法改进和

[①] 参见曹建明、贺小勇:《世界贸易组织》(第三版),法律出版社 2011 年版,第 3 页。

完善的同时,在一定程度上也制约着国内反补贴法律的制定和适用。

第一节 补贴与反补贴措施的国际法渊源

各国政府采用的补贴政策多种多样,主要目的是促进生产和出口、增加就业机会、资助科研技术发展、保护国内产业及增强其国际竞争力等。但从国际贸易角度来看,有些补贴特别是出口补贴往往会影响国际贸易的正常流向,扭曲国际贸易秩序。WTO认为,特定的补贴与倾销一样,是国际贸易中不公平的贸易行为,是贸易保护主义行为,对国际贸易、国际关系以及国家的经济发展和社会稳定都会造成不良影响。这类补贴违背了WTO的公平原则,违背了竞争秩序,扰乱了价格的正常核定方法,使企业的定价行为背离了产品价格等于边际成本的原则,不能反映正常的价值结构,是一种不正当竞争行为。具体来讲:首先,补贴破坏了市场主体公平竞争的基础。市场主体在国际贸易中凭借自身的资金、技术、服务以及经营管理策略去参与竞争,而政府给予补贴就意味着政府以财政作为支持手段与企业联合起来共同参与市场竞争。其次,补贴具有"掠夺性",使受补贴的产业在国外市场获得超额份额,进而获得垄断地位,既损害了进口国的国内产业,也损害了第三国的国内产业。[1] 因为从长期经济效果来看,补贴对进口国的产业具有很强的杀伤力,对进口国来说得不偿失。这也就是为何即使受补贴的产品价格低廉会使部分进口国的消费者受益,但国际贸易组织和各国均认为应该加强对补贴的纪律规范的原因。[2]

一、GATT时期补贴与反补贴的法律规则

(一)GATT 1947第6条和第16条

虽然早在筹建国际贸易组织的《哈瓦那宪章》第四章第三部分就已有9个条款专门就补贴作了规定,但在1947年订立GATT之初,各缔约方依旧对补贴与反补贴规则问题争论不休。大多数缔约方对出口补贴持反对态度,认为在一定程度上应该对出口补贴予以限制。基于此共识,缔

---

[1] 参见何忠伟:《中国农业补贴政策效果与体系研究》,中国农业出版社2005年版,第49页。

[2] 参见曹建明、贺小勇:《世界贸易组织》(第二版),法律出版社2004年版,第138页。

约方最终在第 6 条①、第 16 条②中对补贴与反补贴措施作了原则性规定。此规定相当简单,对补贴行为本身没有实体性规定。第 6 条除对反补贴税有较为明确的定义外,其他如"实质损害""实质损害威胁"等条款则完全由缔约方自行决定。③ 第 16 条主要规定了一般补贴和出口补贴,对缔约方实施补贴予以限制,但实际上该条款也只是规定了通报与磋商义务,即要求缔约方在采取任何会对进出口造成影响的补贴措施时通报

---

① GATT 1947 第 6 条是关于反补贴和反倾销措施的规定。该条款谴责了具有与倾销同样作用的出口补贴,并授予缔约方因补贴而给本国产业造成实质损害或实质损害威胁或实质阻碍产业的建立时,采取征收反补贴税等措施以抵消其不利影响,救济被损害的产业。依据 GATT 1947 第 6 条的规定,进口国可以采取单方面行动,以抵消任何就产品制造、生产或出口直接或间接给予的补贴或奖励。如果这种补贴对进口国已经建立的产业造成重大损害,这种单方面行动的典型方式就是征收反补贴税。第 6.3 条规定:"在任何缔约方领土的任何产品进口至另一缔约方领土时所征收的反补贴税金额不得超过对此种产品在原产国或出口国制造、生产或出口时所直接或间接给予的津贴或补贴的估计金额,包括对一特定产品的运输所给予的任何特殊补贴。"第 6.4 条规定:"在任何缔约方领土的产品进口至任何其他缔约方领土时,不得由于此类产品被免除在原产国或出口国供消费的同类产品所负担的税费或由于退还此类税费而征收反补贴税。"第 6.5 条规定:"在任何缔约方领土的产品进口至任何其他缔约方领土时,不得同时征收反倾销税和反补贴税以补偿倾销或出口补贴所造成的相同情况。"第 6.6 条规定:"(a)缔约方不得对另一缔约方领土的进口产品征收反倾销税或反补贴税(视情况而定),除非其确定倾销或补贴的效果会对国内已建产业造成实质损害或实质损害威胁,或实质阻碍一国内产业的建立。(b)缔约方全体可豁免本款(a)项的要求,从而允许一缔约方对任何产品的进口征收反补贴税或反倾销税,以抵消对向进口缔约方领土出口有关产品的缔约方领土内的产业造成实质损害或实质损害威胁的倾销或补贴。如缔约方全体认为补贴正在对向进口缔约方领土出口有关产品的缔约方领土内的产业造成实质损害或实质损害威胁,则可豁免本款(a)项的要求,以允许征收反补贴税。(c)但在迟延将会造成难以补救的损害的例外情况下,一缔约方为本款(b)项所指的目的,可在未经缔约方全体事先批准的情况下征收反补贴税;但是此行动应立即报告缔约方全体,如缔约方全体未予批准,则该反补贴税应迅速撤销。"

② GATT 1947 第 16 条是关于补贴的规定。根据该条规定,某缔约方采取或维持任何形式的补贴措施,包括任何形式收入或价格支持,以直接或间接增加自其领土出口的任何产品或减少向其领土进口的任何产品的方式实施,即影响了某种产品进出口的缔约方,该缔约方有义务将其所实施的补贴措施通知全体缔约方,如补贴的范围、性质及预期的影响和补贴的必要性,以增加补贴的透明度。根据第 16.1 条的规定,如果因补贴给另一缔约方造成严重损害或严重损害威胁,受损害的缔约方有权与其进行磋商,讨论如何限制该补贴措施。第 16 条还要求各缔约方力求避免对初级产品实施补贴,要求成员方就本国给予的任何扭曲贸易的补贴通知 GATT 秘书处,并在这种补贴可能导致损害时与成员方进行磋商。1955 年 GATT 审核会议上增加了第 16.3 条的规定,对出口补贴作了进一步的规定。根据第 16.3 条的规定,敦促成员方寻求避免在初级产品出口上使用补贴,并不得给予就初级产品将导致世界出口贸易超越公平份额的出口补贴的义务。根据第 16.4 条的规定,不得对非初级产品给予出口补贴,如果补贴会导致被补贴产品的出口销售价格比国内市场的可比价格低。违反第 16 条规定的成员可能导致其他被影响方发起磋商以及依据 GATT 1947 第 22 条和第 23 条规定提出争议解决。

③ GATT 1947 第 3.8 条。

GATT,并与利益受到或可能受到这些补贴措施损害的缔约方进行磋商的义务。从法律监管的角度来看,该条款没能得到有效的执行。例如,在智利与澳大利亚的硫酸铵补贴案中,尽管澳大利亚政府没有将维持补贴的情况通知所有缔约方,但该案的工作组认为智利政府没有因为澳大利亚政府没有通知缔约方成员而受到损害。① 这一事实证明该条款没有任何强制性。在实践中,也没有任何缔约方因第 16 条的存在而限制补贴措施使用的情况。②

(二)GATT 1947 第 16 条的修增

由于 GATT 1947 第 16 条只规定了"通知"和"磋商"义务,没有对"补贴"加以界定,也未能有效地约束各缔约方的补贴纪律,导致 20 世纪 50 年代各缔约方大量采用出口补贴。1954—1955 年,全体缔约方用了两年的时间对出口补贴问题进行审议,在原有 GATT 1947 第 16 条基础上增添了 B 节(第 2—5 款),"关于出口补贴的补充规定"和注释。这些新的内容是在 1955 年根据缔约方达成的《关于修改关贸总协定序言和第一部分、第二部分的议定书》基础上增加的。③ 各缔约方在 1955 年第九次缔约方大会上讨论通过了修改第 16 条的一系列议案,并首次提出在第 16 条中加入补贴与反补贴措施方面的实体法内容。该次会议新增补了 4 个条款,增加了禁止性补贴的规定,但禁止性补贴的范围仅涉及初级产品以外产品的出口补贴。④ 新增补的 B 节第 2 款指出:"各缔约方认识到,一缔约方对任何产品的出口所给予的补贴,可能对其他进口和出口缔约方造成有害影响,可能对它们的正常商业利益造成不适当的干扰,并可阻碍本协定目标的实现。"B 节第 16.3 条⑤规定缔约方应加强初级产品出口

---

① See Working Party Report on Austrialian Subsidy on Ammonium Sulphate, adopted by the Contracting Parties on 3 April 1950, BISD II/188, p.10.
② See R. R. Rivers and J. D. Greenwald, "The Negotiation of a Code on Subsidies and Countervailing Measures: Bridging Fundamental Policy Differences," 11 Law & Pol'y Int'l Bus. 1447 (1979), p.1460.
③ See Terence P. Stewart, editor, *The GATT Uruguay Round*, *A Negotiating History*, Kluwer Law and Taxation Publishers,1993, p.814.
④ 参见曹建明、贺小勇:《世界贸易组织》(第二版),法律出版社 2004 年版,第 139 页。
⑤ GATT 1947第16.3条规定:"缔约方应寻求避免对初级产品的出口使用补贴。但是,如一缔约方直接或间接的给予任何形式的补贴,并以增加其领土出口的任何初级产品的形式实施,则该补贴的实施不得使该缔约方在世界出口贸易中占有不公平的份额,同时应考虑前一代表期内该缔约方在该产品贸易中所占份额及可能已经影响或正在影响该产品贸易的特殊因素。"

补贴的纪律,并承担两项义务:其一,避免对初级产品提供出口补贴;其二,对初级产品使用出口补贴时,不得使该缔约方"在世界出口贸易中占有不公平的份额"。但是该条并未严格禁止出口补贴,也没有具体规定何谓"应有的国际市场份额"或"世界出口贸易中不公平的份额"以及如何确定补贴与市场份额增长的内在关系。[1] 第16.4条[2]是关于非初级产品出口补贴的纪律,内容为自1958年1月1日或其后可能的尽早日期起,缔约方应停止对初级产品以外的任何产品的出口直接或间接地给予任何形式的补贴,如果此种补贴可使此种产品的出口价格低于向国内市场同类产品购买者收取的可比价格。第16.4条的意图是,各缔约方应形成决议自1958年1月1日起取消所有剩余补贴,如不能达成协议,也应就延长维持现状的日期达成协议。[3] 也就是说在1957年12月31日之前,任何缔约方不得超过现有补贴(以1955年1月1日实施的范围为准)的实施范围。GATT对非初级产品出口补贴的态度是比较严厉的,由于该规定损害了发展中国家缔约方的利益,遭到了发展中国家缔约方的抵制。发展中国家缔约方认为,让主要出口初级产品的缔约方在非初级产品领域约束自己,而发达国家缔约方继续对初级产品使用补贴,这是不公平的。因此,该条款只在少数发达国家缔约方间适用。[4] 从条文的用词来看,第16.4条较第16.3条更为严厉,第16.3条规定"应该寻求避免"(should seek to avoid)使用出口补贴,第16.4条规定"应当停止提供"(shall cease to grant)可能导致双重价格的任何形式的出口补贴,这种劝告性的表述实际上使发达国家缔约方应承担的规范义务进一步弱化。[5] 从1959年到1961年,GATT成立了一个专家小组,对各缔约方根据GATT 1947第16条所实施的措施进行了审查,并于1960年在缔约方

---

[1] 参见段爱群:《法律较量与政策权衡——WTO中补贴与反补贴规则的实证分析》,经济科学出版社2005年版,第127页。

[2] GATT 1947第16.4条规定:"此外,自1958年1月1日或其后可能的尽早日期起,缔约方应当停止对初级产品外的任何产品的出口直接或间接地给予任何形式的补贴,此种补贴可使此种产品的出口价格低于向国内市场同类产品购买者收取的可比价格。在1957年12月31日之前,任何缔约方不得通过采用新的补贴或扩大现有补贴范围,使任何此类补贴的范围超过1955年1月1日实施的范围。"

[3] 参见张玉卿主编:《WTO新回合法律问题研究》,中国商务出版社2004年版,第200页。

[4] 参见段爱群:《法律较量与政策权衡——WTO中补贴与反补贴规则的实证分析》,经济科学出版社2005年版,第128页。

[5] See Melaku Geboys Desta, *The Law of International Trade in Agricultural Products: from GATT 1947 to the WTO Agreement on Agriculture*, Kluwer Law International, 2002, p.107.

之间签署了一份宣言,禁止对工业产品采取一切形式的出口补贴,几乎所有工业发达的缔约方都签署了该宣言。同时,GATT 制定了一份关于补贴措施的"解释性清单"。凡是符合清单所列条件的,都被认为是 GATT 1947 第 16.4 条所称的出口补贴。这份清单对第 16 条的解释起了非常重要的作用,也为《东京守则》和《SCM 协定》奠定了基础。该清单在一定程度上限制了各缔约方任意解释补贴的可能性。① 但实际上,最终加入的内容仅限于出口补贴部分,适用于"初级产品"和"非初级产品"两种,这使第 16 条的效力仍然十分微弱,由于加入的条文内容语言含糊,在实际操作中引起了很多麻烦。最后根据 GATT 1947 第 16.5 条的规定,所有缔约方应经常审议第 16 条规定的运用情况,以期根据实际经验审查其有效性,促进该协定目标的实现,并避免严重侵害缔约方的贸易或利益的补贴。

尽管上述修订仍然存在许多缺憾,比如"初级产品""公平份额"等用词因没有严格界定而导致缔约方规避 GATT 1947 第 16 条的纪律逃避法定义务,特别是因缔约方数目不多、规定不具操作性及个别缔约方如美国因祖父条款②而不适用相关条款等原因,未能有效地制约补贴与反补贴措施的滥用,补贴与反补贴问题仍然是引发国际贸易争端的主要焦点。但这仍然不妨碍它成为国际贸易管制史上的一个里程碑。③

(三)1979 年《东京守则》

GATT 1947 制定之后的二三十年间,各缔约方政府越来越多地采用补贴作为贸易政策手段。这种现象存在的根本原因是世界经济的大萧条,各缔约方经济衰退,失业率增高等社会问题突出。各缔约方政府期望通过使用补贴来刺激经济复苏和解决社会矛盾。各缔约方的经济学家和利益集团也都向政府施压,鼓吹贸易保护主义思想,使缔约方政

---

① 参见朱榄叶:《国际反补贴法》,载曹建明、陈治东主编:《国际经济法专论》(第三卷第三编),法律出版社 2000 年版,第 405 页。

② 祖父条款(grand father clause),即"祖父条款"是 GATT《临时适用议定书》中的一项保留条款。为了解决早期缔约方国内立法与总协定部分规定相冲突的问题,它允许缔约方在与加入议定书日期的现行立法不相抵触的最大限度内临时适用总协定第二部分。GATT BISD, Vol. IV, 1969, p.77. 有关"祖父条款"的分析参见 John H. Jackson, World Trade and Law of GATT, Virginia: The Michie Company, 1969, p.108;王毅:《关税与贸易总协定的祖父条款问题》,载《国际贸易问题》1986 年第 6 期。

③ See Terence P. Stewart ed., *The GATT Uruguay Round: A Negotiating History* (1986 - 1992), Vol.I: Commentary, Kluwer Law and Taxation Publishers, 1993, p.135.

府认为只有加大补贴力度才能更好地保护其本国产业的发展并增强国际竞争力。[1] 由于出口补贴和生产补贴的普遍使用,扰乱了国际贸易秩序,对国际贸易的扭曲也日趋明显,反补贴措施实施的范围也随之不断扩大,逐渐成为国际贸易中非关税措施的一种重要形式。但是由于GATT 的规范过于松散且十分不明确,不能解决国际贸易中补贴与反补贴措施的滥用问题,各缔约方都认为有必要重新回到谈判桌前就补贴的纪律及反补贴措施的适用范围等问题加以讨论,制定行之有效的国际规范,并通过国际协定的签订进而统一各缔约方的国内法。因此,在1979 年 GATT 东京回合多边贸易谈判中,各缔约方均把补贴与反补贴措施列为重点议题。这次谈判具有重要意义,它是世界主要贸易国第一次作出重大努力主动寻求解决国际贸易中各国经济日益相互依存与政府干预本国经济以促进经济目标和实现国内福利的强烈愿望之间的冲突。[2]

由于英国、法国、德国、意大利等老牌工业国的补贴政策由来已久且范围广泛,美国虽然也提供了大量的工业补贴,但与这些欧洲工业国相比仍有差距,因此,在谈判中,美国的首要目标是加强有关补贴的纪律,取消扭曲贸易的补贴。而这些欧洲工业国也饱受美国反补贴措施之苦,力图把谈判重点放在限制反补贴税的滥用上。因此,谈判实际上主要是在美国和欧洲工业国之间进行。经过几轮会议,双方于 1977 年年底达成一致意见并向其他缔约方散发,最后同其他缔约方就补贴达成了一项较为详细的协定,就 GATT 1947 第 16 条有关初级产品出口补贴以例示清单的方式进行解释,即"关于解释和实施关税与贸易总协定第六条、第十六条和第二十三条的适用协定"(Agreement on Interpretations and Applications of Articles VI, XVI & XXIII of the General Agreement on Tariffs and Trade)亦

---

[1] See GATT Activities in 1979 and Conclusion of the Tokyo Round Multilateral Trade Negotiations 1973–1979, 21(1980).

[2] 参见〔美〕罗伯特·吉尔平:《国际关系政治经济学》,杨宇光等译,经济科学出版社1989 年版,第 223 页。

称"补贴与反补贴守则"①(以下简称《东京守则》),作为 GATT 缔约方实施补贴措施的准则。该守则澄清和发展了 GATT 1947 第 6 条和第 16 条关于补贴和反补贴措施的规则,以确保签字国在使用补贴时不会影响或损害其他签字国的贸易利益,也不利用反补贴措施来妨碍正常的国际贸易。《东京守则》一方面限制适用反补贴措施,另一方面也限制补贴的使用,既规定了损害的要求,也规定了程序公开的要求。该守则包括序言、七大部分和一个附件,共 19 个条款。主要有以下三方面内容:

第一,关于采取反补贴措施的规定。对发起调查、实施调查和征收反补贴税的程序作出了明确的规定,并在原则上要求程序公开并使出口商及出口国缔约方有机会参与程序。

具体地讲,该守则规定只有经过调查机关以法定程序调查认定后,方可对进口补贴产品征收反补贴税。反补贴调查发起应由进口缔约方国内工业或其他代表书面提出申请,调查发起之前应给出口缔约方提供适当的磋商机会;在确定损害时,应审查若干因素;征收的反补贴税不得超过已查明的补贴额,可以采用价格承诺的方式代替反补贴税的征收;应按已出口产品每单位受补贴的数额计算。

此外,《东京守则》还较为详细地规定了损害认定的三步确定法:征收反补贴税时必须证明存在(1)补贴;(2)对国内产业造成损害;(3)补贴与损害之间的因果关系。但是《东京守则》并没有列明补贴是否为损害的主要原因,该问题在后来的《SCM 协定》中也没有被解决。② 在东京回合谈判中,关于损害的认定标准,美国与其他缔约方发生争执。美国认为自己对"损害"的适用和理解已经远远高于其他缔约方的标准,为了避免

---

① 《东京守则》第 9(1)条禁止成员方就初级产品之外的产品给予出口补贴,但对于出口补贴没有定义,只提供了一份解释性的出口补贴清单,作为该守则的附件。该守则对国内补贴也作了规定,在承认国内补贴是促进社会和经济改革目标方面是十分重要的手段的前提下,第 11 条要求成员方在起草补贴政策时,要考虑它们对市场可能产生的不利影响。在执行方面,该守则分成两部分,通常称为第一种程序和第二种程序。第一种程序详细规定了进口国可以对补贴产品实施单方面行动的情况,至关重要的就是该守则的第 6 条规定,确定了损害时使用的标准。第一种程序允许成员单方面采取与反倾销相当的救济。它要求补贴必须对国内成员造成重大损害,而第二种程序即使在没有造成国内成员重大损害时也可以适用。根据第二种程序,如果其在 GATT 项下的利益受到了抵消或损伤,进口成员可以采取反击措施。这种情况可能发生在补贴对第三国市场或补贴国市场产生影响时。第二种程序规定了对使用国内和出口补贴的限制,并包括了进行磋商和争端解决的规定。依据这些规定,成员方之间的争议可以提交由成员方代表组成的补贴和反补贴委员会。该委员会有权在其建议未执行时采取适当制裁措施。

② 2006 年 6 月 1 日为 DDA 谈判提交案文截止日期,但仍然没有缔约方提交相关提案。

本国国内法对"损害"认定的标准高于其他缔约方，建议在征收反补贴税时不要使用"实质或严重损害"用语。而其他缔约方认为应该坚持 GATT 1947 第 6.6 条的标准，只有确定受补贴的出口产品对进口缔约方产业造成"实质(material)损害"，同时证明补贴与损害之间的因果关系才能采取反补贴措施。此外，GATT 1947 第 6.6 条并未对"实质"给予明确的定义，希望能在《东京守则》中对"实质损害"作出具体解释。经过艰苦的谈判，美国作出重大让步，同意在其所有反补贴税的案件中适用实质性损害的条件。但实际上，美国国际贸易委员会(U. S. International Trade Commission，以下简称 ITC)在实践中认定损害时考虑的标准有进口产品的总额、此类进口是否遏制同类国内产品价格的提高、损害国内工业的途径、进口渗透率(import penetration)、价格的抑制或跌落、国内雇佣情况、利润及设备利用情况等方面，而这些标准也都被随后制定的《东京守则》及后来的《SCM 协定》所采纳。

第二，关于补贴纪律。虽然《东京守则》仅对出口补贴和国内补贴(出口以外的补贴)进行了较为模糊的区分，但明确禁止对非初级产品给予出口补贴，无论是否导致出口价格低于国内价格。① 此外，签字方还同意限制补贴并附加了一份"出口补贴之外"可能损害其他缔约方利益的补贴清单。

但该守则规定，发展中国家缔约方只能在一定时期内可以作为例外对出口非初级产品和矿产品进行补贴。初级产品出口补贴的谈判主要集中在如何进一步精确定义 GATT 1947 第 16.3 条。② 美国认为应该严格解释该条款，指出任何市场份额的增加均应视为打破了原来的份额平衡。该提案遭到了欧洲国家的反对，最后谈判各方同意"公平份额"应与取代市场地位相联系，即在确定补贴出口产品是否导致取得超出"公平份额"利益时，应首先确定原有其他同类产品出口国的利益是否受到冲击。③ 此外，《东京守则》还在 1960 年 GATT 工作小组报告的基础上加以改进，共列举了 12 种出口补贴示例④，使规则更为明确。

该守则在国内补贴问题上仍然含混不清，主要是由于美国和其他缔

---

① 参见《东京守则》第 9.1 条。
② 修改后为《东京守则》第 19.2 条。
③ 参见段爱群：《法律较量与政策权衡——WTO 中补贴与反补贴规则的实证分析》，经济科学出版社 2005 年版，第 134 页。
④ 参见《东京守则》附件 I《出口补贴例示清单》。

约方在国内补贴对贸易的影响问题上有分歧,即美国认为国内补贴对国际贸易产生了负面影响,对"自由贸易"起到了扭曲的作用,而其他缔约方则认为国内补贴是实现国内经济、政策目标的有力手段,对经济和社会的发展有积极的作用。争执双方的妥协最后导致《东京守则》承认国内补贴对经济的积极作用,同时在第 11、12、13 条中规定,运用国内补贴应避免损害其他缔约方的国内产业或根据 GATT 1947 所享有的权利;如果一缔约方认为另一缔约方违反《东京守则》对补贴的规定,不论其是否造成对国内产业的实质损害或损害威胁,受影响的缔约方可以采取磋商和争端解决程序。如果其在 GATT 1947 项下的利益受到减损,则可基于补贴与反补贴措施委员会的授权而采取反措施。① 该规定反映了在国际协定的签署中,各缔约方力量的制衡最终导致了协定条文的多重性,使其效力受到了削弱,也给日后条文的适用带来了隐患。

此外,《东京守则》不限制政府通过赠款、贷款或担保、资助企业实施研究和发展计划等形式给予的补贴,但要求缔约方应避免使用此类补贴而损害其他缔约方的利益,还规定缔约方应将其补贴计划通知 WTO 补贴和反补贴措施委员会。②

第三,关于发展中国家缔约方的问题。该守则规定,发展中国家缔约方可以对本国工业采取扶持政策和措施,也可以补贴资助其出口产业,但这些补贴不得以对其他签字方的贸易或生产引起实质损害的方式使用。当出口补贴与发展中国家缔约方的竞争和发展需要不相符时,它鼓励发展中国家缔约方承诺减少或消除出口补贴。当一个发展中国家缔约方作出这种承诺时,其他签字方就不得对其根据守则的规定制造的出口货物征收反补贴税。③

从东京回合谈判一开始,发展中国家缔约方就特别提出,发展中国家缔约方普遍使用补贴措施可以促进经济发展并有助于实现一些社会和政治目标,并提出在补贴领域实施优惠待遇的具体建议:(1)完全禁止发达国家缔约方针对发展中国家缔约方产品采取反补贴措施;(2)如果发达国家缔约方的出口补贴会对发展中国家缔约方向发达国家缔约方市场或

---

① 参见甘瑛:《国际货物贸易中的补贴与反补贴法律问题研究》,法律出版社 2005 年版,第 12 页。
② 参见张玉卿主编:《WTO 新回合法律问题研究》,中国商务出版社 2004 年版,第 202 页。
③ 参见〔美〕布鲁斯·E. 克拉伯:《美国对外贸易法和海关法》,蒋兆康、王洪波等译,黄胜强审定,法律出版社 2000 年版,第 409 页。

第三国市场的出口造成损害,发达国家缔约方应避免该出口补贴;(3)制定一个可允许的补贴清单,以便发展中国家缔约方无限制并无须担心补贴措施的使用。① 但发达国家缔约方只是同意发展中国家缔约方在针对非初级产品逐步取消补贴的基础上使用出口补贴。

此外,补贴和反补贴措施委员会可对发达国家缔约方根据《东京守则》所维持或采取的、影响发展中国家缔约方利益的出口补贴措施进行审查,以确定这些措施与《东京守则》的相符程度,同时,委员会也可对发展中国家缔约方进行类似审查。如果缔约方之间发生争议,首先要争取通过磋商解决。如果磋商不能解决争议,缔约方可向补贴与反补贴措施委员会提交报告,由委员会提出解决争议的建议。如果该建议未得到执行,委员会可授权采取适当的反补贴措施。②

除上述三个方面外,《东京守则》在通知、磋商和争端解决方面也有较大改进。《东京守则》规定了争端解决方法:(1)协商和解③;(2)签字方委员会④;(3)个人专家小组。⑤ 所以,《东京守则》是一个旨在由签字方委员会实施并通过解释和修正而得以发展的文件。⑥ 客观地讲,该守则确定了征收反补贴税的调查程序,对各种不同的补贴进行了分类并加以区别对待,是 GATT 在反补贴税法方面第一个较为系统的法律文件。但由于该守则在结构上不够严谨,在文字上比较含混以及反补贴调查程序规定不够明确,特别是该守则缔约方不多而且 GATT 缔约方不断增多的情况下,绝大多数缔约方不受其约束⑦,因此实际效用不大,不能有效地制约日趋复杂的补贴与反补贴措施。⑧

(四)GATT 1994 对 GATT 1947 的继承与发展

GATT 1947 于 1995 年 12 月 31 日失去法律效力,GATT 1994 则在 1995 年 1 月 1 日起生效,两者重叠适用。其目的是保证有 1 年的过渡期使原 GATT 缔

---

① See *Report of the Director General of GATT: The Tokyo Round of Multilateral Trade Negotiations*, April 1979, p.60.

② *Ibid.*, p.60.

③ 参见《东京守则》第 17 条。

④ 同上,第 16 条。

⑤ 同上,第 18 条。

⑥ 参见〔美〕布鲁斯·E. 克拉伯:《美国对外贸易法和海关法》,蒋兆康、王洪波等译,黄胜强审定,法律出版社 2000 年版,第 409 页。

⑦ 参见叶全良、孟阳、田振花:《国际商务与反补贴》,人民出版社 2005 年版,第 41 页。

⑧ 参见曹建明、贺小勇:《世界贸易组织》(第二版),法律出版社 2004 年版,第 139 页。

约方完成向 WTO 成员的转变。① 从国际条约法的角度分析,WTO 过渡期的安排突破了《维也纳条约法公约》(Vienna Convention on the Law of Treaties)的相关规定,是国际条约法制度上的一项创新。② GATT 1994 继承了 GATT 1947 的主要内容,如 GATT 1947 以及 WTO 协议生效前已生效的修改文件、关税减让协定书、加入议定书和 GATT 1947 缔约方全体作出的决议等。同时也有所修改和发展,如把 GATT 1947 条款中的"缔约方"(contracting party)修改为"成员"(member)。许多学者认为,GATT 不是国际法意义上的国际组织③,只能被称为"缔约方",这个事实也证明了"从正式角度讲 GATT 只是一个法律文本",而非一个国际机构或组织。④

二、《SCM 协定》的产生

如果说 WTO 的成立及其法律规则(1995 年 1 月 1 日)的生效是国际经济关系发展中的一个里程碑⑤,那么《SCM 协定》的生效则是国际补贴与反补贴规则发展中的一个里程碑。

(一)1994 乌拉圭回合谈判全面启动的原因

在 GATT 运行的四十几年中,各缔约方经过多轮贸易谈判,第二次世界大战后初期阻碍国家间贸易顺利发展的高关税壁垒已得到根本清除,GATT 缔约方的平均关税已处于正常水平(发达国家缔约方的平均关税由原来的 40%下降到 3.5%,发展中国家缔约方的平均关税则由 70%～80%降到了 11%)。但是,20 世纪七八十年代世界经济出现了衰退与停滞,消费增长有所下降,市场趋于饱和。各缔约方政府一方面鼓励企业加大出口的力度;另一方面面对外国的竞争,为保护国内市场更多地采用了非关税措施。同时,国际贸易的范围已远远超出了传统的货物贸易,更多

---

① WTO Secretariat, *Guide to the Uruguay Round Agreements*, Kluwer Law International, 1999, p.38.
② 参见余敏友:《WTO 争端解决机制概论》,上海人民出版社 2001 年版,第 46 页。
③ See John H. Jackson, "The Uruguay Round and the Launch of the WTO," in Terence P. Stewart etc. ed., *The World Trade Organization*: *The Multilateral Trade Framework for the 21st Century and U. S. Implementing Legislation*, America Bar Association 1996, p.6. "It is well known that the GATT was never intended to be an organization. Despite this inauspicious beginning, the GATT has been remarkably successful over its nearly five decades of history. Partly this is because of ingenious and pragmatic leadership. In the GATT, particularly in its early years, as the GATT struggled to fill the gap left by the ITO failure."
④ See WTO, *Trading into the Future*, 2nd ed., 1999, p.14, 载 WTO 网站(http://www.wto.org/english/res_e/doload_e/tif.pdf),访问日期:2020 年 3 月 18 日。
⑤ 参见[德]彼得-拖比亚斯·施托尔、[德]弗兰克·朔尔科普夫:《世界贸易制度和世界贸易法》,南京大学中德法学研究所译,法律出版社 2004 年版,第 3 页。

地涉及服务贸易、知识产权保护和投资以及环境保护等领域。因此,为了适应日益变化的世界贸易环境,在新一轮乌拉圭回合谈判的 15 项议题中,不仅包括了传统的货物贸易问题,而且还涉及与贸易有关的知识产权、投资措施、服务贸易及环境新议题,同时对农产品及纺织品和服装贸易也提出了贸易自由化的目标。这一想法几乎与《哈瓦那宪章》关于国际贸易组织的设想一致,建立国际贸易组织的问题引起了普遍关注。各缔约方普遍认为,有必要在 GATT 基础上建立一个正式的国际经贸组织来更有效地协调、监督、执行乌拉圭回合谈判的成果,这也是 1994 年乌拉圭回合谈判全面启动的动因。

20 世纪 70 年代末 80 年代初,由于全球性的经济衰退,各缔约方为解决经济危机及社会压力采用了大量的工业(经济合作组织成员平均对工业补贴高达其本国国民生产总值的 23.5%)和农业补贴,使国际竞争力较量最后演变为各国补贴出口能力的较量。[①] 而 GATT 项下的法律条文形同虚设,不能约束补贴的纪律也不能限制反补贴措施的滥用,特别是签署国的数目较少也限制了其适用范围。GATT 以及《东京守则》都没能给补贴下一个较为明确的定义,各缔约方对补贴内涵和外延的理解各不相同,例如税收优惠、财政贴息、政府采购行为以及其他所有一切向国内生产商或出口商提供的优于外国厂商的待遇措施是否均属补贴措施。一方面,鉴于关税水平经 GATT 多轮贸易谈判大幅下降,以及采取数量限制、不公平海关估价等非关税措施的减少,许多缔约方政府纷纷采用补贴这种较为隐蔽的方式以实施对本国的贸易保护,致使补贴措施层出不穷,严重阻碍国际贸易的正常发展;另一方面,许多缔约方在国内制定反补贴税法,并为保护本国产业的发展而经常采用,这使反补贴税法从一种保证公平贸易的法律手段而蜕化成为贸易保护主义的工具。补贴与反补贴措施对国际贸易所产生的消极影响也越来越大,补贴与反补贴措施已经成为国际贸易非关税壁垒措施中的一种重要形式。如美国在 1979 年至 1995 年期间征收反补贴税多达 440 起。[②] 这些都表明了适时启动新一轮补贴与反补贴谈判的必要性。

东京回合谈判后,签字国对《东京守则》的解释和适用仍有不少分

[①] 参见段爱群:《法律较量与政策权衡——WTO 中补贴与反补贴规则的实证分析》,经济科学出版社 2005 年版,第 138 页。

[②] 参见曹建明、贺小勇:《世界贸易组织》(第二版),法律出版社 2004 年版,第 139 页。

歧,提交 GATT 补贴与反补贴措施委员会的几个专家组报告由于意见分歧未能获得通过。① 1987 年 GATT 秘书处为乌拉圭回合补贴谈判小组准备了一份说明,记录了缔约方认为需要进一步澄清的补贴规则,主要包括:政府的财政资助是否是确定补贴存在的一个标准;如何理解专向性问题,对补贴采取反补贴措施是否需要证明授予利益并对正常竞争条件造成负面影响;如何计算补贴额,是以政府实施成本为基础还是以接受补贴者的获益多少为基础计算。② 在此背景下,1986 年通过的《埃斯特角宣言》拉开了乌拉圭回合正式谈判的序幕。该宣言宣布:"关于补贴和反补贴措施的谈判将在审议第 6 条、第 16 条和补贴与反补贴多边贸易协定的基础上进行,以改进 GATT 关于影响国际贸易的补贴和反补贴措施的纪律。为此,将设专门的谈判组来处理这些问题。"该宣言表明了补贴与反补贴谈判的重要性以及各国想要解决问题的决心。

(二)《SCM 协定》的特点

在乌拉圭回合谈判时,补贴问题仍是当时 GATT 缔约方争执较多而且难以达成共识的议题。美国认为有必要强化《东京守则》的补贴纪律,主张拟议中的反补贴协定适用于所有领域,包括农产品;而欧盟在谈判中的基本立场是回避限制补贴权限等问题,特别是有关农产品补贴的问题;发展中国家缔约方则认为出口补贴是其发展经济的不可缺少的手段,要求将反补贴措施限定在一定范围之内。③ 最终经各方努力,相互妥协,达成了更为明确、更易操作的《SCM 协定》。《SCM 协定》作为货物贸易多边协定的一个组成部分,所有 WTO 成员必须遵守。《SCM 协定》由 11 个部分、32 个条款和 7 个附件构成,旨在规范补贴的使用,以及规范成员方为抵消补贴的影响而可以采取的措施,成员方可以使用 DSB 寻求补贴的撤销或是消除补贴所致的负面影响,或者该成员方也可以自行展开调查,并对造成国内生产者损害的受补贴的进口商品征收反补贴税。

《SCM 协定》的进步在于,除该协定是所有成员必须参与之外(1979 年《东京守则》是各 GATT 缔约方自行决定签署与否),对补贴类型有更为清楚的定义,并针对补贴的形式规定不同的规范方式,还规定了专向性测试。《SCM 协定》在订立之初引入了过渡性条款——不可诉补贴,即对

---

① 主要矛盾存在于美国和欧盟之间,美国要求加强对补贴的纪律,严惩不符合规定的补贴,欧盟则要求对反补贴税的征收严格规范。
② 参见张玉卿主编:《WTO 新回合法律问题研究》,中国商务出版社 2004 年版,第 202 页。
③ 参见曹建明、贺小勇:《世界贸易组织》(第二版),法律出版社 2004 年版,第 139 页。

研究活动的支持、对落后地区的支持、对为促进现有设施适应法律法规规定的新的环境要求所提供的支持。此外,《SCM 协定》在通知和执行方面有明显进步,要求各成员方按时通知,并实施透明化原则,使各成员方的补贴政策能公之于世,尽量减少对其他成员方的负面影响;在反补贴措施执行方面的规定更为明确,对反补贴税的征收设定实施期限以减少滥用反补贴措施作为贸易保护工具的现象。《SCM 协定》针对所有成员方和发展中国家成员的实际情况设有暂时使用、过渡性及例外性的规定。特别是对发展中国家成员遵守承诺上给予特别规定,给予一定的过渡时期,以使发展中国家成员能遵守《SCM 协定》。与《AD 协定》相比,《SCM 协定》在特殊和差别待遇、新出口商复审和退税等方面的规定更为详尽。另外,《SCM 协定》的附件规定了计算生产投入消耗的准则、出口补贴的替代退税制度、计算从价补贴以及有关发展中国家成员"严重歧视"的程序。

(三) WTO 补贴与反补贴规则的局限性

通过对国际贸易理论发展进程的研究,笔者认为,应该客观清醒地看待现存的 WTO 项下的补贴与反补贴措施,其局限性有:

(1) WTO 的产生是为了避免 20 世纪二三十年代高关税竞争给世界经济所带来的灾难,补贴与反补贴措施的产生是成员方解决经济诉求的一种重要手段。

(2) WTO 是一种国际协调机制的制度安排,它的宗旨并非是为了实现贸易政策的自由化。《SCM 协定》是帮助成员方政府避免在单方面改善贸易条件过程中所出现的"囚徒困境"。成员方都有在对方付出代价的情况下行动的意愿,但如果都采取行动必然会两败俱伤。虽然最优的选择是各方都不干预贸易,但各方却都有偏离这一最优选择、试图谋求利益最大化的天性。因此,如果考虑到出口补贴是以牺牲本国其他部门利益为代价的,此时的出口补贴可能更加得不偿失。①

(3) WTO 的强制实施机制和争端解决机制对成员方义务的实际约束

---

① 在国内存在较高垄断的情况下,外国政府对其出口的补贴会降低本国的总福利水平,反补贴有利于提高总体福利水平;但在国内市场近乎完全竞争的情况下,外国补贴则有提高本国总体福利水平的效应,反补贴不利于提高本国福利水平。对于本国政府所实施的补贴措施,外国是否报复是决定本国福利水平变化的一个重要因素,在外国对于本国的补贴行为不予报复的情况下,出口补贴可提高本国的福利水平,但如果外国采取的反补贴措施为百分之百抵消性的,本国的出口补贴是无效的。

力在于贸易对手之间的相互依存度。而发展中国家成员与发达国家成员之间的依存关系是单向的,发展中国家成员无疑在该体系中处于不利和被动的地位。①

(4)发达国家成员在提供补贴方面占有了先发优势,对发展中国家成员来讲,虽然表面上享有特殊和差别待遇,但实际上受到很多限制。当然不能否定的是,相关规则的制定提高了发展中国家成员对贸易的可预见性。发展中国家成员在屈服于现有体制的同时,面对自由贸易政策,尤其是货物自由贸易,其背后是全球市场范围内,各国企业、产业间的竞争。在这个过程中,无疑是那些拥有关键技术、生产规模化、能够调配全球资源的企业和产业获利。发达国家成员的产业发展阶段和技术资本实力决定,在货物自由贸易中,更多的时候是发展中国家成员的市场被挤占,或者是发展中国家成员在国际分工中仅获得加工费等较小份额的价值。这一主张下的补贴政策限制,无疑将部分抵消发展中国家成员改变其国际分工领域地位的努力。自由贸易政策忽略了补贴对技术进步的作用及其在经济发展和提高效率上的决定意义。对发展中国家成员而言,其对发达国家成员宣扬的经济理论和法律制度要客观、辩证地分析,要结合自己的国情,要避其短用其长,不能完全地"拿来"主义。

(5)由于加入的成员越来越多,WTO 补贴纪律和加严反补贴调查的谈判方向就很难达成一致。自 GATT 以来,很多体制内部的市场权力就掌握在美国手里,欧盟、日本也有一定的权力,这使得少数成员的外交谈判代表能够按照自己的意图去推进全球自由贸易进程。但是后来随着发展中国家的加入,经济权力分散化,WTO 成员间更难达成一致。

第二节　美国和欧盟的反补贴法律制度

虽然《SCM 协定》是成员方相互妥协的产物,其中的若干条款也无明确界定,但丝毫没有影响它对成员方国内立法的影响。美国和欧盟在谈判时对《SCM 协定》中许多条款的看法不尽一致,但在《SCM 协定》生效后,都使其国内法与《SCM 协定》保持较强的一致性。经济和政治影响力最大的美国和欧盟是对内实施补贴与对外采取反补贴措施最多的成员

---

① 参见〔美〕科依勒·贝格威尔、〔美〕罗伯特·W. 思泰格尔:《世界贸易体系经济学》,雷达、詹宏毅等译,中国人民大学出版社 2005 年版,第 20 页。

方。同时由于法律制定上的先天优势及丰富实践,其在补贴与反补贴规则谈判中也表现得最为活跃、最具话语权。

一、美国的反补贴法律制度

美国反补贴法的立法进程完全反映了美国在各个时期的不同的经济需求和发展重点,反映了美国积极倡导自由贸易和实际施行贸易保护主义做法的相互影响过程,体现了美国贸易政策的目标。

对于反补贴事项,除美国国会立法外,DOC 和 ITC 根据国会立法制定反补贴制度。同时,作为普通法国家,法院的判例也是美国反补贴法的重要组成部分。在具体实践中,DOC 与 ITC 两机构采用遵循先例的原则,除非存在认为有必要改变的理由。当然,在具体案件裁决中的解释也可能以先例的形式对这些法律法规进行适用和调整,但下文仅限于对成文法的梳理。

(一)《1897 年关税法》(Trade Tariff Act of 1897)

早期的美国反补贴立法体现在《1897 年关税法》中,这部法律规定对金库货物受益于生产国的"奖励或补助"等征收等额反补贴税,但既没有程序方面的规定,也没有界定"奖励或补助",更不要求证明美国产业受到损害,行政管理部门的自由裁量权极大。1948 年 GATT 1947 生效后,由于 GATT 1947 中的祖父条款,先于 GATT 1947 的美国反补贴法并未被要求进行相应修改。因此,《1897 年关税法》中的做法一直在延续,直至《1974 年贸易法》被美国国会通过,后者对美国反补贴立法进行全面修订。①

19 世纪 90 年代,德国等欧洲国家给予蔗糖出口商出口补贴,使欧洲出口商在美国市场上获得了价格优势。② 美国国会为保护美国蔗糖产业的利益,分别于 1890 年和 1894 年通过《固定关税税率法》,对来自有出口补贴国家的所有蔗糖每磅征收与德国补贴金额大体相当的 0.1 美分的反补贴税。这可以说是美国最早适用的反补贴税条款,但其仅限于蔗糖类进口产品。针对美国反补贴措施,德国政府将补贴提高到每磅 0.38 美分。随后两国的摩擦进一步升级,美国众议院赋税委员会于 1897 年提交

---

① 参见黄东黎、何力:《反补贴法与国际贸易:以 WTO 主要成员方为例》,社会科学文献出版社 2013 年版,第 86—93 页。
② 参见〔美〕布鲁斯·E. 克拉伯:《美国对外贸易法和海关法》,蒋兆康、王洪波等译,黄胜强审定,法律出版社 2000 年版,第 53 页。

《弹性关税税率法》,规定征收与国外政府给予的补贴相等的反补贴税,而未包含从量的反补贴税。① 该法案中的反补贴税条款是美国第一部具有广泛意义的反补贴税法,被称为《1897 年关税法》。② 该法规定,进口货物受益于生产国的奖励和补助的,财政部部长将在正常关税以外征收相当于奖励或补助数额的反补贴税。③ 该条款没有对"奖励或补助"的含义加以定义,也没有要求调查机关考虑美国产业是否因为进口货物的销售而受到损害,而且缺乏相应的反补贴措施调查的程序性规定以及对否定性裁决的司法审查的规定。立法的宽泛使得作为调查机关的财政部拥有相当大的自由裁量权。但在这一时期,反补贴税更多地被用来作为外交政策工具,而不是保护美国产业的救济手段。④

这一阶段对反补贴税法的解释含糊不清,没有形成重要的判例集,但仍值得注意的有三个案件:Hills Bros v. United States(美国最早解释反补贴税法的判例),Downs v. United States(该案使美国联邦最高法院对"奖励或补助"有了进一步认识,意识到俄国政府提供的补贴是一种出口奖励,为反补贴税法现行的司法解释奠定了基础)和 Nicholas & Co. v. United States(该案进一步确认了 Downs 案中补贴是与出口相关的法律观念)。这三个案件除最后一个案件中的进口产品是英国酒类外,前两个案件中的进口产品均为糖类。美国联邦最高法院在后两个案件中对反补贴税法作出了很宽泛的解释,以至于可以对所有外国政府的补助征收反补贴税。也就是说,美国财政部很容易作出征税决定,而法院所确定的不能征收反补贴税的法定标准很难实现。另外,法律也没有关于国内生产商申请遭到财政部拒绝后如何向法院提出申诉的规定。⑤

---

① 参见〔美〕布鲁斯·E. 克拉伯:《美国对外贸易法和海关法》,蒋兆康、王洪波等译,黄胜强审定,法律出版社 2000 年版,第 53 页。
② 在 18 世纪和 19 世纪,美国用保护关税制度与英国倡导的自由贸易主义对抗,有学者认为自由贸易只会对英国有利。曾任第一届美国政府财政部部长的汉密尔顿于 1791 年向国会提交了著名的《关于制造业的报告》,阐述了保护和发展制造业的必要性和有利条件,极力主张推行保护关税,并提出了工业保护制度的纲领以加强国家干预为主要内容的一系列措施。上述主张对美国政府的经济政策产生了重大和深远的影响。1816 年,美国在汉密尔顿和参议员莫利斯的推动下还制定了一项关税法案,这个法案号称美国历史上的第一部保护主义的关税法,是美国经济立法史上的转折点。从此,保护主义被视为财政制度的根本基础。恩格斯在《保护关税制度和自由贸易》一文中肯定了美国选择贸易保护道路的重要意义。
③ 参见〔美〕布鲁斯·E. 克拉伯:《美国对外贸易法和海关法》,蒋兆康、王洪波等译,黄胜强审定,法律出版社 2000 年版,第 388 页。
④ 同上注。
⑤ 同上书,第 394 页。

从《1897年关税法》开始，美国不断扩大反补贴适用范围，《1913年关税法》将法律中与奖励或补助有关的规定修改成包含了由任何省或政府的其他政治性分支机构所支付的奖励或资助。《1922年关税法》将反补贴法的适用范围扩展到产品制造或生产过程中，而不仅仅是从出口中获得的补贴，以防止对反补贴法的规避，并且该法中的奖励或资助还包括私人领域提供的奖励或资助。①

(二)《1930年关税法》和《1974年贸易法》

《1922年关税法》之后，美国有关反补贴税的法律主要体现在《1930年关税法》[Title Ⅶ (section 701-782) of the Tariff Act of 1930 are Codified at 19 U.S.C. § 1671]也称为《霍利-斯穆特关税法案》(Hawley-Smoot Tariff Act)、《1934年贸易法》(Reciprocal Trade Agreements Act, or RTA)、《1962年贸易扩张法》(Trade Expansion Act)和《1974年贸易法》(Trade Act of 1974)中，根据WTO每一回合的谈判进行相应的更新。

《1930年关税法》第303节确立了反补贴法的基本框架，进一步细化了征税规则，但允许美国财政部部长估算补贴量且并没有要求证明损害的存在，因为出口补贴本身就被推定为造成了损害，这与后来GATT 1947规定的"在国内产业遭到损害时才可适用反补贴税"是矛盾的。GATT 1947《临时适用协定书》第1(b)条规定"在最大限度上与现行立法不抵触的条件下临时适用GATT 1947第二部分实体法规则"②解决了这一矛盾，它规定与GATT 1947不一致的，也无须变更，故美国因祖父条款而获得豁免不受其约束。美国财政部曾经三次敦促美国国会修改法律使之与GATT 1947的规定一致，但遭到国会的拒绝。③

《1974年贸易法》对以往的反补贴税规则作了实质性的修改，第331(a)节将反补贴税的实施范围扩展到免税进口产品。由于扩展到免税进口产品属于新增条款，不能援引祖父条款，故需要履行GATT 1947项下的国际义务，必须证明补贴对国内产业造成实质损害。但对于缴税的进口产品征收反补贴税可以引用祖父条款，仍无须证明损害。《1974年贸易

---

① 参见林惠玲：《美国反补贴实体法律及实施问题研究》，上海人民出版社2019年版，第33页。

② 换言之，即优先适用本国现行立法，俗称"祖父条款"。参见赵维田：《世贸组织(WTO)的法律制度》，吉林人民出版社2000年版，第13页。

③ 参见〔美〕布鲁斯·E. 克拉伯：《美国对外贸易法和海关法》，蒋兆康、王洪波等译，黄胜强审定，法律出版社2000年版，第395页。

法》试图通过采用损害测试以使美国反补贴税法与 GATT 1947 更加一致,但是其采用的损害测试仅要求"大于非轻微的"这一较低标准。美国财政部不再是反补贴调查的唯一主管机关,而只负责补贴的认定,损害的认定则由 ITC 进行。《1974 年贸易法》的进步性表现在国内申请人可以对美国财政部的否定性裁决以及不能在法定时限内作出裁决进行司法审查。这些规定使反补贴税法从外交政策工具转化为司法救济措施,进一步保护了国内产业的权利。如法案第一部分写到"提供足够的程序以保证美国产业应对不公平进口产品的竞争",并将反补贴税案件的最终决定权从行政机关移交到了法院,这为反补贴法的司法发展创造了条件。① 特别是 1976 年的 Zenith Radio Crop. v. United States 使反补贴税法进入一个新的阶段,使法院在个案的基础上对反补贴税法的解释负有最终的责任,有权调整规则的适用。②

(三)《1979 年贸易协定法》

美国对外宣扬自由贸易主义,但在实际行动上则对国内产业给予贸易保护,这在《1974 年贸易法》和《1979 年贸易协定法》中得到了充分的印证。在东京回合谈判中,美国接受了 GATT 1947 第 6、16、23 条的修改,并颁布了《1979 年贸易协定法》(The Trade Agreements Act of 1979)。该法规定了实质性损害标准,基于反倾销法和反补贴税法相同的性质和目的,都是为了消除人为的进口低价影响,维护公平竞争,关于实质损害和实质阻碍的标准在措辞上是相同的。为了适用《东京守则》并协调当时美国的现行法律,美国国会采用分而治之的办法:《1979 年贸易协定法》适用于《东京守则》的缔约方或与美国签署了其他相关协定的国家,而使当时的反补贴税法适用于没有签署《东京守则》或相应协定的所有其他国家。二者之间的差异是,《1979 年贸易协定法》要求在认定对国内产业造成"实质性损害"后方可征收反补贴税,即使是缴税进口产品,也必须证明存在损害。③ 而 1979 年以前的法律则区分是否为缴税产品,要求认定存在"损害"方可对免税进口产品征收反补贴税,对缴税进口产品,在不考虑是否存在"损害"④的情况下征

---

① 参见〔美〕布鲁斯·E. 克拉伯:《美国对外贸易法和海关法》,蒋兆康、王洪波等译,黄胜强审定,法律出版社 2000 年版,第 402 页。
② 同上书,第 406 页。
③ See 19 U. S. C. § 1677(10)(1990).
④ 该"损害"并不是《东京守则》中的"实质性损害",因此,调查机关拥有较大的自由裁量权。

收反补贴税。① 这种做法变相地鼓励其他国家签署《东京守则》。②

客观地讲,《1979年贸易协定法》与《东京守则》一样没有给"补贴"下定义,仅是简单的列举,而且直接适用《东京守则》中的《出口补贴例示清单》。随后,1979年颁布了《第3号重组方案》③,除内容上和程序上的改变外,它将反补贴和反倾销税实施的职责从美国财政部转移到了DOC。

(四)《1984年贸易和关税法》和《1988年综合贸易与竞争法》

20世纪80年代,连年的巨额贸易赤字使美国国内贸易保护主义的势力日益增强。里根总统于1985年宣布了"贸易政策行动计划",明确表示:如果国际贸易不利于美国企业,将以强硬的态度实行贸易保护。《1988年综合贸易与竞争法》(Omnibus Trade and Competitiveness Act of 1988)是美国国会在第二次世界大战后首次颁布的贸易法规,它加强了单边贸易报复手段(如301条款)并强化了美国贸易谈判代表的权力,授予其参加乌拉圭回合的快速通道谈判权。此后,美国更频频动用"超级301条款""保障措施337条款"、反倾销措施、反补贴措施等贸易救济手段,迫使贸易伙伴对美国开放市场。从《1974年贸易法》到《1988年综合贸易与竞争法》,充分显示了自由贸易主义和贸易保护主义的此消彼长。④

《1984年贸易和关税法》(Trade and Tariff Act of 1984)第6条及《1988年综合贸易与竞争法》第二部分第1.C条对反补贴税法作了进一步的修正。《1984年贸易和关税法》修改了关于被调查国的进口损害累积计算、上游补贴、实质性损害威胁和中止协议等条款,力图使国内产业更容易获得救济。⑤ 该法增加了"普遍可获取"原则、紧急情势条款、监控包含倾销性或受补贴零部件的特定下游产品规则及反规避条款等在国际协定中没有规定的条款,这些条款更有利于美国政府利用反补贴措施实施贸易救济。值得一提的是,该法的早期文本中还明确规定,在补贴可被合理认定和计算的情况下将被反补贴税法适用于非市场经济国家,但

---

① See 19 U.S.C. §1303(a), (1990).
② 参见〔美〕布鲁斯·E. 克拉伯:《美国对外贸易法和海关法》,蒋兆康、王洪波等译,黄胜强审定,法律出版社2000年版,第410页。
③ 参见"第12188号总统令",载《美国联邦政府公报》(第45卷),1980年,第989页。
④ Terms Related to US Trade Legislation, http://www.commercialdiplomacy.org/cd_dictionary/dictionary_legislation.htm.
⑤ 参见〔美〕布鲁斯·E. 克拉伯:《美国对外贸易法和海关法》,蒋兆康、王洪波等译,黄胜强审定,法律出版社2000年版,第411页。

这一条款后来被删除了。①

（五）《1994年乌拉圭回合协定法》

美国作为国际成员，为保持一致性，美国国会通过了《1994年乌拉圭回合协定法》(Uruguay Round Agreement Act of 1994, URAA)。URAA废除了之前《1930年关税法》第303节②关于反补贴税法的规定，结束了两部反补贴法律并行的局面，以保持与WTO规则的一致性，也使美国的反补贴税法得到了统一。美国反补贴税法基本采用《SCM协定》中关于补贴和专向性的定义，并吸收了《SCM协定》第14条关于"以接受者所获利益计算补贴金额"的规则，明确规定了禁止性补贴和不可诉补贴。此外，美国反补贴税法还对"实质性损害""实质性损害的威胁""紧急情况""地区产业""相关当事人"以及"累积评估"等问题作了进一步修正。另外，还增加了对"受制生产""可忽略的进口"等问题的规定，并通过落日条款③来决定是否在5年之后撤销征收反补贴税的命令。笔者在应对美国反补贴调查工作中发现，这些条款从文字表面上看与《SCM协定》是一致的，但在真正的司法阶段，美国政府仍然保留了有利于其自身的规则理解。还有一点特别值得关注，比如，美国在《SCM协定》里纳入了研发等不可诉补贴，这与美国国内当时发放大量研发补贴有关系。同时，它为了防止其他成员方提供高额的研发补贴，又提出当不可诉补贴产生严重的不利影响时可以启动301条款。由此可以看出美国通过制定主导国际规则以实现其自身利益的一贯做法。

（六）2005年《美国贸易权利执行法》

历史上，美国政府不对非市场经济国家适用反补贴税法。1984年的乔治城美国钢铁案④中，美国联邦巡回上诉法院(The U. S. Court of Appeals for the Federal Circuit, CAFC)裁定不对来自非市场经济国家的产品适用反补贴措施，奠定了美国对非市场经济体出口产品不适用反补贴税的理论依据。2005年，美国众议院通过《美国贸易权利执行法》(The U. S. Trade Rights Enforcement Act)，提议扩大反补贴法的适用范围，即在《1930年关税法》第701节中加上"包括非市场经济国家"的表述，在第

---

① 参见〔美〕布鲁斯·E. 克拉伯：《美国对外贸易法和海关法》，蒋兆康、王洪波等译，黄胜强审定，法律出版社2000年版，第419页。
② See 19 U. S. C. § 1303.
③ 落日条款是指法律及合同中订立的部分或全部条文的终止效力的日期。
④ 1984年美国乔治城钢铁公司诉捷克斯洛伐克和波兰的钢丝绳反补贴案。

771节(5)(E)后加入"至于中华人民共和国,如果行政机关在计算补贴利益遇到重大阻碍时,可使用中国以外的标准进行衡量,但应当充分考虑中国的实际情况,并相应调整标准"①。

2006年,DOC对原产自中国的进口铜版纸采取的双反调查,是美国对非市场经济国家适用反补贴法的首个案例。在该调查中,DOC认为中国经济的发展已经与计划经济完全不同,应对补贴进行调查,决定对中国适用反补贴规则,自此改变了美国多年来不对非市场经济国家适用反补贴税法的一贯做法。

2007年3月29日,CIT裁定,DOC有权考虑是否对中国企业适用反补贴调查。次日,DOC部长卡洛斯·古铁雷斯正式声明美国反补贴法可以对非市场经济国家的中国适用,标志着美国不对非市场经济国家出口商品征收反补贴税的判例正式终结,开创了美国对非市场经济国家征收反补贴税之先河。此后,双反案件成为中美贸易摩擦的高发案件。

(七)2012年《对非市场经济国家使用反补贴税法案》

2007年6月18日,美国爱荷华州的帝坦轮胎公司(Titan Tire)等提出对从中国进口的某些非公路用轮胎(新充气工程机械轮胎)采取反倾销和反补贴措施的调查申请,引发了一系列诉讼,并成为美国国会修改关税法的导火索。

2012年3月,美国政府出台《对非市场经济国家使用反补贴税法案》②(HR4105, An Act To apply the countervailing duty provisions of the Tariff Act of 1930 to nonmarket economy countries, and for other purposes,美国公法112-99,简称GPX法案)。此法案对《1930年关税法》进行了补充,授权DOC可以对非市场经济国家适用反补贴措施。同时,出于避免双重救济的目的,此法案还规定如果一种产品同时被征收反倾销税,应从反倾销税中减去除出口补贴之外的反补贴税。自此,美国以立法形式正式确认对来自非市场经济国家的产品可以采取反补贴措施。而且该法案突破了不溯及既往的法律原则,可以溯及适用于从2006年11月20日开始并依据《1930年关税法》第1671条提起的反补贴案件。③

---

① H. R. 3283, United States Trade Rights Enforcement Act.
② https://www.congress.gov/112/plaws/publ99/PLAW-112publ99.pdf
③ 《浅谈美国修改〈1930年关税法〉对中国的影响》,载中国商务部网站(http://chinawto.mofcom.gov.cn/article/dh/cyjieshao/201410/20141000772687.shtml),访问日期:2020年3月21日。

(八)反补贴调查机构及其适用的法规

根据现行的美国反补贴相关法律法规,在美国的反补贴调查案件中承担职能的主要机构为 ITC 以及 DOC 下设的国际贸易管理局的进口管理处(Import Administration,IA),以及美国海关与边境保护局(U. S. Customs and Border Protection,CBP)。

具体而言,现有的反补贴相关法律是由美国国会制定的,美国国会通过的法律只有在美国总统签字后才能生效。美国国会通过《1930 年关税法》及其修正案指示 DOC 负责反补贴的实施,ITC 负责反补贴调查程序中损害的认定(此外,其还负责包括与知识产权进口有关的调查和一般贸易研究)。反补贴调查由 ITC 和 DOC 共同来完成,IA 负责进口损害之外的反补贴调查,是反补贴法律的具体执行部门之一。ITC 由总统任命,经过参议院审议通过的 6 名委员组成(3 名民主党、3 名共和党),任期 9 年。

一项反补贴调查,其启动需要由一个有利益关系的当事人提出申请或由 DOC 在其认为理由充分时提起反补贴程序。① 依职权主动立案显示了美国贸易保护主义的倾向,但实际调查过程与传统依申请立案并无本质差异。美国反补贴税法中关于申请书内容,仅规定申请人提交可合理获取并支持其主张的信息。② 此种规定本身已经较为宽松,而在实际适用中,申请人即使提供并不充分的信息,也可能会轻松立案。申请书提交后 20 天内,DOC 应在申请书所提供信息的基础上,对申请书所提供信息的准确性和充分性进行审查,以确定申请是否满足征收反补贴税的条件以及是否包含通过合理方式获得的足以支持申请的信息。此外,DOC 还须审查申请人的资格。如果上述两项初步审查的结果是肯定性的,则 DOC 将资料提供给 ITC。如果结果相反,DOC 则驳回申请,终止程序,将决定书面通知申请人并立即通知 ITC。

ITC 必须在申请书提交之日起 45 日内,作出是否存在涉案货物进口造成美国国内相关产业损害合理迹象的初步裁定。如果 ITC 裁定没有合理迹象,则 ITC 及 DOC 的调查程序同时终止。调查终止通知在 FR 上公布。

如果 ITC 没有终止其程序,则 DOC 开始其初步裁定调查程序。如果 DOC 作出肯定性初裁裁定,就应包含对补贴净值的估算。初裁最长期限

---

① See 19C. F. R. §351.201.
② See 19 C. F. R. §351.203, 19 C. F. R. §351.202.

为 160 天,可因不同原因缩短或延长。通常情况下,DOC 作出初步裁定的期限是自申请之日起 85 天内。初步裁定通知应在 FR 上公布。①

DOC 会要求从肯定性初步裁定公布之日后对进口用于消费的受调查货物终止清关,同时要求进口商对未来进口受调查货物提供保证金以支付可能的反补贴税。如果申请人申请或 DOC 认定存在紧急情况,则 ITC 将会考虑国内产业状况、是否存在为规避反补贴税而出现的短期大量进口、外国经济状况是否导致了大量进口以及大量进口的影响是否会持续一段时间,确定终止清关是否可以追溯既往适用于终止清关通知发布前 90 天进口的受调查货物。②

DOC 必须在初步裁定作出之日后 75 天内,作出被调查产品的反补贴最终裁定。在 DOC 的初步裁决程序中,申请人只需证明存在损害的合理迹象。但是,在最终裁定中,申请人必须在 ITC 作出肯定性最终裁定之前证明实质性损害的存在。如果在初步裁定中,DOC 因对被指控的上游补贴进行调查而需要更多的时间,则最终裁决可以延长至 165 天。如果反补贴与反倾销调查同时进行,则在最长裁决期限到期的 165 天之内,DOC 可以依申请将反补贴最终裁定与反倾销最终裁定同日作出。③

此外,由国际贸易法院(The Court of International Trade, CIT)和 CAFC 确保 IA 和 ITC 的反补贴措施与美国反补贴税法和宪法相一致,并负责反补贴的司法审查。此外,海关与边境保护局根据 DOC 的指示负责反补贴税的执行。美国贸易代表负责有关反补贴的贸易协定谈判。1979 年,美国总统依据《1979 年贸易协定法》向美国国会提交《第 3 号重组方案》,将特别贸易代表更名美国贸易代表,提出 DOC 部长应就反倾销税和反补贴税征收,以及"为实施这些职责而建议发布的任何实体法规"咨询美国贸易代表的意见。《1984 年贸易和关税法》和《1988 年综合贸易与竞争法》增加了美国贸易代表的职责,要求其对美国商业构成严重壁垒的外国行为作出全国性的贸易评估。④

如前文所述,对于反补贴事项,除美国国会立法外,DOC 和 ITC 根据美国国会立法制定反补贴制度。例如,DOC 制定了《美国商务部反倾销

---

① See 19 C. F. R. § 351. 205.
② See 19 C. F. R. § 351. 206.
③ See 19 C. F. R. § 351. 210.
④ 参见黄东黎、何力:《反补贴法与国际贸易:以 WTO 主要成员方为例》,社会科学文献出版社 2013 年版,第 84—86 页。

和反补贴条例》《关于反倾销与反补贴税的程序规定》《关于执行对反倾销与反补贴税率的日落审查的程序规定》等,ITC 制定了《反倾销和反补贴手册》。《美国商务部反倾销和反补贴条例》具体规定在《联邦法律汇编》第 19 卷第 3 章第 351 节①(Title 19, Part 351, Code of Federal Regulations, C.F.R.),该法案于 1997 年 5 月 19 日在 FR 上公布,后又经历了多次修改,其积极意义在于使美国的反补贴税法得到了统一,既保持了美国反补贴税法的基本结构,又适应了《SCM 协定》的要求,还增加了对"所有权改变"和"上游补贴"的规定。ITC 制定的《美国国际贸易委员会普遍适用的规则》规定在《联邦法规汇编》第 19 卷第 201 节和第 207 节②(Title 19, Part 201, 207, Code of Feral Regulations, C.F.R.)。

2020 年 2 月 4 日,DOC 发布《修订反补贴调查中的利益和专向性》③的正式公告,该修订已于 2020 年 4 月 6 日正式生效,并将适用于所有自生效之日发起的反补贴调查。此次修订专门针对货币低估所构成的补贴,修订了与货币低估相关的专向性的认定方法和如何计算在此种补贴下所获得的利益(本书第十章对此修订有详细论述)。美国将在针对货币低估的反补贴调查中,将从事国际货物买卖的企业归为《SCM 协定》第 2.1 条规定中的"一组企业"。修订的反补贴法规本身将适用于个案调查,因此适用货币低估补贴时,只会在 DOC 针对来自某一或某几个国家的特定进口产品的反补贴调查中,结合被调查企业的实际情况,计算出针对该企业的单独的补贴幅度。这一修订并不能导致美国认定中国在宏观上存在货币低估,从而对所有来自中国的产品统一加征一个固定比率的关税。

2020 年 2 月 10 日,美国贸易代表办公室(United State Trade Representative, USTR)在美国 FR 上发布通知④,重新列出美国反补贴法中发展

---

① https://www.ecfr.gov/cgi-bin/retrieveECFR? gp=&SID=b29422fd8c96f992f62f0be517bc421e&mc=true&r=PART&n=pt19.3.351,访问日期:2020 年 5 月 10 日。
② https://www.ecfr.gov/cgi-bin/text-idx? SID=c231a56e895e7ccd1390dc8ee67310bf&mc=true&node=pt19.3.207&rgn=div5,访问日期:2020 年 5 月 10 日。
③ See Federal Register/Vol. 85, No. 23/Tuesday, February 4, 2020/Rules and Regulations, 6031.
④ 参见 USTR Updates List of Developing and Least-Developed Countries Under U.S. CVD Law | United States Trade Representative, https://ustr.gov/about-us/policy-offices/press-office/press-releases/2020/february/ustr-updates-list-developing-and-least-developed-countries-under-us-cvd-law,访问日期:2020 年 2 月 11 日。

中成员和最不发达成员清单。按照公告,此次 USTR 确定名单主要有以下三类标准:(1)人均国民收入(GNI);(2)全球贸易份额;(3)其他因素。USTR 采用人均 GNI 指标替代了 1998 规则①中使用的人均国内生产总值(GDP),用以剔除高收入经济体。要被列入发展中成员清单,前提是要满足人均 GNI 低于 12 375 美元。列入名单的经济体占全球贸易份额的标准,从 2%大幅下调至 0.5%。由于中国从未出现在该名单上,此次修订对中国并无直接影响。

综上,笔者认为,WTO 框架下的补贴和反补贴法律制度更加关注的是补贴对国际贸易的影响,而美国国内法更关注的是反补贴法律是否能够适用,反补贴措施是否能得以顺利实施,是否能够保证实现维护其国内产业利益的效果。希望这一点对 WTO 发展中国家成员有所启发和借鉴。

二、欧盟的反补贴法律制度

欧盟作为一个关税同盟,由 GATT 项下的"事实成员"发展成为 WTO 项下的正式的法律意义上的成员,随着欧洲一体化进程的逐步推进,欧盟反补贴法律制度在不同历史阶段根据形势的需要不断演进。欧盟反补贴条例是基于 GATT/WTO 的立法精神而制定的,具体条款的内容也基本与 GATT/WTO 的相关规定保持一致。

(一)欧盟《反补贴条例》及其修正

1957 年 3 月 25 日,欧洲代表在罗马签订的《欧洲经济共同体条约》(《罗马条约》)决定在欧洲经济共同体内采取共同的商业政策。1962 年欧洲经济共同体过渡期结束后,欧洲统一商业政策需要建立统一的规则。此种背景下,欧洲经济共同体于 1968 年 4 月 5 日颁布的 459/68 号条例②是第一部用于调整对来自非成员国的对共同体产业造成损害的倾销或补贴产品征收反倾销或反补贴税的法律,但是该条例更加侧重对反倾销的约束。

1979 年欧盟正式确立了反补贴调查程序,随着 GATT 1947 的修改以及《SCM 协定》的制定,为履行《SCM 协定》及保证其在欧盟内部有效的实施,欧盟决定采用《SCM 协定》的立法框架,采用不同的条例分别来调

---

① Developing and Least-Developed County Designations Under the Countervailing Duty Law, FR Doc, No.: 98-14737.
② See Official Journal L93/1(1968).

整两种不同的贸易救济措施。① 因此,欧盟于 1994 年 12 月 22 日颁布了第一部单独的反补贴条例即 3284/94 号条例。② 该条例在公共利益问题、透明度等问题上还存在一些模糊之处③,除补贴认定、专向性标准以及发展中国家微量补贴等规定是反补贴调查独有的,其他的规定基本与反倾销保持一致。

欧盟于 1997 年 10 月 6 日颁布的 2026/97 号条例④对 3284/94 号条例的部分内容进行修订,主要是调整条目编排并改动个别条款。该条例中关于补贴的定义⑤、专向性的概念⑥、反补贴税的计算标准、损害的认定标准、忽略不计来自发展中国家的微量补贴以及不可诉补贴等问题均和《SCM 协定》保持一致。《里斯本条约》对欧盟的决策方式和机构设置等都进行了大刀阔斧的革新。2009 年欧盟重新制定反补贴条例。597/2009 号条例⑦取代 2026/97 号条例,确定了反补贴领域的新机制,包括外部基准等,为对来自非欧盟成员国的商品的反补贴调查提供了法律基础。597/2009 号条例全文共 35 条,内容涵盖反补贴的各项实体和程序规定。这些规定依次为原则、定义、补贴的确定、可反的补贴、补贴利益的计算、损害的确定(含因果关系)、共同体产业的定义、反补贴立案、开展调查、临时措施、承诺、无税结案和采取最终反补贴措施、溯及力、期限、复审(包

---

① See Dr Konstantinos Adamantopoulos and Maria J Pereyra-Friedrichsen, *EU Anti-Subsidy Law & Practice*, Palladian Law Lublishing Ltd., 2004, p.46.

② See Council Regulation (EC) No. 3284/94 of 22 Dec.1994 on Protection Against Subsidized Imports from Countries not Members of the European Community, Official Journal (1994). [1994 O.J. (L 349) 22.].

③ Such as interests of clarity, transparency and legal certainty. (例如"为了清晰透明和法律确定性")。

④ See Council Regulation (EC) No. 2026/97 of 6 Oct.1997 on Protection Against Subsidized Imports from Non-member Countries of the European Community, Official Journal(1997). [(1997 O.J. (L 288) 1.], as amended by Regulation 461/2004, 2004 O. J. (L 77) 12 see Annex 8.Anti-subsidy proceedings concerning products coming within the scope of the European Coal and Steel Treaty (ECSC), which expired on 23 July 2002, were governed by Commission Decision 1889/98/ ECSC of 3 September 1998 on protection against subsidized imports from countries not members of the European Coal and Steel Treaty, 1998 O. J. (L 245) 3.参见附件 8。其中 2002 年 7 月 23 日失效的《欧洲煤钢共同体条约》中的相关产品的进口补贴的反补贴程序由 1998 年 9 月 3 日的欧委会决定,1889/198/ECSC 规定而并非由《欧洲煤钢共同体条约》规定。

⑤ See Art. 2 of Council Regulation (EC) No. 2026/97.

⑥ See Art. 3 of Council Regulation (EC) No. 2026/97.

⑦ Council Regulation (EC) No. 597/2009 of 11 June 2009 on Protection Against Subsidised Imports from Countries not Members of the European Community (O. J. L 188, 18. 7. 2009, p.93).

括临时复审、期终复审和新出口商复审)和退税、反吸收调查、反规避调查、一般条款、磋商、核查、抽样、不合作、保密、披露、共同体利益、最后条款等。

欧盟《反补贴条例》的最大特点是考虑了公共利益条款①,并要求在决定是否征收反补贴税之前(包括反倾销)必须考虑"共同体利益"②,即共同体产业的状况及消费者和最终用户的利益。③ 此外,欧盟《反补贴条例》第1条定义了"出口国"(Country of Export),该概念包括进口产品的原产国(Country of Origin)或由中间国(Intermediate Country)④出口进口产品至欧盟境内。根据该条例第1.2条的规定,进口产品不直接来自原产国,而由中间国出口至欧盟,欧盟《反补贴条例》将完全适用在原产国以及欧盟之间的所有交易,如Thai Ball Bearings案。⑤ 任何在欧盟境内自由流通的产品,如在制造、生产、外销或运输过程中直接或间接受到原产国或中间国的任何补贴,并因此造成共同体产业的损害时,欧委会、欧盟成员国分别负责反补贴事务,并征收临时或最终反补贴税,以抵消补贴造成的损害。

总体来看,该条例与《SCM协定》保持了高度一致。与反倾销调查相比,欧委会对反补贴调查的立案数量相对较少,而且欧委会也会同时采取反补贴和反倾销立案调查。被征收反补贴税的成员较为集中,主要有中国、印度、阿根廷、印尼、韩国等成员。

欧盟于2014年对反补贴条例进行了重大修改,此次修改使决策机制发生了重大改变,将专家委员会制度(Comitology)纳入决策程序的同

---

① 但实际上,公共利益经常被利益集团操纵,详见本书第六章第五节。
② See Art. 31 of Council Regulation (EC) No. 2026/97.
③ See Dr Konstantinos Adamantopoulos and Maria J Pereyra-Friedrichsen, *EU Anti-Subsidy Law & Practice*, Palladian Law Publishing Ltd., 2004. p.47.
④ 根据 Council Regulation (EC) No. 2026/97 第1.3条和第1.4条的规定,如果产品不是直接来自原产国而是由中间国出口到欧盟时,欧盟与中间国的交易应被视为如同和原产国之间的交易一样。此规定与《SCM协定》第11.8条的规定一致,主要是为了防止一国通过中间国规避反补贴税的情况。
⑤ Ball Bearing (Thailand), 1993 O. J. (L 56) 24 (provisional); 1993 O. J. (L 63) 1 (definitive). In this case the Thai Government had undertaken to subject exports of ball bearing to the Community to an export tax. This measure, however, had been circumvented by indirect exports to the Community via another third country, i.e., Japan. These indirect exports were subjected to a countervailing duty. 该案中,欧共体对泰国出口的滚珠轴承征收出口税,然而,泰国随后通过其他第三方国家(如日本)间接出口至欧共体,因而规避了上述征税措施。而这些间接出口本应属于反补贴税之列。

时,将最终决策权由欧盟理事会转给欧委会。①

2015年3月27日,欧盟在其官方公报上正式公布欧洲议会和欧盟理事会2015/476号条例。② 该条例于2015年3月11日生效,旨在修改原1515/2001号条例③,即欧盟对DSB通过的有关反倾销反补贴措施报告进行执行的相关规定。2015/476号条例在1515/2001号条例的基础上,在执行主体、采取特殊措施的限制、启动复审的限定、有关非争议措施的规定、咨询委员会的职能和执行情况的年度报告制度方面,有所修改和增加。从执行主体来看,原来执行DSB报告的最终主体是欧盟理事会,欧委会仅行使向欧盟理事会提出方案的权力。欧盟理事会根据欧委会的方案,以简单多数的投票方式表决对DSB报告中涉及的争议措施进行废除或修正。条例修改后,欧委会的权力得以扩大,可直接作出对争议措施进行废除或修正的决定,而无须再通过欧盟理事会的表决。从对采取特殊措施的限制来看,根据1515/2001号条例第1.1.b条的规定,除废除或修正争议措施外,欧盟理事会也可以采取其他被认为符合执行DSB报告的任何措施。修改后的条例对这一项增加了一个限定,即其他措施应当与DSB报告建议或裁决相一致。这相当于是对欧委会权力范围的明确和限制。从启动复审的限定来看,根据1515/2001号条例的规定,如果欧委会以启动复审的方式执行DSB报告,则需要事先征询咨询委员会的意见。修改后的条例删除了这一规定,欧委会立案进行复审的无须征询委员会的意见,但一旦立案应立即将有关信息通报给欧盟成员国。这一修改简化了复审启动程序。从有关非争议措施的规定来看,如果欧委会认为根据DSB报告的法律解释,需要对这些DSB报告中没有涉及的、不存在争议的措施进行废除或修正,可以参照争议措施的程序。从咨询委员会的职能看,修改后的条例规定,咨询委员会应协助欧委会。咨询委员会可对欧委会起草的执行方案发表意见,必要时可采取表决制。此举扩大和加

---

① See the point 18 of the Annex, Regulation (EU) No. 37/2014 of the European Parliament and of the Council (O. J. L 18, 21. 1. 2014, p.1).

② See Regulation (EU) 2015/476 of the European Parliament and of the Council of 11 March 2015 on the measures that the Union may take following a report adopted by the WTO Dispute Settlement Body concerning anti-dumping and anti-subsidy matters. O. J. L 83, 27. 3. 2015, p.6-10., http://data.europa.eu/eli/reg/2015/476/oj.

③ See Council Regulation (EC) No.1515/2001 of 23 July 2001 on the measures that may be taken by the Community following a report adopted by the WTO Dispute Settlement Body concerning anti-dumping and anti-subsidy matters (O. J. L 201, 26. 7. 2001, p.10).

强了咨询委员会的职能,在新增这一条规定之前,咨询委员会主要对倾销的认定、倾销幅度的计算方法、损害的认定与损害程度、因果关系、阻止或消除损害的措施方式等问题发表咨询意见。而此次修订后,咨询委员会可以对执行 DSB 报告的方案发表意见。此外,修改后的条例要求欧委会将本年度对该条例的执行情况写入"贸易救济措施适用与执行年度报告"中,并向欧洲议会和欧盟理事会汇报,即对执行情况设置了年度报告制度。

基于此前的一些修改,欧盟于 2016 年发布合并后的 2016/1037 号条例①,取代 597/2009 号条例。

2017 年 11 月 9 日,为了履行《中华人民共和国加入世界贸易组织议定书》(以下简称《中国入世议定书》)第 15 条关于转型经济条款规定到期的义务,欧委会向欧洲议会及理事会正式提交修改其反倾销和反补贴法律制度的提案,把中国从非市场经济国家名单中删除。欧委会说明了《中国入世议定书》的某些条款即将失效,但重点强调中国市场扭曲的现象仍然存在,尤其是在税收政策、企业融资、产业政策、补贴项目、价格与成本等均存在政府的干预。2017 年 12 月 19 日,欧盟以欧洲议会和欧盟理事会 2017/2321② 号法规的形式,公布了对反倾销[Regulation(EU)2016/1036]和反补贴[Regulation(EU)2016/1037]的修订。其修订重点则是不再以"非市场经济国家清单"作为反倾销或反补贴调查过程中有关税率计算的指导原则,而改为通过新建立若干"标准"参考指标的方式,判定出口国之特定产业部门是否存在市场扭曲情形。对于调查中新发现的补贴项目,欧委会应当就其在调查过程中发现的其他补贴给予原产国和/或出口国磋商机会。此种情形下,欧委会应当向原产国和/或出口国提供其他补贴相关的摘要。如果新发现的补贴不在立案通知范围内,应对补贴立案通知进行修改并公布。所有利害关系方对此都应当被给予额外和充分的时间进行评议。

为加强对国外补贴的打击力度,2018 年 6 月 7 日欧盟发布的 825/

---

① See Regulation (EU) 2016/1037 of the European Parliament and of the Council of 8 June 2016 on protection against subsidised imports from countries not members of the European Union.

② See Regulation (EU) 2017/2321 of the European Parliament and of the Council of 12 December 2017 amending Regulation (EU) 2016/1036 on protection against dumped imports from countries not members of the European Union and Regulation (EU) 2016/1037 on protection against subsidised imports from countries not members of the European Union. O. J. L 338, 19. 12. 2017, p.1–7.

2018号条例①(欧盟贸易救济现代化法案)对双反立法作出重大修订。该条例于2018年6月8日生效,规定在所有反补贴调查中,欧委会原则上不再适用"低税率原则"。此前,与其他司法辖区不同,欧盟设定的反倾销或反补贴税率均不得高于为消除成员国产业损害所需的水平。"低税率原则"的适用,是中国政府和企业能够适用较低税率的原因。此次修订明确,此项规则可以部分弃用。如果欧委会能够得出明确结论,征收高于补贴水平的关税不符合欧盟利益,反补贴税就不得超出损害水平。此外,此次修订后,在计算对欧盟产业所造成的损害幅度时,可以把出口生产商的出口价格与可比的欧盟生产商的销售价格进行比较,作价格削减分析,或者以目标价格(欧盟生产成本加上合理利润)为基础,作低价销售分析。新规则要求在进行低价销售分析时,目标价格包括欧盟企业因遵守各项环境协议和一系列欧盟参加的国际劳工组织公约而产生的成本,包括预计日后有关措施实施时将产生的成本,目标利润率不应低于6%。

(二)《国家援助法》

欧盟还采用《国家援助法》(State Aids)来规范欧盟内部成员国对本国国内产业的援助政策,该法源于《欧盟条约》第87—88条(原条款第81—82条)②,属于竞争法的调整范畴,而非国际贸易法领域。可以说,欧盟用竞争法代替了反补贴法来约束其区域内国家的补贴政策,它与国内反补贴法的功能和目标不同,适用范围也不同,但是所涵盖的范围却有交叉。欧盟成员国所实施的某些国内补贴在欧盟《国家援助法》项下可能被欧委会批准,属于合法补贴,但是在《SCM协定》项下可能具有可诉性,从而被WTO其他成员方攻击。欧盟必须遵守其在WTO规则下的义务,欧委会不能授权欧盟成员国实施任何《SCM协定》禁止的补贴。欧委会曾通过《国家援助法》授权欧盟成员国实施属于《SCM协定》范围内不

---

① See Council Regulation (EU) 825/2018, Whereas: (10): When determining the level of countervailing measures, it is, in general, no longer possible to apply the lesser duty rule.

② 《欧盟条约》第87条禁止由成员国给予或通过国家资源而给予的任何援助,不论其形式如何,凡是优待某些企业或某些产品的生产以致扭曲竞争或造成扭曲竞争的威胁,在其影响成员国之间的贸易的范围内,都应视为与共同市场不相容。凡符合该条的援助应当在执行前通知欧委会。根据《欧盟条约》第88条的规定,欧委会须对所有已经存在于成员国的国家援助体系进行持续审查并决定是否予以废除或修改。欧委会在监督、制定、执行国家援助政策中起核心作用,具体操作由竞争事务部负责。随着《单一欧洲法令》的签署,欧委会颁布了许多指令加强对"国家援助"的规制,内容相当广泛。

可诉范畴的补贴。但随着不可诉补贴的失效,在《国家援助法》项下欧委会授权的科研援助、落后地区支持、环境补贴等原属于不可诉补贴的范畴在《SCM 协定》项下成为了可诉补贴。对此,《国家援助法》并没有作出修正。因为根据《国家援助法》的规定,只有授予的补贴扭曲或威胁了竞争条件,违反了竞争法才能得以修正。从概念的角度来看,WTO 中关于"补贴"的概念比欧盟法中"援助"的概念要窄。从法律的管辖范围来看,《国家援助法》要广于《SCM 协定》或一般国内反补贴法的调整范畴。《欧盟条约》第 87.1 条不仅适用于货物贸易也适用于服务贸易,而《SCM 协定》并没有把服务贸易纳入其中,《服务贸易总协定》(Decision on Institutional Arrangements for the General Agreement on Trade Services, GATS)第 15 条也仅规定,GATS 的成员方应该进行谈判以制定必要的多边纪律,避免补贴对贸易的扭曲作用。此外,《国家援助法》相比《SCM 协定》在救济手段上更为严格。根据《欧盟条约》的规定,欧盟成员国给予补贴必须提前通知欧委会并获得其允许,如果没有履行此义务,欧委会有权强迫要求成员退还不合法的补贴,但在 WTO 项下,WTO 委员会没有如此的权力去强迫成员方退还不合法的补贴。[①]

《国家援助法》成功地用国内竞争法取代了国际贸易法。另一范例是《澳大利亚—新西兰紧密经济贸易协议》。关于竞争法和反倾销法、反补贴法的关系问题是近年来学术界比较关心的课题。在一些关于反倾销书籍中略有介绍,李文玺在《世贸组织/关贸总协定反倾销法》一书中的论述对笔者深有启发。笔者认为,如果多哈回合谈判无限期地停滞,无疑会影响多边贸易自由化的进程,特别是在美国、欧盟等具有话语权的成员的带动下,许多成员会考虑或已经开始由多边转向寻求区域贸易合作,近期区域贸易谈判异常活跃便是最好的证明。欧盟的法律制度很具参考价值,许多成员很可能会尝试或直接采用欧盟的办法,即用区域内的竞争法取代《SCM 协定》。这一状况无疑会使《SCM 协定》的效力大打折扣,这是大多数成员方不愿看到的。笔者认为,鉴于实施的成本及区域合作的紧密度,这种情况不会大范围存在,从目前的世界格局和状况来看,在短时期内各成员方不会达成一致的政治意愿即放弃自身利益去实现所谓的贸易自由化,使经济、法律、政策真正融为一体。由此可见,用竞争法代替

---

① See Marco M. Slotboom, "Subsidies in WTO Law and in EC Law: (Broad and Narrow Definitions)," 36 J. World Trade 517(2002), p.517 (26).

反补贴法或反倾销法在短期内是不可能实现的。

(三) 负责反补贴调查的机构

目前欧盟反补贴调查涉及欧委会、专家委员会、成员国海关和欧洲法院(Eurpean Court of Justice)等不同部门。欧委会一直是欧盟反补贴的主管调查机构,在 2014 年《反补贴条例》修订之前,它的职能覆盖了从立案到采取最终反补贴措施之前的所有阶段,仅仅把采取最终反补贴措施的决策权交给部长理事会。欧委会下设的贸易总司(具体执行机构是贸易救济司)负责反补贴原审及复审的政府间磋商、立案、补贴调查、损害调查、实地复核、终止调查、征收临时反补贴税、接受价格承诺等具体事项,并在征求咨询委员会的意见后,作出初裁。随后欧委会继续评估调查结果,根据调查结果,就最终反补贴措施提出建议。该建议由部长理事会通过决策程序进行投票表决后决定是否被采纳。部长理事会由欧盟各成员国有关部长组成,通过表决机制对欧委会的反补贴措施建议作出决策。咨询委员会由每个成员国派一名代表和欧委会的一名代表组成,由欧委会代表担任反补贴咨询委员会主席。咨询委员会的磋商是欧盟《反补贴条例》赋予成员国在调查的各个阶段有权过问和监督反补贴事务的权力,目的是在反补贴事务中给各成员国提供发表意见的机会,但磋商的结果并不必然是强制性的,部长理事会才具有最终的决定权。部长理事会通过表决机制对欧委会提交的终裁措施建议案作出决策。

2014 年欧盟《反补贴条例》修改后,欧委会在反补贴事务中获得了原来应由欧盟理事会所享有的发布反补贴措施执行规章的权力。原来由欧盟理事会批准最终措施的法规并且简单多数成员可以阻止欧委会提议的规则,变为:(1)最终反补贴措施由欧委会批准(adopt)。(2)审查委员会(Examination Committee)通过有效多数的投票规则控制(control)欧委会。因此,取消部长理事会表决的决策程序,改为由审查委员会以有效多数表决机制进行决策的程序。有效多数(qualified majority)的表决机制就是依据各成员国其国内生产总值和人口等条件计算出的权重而持有的票数进行投票,而不是一国投一票。当欧委会关于反倾销措施的建议递交审查委员会时,如果审查委员会通过或无观点,则提案均获得通过,欧委会将批准执行法规草案。如果审查委员会反对,审查委员会主席可有两种选择:一是两个月内向审查委员会提交修改后的法律草案;二是一个月内将法律草案提交到上诉委员会。上诉委员会可以被认为是审查委员会的翻版,其功能和投票体系与审查委员会相同。上诉委员会仍按有效多数的规则进行投票,如投票结果是通过或无结果,则提案通过;如结果还是拒绝,则提案最终被拒绝。欧委会作为反补贴调查的执行机构,在很大程度上主导反补贴调查进程。从表面上看,征税的决策权受到由成员国代表组成的专家委员会的制约,但其事实上很难推翻欧委会的提案。

反补贴税的征收由欧盟各成员国海关负责。欧洲法院对反补贴案件有管辖权,负责反补贴案件的司法复审。设在卢森堡的欧洲初审法院(The Court of First Instance)负责案件的一审,而欧洲法院负责终审。

根据《AD协定》第13条、《SCM协定》第23条的规定,各成员国,如诉诸贸易救济措施,应当设立对其采取的反倾销、反补贴措施的司法审查机制。在欧盟层面,受制于反倾销、反补贴措施的第三国生产/出口商、欧盟进口商,以及参与反倾销、反补贴立案、调查的欧盟生产商,可向欧盟法院对反倾销、反补贴措施提起无效行为之诉,请求法院审查措施的合法性,对于存在实质或程序瑕疵的措施宣告无效。普通法院(General Court)对于此类无效行为之诉具有管辖权,当事人如不服判决,可上诉至欧盟最高法院(Court of Justice of the European Union)。在欧盟成员国层面,欧盟进口商可就成员国海关征收反倾销、反补贴税的决定,向成员国法院寻求司法救济。成员国法院在审理过程中,可就海关征收决定的法律依据(欧盟调查机关作出的反倾销、反补贴调查裁定)的合法性请求欧盟法院先予裁决。

第三节　其他成员方的反补贴法律制度

本节主要介绍了加拿大、印度、澳大利亚及欧亚经济联盟的反补贴立法、调查机构设置、调查程序等内容。

一、加拿大的反补贴法律制度

加拿大是国际上贸易救济立法最早的国家之一,早在1904年便在1897年《海关关税修正案》第6节加入了反倾销的内容,颁布了世界第一部反倾销立法。第二次世界大战后,加拿大积极参与GATT和WTO多边谈判,并根据谈判成果修改了与贸易救济有关的国内法,完成了国际法的转换。①

(一) 反补贴立法

加拿大反补贴法律体系包括议会立法、行政法规、法院裁决三部分。具体介绍如下:

1.《特别进口措施法》《特别进口措施条例》以及《D14备忘录》

《特别进口措施法》(Special Import Measures Act, SIMA)于1984年12月1日正式生效,后根据乌拉圭回合达成的《AD协定》和《SCM协定》进行了修改。SIMA规定了反倾销和反补贴调查有关实体性问题和程序性问题,是加拿大进行反倾销和反补贴调查最直接的法律依据。在中国加入WTO以后,根据《中国入世议定书》第15条的规定,加拿大对该法第20节(Section 20)的内容进行了修改。《C-50法案》(Bill C-50)是加拿大议会直接针对中国而设计的贸易救济立法,于2002年6月13日生效。该法案根据《中国入世议定书》和《中国加入工作组报告书》中的承诺,对加拿大系列贸易救济立法中的条款进行了修改。比如对SIMA关于"非市场经济地位"条款进行修改。修改后的法律规定,在对中国产品进行反倾销调查时,将以行业为基础推定中国该行业为市场导向行业,除非加拿大国内产业有证据证明该行业为非市场导向行业。表面上看,该修订有利于中国产业在反倾销中的应诉,但实质上则为加拿大开启对中国产品的反补贴调查作了铺垫。2004年4月,加拿大对中国的户外烧烤架发起反倾销和反补贴调查,成为世界上第一个对中国产品开启反补贴调查的国家。

《特别进口措施条例》(Special Import Measure Regulations, SIMR)是对 SIMA 的解释和补充,是于2004年6月生效的行政指示,详细规定了调查机关在反补贴调查中应遵循的程序性规定和实施细则,以及各利害关系方的权利义务。《D14备忘录》(D-Memoranda, D14-Special Import Measures Act)包括一系列以"D14"开头的备忘录,同样是 SIMA 的支持性文件。SIMA、SIMR 以及《D14备忘录》共同构成加拿大反倾销和反补贴调查规则和程序的基础,并规定了如何对造成损害的倾销或补贴进口货物征收关税。

---

① 参见黄东黎、何力:《反补贴法与国际贸易:以WTO主要成员方为例》,社会科学文献出版社2013年版,第255页。

2.《国际贸易法庭法》及《国际贸易法庭条例》

《国际贸易法庭法》(The Canadian International Trade Tribunal Act)规定了加拿大国际贸易法庭在反倾销和反补贴调查中的职能,主要是损害调查中的权力和调查程序。《国际贸易法庭条例》(Canadian International Trade Tribunal Regulations)是根据《国际贸易法庭法》第39.1条授权制定的,于1991年8月14日生效,对《国际贸易法庭法》和《特别进口措施法》涉及国际贸易法庭的条款进行了细化规定,对具体程序进行解释和补充。

3.《海关法》

加拿大《海关法》(Customs Act)规定了进口货物在加拿大入境清关时所涉及的各种问题,包括原产地查验、海关估价、关税计算和征收等。该法授权海关部门对被采取反倾销措施和反补贴措施的进口产品征收反倾销税和反补贴税。

4.《海关关税法》

加拿大《海关关税法》(Customs Tariff)为加拿大《海关法》的配套法,规定了对采取反倾销和反补贴措施的进口产品征收反倾销税和反补贴税的条款。

5.《执行WTO协定法》

《执行WTO协定法》(World Trade Organization Agreement Implementation Act)规定了加拿大如何履行在乌拉圭回合谈判中承担的义务问题,并规定加拿大根据乌拉圭回合协议成果修改其国内法,以使加拿大所采取的任何措施都符合WTO的要求。

(二)反补贴调查主管机构

加拿大边境服务署和国际贸易法庭分别负责反补贴调查中的补贴调查认定和损害的调查和认定。与贸易救济措施运用有关的政府部门还包括国际贸易部、财政部和联邦法院。

1.加拿大边境服务署

加拿大边境服务署(Canada Border Services Agency)于2003年12月由其前身加拿大海关与税务署改组而成,根据SIMA的授权于2005年11月正式成立。该署负责接收和审查反补贴调查申请,经审查后决定是否立案;负责调查补贴是否存在及补贴额,并根据补贴额决定反补贴税的征收。

边境服务署反倾销反补贴调查局(Anti-dumping and Countervailing

Directorate)专司反倾销反补贴调查工作。局内设三个处,其中调查处两个,分别为工业产品调查处和消费产品调查处,负责反补贴原始调查及复审;政策处一个,负责制定与反补贴调查具体操作有关的各项政策,并负责处理与调查有关的各种辅助工作。

2. 加拿大国际贸易法庭

加拿大国际贸易法庭(Canadian International Trade Tribunal)是准司法性质的机构,法庭直接对加拿大议会负责。在反补贴调查中,该法庭主要负责调查接受补贴的进口产品是否对加拿大国内产业造成实质损害或实质损害威胁,或对加拿大国内产业的建立造成实质阻碍;负责进行公共利益调查;负责期终复审调查的启动。

加拿大国际贸易法庭设主席1人,副主席2人,由总督任命,任期5年并可以连任一届,设有一个秘书处,通常由3名成员组成小组负责一起贸易救济措施的调查工作。此外,该法庭还有一定数量的专业人才,包括经济学家、研究员和律师等,辅助调查工作。该法庭还有传唤证人的权力,接受专家证据,程序与法院类似,并以公开审理的方式决定是否存在损害。

3. 财政部

加拿大财政部(Department of Finance)并不参与具体的调查过程,但财政部部长在名义上拥有最终确定征收反倾销税和反补贴税及采取保障措施的权力。此外,财政部负责SIMA的管理工作,并根据WTO最新的谈判成果或加拿大参与争端解决的结果对SIMA作出相应修改;负责制定和管理加拿大的国际贸易和投资政策,特别是关于进口方面的政策,包括关税政策和贸易救济政策等;负责牵头参与WTO有关贸易救济规则的谈判;负责反补贴和保障措施调查过程中同其他国家(地区)政府之间的磋商;参与同其他国家(地区)之间的贸易争端的应对工作。

4. 加拿大国际贸易部

加拿大国际贸易部于(Canada International Trade)2003年12月由其前身外交和国际贸易部改组而成。该部主要负责制定加拿大的出口政策和贸易政策;负责参与WTO新一轮谈判;负责协调并参与反补贴和保障措施调查过程中同其他国家(地区)政府之间的磋商;负责协调组织同其他国家(地区)之间的贸易争端的应对工作。

5. 加拿大联邦法院

加拿大联邦法院(Canada Federal Court)负责对加拿大国际贸易法庭

和加拿大边境服务署在贸易救济措施调查中所作的最终决定进行司法审议。

加拿大联邦法院审判庭（Trial Division）和联邦上诉法庭（Federal Court of Appeal）负责上述职能的实施。

（三）反补贴调查的基本程序

加拿大反补贴调查可以分为申请审查及立案、初裁和终裁、重新调查、复审、公共利益调查等几个阶段。加拿大边境服务署和加拿大国际贸易法庭根据各自的职责范围，依法独立展开调查，结果在《加拿大公报》（Canada Gazette）上公布。

1. 申请审查及立案

反补贴调查的申请一般由加拿大国内生产者向边境服务署书面提出，或者边境服务署基于国际贸易法庭的建议而发起。边境服务署在接受申请的21天内决定申请书是否合格，如果认为缺乏相关的证据，则将申请书退回申请人并要求其补充材料。经补充的申请书将被视为一项新的申请，21天的审查期限也将重新开始计算。边境服务署认为申请书合格后将正式签收并书面通知申请人，在签收的当天通知有关的出口国家（地区）政府。在涉及反补贴调查的案件时，加拿大边境服务署会在发出通知的同时向有关的出口国家（地区）政府提供一份申请书的非保密版本，并通知该国（地区）政府可按照《SCM协定》与加拿大政府进行立案前磋商。边境服务署在正式签收申请书后将继续对申请书的内容进行审查，审查包括申请人是否具有国内产业代表性，证明补贴存在的证据是否充分，补贴是否对国内产业造成损害等内容，并在30天内就是否立案作出决定。特殊情况下，该期限可延长到45天。如果边境服务署以关于国内产业遭受损害的证据不充分为由拒绝立案，申请人可在30天内将申请书递交至国际贸易法庭。国际贸易法庭将在30天内审查申请书的内容，如果认为补贴的进口产品造成了加拿大国内产业的损害，则会向边境服务署发出通知要求立案。边境服务署在接到国际贸易法庭通知后必须立案并启动调查。除此之外，根据SIMA的规定，加拿大边境服务署可以自行立案并对某种进口产品进行反补贴调查。

2. 初裁前调查及初裁

边境服务署在立案的当天将通知有关的出口国（地区）政府，并提供反补贴调查申请书的非保密版本。同日，边境服务署将向已知的出口国（地区）政府、生产商、出口商和加拿大国内进口商发出调查问卷以搜集有关的信息；同时，可邀请出口国（地区）政府继续进行磋商。进口商在接到调查问卷后的 21 天内提交答卷；出口国（地区）政府和生产商、出口商提交答卷的期限为 37 天。边境服务署可考虑相关方要求延期提交答卷的申请并作出相应的决定。其他与调查有关的利害关系方也可通过书面形式向边境服务署提交有关的信息及评论意见，边境服务署将在调查中予以考虑。边境服务署可通过发放补充问卷进一步搜集有关信息及证据，并可派调查官员赴出口国（地区）对政府、生产商和出口商进行实地核查，以验证有关信息的完整性、真实性和准确性。实地核查一般在初裁前调查阶段进行，也可以在初裁后进行，但在没有搜集到完整及充分的书面信息之前，边境服务署一般不会进行实地核查。如果相关方拒绝提交答卷，或者提交的答卷不完整，边境服务署将根据可获得的最佳信息作出初裁决定。边境服务署在立案后的 90 天内作出关于补贴的初裁决定，并决定对进口产品采取临时措施，包括征收临时反补贴税，或要求进口商提交保证金。特殊情况下，初裁决定将在立案后的 135 天之内作出。国际贸易法庭在立案的当天收到边境服务署的通知及案件申请书，并于同日进行损害方面的调查并通知有关的出口国（地区）政府、已知的出口商和进口商以及贸易协会等。国际贸易法庭在初步调查中一般不发放调查问卷，而主要通过边境服务署转交的材料及相关方提交的证据及评论进行调查，并将在立案的 60 天内作出关于损害的初裁决定。加拿大往往对一种产品同时进行反倾销和反补贴调查。反倾销和反补贴调查可能是针对同一出口国的被调查产品，也可能对某一国的被调查产品进行反倾销调查，而对另一出口国的被调查产品进行反补贴调查。在初裁决定和终裁决定中，会对反倾销和反补贴调查分别作出裁决。

3. 终裁前调查及终裁

边境服务署作出初裁决定后，边境服务署和国际贸易法庭将继续进行调查，搜集有关的信息，直到作出终裁决定。边境服务署将在初裁决定后的 90 天内作出关于补贴的终裁决定，并根据计算出的补贴额确定反补贴税的税率。在终裁前调查阶段，出口国（地区）政府可向边境服务署提交价格承诺的书面建议，取消对出口产品提供的补贴。出口商在出口国（地区）政府的同意下，可以调整出口价格，以消除补贴对加拿大国内产业造成的损害。如果价格承诺的建议被边境服务署接受，调查将中止。国际贸易法庭在最终调查阶段将发放调查问卷，并举行关于公共利益调查的听证会，在充分考虑案件对加拿大国内各方利益及加拿大整体利益的影响的基础上作出损害的终裁决定。国际贸易法庭关于损害调查的终裁决定应在边境服务署终裁决定后的 30 天内作出。

4. 调查的终止

如果国际贸易法庭在初裁决定中确定接受补贴的进口产品没有对加拿大国内产业造成损害,调查将立即终止;如果国际贸易法庭在终裁决定中得出该结论,则将终止反补贴措施的执行。如果边境服务署在初裁决定或终裁决定中确定被调查产品的补贴额可忽略不计(补贴额小于 1%,对于发展中国家而言,补贴额小于 2%),调查将立即终止。

(四)反补贴调查复审程序

1. 期中复审

在财政部部长、边境服务署署长或者其他个人或政府要求下,国际贸易法庭可以对从调查启动至损害裁决作出期间内,任何一项决定或裁定发起期中复审,以决定是否撤销该决定或者裁定。两个启动条件均非不尽职而造成的:一是存在合理证据表明,情势变迁使决定或裁定作出之时的情况发生了重大变化,比如补贴的取消。二是出现了新的事实。国际贸易法庭也可以根据以上两种情形自行发起期中复审。具有特色的程序是法庭之友,国际贸易法庭可以发放问卷和举行必要的公众听证会,以收集证据和各方所提交的材料。[①]

2. 期终复审

反补贴措施的有效期为 5 年。在该期限届满前,有关利害关系方可以提出复审要求。边境服务署也可以自行发起复审。如果利害关系方没有提出复审要求,边境服务署也没有自行发起复审,则反补贴措施到期后自动撤销。复审过程中,调查主管机构将考虑取消反补贴措施后出口商是否会重新接受补贴,并给国内产业再次造成损害。如果复审作出否定性裁决,则反补贴措施在期限届满时自动失效;反之,该反补贴措施可再延长 5 年。

(五)再调查

反补贴措施实施满 1 年后,利害关系方可每年提出再调查(re-investigation)申请。调查机构也可以主动发起再调查(此时不受反补贴措施实施满 1 年的时间限制)。边境服务署应审查过去 1 年中提出申请的出口

---

① 参见黄东黎、何力:《反补贴法与国际贸易:以 WTO 主要成员方为例》,社会科学文献出版社 2013 年版,第 285 页。

商的被调查产品的进口情况。再调查主要针对补贴或补贴金额的变化,不涉及损害调查。没有参加调查或者重新调查的出口商可以申请对补贴金额的快速复审。再调查通常应在发起的 12 个月内结束。

(六)公共利益调查

在损害终裁之后,国际贸易法庭可以基于利害关系方在法律规定的时效提出的符合法律规定的申请发起公共利益调查,或自行发起公共利益调查,只要有合理的证据表明,部分或全部反补贴税的征收不符合公共利益。如果国际贸易法庭经调查发现,全部或部分反补贴税的征收不符合公共利益,则向财政部部长提交报告,建议减征或免征反补贴税。国际贸易法庭一直拒绝公共利益调查,近年来,更加注重接受基于公共健康、产品供应现状等为出发点的公众和消费者的主张。[1]

二、印度的反补贴法律制度

印度调查机关在 2009 年 1 月针对中国的亚硝酸盐开启首起反补贴调查。截至 2019 年年底,印度共发起 22 起反补贴调查,其中针对中国的有 8 起,仅 2018 年就有 5 起反补贴调查,其中 4 起采取了反补贴措施,1 起已经终止调查。

(一)反补贴立法

印度开展反补贴调查和采取反补贴措施的法律依据主要包括《1975 年海关关税法》第 9 条和《1995 年海关关税(反补贴)规则》(该规则于 1999 年、2001 年、2002 年、2003 年、2006 年和 2015 年进行了修订)。这些法律法规是印度实施反补贴调查和采取反补贴措施的法律依据。

《1975 年海关关税法》第 9 条"对补贴商品征收反补贴税"共 8 节,依次规定了对补贴商品征收反补贴税及补贴定义、临时反补贴税的征收、补贴的专向性、反补贴税的追溯、反补贴税的附加税性质、反补贴税征收期限及复审、授权中央政府制定实施规则及反补贴有关公告应向议会报告等内容。该法同时规定,不得因同一种情况同时征收反倾销税和反补贴税;不得因出口国豁免或退还国内消费税税种而征税;对 WTO 成员征收反补贴税或临时反补贴税必须证明存在实质损害、实质损害威胁或对国内产业建立造成实质阻碍。

---

[1] 参见黄东黎、何力:《反补贴法与国际贸易:以 WTO 主要成员方为例》,社会科学文献出版社 2013 年版,第 292 页。

《1995年海关关税（反补贴）规则》（2015年修订）包括24条正文和4个附件。正文依次规定了主管机关职责、调查的发起、调查的原则、保密信息、实地核查、补贴的性质、补贴金额的计算、产业损害的认定、初裁、临时反补贴税的征收、终止调查、价格承诺、信息披露、终裁、反补贴税的征收、反补贴税的退还和复审等内容。总体来说，该规则与《SCM协定》的主要内容基本一致，有的条款甚至直接援引自后者原文。2018年印度政府于网站上公布《贸易救济法律汇编》，该汇编编纂了2018年8月1日之前印度关于反倾销、反补贴以及保障措施的相关法律规定。2019年，印度政府还就反补贴计算方法发布了贸易公告对其进一步进行了规定。

(二) 反补贴调查主管机构

1. 贸易救济总局

2018年5月，印度政府新设了贸易救济总局（DGTR），隶属于印度工商部下属的商业司。DGTR将作为一个综合性单一机构，开始负责并处理先前由印度反倾销总局（DGAD）、保障措施局（DGS）和外贸总局（DGFT）分别负责的印度反倾销、反补贴、保障措施及数量限制等事宜。

2. 财政部

印度财政部（Ministry of Finance）负责临时措施及反补贴税的征收。财政部需在收到DGTR向其提交征收反补贴税建议后的3个月内作出是否征税的决定并公告。

(三) 反补贴调查原审程序

1. 立案申请

印度反补贴调查的申请需由代表印度国内产业25%以上的生产商提出，且表示支持申请的生产商生产同类产品的产量需超过表示支持或反对的生产商生产的同类产品产量的50%。

DGTR在收到申请文件后需及时审查申请书的完整性，并于收到申请文件的20天内通知申请方补充材料或正式签收申请书。DGTR也可以自行发起反补贴调查。

2. 立案前审查和磋商

DGTR在正式签收申请文件后的45天内对申请文件进行实质审查并决定是否立案。DGTR将审查申请人的主体资格、申请书是否提供充足而准确的证据来证明存在补贴行为、损害结果以及补贴行为与损害结果之间的因果关系。在立案前，出口国（地区）政府还可以应邀请与印度主管机关举行立案前磋商，就申请书中指控的补贴项目进行澄清。若满足立案条件,DGTR 将发出立案公告,正式立案调查。若 DGTR 认为申请书无法满足立案条件,则发出拒绝立案的通知。

3. 初裁调查及初裁

印度调查机关一般会在正式立案后的 150 天内作出初裁。DGTR 将会向印度财政部提交采取临时措施的建议,由财政部决定是否采取临时措施。临时措施应在启动调查的 60 天后开始实施。反补贴调查的临时措施有效期一般为 4 个月。

4. 听证会

若调查期间,应诉方认为需要向调查机关申请召开听证会以便调查机关及时了解企业的情况,促进案件调查的顺利进行时,可向调查官员提出召开听证会的书面申请,要求召开听证会。另外,应诉方在听证会期间的口头答辩都需要后续向 DGTR 提交书面陈述,否则 DGTR 将不会考虑其口头答辩的主张。

5. 终裁前调查及终裁

印度调查机关在作出案件终裁之前,应当向各应诉方作出终裁披露。应诉方在收到 DGTR 的终裁披露后应及时分析终裁披露中的计算方法是否合理,数据使用是否正确;若发现有错漏,应在调查机关规定的评论截止日期前向调查机关提交其评论意见。

DGTR 应在立案后的 365 天内,且在任何情况下不超过立案后 18 个月内作出案件终裁。印度财政部应在收到 DGTR 提交的征收反补贴税建议的 3 个月内决定是否征收反补贴税。

(四)反补贴调查复审程序

印度反补贴调查复审分为期中复审、期终复审和司法审查。

1. 期中复审

期中复审是在反补贴税征收期间,由印度调查机关自主发起或基于利益相关方的申请而发起调查,以决定是否继续征收反补贴税。期中复审可由国内产业、出口商或进口商申请而启动,但该申请应在反补贴税实施后的一段合理期间内提起。

2. 期终复审

根据印度反补贴法律的规定,反补贴税的征收不得超过 5 年(自征收之日起算)。期终复审即是在反补贴税到期之前,DGTR 可以自主发起或基于利益相关方申请而发起期终复审调查,以决定是否继续征收反补贴税。

3. 司法审查

若当事方认为印度政府关于涉案产品是否存在补贴、补贴的幅度以及存在损害的确定等问题的认定不符合反补贴法律的相关规定，可以向印度海关、税收、黄金（管制）上诉法庭（The Customs Excise and Service Tax Appellate Tribunal，CESTAT）提起上诉。CESTAT 是印度唯一受理针对 DGTR 终裁上诉案件的法庭。

三、澳大利亚的反补贴法律制度

（一）反补贴立法

澳大利亚没有专门的反补贴立法，反补贴内容都包含在反倾销的有关法律中，主要包括：(1)《1901 年海关法》（Customs Act 1901）中关于反倾销反补贴的内容，该法由澳大利亚司法部下属的立法委员会起草并制定，于 2020 年 2 月 11 日重新修订并生效；(2)《1926 年海关条例》（Customs Regulations 1926），该条例也是由澳大利亚司法部制定的，是《1901 年海关法》的补充和实施细则；(3)《1975 年海关关税（反倾销）法》，该法是反倾销反补贴税的征收规则，规定了反倾销、反补贴税的征收范围、征收方式、第三方税、中期税、特别税征收等内容，于 2016 年 7 月 1 日重新修订并生效。

（二）反补贴调查主管机构

1. 反倾销委员会

澳大利亚工业、科学、能源和资源部下属的反倾销委员会（Anti-dumping Commission）负责反倾销和反补贴调查。根据《1901 年海关法》规定，在反补贴调查过程中，反倾销委员会的具体职责包括：(1)决定是否拒绝一项反补贴调查申请；(2)作出初步肯定的决定，并实施担保措施；(3)作出决定是否终止调查；(4)向公众发表基本事实陈述；(5)向部长进行建议或作出报告；(6)在是否接受一项价格承诺方面向部长进行建议；(7)在与反补贴贸易措施相关的可变因素的审查过程中向部长进行建议，催促问卷调查、重新调查和复审的进程。

2. 内政部部长

根据《1901 年海关法》的规定，澳大利亚内政部部长（Minister for Home Affairs）对自己的职权负责，具体包括：发布反补贴税通知或接受价格承诺；决定是否征收反补贴税；在反倾销复审专家组的复审中决定是否通过最初的反补贴措施，改变、撤销或者发布新的通知。

3. 反倾销复审专家组

根据《1901年海关法》的规定，澳大利亚反倾销复审专家组（Anti-dumping Review Panel）应反补贴调查行政申诉机制产生，反倾销复审专家组成员由内政部部长指定，是具有一定资历、知识和经历的海关官员以及除反倾销委员会委员及员工以外的人，具体职责包括：对反补贴申请和调查的内政部部长决策、反倾销委员会委员决策进行复审。不同的是，在审查内政部部长决策时，反倾销复审专家组只能提出建议，不能撤销部长的决定或以另一个决定代替。在审查反倾销委员会委员决策时，反倾销复审专家组有权拒绝一项反补贴调查申请，决定是否终止调查，拒绝反补贴税评估申请，对反补贴税的评估作出初步否定决定，也可以对反倾销委员会委员的可评论决议进行确认或将其废除，从而重新进行决策。

4. 澳大利亚联邦法院

在具体的反补贴调查中，当事人就澳大利亚海关总署立案调查、终止调查、最终裁定以及反补贴税率的裁决向澳大利亚联邦法院（Federal Court of Australia）提起司法救济。

（三）反补贴调查原审程序

1. 申请审查及立案

凡补贴进口对澳大利亚生产同类商品的国内产业造成实质损害（或威胁）的当事人在得到国内产业支持后，都可以向反倾销委员会提出对外国产品进行反补贴调查的申请。申请人必须符合两个条件，即在表示支持申请或者反对申请的国内产业生产商中，支持者的产量占支持者或反对者同类产品总产量的50%以上，并且支持申请的国内产业生产商的产量占国内同类产品总产量的25%以上。反倾销委员会在收到申请20天内对申请文件进行审查，决定是否立案。如果决定驳回申请，委员会将以书面形式通知申请人。若申请人在递交申请后，未经要求主动提供进一步资料，委员会会对该资料予以考虑。申请人提交进一步资料的将被视为收到申请，并自该日起重新计算20天的审查期。

2. 初裁调查及初裁

自反倾销委员会发布立案公告之日起37天内，利害关系方可通过书面形式就立案公告事项向委员会提交评论意见。出口商同样需要在发布立案公告之日起37天内完成并提交答卷。反倾销委员会委员须在调查开始的60天内作出初裁，否则需要发布状态报告（Status Report），解释未能如期发布初裁的原因。若发布状态报告，委员会需要重新考虑是否在调查过程中发布初裁,在此情况下,初裁可在发布基本事实陈述(Statement of Essential Facts)之前或同时作出。若初裁认定补贴对澳大利亚国内产业造成了损害,联邦政府可对补贴产品采取保证金形式的临时措施。若出口商愿意作出价格承诺,那么也可不采取临时措施。

3. 终裁前调查及终裁

反倾销委员会委员必须在立案后的110天内发布基本事实陈述。利害关系方可在委员会发布基本事实陈述后的20天内提交评论意见。反倾销委员会委员必须考虑相关评论意见,并以报告的形式向内政部部长提出建议。内政部部长必须在收到报告后30天内或其认为适当的更长时间内决定是否采取反补贴措施。

利害关系方可以在30天内请求反倾销复审专家组对内政部部长决定进行复议。在能够证明存在正当理由的情况下,反倾销复审专家组决定立案,公告行政复审立案通知。各方当事人在30天内就相关问题发表意见,提交答辩材料。行政复审应在复审通知公告之日起60日内结束。经审查反倾销复审专家组递交的报告,内政部部长作出决定并予公告。

(四)反补贴调查复审程序

除非内政部部长特别要求,反倾销委员会在征收反补贴税的12个月后启动反补贴调查期中复审。如果经反倾销委员会建议,内政部部长决定改变反补贴税率的,新的反补贴税率将在变更公告发布之日起生效。

(五)反补贴行政审查

澳大利亚反补贴行政审查由反倾销复审专家组发起,主要审查内政部部长和反倾销委员会委员的某些决定。其中,审查内政部部长决定的申请必须在该审查决定的公告首次发表在报纸上的30天内作出;审查反倾销委员会委员决定的申请应该在申请人被通知可审查决定之后的30天内提出。

(六)反补贴司法审查

根据澳大利亚《行政决定(司法复审)法》的规定,当事方还可就反倾销委员会立案调查决定、最终裁定、终止调查的决定以及贸易政策审查官有关反补贴税的裁决涉及的法律问题,向澳大利亚联邦法院提起诉讼。

四、欧亚经济联盟的反补贴法律制度

2009年俄罗斯、白俄罗斯、哈萨克斯坦三国签署条约建立关税同盟,2015年1月1日正式启动欧亚经济联盟。三国用5年时间完成了从自贸区到关税同盟,再到经济联盟的道路历程,并吸收亚美尼亚(2015年1月2日)和吉尔吉斯斯坦(2015年8月12日)加入。欧亚经济联盟的目标是到2025年实现商品、服务、资金和劳动力的自由流动,终极目标是建立类似于欧盟的经济联盟,形成一个拥有1.7亿人口的统一市场。

(一)反补贴立法

2015年欧亚经济联盟成立后,相关成员方向欧亚经济联盟让渡了贸易救济调查权,由欧亚经济委员会统一对外进行贸易救济调查。2014年5月29日签署的《欧亚经济联盟条约》及其附件8《针对第三国使用特别保障、反倾销和反补贴措施议定书》(以下简称《贸易救济议定书》)构成了欧亚经济委员会执行贸易救济调查职责的基本法律制度体系。

欧亚经济联盟的反补贴法律规定与《SCM协定》基本一致,但在个别细节上略有区别,比如国内产业的定义和临时措施的形式等。根据欧亚经济联盟《贸易救济议定书》的规定,有关补贴的基本规定如下:(1)补贴的定义。补贴是指补贴机关提供的、为补贴接受者带来补充优势且在第三国(出口国)境内实施的财政资助,以及任何形式的收入或价格支持,为接受补贴者带来利益。(2)补贴的主要形式。补贴形式主要包括:以资金直接转账、免税、降低税率、加速折旧、利息补贴等方式发放的补贴,优惠贷款,提供贷款担保,政府优惠提供商品和服务,政府优惠购买企业商品,政府免除债务,受补贴企业的私有化等。(3)"专向性"。补贴的专向性是指在提供补贴时,有权享受该补贴的具体机构有数量限制。专向性的形式包括:① 地域特征(例如补贴只用于特别地区);② 行业特征(例如补贴只用于支持具体行业);③ 特定企业(只针对少数企业实施)。

(二)反补贴调查主管机构

欧亚经济联盟框架内的正式机构共有四个:一是欧亚经济联盟最高理事会,由成员方国家元首组成,是联盟的最高决策机构,负责战略决策和组织重大事项,实行协商一致决策原则。二是跨国理事会,由成员方政府首脑(政府总理)组成,负责落实最高理事会的决议,并监督欧亚经济委员会的工作落实情况,实行协商一致决策原则。三是欧亚经济委员会,是联盟的常设机构,负责联盟的日常管理和运行。四是欧亚经济联盟法院,是联盟的司法机构,负责解决争端和法律解释,由成员方各派2名法官组成。

欧亚经济委员会分为理事会(Council)和执委会(Collegium 或

Board)两部分。理事会由各成员方的一个副总理组成,负责联盟日常工作决策,实行协商一致决策原则。执委会由成员方各派3名代表组成(部长级),由执委会主席领导。执委会下设23个具体业务部门。

欧亚经济委员会执行贸易救济调查的机构是欧亚经济委员会内部市场保护司,决策机构是欧亚经济委员会执委会。欧亚经济委员会执委会根据内部市场保护司的提案,作出有关实施反倾销、反补贴措施或保障措施的决议。

(三)反补贴调查程序

欧亚经济委员会执行反补贴调查的期限一般为12个月,可延长6个月。

1. 立案申请

反补贴调查可由产业申请,或由调查机关主动发起。申请书的内容应包括:产业代表性的证据、存在补贴和补贴性质的信息;补贴额(非必要);对国内产业造成实质损害、损害威胁或实质阻碍建立产业的证据;建议采取的反补贴措施。由于欧亚经济联盟成员未使用统一货币,法规要求提交的申请书中,国内产业损害的数据应统一货币单位。

根据《贸易救济议定书》的规定,在收到申请书后、决定立案前,应当将收到申请书的情况以书面形式通知出口国政府。这里需要注意的是,该项规定不仅仅针对反补贴调查,同时包括反倾销调查,是立案前的一般程序。

2. 立案前审查和磋商

调查机关将审查申请书信息和证据的准确性和充分性,时限为收到申请书的30日内。当调查机关要求提供补充信息时,可延长该审查期限,但合计的审查时限不应超过60日。在调查机关作出立案决定前,申请人可撤销申请。作出立案决定后,调查机关将以书面形式通知出口国政府和相关利害关系方,并应在10个工作日内发布公告。调查机关作出不立案决定时,将在作出决定的10日内,以书面形式通知申请人,并说明不立案的理由。

根据《贸易救济议定书》的规定,调查机关在收到申请后、决定立案前,应当与出口国政府进行磋商,澄清指控补贴是否存在、补贴金额、认定补贴的后果等情况,寻求政府间相互能够接受的解决方案。《贸易救济议定书》特意说明,磋商程序不影响作出立案的决定和实施反补贴措施,同时磋商也可能贯穿整个调查程序。

3. 初裁调查及初裁

初步证据确定存在补贴进口及实质损害后,欧亚经济委员会将根据调查机关提交的报告作出初裁,决定实施临时反补贴措施。临时反补贴税的形式为保证金,征收期限不超过 4 个月。与 WTO 规定相同,临时反补贴措施不得在早于立案后 60 天的期间征收。

4. 听证会

利害关系方提出听证会申请后,调查机关应当召开听证会。调查机关应当通知各利害关系方召开听证会的时间和地点、听证的问题清单。根据《贸易救济议定书》的规定,听证会召开的时间应在发出通知的 15 日后。各利害关系方拥有在听证会上发言和提交证据的权利,并有权向其他参加方提出问题。在听证会结束后 15 日内,听证会参加方就发言内容提交的书面材料,调查机关应当予以考虑。

5. 终裁前调查及终裁

欧亚经济委员会如经调查,确定下列事实,则可实施反补贴措施:(1)向欧亚经济联盟出口的商品享受出口国的补贴;(2)欧亚经济联盟相关行业受到进口补贴产品的实质损害或实质损害威胁;(3)进口补贴商品与欧亚经济联盟相关产业受到损害之间存在因果关系。根据欧亚经济委员会内部市场保护司的调查结果和提案建议,欧亚经济委员会执委会决定是否采取反补贴措施。反补贴措施包括:(1)反补贴税;(2)价格承诺,外国商品的出口商或生产商提高出口价格。反补贴措施的实施期限不得超过 5 年,可通过复审延长。

欧亚经济联盟在反补贴行动方面保持相对克制,截至 2019 年 5 月,欧亚经济联盟及其前身关税同盟仅在 2013 年年底针对进口自乌克兰的硅锰铁产品发起过 1 起反补贴调查,且最终终止调查,其他未再有针对任何其他第三方的反补贴调查实践。

6. 承诺

调查机关可考虑接受出口国和应诉方提交的自愿承诺,承诺的内容包括:出口国政府同意消除或限制补贴或其他措施;应诉公司同意调整出口价格,并足以抵消损害;承诺提高的价格不得高于调查中确定的单位补贴额,但可低于单位补贴额;调查机关不得在作出初步裁定前接受承诺;在出口商数量众多,存在执行困难时,调查机关不应当接受承诺。

7. 反规避复审

调查机关收到申请人提交的反规避复审后,可决定发起反规避调查。

调查机关也可以自主决定发起反规避调查。这里的反规避包括反补贴措施的规避和承诺的规避。申请书的内容应当包括：规避反补贴措施的证据；规避对措施的减损效果，对国内产业同类产品的产量、销量价格的影响；受益额的传导。反规避复审应当在9个月内完成。

第四节　WTO成员方积极开启反补贴调查

从WTO成员方运用反补贴调查的历史数据看，不难发现反补贴措施因具有较明显的贸易保护主义倾向，更易被视为一种贸易保护工具。理论上，如果一成员方在国内进行补贴并扭曲了贸易，那么其他成员方应该同时采取针对该国的反补贴措施，但实践中很少看到这样的情况，更常见的是针对不同国家的同种产品采取反补贴措施。例如，1996年新西兰对南非的桃子罐头发起反补贴调查，时隔一年又对欧盟的同种产品发起调查；1999年，欧盟对印度尼西亚、泰国、韩国、澳大利亚的合成聚酯纤维同时发起反补贴调查。除非这些成员方都采取了某种形式的扭曲贸易的补贴，否则令人生疑的是发起反补贴调查究竟是为了保护国内产业免受"不公平"补贴行为的损害，还是保护其不受日益激烈的竞争的冲击？

一、WTO成员方运用反补贴调查的情况

从1995年1月1日WTO成立至2019年12月31日，共有30个成员方发起577起反补贴立案调查，最终采取反补贴措施的达到320起。

（一）WTO成员方发起反补贴立案调查的情况

（1）反补贴立案调查的时间段相对集中，有规律可循。笔者通过梳理反补贴立案调查的时间，发现主要集中在1997—2001年、2009—2014年及2015年至今三个时间段。前两段是因为1998年亚洲金融危机和2008年美国次贷危机导致了反补贴立案数量的持续激增，而最近五年是由于贸易保护主义抬头导致立案数量维持在高位。

（2）反补贴立案调查的产品比较集中。有接近一半涉案产品集中在贱金属及其制品（253起，占比43.8%）；其他涉案产品还包括塑料和橡胶制品（60起，占比10.4%）、化工品（58起，占比10.1%）、食品饮料和烟草制品（38起，占比6.6%）、机器和电子产品（29起，占比5.0%）和纺织品（27起，占比4.7%）等。

(3) 发起成员方较为集中。其中 7 个主要成员方发起的反补贴立案调查数量占 84.2%，主要有美国(260 起)、欧盟(86 起)、加拿大(72 起)、澳大利亚(31 起)、南非(13 起)、巴西和埃及(各 12 起)。

(4) 遭受反补贴立案调查的成员方也较为集中，主要涉及中国(169 起)、印度(89 起)、韩国(31 起)、印度尼西亚(28 起)、土耳其(21 起)、美国(21 起)、泰国(20 起)、欧盟(15 起)、意大利(15 起)等。

(5) 中国首当其冲。中国遭受反补贴立案调查的数量急剧上升且连续多年位于首位，占立案调查总数的 29.3%。如果从 2004 年中国遭受第一起反补贴立案调查起算，中国占 2004 年以来所有立案调查的 41.32%，遭受了近一半的反补贴立案调查。按 WTO 统计口径计算，2004 年起每 2 起反补贴立案调查有一起就是针对中国的，而发起这些反补贴立案调查的成员方分别为美国(89 起)、加拿大(26 起)、澳大利亚(17 起)、欧盟(14 起)。值得关注的是澳大利亚，2004 年以来发起的 26 起反补贴立案调查中有 17 起针对中国。

(二) WTO 成员方采取最终反补贴措施的情况

(1) 成员方采取最终反补贴措施的数量占反补贴立案调查总数的一半多。根据 WTO 的官方统计，在 577 起反补贴立案调查中，23 个成员方最终采取了 320 起反补贴措施。

(2) 成员方采取反补贴措施的产品有近一半集中在贱金属及其制品(159 起)，这一比例达到了 49.7%，其余产品为化工品(31 起)、塑料和橡胶制品(28 起)、机器和电子产品(20 起)及食品饮料烟草制品(17 起)等。

(3) 最终采取反补贴措施的成员方相对集中。美国遥遥领先，共采取 160 起最终反补贴措施，占所有成员方采取措施数量的一半。除此以外，最终采取反补贴措施的还有欧盟(42 起)、加拿大(35 起)、澳大利亚(16 起)、墨西哥(11 起)、巴西(10 起)和中国(8 起)等成员方。虽然中国也采取过 8 起最终反补贴措施，但数量远不及美国。

(4) 反补贴措施针对的成员方也相对集中。中国首当其冲，一共遭受了 123 起最终反补贴措施，其余成员方还有印度(52 起)、韩国(15 起)、欧盟(12 起)、意大利(11 起)、印度尼西亚(11 起)、巴西(10 起)、美国(10 起)和土耳其(10 起)等。[①] 笔者发现，采取最终反补贴措施数量最

---

① https://www.wto.org/english/tratop_e/scm_e/scm_e.htm，访问日期：2019 年 12 月 30 日。

多的美国遭受的反补贴措施很少,而采取最终反补贴措施数量较少的中国却遭受了最多的反补贴措施。

表1为WTO主要成员方发起的反补贴立案调查数量和最终采取反补贴措施的案件数量比较,通过比较笔者发现,美国发起反补贴立案调查和采取反补贴措施的数量都占到了发起总数量的一半左右。

表 2-1 WTO 主要成员方发起的反补贴立案调查数量和最终采取反补贴措施的案件数量比较

主要成员方	发起调查的案件数(起)	采取措施的案件数(起)
美国	260	160
欧盟	86	42
加拿大	72	35
澳大利亚	31	16

二、WTO 成员方运用反补贴调查的特点

与WTO成员方运用的反倾销调查相比,反补贴调查有以下特点:

(一)数量相对少但贸易保护主义特征明显

根据WTO网站公布的数据,自WTO成立至2019年12月31日,成员方发起的反倾销立案调查共5944起,采取措施的有3958起;发起的保障措施立案调查共377起,采取措施的有185起。因此,反补贴的数量介于反倾销和保障措施的数量之间。虽然同为保护国内产业安全的贸易救济工具,反补贴在数量上仅占反倾销的9.7%,主要原因在于:从被诉主体来看,反补贴针对出口成员方,更侧重其宏观经济体制和政策,甚至是较为敏感的政治体制;从调查技术层面来看,反补贴调查证据收集往往较为困难,因而对调查机关的水平提出了较高要求;从调查的影响来看,反补贴对出口国整体的影响较大,容易招致出口成员方的反制措施。

(二)发达国家成员方使用反补贴调查的频率普遍较高,占据优势地位

自WTO成立至2019年12月31日,共有30个成员方发起了577起反补贴立案调查,并有23个成员方最终采取了320起反补贴措施。虽然也有新的成员方(如哥伦比亚、巴基斯坦、乌克兰等)开启反补贴调查,总体而言,发起反补贴调查的成员方数量较少且相对集中。美国、欧盟、加拿大、澳大利亚4个发达国家成员代表就发起了450起反补贴调查,占比78.0%,远多于发展中国家成员。其中,美国、欧盟和加拿大分别发起过

260起、86起和72起反补贴调查,占比72.4%。发达国家成员在反补贴调查方面经验丰富,频繁使用反补贴这一工具,使其在贸易救济方面一直处于主动和绝对优势地位。笔者分析主要原因如下:

(1)前期大量补贴获得了竞争力和规则谈判的主导权,使得发达国家成员占据主动地位。大多数发达国家成员的大部分产业在前期的成长期内已经获得大量补贴,在目前阶段已经发展得相当成熟,有足够强的竞争力;发达国家成员擅于运用多双边磋商或者WTO规则谈判,通过制定各类规则的主导话语权使得其具有大量补贴的国内产业规避了补贴规则的约束。例如,通过规则立法将农业这种需要大量补贴的产业写入例外条款,使其接受的法律约束大打折扣。

(2)无论从调查经验、水平还是财力、物力上,发达国家成员都有天然优势。与反倾销调查相比,反补贴调查对证据取得、调查机关水平,以及人力、物力等都提出了更高的要求。首先,补贴证据的获得难度较大。由于补贴是政府行为,在反补贴调查过程中必然触及其他成员的国内法和政策,加大了获得补贴资料和证据的难度。其次,由于反补贴调查通常要花费大量的时间和精力进行政府间的交涉,耗费大量的人力和物力,有些发展中国家成员难以负担相关行政经费。再次,对调查机关提出了更高的要求。调查机关需要熟悉反补贴规则,在实体和程序上合法合规,否则很容易被诉至WTO。从WTO的裁决结果看,专家组裁定反补贴调查与WTO规则不符的比例很高。最后,由于相关成员缺乏反补贴调查经验,且成员方调查机关在反补贴调查案中法律认定是否充分足以遵守WTO规则的合规性风险要远高于反倾销立案调查,部分成员会选择以反倾销的方式解决贸易不公平问题。

(3)发展中国家成员由于自身的发展和经济上、政治上有对发达国家成员的诉求,导致反补贴调查的运用频率相对较低,而且运用的结果往往并不令人满意。首先,从经济发展的需要上看,很多产业的发展和成长需要投入大量的补贴,发展中国家成员由于起步较晚更需要投入大量补贴发展本国经济;其次,发展中国家成员在经济上高度依赖或者政治上的需求,不得不向发达国家成员作出妥协。如果说反倾销只是在经济上影响成员方的话,反补贴则涉及政府及整个行业,更具政治性和敏感度,因为一国政府对经济的控制和干预将受到他国的间接干涉。因此,发展中国家成员不敢贸然提起反补贴调查。此外,由于发展中国家成员自身的经济实力较弱,更多依赖于发达国家成员,即使采取报复措施,结果也往往不令人满意。而且 WTO 交叉报复的这一制裁方式也在一定程度上使得发展中国家成员更多采取贸易救济措施。

(三) 被调查产品相对集中,主要为贱金属类(钢铁类产品)

WTO 成立以来至 2019 年 12 月 31 日,反补贴的涉案产品主要为贱金属及贱金属制品、塑料和橡胶制品、化工品、食品饮料和烟草制品等。其中,各成员方共发起了 253 起贱金属及贱金属制品的反补贴立案调查,最终实施了 159 起反补贴措施。其中,金属及金属制品占到了 4 成多。例如,在对中国原审调查的 166 起案件中,有 83 起属于钢铁等金属制品。笔者认为,主要原因一方面在于该类产品所属行业属于劳动密集型夕阳产业,拥有大量就业工人,工会力量强大,是受国家保护较多的产业;另一方面在于该类行业往往也是被调查成员方的支柱产业,案件影响广、涉案金额大,能够达到的效果好。

(四) 被调查成员相对集中,中国所受影响最大

近年来,全球范围内的反补贴调查数量虽然呈下降萎缩态势,但针对中国的反补贴调查却异常活跃,呈上升趋势。在 WTO 成立以来至 2019 年 12 月 31 日,成员方所遭受的反补贴措施集中在中国、印度、韩国和欧盟四个成员方,合计 202 起,占比 63.1%,其中中国一国就占到了 38.4%。继 2004 年加拿大开启对中国的反补贴调查先河,其他国家纷纷效仿。2004 年 WTO 成员方发起的 8 起调查中就有 3 起针对中国,2006 年的 9 起调查中有 3 起针对中国,2007 年的 11 起调查中有 8 起针对中国,而 2008 年针对中国的反补贴立案调查上升到了 11 起。近年来,WTO 成员方对中国发起的反补贴立案调查有增多的趋势:2016 年的 34 起调查中有 19 起针对中国,2017 年的 41 起调查中针对中国的有 12 起,2018 年的 55 起调查中有 30 起针对中国。这些反补贴立案调查除个别以无损害结案外都最终采取了反补贴措施。中国已成为世界第一大贸易国、第一大出口国、第二大进口国、世界第二大经济体,贸易摩擦有一定的必然性和长期性。尤其是近几年,世界经济放缓导致各国贸易保护主义抬头,个别发达国家成员方为复苏本国经济、转移国内矛盾而采取各种贸易救济措施限制对中国产品的进口。而发展中国家成员方也为保护本国经济,对中国发起贸易救济调查。此外,中国出口产品面临的国际竞争日益加剧,同类型的产品往往在其他成员方同样占有很大的出口市场份额,导致中国在出口贸易中受到很大威胁。其中,美国、加拿大、澳大利亚对中国的反补贴调查可参见后面章节内容。

三、美国和加拿大运用反补贴调查的情况

美国、加拿大是 WTO 成员方运用反补贴较多的国家。自 WTO 成立至 2019 年 12 月 31 日,美国和加拿大共发起 332 起反补贴立案调查,采取 195 起反补贴措施。以上两国是发起反补贴立案调查和采取最终反补贴措施最多的国家。美国、加拿大运用反补贴的情况和特点如下:

(一)美国和加拿大运用反补贴调查的总体情况

自 WTO 成立至 2019 年 12 月 31 日,美国共发起 260 起反补贴立案调查案件,最终采取 160 起措施,采取措施案件占立案调查案件比例为 61.5%。被调查成员方除加拿大及个别欧盟成员之外,大部分为发展中国家,如中国、印度、韩国、印度尼西亚、巴西、泰国及土耳其等。涉及的补贴项目极为广泛,包括政府担保和优惠贷款、税收优惠、出口补贴、特定地区补贴、进口替代补贴、出口信贷及出口鼓励机制等。

自 WTO 成立至 2019 年 12 月 31 日,加拿大共发起 72 起反补贴立案调查案件,最终采取措施 35 起,采取措施案件占立案调查案件比例为 48.6%。与美国一样,被调查成员方主要也是发展中国家,如中国、印度、巴西、印度尼西亚、泰国及土耳其等。

(二)美国和加拿大运用反补贴调查的特点

(1)中国成为双反调查头号目标国。美国和加拿大都擅于贸易救济调查,特别是同时发起反补贴和反倾销调查。一方面,双反调查不仅涉及对象广,调查周期长,大大加剧了调查的复杂性,加大了被调查成员方的应诉难度和成本。另一方面,双反调查增强了贸易救济措施的力度,为其国内产业提供了更多的保护。

自 2004 年加拿大发起首例双反调查开始,中国连续多年成为双反调查案件的头号目标国。截至 2019 年 12 月 31 日,加拿大发起的双反调查,有 20 起针对中国;涉案行业广泛,包括钢铁类制品、专用设备、光伏产品、化学原料和制品、金属和非金属制品、有色金属。美国自 2006 年 11 月以来发起的双反调查,有 76 起针对中国;涉案行业更广,广泛分布于钢铁类制品、光伏产品、化学原料和制品、金属和非金属制品、造纸、纺织、电气、汽车、橡胶制品、有色金属、化纤、木材及制品、食品等多个行业。

(2)反补贴涉及被调查产品的整个产业链。1996—2019 年,美国对韩国发起的 19 起反补贴调查中,有 14 起涉及钢铁产品,其余为家电(涉及洗衣机、冰箱)2 起,纸制品、活塞圈和半导体各 1 起;美国对印度尼西

亚发起的 11 起反补贴调查中,纸类和钢铁类产品各有 3 起;美国对印度发起的反补贴调查共 16 起,其中 7 起为钢铁类产品。1998—2019 年,加拿大对印度发起的 8 起反补贴调查中,6 起为对钢铁类产品的调查。

美国和加拿大一旦通过调查确认某个国家的某个产业存在补贴项目,就会对这个国家产业链上的产业进行反补贴调查并采取反补贴措施,这也一定程度上反映了在反补贴调查中受损的不仅局限于特定的一家或数家涉案企业,更会波及涉案产品的整个产业链,甚至包括产业链与涉案企业密切相关的下游产业。一旦反补贴案应诉失败,多个企业乃至整个产业链都会遭受巨大影响。比如,对被调查成员方的钢板征收反补贴税,还会对该成员方以任何钢铁为主要原材料的产品发起调查,进而影响到该成员方汽车、家电等以钢铁产品为原料的其他产品。

(3)针对发展中国家成员和发达国家成员的反补贴调查涉案产品不同。以加拿大为典型,1996—2019 年,加拿大发起的 34 起反补贴调查中,有 30 起左右针对发展中国家成员,大多涉及钢铁和金属类产品,如印度、印尼和泰国的热轧普碳板;巴西、印度的不锈钢条杆;印度的防腐蚀板、热轧普薄板以及不锈钢线;中国的烧烤架、紧固件、铜制管件以及石油套管产品;巴西的铜杆等。美国发起的反补贴调查也以发展中国家成员为主,涉及的产品主要为金属和非金属制品、钢铁工业等。从美国与加拿大反补贴调查的涉案产品分析,两国针对发展中国家成员反补贴调查的重点在钢铁产品及其制品,针对发达国家成员的重点则在农产品和食品行业。

第三章
关于"补贴"的法律认定

随着国际贸易的发展,亚当·斯密于1776年在《国富论》一书中指出了"补贴"这一鼓励出口的财政做法,并称为"倾销"。① 随后,"补贴"一词被广泛地应用到国家的贸易政策、产业政策和财政政策中,但更多的是作为一个经济学术语出现。如何定义补贴,是各方谈判官员面临的最棘手的问题。一方面,补贴涉及各国的经济主权,而且不能否认补贴对经济发展的作用;另一方面,第二次世界大战后各国的无序补贴及其造成的不公平竞争,以及带有歧视和贸易保护性质的反补贴措施,损害了全球贸易秩序,也违背了自由贸易原则。20世纪初期以来,随着补贴的进一步泛滥,其对国际贸易的扭曲作用日益引起了许多国家及国际社会的高度重视,从而演变为一个重要而突出的国际问题。但各国在很长时间内无法就"补贴"的定义达成共识,GATT 1947第6条和第16条没有给"补贴"下定义,并且其涵盖的范围也较小。② 1979年《东京守则》也没有给补贴下定义,其对补贴的确定主要从实际效果出发,只要结果获利就不必理会政府有没有给予财政资助。《东京守则》的24个缔约方没有对"补贴"的定义达成一致意见,主要是由于美国和欧盟及其他GATT缔约方在认定"一项政府措施是补贴时,在是否一定要包括公共账户的支出"(Whether or not only government measures involving a charge on the public

---

① 参见李双元、李先波主编:《世界贸易组织(WTO)法律问题专题研究》,中国方正出版社2003年版,第232页。

② The EC Commission argued before the ECJ in Fediol that "the concept of a subsidy [in the GATT] is narrower than the concept of aid in Article 92(1) [now Article 87(1)]". Fediol 案中,欧共体在欧盟法院前指出:"[GATT 中]补贴的概念比第92(1)条[现为第87(1)条]援助的概念要窄。"See case 187/85, Fediol v. Commission, (1988) ECR 4155, p. 4165.

account were to be considered subsidies)问题上存在分歧。美国提出的补贴定义较宽泛,认为可以忽略是否包括公共账户的支出问题,应把重点放在接受者所获的利益上。如果该补贴措施是对特定产业授予一项利益,则该措施是可诉的。但欧盟及其他 GATT 缔约方认为,公共账户的支出是补贴的本质要求,应该体现政府的支出成本。① 但美国表示强烈反对,认为该定义过于狭窄,不利于其作为反补贴措施常用方发起反补贴立案调查。② 各参与方站在不同立场自然攻守不一致,上述分歧也最终导致《东京守则》在补贴定义方面的缺失。直至乌拉圭回合谈判,各成员方一致认为明确"补贴"的定义是极其必要的。在欧盟、加拿大、埃及等成员方的提议下,经过激烈的争论和妥协,最终达成了现在适用的文本,即《SCM 协定》第 1 条。该条款结合了成本因素和所获利益两种观点。

纵观谈判历史,简而言之就是以美国为首的后起之秀出于自身竞争力的考虑对补贴规范的诉求日益强烈。由欧美的双边之争,扩大到发达国家对日韩的后发优势的限制;范围由农业补贴扩大到货物贸易补贴,均是假以维护国际贸易公平秩序之名,提出加强对补贴的约束。这一理念也就促成了《SCM 协定》的产生。历史总是惊人的相似。随着全球价值链的形成、服务贸易和数字经济的飞速发展,中国成为了主要贸易国,有些成员方的学者提出现有的补贴纪律已经过时,没有涵盖投资和服务贸易,也没有对上游补贴、国有企业是否构成"公共机构"等进行界定。③近期美国联合日本、欧盟等成员方又在讨论如何进一步规范和加严补贴,补贴的定义又成为各成员方谈判博弈的焦点。因此,如何准确界定"补贴"的内涵和外延就显得非常重要。尽管 DSB 的裁决不具有先例约束力,但 DSB 裁决经常被专家组和上诉机构以及被各成员方用来引用和对标,所以笔者从 DSB 的相关裁决入手,试图对补贴的认定标准进行全面的分析和澄清,以期为中国参与 WTO 改革谈判以及开展反补贴调查和反补贴应

---

① 欧盟在近几年的实践中,也认为补贴的金额应该以接受者获得的利益来计算。See, e.g., Stainless Steel Wires(India, Korea), 1998 O.J.(L 189)1, where the Commision rejected the argument of the Government of Korea that, with regard to the calculation of the subsidy amount in the case of loans, the cost-to-the-government approach rather than the benefit-to-the-recipient approach should have been used. 欧委会驳回了韩国政府关于贷款补贴额的计算更应适用《政府成本支出法》而非《接受者获得利益法》的主张。

② See Robert E.Hudec, *Essays On The Nature of International Trade Law*, 1999, p.266.

③ See Bernard Hoekman, Douglas Nelson, *Subsidies, Spillovers and Multilateral Cooperation*, RSCAS Working Papers 2020/12, European University Institute, p.6.

对工作做好法律准备。

第一节 关于"补贴"的定义

"补贴"源于拉丁文 subsidium，原意为帮助。随着国际贸易的发展，各国学者围绕国际贸易领域对补贴的定义进行了研究。有学者指出，补贴是政府的一项支付或者优惠征税。也有人将补贴概念界定为额外的、从消费者到生产者或是从生产者到消费者的市场转移。有学者从政府目标角度下定义，认为补贴是政府给予机构、商业或个人等经济部门的一种支持形式，目的是为了促进一项政府认为对总体经济或社会普遍有利的活动。还有学者从补贴的作用机制出发给出了补贴定义，认为补贴通过大规模生产者进行顺周期剩余生产，从而压低世界平均价格并抑制他国产品进入市场。此外，还有学者从补贴效果角度定义，认为补贴在下列情况下发生：由于政府行为使货物和服务生产商避免完全支付生产要素或使得货物和服务生产者在市场上的表现有所不同。威廉·施兰克（William E. Schrank，1999）认为补贴刚开始会提高收益，一段时间后反而可能损害受补贴方的利益。[1] 补贴在广义上可以理解为是一个国家的政府对国内行业的某一产业或企业（或其产品）给予无偿支持、扶助的行为。在此意义上，补贴属于一国国内经济政策的范围，它本身"作为一个国家的一项经济和社会政策是无可指责的"[2]。一个国家为支持本国经济、文化和社会的发展而通过经济上的无偿支持促进某些行业或企业的生产，从而稳定和发展本国经济，属于一国的内部事务，是主权国家应有的权利[3]，是国内法约束的范畴。

笔者采用 WTO 专家组和上诉机构通常引用《维也纳条约法公约》第

---

[1] 参见费娇艳：《中国服务贸易补贴绩效评价及政策选择》，对外经济贸易大学 2018 年博士论文。

[2] 张玉卿编著：《国际反倾销法律与实务》，中国对外经济贸易出版社 1993 年版，第 137 页。

[3] 参见李双元、李先波主编：《世界贸易组织（WTO）法律问题专题研究》，中国方正出版社 2003 年版，第 233 页。

31条和《布莱克法律词典》①对核心概念作出释义的方法。②《布莱克法律词典》中的"补贴"是指"政府为支持某一企业、事业或政府希望参与的某项改善或者其他被认为需要政府提供援助的目标而提供的资金,其目的大多是为公众谋利益"③。由此可看出,国际贸易法所要规范的"补贴",通常是指一国政府对本国的生产商或者经营者提供的资金或财政上的支持,包括现金补贴或者其他政策优惠待遇,使其产品在国际或国内市场上与未享受补贴的同类产品相比处于更有利的竞争地位。

一、《SCM协定》对补贴的定义

《SCM协定》并没有对"补贴"下明确定义,而是采取了列举的方式对几种受《SCM协定》调整的补贴情形加以规范,在与补贴相关的多边贸易协定中首次出现。《SCM协定》项下的补贴是指在一成员方的领土内,由政府或任何公共机构(或受政府授权和委托的私营机构)④向受益者⑤(可指某些企业,即一个企业或产业,或一组企业或产业)提供的财政资助或采取GATT 1994第16条意义上的任何形式的收入或价格支持以及因此而授予的利益。该规定是总括性的,包括了受《SCM协定》约束的几种补贴类型,如禁止性补贴、可诉补贴以及不可诉补贴。WTO框架内的补贴在满足下列三个条件时才成立:第一,补贴是由政府或公共机构提供的;第二,补贴的形式为财政资助或任何形式的收入或价格支持;第三,补贴使相关企业或产业获得利益。⑥ 另外,《SCM协定》第1条还将补贴

---

① DSB经常会引用《布莱克法律词典》(Black's Law Dictionary)对词汇的解释。

② When interpreting World Trade Organization (WTO) provisions, WTO Panels and the WTO Appellate Body stress the relevance of the wording of such provisions. By doing so, they act in accordance with the literature and case law of international tribunals with respect to Article 31(1) of the Vienna Convention on the Law of Treaties. WTO专家组和上诉机构在翻译WTO条款时,强调这些条款字词的相关性。专家组往往根据《维也纳条约法公约》第31(1)条规定的文义解释和判例法解释来解释相关条款的含义。Also see Subsidies in WTO law and in EC law: (Broad and Narrow Definitions), by Marco M. Slotboom, Journal of World Trade (Law-economics-Public Policy), June 2002 v36 i3, p.517(26).

③ Black's Law Dictionary, Henry C. Black, Fifth Edition, p.1280.

④ 参见韩国商用船舶案专家组报告(WT/DS273/R),第7.50段。WTO专家组认为,如果一个实体被政府(或其他公共机构)控制,则该实体构成"公共机构"。该案之后,DS379、DS436、DS437等案的专家组和上诉机构报告对"公共机构"的解释有重大的发展。

⑤ 该"受益者"可理解为生产企业、为生产服务的研发机构、对外贸易企业(出口商)等国民经济发展的主体。参见叶全良、孟阳、田振花:《国际商务与反补贴》,人民出版社2005年版,第44页。

⑥ 参见曹建明、贺小勇:《世界贸易组织》(第二版),法律出版社2004年版,第141页。

分为专向性①(specific)和非专向性(non-specific)两类,并规定补贴只有具有专向性,才受《SCM 协定》的约束。WTO 上诉机构还指出《SCM 协定》第 1 条规定的"补贴"的定义适用于整个《SCM 协定》。②

综上所述,《SCM 协定》调整的补贴具有如下特征:

(1)补贴是一种政府行为,这里的政府行为是广义的概念,不仅包括中央和地方政府、公共机构的补贴行为,而且还包括政府干预的私人机构提供的补贴行为。补贴的提供者是政府或公共机构,认定是否存在补贴的要件之一是补贴提供者是否行使了政府的职能,政府的参与程度是问题的关键。如果补贴的提供者是以市场管理者而不是市场竞争者的身份出现,就足以证明其对市场的干预,对公平竞争的扭曲。

(2)补贴是一种财政行为。企业的生产和出口条件可能会因各种各样的政府干预行为而受影响,被《SCM 协定》管辖的补贴应为政府的财政性干预行为,即政府公共账户存在开支(charge on the public account)。这种财政性干预行为包括财政资助、收入或价格支持。收入或价格支持是政府提供补贴的另外一种形式,这种支持可能是由法律限定某一种产品的最低价格,也可能表现为维持物价的物资储备制度。③

(3)补贴必须授予被补贴方以某种利益。《SCM 协定》未对"利益"作出明确规定,一般认为,这种"利益"应该是受补贴方从某项政府补贴计划中取得了某些它从市场上不能取得的价值,往往表现为企业收入增多、成本减少或税金减免等。没有"利益"的授予,不构成补贴。④

虽然《SCM 协定》关于补贴定义的规定较为原则且还有许多模糊之处,但与以往的协定相比,其对"补贴"作了一般性规定,通过列举的方式加以规范,还规定了专向性补贴的判断标准。这是乌拉圭回合谈判的一项重大成果,使各成员方对法律意义上的补贴有了较为统一的认识,有效地遏制了因补贴含义不清而导致某些成员方任意扩大反补贴措施调查范围的贸易保护主义倾向。⑤

---

① 有的学者翻译为特定性和非特定性。
② 参见美国外销公司税案上诉机构报告(WT/DS108/AB/R),第 93 段。另外欧共体诉美国碳钢反补贴税案上诉机构报告(WT/DS213/AB/R)的第 80 段中也有相同论点。
③ 参见曹建明、贺小勇:《世界贸易组织》(第二版),法律出版社 2004 年版,第 141 页。
④ 参见汪尧田、周汉民:《世界贸易组织总论》,上海远东出版社 1995 年版,第 251 页。
⑤ 参见曹建明、贺小勇:《世界贸易组织》(第二版),法律出版社 2004 年版,第 142 页。

二、各成员方法律对补贴的认定

美国、欧盟的反补贴立法都较早。美国反补贴税法根据是否以出口为目的,将补贴分为两大类:国内补贴(又称为生产补贴)和出口补贴。欧盟反补贴法[1]根据补贴造成的法律后果将补贴分为"可抵消"(countervailable)和"不可抵消"(non-countervailable)两类,可抵消补贴又可分为禁止性补贴和可诉补贴。[2] 它们的国内法经验自然在国际谈判中发挥作用,很多情况下都是由国内法影响国际法,再由国际法转化成国内法适用。中国、欧盟、美国和加拿大等成员方在本国国内法中基本采用了《SCM 协定》对补贴的定义。具体规定如下:

1. 2004 年中国《反补贴条例》关于补贴的规定

2004 年中国《反补贴条例》对补贴下的定义严格依照《SCM 协定》的相关规定,第 3 条规定:"补贴,是指出口国(地区)政府或者其任何公共机构提供的并为接受者带来利益的财政资助以及任何形式的收入或者价格支持。……财政资助,包括:(一)出口国(地区)政府以拨款、贷款、资本注入等形式直接提供资金,或者以贷款担保等形式潜在地直接转让资金或者债务;(二)出口国(地区)政府放弃或者不收缴应收收入;(三)出口国(地区)政府提供除一般基础设施以外的货物、服务,或者由出口国(地区)政府购买货物;(四)出口国(地区)政府通过向筹资机构付款,或者委托、指令私营机构履行上述职能。"

2. 欧盟《反补贴条例》关于补贴的规定

根据欧盟《反补贴条例》[3]的规定,补贴的存在须具备两个条件:(1)有关产品的原产地国或出口国的"政府财政资助",包括赠与、贷款、股本注入等形式的政府的直接资金转移,以贷款担保等形式的潜在资金或债务的直接转移,政府应收税费的扣除或免征等形式的财政激励措施,政府提供的基础设施以外的货物或者服务,政府向基金机构支付以及

---

[1] See Council Regulation (EC) No.2026/97, Art. 3 and 4.
[2] Dr Konstantinos Adamantopoulos and Maria J Pereyra-Friedrichsen, *EU Anti-Subsidy Law and Practice*, Palladian Law Publishing Ltd., 2004, p.10.
[3] See Council Regulation (EC) No. 2016/1037, Art. 2.

政府委托某私人机构履行上述通常由政府承担的行为[1];或者虽然没有上述提供财政资助的行为,却存在 GATT 1994 第 16 条意义上的任何形式的收入支持或者价格支持。[2] (2)由此授予一项利益。[3] 关于由此授予一项利益,可以分为三个层次予以解释:首先,接受者获得的净利益(Net Benefit)。欧盟认为,纯粹为特定区域设立的补贴不应该被认为是可诉的补贴,因为这种补贴是为了补偿企业搬迁到经济不发达地区而处于不利地位的损失,而且如果从接受者获得利益的角度去计算,则净利益是不存在的,应该作为不可诉补贴处理。其次,利益必须授予出口者。[4] 在巴基斯坦诉欧盟对来自巴基斯坦的 PET 产品的反补贴措施案(European Union-Countervailing Measures on Certain Polyethylene Terephthalate from Pakistan, DS486,以下简称"欧盟 PET 案")中,欧盟调查机关认为不存在利益,因为在该案中,是货物购买者在调查期间获得了销售税的豁免,而并非销售者。[5] 最后,必须是事实上的利益而非潜在的利益。在不锈钢条案(Stainless Steel Bars)中,印度制成品出口者有资格获得出口抵免额度[6],并可用于支付相应产品的海关关税。印度出口者提出,获得利益多寡是根据调查期间出口营业额来计算的,银行账本上的预收款是用来抵消关税的。但欧盟调查机关拒绝该论点,认为预收款的存在是源于以前出口而获得的抵免额

---

[1] See Art 1.3 of Council Regulation (EC) No. 2016/1037. In DRAMs(dynamic random access memories)(Korea), 2003 O. J.(L 212) 1, at recital 15, the EC institutions clarified the concept of "direction" of private bodies by the government: this exists where the government requires a private body to carry out fuctions normally vested in the government and the practice does not differ from practices normally followed by governments. It is not sufficient to show that a government merely encouraged or facilitated such actions, although such encouragement or facilitation may be a factor to be considered. In the DRAMs case, the EC Institutions concluded that privated banks were directed by the Korean government in granting loans to the concerned Korean exporting producer. It is worth noting that the EU, in the WTO Doha Round discussions, proposed to clarity and expand the situations where a government "entrusts" or "directs" private entities to carry out a measure.

[2] See Art. 2.1(b) of Council Regulation (EC) No. 2016/1037.

[3] See Art. 2.2 of Council Regulation (EC) No. 2016/1037.

[4] See Van Bael, Bellis, *Anti-Dumping and Other Trade Protection Laws of the EC (I)*, Kluwer Law International, 2004, p.538.

[5] Polyethylene terephthalate (PET) film (India) O. J. (1999) L 316/1. See Van Bael, Bellis, *Anti-Dumping and Other Trade Protection Laws of the EC (I)*, Kluwer Law International, 2004, p.538.

[6] Indian exporters were entitled under the Passbook Scheme to claim credit upon the export of finished goods.

度,视为已经获得的利益。①

3. 美国反补贴税法②关于补贴的规定

1994年乌拉圭回合谈判签订《SCM协定》,美国根据《SCM协定》中承担的义务修改了《1979年贸易协定法》(Trade Agreement Act of 1979),废止《1930年关税法》第303节。《1930年关税法》第七部分成为政府采取反补贴措施时适用的统一法律。其补贴的定义与《SCM协定》的规定基本一致,凡是满足下列条件的都构成应当被抵消的补贴,由政府或公共机构提供,给接受者带来利益。具体解释如下:(1)在一国的投资与该国私人投资者通常的操作方式不符;(2)接受者取得有担保贷款的成本与它在市场上获得商业贷款的成本不同;(3)接受者取得有担保贷款的成本与它在市场上获得没有担保的商业贷款成本不同;(4)政府以低于受调查国家市场价的价格提供商品或服务,或以高于市场价的价格购买商品。

此外,只要是出口补贴、进口替代补贴或只给某一企业或行业的专向补贴,都应是被抵消的补贴。但如果按价值计算的补贴额不超过1%,则属于微量补贴,应当免于反补贴调查。对发展中国家成员而言,免于调查的微量补贴额为2%,但需要由美国贸易谈判代表决定谁可以享受这一待遇。2020年2月美国公布了最新名单,具体详见本书第十三章第二节。根据美国反补贴税法,不仅直接接受补贴的产品可能会受到反补贴调查,而且如果一个产品的原料或主要部件(Inputs)受到补贴,该项产品也可能受到反补贴调查,这样的补贴称为"上游补贴"(Upstream Subsidies)。上游补贴具体是指政府提供给原料产品或中间产品的国内补贴,该原料产品或中间产品被用来生产受调查的出口产品。补贴对出口产品的生产成本有重大影响,给出口产品带来竞争利益,政府对上游产品的补贴本身就是应当被抵消的补贴,但该上游补贴并不一定限于出口产品使用。ITA在考虑上游补贴时,若上游产品受到的补贴超过5%,就认为该上游补贴对出口产品有重大影响;如果得出的数字不到1%,一般认为该上游补贴对出口产品没有重大影响。但这两种划分并不是绝对的,任何一方都可以提出证据,证明即使已经达到5%的比例,对上游产品的补贴仍然对出口产品不构成重大影响,或即使补贴比例不到1%,对上游产品的补贴仍

---

① See Van Bael, Bellis, *Anti-Dumping and Other Trade Protection Laws of the EC (I)*, Kluwer Law International, 2004, p.539.

② See 19 U. S. C. § 1677(5), (1998).

然构成对出口产品的重大影响。① 此外,美国反补贴税法就所有权改变对补贴的影响也作出明确规定,由于所有权的改变,过去企业接受的补贴并不意味着不会再被进行反补贴调查,即使这种所有权的改变是通过非关联交易。

4. 加拿大 SIMA 关于补贴的规定

加拿大 SIMA② 第 2.1.6 条对补贴下的定义包含以下几方面:(1)补贴是指一种财政资助行为,即"其他国家存在的政府提供的财政资助,授予一定的利益给从事生产、制造、种植、加工、购买、分销、运输、销售、出口或进口货物的人"。(2)这种财政资助包括资金的直接转移、放弃应征收的税收、由政府或依政府指示提供除一般基础设施外的货物或服务。(3)不包括国内销售货物获得的税收或关税的豁免和免除。(4)补贴措施针对的补贴额等于接受者所获得的利益。(5)反补贴税应等于或不大于补贴的金额。如果认定存在补贴且具有专向性,则该补贴将被采取反补贴措施。当补贴的获得是依法律限定于某些企业或者是禁止性补贴时,则认为其具有专向性。在 SIMA 定义下的"企业"也包括一组企业、一个产业或一组产业。一项"禁止性补贴"包括全部或部分视出口实绩情况而定的出口补贴;全部或部分视生产于或原产于进口国本国的被调查产品使用的情况而定的一项补贴或一部分补贴。尽管一项补贴在法律上不具有专向性,考虑到以下情况,其仍然有可能被认为事实上具有专向性:(1)补贴被有限的企业排他性使用;(2)补贴主要被某个特定企业使用;(3)给予某些企业不成比例的大量补贴;(4)授予机关行使自由裁量权的方式表明该补贴不是所有企业可以获得。③

从上述法律规定来看,各成员方参考了《SCM 协定》对补贴下的定义,但在实践中仍然存在不同的法律解释,DSB 对补贴的认定分析具有重要的参考价值。

---

① 参见王琴华主编:《补贴与反补贴问题研究》,中国经济出版社 2002 年版,第 181 页。
② 加拿大 SIMA 系根据《东京守则》制定,于 1984 年月 12 月 1 日正式生效,后根据乌拉圭回合谈判达成的《AD 协定》和《SCM 协定》进行了修改。SIMA 及其实施条例规定了反倾销和反补贴调查所涉及的全部实体问题和程序问题,是加拿大进行反倾销和反补贴调查最直接的法律依据。
③ 参见王健宇:《户外烧烤作证——国外对华第一起反补贴调查以终止调查结案》,载中国贸易救济信息网,访问日期:2007 年 2 月 8 日。

三、DSB 对"补贴"一般性定义的解释

在欧共体诉美国外销公司税案（United States—Tax Treatment for "Foreign Sales Corporations"，DS108，以下简称"美国外销公司税案"）中，欧盟认为《美国国内税法》第921—927 节以及美国的外销公司建立特殊税收待遇的相关措施（以下简称"FSC 措施"）违反了《SCM 协定》规定的出口补贴义务。专家组在1999 年10 月8 日的报告①中指出，FSC 措施以出口实绩为条件，因而是被禁止的补贴，与《SCM 协定》第3.1(a)条规定的义务不符；并建议 DSB 请求美国毫不迟疑地在2001 年财政年度开始之日起（2000 年10 月1 日前）撤销该补贴措施。② 美国对此提出上诉，要求 WTO 上诉机构考虑 FSC 措施的历史背景③，还指出 WTO 专家组没有根据《SCM 协定》附件1 中的出口补贴清单中的脚注59 进行分析是错误的，并认为有关"补贴"定义的决定性法律规定是《SCM 协定》中的脚注59 而不是第1.1 条。WTO 上诉机构拒绝接受这一论点，对《SCM 协定》第1.1 条规定的"补贴"定义和脚注59 中对特定类型的出口补贴如何确定的特殊制度（specific regime）加以区分。WTO 上诉机构指出："不管是用第1.1 条还是用脚注59 开始审查欧盟根据第3.1(a)条提出的请求，得到的法律结果是一样的。④ 第1.1 条规定了'补贴'的一般性定

---

① 参见美国外销公司税案专家组报告（WT/DS108/R）。
② 参见蒋新苗、屈广清主编：《世贸组织规则研究的理论与案例》，人民法院出版社2004 年版，第528 页。
③ 美国指出，1972 年欧盟曾经指控美国实施的《国际销售公司国内税收规定》（DISC）构成出口补贴，但美国随即指控法国、比利时、荷兰等国采取的外国来源收入免税的规定同样也构成出口补贴，专家组裁定 DISC 及上述三国的税收体制都具有 GATT 1947 第16.4 条所禁止的出口补贴的特征。但依据 GATT 1947 的争端解决机制，专家组报告只有在缔约方一致同意的情况下才能通过，由于涉及的当事国的反对，导致该报告多年没有通过。各缔约方于1979 年签署了《东京守则》，并通过脚注2 规定各缔约方可以采取措施避免双重征税的问题，该脚注使专家组对有关延期和独立定价的报告的分析具体化，但脱离了专家组对双重征税的评论。美国认为该脚注解决了税收法案的主要问题。1981 年，通过 GATT 1947 年理事会决议，当事方最终同意通过有关税收法案的专家组报告。1984 年美国用 FSC 代替了 DISC 规定。美国主张，FSC 规定旨在给美国出口提供一种有限的本土税收体制，而且该体制符合 GATT 的补贴规则，尤其是《东京守则》解释清单脚注2 中制定的规则和1981 年达成的"谅解"。参见蒋新苗、屈广清主编：《世贸组织规则研究的理论与案例》，人民法院出版社2004 年版，第531 页。
④ 从这个意义上讲，《SCM 协定》第1.1 条和脚注59 的关系与 GATT 1994 第20 条正文和其(a)到(j)款中所列举的特例的关系是不同的。在美国对某种虾和虾类制品的进口限制案（United States-Import Prohibition of Certain Shrimp and Shrimp Products DS58，以下简称"美国海虾海龟案"）上诉报告中，上诉机构发现如果条约的解释者首先不鉴定和审查争议中的特殊情况，那么很难适用 GATT 1994 第20 条正文中的普遍性原则。

义,适用于在整个《SCM 协定》中出现的所有'补贴',并且还进一步限定了《SCM 协定》第二部分禁止性补贴,第三部分可诉补贴,第四部分不可诉补贴和第五部分反补贴措施规定的适用。而脚注 59 仅与出口补贴列示清单中的一项内容有关。即使脚注 59 像美国主张的那样,意味着一项诸如 FSC 措施不是禁止性出口补贴,脚注 59 也不是整个《SCM 协定》'补贴'一般性定义的一项例外。"另外,WTO 上诉机构还认为《SCM 协定》脚注 5 佐证了该论点。脚注 5 内容为:"如果列示清单表明一项措施不是禁止性出口补贴,则不会仅因为这项原因,该措施就不被视为'补贴'。这项措施仅仅是不被《SCM 协定》禁止,《SCM 协定》的其他规定仍适用于这样的'补贴'。"①在该案中,WTO 上诉机构基本维持专家组的裁定,认定美国的 FSC 措施构成《SCM 协定》第3.1(a)条所禁止的出口补贴。该补贴对出口具有偶然性,与美国所承担的 WTO 义务不一致,FSC 措施通过放弃"本应征收"的政府税收而构成"财政资助"的方式产生了"利益"。

根据上述分析得出,《SCM 协定》第 1.1 条规定了"补贴"的一般性定义,适用于整个协定,用词本身并没有对成员设定任何义务②,而脚注 59 涉及的是出口补贴解释清单中的一个项目,并不能视为"补贴"一般性定义的一个例外。

四、DSB 关于"财政资助"的认定

"财政资助"是构成补贴的重要要素之一,可分为直接财政资助与间接财政资助。财政资助的主体是政府,而政府的财政职权、预算职能和管辖范围不同,给予财政补贴的范围也不同。在确定补贴的构成时,应该明确判断是哪一级政府实施补贴计划,该补贴计划是否属于该级政府的职权,其中包括预算职权、税式支出的职权、审查的因素和证据。在乌拉圭回合谈判中,为了防止将所有授予利益的政府措施都视为补贴,许多谈判方一直强调只有提供了"财政资助"的政府行为才受补贴与反补贴措施多边纪律的规范。③

(一)认定"财政资助"的四种情形

"财政资助"是补贴的重要表现形式。《SCM 协定》第 1.1(a)(1)条

---

① 美国外销公司税案上诉机构报告(WT/DS108/AB/R),第 93 段。
② 同上,第 85 段。
③ 美国出口限制案专家组报告(WT/DS194/R),第 65 段。

采取了列举的方式对"财政资助"的四种情况加以说明,虽然该规定较为详细,但实践中各成员方的理解仍有所不同,通过对以往案例的分析,可以发现 DSB 认定"财政资助"时的分析路径,中国在处理相关事宜时可以加以借鉴。"财政资助"的四种情况具体如下:

第一,涉及资金的直接转移(如赠款、贷款和股本注入)、潜在的资金或债务的直接转移(如贷款担保)的政府做法。

简单地说,这类情况就是指政府进行直接或潜在的资金或债务转移。在这类情况下,企业以低于正常情况下应当支付的价格(如贷款担保、贷款、股本注入等)或无偿(赠款、减免退还等)从政府获得了利益。根据《SCM 协定》第 14 条规定的四种情况来看,是否获得利益应以正常的市场价值为基准(Benchmark),如果低于正常的市场价值而获得投资、服务或货物,或低于正常市场条件而获得贷款或贷款担保,则可视为获得了一项利益。补贴的金额应该以接受者所获的利益来计算,是正常的市场价值与经过调整后的价值之差。

近几年来,DSB 裁决对资金转移的形式有了补充解释。在韩国商用船舶案[①]中,韩国辩称涉及债转股及贷款偿还期限的修改并不涉及(新的)资金转移,因此并不属于《SCM 协定》第 1.1(a)(1)(i)条规定的范畴。专家组并未被说服,其认为《SCM 协定》第 1.1(a)(1)(i)条仅仅是列举了赠款、贷款以及股权注入三种形式。首先,递延利息或降低利息类似于新贷款,因为它们涉及对原贷款条款的重新协商或延期;其次,利息/债务免除类似于现金赠款,免除了先前提供贷款的资金;最后,债转股与股权注入具有相同的效果,因为股权均会发生变化(如果对价金额少于市场提供的金额则产生了补贴)。在韩国诉日本对来自韩国的动态随机存储器发起的反补贴调查案(Japan—Countervailing Duties on Dynamic Random Access Memories from Korea, DS336,以下简称"日本 DRAMs 反补贴税案")中,上诉机构及专家组重申了债转股、降低利息、债务免除和债务递延构成资金资助。[②]

在欧共体大飞机案中,专家组指出《SCM 协定》第 1.1(a)(1)(i)条中的"资金"不仅包括现金还包括其他金融资源,认为公司股份在清算中可被视为一种收入来源以及股本金。因此,专家组认为公司股份属于《SCM 协定》第

---

① 参见韩国商用船舶案专家组报告(WT/DS273/R),第 7.411—7.413 和 7.420 段。
② 参见日本 DRAMs 反补贴税案专家组报告(WT/DS336/R),第 7.443—7.444 段。

1.1(a)(1)(i)条规定的"资金"范畴,股权转让也应视为"资金直接转移"的范畴。该案中,专家组认为放弃政府债务构成了"资金直接转移"。[①]

关于转移是否包括"购买服务"。在欧共体诉美国影响大飞机贸易的相关措施案(United States—Measures Affecting Trade in Large Civil Aircraft, DS317,以下简称"美国大飞机案")中,专家组指出"资金转移"含义很广,但是有必要在上下文中解释《SCM 协定》第1.1(a)(1)(i)条的规定。专家组还认为,如果单独语境下阅读《SCM 协定》第1.1(a)(1)(i)条的内容,购买服务可以属于"直接转移资金"的范畴。第一,这些术语的字典定义中没有表明购买服务的交易不在此范围内:"转移"的定义是"从一个人转移到另一个人","资金"的定义是"区别于特定目的的股票或金钱总和"或"财政来源"。第二,该条文中也没有限制性语言。第三,该条规定的"直接转移资金"之一是"股权注入",即政府"购买"某物(即公司股份)。第四,先前的专家组和上诉机构没有对这些术语作出限制性解释。然而,《SCM 协定》第1.1(a)(1)(i)条必须联系上下文阅读。但是,上诉机构则认为,"直接转移"是否包括"购买服务"仍然是悬而未决且没有法律效力的。[②]

实践中,在加拿大诉巴西航空器出口融资案(Brazil—Export Financing Programme for Aircraft, DS46,以下简称"巴西航空器案")中,巴西政府根据 PROEX 出口计划以利率平衡付款的方式提供出口信贷,帮助地区航空器的出口销售进行融资。在签订销售合同前,巴西航空器制造商将向政府申请出具承诺函。如得到批准,则制造商将收到一封承诺函,确认如果按照特定条款与条件签订合同,则 PROEX 将为该交易提供支持。然后在航空器出口并且买方付款后,政府将以债券形式向贷款机构签发 PROEX 利率平衡付款。利率平衡付款的目的是弥补卖方与买方约定利率和融资方筹集所需资金的成本之间的差额。加拿大认为,对巴西航空器的利率平衡付款是《SCM 协定》第1条和第3条意义上的出口补贴。尽管双方对于 PROEX 出口计划涉及资金直接转移还是潜在直接转移存在分歧,但是专家组解释说:"只要存在这样一种行为(资金转移)即存在补贴,而该行为涉及直接资金转移还是资金潜在直接转移不影响对补贴存

---

① 参见欧共体大飞机案专家组报告(WT/DS326/R),第7.1291段。
② 欧盟诉美国影响大型民用航空器贸易的相关措施案[United States — Measures Affecting Trade in Large Civil Aircraft — Second Complaint, DS353,以下简称"美国大飞机案(第二次申诉)"]专家组报告(WT/DS353/R),第7.954段。

在的认定,这两种情况中的任何一种都足以认定补贴的存在。"①此外,案件双方还对是否在实际完成资金转移时才能认定存在补贴有争议,简单地说,就是对补贴的认定是针对这一政府转移行为的过程还是针对其最终结果。专家组在该案中否认了仅在实际完成资金转移时补贴才存在的论点,认为"依据第1.1(a)(1)(i)条的规定,如果政府行为涉及资金的直接转移或潜在的资金或债务的直接转移,补贴就存在,而不是仅当政府实际完成了一项转移或潜在转移时,补贴才存在。如果只有当资金转移或潜在的资金转移实际完成之后,补贴才能被视为存在,《SCM协定》将完全失效,甚至典型的WTO救济(停止侵害)也将成为不可能"②。可见这是一种严格的解释和认定。因此,在《SCM协定》第1.1(a)(1)(i)条下涉及资金的直接转移、潜在的资金或债务的直接转移的政府做法并不要求一定实际完成才能认定为补贴。在美国大飞机案中,专家组认为,判断潜在的资金转移来认定是否存在补贴,不能看一个预定事件而引发的资金转移的可能性,要看事件发生的不确定性而引发的资金直接转移的可能性。③ 也就是说,并不能仅仅把政府转移资金行为本身视为一种可能性,也应考虑立法本意,将可能引发的多种资金转移的情形包含在内。

第二,放弃或未征收在其他情况下应征收的政府税收(如税收抵免之类的财政鼓励)④抵免。

这类补贴给予生产商或出口商的利益体现在放弃或未征收其原本应当交纳的税收、社会保障缴款等项目上。对于这类财政资助的理解,关键在于对"原本应当征收"的理解。在印度尼西亚汽车案⑤中,专家组发现印度尼西亚对35%奢侈品税和200%进口关税的豁免实际上是放弃了原本应当征收的税收。虽然印度尼西亚在WTO规则下并没有征收此类税收的一般义务,但通过其通常情况下的税收体制与其特定情况下的税收体制相比较,专家组认为印度尼西亚免征相关税收就是对本来应当征

---

① 转引自王传丽编著:《补贴与反补贴措施协定条文释义》,湖南科学技术出版社2006年版,第39页。
② 巴西航空器案专家组报告(WT/DS46/R),第7.13段。
③ 参见美国大飞机案(第二次申诉)专家组报告(WT/DS353/R),第7.164段。
④ 依照GATT 1994第16条的注释和附件1至附件3的规定,对一出口产品免征其同类产品供国内消费时所负担的关税或国内税,或免除此类关税或国内税的额度不超过增加的额度,不得视为一种补贴。
⑤ 参见印度尼西亚汽车案专家组报告(WT/DS54,55,59,64/R)。

收税款的放弃,从而构成了补贴。

美国外销公司税案中也存在类似的问题。欧盟与美国争论的焦点是:美国对外销公司的税收优惠是否构成《SCM 协定》第 1.1(a)(1)(ii)条规定的补贴,即是否"放弃在其他情况下应征收的政府税收"(revenue forgone otherwise due)而赋予了利益。尽管上诉机构在很大程度上支持专家组对《SCM 协定》第 1.1(a)(1)(ii)条中的"放弃在其他情况下应征收的政府税收"作出的解释,但对专家组的"如果没有(but for)"标准表达了一定的保留。专家组将"其他情况下应征收的"这一术语解释为"如果没有"争议所涉及的美国税收措施原本的情况。专家组认为,需要确定的是"如果没有"这些措施,是否存在更高的税收义务,也就是说专家组将审查"如果没有被控措施原本存在的"情况。[1] 上诉机构强调专家组确立的这一"如果没有"标准虽然在此案中是扎实的,但其并不是真正的条约用语,并告诫这一标准"在其他案件中可能不适用"。上诉机构还指出,"放弃"表明政府放弃了本应征收的税收的权力;"其他情况下应征收的"这一术语意味着在依据争议被控措施征收的税款和在其他情况下应征收的税款之间的某种比较,"在其他情况下"是相对于所涉成员方适用的税收规则所确立的"规范基准"而言的,上诉机构拒绝使用所涉成员方税收规则以外的其他基准,认为这样做违背成员方的税收主权[2],并指出在这里较为合适的基准应该是适用普遍的最惠国待遇税率[3];由于成员方拥有税收主权,有权征收任何特定的税收,也有对某一特定种类的税收不征税的自由,因此"本应支付"表明争议措施应征收的税收与在其他情况下应征收的税收之间进行比较,比较的基础应该是该成员方本身确立的税收规则。在该案中,上诉机构裁定,美国的 FSC 措施构成《SCM 协定》第 3.1(a)条所禁止的出口补贴,与美国所承担的 WTO 义务不一致。FSC 措施通过放弃"本应支付"的政府税收而构成"财政资助"的方式产生了"利益"。在日本、欧共体诉加拿大影响汽车产业的相关措施案(Canada—Certain Measures Affecting the Automotive Industry, DS139/142,以下简称"加拿大汽车案")中,上诉机构在认定"放弃在其他情况下应征收的政府税收"时也适用了相同的分析路径和比较原则。[4] 该案专

---

[1] 参见美国外销公司税案专家组报告(WT/DS108/R),第 7.45 段。
[2] See United States Tax AB Report, para. 90.
[3] 参见加拿大汽车案上诉机构报告(WT/DS139.142/AB/R),第 87、91、93 段。
[4] 同上,第 91 段。

家组认为,《加拿大机动车辆关税令》(简称 MVTO)为加拿大汽车制造商提供了一项出口补贴,即在满足某些条件的前提下,汽车制造商有资格从享有最惠国关税待遇的任何国家免税进口机动车辆。专家组认定进口商享有了《SCM 协定》第 1.1(a)(1)(ii)条意义上的"财政资助"。在上诉时,加拿大抗辩称,进口税豁免并非《SCM 协定》第 1.1(a)(1)(ii)条意义上的税收的放弃,因为多数受益于该进口免税政策的机动车本来可以在 NAFTA 项下免税向加拿大进口。但上诉机构维持了专家组的裁定,认为 NAFTA 项下的免税待遇与此案无关,确定税收是否被放弃的合适标准是最惠国待遇税率而不是适用于那些进口产品的税率。①

在美国大飞机案中,专家组重申了上诉机构对美国外销公司税案的指令,并总结为:"上诉机构的分析表明,'如果没有(but for)'测试可被运用于确定争议成员适用一般税收规则的可能性。在其他情况下,对于司法管辖区内可比情况下的纳税人而言,应将具有挑战性的税收措施与可比收入的待遇进行比较。"②专家组指出,"如果没有"被挑战的税收减免,商用飞机及零部件的制造商将适用更高的税率。③ 此外,上诉机构在此前判决的基础上,对"本应支付"确立了三步分析方法。首先,确定所争议的税收行为及其制定的客观原因。如果涉及征税行为的变化,还要确认变化的原因。上诉机构认为,给予纳税人税收抵免,并不意味着放弃了应得的收入,也可能由于税收体制整体的变化。其次,确定比较基准。该基准实质是对类似的可比纳税人收入的税收方式。上诉机构也认为,在实践中,找到可比较的纳税人收入是非常困难的,调查机关应审查被调查成员方的税收制度和运行机制。最后,将争议税收行为与基准进行比较,确定是否存在放弃应征收政府税收的情况。④ 在美国大飞机案中,上诉机构还认为,专家组专注于波音公司使用外国销售公司/域外收入豁免的让步来决定美国是否继续以放弃收入的权利提供财政资助,而不是合格的纳税人是否使用了可用的税收优惠,是错误的。⑤

---

① 参见王传丽编著:《补贴与反补贴措施协定条文释义》,湖南科学技术出版社,第 42 页。
② 美国大飞机案(第二次申诉)专家组报告(WT/DS353/R),第 7.120 段。
③ 参见美国大飞机案(第二次申诉)专家组报告(WT/DS353/R),第 7.133 段。专家组同样考虑了《SCM 协定》第 1.1(a)(1)(ii)条的一系列其他措施。参见美国大飞机案(第二次申诉)专家组报告(WT/DS353/R),第 7.310—7.39、7.504—7.514、7.522—7.546 和 7.706—7.711 段。
④ 参见美国大飞机案上诉机构报告(WT/DS353/AB/R),第 812—815 段。
⑤ 参见欧共体大飞机案上诉机构报告(WT/DS316/AB/RW),第 5.160 段。

"在特定情形下放弃税收并不能认定为补贴。"①在欧盟PET案中,专家组认为,在关税减免计划的范围内,仅当代表政府"放弃在其他情况下应征收的政府税收"出现超额减免时,才存在《SCM协定》第1.1(a)(1)(ii)条和脚注1("超额豁免原则")规定的补贴。就"超额豁免原则",专家组解释说,财政资助仅限于超额豁免部分,脚注1确定的"不属于补贴"的两种情况包括:"(a)'出口产品免税或用于国内消费的同类产品免税';或(b)税款金额的减免不超过应纳税款金额。"②上诉机构同意专家组的意见,认为"将《SCM协定》第1.1(a)(1)(ii)条,脚注1和附件I(i)、II和III和GATT 1994第16条的附注联系起来阅读,确认只有在进口费用减免'超过'对出口产品进口实际加征的税收时,关税减免计划才可能构成可采取措施的出口补贴。因此,在关税减免计划下,补贴要素之一的财政资助[即"放弃在其他情况下应征收的政府税收"(revenue forgone otherwise due)]限定为超额减免或进口费用减免,并且不包括进口关税减免或退税的全部金额"③。

第三,政府提供除一般基础设施外的货物或服务,或购买服务。

在加拿大诉美国对来自加拿大的相关软木征收最终反补贴税案(United States—Final Countervailing Duty Determination with respect to certain Softwood Lumber from Canada, DS257,以下简称"美国软木案IV")中,上诉机构认为《SCM协定》第1.1(a)(1)(iii)条包含了两类交易:一类是政府提供除一般基础设施以外的货物或服务,这类交易通过向企业提供具有金钱价值的投入物而可能人为地降低产品的生产成本;另一类是政府从企业购买服务,该类交易可能人为地增加企业出售产品所获的收入。④

确定一项补贴是否存在,关键是看一项交易是否满足补贴定义的所有要件。确定政府是否存在《SCM协定》第1.1(a)(1)(iii)条意义上"提供了货物"的行为,关键在于交易的结果。美国软木案IV中,WTO上诉机构认为政府必须对"所提供的"特定事物的可获得性拥有某种控制。该案中,伐木者行使其伐木权利所自然产生的不可避免的结果表现为对所伐树木或原木的权利。上诉机构认为,事实证据表明立木合同存在的

---

① 欧盟PET案上诉机构报告(WT/DS486/AB/R),第5.97段。
② 欧盟PET案专家组报告(WT/DS486/R),第7.36段。
③ 欧盟PET案上诉机构报告(WT/DS486/AB/R),第5.134段。
④ 参见美国软木案IV上诉机构报告(WT/DS257/AB/R),第53段。

理由就是提供软木,因此政府通过授予采伐立木的权利而向伐木者提供了立木。① 换言之,上诉机构同意专家组的观点,认为授予一项权利也可以构成"提供货物"。② 在美国大飞机案中,上诉机构进一步对"提供货物"进行扩充解释。上诉机构认为"货物"既包括动产也包括不动产。"提供"既包括政府直接给予,也包括授予无形权利。③ 此外,另一争议点是"立木"是否是"货物"。专家组认为,"货物"一词的含义非常广泛,根据上下文的语境,《SCM 协定》第 1.1(a)(1)(iii)条中的"货物"可以理解为"除金钱以外有形的或可移动的财产,包括资源的实物转移"。上诉机构认为该条款中的"货物"一词不应排除从土地上分离的有形财产,例如树木,该词唯一的例外解释是"一般基础设施"。在该案中,加拿大政府提供立木的行为被认定构成了《SCM 协定》第 1.1(a)(1)(iii)条含义下的提供货物。也就是说,在《SCM 协定》第 1.1(a)(1)(iii)条背景下,企业为自身利益所使用的所有货物包括即使可能被认为是基础设施的货物,均可视为该规定含义下的"货物",除非属于具有一般性质的基础设施。④

基础设施被视为一个国家经济发展的基础,如电站、供水设施、道路、桥梁等,政府提供的基础设施只有具备"一般性"才被排除在财政资助范围之外。在欧共体大飞机案中,专家组认为"一般基础设施"不是为了仅仅一个实体或有限一组实体的利益,而是所有或几乎所有实体都可以使用的基础设施。因此,德国米尔勃格湖工业基地不应被视为一般性的基础设施,因为该基础设施事实上专门为空客公司建造并供其使用。⑤ 在美国大飞机案中,专家组则认为,道路翻修被视为一般性的基础设施,因为该道路为一般公众所使用,翻修具有一般性的安全、环境和经济目的。⑥ 因此,如果基础设施在法律上或事实上为特定企业或产业所使用,则可被视为财政资助。

关于政府购买服务是否属于《SCM 协定》第 1.1(a)(1)(iii)条规定的财政资助,仍然是有争议的。有的观点认为,购买服务可能影响服务贸易,受服务贸易协定的管辖。在美国大飞机案中,专家组认为政府购买服

---

① 参见美国软木案Ⅳ上诉机构报告(WT/DS257/AB/R),第 71、73、75 段。
② 参见美国软木案专家组报告(WT/DS236/R),第 7.16—7.18 段。
③ 参见美国大飞机案上诉机构报告(WT/DS353/AB/R),第 964—966 段。
④ 参见美国软木案Ⅳ上诉机构报告(WT/DS257/AB/R),第 60 段。
⑤ 参见欧共体大飞机案专家组报告(WT/DS316/R),第 7.1084 段。
⑥ 参见美国大飞机案(第二次申诉)专家组报告(WT/DS353/R),第 7.464—7.470 段。

务不属于协议规定的范畴①,但是上诉机构认为该问题与其需要解决的争议无关,因此宣布专家组的解释没有法律效力。② 上诉机构认为,美国国家航空航天局和美国国防部购买波音公司研发服务的行为属于政府与企业的合资行为,政府通过注资获得非确定性的收入,属于《SCM 协定》规定的财政资助范围。③ 笔者认为,依照上诉机构的逻辑,任何政府支付报酬、企业提供服务的行为都有可能被认定为财政资助,上诉机构企图通过扩大法律解释将政府购买服务的行为纳入《SCM 协定》的管辖范围。

第四,政府向一筹资机构付款,或委托或指示一私营机构履行第 1.1(a)(1)(i)—(iii)条列举的一种或多种通常应属于政府的职能,且此种做法与政府通常采用的做法并无实质差别。

这类财政资助具有很强的隐蔽性,属于"间接补贴",即政府通过私营实体提供的补贴,包括政府要求私营实体以非商业性条款提供《SCM 协定》第 1.1(a)(1)(i)—(iii)条列举的财政资助,或者对私营实体施加压力,使其提供上述财政资助。专家组认为以下要素可以判断政府是否通过私营机构给予财政资助:其一,必须是根据政府的"委托"或"指示",用来确立私营机构行为可归因于政府的标准;其二,补贴提供的主体是私营机构;其三,履行前述《SCM 协定》第 1.1(a)(1)(i)条列举的一种或多种职能;其四,私营机构履行"通常应属于政府的职能",且此种做法与政府通常采用的做法并无实质性差别。

在加拿大诉美国采取的出口限制补贴措施案(United States—Measures Treating Export Restraints as Subsidies,DS194,以下简称"美国出口限制案")中,专家组认为,"委托"或"指示"的通常含义应当是政府授权或命令,包含了三个要素:一是要有明确和积极的行动;二是要向特定的一方发出;三是行动的目的是要求执行一个任务或承担责任。只有满足了上述三个条件,才可以说构成"委托"或"指示"。④ 在韩国诉美国对来自韩国的动态随机存储器发起的反补贴税案[United States - Countervailing Duty Investigation on Dynamic Random Access Memory Semiconductors (DRAMS) from Korea,DS296,以下简称"美国 DRAMS 反补贴税

---

① 参见美国大飞机案(第二次申诉)专家组报告(WT/DS353/R),第 7.970 段。
② 参见美国大飞机案(第二次申诉)上诉机构报告(WT/DS353/AB/R),第 620 段。
③ 同上,第 620—625 段。
④ 参见美国出口限制案专家组报告(WT/DS194/R),第 8.29 段。

案"]中,上诉机构首次对"委托"或"指示"的含义作出了澄清①,即如果政府将职能赋予一私营机构,则构成"委托",而如果政府对一私营机构行使其职权,则构成"指示"。在韩国诉欧共体对来自韩国的动态随机存储器发起的反补贴措施案(European Communities—Countervailing Measures on Dynamic Random Access Memory Chips from Korea, DS299,以下简称"欧共体DRAMS反补贴措施案")中,专家组同样从"委托"或"指示"两词的通常含义和上下文等方面考虑,认为"委托"指授权履行一项义务,而"指示"是指一种更加直接的命令,可以解释为对接受委托或指示而执行任务的人施加了一项要求或义务,而被"指示"或"委托"提供一项财政资助的私营机构则是代表政府行事的,因此其行动可以被归因于政府。② 从表现形式上来看,"委托"和"指示"不一定是明示的,也可能是默示的。在欧共体诉韩国影响商用船舶的贸易措施案(Korea—Measures Affecting Trade in Commercial Vessels, DS273,以下简称"韩国商用船舶案")中,WTO专家组推翻了美国出口限制案专家组的观点③,指出"尽管美国出口限制案的具体事实可能促使该案的专家组使用了'明示'一词,但是第1.1(a)(1)(iv)条并不包含该限制条件。我们认为委托或指示的积极行为可以是明示的或者默示的,正式的或者非正式的"④。美国DRAMS反补贴税案专家组支持了韩国商用船舶案专家组的观点,也认为"作为一个法律问题……《SCM协定》第1.1(a)(1)(iv)条的含义并不要求调查机关证明存在一项针对具体企业的明示政府行动以"委托"或"指示"具体的任务或职责"⑤。此外,在欧共体DRAMS反补贴措施案中,专家组还认为区分判断"委托"或"指示"的法律标准与所依据的证据至关重要。简而言之,仅有私营机构以不具有商业合理性的方式行事的事实是不够的,还必须证明私营机构的行为是否构成政府委托或指示的对象⑥,是否针对特定的对象,是否为了执行特定的任务和职责。也就是说,"委托"或"指示"的行为有别于政府一般的干预市场的行为。上诉机构同时还认定,根据《SCM协定》第1.1(a)(1)(iv)条的

---

① 在美国出口限制案和韩国商用船舶案中,专家组曾作出解释但是没有受到上诉机构的审查。
② 参见欧共体DRAMS反补贴措施案专家组报告(WT/DS299/R),第7.50—7.56段。
③ 参见美国出口限制案专家组报告(WT/DS194/R),第8.29段。
④ 韩国商用船舶案专家组报告(WT/DS273/R),第7.370段。
⑤ 美国DRAMS反补贴税案专家组报告(WT/DS296/R),第7.42段。
⑥ 参见欧共体DRAMS反补贴措施案专家组报告(WT/DS299/R),第7.59段。

规定,在多数情况下对一私营机构的"委托"或"指示"涉及某种形式的威胁或胁迫,而该威胁或胁迫反过来又成为"委托"或"指示"的证据。[1] 对于"委托"或"指示"的证据标准,必须是"具有证明力和说服力的"[2]。上诉机构同时指出,专家组审查单个证据以确定是否证明"委托"或"指示"的做法是错误的,应当对证据进行整体审查。[3]

上诉机构在中国诉美国对中国部分产品反倾销反补贴案(United States-Definitive Anti-Dumping and Countervailing Duties on Certain Products from China,DS379,以下简称"中国诉美国部分产品双反案")中对"指示"和"委托"作出解释。上诉机构将动词"指示"定义为给出权威指令,命令履行某事,或去控制或支配某一行为;将动词"委托"定义为给予某人职责去完成某一任务。名词"指示"的情形包括政府对私人机构行使其权利(包括一定程度的强迫);名词"委托"的情形包括政府对私人机构赋予责任。也就是说能够"委托"或"指示"私人机构的权力是狭义的政府和公共机构的共同特征。[4] 上诉机构进一步指出,"该实体是否构成公共机构的问题并不等于该实体采取的措施是否属于《SCM 协定》的范畴。关于特定实体不构成公共机构的调查结果并未将该实体的行为排除在《SCM 协定》范畴之外。若该实体是受政府或公共机构的"委托"或"指示",此类措施仍可能应归因于政府,因而属于《SCM 协定》第 1.1(a)(1)(iv)条规定的范畴"[5]。

因此,上诉机构认为,对于"政府'委托'或'指示'私营机构"的理解是,《SCM 协定》第 1.1(a)(1)(iv)条本质上是一个防止规避条款,旨在确保成员政府无法通过利用私营机构采取那些如果由政府本身采取就会落入第 1.1(a)(1)条范围之内的措施,从而逃避其在《SCM 协定》下的义务。在对该条进行解释时要牢记《SCM 协定》的目的和宗旨,究竟何种政府行为可以构成对私营机构的委托或指示,不能一概而论,必须根据个案的情况具体问题具体分析。

(二)对"财政资助"是否应从宽解释

对"财政资助"的界定存在两种观点:第一种认为《SCM 协定》第 1.1

---

[1] 参见美国 DRAMS 反补贴税案上诉机构报告(WT/DS296/AB/R),第 116 段。
[2] 同上,第 138—140 段。
[3] 同上,第 158 段。
[4] 参见中国诉美国部分产品双反案上诉机构报告(WT/DS379/AB/R),第 302 段。
[5] 同上,第 293—294 段。

(a)(1)条的列举是全额列举,是穷尽的①;第二种认为该列举不是全额列举,是描述性的。因此,除《SCM 协定》第 1.1(a)(1)(i)—(iii)条列举的情况外,还存在其他的财政资助的方式,其特点是:一是政府的行为;二是政府指示或者委托的行为;三是行为的发生是基于与政府在这方面的直接行为没有实质的区别。财政资助的本质特点是由政府向私人企业转移财政金融资源。在美国出口限制案中,专家组倾向严格解释"财政资助",以避免补贴纪律扩大化。美国则认为尽管出口限制行为没有花费任何公共费用,但由于限制出口具有支持措施的效果,可体现在价格上的优势或优惠,或体现在收入上的实惠,生产者因此可以在国内市场多卖或者低价出售自己的产品,这样实际上变相给了下游生产者财政资助,实际上是向生产者转移了金融资源。② 但是,该案专家组裁定,出口限制不构成财政资助。③ 专家组认为,出口限制与出口价格没有直接关系,为稳定国内价格或为稳定某一初级产品的国内生产者收入而建立的制度,即使它有时会使出口产品的售价低于相同产品在国内市场销售时的可比价格,但只要存在下列情况,也不能认为构成出口补贴:第一,这一制度会造成商品的出口售价高于相同产品在国内的可比价格。而且,这一制度的实施由于生产的产效管制或其他原因,不至于不适当地刺激出口或在其他方面严重损害其他缔约方的利益。第二,国际间未就这一问题在统一议定的纪律方面达成一致。也就是说,采用这些方式对农产品的出口进行补贴、规避削减补贴的承诺量进行补贴、通过捐赠的方式进行补贴等,都是在利用法律的空间规避禁止或者限制补贴的承诺。

但从近年的争端解决实践来看,DSB 对"财政资助"的解释有宽泛的趋势④,涵盖了多种形式,既包括金钱形式的资源转移、实物或服务形式

---

① 参见美国出口限制案专家组报告(WT/DS194/R),第 73 段。
② 美国《1930 年关税法》第 775 节(5)和 URAA 及对《1930 年关税法》第 775 节(5)进行解释的"行政法说明"对"财政资助"和"出口限制"进行了比较明确的规定。此观点是否与《SCM 协定》第 32.1 条的规定相冲突和美国是否履行了对 WTO 的承诺、是否违背了《SCM 协定》第 16.4 条的规定,学术界一直存在争议。
③ 参见美国出口限制案专家组报告(WT/DS194/R)。
④ See Jan Wouters and Dominic Coppens, "An Overvies of Agreement on Subsidies and Countervailing Measures-Including a Discussion of the Agreement on Agriculture," K.U.Leuven Faculty of Law, Working Paper No.104, http://www.law.kuleuven.be/iir/nl/wp/WP/WP104e.pdf, November 22, 2006, p.10.

的资源转移,也包括积极行为和消极行为导致的资源转移。① 例如在韩国商用船舶案中,专家组对《SCM 协定》第 1.1(a)(1)(i)条所指的"政府做法"作了较为广义的解释,认为应该包括政府或公共机构的所有行为,无论其行为的性质如何;公司重组中涉及的债转股、降低利率、放弃利息和延期支付利息等,虽然不属于《SCM 协定》第 1.1(a)(1)(i)条明确列举的范围,但也构成"资金的直接转移"。再例如《SCM 协定》第 1.1(a)(1)(iii)条明确表明转移经济资源的方式不仅包括资金,还包括一般基础设施之外的实物形式或服务形式。② 由此来看,虽然美国出口限制案专家组倾向严格解释"财政资助",但在后续案例中,DSB 都从宽解释"财政资助",这一趋势在 DSB 的裁定中有所体现。

在美国软木案 IV 中,上诉机构在列举了《SCM 协定》第 1.1(a)(i)-(iv)条不同类型的财政资助后,特别指出,能够提供补贴的政府行为根据该协定第1.1(a)条第二段的定义仍可进一步拓宽③,但对可以拓宽到何种程度并没有给出一个明确的界定。主张扩张解释的观点认为,任何政府措施只要影响了价格和收入就属于《SCM 协定》规定的补贴范围,即坚持结果导向。主张限缩解释的观点则认为,只有政府措施直接对价格和收入产生直接影响才属于《SCM 协定》规定的约束范围。笔者赞同限缩解释,一方面,如按照第一种观点,则任何政府措施都可直接或间接对价格和收入产生影响,从而导致任何形式的政府措施都可纳入《SCM 协定》的调整范围。正如上诉机构在美国软木案 IV 注释 35 中认为的,这会导致没有必要制定《SCM 协定》第 1.1(a)条。另一方面,从经济学对贸易扭曲程度的角度看,只有直接对价格和收入影响的政府措施,如政府直接确定一种商品的市场价格,才会直接影响生产和贸易,从而导致扭曲作用的利益输送。因此,在美国出口限制案中,专家组认为,一些可能间接对价格或收入产生影响的政府措施,如出口数量限制措施,并没有对国内市场价格产生直接的影响,则不属于"财政资助"。

五、DSB 关于"公共机构"的认定

《SCM 协定》第 1 条本身并没有对"公共机构"加以界定,但专家组在

---

① 参见李晓玲:《WTO 框架下的农业补贴纪律》,华东政法大学 2007 年博士论文,第 61 页。
② 参见美国软木案 IV 专家组报告(WT/DS257/R),第 7.24 段。
③ 参见美国软木案 IV 上诉机构报告(WT/DS257/AB/R),第 52 段。

韩国商用船舶案中第一次讨论了"公共机构"的判断标准。申诉方欧盟认为韩国进出口银行是"公共机构",因为该银行是根据公共法令设立和经营的,韩国政府控制了银行的决策。该银行追求公共政策目标并得益于国家的资源。韩国认为该银行不是"公共机构",是私营机构。因为《SCM 协定》第 1 条中的"公共"一词应指"依据公权为人们整体利益而行事",如果一个机构以完全竞争性的条件向市场提供其他公共或私营机构都可获得的货物或服务,满足工业或商业性质的需求,那则不应被视为"公共机构"。① 专家组没有接受韩国的观点,但也没有完全支持欧盟的观点。专家组认为,韩国判断"公共机构"的方法模糊了公共和私营机构间的明显区别,并在最初的筛选程序中引入了复杂的利益因素,混淆了"公共机构"和"利益"这两个独立的法律因素,一个实体是不是"公共机构"不应取决于该实体是否遵照市场原则行事。专家组认为,欧盟提出的"追求公共政策目标"和"根据公共法令设立"这些因素有可能说明某一实体的公共性质,但并非在所有情形下都适用,在所有情形下都可以适用的判断标准是"政府(或其他公共机构)控制"。② 专家组认为,韩国进出口银行由韩国政府或其他公共机构(如韩国发展银行、韩国银行)100%所有,而且其总裁是由韩国总统任免的,这些都表明该进出口银行由政府控制。因此,该实体的任何行动都应归因于政府,适用《SCM 协定》第 1.1(a)(1)条。③ 笔者认为,该案专家组似乎更多地从字面含义对"公共机构"进行解释,客观上导致较为容易地认定存在"财政资助"。如果依照专家组的解释,几乎所有的国有金融机构都可能被视为"公共机构"。通过将"政府做法"扩大解释为"政府或公共机构"的"所有行为",国有金融机构的一切行为,即便属于一般银行业务,也将受到《SCM 协定》的审查。虽然这种解释方法有利于强化补贴纪律,但是不能否认其缺乏存在的合理性。首先,目前很多机构虽然是由政府设立的,但却以满足工业或商业需要为主旨,以市场为导向和基础,在市场上提供融资便利,与其他公共或私营机构进行竞争。将这类银行一律视为"公共机构"似乎不适当。其次,专家组对"公共机构"的定义忽视了联合国国际法委员会起草的《国家责任条款草案》的有关规定。根据该草案第 5 条的规定,不属于国

---

① 参见韩国商用船舶案专家组报告(WT/DS273/R),第 6.37—6.38 段。
② 参见韩国商用船舶案专家组报告(WT/DS273/R),第 6.55 段。
③ 同上,第 6.50—6.54 段。

家机关的个人或实体,如得到国家法律授权行使政府某些职能,在特定情形中,只要该个人或实体是依该授权行事,其行为依据国际法应被视为国家行为。据此,在判断一实体是否是"公共机构"时,应当进行两步分析:第一,如果国家法律授权一实体行使政府权力的某些要素,该实体为"公共机构";第二,在特定情形中,只有当该实体依照授权行事时,才被视为国家行为。因此,一个实体不能仅仅因为被授权在某些事项上代表国家行事,就无论出于何种目的,一概被视为"公共机构",必须要确定发生争议的行为依据的是政府机关的具体授权。如果提供融资是商业计划的一个组成部分,应当被推定为具有非政府性质,不应被视为提供了财政资助的"公共机构"的行为。[1]

更重要的是,专家组对"公共机构"的界定,实际上是推定政府利用其控制能力客观上影响了特定实体的决策,或推定政府授权特定实体执行政府职能。笔者在第一版中指出,这将会影响中国国有企业的界定问题。一旦国有银行因为受到政府控制而被视为"公共机构",那么国有银行参与国有企业重组计划、提供融资等行为,即使属于正常银行业务,也都将受到质疑。政府对国有银行有进行控制、追求特定的公共政策目标的能力,不一定意味着在特定的企业重组中,政府利用了其控制能力以影响国有银行是否参与重组的决策和参与重组的具体条件。[2] 笔者当时认为,中国政府应该在多哈规则谈判[3]时建议对"公共机构"的界定给予更切实的考虑。遗憾的是,笔者当时的担忧在后续美国对中国的反补贴调查案中出现了。当时研究补贴与反补贴的人很少,这十年中国在此领域进步很多,也培养出了两位上诉机构主席。当时中国面临的谈判环境好很多,除不能获得美国支持之外,可以获得日本、韩国、印度、巴西、冰岛、挪威等很多成员的理解或支持,但时至今日,国际环境发生些变化,"公共机构"的界定更加难以达成共识。

在中国诉美国部分产品双反案中,上诉机构第一次对"公共机构"作出了较为全面的界定。专家组支持了美方关于"中国政府控制国有企业和国有商业银行"进而将其认定为"公共机构"的观点。但是,上诉机构

---

[1] 参见李晓玲:《WTO 框架下的农业补贴纪律》,华东政法大学 2007 年博士论文,第 65 页。
[2] 同上,第 66 页。
[3] 多哈回合谈判是为了协助发展中国家更加特别针对贸易和发展展开讨论的议程。谈判主要包括:农业谈判,非农产品市场准入,服务贸易的开放承诺,知识产权、贸易便利化与贸易规则的强化、争端解决,贸易与环境及贸易与发展问题等相关议题。所以,笔者把贸易规则的谈判也称为多哈规则谈判。

推翻了专家组的裁决,认为将"公共机构"认定为"由政府控制的实体"是不充分的;"公共机构"仅为"拥有、执行或被赋予政府权力的机构"。首先,在法律法规中明确作出规定,即授予一个实体具有政府职能,这是判断该实体构成"公共机构"的直接证据;其次,即使法律没有明确授权也并不意味着该实体就不是"公共机构",需要根据不同类型的证据判断它是否实际拥有政府职权,是否履行政府的职能;最后,如果政府对该实体的控制达到了有意义的程度,该证据可能被认定为该实体拥有或行使政府职能。如果仅指出了政府与实体形式上的联系,如仅是政府拥有大部分所有权并不能说明政府对该实体达到了有意义的控制,也不是该实体拥有或行使政府职能的充分证据。在中国诉美国部分产品双反案中,上诉机构拒绝了 DOC 对中国国有企业的认定,认为单凭政府与国有企业之间的所有权关系认定国有企业是公共机构是不充分的。然而,在对中国国有商业银行认定方面,上诉机构认为,现有证据显示国有商业银行是被政府有意义控制的,并履行了政府职能。①

上诉机构在印度诉美国对来自印度的碳钢采取反补贴措施案(United States-Countervailing Measures on Certain Hot-Rolled Carbon Steel Flat Products from India, DS436,以下简称"印度诉美国碳钢反补贴措施案")中重申了中国诉美国部分产品双反案的观点,"仅由政府控制或所有的实体并不足以认定为公共机构",并补充说"在确定特定实体是否为公共机构时,可考虑'其功能或行为是否在法律秩序上被成员方分类为政府'"以及"公共机构通常表现出什么特征"。② 上诉机构没有接受印度提出的"有权去规定、控制或监督个人或者限制他人行为的实体即为公共机构"的观点。在中国诉美国对来自中国的部分产品征收反补贴税案(United States - Countervailing Duty Measures on Certain Products from China, DS437,以下简称"中国诉美国反补贴措施案")中,专家组根据中国诉美国部分产品双反案上诉机构明确的法律标准认定,DOC 在多起涉中国反补贴措施中仅依据"国家控股"即认定国有企业为"公共机构"违反了《SCM 协定》。但是,在案件的执行调查程序中,DOC 又创造性地引入了所谓"公共机构备忘录",通过搜集罗列大量材料试图说明中国国家控股的国有企业被赋予了"维护社会主义市场经济以及国有经济主导地

---

① 参见中国诉美国部分产品双反案上诉机构报告(WT/DS379/AB/R),第 317 和 218 段。
② 参见印度诉美国碳钢反补贴措施案上诉机构报告(WT/DS436/AB/R),第 4.10 段。

位"的政府职能,并且"被中国政府有意义地控制以实现这一职能",进而构成"公共机构"。对此,中方根据 DSU 第 21.5 条提起了执行之诉,主张 DOC 所认定的政府职能与反补贴调查所针对的财政资助并无任何关联,因此"公共机构"认定不能成立。遗憾的是,执行程序中的专家组和上诉机构仍然将"公共机构"的解释限制在中国诉美国部分产品双反案确立的法律标准上,没有支持中方提出的进一步的法律主张。上诉机构还明确,认定一个实体是否构成"公共机构"并非依照其行为来评判,而是要看这个实体的特征及其与狭义政府之间的关系。①

在本书成稿之际,美国于 2020 年 2 月 4 日发布了《USTR 有关 WTO 上诉机构的报告》(以下简称《美国报告》)。在该报告中,美国延续了在中国诉美国部分产品双反案中一贯的观点,认为"公共机构"是"政府控制的实体",比如政府可以像使用自己的资源那样使用这一实体的资源。② 首先,《美国报告》认为,政府的含义与"公共机构"不同,"公共机构"应被解释为履行政府职能(即"规范""约束""监督"或"控制"私人行为)的其他实体,否则没必要在《SCM 协定》第 1 条作出规定。《美国报告》指出,要理解"公共机构"含义必须首先理解《SCM 协定》下的"财政资助"。这点与笔者的观点一致,笔者正是按照这个逻辑所以在该书第一版时也把何为"公共机构"放在此部分,笔者从韩国商用船舶案的争论预见到中国也将会面临这一问题。《美国报告》指出,根据上下文,"财政资助"应理解为"利益传递",《SCM 协定》的规定应理解为"政府使用其资源或其控制的资源来向经济参与者传递价值"。

其次,《美国报告》还认为,上诉机构在中国诉美国部分产品双反案中将"公共机构"解释为"拥有、执行或被赋予政府权力的机构"。上诉机构的这一解释使得一国政府不能有效打击存在不公平补贴的产品的进口,如果一实体本身不具有监管或监督权,但可以被政府控制转移经济资源,毫无疑问,此类经济资源属于《SCM 协定》下的补贴。不应该认为,该实体能够监管或限制私人行为,却无权像政府那样提供财政资助。《美国报告》还引用了韩国商用船舶案、美国诉欧共体及其成员国影响大型民用航空器贸易的相关措施案(European Communities and Certain Member

---

① 参见中国诉美国反补贴措施案上诉机构报告(第 21.5 条)(WT/DS437/AB/RW),第 5.100段。

② See Ambassador Robert E. Lighthizer, *Report on the Appellate Body of the World Trade Organization*, Office of the USTR, Feb. 2020, p.83.

States—Measures Affecting Trade in Large Civil Aircraft，DS316，以下简称"欧共体大飞机案")以及中国诉美国部分产品双反案的专家组报告作为支持观点;同时还引用了一篇2012年《世界贸易杂志》(Journal of World Trade)的文章批评了上诉机构有关"公共机构"的解释。①

最后,《美国报告》指出上诉机构有关"公共机构"的解释扩大了不确定性,会使得专家得出不合理的结论。其认为,该问题的本质是实体参与的行为是否是政府的,或属于人民或与人民有关的,如果是,则实体的所有活动都应归结为政府行为。因此,一方面,上诉机构提出的解释允许WTO成员方通过建立一个形式上私有但非实质私有的实体来逃避《SCM协定》规定的义务,因而造成了通过国有企业提供扭曲贸易的补贴的情况,对市场主体的利益构成重大威胁;另一方面,上诉机构的解释关注于实体的特定行为,不能很好地区分《SCM协定》项下的"公共机构"和"私人机构",导致公共机构与政府委托和指示下的私人实体相混淆,使得"公共机构"变得毫无意义。

基于上述原因,《美国报告》认为,上诉机构的解释限制了调查机构对存在不公平补贴的进口产品的处理。

该报告从表面上看是美国对上诉机构报告的评价,是对WTO程序和实体的指责。但笔者认为,其主要针对的是上诉机构在中国问题上的处理态度以及对"公共机构"的认定。正如上诉机构所言,美国将"公共机构"理解为"政府控制的实体"的观点过于简单粗暴,为的是涵盖所有的"国有企业",实则限制了"公共机构"这一定义,具有局限性。一直以来,美国不断要求WTO修改规则,并指责中国受到DSB的偏袒。美国总统特朗普甚至威胁,如果WTO不将规则改得更有利于华盛顿的话,美国就退出WTO。美国意图通过指责上诉机构的法律解释来推动WTO规则的修订朝着向其有利的方向进行。美国在2020年2月频繁出手,在反补贴调查中纳入对汇率的调查、重新更新发展中国家成员名单,这些都是试图通过单边的立法来推动多边规则的调整,进而通过操纵国际规则来固化其国家利益。笔者在商务部工作这些年,深刻理解在规则上掌握主导权和话语权的极端重要性,回顾美国在国际谈判的历次表现,特点都很鲜明,都是有计划、有步骤地实施其进攻策略,不断地利用国际规则谋求自

---

① 该文作者为Michael Cartland、Gerard Dapayre和Jan Woznowski,是当年参加过规则谈判的官员。

身利益,不断地通过制造国际舆论来增加谈判筹码。

六、《SCM 协定》第 1.1(a)(2)条中"GATT 1994 第 16 条意义上的任何形式的收入或价格支持"的含义[①]

《SCM 协定》第 1.1(a)(2)条中的"任何形式的收入或价格支持"实际上是指补贴所囊括的内容,是立法者认为"补贴"所应包括的范围。由于 DSB 无相关实践,所以其法律上的含义并无定论。《GATT 第 16 条的解释和适用》的注释第 2 条中指出,"任何形式的收入或价格支持"的注释与《哈瓦那宪章》第 27.1 条相对应。该条规定,稳定与出口价格变动无关的一初级产品的国内价格或国内生产者利润的制度,有时会使供出口产品的销售价格低于向同类产品国内市场购买者收取的可比价格。如缔约方全体确定以下内容,则不应被视为涉及第 1.1(a)(2)条意义上的出口补贴:(1)该制度已造成,或其目的是造成供出口产品的销售价格高于向同类产品国内市场购买者收取的可比价格;(2)该制度的实施,或实施目的是由于有效控制生产或没有以其他方式刺激出口,也没有严重侵害其他缔约方的利益。尽管缔约方全体作出此种确定,但是此种制度下的运作除从有关产品的生产者处募集资金外,全部或部分由政府基金供资,则此类运作还应遵守该条款的规定。[②]

从经济学对贸易扭曲程度的角度来讲,收入与价格支持不与生产和贸易直接挂钩或相关联,是一种对生产或贸易没有或只有极微小的扭曲作用的利益给予。具体地讲,收入行为无法直接影响和支配具体的产品、产业的生产和经营,不影响市场的竞争态势,对资源配置的扭曲程度小。而间接价格支持是通过扩大或控制需求量对上游产品的价格进行支持或者通过控制、扩大供给而对下游的产品价格进行支持。通过补贴生产要素而影响需求量的称为前项补贴或上游补贴,所造成的产业影响称为后项影响;直接对相同或者竞争的产业的需求量、供给量实施影响的,称为中项补贴,所造成的影响称为同向影响;通过对产品的需求对供给量的影响称为下游补贴或者后项补贴。由于产业之间的替代和互补影响而对各自的相邻产业有着不同的影响,这种影响又称为间接影响。但是否存在

[①] See *Guide to GATT law and Practice-Analytical Index*; Geneva: General Agreement on Tariffs and Trade, 6th ed., 1994; see also Interpretrative Note to Article XVL of the GATT, 1994.

[②] 参见世界贸易组织编:《关贸总协定法律及实务指南》(上),北京大学国际组织研究中心组织翻译,世纪出版集团、上海人民出版社 2004 年版,第 451—452 页。

间接补贴,则取决于补贴是否转移,具体要审查补贴转移的条件,这也就是 WTO 将补贴划分为收入支持和价格支持两种类型补贴的原因,而且对各自的使用范围、量与度赋予不同的规定。① 专向性财政资助一般表现为收入支持或价格支持,但价格支持和收入支持并不等于财政资助:一方面,价格支持中有公共费用支出的情形,如《农业协定》中的出口信贷、国有企业控制的贸易、出口信用担保与保险等;另一方面,并不是所有的价格支持都来源于财政资助而存在公共费用支出,价格的支持不等于财政的资助,如通过绝对增加或相对增加供应量而产生的压价、抑价、降价来提供价格支持;或者禁止或限制产品出口来降低下游产业的生产资料价格,从而提高原进口的具有竞争性的下游产业的生产成本,实际上这种做法就是给国内产业的一种价格支持,就成为界定任何形式的收入支持与财政资助的标准。财政资助,由于基本上都是产业支持,属于直接或间接的价格支持。根据其对产业影响的程度,特别是资助配置的扭曲程度,财政资助可分为可诉补贴与禁止性补贴、不可诉补贴,其中的禁止性补贴,包括出口补贴和进口替代补贴,是为了维护国际市场资源的优化配置,防止竞争机制扭曲而作出的强制性规定,体现 WTO 创建自由竞争贸易体制的价值取向。②

第二节 关于补贴利益的认定

如果说财政资助是对政府行为性质的判断,而是否"授予一项利益"则是对政府行为影响结果的判断,是否授予一项利益及对其的衡量是反补贴措施实践中的一个核心问题。GATT 和 WTO 虽然经过数年实务运作,但法律适用和解释与现有条款仍然存在歧义和含混。DSB 在巴西航空器案,巴西诉加拿大影响民用航空器出口的相关措施案(Canada—Measures Affecting the Export of Civilian Aircraft, DS70,以下简称"加拿大民用航空器案"),加拿大诉美国对来自加拿大的软木初裁征收反补贴税案(United States—Preliminary Countervailing Duty Determination with respect to certain Softwood Lumber from Canada, DS236,以下简称"美国软

---

① 参见段爱群:《论 WTO 中的财政补贴下我国的战略取向》,中国财政经济出版社 2003 年版,第 83 页。
② 参见段爱群:《论 WTO 中的财政补贴下我国的战略取向》,中国财政经济出版社 2003 年版,第 80、82、83、85、88 页。

木案 III"），美国软木案 IV，美国 DRAMS 反补贴税案，欧共体 DRAMS 反补贴措施案等案件，以及上诉机构在加拿大民用航空器案，欧盟诉美国对来自英国的热轧铅铋反补贴案（United States—Imposition of Countervailing Duties on Certain Hot-Rolled Lead and Bismuth Carbon Steel Products Originating in the United Kingdom，DS138，以下简称"美国热轧铅铋案"），美国 DRAMS 反补贴税案，欧共体诉美国对欧共体部分产品反补贴案（United States—Countervailing Measures Concerning Certain Products from the European Communities，DS212，以下简称"欧共体诉美国相关产品反补贴案"）等案件中都对利益认定及传递进行过诠释，但似乎仍然不能解决 WTO 成员们的一些疑虑或满足一些成员们的野心，目前多哈规则谈判也正就此问题展开热烈的讨论。

一、关于《SCM 协定》第 1.1(b) 条中"授予一项利益"的认定

在加拿大民用航空器案中，巴西指控加拿大采取了一系列措施，促进其国内飞机制造业的发展。在专家组确定加拿大向国内飞机产业提供补贴的具体项目是否构成《SCM 协定》项下的"补贴"时，双方对于这些资助是否授予了"利益"有不同看法。加拿大认为，当一个公共机构提供的财政资助造成了政府的开支，同时又为接受者提供了比市场可以提供的更多的好处时，这才授予了"利益"。巴西则认为，不管是《SCM 协定》第 1 条还是其目的与宗旨，都没有提出要把"政府开支"作为一个标准。该案专家组认为，要确定财政资助是否授予了"利益"，就要看财政资助是否使接受者处于比没有接受资助时更有利的地位，衡量的标准是市场，而不是政府的净成本（Net Cost）。无论政府是否有开支，只要由政府或公共机构提供的"财政资助"给接受者带来了比市场条件下更优越的条件，就视为授予了"利益"，从而构成了《SCM 协定》第 1 条所指的"补贴"。上诉机构在该案中首次明确定义"利益"，指出"利益"并不是一个抽象概念，是受益者或接受者能够得到的。"利益"在逻辑上能被解释为自然人或法人，或一群自然人或法人事实上得到一些好处。这一解释与《SCM 协定》第 1.1(b) 条所规定的"授予"（Confer）的通常意义是一致的。上诉机构认同专家组就《SCM 协定》第 1.1(b) 条关于补贴接受者所受利益的解释。上诉机构认为，必须以接受者（Recipient）在没有财政资助下的市场地位作为认定利益的逻辑基础，如果财政资助提供给接受者优于市场所能获得的条件，就可以据此判定接受者因财政资助而被授予了

利益或因此取得优势地位。上诉机构首先考虑了"利益"的字典含义，认为"利益"在字典中的解释是指"优势""好处""赠与""利润"，是"一项有利或有益的因素或环境"①。而且"利益"还包含了某种形式的优势(advantage)，如果一项财政资助的提供条件比接受者在市场上能获得的条件更为有利，则可认为该项财政资助授予了一项"利益"，即一项优势。② 市场是一个适当的比较基准，因为通过确定接受者获得"财政资助"的条件是否优于在市场上可获得的条件，可以确定"财政资助"潜在的贸易扭曲影响。该案专家组和上诉机构报告均表明，应从接受者是否获得比市场更为优越的条件的角度确定是否存在利益，而非以政府开支为标准。③ 在美国热轧铅铋案中，专家组在全面审查 GATT 1994 第 6.3 条及《SCM 协定》第 10 条的脚注 36 之后，也得出结论：在反补贴调查中，一项"利益"的存在与否，应当比照商品的生产者在市场上取得该项直接或间接(GATT 1994 第 6.3 条和《SCM 协定》第 10 条的脚注 36 均规定一项补贴可以被间接地授予商品的制造、生产或出口)给予其商品生产的"财政资助"所能获得的条件予以确定。④ 该解释也得到了上诉机构的支持。

但是，以市场作为比较的基准，在具体的案件中仍然会产生不确定性，争端各方会提出对自己有利的市场基准，用以判断是否授予了利益。从 WTO 争端解决实践来看，专家组或上诉机构在作出裁决时会考虑时间、贷款担保状况等因素，会根据争端方提供的信息，对被提议的市场基准作出采纳与否的判断。在采纳的情形下，WTO 专家组或上诉机构将依据这些被提供的信息，对市场基准进行必要的调整；若争端方不提供相关信息，专家组或上诉机构将拒绝采纳提议的市场基准。同时，WTO 既往报告也表明，专家组倾向于不考虑以公共机构或政府所有的实体的相关数据作为判定是否授予了利益的市场基准。⑤

二、补贴利益的计算中"外部基准"的使用

加拿大民用航空器案的上诉机构认为，解释"利益"要结合《SCM 协定》第 14 条的规定。上诉机构指出："尽管第 14 条第一句表明，该条所确

---

① 参见加拿大民用航空器案上诉机构报告(WT/DS70/AB/R)，第 153 段。
② 参见加拿大民用航空器案上诉机构报告(WT/DS70/AB/R)，第 149—161 段。
③ 参见李晓玲：《WTO 框架下的农业补贴纪律》，华东政法大学 2007 年博士论文，第 69 页。
④ 参见美国热轧铅铋案专家组报告(WT/DS138/R)，第 6.66—6.69 段。
⑤ 参见李晓玲：《WTO 框架下的农业补贴纪律》，华东政法大学 2007 年博士论文，第 69 页。

立的准则适用于《SCM 协定》的第五部分,与'反补贴措施'有关,但第 14 条规定的准则应适用于计算第 1.1 条'授予接受者的利益',因为第 14 条条文中明确提及第 1.1 条,在两条款中'利益'的意义应该是相同的,是'授予接受者的利益',而非'政府的成本',而且'以市场为比较的基准'。第 14 条确定的准则与政府提供股本投资、贷款、贷款担保、货物或服务以及政府购买货物有关。如果接受者以比市场上可获得的条件更有利的条件接受了一项'财政资助',就产生了各项准则中所指的'利益'。"① 笔者认为,《SCM 协定》第 14 条以受益者所获的利益来计算补贴金额是源于经济学中机会成本(Opportunity Costs)的观念。但需要注意的是,《SCM 协定》第 14 条的计算补贴金额只适用于征收反补贴税的情况,在认定不可诉补贴所产生的严重损害时,第 14 条原则上并不适用。

在欧共体 DRAMS 反补贴措施案中,专家组再次澄清了应当以接受者所获利益计算补贴的金额,而非政府开支。在该案中,在计算补贴的金额时,欧盟认为,由于补贴接受者 Hynix 公司的财政状况已经到了任何明智的私营投资者都不会对其提供资金的状况,因此,被指控的补贴计划不管其条件为何,均应被视为赠款。但专家组不接受欧盟的观点。专家组认为贷款、贷款担保和债转股对接受者的价值与赠款相比是不同的:前者或者使接受者负有债务,或者会稀释现有股东的股权。有关利益的分析应当主要从接受者而非财政资助提供者的角度出发。因此,欧盟以资金提供者的期望值来计算利益金额是错误的。在计算补贴的金额时,调查机关应该扣除补贴接受者为获得利益而实际发生的费用,这样所得到的补贴金额才是接受者所获利益。②

(1)是否允许调查机关使用受调查国以外的价格作为基准计算利益?

目前有两个案子对此作了肯定性回答。在美国软木案 IV 中,DOC 认为加拿大政府控制木材市场,抑制了占很小一部分的私人市场价格,因此,DOC 使用了外部基准即美国私人伐木权费用来计算加拿大木材制造厂是否从加拿大公共伐木权费用中获得了利益。加拿大认为,根据《SCM 协定》第 14(d)条的规定,报酬是否适当应与所涉货物或服务在提供国或

---

① 参见加拿大民用航空器案上诉机构报告(WT/DS70/AB/R),第 155、158 段。
② 参见 Raulette Vander Schueren and Nikolay Mizulin, "*WTO Jurisprudence on Non-Agricultural Subsidies:New Developments,*" *International Trade Law and Regulation*,11(6),2005,pp.197-204,转引自李晓玲:《WTO 框架下的农业补贴纪律》,华东政法大学 2007 年博士论文,第 70 页。

购买国现行市场情况比较后确定,而不能适用外部市场价格。美国认为,在政府对市场有实质性(substantial)控制时(dominant),如果依照国内私人市场价格进行比较,会造成事实上的循环比较。上诉机构支持了美国的观点,认为使用本国市场价格作为基准是主要的(primary),但不是唯一的(exclusive),在根据《SCM 协定》第 14(d)条计算利益时,根据个案的事实,允许使用外部基准。①

在中国诉美国部分产品双反案中,上诉机构认为对《SCM 协定》第 14(d)条的理解同样适用于第 14(b)条。其认为,与《SCM 协定》第 14(d)条相同,第 14(b)条所称的"市场上可获得的可比商业贷款"既没有限定区域也没有限定确定的方法,是可以使用外部基准的。②

(2)在什么情况下调查机关可以使用外部基准?

在美国软木案 IV 中,上诉机构认为,如果政府在市场上起主导作用(predominant role)扭曲了私人价格,调查机关可以使用外部基准方法计算利益,但这种情况是受到限制的(very limited)。③ 在中国诉美国部分产品双反案中,上诉机构又进一步作了澄清:其一,使用外部基准的条件不是抽象的,也没有统一适用的规则,需要根据个案事实来判定。其二,仅说明政府在市场上起主导(predominant)作用或重要(significant)地位本身不能成为适用外部基准的理由,还需要说明政府的这种作用或地位扭曲了私人价格。其三,政府的地位或作用指的是政府在市场上的影响力(Market Power)而不是市场份额(Market Share)。最后,政府在市场上的作用或地位越重要,越有可能扭曲私人价格。④

(3)如何使用外部基准?

在中国诉美国部分产品双反案中,上诉机构认为,《SCM 协定》第 14(b)条和第 14(d)条虽然规定不同,但逻辑是相同的,外部基准的选择必须具有可比性,特别是第 14(b)条在选择基准方法上更为灵活,如果调查机关在选择基准后对其进行了调整使其更接近于可比的商业贷款,调查机关使用外部基准的行为就符合《SCM 协定》的要求。⑤ 在印度诉美国碳钢反补贴措施案和中国诉美国反补贴措施案中,专家组和上诉机构进

---

① 参见美国软木案 IV 上诉机构报告(WT/DS257/AB/R),第 96—97 段。
② 参见中国诉美国部分产品双反案上诉机构报告(WT/DS379/AB/R),第 481 段。
③ 参见美国软木案 IV 上诉机构报告(WT/DS257/AB/R),第 103 段。
④ 同上,第 431—447 段。
⑤ 参见中国诉美国部分产品双反案上诉机构报告(WT/DS379/AB/R),第 489 段。

一步肯定并且发展了"外部基准"的标准。其中,在中国诉美国反补贴措施案的原始程序中,上诉机构在报告的一个脚注中指出,并不排除政府可以通过其本身作为货物供应方之外的其他实体或者渠道去扭曲国内价格的可能性。① 在该案的执行程序中,上诉机构进一步认为,政府干预扭曲国内价格的情形不仅仅限于政府实际控制国内价格的情形,其他的政府干预也有可能扭曲价格,但调查机关必须基于证据证明政府干预是如何导致价格扭曲的。基于此,上诉机构最后认定 DOC 在被诉反补贴调查中使用外部基准时并未建立该因果逻辑关系,因而违反了《SCM 协定》。②

(4)补贴金额评估是采用企业的商业基准还是政府的费用基准?

该问题一直存在争议。《SCM 协定》第 14 条规定用商业基准来判断通过接受者所获利益计算补贴的金额,但这一规定适用的前提条件是基于补偿的考虑。多边规范中对获利这一概念的理解和定义,则始终未能达成统一。笔者亲历过几起反补贴案件调查,深知反补贴调查的核心是补贴的法律认定,不同的补贴计算方法会导致不同的税率,而补贴计算最核心的是基准的选择,但这是一个相对的概念,没有统一的尺度,基准的选择是调查机关的自由裁量权。因此补贴的计算乃至最后的税率是会有差异的,虽然调查机关在一定经济周期或政治周期内选择基准的标准差异不会太大。当然,无论按照国内法还是 WTO 的要求,基准的选择必须程序正当,并有充分的证据支持选择的基准,论证清楚,逻辑链条完整。但不能否认的是,调查结果可以从宏观层面看出调查成员方的价值取向、贸易政策偏好和外交国别策略,也可以从微观层面看出调查机关的反补贴调查技术策略,以及调查人员的专业能力。

三、利益的可传递性

关于"利益"认定的另一个重要问题是可传递性。早在 GATT 时期已有争端涉及利益的可传递性(Benefit Pass-through),如加拿大诉美国对来自加拿大的冷冻鲜猪肉征收反补贴税案(United States-Countervailing Duties on Fresh, Chilled and Frozen Pork from Canada, DST 以下简称"加拿大诉美国猪肉案")。该案专家组认为,提供给生猪生产者的补贴除非产生了价格影响,导致猪肉生产者对生猪支付的价格低于对其他可获得商

---

① 参见中国诉美国反补贴措施案上诉机构报告(WT/DS437/AB/R),脚注 530。
② 参见中国诉美国反补贴措施案上诉机构报告(第 21.5 条)(WT/DS437/AB/RW),第 5.197—5.203 段。

业供应来源的生猪支付的价格水平,才能被视为对猪肉的生产提供了补贴。美国热轧铅铋案专家组对"利益传递"问题进行了重要论述。该专家组认为,不一定要对公司直接提供"财政资助"才能授予"利益"。在某些情形下,直接对前一公司提供的非挂钩的(untied)、非重复发生的"财政资助",可能被视为间接地提供给了后继公司。① 但不能直接推定私有化前提供的补贴当然地对后继公司授予了利益。欧共体诉美国相关产品反补贴案上诉机构也指出,在评估《SCM 协定》下的"利益"价值时应当以"市场"为基准,在私有化情形下,设备的使用价值对私有化之后的企业与确定《SCM 协定》下的"利益"是否继续存在无关。如果一项设备被支付了公平市场价格,则该设备的市场价值即被赎回,而无论企业是否会从设备中获得使用价值,着眼点在于设备的市场价值而非该设备对私有化后的企业而言的使用价值。② 上诉机构还指出一项公平的完全体现市场价值的私有化只是可能而非必然消灭了私有化之前财政资助所授予的利益,所以,私有化后"不存在利益"只是一项可争论的推定,而"利益实际存在与否"需要根据个案的事实加以确定。③ 也就是说,"利益"是可传递的④,传递与否取决于案情,市场或商业价值是判断的主要标准。

美国软木案 IV 对反补贴税调查中上游补贴的利益传递问题进行了论述:首先,是上下游补贴利益传递的推定。作为调查机关,DOC 是否有义务对立木收获者(包括生产木材的收获者和不生产木材的收获者)和无关联锯木厂,以及锯木厂和无关联再制造商之间的投入物(input product)交易进行传递分析,即当补贴的接受者与被调查产品的生产者或出口者并非同一实体时,补贴对该被调查产品是否授予了利益?⑤ 当补贴授予投入物,若补贴的直接接受者与受调查的"加工产品"(processed products)生产者不在同一时间,能否以此认定该补贴已对生产者授予利益?专家组在美国软木案 III 中指出,调查机关不应假设授予上游厂商的补贴,将会自动转移或传递给正常交易(at arm's length)的下游生产商而授予利益。上诉机构重申了加拿大诉美国猪肉案的裁定,认为政府提供的

---

① 参见美国热轧铅铋案专家组报告(WT/DS138/R),脚注 69。
② 参见欧共体诉美国相关产品反补贴案上诉机构报告(WT/DS212/AB/R),第 102 段。
③ 同上,第 126、127 段。
④ See Terence P. Stewart and Amy S. Dwyer, *Handbook on WTO Trade Remedy Disputes*, the First Six Years (1995-2000), Transnational Publishers, 2001, p.30.
⑤ 参见李晓玲:《WTO 框架下的农业补贴纪律》,华东政法大学 2007 年博士论文,第 71 页。

财政资助必须对接受者授予了利益。当对投入物补贴而对加工产品征收反补贴税,且补贴的最初接受者和被征收反补贴税的产品的生产者并非同一实体时,有一个利益的直接接受者,即投入物生产者;加工产品的生产者是利益的间接接受者。此时,应当证明投入物补贴授予的利益至少是部分地传递给了加工产品。当投入物生产者和加工产品生产者正常交易时,不能推定投入物补贴所授予的利益从直接接受者传递到了下游间接接受者,而必须由调查机关来证明。① 专家组在美国软木案 IV 中也指出,调查机关若能证明补贴利益至少部分转移至加工产品,则该加工产品的生产者为补贴利益的间接接受者。当投入物生产者与加工产品生产者正常交易时,调查机关不应推定,而仍须进行利益传递分析。此外,该案的另一核心问题是:在什么情况下需要进行传递分析?关于上游补贴的利益传递分析,根据 DSB 的裁决,可分为下列四种情形:其一,若接受补贴的生产者和被调查产品生产者之间的交易并未在正常交易的基础上进行,则无须进行传递分析。其二,若接受补贴的生产者和被调查产品的生产者为补贴的同一"接受者",则无须进行传递分析。其三,若接受补贴的生产者不生产被调查产品,并且在与被调查产品生产者的交易中遵循正常交易规则,在这种情形下,则应当进行传递分析。其四,同被调查产品生产者之间的交易无须进行传递分析,但是,应当证明被调查产品的生产因补贴而获得利益。②

关于私有化情况下的利益传导问题,在欧共体诉美国相关产品反补贴案中,上诉机构指出,利益的价值应当以"市场"为基准,在私有化情形下,设备的使用价值对私有化之后的企业与认定《SCM 协定》下的"利益"是否继续存在无关。然而,该标准是否适用于部分私人化项目或私人之间的(private to private case)的"利益"传递分析?在欧共体大飞机案中,上诉机构对此产生了分歧:一个成员认为,此前案例仅适用全部私有化项目,不适用对部分私有化项目和私人与私人之间的交易;另一个成员认为,此前案件的原则应同等适用该案;还有一个成员根本不同意此前裁决,认为在私有化过程中,即使公司所有权转换也并不会影响设备的使用价值,设备在此前获得的补贴利益依然存在,它不会随着公司的所有权转换而转换。因此,上诉机构基于所依据的事实不充分未对此作出裁决。③

---

① 参见李晓玲:《WTO 框架下的农业补贴纪律》,华东政法大学 2007 年博士论文,第 71 页。
② 同上,第 72 页。
③ 参见欧共体大飞机案上诉机构报告(WT/DS216/AB/R),第 726 段。

综上所述,DSB 的裁决表明,若财政资助的接受者与利益的接受者并非同一实体,调查主管机关不能推定利益发生传递,必须审查财政资助的利益是否已经实际上被传递到了其他实体或在多大程度上被传递到了其他实体。但是,《SCM 协定》并未对传递分析提供任何直接的指引。被援引作为法律依据的条款有:GATT 1994 第 6.3 条和《SCM 协定》第 1.1 条、第 10 条、第 19.4 条等。GATT 1994 第 6.3 条表明:首先,可以抵消的补贴包括直接提供的补贴和间接提供的补贴,在计算加工产品的补贴水平时,可计算政府对被调查产品投入物的生产提供的财政资助。其次,征收的反补贴税的金额不得超过直接或间接补贴的金额,这就要求必须证明在间接补贴和加工产品之间存在联系。否则,反补贴税将超过间接补贴金额,从而违反 GATT 1994 第 6.3 条和《SCM 协定》第 19.4 条的规定。根据《SCM 协定》第 1.1 条"补贴"的定义,如果要对加工产品征收反补贴税,就必须要证明加工产品(而非仅仅投入物)具备所有的补贴要素。[①]

四、多哈规则谈判中关于"利益传递"的争论

在多哈规则谈判中,加拿大指出,由于当前《SCM 协定》没有具体条文规范传递分析,造成调查机关拥有很大的自由裁量权;在调查中对利益传递的分析只是满足形式上的要件,如果存在有效的指引,还可以帮助调查机关发现某些可能未被发现的扭曲贸易的补贴项目。加拿大建议,强化《SCM 协定》第 1.1(b)条,并增加一个新的脚注来明确利益传递必须是经过证明的,不能简单地推定并加强利益是否转移的责任,还提出可以附件 8 的形式对如何分析利益传递提供指引:正常交易的主体应被推定其所获利益并未全部或一部分转移至另一主体,并增加"无利益传递的推定"(rebuttable presumption of no pass-through)。巴西对该提案提出质疑,巴西认为,根据既有的 GATT/WTO 法理,传递分析的相关性仅限于反补贴税调查,因此,只能影响《SCM 协定》适用于反补贴措施的那一部分。巴西还反对采用"无利益传递的推定",认为在目前情况下,要求采用某种具体方法进行传递分析的时机尚不成熟。在所有涉及利益传递的案件中,DSB 重点放在了有关成员"是否"而非"如何"进行传递分析,确定可抵消的补贴的存在和金额。利益是否以及如何发生了传递是一个事实性问题。巴西认为,要预料到将来所有案件中有关传递分析所有可能的事

[①] 参见李晓玲:《WTO 框架下的农业补贴纪律》,华东政法大学 2007 年博士论文,第 72 页。

实情况和相关因素是个相当大的挑战。而且,如果规定一个精确的方法分析利益传递,可能会限制成员有效处理补贴问题的能力,将来《SCM协定》的解释可能会产生更多分歧。加拿大随后修改了原提案,新的提案建议在《SCM协定》第1.1(b)条中增加新的脚注,即如有证据表明某一实体接受了第1.1(a)(1)条所指的财政资助,并对无关联实体授予了第1.1(b)条所指的利益,则构成间接补贴。成员应当根据《SCM协定》第14条(经适当修正)的规定,确定财政资助产生的利益是否实际上从前者传递到后者。传递分析应当透明,如认定补贴的全部或部分利益传递到了另一个实体,应当给予充分解释。证明财政资助授予的利益从一个实体传递到了另一个实体,限于接受补贴的成员境内的交易。[1] 2007年11月30日主席案文[2]中增加了第14.2条关于对上游补贴利益传递的计算问题的规范,当补贴授予给被调查产品的上游产品时,如果被调查产品的生产者与上游产品生产者无关联,不应将该上游产品的补贴利益归结到被调查产品上,除非可以确定该被调查产品获得上游产品比市场商业化的条件下更优惠,这一市场的评价标准可以采用世界市场价格。在小组讨论中,加拿大首先再次重申其以往提案的观点,认为在第14条中规范上游补贴利益传递计算问题十分必要。欧盟也就此提案发言,认为上游补贴利益传递是一个非常重要的问题,应该对其加以规范。巴西也随后表示,目前的案文给上游补贴计算问题在总体上提供了一个有价值的指引,脚注47在个别细节问题上可进一步加以修改。印度认为该条款在整体上没有问题,但强调应在《SCM协定》第1.1条的范围内,以及进一步澄清非关联关系问题,并同意中国观点,认为该条款需要进一步澄清和修正。美国总体上对该条款表示支持和欢迎,认为除了要注意非关联关系的认定问题,个别用词上可以有修改,如增加"on market terms"及"market-determined price",作为脚注47中世界市场价格的参照。

中国认为目前的条款不存在进一步讨论的基础,并从第14条存在的前提缺失和实践中存在的适用问题提出了质疑。中国认为根据上诉机构裁决的精神原则,对上游补贴的认定是应经法律调查程序加以确认的,不能是简单的推测。目前的条款含糊不清,仅提到上游产品生产者被授予

---

[1] See *Benefit Pass-Through*, *Communication from Canada*, WTO Doc.TN/RL/GEN/7, 14 July 2004.

[2] See TN/RL/W/213, *Draft Consolidated Chair Texts of the AD and SCM Agreements*.

了一种补贴,但没有对其加以明确界定,该上游补贴是已经过调查认定的,还是一个新的调查,这种含混不清将会造成很大的不确定性。而且在实践中,由于是非关联企业,上游产品生产者在程序上也没有法定义务去提供相关信息,下游产品生产者也很难要求上游产品生产者配合反补贴调查,这样一来,上游产品生产者的信息会有缺失,调查机关是根据最佳可获得事实加以裁决,被调查产品的生产商将处于极为不利的境地。遗憾的是,由于很多成员缺乏相关实践经验,对该条款并没有进行实质性的讨论。笔者认为,这一新条款无疑对中国是最为不利的,特别是美国力促此条款的生成,企图把其单方面的错误逻辑和做法多边化。在美国对中国采取的多起双反调查中,美国都是没有经过利益传递的证明而简单地推定被调查产品存在上游补贴,认为中方低价提供要素投入如热轧钢材、电力、土地、水和天然气等。中方已经高度重视此问题,并将提出新案文,希望扭转被动局面。中方可跳出固有思维,避免在美方等成员主张的逻辑下去讨论该问题。因为在现有模式下的讨论将很难找到突破点,只能作出细微且并无实质影响的修改,无法改变所面临的被动局面。中方应该在反补贴纪律上推出新案文以对其进行牵制。多哈规则谈判仍在继续,最终关于补贴利益传递分析的具体规则将会如何修改,要有预案。

总而言之,欧共体诉美国相关产品反补贴案与加拿大民用航空器案的上诉机构支持专家组的主张,即在确定是否存在利益时应当着眼于补贴的接受者而非给予者。上诉机构认为"利益"并非抽象地存在,而必须由受益者或接受者获得并享受[1],《SCM协定》第1.1(b)条的通常含义着眼于财政资助的接受者而非提供财政资助的政府。[2] 但是相关的受益者应为自然人或法人,不应该是公司的生产经营(productive operations)。[3] 此问题在乌拉圭回合谈判之始,美国和欧盟就有很大争议,欧盟认为应该采用"造成政府净成本的给予接受者的利益",而美国认为应该采用"给予接受者的利益"。从上述裁决来看,上诉机构的观点与美国是一致的。专家组在加拿大民用航空器案中指出,如果从政府授予补贴的角度,而不是以接受者的角度诠释"利益",将与《SCM协定》多边规范的目标(object)和目的(purpose)不一致。《SCM协定》多边规范的目标和目的应是在因政府介入而产生贸易扭曲或潜在贸易扭曲

---

[1] 参见加拿大民用航空器案上诉机构报告(WT/DS70/AB/R),第154段。
[2] 同上,第151、157段。
[3] See United States- Carbon Steel AB Report, p.56, 58.

形式的前提假设下,建立更适当的纲要性多边规范。对于"财政资助"和"利益"这两个因素的关系问题,上诉机构在巴西航空器案中批评了专家组没有明确区分"财政资助"和"利益"这两个概念,指出"专家组在解释《SCM 协定》第1.1(a)条时将'利益'的概念引入'财政资助'的定义是错误的。专家组认为'财政资助'和'利益'以及各自的定义属于《SCM 协定》第1.1 条中两项独立的法律因素,两者一起决定了补贴是否存在"①。

第三节 补贴利益的计算

从《SCM 协定》的规定以及笔者亲历的反补贴实践来看,补贴利益的计算本身不复杂。但是,反补贴调查中的涉案产品大多为大宗产品,销售额巨大,如果采用正常的调查方法,很难计算出可征收反补贴税的补贴利益。因此,外部基准的适用是计算补贴利益的核心方法,是反补贴措施得以实施的关键问题,这也是为何美国在反补贴调查中以中国的政治经济体制的特殊性为由,用外部基准来替代所谓非市场经济地位行业的数据。当然,这是典型的贸易保护主义做法。

一、《SCM 协定》关于"补贴利益计算"的规定

《SCM 协定》第 14 条及附件 4 对补贴的计算作了规定,第 14 条作出原则性的规定,主要以接受者(生产或出口商)所获的利益计算补贴金额,附件4②规定了依从价补贴总量计算(鉴于第 6.1 条的失效,笔者不再介绍)。补贴计算的基本公式为:

---

① 巴西航空器案上诉机构报告(WT/DS46/AB/R)。
② 根据《SCM 协定》附件4"从价补贴总额的计算"[第 6.1(a)条]的规定:(1)就第 6.1(a)条而言,对补贴金额的任何计算应依据授予政府的费用进行。(2)除第 6.3—6.5 条的规定外,在确定总补贴率是否超过产品价值的 5%时,产品的价值应按接受补贴公司在被给予补贴之前可获得销售数据的最近 12 个月的总销售额计算。(3)如补贴与一特定产品的生产和销售联系在一起,则该产品的价值应按接受补贴公司在被给予补贴之前可获得数据的最近 12 个月的总销售额计算。(4)在接受补贴公司处于投产状态的情况下,如总补贴率超过投资资金总额的15%,即被视为存在严重侵害。就第 6.1(a)条而言,投产期将不超过生产的第一年。(5)如接受补贴公司位于一经济通货膨胀的国家中,则该产品的价值应按给予补贴的月份之前 12 个月内发生的通货膨胀率调整的前一日历年的总销售额(如补贴与销售联系在一起,则为有关产品的销售额)计算。(6)在确定一给定年度的总补贴率时,应综合计算一成员领土内在不同计划下、由不同主管机关给予的补贴。(7)在 WTO 协定生效之日前给予的且利益分配给未来生产的补贴应计入总补贴率。(8)根据《SCM 协定》的有关规定属不可诉的补贴不得计入就第 6.1(a)条而言所进行的补贴金额的计算中。

$$\text{从价补贴率 AV} = \frac{\text{可采取反补贴措施的补贴产生的利益价值}}{\text{受该利益影响的全部销售额}}$$

根据《SCM 协定》第 14 条的规定,调查机关的计算方法应在成员方国内法或实施细则中作出规定,对每一具体案件的适用应透明并附充分说明。此外,还应适用下列准则:

(1)政府提供股本不得视为授予利益。除非投资决定可被视为与该成员领土内私营投资者的通常投资做法(包括提供风险资金)不一致。

(2)政府提供贷款不得视为授予利益。除非接受贷款的公司支付政府贷款的金额不同于公司支付可实际从市场上获得的可比商业贷款的金额,在这种情况下,利益的计算为两金额之差。

(3)政府提供贷款担保不得视为授予利益。除非获得担保的公司支付政府担保贷款的金额不同于公司支付无政府担保的可比商业贷款的金额。在这种情况下,利益的计算为调整任何费用差别后的两金额之差。

(4)政府提供货物或服务或购买货物不得视为授予利益。除非提供所得低于适当的报酬或购买所付高于适当的报酬。报酬是否适当应与所涉货物或服务在提供国或购买国现行市场情况相比较后确定(包括价格、质量、可获性、适销性、运输和其他购销条件)。

调查期间是补贴率据以计算的期限,但《SCM 协定》并未作出规定。美国在实践中的做法是:DOC 将之设定为上一个完整的日历年度,若政府与出口公司采用同一会计年度,则 DOC 可以将之设定为上一个完整的会计年度。此外,《SCM 协定》第 14 条也未具体规定确定补贴分摊期间的方法,成员做法各异。DOC 的规则是对贷款利益的分摊期采用贷款期限;非重复性赠款的分摊期一般按行业可更新有形资产的平均使用寿命分摊。

从上述内容可以看出,《SCM 协定》规定的补贴计算方法极为简单,缺乏可操作性。该协定第 14 条前言(chapeau)的规定可能导致各调查机关在计算补贴金额时任意采用计算方式,使得 WTO 成员在补贴计算时采用的方法并不一致。但成员方为了解决调查中征税问题,各自在国内法中对补贴的计算作出较为详尽的规定,其中美国的规定最为完善,欧盟[1]次之。在未来补贴谈判中,中国应该做好进一步澄清《SCM 协定》第

---

[1] 欧盟于 1998 年公布了《关于反补贴税调查中补贴数量计算的共同体指南》(OJEC, No. C 394 of 17.12.1998),对 2026 号规则的第 5、6、7 条作出了详细的解释。

14条的技术准备工作。

二、DSB对"补贴利益计算"的解释

上诉机构和专家组曾就《SCM协定》第1.1(b)条与第14条之间的关系及适用范围作出解释。上诉机构在加拿大民用航空器案与欧共体诉美国相关产品反补贴案中曾指出,《SCM协定》第1.1(b)条与第14条属于前后条文的关联解释,两条款所指的"利益"均以"接受者"所受利益为准,并以市场条件作为比较基础。在美国热轧铅铋案中,WTO上诉机构还指出,《SCM协定》第1.1(b)条是解释第14条的依据,利益是指接受者所受的利益,而非针对制造过程(productive operations)所提供的利益。而相关的股权投资、贷款、贷款保证、政府提供商品与劳务,以及政府收购商品等准则在《SCM协定》第14条中加以规范。若接受者所受的财政资助享有优于市场的条件,则依《SCM协定》第14条的准则计算接受者所受的利益。另外,上诉机构在美国热轧铅铋案中支持专家组的意见,对美国提出的重复性补贴(recurring subsidies)的影响仅限于该年度的主张持否定态度。专家组在欧共体DRAMS反补贴措施案中也指出,《SCM协定》第1条的利益定义着重于对利益存在的认定,而第14条则侧重于补贴利益的计算,用以计算反补贴税。该案专家组在认定是否存在《SCM协定》第1.1(b)条项下的利益时,根据《SCM协定》第14(b)条的规定,若资助是以贷款的形式,调查机关应考虑在相同的条件下接受政府贷款的企业所获得的可比较商业贷款数量。若资助是以借贷保证的形式,则根据《SCM协定》第14(c)条的规定比较在政府担保情况下与无该担保情况下的借贷成本,以认定《SCM协定》第1.1(b)条项下的补贴利益是否存在。

在美国软木案IV中,专家组曾就《SCM协定》第14(d)条加以说明。该专家组在审视该条文时注意到:(1)除非争议的措施是以低于适当的报酬提供的,否则不应认为授予利益;(2)报酬的适当性应根据被调查的产品或劳务在提供国或采购国的现行市场行情情况加以认定。因此,专家组认为适当考量"现行市场行情"的标准,应以提供该报酬的政府作为基准。"现行市场行情"即为加拿大市场,因为补贴提供国的市场情况才是《SCM协定》第14(d)条所指情况。上诉机构更为明确地指出,此处"现行市场"并非美国所指的"完全"(pure)市场状态,也就是原本未受政府干预的市场状况,或者意指公平市场价格(fair market value)。然而上

诉机构与专家组的论理略微不同,上诉机构以《SCM协定》第14条的前言以及其立法目的说明无须排除适用市场上私有价格(private prices)以外基准的可能性。上诉机构澄清,调查机关认为若授予补贴的政府在市场上占有支配地位,就可以适用市场上私有价格以外的基准。笔者认为,根据现有的裁决及各成员的实践,足以发现可以适用的计算补贴的基准,可是美国等成员方仍提出要采用外部基准来替代所谓非市场经济地位行业的数据,可以看出它们对不同经济体制的歧视,以及试图把其单边做法上升为国际规则的野心。

三、中国调查机关关于"补贴利益计算"的做法

为符合《SCM协定》第14条前言的要求,《反补贴条例》第6条对补贴利益的计算作出了规定,但较为原则。实践中,中国反补贴调查机关主要根据从价补贴率征收反补贴税,补贴率依据补贴利益占受补贴利益影响的销售额的比率计算得出。从中国反补贴调查机关所作出的反补贴裁决可见,中国反补贴调查机关亦以"接受者"所实际接受到的资助金额为准,并以市场价格作为比较基础,从而计算应诉企业的从价补贴率。笔者结合亲历的中国分别对美国和欧盟的第一起反补贴调查案件的裁决,对两案补贴利益的计算问题进行说明,该做法即早期裁决确定的补贴利益计算原则具有参考价值,调查机关一直沿用上述两案的做法。

(一)关于非重复发生补贴/一次性补贴的分摊方法

一般认为可以将预期逐年持续、自动获得的补贴项目视为重复性补贴,反之则视为一次性补贴。有两个典型情况,就是与资本结构相关的补贴和与资本性资产相关的补贴,资本结构包括长期负债与所有者权益,资本性资产主要是指通常所说的固定资产,例如股本注入补贴和对投资生产设备的补贴通常被认为一次性补贴。如果是重复性补贴,例如直接税和间接税的减免、低价提供货物和服务、贷款利率补贴等,应向利益实际获得的年份分摊补贴利益。因此,调查时仅关注在案件调查期内实际获得的重复性补贴项目即可。如果是一次性补贴项目,例如股本注入、投资赠款、债务减免、经营损失补偿等,应将一次性利益合理地分摊至调查期内。对于一次性补贴项目,仅关注企业在调查期当年的受益情况是不充分的,需要对企业可更新有形资产平均使用寿命内的全部一次性补贴项目展开调查。

在中国对原产于美国的取向性硅电钢反补贴调查案(以下简称"对

美国取向性硅电钢反补贴调查案")中,国内产业申请人就该案中涉及一次性补贴利益的调查和分摊期提出了评论意见,建议以美国国内税务服务署《1977年分类资产使用寿命及折旧范围体系》中列明的钢铁行业非原料生产性有形资产的折旧年限(即15年),作为此案一次性补贴利益的调查和分摊期。[①] 调查机关最终裁定以15年作为此案一次性补贴利益的调查和分摊期,对补贴调查期内及之前14年中可能给企业带来利益的财政资助以及任何形式的收入或价格支持展开调查。[②]

在中国对原产于欧盟的马铃薯淀粉反补贴调查案(以下简称"对欧盟马铃薯淀粉反补贴调查案")中,国内产业申请人就该案中涉及一次性补贴利益的调查和分摊期提出了评论意见,仍建议以美国国内税务服务署《1977年分类资产使用寿命及折旧范围体系》中列明的谷物和谷物加工品行业非原料生产性实物资产的平均指导折旧年限,即17年,作为此案一次性补贴利益的调查和分摊期。申请人认为,欧盟与美国的折旧情况类似,而且该案涉案欧盟公司在公开财务报告中披露的资产平均折旧年限也约为17年。[③] 调查机关最终裁定以17年作为该案一次性补贴利益的调查和分摊期,即对补贴调查期内及之前16年中可能给应诉公司带来利益的财政资助以及任何形式的收入或价格支持展开调查。[④]

(二)接受者所收到的资助金额和对应的受益销售额

原则上,补贴利益应与从补贴项目中受益的产品销售额相对应。计算从价补贴率时,需要确定每一补贴项目的受益范围,即销售额范围,并以此作为分摊每一补贴项目利益额的分母。原则上,补贴利益应与从补贴项目中受益的产品销售额相挂钩。实践中,通常认为出口补贴应归属于公司特定的出口产品;国内补贴应归属于公司销售的全部产品;与特定市场销售挂钩的补贴应归属于向该市场销售的产品;与特定产品挂钩的补贴应归属于特定产品,但对被调查产品原材料的生产补贴,应归属于该原材料及公司生产的下游产品。

在对美国取向性硅电钢案反补贴调查案中,针对"政府购买货物项

[①] 参见《中华人民共和国商务部关于原产于美国和俄罗斯的进口取向电工钢反倾销调查及原产于美国的进口取向电工钢反补贴调查的最终裁定》,商务部公告2010年第21号,2010年4月10日,第7页。

[②] 同上,第18页。

[③] 参见《中华人民共和国商务部关于原产于欧盟的进口马铃薯淀粉反补贴调查的最终裁定》,商务部公告2011年第54号,2011年9月16日,第5页。

[④] 同上,2011年9月16日,第13页。

目",中国调查机关认定,为查明补贴是否给接受者带来了利益,应诉企业应当配合调查,提供其全部产品的国内销售情况。鉴于应诉企业仅提交了其产品销售的客户名单,因此,调查机关最终裁定应诉企业没有在合理时间内提供必要的信息,从而根据可获得的事实作出裁定。[1] 此外,因调查机关无法获得任何钢铁价格信息,考虑到 NAFTA 等因素,调查机关根据公开网站信息确定了美国碳钢与外国产品的价格差,并将该价格差从已经推定的应诉企业以高于外国产品 25% 的价格销售钢铁产品中扣除,再计算出美国市场价格低于应诉企业被推定国内销售价格的比例(14.4%)。据此,调查机关将应诉企业的国内销售额的上述比例作为利益金额,以其除以各应诉企业的总销售额即获得了该项目下应诉企业的补贴金额占其销售额的比率,得出从价补贴率。[2] 就俄亥俄州"钢铁发展行动"项目及现金贷款和债券贷款项目,调查机关认定:首先,因美国政府未能提交美联储有关报告,造成调查机关无法了解美国商业贷款利率情况;其次,美国政府答卷中提供的利率仅是美国穆迪公司提供的 AAA 级公用事业费率和 AAA 级工业债券利率的平均值,并不能反映美国真正意义上的长期固定利率债务的平均成本,因此调查机关不能接受。调查机关最终根据应诉企业主张的与其获得贷款时间较为接近的所发行票据的利率作为确定项目利益的基准利率,并使用应诉企业在调查期内的总销售额作为分母分摊利益,计算应诉企业的从价补贴率。[3]

对欧盟马铃薯淀粉反补贴调查案中,针对马铃薯生产商获得的"资金资助"补贴,调查机关认定该项资金资助增加了马铃薯淀粉生产商的现金收入,降低了被调查产品的生产成本,进而使其获得利益。调查机关用应诉企业在调查期内在该项目下获得的资助数额除以其马铃薯淀粉实际生产数量,得到企业单位马铃薯淀粉在该项目下获得的利益额,再除以企业在调查期内向中国销售产品的成本加保险费加运费(Cost Insurance and Fright, CIF)价格,计算得出从价补贴率。[4] 针对淀粉马铃薯种植者政府拨款补贴项目,调查机关在初裁中认定马铃薯淀粉生产商获得了该项

---

[1] 参见《中华人民共和国商务部关于原产于美国和俄罗斯的进口取向电工钢反倾销调查及原产于美国的进口取向电工钢反补贴调查的最终裁定》,商务部公告 2010 年第 21 号,2010 年 4 月 10 日,第 23 页。
[2] 同上,第 23 页。
[3] 同上,第 25—26 页。
[4] 参见《中华人民共和国商务部关于原产于欧盟的进口马铃薯淀粉反补贴调查的最终裁定》,商务部公告 2011 年第 54 号,2011 年 9 月 16 日,第 15 页。

下的补贴利益,并将欧盟法律规定的种植者总收入(即法律规定的马铃薯采购最低限价与该项目的资助标准之和)推定为公平的马铃薯市场价格,用该价格与各应诉企业的实际采购价格进行比较,其差异为各应诉企业在该项目下获得的补贴利益。经实地核查后,调查机关在终裁中接受了应诉企业的主张,以实地核查中各方提交的实际补贴金额为基础计算该项目下的补贴利益。就该项目下补贴利益的传递问题,调查机关维持初裁裁定,即仍认为该上游补贴会传导至马铃薯淀粉生产商。但是就实际传导至马铃薯淀粉生产商的补贴利益,调查机关强调,在计算补贴利益时,调查机关并没有认为种植者接受的所有补贴利益都被传递给马铃薯淀粉生产商,而是通过推定马铃薯的公平市场交易价格的方法,进而比较公平市场交易价格与马铃薯淀粉生产商实际支付的马铃薯采购价格之间的差异,来确定马铃薯淀粉生产商的补贴利益。调查机关最终根据应诉企业的实际情况计算应诉企业的补贴利益,例如,就某一法国企业,鉴于马铃薯淀粉只是该企业全部产品的极小一部分,向其供货的马铃薯种植者与企业之间,除履行种植交货合同外,并不发生其他的权利义务关系。因此,最终裁定该应诉企业并未获得该项目下的补贴利益。就另一应诉企业,考虑到其农业合作社的特点,调查机关在核查后决定在终裁计算该企业补贴利益时,将作为该企业股东的种植者在调查期内接受该项目下的补贴金额,除以该企业在调查期内的销售收入和作为该企业股东的马铃薯种植者向该企业销售马铃薯淀粉的收入之和,再乘以该企业马铃薯淀粉销售单价,得到该企业单位马铃薯淀粉在该项目下获得的利益额,用该利益额除以该企业在调查期内向中国销售马铃薯淀粉的 CIF 价格,计算出该应诉企业在此项目下的从价补贴率。①

四、多哈规则谈判中关于"补贴计算"的修改建议

由于《SCM 协定》关于补贴计算方法的规定过于简单,且存在歧义。因此,在多哈规则谈判时,加拿大、澳大利亚、巴西、美国提议对确定补贴金额的计算方法予以明确和细化,对原有内容加以澄清,从而使调查机关在计算补贴金额时更具透明度和可预见性。

---

① 参见《中华人民共和国商务部对原产于欧盟的进口马铃薯淀粉反补贴调查的最终裁定》,商务部公告 2011 年第 54 号,2011 年 9 月 16 日,第 17—20 页。

(一)澄清《SCM 协定》第 14 条的计算原则

由于《SCM 协定》第 14 条规定有很多不确定性[①],造成成员方在国内法中作出不同的解释。严格地说,《SCM 协定》第 14 条条文内容规定的是政府提供的授予利益的计算,而不是利益接受者所获补贴的计算。因此,一些成员方提出,为实现《SCM 协定》第五部分的目的,引用一些计算补贴金额的方法是十分必要的。在此举例说明如下。

A 国的国内产业向调查机关就从 B 国进口的产品 X 提出反补贴调查。经调查发现,B 国政府在调查期间(2001 年)为产品 X 提供了10 000 元补贴,且产品 X 的总产量为 10 吨。所以,A 国裁决认为补贴金额为每千克 1 元。同时考虑到产品 X 的进口导致了 A 国的国内产业受到损害,A 国就对产品 X 征收了每千克 1 元的反补贴税。如以这种方法裁决,实际上就可能与《SCM 协定》第 14 条规定不符。因为,A 国所计算的补贴金额只是 B 国政府所提供的补贴金额,并未考虑到 B 国补贴接受者(生产产品 X 的企业)实际所获利益。如果 B 国补贴接受者为获得 10 000元的补贴共支付了 1 000 元费用(如提供证明文件、申报补贴等合理费用),则 B 国补贴接受者实际所获补贴利益应为 9 000 元。因此,为减少适用上的错误以及防止调查机关任意采用计算方法,加拿大[②][③]、巴西等成员方[④]建议澄清《SCM 协定》第 14 条规定,至少第 14 条的内容应与标题所指的内容保持一致,并增列以下准则性规定:

(1)计算补贴金额时,应扣除接受者为获得补贴而发生的费用。

(2)对于一项补贴并非以产品的生产、出口或运送数量为给予标准时,受益的补贴金额应依照该补贴实际分配到生产、出口或运送数量的比例计算。

(3)当补贴期间的补贴总受益金额已确定时,调查机关应计算每单位的补贴金额。

(4)因购买固定资产而获得的补贴,补贴金额应根据该产品产业的折旧规定,且以涉案产品的生产、销售或出口量为计算基础。

---

① 这种不确定性是指《SCM 协定》第 14 条的标题与该条具体内容的相互矛盾。根据该条标题,补贴金额的计算应以接受者所获利益为依据,而该条的具体内容,如(b)和(c),却仅说明了政府提供的授予利益。

② See TN/RL/W/1.

③ See TN/RL/W/112.

④ See TN/RL/W/19.

(5)调查机关应以产品单位为基础,考虑采用《AD协定》第6.10条规定的抽样方法计算补贴金额。

此外,《SCM协定》第14条还存在关于透明度的不同解释。因为《SCM协定》第14条内容中所确定的透明度义务("使用任何的方法……应该透明和得到充分说明……"),也可能会被误解为只就授予利益的计算方法进行说明,而不是补贴金额的计算方法。由此,一成员方会认为其无义务在国内法律中包括进口补贴金额的计算方法。因此,这样就存在使用一些不透明的补贴金额计算方法的可能。

(二)补贴金额的计算

在补贴调查期间确定之后,调查机关在计算补贴金额时应以每个具体单位为基础。因此,与反倾销调查中仅涉及价格问题的计算方式不同,在反补贴调查时,首先要根据被调查产品的特性来确定补贴产品的单位。例如,在调查鞋类进口案件时,补贴产品的单位应是双;而在调查化学品进口案件中,单位则变为千克或吨。在涉及生产、销售和出口等不同方面时,如何决定每一单位的补贴金额有时也会成为一件很困难的事情。这就是《SCM协定》第14条标题中所涉及的如何选择合适分母的问题。

实际上,这个问题的解决还要根据补贴的自身性质来决定。例如,如果一项补贴是针对一个企业的出口产品,则应以出口产品数量为分母计算;如果一项补贴是针对整个生产而言,则应以全部生产产品的数量为分母计算;如果补贴是针对整个销售而言,则应以销售产品的数量为分母计算;如果补贴针对的仅是一个企业的一个具体产品,则在计算补贴时不应包括该企业生产的其他产品。

为了更好地解释相关问题,下面以具体实例加以说明:

(1)一家只生产一种产品的X企业,在电费方面获得政府长期的专向性补贴。如果X企业在正常情况下应支付10 000元的电费,但在调查期间内,企业仅支付4 000元电费,则X企业获得6 000元利益。在计算补贴时,不论X企业的产品是否已经销售出去,所获6 000元的利益应全部分摊到产品上,假设该调查期间共生产600吨产品,则补贴金额为10元/吨。

(2)政府给予X企业产品运输费用方面的补贴,如果X企业在正常情况下应支付20 000元的运费,但是获得补贴后,在调查期间内,仅支付10 000元运费,则X企业获得10 000元利益。在计算补贴时,不论X企业的产品是出口还是用于国内市场销售,所获10 000元的利益都应在全部的销售中分摊(假设共销售 500 吨),在此情况下,补贴金额为 20 元/吨。

(3)假设 X 企业同时还获得第三项补贴,该项补贴完全用于其向某一特定国家(Y 国)出口,且补贴是在 X 企业于 1997 年购买固定生产设备时,以优惠贷款的形式出现的,X 企业因该项补贴共获得利益 50 000 元。反补贴调查期间为 2001 年度,2001 年 X 企业生产的产品共销售 500 吨,其中出口 300 吨,而其中的 100 吨出口到 Y 国。在计算补贴时,应首先确定所购买固定生产设备的使用寿命(假设为 10 年),并应将全部所获利益在设备使用期间内进行分摊,这样在调查期间 X 企业所获得的利益应为 5 000 元,则出口到 Y 国的补贴金额为 50 元/吨。

根据上述三个案例可以得知,在 Y 国对 X 企业进行反补贴调查时,X 企业出口到 Y 国的产品所获得的补贴金额为 80 元/吨。当然,现实中几乎不存在这样简单化的案例。因为在计算补贴金额时,调查机关还应该扣除 X 企业为获得利益而实际支付的费用,这样所得到的补贴金额才是接受者(即 X 企业)所获利益,而非仅仅是政府提供的授予利益。另外,现实中也很少有企业仅单独生产一个产品,因此,如果补贴是针对整个企业而非某个产品,则计算补贴的难度无疑又会增加。

在多哈规则谈判中,美国认为《SCM 协定》第 14 条并未具体规定确定补贴分摊期间的方法,导致各成员的做法不统一,应该明确规定补贴利益的分配期间。① 有成员提出对于政府提供的针对固定资产的补贴,在计算补贴时应如何解决,在考虑折旧时是否仅仅依据"直线折旧法",还是也可以考虑"加速折旧法"等不同方法。如果采取不同的折旧方法进行计算,得到的补贴金额也就存在差异。

(三)多哈规则谈判主席案文②关于"补贴计算"的内容

多哈规则谈判主席案文首先对《SCM 协定》第 14 条的标题进行了修改,增加了大量内容和条款,标题由原有的以接受者所获利益计算补贴的金额改为补贴的计算,这也与全面修改第 14 条的内容是相呼应的,使补贴的计算更加全面也更加具有操作性。增加的内容如下:

(1)第 14.1(d)条:"对于商品和劳务的价格水平受到政府管制的国

---

① See TN/RL/W/157.
② See CHAIRPERSON'S TEXTS 2007, Draft Consolidated Chair Texts of the AD and SCM Agreements, TN/RL/W/213, 30 November 2007, http://www.wto.org/english/tratop_e/rulesneg_e/rules_chair_text_nov07_e.htmRULES, 访问日期:2007-12-9.

家,应按主流市场状况确定管制国家的价格是否充足:在主流市场状况下,商品和劳务应依据质量、有效性、可销售性、运输等销售条件调整后的非管制价格出售;如果没有非管制价格,或者由于政府在市场中作为同样商品的提供者而使非管制价格被扭曲,价格是否充足应按该国出口价格或者其他市场导向国家的价格来确定,这个出口价格或者市场导向国家的价格也应该是依据质量、有效性、可销售性、运输等销售条件调整后的价格。"①

(2)第14.2条:"对于第五部分,补贴是被授予给生产该产品所投入的原料,并且该产品的生产者与原料的生产者无关联,不应将该原料的补贴利益归结到该产品上,除非可以确定:该产品的生产者按照比市场的商业化条件更优惠的条件获得该原料。"②该条款下增加了脚注。③

(3)增加的第14.3条规定了利益分配的特定期间:①除贷款等类似债务项目的补贴利益外,补贴利益应该或者全额算入接受年度内或者在受益的数年内分摊。计入受益当年的补贴应该是在当年使接受者全额受益,而分摊的补贴应该是在分配期内使接受者全额受益。贷款补贴等项

---

① Where the price level of goods or services provided by a government is regulated, the adequacy of remuneration shall be determined in relation to prevailing market conditions for the goods or services in the country of provision when sold at unregulated prices, adjusting for quality, availability, marketability, transportation and other conditions of sale; provided that, when there is no unregulated price, or such unregulated price is distorted because of the predominant role of the government in the market as a provider of the same or similar goods or services, the adequacy of remuneration may be determined by reference to the export price for these goods or services, or to a market-determined price outside the country of provision, adjusting for quality, availability, marketability, transportation, and other conditions of sale.

② For the purpose of Part V, where a subsidy is granted in respect of an input used to produce the product under consideration, and the producer of the product under consideration is unrelated to the producer of the input, no benefit from the subsidy in respect of the input shall be attributed to the product under consideration unless a determination has been made that the producer of the product under consideration obtained the input on terms more favourable than otherwise would have been commercially available to that producer in the market.

③ Where, however, it has been established that the effect of the subsidy is so substantial that other relevant prices available to the producer of the product under consideration are distorted and do not reasonably reflect commercial prices that would prevail in the absence of the subsidization, other sources, such as world market prices, can be used as the basis for the determination in question.

目应该在有效时期内均使接受者受益。① ②直接税收减免,间接税或进口税的免征和超额扣除,低价提供货物或劳务,价格支持付款,低价获得电、水以及其他公用资源,运费补贴,出口激励补贴,提早退休付款,工人补助,工人培训和工资补贴等补贴项目产生的补贴利益应该计入受益当年。② ③股本注入、赠款、企业关闭补助、债务减免、经营损失的补偿、债转股、提供非一般的基础设施、提供厂房和设备产生的补贴利益应该被分配。③ ④确定第2.1(b)条中的补贴是否被适宜地分摊,第2.1(c)条中的补贴是否被适宜地计入受益当年,以及未被列入第2.1(b)条或第2.1(c)条中的补贴是否被适宜地计入当年或合理分配时,应考虑如下因素,但不仅限于如下因素:(i)该补贴是非重复性的还是重复性的;(ii)补贴的目的;(iii)补贴的规模。④ ⑤分摊补贴的分摊期限应与相关产业或公司可贬值实物资产的平均使用年限相一致。⑤ ⑥在分摊期内的某一时点,确定分摊补贴利益额的方法应该能反映出货币的时间价值。⑥ ⑦根据第22条第3段的规定,任何公开的通告均应包括对所使用的分摊和计

---

① With the exception of benefits from loan subsidies and similar subsidized debt instruments, subsidy benefits shall either be expensed in full in the year of receipt ("expensed") or allocated over a period of years ("allocated"). Expensed subsidies shall be deemed to benefit the recipient by the full amount of the benefit in the year in which they are expensed, whereas allocated subsidies shall be deemed to benefit the recipient throughout the allocation period. Loan subsidies, and similar subsidized debt instruments, shall be deemed to benefit the recipient throughout the period in which the loan or debt instrument remains outstanding.

② Benefits from subsidies arising from the following types of measures normally shall be expensed: direct tax exemptions and deductions; exemptions from and excessive rebates of indirect taxes or import duties; provision of goods and services for less than adequate remuneration; price support payments; discounts on electricity, water, and other utilities; freight subsidies; export promotion assistance; early retirement payments; worker assistance; worker training; and wage subsidies.

③ Benefits from subsidies arising from the following types of measures shall be allocated: equity infusions; grants; plant closure assistance; debt forgiveness; coverage for an operating loss; debt-to-equity conversions; provision of non-general infrastructure; and provision of plant and equipment.

④ In determining whether a subsidy listed in paragraph 2(b) is more appropriately allocated, or whether a subsidy listed in paragraph 2(c) is more appropriately expensed, and in determining whether a subsidy of a type not listed in either paragraph 2(b) or 2(c) should be allocated or expensed, the following non-exhaustive list of factors shall be considered: (i) whether the subsidy is non-recurring (e. g., one-time, exceptional, requiring express government approval) or recurring; (ii) the purpose of the subsidy; and (iii) the size of the subsidy.

⑤ The allocation period for allocated subsidies normally should correspond to the average useful life of the depreciable, physical assets of the relevant industry or firm.

⑥ Any method for measuring the amount of allocated subsidy benefits at a particular point in the allocation period may reflect a reasonable measure of the time value of money.

入受益当年的方法体系的充分描述和解释。①

第四节 "专向性"认定的法律研究

《SCM 协定》根据补贴对国际贸易的不同影响将补贴分为三大类别：禁止性补贴(又称为红灯补贴)、可诉补贴(又称为黄灯补贴)和不可诉补贴(又称为绿灯补贴)。采用信号灯分类方法是因为制定《SCM 协定》的目的并非旨在不合理地限制政府实施补贴的权力，而是禁止或不鼓励政府使用那些对其他成员方的贸易造成不利影响的补贴。② 该分类方法是乌拉圭回合谈判在补贴分类问题上的重大突破，解决了东京回合谈判以来讨论了十多年的问题。其中的不可诉补贴条款已于 1999 年年底终止③，因为作为一个临时适用条款，它的存续是以各成员方和委员会对其的审议态度为前提的，而 WTO 成员方在规定的期限内未能达成延期的共识。在多哈规则谈判中，有成员方提出恢复该条款，但由于各成员方诉求不同，至今未达成一致意见。从目前的情况来看，实际上除禁止性补贴外，只要其他国内补贴具有"专向性"，则都为可诉补贴。因此，在实践中如何界定补贴是否合规，就要看其是否具有"专向性"，此概念来源于美国反补贴法，因此，笔者在本节将就《SCM 协定》关于"专向性"的规定、美国的立法与实践以及谈判走向进行分析。

一、"专向性"的法律含义

"专向性"(Specificity)是反补贴税法的核心概念，在美国《1979 贸易协定法》中首次出现。美国国内众多学者对"专向性"存在的理由进行了深入的讨论。朱迪斯·H. 贝尔鲁在《补贴与自然资源：国会最后否决对专向性标准的文字质疑》一文中表达了对"专向性"标准理论的支持。他认为，有些经济学家提出的"如果某补贴是一般提供的，影响到所有社会及其生产部门，它没有扭曲"这一观点是片面的，只能部分地解释特殊标

---

① Any public notice issued pursuant to paragraph 3 of Article 22 shall include a full description and adequate explanation of the allocation and expensing methodologies used.
② 参见曹建明、贺小勇：《世界贸易组织》(第二版)，法律出版社 2004 年版，第 142 页。
③ 参见《SCM 协定》第 31 条。

准的理由。① 虽然可以简单说,这种扭曲在该情况下是相当小的。而且,在浮动汇率制度下,只要有一定的调整汇率的时间,普遍适用的补贴所带来的国际性扭曲效应是相当小的。该类补贴可以视为属于普遍适用的补贴,即非专向性补贴,不属于"可诉"补贴。但是,专向性标准可以提供非常有用的方法区分什么是政府的特定行为,什么是一般行为。此外,还有的学者认为,判断补贴是否存在应该参照"正常自由市场"条件下是否"扭曲"了经济活动。但丹尼尔·塔罗勒在《多边贸易谈判的补贴守则:没有一致同意的协定》一文中指出,在实际经济生活中,"正常自由市场"条件是不存在的。林毅夫和张维迎等众多中国学者也有关于"补贴"的世纪大辩论。

笔者认为,上述观点反映了从经济学角度对补贴专向性的理解。不可否认,任何影响经济的政府行为都会造成"扭曲",只是扭曲的程度不同而已。一种普遍性的补贴政策对正常经济秩序和国际贸易的扭曲作用很小,是以对市场上所有经营者同等对待的方式调整市场框架,如国家统一降低税率或建造公共基础设施。而专门的针对特定企业、部门或行业的补贴则会干扰资源配置的合理分配,造成效率低下,严重扭曲竞争和市场导向以及正常的经济秩序,降低全球福利,造成国际贸易中的不公平贸易,从而应受国际纪律的约束。这种补贴作为资源配置的一种方式,往往要满足政府的需要,偏离正常的市场规则,而这种偏离市场规则的资源配置行为会对资源配置造成扭曲,进而导致国际贸易的进行和结果违背资源最佳配置。但是补贴对经济和社会的积极作用也是不能否认的,所以要因势利导,使补贴一方面发挥积极作用,另一方面又在一定的范围内受到限制。因此,需要一个标准对补贴进行区分和过滤,而专向性标准就是这个过滤器,通过它可以对那些给国际贸易造成不利影响、对经济产生扭曲作用的补贴采取反补贴措施。根据笔者的反补贴调查经验,"专向性标准"是建立在调查机关主观判断基础上的,选取范围不同,最终结果必然也不同,但专向性标准有助于被反补贴调查的当事人和政府对调查机关的认定有合理预期,在一定程度上避免了调查机关对自由裁量权的滥用。

---

① 转引自〔美〕约翰·H. 杰克逊:《世界贸易体制——国际经济关系的法律与政策》,张乃根译,复旦大学出版社 2001 年版。

二、《SCM 协定》中"专向性"的界定

在1979年《东京守则》制定之初,美国曾提议引入"专向性"的概念,但《东京守则》并没有直接纳入专向性标准,而仅仅是在第11.3条表述了"具有给予某些企业好处这一目的"。《SCM 协定》采纳了"专向性"概念,"专向性"成为《SCM 协定》中最为重要和最具争议性的概念之一,也是政府考虑如何履行《SCM 协定》的相关义务,特别是履行 WTO 通知义务时,首先需要考量的条件之一。鉴于只有当补贴行为对资源配置造成扭曲的情况下才会涉及反补贴问题,那些在本国范围内,很容易被各经济体取得的,不会造成资源配置扭曲的补贴应排除适用反补贴措施,不受《SCM 协定》的约束。只有构成"专向性"的补贴才是在《SCM 协定》条件下受约束的补贴,"专向性"起到了过滤器的作用。

《SCM 协定》不仅引入"专向性"概念①,还给出了认定的指引,除第3条有关出口补贴与进口替代补贴属于专向性补贴之外,在认定补贴是否具有专向性时应该根据第2.1条规定的标准予以确定。所谓专向性补贴,是指对境内特定企业或产业或企业群或产业群提供的补贴措施。根据《SCM 协定》的规定,可将补贴的专向性分为四种类型:(1)企业专向性(enterprise-specificity)。一国政府挑选一个或几个特定公司进行补贴。(2)产业专向性(industry-specificity)。一国政府针对某一个或几个特定部门进行补贴。(3)地区专向性(regional specificity)。一国政府对其领土内特定地区的生产进行补贴。(4)禁止性(prohibited)。与出口实绩或使用国产投入物相联系的补贴。但何谓特定企业或产业或企业群或产业群,《SCM 协定》并没有作出进一步规定,因此,调查实践中关于是否具有"专向性"的认定非常容易引发争议。"专向性标准"本身并不严谨,缺乏统一标准和可操作性,DSB 处理的案件主要集中在对禁止性补贴的认定上,然而禁止性补贴是推定具有专向性的。因此,专家组和上诉机构在2008年以前的裁决中关于"专向性"的论述较少,专家组和上诉机构对专向性的认定主要是视个案(case by case)情况而定,法官个人的价值偏好会起到一定作用。

---

① 欧盟《反补贴条例》第3.1条也对"专向性"作出了规定。

专向性在适用时又可分为法律上(de jure)①的专向性与事实上(de facto)②的专向性。借鉴美国反补贴税法③做法,《SCM 协定》第 2.1 条确立了三项原则以认定第 1.1 条规定的补贴是否为专向性补贴:(1)如授予机关或其运作所根据的立法将补贴的获得明确限于某些企业,即具有法律专向性。(2)如授予机关或其运作所根据的立法制定适用于获得补贴资格和补贴数量的客观标准或条件,只要符合该标准则可自动获得补贴,则该补贴不具有专向性。(3)认定事实上的专向性补贴需要考虑以下要素:有限数量的某些企业使用补贴计划;某些企业主要使用补贴;给予某些企业不成比例的大量补贴以及授予机关在作出给予补贴的决定时行使决定权的方式,如补贴申请被拒绝或获得批准的频率及作出此类决定的理由等。此外,还应考虑授予机关管辖范围内经济活动的多样性程度以及已经实施补贴计划的持续时间等情况。同样,欧盟也采取了上述原则认定专向性补贴。

在实践中,成员方政府为了规避《SCM 协定》规定的法定义务,给予的补贴经常在表面上是没有特定目的的,是针对许多部门提供利益,但实际上只有少数部门从中获得利益。如美国和加拿大争论许久的美国软木案 IV,加拿大各省许诺"立木采伐权"给予某企业权利,将树木从政府的财产转变为非政府财产,作为生产各种产品的原料,在理论上,这对所有人开放。但在实际上,只有少数人获得利益。还如墨西哥政府表面上给所有人机会以远低于世界市场价格的条件获得氨水,但是,只有化肥生产者才有可能接受这一许诺。这些做法都属于事实上的专向性。

随着对 WTO 补贴与反补贴规则的熟练运用,各成员方越来越多地采用隐性补贴,法律上的专向性补贴越来越少。大多数补贴都表现为事实上的专向性补贴,因此认定补贴具有专向性的难度不断加大,特别是如何考量事实上的专向性补贴的认定因素是各成员方调查机关需要应对的难

---

① 欧盟《反补贴条例》第 3.2(a)条和第 3.2(b)条有相同规定。
② 欧盟《反补贴条例》第 3.2(c)条有相同规定。
③ 研究补贴的麦克格文(McGovern)在 1995 年总结了判断专向性的三个原则:第一,如果授予机关或其授予补贴所依据的立法明显限定了可获得补贴的企业范围,则补贴具有"专向性";第二,如果获得补贴的资格或数量是一个客观的标准,且只要符合该标准就可自动获得补贴,则补贴没有"专向性";第三,虽然根据上述标准的判断结果为"非专向性"的,但如果有理由认为补贴事实上可能具有"专向性",则应当考虑以下因素:(a)是否有限数量的某些特定企业获得补贴;(b)是否补贴主要授予了某些特定的企业;(c)是否有大量不成比例的补贴被授予某些特定的企业;(d)授予补贴的决策形式。

题。笔者在对美国开展反补贴调查工作时,深感用美国的规则理念去调查美国的补贴政策是有难度的,其在制定规则时就为自己的政策留有空间。在实践中,审查事实上的专向性时是否需考虑上述所有因素,还是只要满足一项因素即可认定为事实上的专向性,是值得注意的。《SCM 协定》及各成员方国内法都没有对此作出详细规定,是亟待澄清和解决的。如果采用美国的做法,仅满足一项因素即可认定事实上的专向性,很容易造成反补贴措施的滥用。但如果要求对所有因素都得出肯定性证据明确证明才能确定补贴的专向性,不仅给调查机关带来沉重的负担,似乎在实践中也较难实现。正是由于调查实践中缺乏统一标准和可操作性等问题,因此在多哈规则谈判中,各成员方对专向性认定问题非常关注。

三、DOC"专向性"的适用原则①

《SCM 协定》与 GATT 1947、《东京守则》相比,其进步性表现在增加了如何确定补贴专向性的一般性的原则规定。由于美国的反补贴立法较为完善,处理反补贴案件经验也较为丰富,关于补贴专向性的规定很早就在美国的国内法中体现,美国反补贴税法明确解释了认定专向性的客观标准。因此了解 DOC 及美国国内法院在反补贴调查中对补贴是否存在专向性的分析和认定的方法有助于加深理解和运用《SCM 协定》对补贴专向性问题的规定,对中国的反补贴调查也具有积极借鉴意义。

(一)美国《1979 年贸易协定法》对专向性的规定

美国早在《1979 年贸易协定法》中就对专向性进行了规定,但仅规定了可诉的国内补贴必须是"向特定企业或产业或产业群或企业群提供的",并未提供具有可操作性的具体判定方法或指导原则,这使得美国调查机关拥有充分的自由裁量权,可以随意扩大解释。在随后的立法和实践中,美国对专向性的认定逐渐完善,DOC 对其的解释是:一项补贴无论其是否在事实上为特定企业或产业提供,只要该补贴措施在相关法律规定措辞上或名义上不是为特定企业或产业提供的,就可以认定为不具有专向性,即法律专向性标准。在实践中,DOC 总是力求认定补贴具有法律上的专向性。例如在美国软木案 IV 中,加拿大英属哥伦比亚省对原木出口所进行的限制被认为属于具有法律上的专向性的补贴。DOC 认

---

① 参见华静:《如何确定补贴的专向性》,载王琴华主编:《补贴与反补贴问题研究》,中国经济出版社 2002 年版,第 96—106 页。

为,这种出口限制具有减少对原木需求的效果,从而使得在该省能以较低价格购买到原木,这种较低的原木价格使该省的原木加工厂获得了利益。虽然加拿大的法律并没有明确地规定谁是这种出口限制的受益者,但DOC仍然认定,这种原木出口限定使原木加工商获得利益,因此具有法律上的专向性。[①] 同时,根据美国实践做法,一项补贴即使表面上对补贴接受者的资格有条件限制,但如果这些限制条件是中性客观的,并且符合这些条件就自动获得资格,那么相关补贴项目并不被视为具有法律专向性。

(二) DOC 的专向性审查标准

美国国际贸易法院(Court of International Trade, CIT)在早期案例中对DOC关于专向性标准的解释和适用曾存在分歧。Cabot Corp v. United States案使仅用法律专向性不能完全解决实践的问题显现出来,CIT在该案中认为适当的专向性标准应当不仅要从名义上(或法律上)审查,还必须从事实上审查一项补贴利益是否在实际上给予特定企业或产业或企业群或产业群。[②] 在实践中,DOC也更注重审查事实上的专向性。

美国反补贴税法的专向性标准可以说是美国对WTO反补贴税法的一大贡献,是通过反补贴调查实践总结多个案例逐步发展成熟的,其内在含义和认定标准也逐步清晰、明确和科学。Cabot Corp v. United States案是专向性问题发展历程的重要转折点,使调查机关从对补贴的"法律专向性"的单纯审查发展到对"法律专向性"和"事实专向性"的双重审查。[③]

DOC在Cabot Corp v. United States案后的实践中逐步形成了专向性标准审查的几个步骤。[④] 首先,审查一项国内补贴是否"在表面上是非专向性的",如果该国内补贴按其条件是提供给特定企业或产业或企业群或产业群,则无须进一步审查就具有专向性,即可诉的补贴。如果按条件似乎名义上是所有产业普遍可获得的(即在某外国法律没有明确规定某项补贴给予限定的企业或产业的情况下,DOC通常还要考虑该种补贴是否具有事实上的专向性),DOC则应实施第二步审查,确定是否存在事实上

[①] 参见华静:《如何确定补贴的专向性》,载王琴华主编:《补贴与反补贴问题研究》,中国经济出版社2002年版,第96—106页。

[②] 同上。

[③] 参见甘瑛:《国际货物贸易中的补贴与反补贴法律问题研究》,法律出版社2005年版,第60页。

[④] 该做法已经得到美国联邦上诉法院的肯定。

的专向性。在进行事实专向性的判断时,DOC 需要综合考虑以下因素①:

(1)该项补贴计划中是否存在主要使用者。

(2)是否有企业或产业接受了不成比例的大量补贴。② 如果补贴的受益者(或使用者)范围很广泛,DOC 将考察补贴的利益分配是否有一个主要的受益者(或使用者)(a dominant user of the benefits)。如果补贴项目的绝大部分使用者来自某个特定的产业或者某个特定产业的企业占用了该项补贴的不成比例的份额(a disproportionately large benefit),则该项补贴被认定在事实上具有专向性。因此,在考察补贴的利益分配时,上述两个判断标准又称为"主要使用理论"和"不均衡受益者理论"。

对主要使用者的分析是比较简单的,因为这种分析完全基于某个产业或企业所享受的某项补贴的数量占全部补贴的份额。很显然,某一个产业所使用补贴的数额占整个补贴金额的份额越大,其越容易被认为是主要使用者。但 DOC 并没有一个明确的认定"主要使用者"的百分比标准。在美国对泰国的纺织品和服装补贴发起的反补贴调查案中,占用一个补贴项目的 45% 就被认定为主要使用者,从而被认定为是具有事实专向性的补贴。另外,对主要使用者的认定可以利用理论上的推论,比如在美国对巴西的碳钢产品发起的反补贴调查案中,DOC 认为,虽然铁矿名义上可以按相同的条件向任何产业提供,但 DOC 相信,钢铁产业是此项原料的主要使用者。因此,对铁矿的价格控制是一项专向性补贴,因为这种价格控制产生了利益,而主要受益者为钢铁产业。

值得注意的是,DOC 还确定,虽然在某些情况下并不存在一个主要的使用者,每个产业或企业享受补贴的数额占整个补贴金额的比例,并没有明显的差异,但如果其中某个产业或企业所获得的补贴金额按照一定的标准衡量是不成比例的,这些衡量标准可以是某一行业占整个国民生产总值的比例,那就有可能构成专向性的认定,例如,1984 年 DOC 在美国对韩国的冷卷碳钢板发起的反补贴调查案中,使用了该项产业所获得的贷款份额与该项产业的总产值在整个国民生产总值所占比例的比率来确定钢铁产业是否收到中长期贷款总额中不成比例的部分。因为钢铁产业

---

① 欧盟调查机构在进行专向性认定时,也基本采用该方法。在实践中,欧盟认为专向性的含义很广泛。

② 参见甘瑛:《国际货物贸易中的补贴与反补贴法律问题研究》,法律出版社 2005 年版,第63页。

只收到了贷款总额中的 5%～8%,但其总产值占国民生产总值的 6%～13%,因此 DOC 裁定,钢铁企业并没有收到不成比例的贷款份额,该贷款计划是不具有专向性的。在另一个韩国钢产品反补贴案中,DOC 以类似的标准认定钢铁行业收到的不成比例的长期贷款的部分,是具有专向性的。

另一个确定是否收到不成比例的补贴的判断标准是,所收到补贴的金额占其所生产产品的生产成本的比例。例如,政府以比商业市场价格较低的价格向某些产业提供电力,如果其中一个产业的电力消耗占总生产成本的 1%,而电力消耗在另一个产业占生产成本的 10%,那么,这种提供电力的行为就可能被认定为对后一个产业的补贴。

(3)补贴使用者的产业或产业群的数量是否有限。DOC 确定使用某项补贴的产业的数量,如果发现事实上该项补贴的利益只提供给了特定的产业或特定的企业,则认定该项补贴具有事实上的专向性,并将不再考虑其他因素。

在美国对墨西哥的碳黑发起的反补贴调查案中,DOC 裁定墨西哥政府向有关产业提供天然气和碳黑添加料不具有专向性,因为这种资源名义上可提供给任何企业和产业。但在司法审查中,CIT 否定了 DOC 的这一认定。DOC 最终裁定,尽管名义上任何希望购买天然气和碳黑的人都可以获得此补贴,但实际上在墨西哥只有两家生产厂使用碳黑作为生产原料,因此可以认定该补贴在事实上具有专向性。

(4)在实施补贴计划时,政府的裁量权是否偏向于某些企业或产业。考虑政府实施补贴项目的自由裁量权的行使情况,即政府的实际意图。即便是法律或条例并未对某项补贴适用的范围加以任何限制性的规定,但政府在执行的过程中具有自由裁量权,使得实际上能够享受该项补贴的企业或产业是有限的,则该项补贴也可被认定为具有事实上的专向性。

如果一项补贴计划并没有明确规定执行机关在审批补贴申请时所应遵循和执行的原则,DOC 将审查执行机关在审批过程中行使自由裁量权的方式是否在实际上起到鼓励特定的行业或企业申请补贴的作用。实践中,DOC 还会考察该政府是否是有目标地资助某个特定的行业或企业。通常一项政府补贴有目标地支持某个产业或企业时,实际的补贴的使用会导致某个产业或某些企业成为主要的补贴使用者。因此,按照前两个标准衡量,就会构成事实上的专向性。即使没有发现存在主要使用者或不成比例地使用补贴,那么DOC也倾向于将存在这种自由裁量权的补贴认定为具有事实上的专向性。自由裁量权本身并不是关键,DOC所审查的是,这种自由裁量权的行使是否扭曲了补贴利益的分配。如在美国软木案IV中,DOC发现,加拿大的有关省政府并未按照先来先给的原则授予林木砍伐权,而是要求申请人建设锯材厂作为给予这种许可的条件之一,因此加拿大的政府行使了自由裁量权并使林木砍伐权的分配有利于木材加工厂商,因而具有专向性。

具有争议的是,上述四项因素是否均需考虑,还是只要满足一项因素即可。DOC在实践中的做法是,只要一个补贴项目如果满足"事实专向性"的多个因素中的一个就足以具备事实专向性。[①] 美国的URAA也特别强调"一个或多个因素"的存在,就可以确定补贴的专向性。加拿大在美国软木案IV中针对美国的这种做法提出质疑;在多哈规则谈判中,加拿大就该问题也多次提案,希望WTO补贴与反补贴措施委员会对此问题加以澄清。

(三)特殊情况下补贴专向性的认定

如果一项补贴的利益只限于特定地区的产业或企业,那么,根据美国法律,这项补贴也具有专向性。在这种情况下,补贴金额等于普遍能够获得的补贴水平与该特定地区所获得的补贴水平的差额。另一个补贴专向性问题是涉及上游补贴时补贴的专向性认定,也就是一项政府补贴给上游生产者提供了利益,而这种利益的一部分转移给了下游生产者,那么,应如何解决补贴的专向性问题?根据DOC的做法,首先确定给予上游生产者的补贴是否具有专向性,如确定给予上游生产者的补贴具有专向性,那么就可对下游生产者生产的产品征收反补贴税,而无须进行专向性审查来确定受益的下游生产者是否具有特定性。

《SCM协定》专向性标准的确立受到美国反补贴税法中的专向性标准的极大影响,在《SCM协定》第2条中有所体现。在进行事实专向性判断时审查的"某些企业主要使用补贴"以及"给予某些企业不成比例的大量补贴"这两个因素与DOC在长期实践中形成的"主要使用理论"和"不均衡受益者理论"极为相似。美国以个案判别的方式来确定"主要使用者",不愿将其演变为一个精确的数学公式;对"给予某些企业不成比例的大量补贴"这个因素也采用多种不同的经济分析方法,同样并没有具体

[①] See 19 U.S.C. § 1677(5A)(Ⅲ).

的量化标准。

四、多哈规则谈判关于"事实专向性"认定标准的讨论

专向性的认定是反补贴调查的核心问题,事实专向性的认定则是专向性认定的难点,《SCM 协定》虽然规定了事实专向性的几个考虑因素,但它并未规定是否对其中一个因素的肯定性判断就足以确定补贴的专向性。此外,《SCM 协定》第 2.1(b)条脚注 2 中的"经济性质""水平适用",第 2.2 条中的"有资格的各级政府""普遍适用的税率"等用语也都没有具体衡量标准,这种不确定性将导致各 WTO 成员在实践中各行其是。所以,为防止反补贴措施的滥用,在多哈规则谈判中进一步澄清和明确专向性的认定标准,使其更加明确、具体、透明和更具操作性,是极为必要的。

加拿大在关于补贴专向性问题的提案①中指出,补贴专向性这一概念是《SCM 协定》的核心,因为在《SCM 协定》项下,所有的救济都必须以存在专向性的补贴为前提。但随着时间的迁移和情况的变化,有必要在清晰和客观地实施《SCM 协定》第 2 条标准的同时,兼顾不同案件中不同事实所要求的必要的灵活性。加拿大还对有关条款中涉及的"企业""产业"和"组"的概念提出修改意见,要求进行改进,同时还要求对"事实上的专向性"进行澄清,并提出了具体建议。

加拿大针对 DOC 认定事实上的专向性的做法提出,应该对事实上的专向性进行澄清并综合考虑《SCM 协定》第 2.1(c)条认定专向性的事实因素,建议在《SCM 协定》第 2.1(c)条列举其他考虑因素(有限数量的某些企业使用补贴计划、某些企业主要使用补贴、给予某些企业不成比例的大量补贴以及授予机关在作出给予补贴的决定时行使决定权的方式)后增加"这些因素应从整体上进行评估,任何一项或几项因素都不是决定性的"(These factors shall be evaluated based on the totality of the facts, and no one or several of them can necessarily give decisive guidance)的规定,并对"给予某些企业不成比例的大量补贴"这种情况加上脚注:"在授予机关的领土范围内,根据相关的客观基准作为判断不成比例的标准,如受益产业的相关重要性、产品价值。"(Disproportionality shall be determined by reference to a relevant objective benchmark, such as the relative importance of

---

① See GEN/6JOB04/54.

recipient industries, in terms of production value, within the territory of the granting authority.)

针对该提案,澳大利亚认为修改后的《SCM 协定》第 2.1(c)条加重了调查机关的义务,而且许多用词仍旧含糊不清和不准确。如"可以考虑"(may be considered)、"将被评估"(shall be evaluated)等词语还需要予以澄清。另外,澳大利亚希望加拿大澄清"不成比例的大量补贴"这一因素是否需要脱离其他因素单独考虑。加拿大对此的回应是,新的提案并没有改变原来条款的义务,新的条款应该有一个明确的认定标准,调查机关不应该凭借感觉去判定。土耳其不支持加拿大的提案,认为没有必要综合考虑这些因素,应该简单处理,根据现有《SCM 协定》第 2 条中列明的客观标准按步骤考虑即可,并要求解释"可能在事实上是专向性"(may in fact be specific)句中"in fact"(事实上)的含义。巴西认为该建议不具有可操作性,巴西还希望继续澄清"objective benchmark"(客观基准)的含义。韩国认为专向性的认定非常重要,应该基于所有的证据进行证明和分析,并希望加拿大澄清"其他因素还需考虑"(other factors may be considered)是否指还有其他因素需要考虑还是仅限于列举的因素,还请加拿大澄清关于专向性认定的总的原则及其与已列举因素的关系,还认为"在所有因素的基础上"(based on the totality of the facts)并没有本质上改变以前的含义。此外,韩国还提出是否可以把加拿大的提案理解为加拿大所要评估的是调查机关能够掌握的所有因素而不是评估其应该掌握的因素。

日本认为加强认定专向性的纪律是非常重要的,其同意澳大利亚的观点,希望加拿大澄清"不成比例大量补贴"的含义及其脚注,并举例说明。美国评论说,希望专向性的争议可以解决,根据以往的调查经验来看,加拿大的建议不具有可操作性。美国和加拿大之间多起案件涉及专向性认定标准的问题,这也是双方争议的焦点。美国的实践做法是评估相关一项或综合考虑列举的四项因素,在认定专向性的标准时没有一个统一的、固定的标准,都是基于个案作出的。此外,加拿大仅仅把"不成比例的大量补贴"这个因素单独考虑,不知又是出于什么考虑。

欧盟不认为新的条款可以解决专向性认定的问题,脚注中的"产品价值"(production value)是重要概念,但是否还应有其他需要考量的,建议还要继续澄清和修改有关概念。韩国不支持加拿大的提案,认为新的条款并没有从实质上改变原有的条款,而且在实践中不具操作性。中国认为有必要进一步澄清并严格专向性的认定标准。

笔者认为,加拿大提案的出发点是积极的,专向性的认定是反补贴调查的重要环节,其重要性是不言而喻的。但加拿大提出的"从整体上进行评估,任何一项或几项因素都不是决定性的"对《SCM 协定》第 2 条并无实际影响,也不具有可操作性。从实践上看,关于专向性的问题应该是基于个案的具体情况具体分析,个案处理。

第五节 DSB 对"专向性"的认定

纵观 DSB 的裁决,关于专向性的认定大多基于个案情况,没有一个统一的认定标准。与以往案件相比,美国 DRAMS 反补贴税案[①]的裁决对补贴专向性的认定有相对较为清晰的论述。该案上诉机构推翻了专家组关于"美国对 B 组和 C 组债权人提供的补贴具有专向性的决定不符合《SCM 协定》"的裁定,但对各当事成员方提出的主张没有给出明确的意见。在美国大飞机案中,上诉机构在解读和适用《SCM 协定》时,往往依据文本本身的目的和意图进行解释,并不拘泥于文本本身,但价值取向是倾向于严格补贴纪律。此外,关于《SCM 协定》第 2.1(a)、2.1(b)、2.1(c)条的适用顺序,中国诉美国部分产品双反案上诉机构认为,调查机关并不需要按照(a)至(c)项的顺序进行审查,而应取决于特定案件的类型来分析是属于(a)和(b)项的"法律上的专向性"还是属于(c)项的"事实上的专向性"。笔者认为,DSB 关于"专向性"认定主要集中在以下几个问题。

一、专向性的确定应基于"肯定性证据"

《SCM 协定》第 2.4 条已明确规定,关于专向性的确定应基于肯定性的证据。在美国 DRAMS 反补贴税案中,韩国主张专向性的裁决应基于肯定性的证据,要明确合理,而不能将专向性建立在证明补贴存在后的自然结果上,应当从多方面,如"多样性程度"(extent of diversification)等角度进行分析。笔者认为,这也是中国诉美国部分产品双反案专家组要求的调查机关不能循环论证。

---

① 参见美国 DRAMS 反补贴税案上诉机构报告(WT/DS296/AB/R)。

二、关于具有"法律上的专向性"的补贴认定问题

根据《SCM 协定》第 2.1（a）条的规定，如授予机关或其运作所依据的立法将补贴的获得明确限于某些企业，则此种补贴应属专向性补贴。如何判断法律上的专向性，在美国大飞机案中，上诉机构建议采用两步法进行确认。首先，确认补贴项目；其次，确认该补贴是否明确限于某些企业。

关于确认补贴项目，上诉机构认为，其一，既要从法规层面，也要从实施机关层面进行分析。因为一个补贴项目的规定可能散落在不同法律文件中，或一个法律文件可能存在多个补贴项目，还有可能部分补贴项目是通过政府声明和具体规定等体现的。因此，综合考虑法律文件的整体框架对于确认补贴项目很重要。[1] 其二，专向性认定应该根据整个补贴项目来进行，而不能仅仅根据个别法律文件或个别实施机关来认定。在美国大飞机案中，美国国家航空航天局和国防部通过研发合同，将专利保留给项目承包商。欧盟认为，美国航空公司是唯一有权获得美国国家航空航天局和国防部的资助并签订研发合同的公司，因此，美国政府的补贴行为构成法律专向性。上诉机构拒绝了欧盟的指控，认为分配专利权行为不能仅从美国国家航空航天局和国防部层面来考察，需要考察该项规定的历史和整个法律框架。1980 年之前，美国政府制定了一个一般性的政策，如果项目实施方使用联邦研发资金从事研发活动，则发明专利权归政府享有。然而在 1980 年，美国政府改变了该政策，允许研发项目承包商保留专利所有权，政府保留免费使用权，并据此通过了一系列法律。如果从整个法律框架进行考察，获得该项补贴的不限于美国航空公司，因此，美国国家航空航天局和国防部与美国航空公司根据研发合同，将专利保留给美国航空公司的行为不构成法律上专向性。[2] 在欧共体大飞机案中，欧盟主张如果从欧盟整个资助框架来看，给予空客公司的研究和技术发展赠款，不构成法律专向性。上诉机构认为，虽然欧盟有一个整体资助项目框架，该框架的目的也具有一般性，即提高欧盟整体研发水平，但整体框架并没有具体项目的实施标准和资金分配方法，相反，具体项目的实施是依据欧盟单独指令进行的，因此，欧盟通过指令给予空客公司研究和

---

[1] 参见美国大飞机案上诉机构报告（WT/DS353/AB/R），第 759 段。
[2] 同上，第 782 段。

技术赠款构成法律上的专向性。[1]

在中国诉美国部分产品双反案中,中国向"非公路用轮胎"产业提供"国有商业银行贷款"是否具有"法律上的专向性"是争议焦点之一。专家组认定中国国有商业银行提供给"非公路用轮胎"产业的贷款,具有法律上的专向性。上诉机构维持了专家组的认定。中国认为,《SCM 协定》第 2.1 (a)条规定授予机关或其运作所根据的立法必须"明确"限制"补贴"的获得途径。根据《SCM 协定》第 1 条所规定的补贴定义,第 2.1(a)条所规定的"补贴"也应当要求该授予机关和该立法同时明确规定财政资助和利益。[2] 因此,如果授予机关或者相关立法没有明确规定财政资助和利益,则该措施不具有法律上的专向性。[3] 专家组认为《SCM 协定》的目的在于约束具有扭曲贸易性质的补贴。如果补贴的获得途径仅限于特定的受益者,而非在成员的经济中可以广泛地获得,则该补贴被视为具有潜在扭曲贸易的性质。因此,专向性所关注的不是补贴存在与否,而是补贴的获得途径是否受到了限制。[4] 专家组认为可以有多种方式限制补贴的获得途径,无须同时明确限制财政资助和利益的获得途径,就可达到限制补贴获得途径的效果。[5] 中国的解释缩小了专向性的范围,排除了只明确限制财政资助或者只明确限制利益的情况。[6] 这种解释会为规避《SCM 协定》的行为打开一扇门。[7] 专家组认为,只有同时满足财政资助、利益和获得途径的明确限制这三个要件,才会被认定为具有法律上的专向性的补贴。[8]

三、判定具有"事实上的专向性"的补贴所需的因素

在认定事实上的专向性补贴时,根据《SCM 协定》第 2.1(c)条的规定,应考虑因素有:有限数量的某些企业使用补贴计划、某些企业主要使用补贴、给予某些企业不成比例的大量补贴以及授予机关在作出给予补贴的决定时行使决定权的方式。此外,还应考虑授予机关管辖范围内经济活动的多样性程度以及已经实施补贴计划的持续时间。

---

[1] 参见欧共体大飞机案上诉机构报告(WT/DS316/AB/R),第 949 段。
[2] 参见中国诉美国部分产品双反案专家组报告(WT/DS379/R),第 9.25 段。
[3] 同上,第 9.24 段。
[4] 同上,第 9.21 段。
[5] 同上,第 9.26 段。
[6] 同上,第 9.28 段。
[7] 同上,第 9.30 段。
[8] 同上,第 9.31 段。

美国 DRAMS 反补贴税案①较为有趣的争议之一是如何理解《SCM 协定》第 2.1 条中的"使用"(use)一词,是否应从定量和定性两个角度去理解。美国认为,《SCM 协定》第 2.1(c)条对"使用"的定量分析明确若干参考因素,如使用者(user)数目、控制性使用(predominate use)和不成比例使用(disproportionate use),但并没有依据表明定性分析是必需的。专家组和上诉机构对此没有给予明确意见,因此尚无定论。笔者认为,定性分析是需要的,这样才能准确把握补贴的性质。

在欧共体 DRAMS 反补贴措施案中,欧共体以 Hynix 不成比例地利用资金为依据,认定 KDB 债券计划的适用构成向 Hynix 提供事实上的专向补贴。专家组最终根据《SCM 协定》第 2.1 条提到的所有四项因素,认定 KDB 债券计划对 Hynix 具有事实上的专向性。上述四项列举因素被认为是穷尽性列举,不应当考虑其他因素。② 但反过来,在具体案例中,是否应当考虑《SCM 协定》第 2.1(c)条列举的所有四项因素？在美国软木案 IV 中,争端双方对调查机关是否应当审查《SCM 协定》第 2.1(c)条所有四项因素发生争议。申诉方加拿大认为,证明事实上的专向性应当至少审查《SCM 协定》第 2.1(c)条列举的所有四项因素。但美国则认为,该条并没有要求审查所有四项列举因素,只要有限的使用者使用补贴,就足够认定构成事实上的专向性。专家组支持美国立场,认为《SCM 协定》第 2.1(c)条的用词为"may",而非"shall",因此,DOC 没有义务审查所有四项因素是否存在。③ 基于该案专家组的解释,在多哈规则谈判中,加拿大提出在《SCM 协定》第 2.1(c)条中明确考虑事实专向性的四项因素,并应当依据相对客观的标准进行判断第三项因素中"不成比例"的规定。加拿大还指出,对上述因素的分析无疑有助于补贴的认定,尤其是对事实上的专向性补贴的认定。

在美国 DRAMS 反补贴税案中,专家组关于 A 组债权人提供补贴行为专向性的认定方法的阐述为反补贴调查机关提供了有益借鉴,专家组从三个方面来判定一项事实上的补贴是否具有专向性。④

(1)政府的意思表示:一般缺乏明确的法律依据,在事实上只针对某

---

① 参见美国 DRAMS 反补贴税案上诉机构报告(WT/DS296/AB/R)。
② See Gustavo E. Luengo Hernandez de Madrid, *Regulation of Subsidies and State Aids in WTO and EC Law*: Conflicts in International Trade Law, Kluwer Law International, 2006, p.139
③ 参见美国软木案 IV 专家组报告(WT/DS257/R),第 7.11 段。
④ 参见美国 DRAMS 反补贴税案上诉机构报告(WT/DS296/AB/R)。

一个企业实施补贴,政府的意思表示可以作为是否在主观上具有专向性的判定标准。如在美国 DRAMS 反补贴税案中,DOC 提供了确凿的证据证明韩国政府承诺采取某些措施避免现代集团尤其是 Hynix 的破产,这表明韩国政府在主观上具有专向性补贴的意思。

(2)补贴实施的方式:政府所实施的补贴行为在行为方式上明显表明其只适用于特定企业,这是构成补贴专向性的重要因素。如在美国 DRAMS 反补贴税案中,A 组债权人提供财政补助是根据 Hynix 特制的重组计划,也就是在本质上具有专向性。

(3)补贴实施的结果:专向性补贴要求补贴的实施局限于特定企业,而非可以广泛取得,因此从补贴实施的结果来看,享受补贴的企业也应只是特定的。在美国 DRAMS 反补贴税案中,DOC 依照韩国政府提供的数字指出,补贴的客观结果是,韩国现代集团获得财政重组和资本结构调整资金援助的绝大部分,而 Hynix 又获得该笔资金的绝大部分,资金的不均匀使用情况可以表明该补贴是具有专向性的。

总之,应当综合分析上述三要素,如果只单独满足其中的一方面,并不能认定具有事实上的专向性。如虽然存在政府意思表示,但实际实施结果不具备专向性,或者虽然结果存在专向性,但缺乏政府意思表示和补贴实施方式方面因素的支持,都应当对是否具备事实上的专向性的结果持谨慎的态度。在后续的案件中,DSB 关于"事实上的专向性"的认定又有了进一步的发展,具体表现在:

首先,关于有限数量的某些企业使用补贴计划。在美国大飞机案中,欧盟指控在美国威奇托市(Wichita)工业收入债券(Industrial Revenue Bonds,以下简称 IRBs)补贴项目下,2005 年,美国波音(Boeing)航空公司、精神航空公司和赛斯纳(Cessna)飞行器公司共获得该补贴项目 78%的份额,因此,欧盟认为,这种情形满足"有限数量的某些企业使用补贴计划"的规定。然而,专家组认为,现有证据表明,1979 年至 2005 年,至少有 50 家企业在威奇托市获得了该项目补贴,欧盟未说明根据经济的多样性和项目运行的历史,这 50 家企业构成了"有限数量的企业"获得补贴。由此可以看出,该案专家组是根据项目运行的历史来进行判定的,同时,在考虑企业数量时,考虑的是使用项目的企业数量,而不是授予这些企业补贴的比例。①

---

① 参见美国大飞机案专家组报告(WT/DS317/R),第 7.777 段。

其次,关于某些企业主要使用补贴。在欧共体大飞机案中,专家组认为,该标准审查的起点是"补贴项目",应考虑授予机关管辖范围内经济活动的多样性程度以及已经实施补贴计划的持续时间。[1] 在美国大飞机案中,欧盟指控,自 1991 年至 2005 年,美国的波音航空公司、洛克希德·马丁(Lockheed Martin)公司、诺斯罗普·格鲁曼(Northrop Grumman)公司、雷神(Raytheon)公司以及联合技术(United Technologies)公司在研发、测试和评审补贴项目中(Research, Development, Testing, and Evaluation,以下简称 RDT&E)获得了该项目资金的 45.2%。专家组认为,在同一补贴项目下,5 家公司获得了近 50%的补贴资金,符合了"某些企业主要使用补贴"的标准。[2]

再次,关于给予某些企业不成比例的大量补贴。在欧共体大飞机案中,欧盟认为,确定某些企业是否不成比例获得大量补贴,应该依据所指控的企业获得的补贴金额与该补贴项下全部金额进行比较。关于 1988 年至 1993 年欧盟投资银行对空客公司的贷款项目,欧盟认为,1988 年至 1993 年的年度选择不合适,不成比例的分析应该是某些企业补贴获得的金额与整个补贴项目的所有金额进行比较。欧盟投资银行自 1957 年就开始发放贷款,如果以此为基础进行比较,不能得出某些企业不成比例地获得大量补贴的结论。欧盟认为,以空客公司每年获得的贷款金额与此前 5 年欧盟投资银行在该补贴项目下发放的贷款总金额进行比较,空客公司年均获取贷款的金额仅占欧盟投资银行发放贷款总金额的 0.9%。美国认为,《SCM 协定》第 2.1(c)条中的第三个和第四个因素并没有使用"一个补贴项目"用语,因此,参考标准也应该与第一个和第二个因素有所区别。此外,在进行比较时,需要确定一个合理的区间,而该区间不一定要与整个补贴项目的存续时间一致。专家组同意美国的观点。专家组认为,第一,根据《SCM 协定》第 2.1(c)条的规定,在进行是否不成比例分析时,并不一定需要与整个补贴项目的金额进行比较,特别是对于存续时间长的补贴项目,项目实施期间可能会发生变化,如新兴行业,在此前未必是需要重点支持的行业。第二,在确定比较基准或参考数据时,还必须考虑授予机关管辖范围内经济活动的多样性程度,即补贴接受者经济活动的比例,即需要比较接受者获得金额比例以及相关经济活动的比

---

[1] 参见欧共体大飞机案专家组报告(WT/DS326/R),第 7.993—7.994 段。
[2] 参见美国大飞机案专家组报告(WT/DS317/R),第 7.1197 段。

例,如果接受者获得金额的比例显著超出了相同获得者所代表的经济活动的比例,才会满足《SCM 协定》要求的"给予某些企业不成比例的大量补贴"的标准。① 同样,在中国诉美国部分产品双反案中,专家组认为,《SCM 协定》第 2.1(c)条所规定的事实上的专向性,也是在强调补贴的广泛获得途径,尤其是"应考虑授予机关管辖范围内经济活动的多样性程度",这说明尽管经济活动的多样性程度低,分配利益缺少多样性本身不足以认定具有事实上的专向性。在巴西诉美国陆地棉补贴案(United States—Subsidies on Upland Cotton, DS267,以下简称"美国陆地棉补贴案")②和美国软木案 IV 中,专家组在分析专向性问题时,考察的也是补贴是否可以广泛地获得。

最后,关于授予机关在作出给予补贴决定时行使决定权的方式。《SCM 协定》附注 3 特别强调:应特别考虑补贴申请被拒绝或获得批准的频率,及作出此类决定的理由。在美国大飞机案中,欧盟质疑美国威奇托市在 IRBs 下给予美国波音航空公司和精神航空公司特殊的税收减免,且在该项目下,不是所有的申请都会获得批准,如政府拒绝了一家名为"Fitness 2000 24hr Health Club"公司的申请。因此,欧盟认为,美国政府作出该补贴决定时行使了自由裁量权,应认定为事实上的专向性补贴。专家组不同意欧盟的观点,认为欧盟的观点缺乏说服力,首先,《SCM 协定》第 2.1(c)条规定的是"给予补贴的决定"(in the decision to grant a subsidy)且该自由裁量权与是否赞成或拒绝一个补贴申请无关,而与授予了哪一种 IRBs 密切相关。其次,美国政府拒绝 Fitness 公司的原因是其并没有直接在威奇托市创造财富,无论政府是否授予了 IRBs,Fitness 公司都被强迫在威奇托市内以利于当地的消费者,而且仅有一家企业被拒绝的证据本身也缺乏事实上的专向性的说服力。③ 在中国诉美国反补贴措施案中,中方认为 DOC 在认定"低价提供原材料补贴"项目具有事实上的专向性时并未按照《SCM 协定》第 2.1(c)条的要求分析"补贴计划实施的时间"和"经济多样性"两个强制因素,并且没有指明作为分析前提的"补贴计划"是否存在。专家组支持中方观点,认定 DOC 未考虑两项强制因素而违反《SCM 协定》第 2.1(c)条。在该案执行之诉中,中方进一步主

---

① 参见欧共体大飞机案专家组报告(WT/DS326/R),第 7.961—7.973 段。
② 参见美国陆地棉补贴案专家组报告(WT/DS267/R),第 9.37 段。
③ 参见欧共体大飞机案专家组报告(WT/DS326/R),第 7.771—7.776 段。

张,DOC 在执行原始裁决考虑"补贴计划实施时间"这一因素时,必须考虑起因。执行专家组和上诉机构最终支持了中方的主张。上诉机构指出,对于事实上的补贴计划而言,调查机关必须要认定存在一系列的系统性行为来判断存在所谓"补贴计划",而 DOC 并未做到这一点,违反了《SCM 协定》第 2.1(c)条的规定。[①]

四、关于具有"地区专向性"补贴的认定及对"某些企业"概念界定

根据《SCM 协定》第 2.1(c)条的规定,限于授予机关管辖范围内指定地理区域的某些企业的补贴属于专向性补贴。各方理解,就该协定而言,不得将有资格的各级政府所采取的确定或改变普遍适用的税率的行动视为专向性补贴。

对于如何理解《SCM 协定》第 2.1(c)条中的"某些企业",在欧共体大飞机案中,欧盟认为,一项补贴只有授予指定地理区域的"某些企业"才具有专向性,而在该指定区域内的所有企业均可获得的补贴不具有地区专向性。专家组不同意欧盟观点。根据《SCM 协定》条款上下文、立法目的和谈判的历史,专家组认为,第 2.1(c)条与第 2.1(a)条是有区别的,在授予机关管辖范围内指定地理区域的企业获得的补贴本身就具有专向性,即便该补贴在该指定区域内的所有企业均可获得。[②] 在中国诉美国部分产品双反案中,专家组再次重申,《SCM 协定》第 2.1(a)条与第 2.1(c)条中的"某些"是不同的,前者可以指"全部的",而后者不可以。即使授予机关管辖范围内指定地理区域的全部企业均可以获得补贴,该补贴依然具有地区专向性。

在中国诉美国部分产品双反案中,山东省淄博市桓台县政府所提供的新世纪工业园土地使用权是否具有地区专向性也是争议焦点。DOC 认为,桓台县政府提供给艾福迪的土地使用权构成一项财政资助[③];桓台县政府指定了一块土地命名为"新世纪工业园",并对该土地使用权的授予拥有控制权[④];该工业园内的土地使用权只有位于工业园内的企业可

[①] 参见中国诉美国反补贴措施案上诉机构报告(第 21.5 条)(WT/DS437/AB/RW),第 5.224—5.241 段。
[②] 参见欧共体大飞机案专家组报告(WT/DS326/R),第 7.1223 段。
[③] 参见中国诉美国部分产品双反案专家组报告(WT/DS379/R),第 9.146 段。
[④] 同上,第 9.148 段。

以获得,因此该工业园内的土地使用权具有地区专向性①;由于艾福迪位于工业园内,所以其获得了该项财政资助②;工业园外的企业是否可以获得类似的补贴并不影响地区专向性的认定,否则政府就可以轻易地规避补贴纪律。③ 中方与前述案件中欧盟的抗辩观点相同,即只有补贴限于授予机关管辖范围内指定地理区域的企业时,该补贴才具有地区专向性;反之,当该区域内的全部企业均可获得该补贴时,该补贴不具有地区专向性。专家组支持了中方观点的结论,并裁定美国未能证明中国政府将部分土地使用权提供给一家被调查生产商的做法构成地区专向性。但专家组的论点与中国政府的抗辩理由不同。专家组认为DOC分析错误,因为中国政府是所有土地的最终所有者,所以企业在中国任何地方获得的补贴都构成财政资助。④ 不能推定工业园是为了向位于该区域的企业提供土地使用权而建立的就因此而满足地区专向性的标准。DOC不能依据地理位置而进行循环论证。⑤《SCM协定》第2条所限制的补贴是基于某种理由而获得渠道受到限制的补贴⑥,所以DOC需要证明"指定地理区域(工业园)"中的土地使用权和工业园外所提供的土地使用权有所不同,即工业园中所提供的土地使用权构成一项提供财政资助的不同制度。⑦ 有学者指出,WTO成员的自由贸易区的一些经济刺激措施可能涉嫌违反《SCM协定》,但成员方们仅在WTO贸易政策年度审议中讨论,没有采取任何救济行动,貌似达成了"君子协定"。⑧

五、关于"企业或产业,或一组企业或产业"的界定

《SCM协定》没有明确界定"企业或产业,或一组企业或产业"。何谓"产业",专家组在美国软木案IV中有较为详细的论述。该案申诉方加拿大主张以使用立木计划的产业或一组产业销售的最终产品为基础进行专向性分析;但被申诉方美国认为,《SCM协定》第2条的字面含义表

---

① 参见中国诉美国部分产品双反案专家组报告(WT/DS379/R),第9.146段。
② 同上,第9.147段。
③ 同上,第9.119段。
④ 参见中国诉美国部分产品双反案专家组报告(WT/DS379/R),第9.159段。
⑤ 同上,第9.158段。
⑥ 同上,第9.161段。
⑦ 同上,第9.159段。
⑧ See Marc Benitah, *The WTO Law of Subsidies: A Comprehensive Approach*, Kluwer Law International, 2019, p.612.

明,专向性标准不针对"产品",而针对"企业"或"产业"。专家组同意美国的意见。由于《SCM 协定》没有界定"产业"一词,专家组援引了《牛津新简明词典》中"产业"一词的定义,即"生产性劳动的某一特定形式或分支;贸易、制造业"。专家组认为,鉴于争端双方承认一般来说"产业"是根据产品类型划分的,因此,《SCM 协定》第 2 条中的"产业"一词并不指代生产具体产品或最终产品的企业。同一产业可能生产各种最终产品,但并不妨碍构成《SCM 协定》第 2 条所指的"产业"。① 在随后的美国陆地棉补贴案中,专家组也倾向于上述界定"产业"的方法。该案专家组认为,"产业"或"一组产业",一般参照其生产的产品类型。"产业"指的是某些产品的生产者,"产业"概念的宽泛程度可能取决于具体案件中的各种因素。如果整个经济领域都可以获得补贴,而没有对特定有限的、生产某些产品的生产者们授予利益,补贴就不再具有专向性。专家组认为,《SCM 协定》第 2.1 条的字面含义表明"专向性"是个一般概念,应当在个案基础上判断是否具有专向性。笔者认为,专家组对"产业"的认定,似乎是循环论证。一方面,认为"专向性"应在企业或产业的层面上界定,而非产品;另一方面,又确定"产业"所指代的是生产的产品类型。不能否认,最终决定"专向性"的实际上仍然是产品。② 为此,有学者在批评该案专家组推理的基础上,主张参照《SCM 协定》第 16 条对"国内产业"的界定来界定第 2 条中的"产业"。③

在多哈规则谈判中,加拿大提案要求明确"企业或产业,或一组企业或产业"的含义,建议在《SCM 协定》第 2.4 条增加"依据有关产业分类的国际标准"的规定,以增强补贴纪律的确定性。加拿大还建议从行业划分角度对企业进行区分,将《联合国所有经济活动产业分类国际标准》(United Nations International Standard Industrial Classification of ALL Economic Activities, ISIC)作为确定补贴专向性的依据。④ 但该提案并未获得其他成员方的积极响应,这反映出各成员方在实践中标准各异。在对中国的反补贴调查实践中,加拿大和美国的调查机关在调查中国给予企业税收优惠项目时,将企业分为内资、外资两类。笔者认为,一组企业或产

---

① 参见美国软木案 III 专家组报告(WT/DS236/R),第 7.12 段。
② 参见李晓玲:《WTO 框架下的农业补贴纪律》,华东政法大学 2007 年博士论文,第 75 页。
③ See Gustavo E. Luengo Hernandez de Madrid, *Regulation of Subsidies and State Aids in WTO and EC Law: Conflicts in International Trade Law*, Kluwer Law International, 2006, p.132-137.
④ See *Improved Disciplines under the Agreement on Subsidies and Countervailing Measures*, Communication from Canada, WTO TN/RL/W/112, 6 June, 2003.

业的划分往往并不简单依据工业部门划分,应根据所有权、科技含量高低、促进就业等因素划分。从各国调查实践来看,裁决中需要从正反两个角度论证涉案企业或产业能否作为一组企业或产业,以及能否通过排除法区分。

此外,在中国诉美国部分产品双反案中,专家组认为,"某些企业"的定义并不涉及多样性问题,《SCM 协定》第 2 条只是说"某些企业"可以是单一企业或产业,或者一组企业或产业,并不意味着它们需要具有相似性。《SCM 协定》第 2.1(b)条规定的不具有专向性的情况所考察的因素也不涉及相似性问题,而是资格标准是否可以自动获得。

总结 DSB 关于专向性的认定标准、美国的实践做法及多哈规则谈判的争议焦点,可以得出:(1)专向性的补贴是在非正常市场条件下发生的,是与《SCM 协定》的宗旨相违背的,是否造成资源配置扭曲是判定是否具有专向性的重要因素之一。(2)《SCM 协定》项下的补贴不是能够广泛取得的,是排除某些企业的,是非集中在特定企业、特定行业、特定地区的,并且这种排除是没有法律依据或合理事实来支持的。正如《SCM 协定》第 2.1(b)条规定的如果对于所有的企业而言,存在某一"客观标准或条件"①,并且只要符合这一客观标准或条件,即可获得补贴,那么这样的补贴就不具有排他性,也就不具有专向性。因此,判定是否具有排他性也是判定是否具有专向性的重要因素之一。(3)由于具有事实专向性的补贴在证据上无法找到明确的关于补贴的书面法律规定,认定其是否具有专向性存在一定的难度。

第六节 加严补贴纪律的多哈规则提案及 WTO 改革

加严补贴纪律是趋势,对中国的围追堵截也是现状,中国如何破局,迫在眉睫。笔者在本节对补贴纪律谈判的走向进行介绍,希望引起更多人的关注和研究兴趣,希望更多的学者和实务界的同仁加入反补贴领域的研究工作,为中国未来谈判提出建设性意见。

一、多哈规则谈判关于"补贴定义"的提案

在多哈规则谈判之初,欧盟认为,现有可诉补贴的规则缺乏可操作

---

① 这里的客观标准或条件是指中性的,不偏向某一企业,且具有经济的性质,并具有一致的适用性,例如以员工人数或事业规模为标准。参见《SCM 协定》脚注 2。

性,某些补贴的授予方式不透明,很难确认补贴的存在,现有的纪律起不到应有的作用。① 欧盟建议制定关于"隐性"(disguised)补贴的更具可操作性的规则,进一步澄清和改进如下两个方面:(1)各成员方政府提供大量的普遍性(general)补贴,表面上受益者的所有商业行为都受益,但实际上是针对特定产品的专向性补贴,隐性补贴与受益者或产品的联系是隐蔽的和不易察觉的,在工业品领域试图规避补贴纪律的情况十分严重,此类隐性补贴比直接补贴更具危害性。(2)国有机构问题:目前的反补贴纪律规则很难处理受政府直接指导的国有实体提供的补贴,如政府以隐蔽性指令通过非商业条件运作的金融性机构提供贷款或其他财政资助,在这种情况下也很难获得补贴的证据。欧盟建议澄清该"灰色区域",明确《SCM 协定》第 1 条关于补贴的定义,以使所有由国有控制并以非商业条件运作的机构的此类补贴行为能够受到约束,防止对反补贴纪律的规避。

美国也认为:(1)应进一步建立"政府控制"的标准,澄清"公共机构"和"资助"的定义。在调查实践中,被调查方的政府行为产生了极大影响,但是由于没有明确的文件加以证明,那么如何审查《SCM 协定》第 1.1 (a)(1)(iv)条中"委托或指示"的定义应加以明确。② (2)建议确定更加明确的特许使用融资计划(royalty-based financing schemes)③,这种计划应该被认为是违反正常的商业标准或市场标准的。④ (3)考虑建立适当的指导意见以援助成员方调查机关对"补贴利益传递"的分析。⑤ 多哈规则谈判主席案文⑥在《SCM 协定》第 1.1b 条下加了脚注⑦,进一步明确补贴定义中的"利益"与第 14 条中的"利益"含义相同,并把加拿大民用飞机案上诉机构的裁决纳入《SCM 协定》,可以说是进一步完善了补贴的定义。因此,从 2007 年 12 月第一次主席案文的内容来看,关于补贴的定义并没有任何实质的改动,只是增加了一个脚注,进一步加明确了利益的确

---

① See TN/RL/W/30.
② See TN/RL/W/78.
③ 笔者找不到可以相对应的词汇,该翻译值得商榷。
④ See Section Infra on the SCM Agreement.
⑤ See TN/RL/W/112.
⑥ See CHAIRPERSON'S TEXTS 2007, *Draft Consolidated Chair Texts of the AD and SCM Agreements*, TN/RL/W/213,30 November 2007.
⑦ A benefit is conferred when the terms of the financial contribution are more favourable than those otherwise commercially available to the recipient in the market, including, where applicable, as provided for in the guidelines in Article 14.1.

定,与《SCM 协定》第 14 条补贴计算中对利益的理解是一致的。回顾历史总能找出当下的答案,希望相关部门给予足够的重视。

二、关于补贴纪律新发展

近几年,贸易保护主义和单边主义的持续发酵充斥着自由贸易和开放市场,以 WTO 为代表的多边贸易体制几乎停摆。有美国学者认为,《SCM 协定》主要存在四个问题:补贴的定义过于狭窄;证明存在可诉补贴的举证责任过高;补贴通报没有得以有效执行;反补贴措施救济效果不佳。[①] 2017 年以来,美国、日本和欧盟等发达国家成员以"国家安全"为借口,企图重塑国际规则,推行排他的贸易条款,共发表了七份贸易部长级别的联合声明,表明了加严国际补贴规则的意图。这些三方声明与之前的多哈规则谈判相比,不仅仅体现为澄清公共机构的界定和对外部基准等补贴定义的修改,还增加了补贴类别,进一步加强和扩充补贴纪律的约束范围,如政府支持措施、通报透明度等问题。对中国及其他市场经济国家的"非市场导向"政策形成合围之态势非常明显。2020 年 2 月 20 日,美国草拟的《总理事会关于〈市场导向条件对世界贸易体系的重要性〉的决定》通过 WTO 发放至所有成员方,该决定基本沿袭了其在美欧日三方联合声明中关于非市场导向的政策和做法,并进一步明确了市场导向条件的八项标准。

(一)声明中涉及补贴的内容

七份三方联合声明虽未明指中国,但均意图通过多边规则给中国施加压力。前六份三方联合声明就市场扭曲、产业补贴及国有企业等方面提出了原则性的呼吁,列举了以下应解决的"国有企业扭曲市场"的行为和"特别有害"的补贴:(1)国有银行的贷款与公司的资信不符,其中包括政府隐性担保的情况;(2)政府或政府控制的投资基金以非商业条件进行股权投资;(3)非商业债转股;(4)优惠投入品定价,其中包括双重定价情况;(5)在没有可靠的重组计划的情况下对不良企业的补贴支持;(6)造成或维持产能过剩的补贴。

2020 年 1 月 14 日,美日欧发表的第七份华盛顿声明直指补贴规则,并提出了具体方案:(1)进一步扩大禁止性补贴范围,新增无限担

[①] See Chad P. Brown, Jennifer A Hillman, *WTO'ing a Resolution to the China Subsidy Problem*, Peterson Institute for International Economics, Working Paper No. 19-17, p.1.

保,对无可靠重组计划的资不抵债或经营困难企业的补贴,对产能过剩而又无法获得长期投融资企业的补贴,以及特定的直接债务免除,并将继续扩大该清单范围。(2)要求对产生有害效果的补贴实行举证责任倒置,一旦证明存在补贴且存在严重负面影响的,补贴提供方必须立即撤销补贴。这些补贴包括超大额补贴,为防止退市而对缺乏竞争力企业提供的补贴,对产能巨大的非私营企业的补贴,对国内价格低于出口价格的同类产品的补贴。(3)认为应当增加《SCM协议》第6.3条"严重侵害"有关补贴造成的产能扭曲的情形。(4)认为应当修改《SCM协议》第25条,禁止对其他成员反向通报的未通报补贴。(5)认为政府提供服务和商品或购买商品应适用新的外部基准规则。(6)多次强调上诉机构错误解释"公共机构",意图将国有企业纳入其中。

(二)声明中对补贴规则约束范围的扩充

从几份声明的内容来看,三方联合声明扩大了现行《SCM协议》有关补贴的范围。

一是扩大了禁止性补贴的约束范围,增加了影响生产的补贴。现行《SCM协议》第3条"禁止性补贴"中的出口补贴和进口替代补贴主要规范的是影响贸易的补贴,而影响生产的补贴属于可诉补贴,并不属于禁止性补贴类别;而三方联合声明将影响生产的补贴也列为禁止性补贴。

二是补贴行为从财政资助扩大至融资支持。现行的《SCM协议》第1.1(a)(1)条中明确规定了补贴是政府或公共机构提供的财政资助,虽然也规定了金融支持的形式,但需要比较是否构成政府资助且属于获益的商业行为。而第七份三方联合声明仅以支持对象、支持方式为标准判断,无须考虑是否构成政府资助及获得利益,无限扩大了补贴行为。

三是三方联合声明认为很多补贴都是通过国有企业授予的,讨论将其纳入"公共机构"十分重要,此外直指上诉机构错误地将"公共机构"认定为"拥有、行使或赋予政府权力"的实体,曲解了补贴规则。此举矛头直指中国,如果将提供补贴的主体扩大至所有参与经济行为的国有企业,中国的国有企业、国有银行将直接被认定构成"公共机构"。

四是丰富了补贴形式。三方联合声明列举了对僵尸企业、产能过剩企业的补贴,意图从规范企业受益扩大到限制企业竞争。但是判断僵尸企业和产能过剩企业的标准不明确,概念模糊。这种设计给未来的规则解释和实践留下巨大的空间,给调查机关留下过多的自由裁量权,会造成滥用规则的可能。

五是增加了反向通报、举证倒置等程序规定,扩大了补贴规则的约束范围。笔者认为,这些严苛的义务将给成员带来不小的工作负担。

(三)历次三方联合声明的脉络和横向比较

从三方联合声明内容来看,其中拨款、优惠贷款、提供优惠的产品和服务在内的支持政策与现行的《SCM协定》差别不大,但矛头直指由补贴政策和其他政策导致的产能过剩。第七份三方联合声明更是将补贴形式扩充至国有企业经营行为、金融支持等方面。美欧日三方主要是针对某些行业、某些领域的无限支持方式。

(四)"市场导向条件"的八条标准

美国向WTO总理事会提交的决定提出的八条标准如下:(1)企业根据市场信号自由决定和作出企业关于价格、成本、投入、采购和销售方面的决策;(2)企业根据市场信号作出投资决策;(3)资本、劳工、技术和其他要素的价格由市场决定;(4)根据市场信号自由决定企业的资本配置;(5)企业接受国际公认的会计准则,包括独立核算;(6)企业受市场导向的且有效的公司法、破产法和私有财产法的约束,并可以通过公正的法律程序(如独立的司法体系)行使其权利;(7)企业能够自由获取相关信息,并以此作为其决策的基础;(8)企业的上述决策无政府的重大干预。[①]

WTO一揽子协定及GATT 1947并未涉及市场经济标准问题。《中国入世议定书》第15(a)条规定了针对中国企业的反倾销调查可以采用替代国比较法,但第15(d)条同时规定了在中国入世15年后终止继续采用替代国比较法。但是,入世15年后,美国和欧盟在调查中非但没有终止针对中国企业采用替代比较法,取消其歧视性做法,反而在多场合发表意见维持将中国视为非市场经济国家的做法。在2018年7月26日WTO总理事会第三次会议上,美国驻WTO大使谢伊(Shea)指出:"中国实行的是非市场导向模式、非市场的资源分配经济模式,违背当初加入WTO时对于相悖于国际贸易体系的政策以及行为作出相应调整的承诺。并进一步认为一个国家主导的贸易破坏性的经济模式给WTO其他成员方带来了巨大的经济压力以及严峻挑战。"[②]中国驻WTO大使张向晨予以有力反击,认为"WTO规则并没有关于市场经济的定义,世界上没有一条放

---

① See WT/GC/W/796, DRAFT GENERAL COUNCIL DECISION OF THE IMPORTANCE OF MARKET-ORIENTED CONDITIONS TO THE WORLD TRADING SYSTEM

② 2018年7月26日WTO总理事会第三次会议中美大使的发言实录。

之四海而皆准的市场经济标准。WTO规则没有赋予任何成员方以自己的国内标准作为市场经济标准的权利。美国违反了《中国入世议定书》规定的15年过渡期满后终止对中国使用替代国做法的义务"[1]。

美国通过向WTO总理事会提交市场导向标准决定的草案,意图在今后的WTO改革谈判中提出界定"非市场经济"概念,并纳入多边规则。这一标准的提出,相当于变相取消了发展中国家成员方特殊与差别待遇。

党的十九届四中全会指出,坚持和完善社会主义基本经济制度,包括坚持公有制主体地位和国有经济主导地位。如果未来在多边规则层面通过美欧日三方联合声明的内容,将出现国有经济经营行为都极有可能被认定为不当补贴的情况。虽然从声明提出到谈判达成一致的多边规则还有一定时间,中国还是应尽早拿出应对方案,最大程度争取对中国有利的规则。如果未来不能形成统一的多边规则,相关利益方也将在诸边或双边协议中落实相关条款。比如CPTPP协议有关国有企业章节中提出了非商业援助的规定,类似于"补贴"。(1)资金的直接转移、潜在的资金或债务间接转移:①赠款或债务免除;②相比于商业条件更加优惠的贷款、贷款担保或其他形式的金融支持;③与通常私有投资(包括风险投资)实践不一致的股权投资。(2)提供除一般基础设施以外的货物或服务,相比一般商业可获得条件更加优惠。从表现形式看,CPTPP协议中有关非商业援助的形式与《SCM协定》第1条、三方联合声明的部分内容有共通之处,包括拨款、债务免除、优惠贷款、优惠条件的贷款担保、无法匹配风险的股权投资、提供服务和产品等。从提供方式看,CPTPP协议规定可以是政府直接给予补贴,也可以是政府通过国有企业给予补贴。CPTPP协议将支持措施的纪律向国有企业、国有金融机构扩展。

未来,这些新的补贴定义和规则将对国有资本占比较大的经济体造成较大影响和冲击,对国有金融资本的经营提出更多挑战,也将扩大对产业链上游行业的国有企业的补贴认定。特别值得警惕的是,如果美国等成员方将市场导向条件的标准纳入WTO,等于用其标准界定了市场经济。它们极有可能通过将中国界定为所谓"非市场经济国家",从而将对中国歧视性的做法合法化,并扩大歧视的适用范围。中国应积极参与WTO改革,联合其他成员方坚定维护WTO核心价值和基本原则,坚决反对建立美国所提出的适用于所有成员的市场导向条件。

---

[1] 2018年7月26日WTO总理事会第三次会议中美大使的发言实录。

第四章
禁止性补贴的法律研究

概括地说,补贴是政府实施的旨在协调、调节和支持经济发展的财政资助、收入或价格支持的一种措施。在通常情况下,补贴由政府的公共账户支出,通过立法形式或行政手段实施,属于政府财政性干预行为。根据补贴的对象,补贴可简单分为国内补贴和出口补贴。国内补贴是指一国政府给予生产某一产品的国内生产商的补贴,不论该商品是否用于出口。这种补贴如果不与进口产品竞争,就不会构成国际贸易中的补贴;但是,一旦受补贴的产品与同类进口产品发生竞争,并由此使该同类进口产品的生产企业受到损害,就可能构成国际贸易中的补贴。禁止性补贴是指一国政府在国际贸易中为增加某一产品的出口或限制某一产品的进口而对某些行业或企业(或其产品)提供无偿的经济支持、扶助的行为。[①] 禁止性补贴一直是各国刺激经济发展的重要手段,无论是从美欧还是日韩的经济发展历程看,还是从当今印度的支持经济发展手段看,禁止性补贴是非常有效的产业政策。正是基于此,各国为了加严补贴纪律,《SCM 协定》把禁止性补贴分为出口补贴和进口替代补贴两类。出口补贴是指一国政府专门对出口产品的生产商给予鼓励出口性质的补贴,出口补贴是国际贸易中最传统也是最主要的补贴方式。出口补贴使受补贴的企业有能力以较低价格在外国市场销售产品,从而对该国的同类产品及其生产企业或行业造成损害。进口替代补贴是指在法律上或事实上视使用国产货物而非进口货物的情况为唯一条件或多种其他条件之一而给予的补贴。补贴在广义上可以理解为是一个国家的政府对国内行业的某一产业或企业(或其产品)给予无偿支持、扶助的行为。它本身"作为一个国家的一项经济和社

---

① 参见李昌麒主编:《经济法学》(修订本),中国政法大学出版社 1999 年版,第 497、502 页。

会政策是无可指责的"①,属于一国的内部事务,是主权国家应有的权利②,应属于国内法调整的范畴。但 WTO 各成员方为了公平的贸易秩序让渡了部分权利,并携起手来共同努力,希望建立一个更具透明度和平衡的规则,并在实践中维护和尊重规则,而不是滥用规则。随着 WTO 改革的开始,特别是美国、日本、欧盟提出关于补贴的联合提案,不仅仅进一步加严与工业品相关的补贴纪律,还进一步压缩发展中国家成员可以用于与民生相关的补贴政策的空间,希望在源头上切断发展中国家成员利用比较产业优势实现经济发展的可能性。中国政府应进一步加强对补贴与反补贴制度的研究,要与其他发展中国家成员方一道携起手来找到最大公约数,在未来的谈判中有所作为,避免在谈判中出现不利于发展中国家成员、不利于中国的不平等的限制条款。国际社会不应该允许个别成员滥用规则以行贸易保护主义之实的霸凌行为。

第一节 禁止性补贴的法律构成

禁止性补贴又称为"红灯补贴",该补贴自动被视为具有专向性。③《东京守则》将补贴分为出口补贴和生产补贴,但仅规定出口补贴是被禁止的。④《SCM 协定》则把进口替代补贴也纳入禁止性补贴的范畴中。根据《SCM 协定》第 3 条的规定,禁止性补贴可分为两类:出口补贴(包括附件 1 列举的出口补贴)和进口替代补贴。《SCM 协定》把这两种补贴列为禁止性补贴,是因为它们直接对国际贸易产生了扭曲作用。出口补贴非正常地提高了本国产品在世界市场上的竞争力,进口替代补贴则对进口产品的正常竞争产生消极影响⑤,人为地阻碍了进口。⑥ 严格地讲,《SCM 协定》并没有直接给"禁止性补贴"下定义,而是指明哪类补贴是被禁止的,但各成员方的实践和专家组的裁决均视《SCM 协定》第 3 条

---

① 张玉卿编著:《国际反倾销法律与实务》,中国对外经济贸易出版社 1993 年版,第 137 页。
② 参见李双元、李先波主编:《世界贸易组织(WTO)法律问题专题研究》,中国方正出版社 2003 年版,第 233 页。
③ 参见《SCM 协定》第 2.3 条。
④ 参见《东京守则》第 9 条。
⑤ 参见曹建明、贺小勇:《世界贸易组织》(第二版),法律出版社 2004 年版,第 142 页。
⑥ See Melaku Geboye Desta, *The Law of International Trade in Agricultural Products: from GATT 1947 to the WTO Agreement on Agricultire*, Kluwer Law International, 2002, p.174.

为其定义。此外,《SCM 协定》第 3 条将禁止性补贴限定为"除《农业协定》的规定外"。在美国陆地棉补贴案中,上诉机构指出,该例外规定适用于《SCM 协定》第 3 条的出口补贴和进口替代补贴。但有意思的是,进口替代补贴没有出现在《农业协定》中。禁止性补贴是各国长期以来最为关注的,提请争端解决案件较多,在法律认定上较为复杂、争议也较多。笔者认为,认真研究分析争端解决实践对禁止性补贴的法律认定极为重要。

一、"出口补贴"的法律认定

出口补贴早在 17 世纪就已出现,它是各国在各个贸易发展阶段最常用的贸易政策工具之一。出口补贴在各国贸易早期发展阶段起着重要作用,但随着经济的发展,出口补贴的危害性日益显现,因此,各国都要求通过国际贸易规则对出口补贴进行约束。

GATT1947 的最初文本没有禁止任何形式的补贴,直到 1955 年增加的第 16.B 条对"出口补贴"进行了规定。其中,第 16.3 条规定了初级产品的出口补贴纪律,第 16.4 条规定了除初级产品以外的任何产品的出口补贴纪律。第 16.4 条规定,"缔约方应停止对除初级产品以外的任何产品的出口直接或间接地给予任何形式的补贴,此种补贴可使此种产品的出口价格低于向国内市场同类产品购买者收取的可比价格"。该条的措辞比第 16.3 条"缔约方应寻求避免(should seek to avoid)对初级产品的出口使用补贴"更为强硬。GATT 1994 附件 I"注释和补充规定"解释第 16.4 条的用意是"各缔约方应寻求在 1957 年年底前达成协议,自 1958 年 1 月 1 日起取消所有剩余补贴;如不能达成协议,则应就延长维持现状的日期达成协议,直至此后它们可望达成协议的最早日期为止"。"取消所有剩余补贴"(to abolish all remaining subsidies)表明了缔约方试图停止对除初级产品外的任何产品的出口提供补贴的决心。① 但是,尽管各缔约方已经认识到出口补贴的危害,但第 16.4 条并不禁止出口补贴本身,而是要求停止提供导致产品出口价格低于国内价格的出口补贴。这种现象被称为"双重定价"(dual pricing)。双重定价被认为是任何有效的出口补贴必然产生的结果,因此,第 16.3 条的规定相当于普遍禁止对除初级产品外

---

① 参见李晓玲:《WTO 框架下的农业补贴纪律》,华东政法大学 2007 年博士论文,第 78 页。

的产品提供出口补贴。①

1979 年《东京守则》在 GATT 1947 第 16.B 条的基础上进行了解释和补充,第 9 条放弃了"双重定价"的方法,规定在不对另一国的贸易或生产造成不利影响的情况下,允许一国进行国内补贴和初级产品的出口补贴(因为这样对发达国家是有利的,相当于对发达国家使用该初级产品进行深加工的企业进行了补贴,该补贴相当于转移支付给了发达国家的深加工企业),但禁止对非初级产品、工业产品和矿产品给予出口补贴,并采用《出口补贴例示清单》列举了出口补贴的各种形式。《SCM 协定》对出口补贴的约束比以往的规定要更为严格。在《东京守则》的基础上,《SCM 协定》进一步扩大了禁止性补贴的范围,禁止所有成员方对任何产品进行出口补贴,而且没有任何例外的规定,还把出口补贴的概念扩展到事实上的出口补贴。② 《SCM 协定》除保留《出口补贴例示清单》外,还增加了《关于生产中投入物消耗的准则》和《关于确定替代退税制度为出口补贴的准则》两个附件。

出口补贴是指在法律或事实上视出口实绩为唯一条件或多种其他条件之一而给予的补贴。③ 如果法律上明确规定以出口实绩作为给予补贴的唯一条件或条件之一,则该种补贴属于出口补贴;如果法律上没有明确规定以出口实绩为补贴条件,但补贴的给予在事实上与出口或预期的出口联系在一起,则该种补贴也属于出口补贴。④《SCM 协定》第 3 条、美国反补贴税法[19 U.S.C. §1677(5A)(B)]和欧盟反补贴法(第 2026/97 号理事会规则)的第 3.4 条均有类似规定。关于出口补贴定义中的用语,上诉机构在加拿大民用航空器案⑤中进行了分析⑥,认为《SCM 协定》第 3.1(a)条中的"视……为条件"(contingent upon)应该理解为该词的通常含义——"有条件的"或"以其他事物的存在为其存在的条件",即该定义可

---

① See Melaku Geboye Desta, *The Law of International Trade in Agricultural Products: from GATT 1947 to the WTO Agreement on Agricultire*, Kluwer Law International, 2002, p.107–108.
② See Joseph E. Pattison, *Antidumping and Countervailing Duty Laws*, Thomson/West, 2005, p.263.
③ 参见《SCM 协定》第 3.1(a)条。
④ 参见曹建明、贺小勇:《世界贸易组织》(第二版),法律出版社 2004 年版,第 142 页。
⑤ 参见加拿大民用航空器案上诉机构报告(WT/DS139/AB/R)。
⑥ 根据 DSU 第 3.2 条的规定,WTO 专家组应当根据"对国际公法的习惯解释"来解释《SCM 协定》第 3.1(a)条。根据 WTO 的实践,对国际公法的习惯解释应依据《维也纳公约》第 31 条的规定,该条第 1 款规定:"条约应依其用语按其上下文并参照条约之目的及宗旨所具有之通常意义,善意解释之。"

理解为适用于法律上和事实上的出口条件性可以为唯一条件或多种其他条件之一。上诉机构在加拿大汽车案中指出《SCM 协定》第 3.1(a)条脚注 4 中的"和……联系在一起"一词应作为"视……为条件"或"有条件的"(conditional)的同义词,是定义的补充解释。上诉机构认为,构成法律上或事实上的补贴时所依据的"视出口实绩而定"的出口条件性的法律标准是相同的①,它们的不同点仅在于证明一项补贴是以出口为条件的证据存在不同。

上诉机构在加拿大汽车案②、加拿大民用航空器案和美国外国销售公司案中对《SCM 协定》第 3.1 条的法律解释和认定问题进行了分析。下文将结合案例从法律、事实认定和举证责任的角度对法律和事实上的出口补贴进行分析。

(一)"法律上的出口补贴"认定

从举证责任的角度来看,认定一项补贴是法律上的出口补贴,是较为容易的。如果相关立法、规章或其他法律文件的措辞(或字面意思)能够证明补贴的给予是视出口实绩而存在的,则可认定是在法律上给予的出口补贴。即使在包含该措施的法律文件中没有言明或明确措辞指明在满足一定的出口实绩条件后才可以获得补贴,但只要对出口条件作了明确的规定,仍可以被认定为是在法律上视出口实绩而给予的补贴。因为该条件可以从实际使用的文字里引申得出。③

在认定法律上的出口补贴时需要注意的问题是强制性和任意性规范之间的区别以及它们在《SCM 协定》第 3 条中的适用。印尼诉美国影响印尼烟草的生产和销售的相关措施案(United States—Measures Affecting the Production and Sale of Clove Cigarettes,DS406,以下简称"美国烟草案")专家组认为,"只有不符合总协定的强制性规范才是可以直接指控的对象,如果一项法规向行政机构授权,行政机构以不符合总协定的方式行事,这项法规并不可以直接被指控,只有在实施这类规范中不符合总协定的具体行为才是可以被指控的"④。由此可以看出,如果法律规定了强制性义务,这一法律本身就可以成为被申诉的对象;但如果法律只是规定了行政机构的权限,行政机构在执行法律时采取的措施违反了《SCM 协

---

① 参见加拿大汽车案上诉机构报告(WT/DS142/AB/R),第 107 段。
② 同上注。
③ 同上,第 100 段。
④ 美国烟草案专家组报告(WT/DS406/R),第 118 段。

定》，则只能就具体行政措施提出申诉。①

加拿大民用航空器案②涉及了如何认定一项措施是法律上的还是事实上的出口补贴的问题。在该案中，巴西指控的措施中包括加拿大出口发展公司③提供的融资和贷款担保以及加拿大账户（canada account）④为民用航空器制造业提供的支持。巴西认为，加拿大出口发展公司是根据出口发展法成立的政府机构，其目的是支持和发展加拿大出口贸易，提高贸易水平，对国际贸易机会作出反应；而加拿大账户成立的唯一目的就是要支持出口，因此加拿大出口发展公司和加拿大账户本身就是《SCM协定》第3条所称的出口补贴。⑤ 巴西提供的唯一证据是从加拿大出口发展公司章程中引用的一句话："公司的宗旨是直接或间接支持和发展加拿大的出口贸易，支持和发展加拿大的贸易能力，并对国际市场作出反应。"专家组认为，"支持和发展"不等于提供补贴，因为支持和发展可以采取许多方式。从这句话的本身，不能得出结论说加拿大法律要求加拿大出口发展公司提供被禁止的补贴。即使"使加拿大出口商处于优势"就是给予补贴，即使公司项目的实践就是给予补贴，仍然不能说从法律上看，该公司章程要求提供补贴，而只能说给予补贴是该公司在解释章程时自行决定的结果。在该案中，巴西未能证明加拿大出口发展公司或加拿大账户的项目属于强制性规范，专家组裁定加拿大账户计划本身构成一项任意性规范，因此，只能通过审查这些章程在飞机工业中的实际实施情况来确定具体的补贴是否属于被禁止的补贴⑥，换句话说，也就是要看这项措施是否是事实上的出口补贴。同样，在韩国商业船舶案中，欧盟认为韩国进出口银行提供了出口信贷和付款担保，但该案专家组也认为，强

---

① 参见朱榄叶：《"出口补贴"析——从世界贸易组织DSB处理的纠纷分析〈补贴与反补贴措施协定〉对出口补贴的规定》，载《国际经济法论丛》2002年第1期。
② 参见加拿大民用航空器案（WT/DS70/R）。
③ 加拿大出口发展公司是根据加拿大法律成立，由加拿大政府独资拥有的公司，它在商业基础上运营，目的是直接或间接地发展加拿大出口贸易，支持和发展加拿大出口商的贸易能力，并对国际市场计划作出反应。
④ 加拿大账户是支持出口交易的政府基金，如果加拿大政府认为某项交易关系国家利益，但由于其规模或风险的缘故，加拿大出口发展公司又不能通过通常的出口信贷给予支持，在加拿大出口发展公司代表政府参与谈判、签署合同和管理合同基金的情况下，资金从加拿大外交和国际贸易部的账户上支出，这样的活动统称为加拿大账户。
⑤ 参见朱榄叶：《"出口补贴"析——从世界贸易组织DSB处理的纠纷分析〈补贴与反补贴措施协定〉对出口补贴的规定》，载《国际经济法论丛》2002年第1期。
⑥ 同上注。

制性义务和任意性义务的差别是存在的,韩国进出口银行的规章没有规定出口补贴条款,因此,其规章没有违反《SCM 协定》第 3.1(a)条和第 3.2 条关于法律上的出口补贴的规定。

由此可见,如果法律明确规定了强制性的义务,申诉方则可以直接就法律提出申诉,但如果法律只是给予行政机构一定的权力,行政机构可以自行确定实施法律的具体形式,即使行政机构选择的形式不符合 WTO 的规定,也不构成"法律上"取决于出口。[1] 很明显,在法律上取决于出口的补贴比较容易证明,只要证明一个成员方存在对出口给予补贴的强制性法律规定,就满足了举证责任。

(二)"事实上的出口补贴"认定

上诉机构认为,可以从一项措施的措辞对法律上和事实上的出口补贴进行区分,如法律上的出口补贴可以从以出口为条件的有关立法、规章或其他法律文件的措辞来判断。与对法律上的出口补贴认定相比,对事实上出口补贴的认定是较为困难的,事实上的出口补贴很难从立法的措辞上加以判断和证明。因为没有任何一份法律文件会在表面上列明一项补贴是"事实上以出口实绩为条件的"。要想证明补贴和出口实绩之间在事实上存在条件关系,必须从构成和围绕补贴给予的事实综合推论而出,任何单个事实本身在任何给定情况下都不可能是决定性的。[2] 因此,对事实上以出口实绩为条件的补贴认定所要考虑的因素很多,需要对与补贴相关的事实进行综合评估。但由于缺乏且很难制定一个审核与评估标准,这也使得调查机关在认定事实上的出口补贴时拥有很大的自由裁量权。

《SCM 协定》第 3.1(a)条和脚注 4[3] 规定的内容为事实上以出口实绩为条件的补贴认定提供一个依据,为事实上的出口补贴的法律认定提供一种指引。DSB 在美国诉澳大利亚对汽车皮革的生产商和出口商提供补贴案(Australia—Subsidies Provided to Producers and Exporters of

---

[1] 参见朱榄叶:《"出口补贴"析——从世界贸易组织 DSB 处理的纠纷分析〈补贴与反补贴措施协定〉对出口补贴的规定》,载《国际经济法论丛》2002 年第 1 期。

[2] 参见加拿大民用航空器案上诉机构报告(WT/DS70/AB/R),第 166—167 段。

[3] 根据《SCM 协定》第 3.1(a)条和脚注 4 的规定,如果证明补贴的给予在事实上与实际出口或与预期出口或出口收入联系在一起,即使未在法律上视出口实绩而定,仍然符合出口补贴的规定,但将补贴给予从事出口企业这一事实本身不得被视为是该协定第 3.1(a)条范围内出口补贴的原因。

Automotive Leather，DS126，以下简称"澳大利亚汽车皮革案"）①和加拿大民用航空器案中对《SCM 协定》第 3.1（a）条脚注 4 中的实体要件和事实上的出口补贴的事实审查标准进行了精彩的分析。

1. 脚注 4 的法律构成

《SCM 协定》脚注 4 指明，如事实证明补贴的给予虽未在法律上视出口实绩而定，而事实上与实际或预期出口或出口收入联系在一起，则符合此标准。将补贴给予从事出口的企业这一事实本身不得视为构成《SCM 协定》第3.1（a）条范围内的出口补贴。

加拿大民用航空器案上诉机构审查了《SCM 协定》脚注 4 的地位②，认为该脚注更类似于"一项用于确定补贴事实上以出口实绩为条件的标准"，并对判断事实上出口条件性的三个要件进行了界定。

第一，"给予或维持一项补贴"。上诉机构认为要确定事实上的出口条件性，必须首先调查补贴的授予机关是否在提供补贴时设定了一项以出口实绩为基础的条件。就《SCM 协定》第 3.2 条和脚注 4 的措辞来看，禁止的是"给予或维持一项补贴"而不是接受一项补贴。因此，协定义务施加的对象是给予补贴的成员而非补贴的接受者③，在分析"事实上以出口实绩为条件"时不应着眼于接受者的合理认知。当然，与接受者相关的客观证据也会被考虑。

第二，"实际或预期出口或出口收入"。"预期的"在字典中的含义是"期待的"，但该词的使用并未将"事实上的出口条件性"的判断标准转变成一项仅用于确定授予机构对出口的"期待"的标准。出口是否被预料或期待只能从对客观证据的审查中得出结论。仅仅证明补贴的给予是因为"了解"或"预期"该接受者的产品用于出口是不够的，因为这不能足以证明补贴的给予是与对出口的预期联系在一起的，是根据出口实绩的。④ 另外，这项审查与考察一项补贴是否与实际或预期出口"联系在一起"是相互独立的，两者不应混为一谈。⑤ 在澳大利亚汽车皮革案中，专家组认为澳大利亚政府对 HOWE 给予的补贴，虽然在事实上并没有使 HOWE 获得额外的出口份额，但澳大利亚政府给予补贴的初衷是为

---

① 参见澳大利亚汽车皮革案上诉机构报告（WT/DS126/AB/R）。
② 参见加拿大民用航空器案上诉机构报告（WT/DS70/AB/R），第 169 段。
③ 同上，第 100、170 段。
④ 同上，第 48 段。
⑤ 同上，第 169—172 段。

了保持 HOWE 的出口优势,HOWE 预期的出口实绩是政府给予补贴的条件之一,有足够证据表明在预期出口和补贴之间存在密切联系。正如朱榄叶教授指出的,确定这一问题时应当依据决定补贴时考虑的因素,而不是看事后的发展情况。出口实际没有达到预期的数量,这并不影响对问题的结论,关键是澳大利亚政府在确定是否给予补贴时考察了 HOWE 是否持续和增加出口的情况。① 澳大利亚存在其他皮革生产商,政府只向 HOWE 发放补贴,而 HOWE 是澳大利亚唯一的车用皮革生产商和出口商,这一证据表明两个事实是有关联的,也表明了给予补贴的条件之一是预期的出口和/或出口收入。② 该案似乎表明补贴的给予不必以产品的出口为条件,只要受益企业是因其出口而获得补贴,且给予补贴的机构期望这些企业保持出口就足以进行认定,受补贴企业增加出口与否并非"补贴以出口实绩为条件"的要件之一。

第三,"……与……联系在一起"。《SCM 协定》脚注 4 中"联系"(tied)一词紧随着介词"与"(to),因此,"联系"一词通常含义是"限制或拘束于……条件",强调了一种制约性或依赖关系。所以在任何特定情况下,必须能够证明一项补贴的给予视实际的或预期的出口业绩而定或与其联系在一起或以之为条件。上诉机构认为,企业本身是出口导向的,不能证明补贴的给予是与实际或预期的出口相联系。接受者的出口导向与靠近出口市场(nearness to the export market)在某些情况下可能作为关联因素,但不应该视为法律上的假定(legal presumptions)。③

2. 事实审查标准

澳大利亚汽车皮革案专家组认为《SCM 协定》第 3.1(a)条中"事实上……视……出口实绩而定"的概念及脚注 4 的用语,要求审查实际上与所涉补贴的给予或维持相关的所有事实,即除对规定给予或维持所涉补贴的特定法律或行政安排的文本审查以外,其他因素也必须予以综合考虑(该案专家组对事实分析的广泛标准施加了时间限制,相关的考虑是指对给予款项的各项条件成立时的事实考虑,而不是随后可能的发展④),并能够根据案件的具体情况具体分析需要考虑的因素,包括补贴

---

① 参见朱榄叶:《"出口补贴"析——从世界贸易组织 DSB 处理的纠纷分析〈补贴与反补贴措施协定〉对出口补贴的规定》,载《国际经济法论丛》2002 年第 1 期。
② 同上。
③ 参见加拿大民用航空器案上诉机构报告(WT/DS70/AB/R),第 173—174 段。
④ 参见澳大利亚汽车皮革专家组报告(WT/DS126/R),第 9.70 段。

的性质、结构和实施条件,补贴给予或维持的环境、出口水平等。如在该案中,澳大利亚是一个小经济体国家,其大部分产品是用于出口的,很显然该种补贴在事实上是与出口相联系的。

加拿大民用航空器案专家组还认为,在确定事实上的出口条件时,对任何事实的审查均不得优于对其他事实的审查。但是该案专家组同时认为,"一项补贴与产品在出口市场上的销售联系越紧密,则相关事实就越可能证明如果无预期出口或出口收入就不会给予该补贴"①。该案上诉机构对专家组采用的个案事实分析方法表示认可。② 在事实审查时,专家组有充分的自由裁量权,DSU 第 11 条赋予专家组职权,要求专家组对案件的事实作出客观的评价,但也可以根据个案的具体情况变化考虑任何特定事实。具体地说,在该条规定下,专家组所考虑的事实必须在总体上能被事实性证据所证明:补贴的给予或维持以实际或预期出口或出口收入为条件③,即适用的法律标准仍然是必须证明《SCM 协定》脚注 4 中的三个实体要件。④

在欧共体大飞机案中,专家组首先阐述了《SCM 协定》第 3.1(a)条及脚注 4 关于事实上出口补贴的认定标准,其依据上诉机构在加拿大民用航空器案中作出的解释,认为事实上的出口补贴必须符合三个条件:(1)授予补贴(the "granting" of a subsidy);(2)紧密联系(that is "tied to");(3)事实上或预期的出口或出口收益("actual or anticipated exportation or export earning")。专家组认为仅有出口预期不足以证明授予补贴是视出口预期为条件的,还需结合其他事实综合考量。⑤

但是上诉机构认为专家组对事实上的出口补贴的解释是不正确的。上诉机构认为应该考虑补贴是否刺激了出口,而不是因预期的出口实绩而给予补贴。⑥ 因此,上诉机构确立了"出口诱因"测试(Export Inducement Test),该测试被满足的条件是,当补贴给予刺激了补贴接受者的出口,而未被补贴扭曲的国内和出口市场的供需并不能简单反映这一出口。该测试考虑的因素有:(1)补贴措施的设计和结构;(2)补贴措

---

① 加拿大民用航空器案专家组报告(WT/DS70/R),第 9.337—9.339 段。
② 参见加拿大民用航空器案上诉机构报告(WT/DS70/AB/R),第 169 段。
③ 参见澳大利亚汽车皮革案专家组报告(WT/DS126/R),第 9.56—9.57 段。
④ 参见加拿大民用航空器案上诉机构报告(WT/DS70/AB/R),第 174 段。
⑤ 参见欧共体大飞机案(第 21.5 条-美国)上诉机构报告(WT/DS316/AB/RW),第 6.678 段。
⑥ 参见欧共体大飞机案上诉机构报告(WT/DS316/AB/R),第 1044 段。

施的运作形式;(3)以及有利于理解补贴的设计、结构和运作形式的相关事实情况。① 此外,上诉机构还认为,出口补贴使得出口销售的条件更优于国内销售。② 上诉机构还引入了"比率评估"测试(Ratio-based Assessment)作为分析工具,通过比较"补贴产品的预期出口和国内销售的比率(预期比率)"和"没有补贴的情形下的比率(基础比率)"来进行分析。③ 上诉机构认为,基础比率可以基于历史基础方法,即来源于补贴给予之前的"同类产品"的历史销售数据(此案中为同一机型的民用大飞机);也可基于假设基础方法,即来源于未给予补贴下假设的利润最大化的表现。

总而言之,在认定事实上的出口补贴时,必须从构成补贴给予的所有事实以及所有相关事实中推断是否在事实上以出口为条件,在补贴和出口实绩之间是否存在制约性关系,任何一项事实本身在任何情况下都不可能是决定性的。④

(三)关于《出口补贴例示清单》解析

GATT 于 1960 年曾起草《第 16.4 条生效宣言》(Declaration Giving Effect to the Provisions of Article XVI:4),其对非初级产品规定了一个非穷尽性的出口补贴清单,并于 1962 年生效。由于该宣言区分了初级产品与非初级产品,因此很多发展中国家并不愿意接受,最终只有 17 个缔约方接受。1979 年《东京守则》禁止对非初级产品使用出口补贴,并在前述宣言的基础上制定了一个非穷尽性清单,具体内容在第 9 条和附件中列出。《SCM 协定》对出口补贴的类型采取了列举的方式,但该例示清单并非穷尽。此清单在 1979 年《东京守则》中已有规定,但实际上最早的文本是以 1959 年欧洲经济合作组织 [Organisation for European Economic Co-operation,OEEC,即经济合作与发展组织(Organisation for Economic Co-operation and Development,以下简称"OECD")的前身]的出口补贴清单为基础的。⑤

有学者从补贴的支付方式对该例示清单加以划分,第(a)-(d)款和(i)款属于预算支出的范围,第(e)-(i)款是税式支出的范围,属于财政

---

① 参见欧共体大飞机案上诉机构报告(WT/DS316/AB/R),第 1046 段。
② 同上,第 1053 段。
③ 同上,第 1046 段。
④ 同上,第 166—167 段。
⑤ 参见罗昌发:《美国贸易救济制度》,中国政法大学出版社 2003 年版,第 108 页。

政策的范畴;而第(j)-(k)款是信贷支出,属于货币政策的范畴。① 《SCM 协定》附件 1 中具体规定如下②:

(a)直接补贴。政府视出口实绩对公司或产业提供直接补贴,直接补贴是最典型也是最为明显的补贴。例如以出口额或出口创汇额为条件给予一定金额的奖励。③

(b)外汇留成制度④或其他类似的出口奖励措施。该类措施使出口者在兑换时可以获得较高比率的国内货币,而其他通常汇率情况下则只能兑换较少的国内货币。如在外汇管制下,通常所有企业不得持有外汇资产,但出口额或出口创汇额达到一定数额的企业可以保留一定比例的外汇。⑤

(c)运输补贴。政府提供或授权的对用于出口销售的货物征收的装卸和货运费用条件优于用于国内销售的货物。

(d)货品或服务的优惠供应。由政府或其代理机构直接或间接通过政府指令性计划提供在生产出口货物中使用的进口或国产产品或服务的条款或条件优于给予为生产供国内消费货物所提供的同类或直接竞争产品或服务的条款或条件,如(就产品而言)此类条款或条件优于其出口商在世界市场商业上可获得的条款或条件。例如,政府为出口企业提供免费的信息服务,但如果对内销生产提供同样的服务则要收取费用。⑥

(e)直接税减免。政府全部或部分免除、减免或缓交工业或商业企业已付或应付的、专门与出口产品有关的直接税或社会福利费用。直接税是指对工资、利润、利息、租金、专利权使用费和其他形式的收入所征收的税,以及对不动产所有权的征税。⑦

许多反补贴案件涉及上述内容,如美国外销公司税案涉及直接税的免除和缓交。上诉机构在美国外销公司税案中指出,《SCM 协定》脚注 59

---

① 参见段爱群:《论 WTO 中的财政补贴与我国的战略取向》,中国财政经济出版社 2003 年版,第 103 页。
② 参见李双元、李先波主编:《世界贸易组织(WTO)法律问题专题研究》,中国方正出版社 2003 年版,第 242 页。
③ 参见曹建明、贺小勇:《世界贸易组织》(第二版),法律出版社 2004 年版,第 142 页。
④ 在这里似乎翻译得不准确,如果就单词直接翻译是这个意思,但根据英文的实际意思及当时制定的背景,应该是获得较好的兑换利率,一种双重汇率制度。
⑤ 参见曹建明、贺小勇:《世界贸易组织》(第二版),法律出版社 2004 年版,第 142 页。
⑥ 同上,第 142 页。
⑦ 同上,第 143 页。

第五句话(无意限制一成员采取措施避免对其企业或另一成员企业所获国外来源的收入进行双重征税)的意义在于规定成员有权"采取"措施避免对国外来源的收入进行双重征税,尽管这些措施原则上可能构成《SCM协定》第3.1(a)条含义下的出口补贴。上诉机构还认为《SCM协定》脚注59第三句和第四句话规定了与救济有关的规则,但这些规则与成员依据《SCM协定》第3.1(a)条所应承担的实体义务无关。[1] 因此《SCM协定》脚注59第五句话构成了适用于第3.1(a)条含义下出口补贴的法律制度的一项例外,明确规定了如果一项措施系为避免对国外来源的收入双重征税,则成员有权采取该措施。[2] 此时,应诉方负有举证责任证明其措施属于《SCM协定》脚注59第五句话的范围。[3] 上诉机构还指出,各成员有权决定采用何种征税原则来确定收入来源并决定是否对其征税,但是《SCM协定》脚注59并没有给予成员无限的自由裁量权通过出口补贴的方式避免对"国外来源的收入"双重征税。由于《SCM协定》脚注59第五句话只是对出口补贴的禁止性规定的例外,因此,必须谨慎界定其范围。[4] 在美国外销公司税案中,虽然获得ETI[5]优惠的交易必须符合"境外经济活动"的要求,包括纳税人在国外进行合同的谈判或签署等活动,但是不能单单基于相关经济活动的某些部分在美国境外进行,便认定该经济活动所产生的所有收益符合《SCM协定》脚注59所指的外国来源收入。美国的错误在于没有区分哪些收益是外国来源所得,哪些收益是美国来源所得。因此,上诉机构裁定美国ETI措施不属于避免双重征税的措施。[6]

另外,为避免双重征税,《SCM协定》脚注1也作出规定:"对一出口产品免征其同类产品供国内消费时所负担的关税或国内税,或免除此类关税或国内关税的数量只要不超过增加的数量,不得视为补贴。"

(f)缩小税基。在计算直接税的征税基础时,与出口产品或出口实绩直接相关的特殊税务扣除超过给予供国内消费的生产的特殊税务扣

---

[1] 参见美国外销公司税案上诉机构报告(WT/DS108/AB/RW),第99—100段。
[2] 同上,第132段。
[3] 同上,第133段。
[4] 同上,第139—140段。
[5] "外国销售公司替代及境外所得税法案"(FSC Replacement and Extraterritorial Income Exclusion Act, ETI Act,以下简称境外所得免税法),根据此法案采取的税收优惠可简称为ETI措施。
[6] 参见曹建明、贺小勇:《世界贸易组织》(第二版),法律出版社2004年版,第152页。

除,减轻出口企业负担,从而达到刺激和鼓励出口目的①的情况经常被用作国内补贴的方式。

(g)超额退还或免除出口企业的间接税。政府对于出口产品的生产和分销的间接税的减免,超过对供国内消费同类产品的生产和分销的间接税。间接税是指增值税、消费税、营业税、特许税、印花税、转让税、存货税、设备税、边境税及除直接税和进口费用以外的所有赋税。

间接税的减免或缓征超过对于销售供国内消费的同类产品的生产和分销所征收间接税的缓征和减免标准。② 出口退税是指一个国家为增强出口货物的竞争能力,将出口货物在国内生产和流通过程中所缴纳的间接税予以免征或退还,使出口货物以不含税价格进入国际市场的一种政策制度。根据2019年财政部、税务总局、海关总署《关于深化增值税改革有关政策的公告》的规定,从2019年4月1日起,原适用16%税率且出口退税率为16%的出口货物、劳务,出口退税率调整为13%;原适用10%税率且出口退税率为10%的出口货物、跨境应税行为,出口退税率调整为9%,没有超过增值税税率。同时,该文件还规定了出口退税率调整的过渡期间。此外,加工贸易项下进口产品也只限于免除或退还已征收的关税,并没有超过征收的关税。中国采取的出口退税制度完全符合GATT及WTO相关法律的规定。

(h)对用于生产出口产品的货物或服务所征收的前阶段累积间接税的免除、减免或缓交超过对用于生产国内消费的同类产品的货物或服务所征收的前阶段累积间接税的免除、减免或缓交标准;但是如前阶段累积间接税是对生产出口产品过程中消耗的投入物所征收的(扣除正常损耗),则即使当同类产品销售供国内消费时,前阶段累积间接税不予免除、减免或缓交,对出口产品征收的前阶段累积间接税也可予免除、减免或缓交。该规定应依照《SCM协定》附件2中关于生产过程中投入物消耗的准则予以解释。关于投入物,美国有若干实例可供参考。在日本三水合物案(Amoxicillin Trihydrate and Its Salts from Japan)③中,DOC表示能源不能被认定为投入物。在阿根廷鞋案(Non-Rubber Footwear From Argentina)④中,DOC则认为

---

① 参见曹建明、贺小勇:《世界贸易组织》(第二版),法律出版社2004年版,第152页。
② 美国和欧盟的飞机补贴争端和美国外销公司税案均与(g)或(h)有关,因为美国不征收增值税,所以相对于欧盟等有出口退税(增值税退税)的国家处于劣势地位。
③ See 47 Fed. Reg. 33999(1982).
④ See 47 Fed. Reg. 56162(1982).

薪资税及对各种间接开销的税捐不能被认定为投入物。

超额退还用于生产出口商品的进口投入物的进口税费。

(i)对进口费用的减免或退还超过对生产出口产品过程中消耗的进口投入物所收取的进口费用(扣除正常损耗)。但是,在特殊情况下,如进口和相应的出口营业发生在不超过 2 年的合理期限内,则一公司为从本规定中获益,可使用与进口投入物的数量、质量和特点均相同的国内市场投入物作为替代。此点应依照《SCM 协定》附件 2 中关于生产过程中投入物消耗的准则和附件 3 中关于确定替代退税制度为出口补贴的准则予以解释。

(j)政府(或政府控制的特殊机构)提供的出口信贷担保或保险计划、针对出口产品成本增加或外汇风险计划的保险或担保计划,其保险费率不足以弥补其长期营业成本和其所提供计划的亏损。

(k)政府(或政府控制的和/或根据政府授权活动的特殊机构)给予的出口信贷,利率低于它们使用该项资金所实际应付的利率(或如果它们为获得相同偿还期和其他信贷条件且与出口信贷货币相同的资金而从国际资本市场借入时所应付的利率),或它们为获得信贷支付给出口商或其他金融机构所产生的全部或部分费用,只要这些费用是用来保证在出口信贷方面能获得实质性的优势。DOC 认为,如果政府提供贷款保证(Loan Guarantees),即使没有政府成本的涉入,仍可构成补贴。但是,如一成员属一官方出口信贷的国际承诺的参加方,且截至 1979 年 1 月 1 日,至少有 12 个《SCM 协定》创始成员属该国际承诺的参加方(或创始成员通过的后续承诺),或如果一成员实施相关承诺的利率条款,则符合这些条款的出口信贷做法不得视为《SCM 协定》所禁止的出口补贴。

为充分利用该条款的例外规定,建议中方积极参加有关官方出口信贷的国际承诺谈判。但美国认为,即使是 OECD 的参加方,只要政府向承贷人收取的费用和利息低于政府获得此笔贷款所支付的成本,即可视为补贴存在。这里"出口信贷的国际承诺"所指代的是 OECD 的《官方支持出口信贷的行动指南的安排》[①],该安排并不是具有法律约束力的国际条约,是一种软法,是多年来各国关于出口信贷的约定,但实际上已成为一项国际惯例。

---

① See Arrangement on Guidelines for Officially Supported Export Credits.

在巴西航空器案中,巴西认为自己的补贴计划虽然是出口补贴,但属于第(k)款允许的范畴,因为该计划不是用于"保证出口信贷的实质性优势",而是用于抵消巴西与加拿大风险溢价的差异(高达10.5%)及加拿大对飞机产业的补贴。上诉机构认为,应当将该补贴措施涉及的出口信贷条件与一定的"市场基准"相比较来确定"实质性优势"存在与否。上诉机构采用了OECD使用的商业参考利率作为"市场基准"来衡量出口商接受补贴后的利率,如果低于OECD使用的商业参考利率,则认定存在"出口信贷方面的实质性优势"。

一个国家的信用等级是由国际收支状况、债务偿债能力、政治稳定状况及经济健康程度等一系列因素决定的,而发展中国家成员在这些方面都不够成熟,还处于发展阶段,因而其主权评级相对比发达国家成员差距较大。由于一国企业的信用评级不高于本国的主权评级,因此,发展中国家成员企业的融资成本要远远高于发达国家成员企业的融资成本,那么在国际市场上,同样条件下发展中成员付出的融资成本自然也比发达国家成员高。故此,巴西认为前述案件中的认定基准对发展中国家成员特别是信用等级较低的国家成员是极为不合理和不公平的。多哈规则谈判中讨论出口信贷方面问题时,巴西最为活跃。巴西[①]认为,目前的国际经济环境已有别于当年确立出口信贷规则时的情况,应重新审议《SCM协定》附件1中的(j)和(k)两项,即出口补贴清单中有关出口信贷的两项内容。该规则源于20世纪60年代,已经不适应现实情况,是过时的、不均衡的基准,也未能考虑WTO成员之间的差别,使各成员不能在出口信贷领域公平竞争。这种不对称性削弱了多边贸易体制的可信性。目前,发展中国家成员为了促进出口,尤其是在高附加值产品方面与发达国家成员竞争,必须对其出口提供融资。为此,规则谈判小组应纠正在出口信贷方面发展中国家成员和发达国家成员之间的不平衡,并全面考虑成员方国内整体经济状况的差异,在出口信贷领域建立真正的公平竞争环境(level playing field)。巴西认为,《SCM协定》仅提供了一种概念:出口信贷担保或保险计划的保险费率足以弥补长期营业成本和亏损,即"盈亏平衡"。但是有些成员提供担保的交易费用低于正常市场水平。这对于难以实现这一条件的成员方是不公平的,即使它们整体的经济状况相同且提供了相同的担保,但是由于信用等级不同,其结果是不同的。总而言

---

① See TN/RL/W/5.

之,仅有"盈亏平衡"的要求不足以实现真正的公平竞争环境,尤其是对信用等级较低的成员来说,这种做法是不公平的。

关于(k)项:第一自然段确立了基本原则,即成员方的出口金融支持不能低于资金使用成本。但是该段的最后一句话可推断为即使低于资金使用成本,但如果并没有获得"实质性的优势",这种情况也是允许的。各成员方的资金使用成本是各不相同的,它不能作为是否符合WTO的参数,这对发展中国家成员来说是不公平的。《SCM协定》附件1出口补贴清单使用的语言,特别是应重新审议(k)项,应允许发展中国家成员方提供与在国际市场上或发达国家成员方信用机构提供的条件相比有竞争力的出口信贷。①

阿根廷、印度、韩国对巴西的观点表示赞同。韩国同时指出,WTO上诉机构的裁决已指出,即使未给予"实质性的优势",也不一定就不是出口补贴。许多成员对此提议表示支持,认为原有的"出口信贷利率标准"应纳入WTO项下进行多边管理,对出口信贷进行更严格的规定,并把发展中国家成员方的出口融资措施纳入不可诉补贴。

欧盟赞同对出口信贷规定作进一步澄清,并建议参考OECD的相关规范。以印度为首的发展中国家成员(巴西、古巴、委内瑞拉、哥伦比亚、菲律宾、马来西亚等)认为发展中国家成员由于国家财力有限无法提供"出口信贷",所以应对此类补贴加以禁止。但是由于发展中国家成员所采取的补贴大多出于国家发展、社会就业等考虑,应予以差别对待。同时,这些国家反对将OECD中关于"出口信贷"的规范纳入《SCM协定》②,认为OECD的规范缺乏WTO多数成员参与的基础。巴西还提出,绝大多数发展中国家成员都不是OECD成员,不应将多数成员未参与讨论的OECD规则纳入WTO的补贴纪律。

从法理上讲,OECD的《官方支持出口信贷的行动指南的安排》是一个君子协定,是一种软法。而《SCM协定》是一项国际协定,对其成员是有强制性约束力的③,把另外一个国际组织中的一种约定做法纳入

---

① See TN/RL/W/7.
② 美国希望把OECD规则纳入WTO体系,主要是因为OECD没有(does not have the teeth)类似于WTO的争端解决机构,其裁决不能得以顺利执行。
③ 参见加拿大民用航空器案(第21.5条-巴西)专家组报告(WT/DS70/RW),第5.125、5.132、5.134段。

WTO法律体系内并对WTO成员加以约束,从国际法的角度来说是不合适的。①

(1)构成GATT 1994第16条意义上的出口补贴的其他由政府公共账户支付的项目。

需要考虑的情况是,如果争议措施符合《SCM协定》附件1规定的某一项补贴的条件,是否还需要根据《SCM协定》第3.1(a)条证明构成出口补贴？在巴西航空器案中,专家组认为,一旦证明涉案措施属于《出口补贴例示清单》的范围,就属禁止性补贴,成员需要首先证明涉案措施以出口实绩为条件。此外,如果某一措施不属于《SCM协定》附件1《出口补贴例示清单》范围内的补贴,可否认定其不构成《SCM协定》项下的出口补贴？在韩国商用船舶案中,专家组对此持否定态度。该案涉及《出口补贴例示清单》中的(j)项,专家组认为应当考虑(j)项是否属于《SCM协定》脚注5②的范畴,因为(j)项不属于脚注5的适用范围,所以不能以(j)项为依据认定那些措施不构成禁止性出口补贴。由此看来,该案专家组对(j)项的解释也应当可以被推定适用于《出口补贴例示清单》的其他项目。③

二、"进口替代补贴"的法律认定

(一)"进口替代补贴"的定义

进口替代补贴(Import Substitution Subsidies)(又可称为当地成分补贴,Local Content Subsidies)是指在法律上或事实上视使用国产货物而非进口货物的情况为唯一条件或多种其他条件之一而给予的补贴。④ 简单地说,进口替代补贴是指使用者本应使用进口产品而改用国产产品,政府给予使用者或该产品的生产者的补贴,即以使用国产产品为条件而给予的补贴。该补贴在实践中较为常见,例如,如果一项补贴计划要求企业只有在产品投入物大部分为国产货物的情况下才可以获得补贴,那么此类补贴就可能构成进口替代补贴。如果在企业可以购买国产设备或进口设

---

① See May E. Footer, *An Institutional and Normative Analysis of the World Trade Organization*, Martinus Nijhoff Publishers, 2006, p.323.
② 《SCM协定》附件1所指的不构成出口补贴的措施不得根据规定和《SCM协定》任何其他规定而被禁止。
③ 参见李晓玲:《WTO框架下的农业补贴纪律》,华东政法大学2007年博士论文,第82页。
④ 参见《SCM协定》第3.1(b)条。

备的条件下规定对于购买国产设备所提供的税收优惠要远高于购买进口设备,如此形成的补贴也可能构成进口替代补贴。再如为企业提供优惠贷款的条件是,贷款只能用于购买国产机械设备或用于购买生产进口替代产品的生产设备,这种优惠贷款也可能构成进口替代补贴。

乌拉圭回合谈判中,美国要求将进口替代补贴纳入禁止性补贴的范围,认为这类补贴"在保护国内投入物供应产业和扭曲资源国际流向方面,与关税有同样的效果"①。进口替代补贴是唯一被禁止的国内补贴。与其他国内补贴不同的是,进口替代补贴的目标是对投入物产业市场造成贸易扭曲,而不是接受政府财政资助的产业的市场。② 与出口补贴授予对象不同,进口替代补贴授予的对象是用于国内消费产品的生产者或使用者,其目的在于减少进口及外汇支出和发展新兴工业。③ 该补贴对国际贸易的影响在于:它会使进口产品在与受补贴的国产产品竞争时处于劣势,从而抑制相关产品的进口。④ 各成员方政府采取进口替代补贴的方式通常有:对进口替代产品的使用者给予物质奖励,允许使用国产产品的生产者对进口替代的国产设备进行加速折旧,或者对此类设备的增值税予以全额抵扣,对购买进口替代设备提供优惠贷款等。⑤

(二)DSB 对"进口替代补贴"的法律认定

不同于出口补贴,《SCM 协定》没有给进口替代补贴提供一个例示清单,但进口替代补贴属于禁止性补贴。根据 WTO 专家组的观点⑥,《SCM 协定》禁止以使用国产货物为条件给予补贴,而不是禁止国家使用国产货物,对于不符合《SCM 协定》第 3.1(b)条规定的措施可以通过消除补贴加以救济,即使仍保留适用当地成分要求。⑦ 另外,进口替代补贴也违反了

---

① See Terence P Stewart ed., *The GATT Uruguay Round*: *A Negotiating History* (1986 – 1992), *Vol.I*: *Commentary*, Kluwer Law and Taxation Publishers, 1993, p.886.

② See Jan Wouters and Dominic Coppens, "An Overvies of Agreement on Subsidies and Countervailing Measures-Including a Discussion of the Agreement on Agriculture," K.U.Leuven Faculty of Law, Working Paper No.104, December 2006, http://www.law.kuleuven.be/iir/nl/wp/WP104e.pdf, November 22, 2006, p.35.

③ 参见李双元、李先波主编:《世界贸易组织(WTO)法律问题专题研究》,中国方正出版社 2003 年版,第 242 页。

④ 参见曹建明、贺小勇:《世界贸易组织》(第二版),法律出版社 2004 年版,第 144 页。

⑤ 同上注。

⑥ 参见印度尼西亚汽车案专家组报告(WT/DS54, 55, 59, 64/R),第 14.50—14.51 段。

⑦ 参见甘瑛:《国际货物贸易中的补贴与反补贴法律问题研究》,法律出版社 2005 年版,第 105 页。

GATT 1994 第 3.4 条规定的国民待遇原则。

出口补贴的出口条件性标准同样也适用于进口替代补贴①,在此不再赘述。但值得一提的是,在加拿大汽车案中,专家组裁定《SCM 协定》第 3.1(b)条所指的条件性仅包含法律上的条件性,而不包括事实上的条件性。专家组裁定的理由是,《SCM 协定》第 3.1(a)条明确提及了补贴在"法律上或事实上的"出口条件性,而第 3.1(b)条没有这样的明确规定。② 上诉机构撤销了这一裁定,认为《SCM 协定》第 3.1(b)条应包括法律上和事实上的出口条件性。上诉机构同意专家组的部分观点,认为《SCM 协定》第 3.1(a)条是解释第 3.1(b)条的背景,但同时指出"其他相关因素也应当被考虑":首先,GATT 1994 第 3.4 条和《SCM 协定》第 3.1(b)条都适用于要求使用国产货物而非进口货物的措施。GATT 1994 第 3.4 条同时涵盖法律上和事实上的出口条件性,因此,《SCM 协定》中类似的规定不应仅适用于法律上的出口条件性,两者涵盖的条件性应该是相符的。其次,《SCM 协定》第 3.1(a)条明确提及"法律上或事实上",尽管第 3.1(b)条没有这样的明确规定,但这并不必然意味着第 3.1(b)条只适用于法律上的出口条件性。最后,裁定《SCM 协定》第 3.1(b)条只适用于在"法律上"使用国产货物而非进口货物的出口条件性与《SCM 协定》的目的和宗旨相矛盾,因为这样容易造成 WTO 成员方轻易就能规避法定义务。③

上诉机构分别在美国对大飞机条件的税收激励案(United States-Conditional Tax Incentives For large Civil Aircraft, DS487,以下简称"美国税收激励案")、欧共体大飞机案中确立了"法律上或事实上的"法律标准。笔者认为该法律标准与出口补贴确立的标准类似。上诉机构认为,能够"从构成该补贴措施的法律法规和其他法律文件的文字来证明",或"从该补贴措施实际使用的文字来推断"是否存在"法律上"的出口条件性。④ 关于是否存在"事实上"的出口条件性,上诉机构认为需要结合以下因素考虑,即授予补贴的该项措施的设计与结构,该措施设置的

---

① 后来在加拿大汽车案案中,上诉机构认为"条件性"法律标准不但适用于《SCM 协定》第 3.1(a)条,也适用于第 3.1(b)条。参见加拿大汽车案上诉机构报告(WT/DS142/AB/R),第 123 段。
② 参见加拿大汽车案专家组报告(WT/DS142/R),第 10.220—10.222 段。
③ 参见加拿大汽车案上诉机构报告(WT/DS142/AB/R),第 139—143 段。
④ 参见美国税收激励案专家组报告(WT/DS487/R),第 5.12 段。引自加拿大汽车案上诉机构报告(WT/DS142/AB/R),第 1000 和 123 段。

运作形式及其相关的事实环境。① 确定法律上或事实上的出口条件并不要求证明"任何特定数量或水平的国内产品来替代进口产品",换句话说,《SCM 协定》第 3.1(b)条并不要求接受补贴的生产商使用国内产品而"完全排除"使用进口产品。②

在多哈规则谈判早期的案文中,欧盟曾指出,应进一步明确进口替代补贴的可执行规范以使其更具有操作性,并建议确定进口替代补贴不仅要证明一项进口替代补贴计划是否存在,还要根据个案中是否是以使用国产货物而非进口货物的情况为条件来获得补贴的。③ 欧盟还认为在工业品领域很难证明进口替代补贴的存在,特别是事实上的进口替代补贴。印度则建议应该制定一些符合发展中国家成员利益的、可适用的过渡性优惠条款。④ 不可否认,对国产化程度较高的产品给予一定补贴会促进发展中国家成员的工业化进程,一些发达国家成员在不同时期都曾经非常普遍地和经常地使用进口替代补贴,因此,禁止使用进口替代补贴是不利于发展中国家成员经济发展的。但遗憾的是,由于发展中国家成员对《SCM 协定》的法律适用不了解,缺乏相关经验,以致在多哈规则谈判中没有积极争取对该条款的例外适用,以规避《SCM 协定》的约束。

(三)"进口替代补贴"与"国民待遇条款"

由于进口替代补贴的存在使国内和国外投入物供应存在差异并造成了歧视,这类补贴明显违反了 GATT1994 第 3.4 条的国民待遇条款及《与贸易有关的投资措施协定》(TRIMs)。与 GATT1994 和 TRIMs 相比,《SCM 协定》没有对进口替代补贴规定任何正当化的理由,但违反 GATT1994 第 3.4 条或 TRIMs 第 2 条时,可援引一般例外条款(GATT1994 第 20 条和 TRIMs 第 3 条)或收支例外规定[GATT1994 第 13 条、第 18 (b)条和 TRIMs 第 6 条]而得以正当化。由于进口替代补贴可能同时违反 GATT1994 第 3 条和《SCM 协定》,还涉及补贴争端中 GATT1994 第 3 条和《SCM 协定》的适用关系。在欧共体、美国、日本诉印度尼西亚影响汽车行业的相关措施案(Indonesia—Certain Measures Affecting the Automo-

---

① 参见美国税收激励案专家组报告(WT/DS487/R),第 5.12 段 引自加拿大汽车案上诉机构报告(WT/DS142/AB/R),第 5.13 段。
② 同上,第 5.22 段。
③ TN/RL/W/30.
④ See TN/RL/W/4.

bile Industry，DS54/55/59/64，以下简称"印度尼西亚汽车案")中,专家组指出,GATT 第 3 条和《SCM 协定》着眼于解决不同的问题。GATT 第 3 条规定的禁止在国内税和其他国内法律方面(包括当地含量要求),在国产货物和进口货物之间造成歧视,该条不"禁止"提供补贴本身。《SCM 协定》禁止以出口实绩或满足当地含量要求为条件提供补贴;对造成不利影响的某些补贴提供救济,并同时规定另外一些补贴在《SCM 协定》项下免于挑战。简而言之,GATT 第 3 条规定了禁止在国产货物和进口货物之间造成歧视,而《SCM 协定》规定向企业提供补贴。虽然 GATT 第 3 条和《SCM 协定》看上去在某些措施上有重合之处,但这两套规定有不同的目的和不同的适用范围。它们提供的救济不同,争端解决的时间限制不同,执行要求也不同。因此,专家组认为,GATT 第 3 条的内容和适用并未使《SCM 协定》变得毫无意义。

在 GATT 第 3 条和《SCM 协定》第 3.1(b)条的关系上,对于违反国民待遇原则的补贴案件,《SCM 协定》第 3.1(b)条是特别法(Lex Specialis)。在印度尼西亚汽车案中,专家组也认为,由于《SCM 协定》是特别法,在涉及补贴案件中,应当优先于 GATT 第 3 条适用。在韩国商用船舶案中,韩国根据 GATT 第 3 条对欧共体临时防御机制的合法性提出指控,没有援用《SCM 协定》第 3.1(b)条。专家组认为,GATT 第 3 条在该案中不适用,因为《SCM 协定》第 3.8(b)条允许只对国内生产者提供补贴。该案表明,当涉及补贴事项时,应当援引《SCM 协定》第 3.1(b)条。①

三、禁止性补贴类别的扩大

在多哈规则谈判中,欧盟、美国②和挪威等发达国家成员方建议扩大现有禁止性补贴的类别。美国建议,扩大现有禁止性补贴的类别,包括那些对竞争或贸易造成扭曲的政府干涉,并优先考虑已失效的《SCM 协定》第 6.1(b)条和第 6.1(d)条所列的补贴,如大量国内补贴、弥补营业亏损而提供的补贴及政府债务的免除等。针对该提案,瑞士认为,如扩大禁止性补贴范围,则需要对反补贴措施的实施加强规范,并对不通知行为建立惩罚制度;日本认为,扩大禁止性补贴范围,应考虑该补贴是否具有《SCM 协定》第 3 条所列禁止性补贴的贸易扭曲效果,并应减轻通知的负担,协

---

① 参见李晓玲:《WTO 框架下的农业补贴纪律》,华东政法大学 2007 年博士论文,第 84 页。
② See TN/RL/W/78.

助发展中国家成员在此方面的能力建设;委内瑞拉则认为,扩大禁止性补贴范围已经超出规则谈判小组的授权。

欧盟也建议将三类补贴纳入禁止性补贴范围[1],具体包括:(1)与GATT第3条国民待遇不符的补贴。澳大利亚、韩国和埃及认为《SCM协定》与GATT的调整范围并不完全相同,在《SCM协定》中援引GATT的国民待遇原则在法律上存在障碍,而且欧盟的建议也与GATT第3.8(b)条矛盾。就此问题,美国也提出引用GATT第3条并不是合适的解决途径。欧盟则回应,对GATT第3条的援引没有扩大禁止性补贴的范围,与GATT第3条不符的补贴已经是禁止性补贴,在此提出的目的只是想进一步澄清。(2)政府以优惠条件向国内生产者提供货物(如原材料)。美国赞同该提案,认为应该禁止这些含有当地成分或国内增值要求的补贴。沙特阿拉伯、科威特等原油生产国表示坚决反对,认为这改变了《SCM协定》的平衡,违背了多哈授权,损害了发展中国家成员利用资源优势发展经济的主权权利。澳大利亚、巴西、日本和阿根廷等成员也持怀疑态度,希望欧盟澄清具体涉及的补贴种类,并提出这类补贴不一定具有贸易扭曲的作用。巴西认为欧盟所提及的补贴应该属于可诉补贴而非禁止性补贴。欧盟表示,可以考虑将该类补贴作为可诉补贴处理。对于该条款涉及的原材料问题,欧盟再次强调禁止性规定只针对因政府行为而造成的对国内生产的优惠,如果不涉及政府行为,那么国内生产享受的原材料优惠不属于禁止范围。(3)政府向大范围(a wide range)的企业提供以无法弥补自身长期运营成本为条件的财政支持。巴西、日本、挪威希望欧盟澄清"大范围""长期运营成本"等概念的具体含义。巴西、挪威认为"大范围"的条件并不合理,对该条款是否满足"专向性"的要求表示质疑。成员普遍认为该条款用语模糊,希望欧盟可以举例说明,以澄清新增规定所指向的补贴种类。欧盟在回应各成员方的意见时表示,前述(2)(3)强调的是因政府介入而造成的贸易扭曲,并不是针对各成员因比较优势而造成的对国内生产的优惠,"由于政府行为"这一限定性说法正是为了说明这点。同时,"大范围"的用语也是为了提高适用门槛,将禁止性补贴的对象限定于极为特殊的情况。至于"长期运营成本",欧盟表示至少应在一年以上。

---

[1] See TN/RL/GEN/135.

绝大多数成员对于欧盟的提案持保留意见。加拿大曾经指出应澄清禁止性补贴的纪律以确保《SCM协定》在成员方之间的公正适用,并考虑能否使禁止性补贴更具公平和可预见性,还担心增加禁止性补贴的类型会影响补贴的定义。① 欧盟表示其无意对《SCM协定》第1条作任何修改。

挪威支持扩大禁止性补贴的范围,认为这样有助于严格补贴纪律,而巴西、印度和阿根廷等成员则反对扩大禁止性补贴的范围,认为这将改变成员权利义务的平衡。对于发展中国家成员方关注的权利义务平衡问题,欧盟表示,发达国家成员方也需要处理因这些类型的补贴而造成的不利影响,该提案正是出于对权利义务平衡的考虑才提出的。

笔者十年前提出,上述案文反映了欧美等发达国家成员方希望进一步严格禁止性补贴的规范制度。面对各成员方提出的扩大禁止性补贴范围的问题,中方可先摸清国内各级政府给予禁止性补贴的现状,再结合实际情况决定是否同意扩大禁止性补贴。对目前及将来不使用或不常使用的某些禁止性补贴,如具有贸易扭曲效果的援助和政府对国有企业或特定产业经营亏损的援助等补贴,可以同意将其列入禁止性补贴的范畴。中方要进一步加强对补贴与反补贴制度的研究,力争能在未来的谈判中有所作为,避免在新协定中出现不利于中方的条款。近来,欧盟、美国、日本又联手共同提出修改补贴规则,相关部门要做好技术准备。

第二节 禁止性补贴救济的特殊性研究

《SCM协定》规定任何成员方都不得给予或维持禁止性补贴,由于该类补贴严重并直接扭曲了进出口贸易,给正常的国际贸易体制带来了不利影响,其危害性远远大于其他贸易救济措施,故禁止性补贴的救济程序与可诉补贴的救济程序以及DSU规定适用的救济程序有所不同。《SCM协定》第4条规定了禁止性补贴的救济方法:只要一成员方有理由相信另一成员方正在给予或维持这种补贴,则可采取《SCM协定》第五部分的反补贴措施或通过第4条规定的争端解决机制获得救济。禁止性补贴如由发达成员方实施,则可直接采取反补贴调查程序,若由部分予以例外的发

---

① See TN/RL/W/1.

展中成员方或不发达成员方实施,则只有在产生不利影响或存在严重损害的前提条件下,才允许对其采取补救措施或反补贴调查。具体程序如下。

一、禁止性补贴的磋商

磋商是 WTO 成员方贸易争端解决的首要阶段,是 GATT 一开始就已确立并长期奉行的解决成员之间贸易争端的首要原则。WTO 争端解决机制项下的磋商以及特定的根据《SCM 协定》第 4 条进行磋商的目标就是使争端当事方获得有关争议的确切信息,澄清相关事实,以达成解决问题的共识。DSU 第 4 条和第 6 条,连同《SCM 协定》第 4.1 条至第 4.4 条都规定了磋商程序,在争议提交到 DSB 请求设立专家组之前,起诉方必须请求磋商,并且磋商必须得以举行,以澄清争议的事实并达成双方都能同意的解决办法。① 涉及禁止性补贴的争端,若双方在 30 天内或双方商定的时间内未达成双方同意的解决办法,参加磋商的任何一成员方都有权诉诸 DSB,要求设立专家组,除非 DSB 经协商一致决定不设立专家组。② 由此可见,磋商是一种前置程序,对争议双方当事人来说是强制性的义务,有别于 DSU 第 5 条所规定的争端成员方自愿采取的斡旋、调解和调停程序,未经磋商,成员方一般不得申请成立专家组。一般来说,起诉方利用磋商中得到的信息和争执的问题准备起诉的材料,用以准确全面地表述诉讼请求。磋商请求一般由起诉方通知 DSB 及有关理事会和委员会,常常与磋商请求同时发出。对于磋商中的一些核心要件,DSB 上诉机构还进行了澄清。

(一)"可获得证据说明"

根据《SCM 协定》第 4.1 条和第 4.2 条的规定,只要一成员方有理由认为另一成员正在给予或维持一项禁止性补贴,则可向另一成员方提出磋商请求③,磋商请求应采用书面形式,并应说明提出请求的理由,包括确认所争论的措施以及指出法律依据,即应包括一份有关补贴的存在及性质的可获得证据说明(a statement of available evidence)。④ 美国外销公

---

① 参见《SCM 协定》第 4.3 条。
② 参见《SCM 协定》第 4.4 条。
③ 参见《SCM 协定》第 4.1 条。
④ 参见《SCM 协定》第 4.2 条。

司税案①上诉机构根据 DSU 第 4.4 条②和《SCM 协定》第 4.2 条的规定对起诉方请求的证据要求作了区分,认为根据 DSU 第 1.2 条的规定,与 DSU 中的规则和程序相比,DSU 附录 2 适用协定中包括的关于争端解决的特殊的或附加的规则和程序应该优先适用,《SCM 协定》第 4.2 条就应被视为一种属于 DSU 附录 2 的特殊的或附加的规则或程序。墨西哥诉危地马拉对来自墨西哥的普通水泥发起的反倾销调查案(Guatemala—Anti-Dumping Investigation Regarding Portland Cement from Mexico,DS60,以下简称"危地马拉水泥案")③上诉机构也对此加以解释,认为:"DSU 中的规则和程序要连同适用协定中的特殊的或附加的规则一并适用,除非它们发生法律冲突,特殊的或附加的规则应优先适用。"④也就是说,在禁止性补贴案件中,DSU 第 4.4 条和《SCM 协定》第 4.2 条能够且应该一并理解和适用。这样,一项与禁止性补贴主张相关的磋商请求必须同时满足两者的要求,即起诉方除了根据 DSU 第 4.4 条的要求给出请求磋商的理由以及起诉所涉措施和法律根据,还必须在它的磋商请求中说明它当时就"所涉补贴的存在和性质"(with regard to the existence and nature of the subsidy in question)可以获得的证据。在这一点上,可获得的证据必须能够表明所涉措施是作为补贴的这种性质,而不仅仅是作为此项措施存在的证据。可获得证据说明的目的是让被申请方知道申请方在请求磋商之时所掌握的事实,而这些事实足以支持申请方的结论,即申请方有理由相信(reason to believe)被申请方正在"给予或维持一项禁止性补贴"的这个结论,并不要求申请方在提出磋商请求的时候就提供所有事实和证据。实际上,可获得证据的说明只是启动了争端解决程序,它并没有把后续程序中所用的证据和论点的范围仅仅限制为在磋商请求中所提出的证据。

在美国外销公司税案中,美国认为欧盟的磋商请求中没有包括一份可获得证据的说明,因此应该被驳回。上诉机构拒绝了美国的论点,列举了"在欧盟提出磋商请求之后,美国和欧盟在将近五个月的时间内举行了

---

① 参见美国外销公司税案上诉机构报告(WT/DS108/AB/R)。
② 根据 DSU 第 4.4 条的规定,所有此类磋商请求应由请求磋商的成员通知 DSB 及有关理事会和委员会。任何磋商请求应以书面形式提交,并应说明提出请求的理由,包括确认所争论的措施,并指出起诉的法律根据。
③ 参见危地马拉水泥案上诉机构报告(WT/DS60/AB/R)。
④ 危地马拉水泥案上诉机构报告(WT/DS60/AB/R),脚注 55。

三轮独立磋商"①等事实,并认为这些事实表明在这期间,美国一直没有就欧盟提出的磋商申请提出异议,直到一年后争端解决程序进行到专家组阶段才提出。② 上诉机构认为这些证据表明,美国已经接受了专家组的成立和之前的磋商程序,美国在专家组阶段对磋商申请提出异议的做法是故意的,在此情况下,美国没有权利再主张驳回欧盟的申请。上诉机构还援引了DSU第3.10条以及诚实信用(good faith)原则:"DSU第3.10条要求WTO成员在有争议产生的时候以'诚实信用,致力于解决争端'的方式参与争端解决程序。这一广泛适用的法律精神要求起诉和应诉的成员都诚实信用地遵守DSU和其他适用协定的相关要求。根据诚实信用原则,起诉方成员给予被诉方成员完整的答辩机会,是程序规则在字面上和精神上所要达到的。诚实信用原则同样也要求应诉方成员将所主张的程序缺陷及时、迅速地提请起诉方成员以及DSB的注意,这样,一旦为解决争端所需要,该缺陷将得以及时修改。WTO争端解决的程序规则只是为了促进贸易争端公正、迅速和有效的解决,而不是用来发展诉讼技巧。"③

笔者认为,从上述论断可以得出,法律的基本原则和精神在WTO法律中是适用的。当认定存在程序上的缺陷时,争端当事方应以诚实信用的原则参与争端解决程序。争端解决程序的目的是促进贸易争端公正、迅速和有效的解决,而不是通过诉讼技巧来使另一方处在不利地位。从这一点来看,WTO争端解决机制的公正性在制度上是有保障的,这对中国这样相对缺乏争端解决机制经验的成员是有利的。

(二)磋商的和专家组审议的"事实范围"一致性的问题

根据DSU第4.4条的规定,申诉方应在其磋商请求中确认争议的措施;根据DSU第6.2条的规定,设立专家组的请求应以书面的形式提出,请求应指出是否已进行磋商、确认争议的措施等。根据前述两条款的规定,磋商阶段双方所争议措施的"事实范围"与申请设立专家组审议的争议措施的"事实范围"具有密切的法律关系。磋商的"事实范围"与专家组审议的"事实范围"是否一致的问题,在巴西航空器案④和澳大利亚

---

① 美国外销公司税案上诉机构报告(WT/DS108/AB/R),第162段。
② 在中国应对其他成员方对中国的禁止性补贴调查时,在专家组成立之前的磋商中,中国政府应该要求对方提供"可获得证据说明",否则将在日后的抗辩中失去补救权。
③ 美国外销公司税案上诉机构报告(WT/DS108/AB/R),第116段。
④ 参见巴西航空器案上诉机构报告(WT/DS46/AB/R)。

汽车皮革案①中成为双方当事人争论的焦点。在巴西航空器案中,巴西称PROEX项下的若干法律文件不应列入专家组审议范围,因为这些文件是在双方磋商后才开始生效的。加拿大抗辩称,上述法律文件应列入专家组审议范围,因为加拿大1996年6月18日提出磋商的请求和1998年7月10日申请成立专家组的请求,指的是同一件事,即PROEX项下禁止性补贴,而且上述项目在本质上没有变化。专家组认为,巴西和加拿大之间的磋商针对的是在PROEX项下向购买巴西飞机的外国购买商提供的出口补贴,而申请成立专家组审议的事项范围是PROEX项下的出口补贴。巴西和加拿大之间磋商的事项范围和申请成立专家组的事项范围本质上是同一纠纷,因为本质上是同一行为,即PROEX项下出口补贴的支付。在此情形下,即便与PROEX有关的法律文件发生了变化或者是在最后一次磋商后才制定的,仍然不能以此认定加拿大未能遵守DSU第4.7条的规定。上诉机构同意专家组的意见,认为该案的争议点是巴西在PROEX项下对当地航空业实施的出口补贴,该补贴是当事方磋商过程和成立专家组共同针对的对象,案中1997年和1998年生效的法律文件并没有改变PROEX项下对当地航空业实施的出口补贴的实质。② 通过该案可以得出:DSU第4条和第6条,或者是《SCM协定》第4.1条至第4.4条要求作为磋商对象的具体措施并不一定要与在专家组设立请求中确定的具体措施完全一致③,专家组的职权范围不能作为其是否具有管辖权的决定性因素,而关键在于磋商的事项范围和申请成立专家组的事项范围在本质上是否为同一纠纷(fundamentally the same dispute)。

在澳大利亚汽车皮革案中,澳大利亚认为,美国申请专家组审议的事实范围应仅限于其在磋商程序中明确列出的事实和主张。澳大利亚认为《SCM协定》第4.2条规定的磋商请求应"包括一份可获得证据的说明"连同禁止性补贴的加速程序,要求专家组将申请方所用的证据和论点限定在磋商请求中已列出的范围,并认为如果允许申请方在其第一次意见提交中使用新增的事实和论点,将会与《SCM协定》第4条的要求不符。针对澳大利亚的观点,专家组认为,裁定将美国在此诉讼过程中可以出示

---

① 参见澳大利亚汽车皮革案上诉机构报告(WT/DS126/AB/R)。
② 同上注。
③ 参见巴西航空器案上诉机构报告(WT/DS46/AB/R),第131—132段;同时参见巴西航空器案专家组报告(WT/DS126/R),第7.9—7.11段。

的事实和论点限定在磋商请求中已经提出的那些事实和论点,将会使专家组在 DSU 第 11 条规定下进行客观评价(an objective assessment of the matter before it)的义务变得难以履行,也限制了 DSU 第13.2条赋予专家组的有"从各种相关途径"(from any relevant source)搜寻信息的权利,这与《SCM 协定》第 4.2 条的立法初衷不相符。专家组认为,《SCM 协定》第 4.2 条中确实包含了一项在 DSU 中不存在的要求,即要求申请方在其磋商请求中包含一份"可获得证据的说明"。但是,这并不意味专家组可以审议的事实范围因这样一份可获得证据的说明而受到任何限制。《SCM 协定》第 4.3 条的规定暗示了在磋商过程中可以另外增加相关的事实和证据。另外,上诉机构在美国诉印度对来自美国的医药和农药的专利保护案(India-Patent Protection for Pharmaceutical and Agricultual Chemical Products Complaint by the United States, DS50,以下简称"印度专利案")中已经确认:"在磋商过程中提出的主张和确定的事实对于案件实质的重构和接下来的专家组程序的范围有着很大意义。"①因此,专家组在争端解决程序中可以考虑的事实和证据的范围不限于在磋商请求中提出的事实和证据。

二、禁止性补贴的加速程序

根据《SCM 协定》第 4.12 条的规定,就按照该条处理的争端而言,除该条具体规定的时限外,DSU 项下适用于处理禁止性补贴争端的时限应为 DSU 中规定的正常程序所需时间的一半。在禁止性补贴案件争端中,专家组应向争端各方提交其最终报告,该报告应在专家组组成和专家组职权范围确定之日起 90 天内散发全体成员。② 在专家组报告散发全体成员后 30 天内,DSB 应通过该报告,除非一争端方正式将其上诉的决定通知 DSB 或 DSB 经协商一致决定不通过该报告。③ 如专家组报告被上诉,则上诉机构应在争端方正式通知其上诉意向之日起 30 天内作出决定。如上诉机构认为不能在 30 天内提供报告,则应将迟延的原因和它将提交报告的预期时间以书面形式通知 DSB,但该程序不能超过 60 天。上诉机构报告应由 DSB 通过,并由争端各方无条件接受,除非 DSB 在将报

---

① 印度专利案上诉机构报告(WT/DS50/AB/R)。
② 参见《SCM 协定》第 4.6 条。
③ 参见《SCM 协定》第 4.8 条。

告散发各成员后 20 天内各成员经协商一致决定不通过上诉机构报告。① 如在此期间未召开 DSB 会议,则应安排一次会议。② 由此来看,DSB 决定的时限远远短于 DSU 第 20 条③对其他争端案件所规定的时限。但在实践中,各成员方并没有严格执行上述加速程序规定的时间。④

对禁止性补贴采用加速程序,是因为禁止性补贴对国际贸易的扭曲最为严重,各成员方为尽快消除禁止性补贴的不良影响,努力缩短争端解决的时间。虽然采用加速程序,但是《SCM 协定》第 4 条的规定没有表明,各成员方的任何权利由于争端解决程序具有加速性质而受到任何的限制。如加拿大民用航空器案专家组指出,"在 DSU 或是在《SCM 协定》中都没有表明'快车道'案件中设立专家组的请求应该比'标准的'WTO 的争端解决案件中设立专家组的请求更为精确"⑤。

此外,禁止性补贴适用的程序规则与 WTO 通常适用的程序规则的区别在于,专家组成立后,其可就所涉措施是否属于禁止性补贴而有权决定是否选择请求(依据《SCM 协定》第 24.3 条成立的由 5 名资深成员组成的)常设专家小组(PGE)予以协助。接到请求后,PGE 应立即审议关于所涉措施的存在和性质的证据,并给实施或维持所涉措施的成员提供证明该措施不属于禁止性补贴的机会。PGE 应在专家组确定的时限内向专家组报告其结论,PGE 关于所涉措施是否属禁止性补贴问题的结论应由专家组接受而不得进行修改。⑥ PGE 也可向成员方提供关于一项措施的性质的咨询意见。⑦ PGE 有一套独立的运作程序。⑧

---

① 参见《SCM 协定》第 4.9 条。
② 参见《SCM 协定》第 4.9 条脚注 8。
③ 根据 DSU 第 20 条的规定,除非争端各方另有议定,自 DSB 设立专家组之日起至 DSB 审议通过专家组报告或上诉机构报告之日止的期限,在未对专家组报告提出上诉的情况下一般不得超过 9 个月;在提出上诉的情况下通常不得超过 12 个月。如专家组或上诉机构按照 DSU 第 12.9 条或第 17.5 条的规定延长提交报告的时间,则所用的额外时间应加入以上期限。
④ See Jeff Waincymer, *WTO Litigation Procedural Aspects of Formal Dispute Settlement*, Cameron May, 2002, p.634.
⑤ 加拿大民用航空器案专家组报告(WT/DS70/R),第 9.29 段。
⑥ 参见《SCM 协定》第 4.5 条。
⑦ 参见《SCM 协定》第 24.4 条。
⑧ See WTO, Committee on Subsidies and Countervailing Measures, Rules of Procedures for the Permanent Group of Experts, G/SCM/W/365, 18 April 1996, revised by G/SCM/W/365/Corr.1, 24 April 1996; and G/SCM/W/365/Rev.1, 24 June 1996.

三、禁止性补贴的执行

(一) 补贴的撤销

1. 不延迟的撤销(withdraw without delay)

如果争端所涉措施被认定属于禁止性补贴,专家组则应建议实施该禁止性补贴的成员立刻撤销该补贴,并列明必须撤销的时限。① 从《SCM 协定》第 4.7 条的用语来看,它提供的救济措施比通常 DSU 第 19 条规定的专家组和上诉机构的建议更为有效,因为它更为明确地规定了救济方式,而且不能拖延(withdraw without delay)。在巴西航空器案中,上诉机构认为:撤销(withdraw)这个词的定义是"去除"(remove)或者"取消"(take away),"取消过去曾享有的"(to take away what has been enjoyed)和"取走"(to take from)。② 这个定义意味着,根据《SCM 协定》第 4.7 条的规定,撤销一项补贴,指的是去除或者是取消该项补贴。③

在澳大利亚汽车皮革案中,专家组首次对撤销的时限进行了裁定。澳大利亚建议将执行专家组决定的"通常"时间期限的一半(7 个半月)作为《SCM 协定》第 4.7 条中规定撤销的时间期限,但专家组认为,即使执行专家组决定的通常时限为 15 个月,也不应认为期限的一半用在涉及出口补贴的争端中是合适的、合理的,符合立即撤销的要求。专家组认为,《SCM 协定》第 4.12 条特别规定了除该条具体规定的时间期限外,其他 DSU 项下规定的时间期限在出口补贴争端中都应该得以减半。但《SCM 协定》第 4.7 条规定的是应该立即撤销该补贴,专家组应该在其建议中列明撤销该补贴的时间期限,这就说明了撤销的时间期限是由《SCM 协定》第 4 条本身规定的。因此,综合考虑相关措施的性质以及执行建议可能需要的程序,专家组认为澳大利亚在 90 天内撤销其补贴是合适的。④

2. 撤销的溯及力(retroactivity)

在澳大利亚汽车皮革案中,专家组在裁定《SCM 协定》第 4.7 条是否允许"有溯及效力"的补救时,拒绝接受以下这种论点,"DSU 的第 19.1 条,连同 DSU 的第 3.7 条,要求将《SCM 协定》第 4.7 条中规定的特定补救

---

① 参见《SCM 协定》第 4.7 条。
② 参见巴西航空器案上诉机构报告(WT/DS46/AB/R)。
③ 同上,第 45 段。
④ 澳大利亚汽车皮革案专家组报告(WT/DS126/R),第 10.5—10.7 段。

方法仅仅限制为预期行为",并指出"首先来看该词的通常含义,'撤销'这个词被定义为放在一边或取消、取走、去除、收回等。该定义并未表明'撤销该补贴'必然只是要求预期的措施。相反'撤销该补贴'的通常含义可以包括'取走'或是'去除'被认定导致禁止性补贴的财政资助。因此,将'撤销该补贴'解释为包括对禁止性补贴的偿付似乎是对该条规定文本的清晰解读"。① 专家组还认为,将《SCM 协定》第 4.7 条解释为只能包括"预期性"行为会使根据 4.7 条"撤销该补贴"的建议混同于根据 DSU 第 19.1 条"使该措施符合(规定)"的建议,这样就使《SCM 协定》第 4.7 条成为多余的规定。② 一旦专家组报告或上诉机构报告获得通过,确定补贴对另一成员的利益造成《SCM 协定》第 5 条范围内的不利影响,则实施或维持该补贴的成员应采取适当步骤以消除不利影响或应撤销该补贴。③

综上所述,补贴的撤销不仅具有"预期性",还具有"追溯性",补贴被撤销之前收到的补贴也应当被返还。在涉案补贴是一次性授予的情况下,理论上 WTO 成员可以根据一项计划进行一次性付款后终结该项计划,从而规避其在《SCM 协定》第 3 条项下的义务,而起诉方则无可奈何,因为在其起诉时该项计划已经被取消了。专家组为防止这种情况的出现,采用的解决办法就是要求全额返还这些补贴付款。毫无疑问这个办法是有效的,但这种做法实际上是在强迫私人当事方返还其所收到的付款,而这将构成对一成员内部事务的显著干涉,引发了对 WTO 与国家主权之间关系的广泛争议。私人公司已经合法取得的补贴,即使出于公共利益的目的,政府也不能任意取回,否则将面临违反宪法的诉讼。若政府为此提供补偿,则又重新陷入了违反《SCM 协定》的境地。澳大利亚严厉地批评了这种做法,认为专家组置澳大利亚民主治理结构和经济现实于不顾。④ 加拿大也认为 WTO 和 GATT 的习惯做法是将救济措施理解为仅仅具有前瞻性而不具有追溯性。美国虽然是该案的受益方,但也认为该做法是不合适的。可见,该解释不被广大 WTO 成员方所接受。这表明,成员方所关心的并不仅仅是贸易争端的解决,更关注的是本来属于成

---

① 澳大利亚汽车皮革案专家组报告(WT/DS126/R),第 6.27 段。
② 同上,第 6.27、6.28、6.31 段。
③ 参见《SCM 协定》第 7.8 条。
④ See Gavin Goh, "Retrospective Remedies in the WTO After Automotive Leather," *Journal of International economic Law*, Vol. 6, 2003, p.556.

员方决策范围内的事项和国家主权不受侵蚀和干预,这就是近年来学术界讨论的 WTO 司法能动主义(judicial activism)问题。① 在多哈回合规则谈判中,澳大利亚就追溯力问题多次提案,希望能得到澄清。但由于 WTO 争端解决机制缺乏具有追溯力的规定,因此所带来的最大负面效应就是违反 WTO 义务的成本较低。② 这就导致在个别案件中,起诉方在形式上虽然获得胜诉,但由于延迟执行或不执行等原因而造成损失,在实际上是等同于败诉的。而违反规则一方则反倒因为拖延执行或不执行而获得了经济上的利益。③

3. 各成员方关于"撤销"补贴的争议

由于澳大利亚汽车皮革案的失利,在多哈规则谈判中,澳大利亚提出有必要就《SCM 协定》第 4.7 条涉及的"补贴的撤销"的具体含义和范围进行讨论④,并建议修改有关条款:(1)在第 4.4 条中增加"成员在将争议提交专家组时应当提供其认为构成撤销补贴的要件"(a member bringing a claim before a panel shall outline what in its view would constitute withdrawal of the subsidy)。(2)第 4.7 条"专家组的建议"应包括"如何构成补贴的撤销和必须撤销该项措施的期限"两项内容。(3)以脚注的方式对第 4.7 条构成补贴撤销的具体情况进行规定。脚注建议一为:补贴的撤销取决于该项补贴授予的有关事实和情况(facts and circumstances),包括但不限于该项补贴是否继续授予利益(confer a benefit);当一项禁止性补贴的授予或维持已经终止时,则构成补贴的撤销,当禁止性补贴继续提供利益时,应当终止进一步的支付。脚注建议二为:补贴撤销取决于争议中措施的性质(nature),包括补贴的利益是否能够分摊至未来生产中。(4)澄清和修改第 7.8 条中的"补贴的撤销"。

加拿大、日本、美国、印度尼西亚等十余个成员方均对澳大利亚提案

---

① 笔者认为,DSB 想要获得成员方的支持,在准司法解释时应该严格地遵循司法克制原则,DSB 的建议和裁决不能增加或减少所涉相关协定所规定的权利和义务,更不能超越成员方的国家主权。但是,成员方也不能依赖 DSB 的自觉遵守,而是应该充分利用 WTO 现有的制衡机制,对 DSB 的司法能动进行严格的监督。具体可参见程红星:《WTO 司法哲学的能动主义之维》,北京大学出版社 2006 年版,第 254 页。

② 参见贺小勇:《国际贸易争端解决与中国对策研究——以 WTO 为视角》,法律出版社 2006 年版,第 229 页。

③ 厄瓜多尔诉欧盟香蕉案(European Communities-Regime for the Importation, Sale and Distribution of Bananas)上诉机构报告(WT/DS27/AB/R)。

④ TN/RL/GEN/115.

发表了评论。中国指出,尽管该提案建议成员在诉求中应当就如何构成补贴的撤销向专家组提供纲要,但在事实上仍然将该问题的决定权赋予了专家组,是否超越了DSU第11条规定的专家组权限？印度尼西亚认为现行《SCM协定》第4.7表述清晰,没有必要进行澄清和改进。欧盟则指出撤销概念非常重要,不能完全交由专家组决定。笔者认为,澳大利亚只是进一步表达了对汽车皮革案专家组裁定的不满。实际上该提案并没能解决补贴撤销的问题,把这些不确定性还是继续留给了专家组去解决,而且这种做法是否又表明对DSB的司法能动性持鼓励态度,这又与成员方的一贯要求不一致。

（二）适当的反措施

DSB的建议在专家组指定的时限（该时限自专家组报告或上诉机构报告获得通过之日起算）内未得到遵守,则DSB应给予起诉方采取"适当"反措施的授权,除非DSB经协商一致决定拒绝该请求。① 如一争端方请求根据DSU第22.6条进行仲裁,则仲裁人应确定反措施是否"适当"。② 这两处"适当"的含义③是相同的,是指不允许实施不成比例的反措施。

在巴西民用航空器案中,加拿大请求仲裁人给予采取"适当的反措施"（appropriate countermeasures）的授权的请求（根据《SCM协定》第4.10条）,但这种反措施是基于补贴的量化（the amount of the subsidy）还是损害的量化（the amount of the injury）？该案的三位仲裁人在没有任

---

① 参见《SCM协定》第4.10条。
② 参见《SCM协定》第4.11条。
③ 仲裁机构基于《维也纳公约》第37条和DSU第3.2条的规定,对"适当"一词进行了解释。仲裁机构认为,仅仅看适当这个术语的通常意思不足以回答所面对的问题,因为字典的定义不够特定。事实上,适当这个词的相关字典定义是"很合适、恰当"（specially suitable; proper）。然而,它们的意思取向是适合于某一特定的对象。"适当"（appropriate）这个术语首先是和"反措施"（countermeasures）这个词一块使用的,它是反措施的一个定语。关于反措施这个术语的意思,虽然争端各方都用字典中的定义求证,但仲裁机构认为使用其在一般国际法中的意思以及根据联合国国际法律委员会（ILC）有关国际责任的著作（其中阐述了反措施的概念）更为恰当。仲裁机构看到ILC的著作是以相关的国家实践活动,以及司法判决和学说著作作为基础的,这些构成了公认的国际法的渊源。在考察《草案条款》（Draft Articles）第47条中"反措施"的定义时,仲裁机构注意到反措施是用来"促使（有着国际过错行为的国家）遵守其在从第41条到第46条项下的义务"［induce（the state which has committed an internationally wrongful act）to comply with its obligations under article 41 to 46］。仲裁机构注意到根据第22.6条选定的仲裁人在EC-Bananas（1999）案的仲裁中有着相似的说明。因此仲裁机构得出结论,如果反措施能够有效地促使遵守义务,那么它相对于其他措施而言就是适当的。

何市场分析的情况下,认为加拿大可以采取的合适的反措施应等于巴西支付的补贴的总量(the total amount of the subsidy),不考虑该总量是否等同于加拿大遭受的损害量。① 假设,该案存在第三方受损,如果要求救济,那么又应如何来确定补偿呢? 仲裁人认为可以在起诉人之间按照它们在所涉产品中的贸易比例来分配反措施的数额。有学者认为该种确定方法的正确性是值得质疑的,因为没有考虑到禁止性补贴可能带来的乘数效应(Multiplier Effect)。② 仲裁人在报告中也提到这种做法引起一定的不均衡③,因为在该案中与涉案产品存在竞争的成员方不仅仅是争端双方,也存在欧盟等其他成员方,而这些成员方实际上也存在补贴,只不过在该案中没有被诉而已,在评估损害时不应把此类原因剔出。另外,反措施对其他成员方也都有潜在的影响。

上述情况第一次出现在 WTO 法律中,仲裁人认为禁止性补贴的救济应被视为 DSU 第 22.4 条的例外④,根据 DSU 第 22.4 条的规定,DSB 授权的中止减让或其他义务的程度应等于利益丧失或减损的程度。仲裁人认为,应将《SCM 协定》第 4.11 条作为"特殊的或附加的规则"⑤,并且认为在《SCM 协定》第 3 条和第 4 条中不存在"利益丧失或减损"的概念⑥,因此也不存在以中止减让或其他义务的形式实行的反措施必须等于利益丧失或减损的程度的法律义务。如果将"适当的反

---

① 在巴西航空器案仲裁报告(WT/DS46/ARB)第 3.54、3.360 段,美国外销公司税案仲裁报告(WT/DS108/ARB)第 6.19—6.23 段中,仲裁员也授权反措施的金额等同于《SCM 协定》第4.10条标准下的补贴金额。

② See Mitsuo Matsushita, Thomas J. Schoenbaum and Petros. C. Mavroidis, *The World Trade Organization Law , Practice , and Policy*, Oxford university press, 2003, p.277.

③ 参见巴西航空器案仲裁报告(WT/DS46/ARB),第 3.57—3.59 段。

④ 同上注。

⑤ 根据上诉机构在危地马拉水泥案中的推理[参见危地马拉水泥案上诉机构报告(WT/DS60/AB/R),第 65 段],必须把 DSU 的规定和《SCM 协定》中特殊的或附加的规则放在一起理解,除非存在冲突或区别。

⑥ 仲裁机构认为 DSU 第 3.8 条范围内的利益丧失或减损的概念不适用于《SCM 协定》第 4 条。因为:(1)违反《SCM 协定》第 3 条的规定即暗含存在利益丧失或减损。(2)《SCM 协定》第 4 条的目的是实现对禁止性补贴的撤销。要求撤销一项禁止性补贴与去除因此项措施对某一成员造成的特定的利益丧失或减损具有不同的性质。前者的目的是去除一项 WTO 协议下被认为会带来不利贸易影响的措施,而不管是谁遭受了这些贸易影响,也不管到何种程度。后者致力于去除某项措施对于一个特定成员的贸易造成的影响。(3)对于某项措施,确定存在利益丧失或减损这一事实并不必然地意味着,在撤销该措施的义务存在的情况下,适当的反措施的水平应当只能基于请求给予采取反措施的授权的成员所遭受的利益丧失或减损的程度。

措施"仅仅限定在利益丧失或减损的程度,有效性原则将会受到冲击,在禁止性补贴的案件中也严重地限制了反措施的有效性。特别是如果实际的利益丧失或受损水平低于补贴金额,建立在利益丧失或受损基础上的反措施的引导作用将被削弱或丧失,而实施补贴的国家可能根本就没有撤销补贴措施。因此,仲裁机构认为就禁止性出口补贴而言,依据补贴金额决定采取反措施的水平是适当的。

从DSU第22.4条规定来看,在WTO法律中不存在惩罚性的损害赔偿,但有学者认为该案仲裁人的处理方式似乎表明对于禁止性补贴来说,惩罚性损害赔偿(punitive damages)①是存在的。②

第三节 针对中国禁止性补贴的WTO争议解决案件

截至目前,针对中国禁止性补贴的多边之诉有:美国、墨西哥分别诉中国税收或其他支付方式的退税、减免的补贴案(China—Certain Measures Granting Refunds, Reductions or Exemptions from Taxes and Other Payments, DS358/DS359,以下简称"美国、墨西哥分别诉中国税收补贴案")、美国、墨西哥和危地马拉分别诉中国拨款、贷款或其他激励措施的补贴案(China—Grants, Loans and Other Incentives, DS387/DS388/DS390,以下简称"美国、墨西哥和危地马拉分别诉中国出口补贴案")、美国诉中国风能设备补贴措施案(China—Measures Concerning Wind Power Equipment, DS419)、美国诉中国汽车及汽车零部件补贴案(China—Certain Measures Affecting the Automobile and Automobile-Parts Industries, DS450)、墨西哥诉中国纺织品和服装补贴案(China—Measures Relating to the Production and Exportation of Apparel and Textile Products, DS451)、美国诉中国外贸转型升级示范基地和外贸公共服务平台案(China—Measures Related to Demonstration Bases and Common Service Platforms Programmes, DS489)。2007年美国、墨西哥分别诉中

---

① 惩罚性损害赔偿,也称示范性赔偿(exemplary damages)或报复性赔偿(vindictive damages),是指由法庭所作出的赔偿数额超出实际的损害数额的赔偿,它具有补偿受害人遭受的损失、惩罚和遏制不法行为等多重功能。多数人的观点是,惩罚性损害赔偿一般只适用于侵权案件,而不适用于合同案件,但是,例外也不少。在英美法上,是否授予原告以惩罚性损害赔偿不是原告的法定权利(a matter of right),而是交由陪审团来根据具体情况具体决定(they are discretionary, and are left to the determination of the jury)。

② 参见巴西航空器案仲裁报告(WT/DS46/ARB),第3.57—3.59段。

国税收补贴案为第一起。此后的几起案件中,除 1 起由墨西哥单独申诉外,其余几起申诉方均包括美国,显示出美国对中国政府禁止性补贴政策的高度关注。如果仅从征税的角度来说,美国通过双边的反补贴调查,足以实现其征税以抵消补贴带来的不利影响并实现对其国内产业的保护。也可看出美国先是利用双边反补贴调查,然后借用多边平台与双边反补贴调查遥相呼应,以及持续地给其他成员方造成中国不守规矩、不符合 WTO 规则的不良形象。因此,多边之诉只是它打击中国政策的一步,以在多边扩大中国的负面影响,让各成员方都来关注中国的补贴政策,并为日后进一步指责中国不履行承诺、不遵守 WTO 补贴规则,实施"重商主义"的产业政策埋下伏笔。2020 年 1 月,美欧日提出的"补贴规则"谈判就是意有所指。笔者简要介绍相关案情及涉诉的禁止性补贴项目,目的是为了引起更多不熟悉反补贴规则的人以及非法律人士的重视,以及为产业政策方面的研究人士提供资料指引。

一、美国、墨西哥分别诉中国税收补贴案①

美国政府首先于 2006 年 11 月对原产于中国的铜版纸采取反补贴调查,随后于 2007 年 2 月又以维护美国劳工和制造商的利益、为美国企业赢得与中国企业公平竞争的机会为借口,针对中国补贴问题向 WTO 提出申诉,要求中国政府取消对钢铁、木材、纸业、信息产品等多个工业环节的进出口补贴。② 随后墨西哥、日本、澳大利亚等成员作为第三方加入。美国认为中国政府向国内制造商提供补贴以刺激生产用于出口,指责中国政府为制造行业的某些出口企业提供税项减免优惠等补贴措施。其指控主要针对中国提供《SCM 协定》第 3 条项下的禁止性补贴政策,即出口补贴(中国政府按外资企业的出口实绩给予的所得税减免)和进口替代补贴政策(中国境内外资企业购买国产设备时可享受比进口设备更多的税收优惠待遇)。该案共涉及九项补贴政策③,可以归纳为以下三类。

1. 中国政府已经宣布废止的补贴

美国指责中国政府的补贴政策违反 WTO 原则,涉及的具体政策有:

---

① 实为两个案件,笔者重点介绍美国诉中国税收补贴案(DS358)。
② 美国诉中国税收补贴案是中国第一次遭受成员方就补贴问题的申诉,但在此之前 2006 年 3 月,美国、欧盟及加拿大曾就中国汽车零部件进口关税问题联合向 WTO 提起申诉,指责中国的进口关税旨在不公平地阻止美国和其他外国汽车零部件进入中国市场。
③ 参见美国诉中国税收补贴案专案组报告(WT/DS358/1)。

(1)根据国务院《关于鼓励外商投资的规定》第3条的规定,产品出口企业和先进技术企业,除按照国家规定支付或者提取中方职工劳动保险、福利费用和住房补助基金外,免缴国家对职工的各项补贴。中国政府认为,企业缴纳一定的金额用于职工工资中的物价补贴是在双轨制情况下的临时政策,随着中国经济发展变化,已不再实行该政策,财政部已于2001年废止该规定。(2)针对出口收汇荣誉企业贷款优惠利率,实践中商业银行在中国人民银行规定限度内自主决定利率,不存在优惠利率问题。2007年3月8日,中国人民银行正式颁布废止此项措施的公告。因此,在第二次的磋商请求中,美国删除了对优惠贷款利率政策的起诉。

2. 与企业所得税两税合一政策相关的补贴

该案涉及中国政府对符合国家政策的部分外资或者内资企业予以减免、返还所得税或者增值税的有关优惠政策。2008年生效实施的《企业所得税法》以及《企业所得税法实施条例》本着两税合一的原则,取消了对外商投资企业的所得税减免及购买国产设备的所得税退税等优惠政策。但是,美国第二次磋商请求不仅没有取消与此相关的起诉,反而将中国新的《企业所得税法》纳入起诉范围。

3. 外商投资企业购买国产设备享受增值税退税

中国政府的增值税退税政策没有违反《SCM协定》的规定,该政策旨在平衡进口设备和国产设备的税负。

上述三类补贴项目也是DOC在铜版纸反补贴调查中最为关注的。笔者当时就预判,经过中美双方的积极磋商,该案会得到妥善的处理。果不其然,该案最终以双方达成共识而告终,美方撤诉。在双方达成的谅解备忘录中,中国政府承诺在2008年1月1日前采取一系列措施,永久性取消美国所指控的禁止性补贴。其中美国和墨西哥指控的外商投资企业免缴职工物价补贴的政策已于2001年取消,采购国产设备退增值税的政策并不构成WTO禁止性补贴。除此之外,企业所得税优惠政策则已经随着新《企业所得税法》的实施而废止。该案是中美双方在WTO争端解决机制下通过磋商得以解决的第二起贸易争端。第一起也是由美国于2004年提起的,笔者在本书第一版中指出,该案虽然得以顺利解决,但并不表明中美之间的贸易争端就此结束。这只是一个开始,同时美国仍会通过单边的反补贴调查,了解其所关注的补贴问题,以最终实现系统性解决其关注的中国补贴政策。

二、美国、墨西哥和危地马拉分别诉中国出口补贴案

2008年12月及2009年1月,美国、墨西哥和危地马拉分别向WTO提出申诉,指控中国各级地方政府通过出台奖励措施以赠款、贷款及其他激励形式向国内企业提供补贴。申诉方谴责中方通过"中国世界顶级品牌计划"和"中国著名出口品牌计划",促进中国品牌的发展以及品牌产品的出口的不公平做法,损害了申诉方国内产业的利益。

2009年12月18日,中方与各申诉方在日内瓦签署了《双方同意的解决办法》(Mutually Agreed Solution, MAS),中方同意取消所有争议的出口补贴。但中国政府已在该备忘录签署前废止了《关于扶持出口名牌发展的指导意见》《关于开展中方世界名牌产品评价工作的通知》及相关措施,删除了《中国名牌产品管理办法》中以出口实绩为条件的规定。

三、美国诉中国风能设备补贴措施案

2010年12月,美国应美国钢铁工人联合会(USW)的要求,提起美国诉中国风能设备补贴措施案磋商请求。[①] 随后,欧盟[②]、日本[③]于2011年1月分别请求加入磋商。美国谴责中方向使用国内产品而非进口产品的风力发电设备(包括设备整体以及其中的零部件)制造企业提供赠款或奖励,使中国风电设备制造商和出口商获得不公平的竞争优势,相关的政策如财政部《关于印发〈风力发电设备产业化专项资金管理暂行办法〉的通知》(财建〔2008〕476号)(已失效)规定,对满足支持条件企业的首50台风电机组,按600元/千瓦的标准予以补助,构成了进口替代补贴,违反《SCM协定》第3条规定。

经过多轮磋商,中美双方于2011年达成一致,中方废止有争议的措施。中国财政部于2011年2月发布第62号部令《关于公布废止和失效的财政规章和规范性文件目录(第十一批)的决定》取消476号文。

四、墨西哥诉中国纺织品和服装补贴案

墨西哥于2012年10月要求与中国纺织品和服装行业及上游棉纺织

---

① 参见美国诉中国风能设备补贴措施案报告(WT/DS419/1)。
② 参见美国诉中国风能设备补贴措施案报告(WT/DS419/2)。
③ 参见美国诉中国风能设备补贴措施案报告(WT/DS419/3)。

和化纤行业进行磋商,指责中方通过提供贷款、税收优惠或减免、现金支付等形式提供补贴。① 随后,欧盟②以及澳大利亚等7个成员方③请求加入磋商。墨西哥认为,其多年来主要依赖美国市场出口纺织品,由于中国对美国市场的纺织品出口逐渐取代了其在美国的市场份额,造成了不公平竞争。例如,根据被诉的《阿克苏地区扶持外经贸企业发展奖励资金管理办法》的规定,在该地区生产的纺织服装产品达到不同出口金额的,给予不同的奖励。墨西哥进一步指控,中国政府对生产、销售、运输、加工、进口、出口和使用棉花和化纤提供扶持,9个补贴项目中有5个涉及禁止性补贴,涉及所得税和间接税的减免、抵扣和退税以及现金扶持,构成出口补贴和进口替代补贴,违反了《SCM协定》第3条规定。在税收优惠上,中国相关政策规定,对自治区境内的纺织企业免征5年企业所得税地方分享部分;免征5年房产税和自用土地的城镇土地使用税等。在贷款贴息扶持上,对于列入国家重点技术改造项目计划的企业和实施技术改造、技术创新和开发下游产品并获得金融机构贷款支持的自治区纺织企业,给予贷款贴息的支持。

此外,政府还向企业低价提供土地、电力等资源,例如,根据被诉的《2011年阿克苏和沙雅县的招商优惠政策》的规定,若使用土地利用总体规划确定的城市建设用地范围内的国有未利用地的工业项目,土地出让价格按工业用地出让最低价标准的50%执行;对投资规模大、科技含量高、产业关联性强且对县域经济拉动作用大的项目,在电价上采取"一事一议"的办法给予扶持。

该案中,墨西哥提出争端有其自身国内政治的考虑。随着墨国内政治经济形势变化,在中墨双方磋商阶段,双方找到了解决争端的方法。墨西哥未在WTO提起专家组等诉讼程序。

五、美国诉中国汽车及汽车零部件补贴案

2012年9月,美国针对中国政府的73项中央和地方措施,提出磋商

---

① 参见墨西哥诉中国纺织品和服装补贴案报告(WT/DS451/1)。
② 参见墨西哥诉中国纺织品和服装补贴案报告(WT/DS451/2)。
③ 参见墨西哥诉中国纺织品和服装补贴案报告(WT/DS451/3、WT/DS451/4、WT/DS451/5、WT/DS451/6、WT/DS451/7、WT/DS451/8、WT/DS451/9)。

请求。① 随后欧盟加入磋商。② 2012年11月开始,中美双方进行了多轮磋商。美国认为,中国政府出台的22项中央文件和49项地方文件,为武汉等8个出口基地所在城市、江苏等地出口基地企业建立汽车及零部件行业"出口基地",提供补助、贷款、税收减免、优惠货物和服务等补贴,违反了中国入世的透明度承诺。中央政府层面,如商务部、国家发展和改革委员会出台的《国家汽车及零部件出口基地管理办法(试行)》(商产发〔2008〕330号)(已失效)曾规定每年对东部地区、东北老工业基地、中西部地区专项用于支持公共服务平台建设等方面提供资金补助。国务院办公厅转发商务部等部门《关于"十一五"期间加快转变机电产品出口增长方式意见的通知》(国办发〔2006〕42号)(已失效)规定,每年继续从中央外贸发展基金中安排一部分资金,主要用于支持机电出口产品研发、技改贷款贴息等。地方政府层面的《安徽省人民政府关于加快我省装备制造业发展的若干意见》(皖政〔2007〕66号)规定,积极落实技术开发费用按当年实际发生额的150%税前列支、加速研发仪器和设备折旧、职工教育经费所得税前扣除等政策。

美国认为,根据USTR的数据,2009年至2011年,中国政府在汽车及零部件行业提供了价值10亿美元的补贴,损害了美国相关产业的发展。

中美双方在2013年和2014年展开多次磋商谈判,随着2008年全球金融危机后美国国内汽车产业复苏,美国未继续就该案在WTO提起专家组等诉讼程序。其中出口基地项目,美国没有再纠缠具体产业,而是在WTO提起美国诉中国外贸转型升级示范基地和外贸公共服务平台案。

六、美国诉中国外贸转型升级示范基地和外贸公共服务平台案

2015年2月,美国政府提交了25页的磋商请求,指责中国政府通过16项中央措施和166项地方措施,建立外贸转型升级示范基地和公共服务平台,提供了大量出口补贴。③ 欧盟④、日本、巴西⑤分别请求加入磋商。

---

① 参见美国诉中国汽车及汽车零部件补贴案报告(WT/DS450/1)。
② 参见美国诉中国汽车及汽车零部件补贴案报告(WT/DS450/2)。
③ 美国诉中国外贸转型升级示范基地和外贸公共服务平台案报告(WT/DS489/1)。
④ 美国诉中国外贸转型升级示范基地和外贸公共服务平台案报告(WT/DS489/2)。
⑤ 墨西哥诉中国纺织品和服装补贴案报告(WT/DS451/3,WT/DS451/4)。

2015年4月,DSB成立专家组①,澳大利亚等12个成员方作为第三方参加。美国政府认为,中国政府通过外贸转型升级示范基地和外贸公共服务平台为企业提供优惠或免费服务以及现金补贴,例如相关政策对外贸转型升级基地内的陶瓷企业,年出口销售额达到一定额度,且实现正增长的给予奖励;对出口额达到一定标准的外贸流通企业,当年出口额超上年出口额部分,按一定比例返还有关税费;对产品属于高新及机电的企业加大扶持力度。对于对使用城市外贸发展专项资金贷款的企业,相关政策规定,给予其利息的50%、不超过200万元、每年1次的贷款贴息。此外,地方政府还低价提供用水服务,比如,相关政策规定,政府为新建陶瓷企业优先提供安装企业所需的用水设施服务,允许规模陶瓷企业依法申办取水。

美国政府认为,中国地方政府提供的补贴遍布150多个产业集群的7个经济部门和数十个子部门的制造商和生产商,包括纺织品、农产品、药品、轻工产品、化工、新材料、五金建材7个行业。该补贴与出口实绩挂钩,构成《SCM协定》第3条项下的出口补贴。

2016年4月,中美双方达成谅解备忘录。中国承诺废止相关中央及地方文件,不得将外贸发展基金用于扶持外贸公共服务平台和外贸示范基地,外贸发展基金不再与出口实绩挂钩。

笔者认为,中国政府一直本着最大的诚意和善意来处理解决对方的诉求。而美国作为多起案件的申诉方,其贸易救济政策是服务于其自身发展策略的,意在打击人民币汇率,利用规则打出政治经济的组合拳以遏制中国。与多年前对待日本和德国不同的是,美国对中国除了调整贸易不平衡,还有经济体制政策甚至是政治上的诉求。所以,笔者认为,从中美的经济贸易摩擦历程来看,经济战争从未停止,只是规模大小而已,打打停停,分分合合,不同阶段有不同的博弈。美国一直坚定不移地按计划出牌,这与谁当总统关系不是特别大,只是对外表达方式有所不同而已。就如希拉里,貌似温和,但其最早诟病中国搞国家资本主义,甚至着手制定抑制中国国有企业的长期发展策略,而特朗普就是这一政策的接力者和执行者。他只是出于选举目的而进一步利用了民粹主义和传统行业分利集团的利益,分化了阶层矛盾。

笔者认为,在DSB多边项下寻求贸易救济的效果远不如双边的反补贴措施,但是申诉国的这种做法可以使被申诉国的补贴措施得以尽快取

---

① 参见美国诉中国外贸转型升级示范基地和外贸公共服务平台案报告(WT/DS489/6)。

消，并通过 WTO 多边磋商扩大影响引起各方关注，进而引导国际社会舆论，为后续的多边谈判做好铺垫。正如美国和墨西哥的申诉，给中国带来了很大的负面影响：一方面具有示范效应，引起其他成员的关注，使中国成为众矢之的，使中国所处的国际贸易环境更加恶化；另一方面在舆论上使中国陷入不履行承诺义务的被动境地，被其他成员方指责和不信任。

七、中国被诉至 WTO 的禁止性补贴项目梳理

中国被诉至 WTO 的 6 个案件中，涉及的补贴项目均有相似之处。笔者根据 WTO 对外公布的裁决内容，将案件中被诉的补贴项目根据《SCM 协定》对补贴性质的分类进行梳理如下。

(一)补贴项目的政策目标

补贴政策的指向与各国的发展阶段和发展方向相关。总体上，发达国家成员方偏重对农业等部门的补贴，而发展中国家成员方侧重对产业部门的补贴。从中国被诉的补贴项目看，中国的补贴政策比较综合，概括起来主要包括三类：(1)以提升产业部门竞争力为目标的补贴，如科技创新、转型升级等；(2)以经济社会发展为目标的补贴，如节能减排、环保等；(3)以促进农业为目标的补贴。

1. 提升产业竞争力和鼓励创新

提升产业竞争力和鼓励创新目标包括品牌建设、产业转型、提升研发能力等。例如，美国、墨西哥和危地马拉分别诉中国出口补贴案侧重优化外贸结构和品牌建设。中共金华市金东区委、金华市金东区人民政府《关于加快工业及外向型经济发展的若干意见》(2006 年 3 月 31 日)规定，对获国家商务部重点支持和发展的名牌出口产品给予奖励。美国诉中国风能设备补贴措施案侧重研发创新，被诉的财建〔2008〕476 号文引导企业研究和开发，规定对产业化研发成果得到市场认可的企业进行补助等。墨西哥诉中国纺织品和服装补贴案涉及的财政部、国家发展和改革委员会、商务部《关于促进我国纺织行业转变外贸增长方式支持纺织企业"走出去"相关政策的通知》(财企〔2006〕227 号)鼓励使用先进装备，技术研发，产品升级，科技创新，强调支持纺织行业实现技术创新，加快结构调整，转变外贸增长方式等。而其他一些政策，如财政部办公厅、工信部办公厅《关于组织推荐科技成果转化项目的通知》(财办建〔2010〕25 号)、工信部、财政部《关于组织推荐 2012 年国家重大科技成果转化项目的通知》(财办建〔2012〕20 号)，均要求相关的补助资助与科技进步、高端设备、关键技术等相关。美国诉中国外贸转型升级示范基地和外贸公共服务平台案侧重品牌、技术创新、转型升级,仅从《佛山市南海区推进品牌战略与自主创新扶持奖励办法》(南府〔2012〕85号)、宝安区《关于进一步促进台资企业转型升级的若干措施》、龙华新区《关于加快推进工业转型升级的若干措施》这些政策的标题就能发现补贴的目标侧重于外贸转型升级。

2. 节能环保的社会目标

中国作为发展中大国也很重视节能环保,通过补贴政策引导企业走绿色和节能环保的发展道路。例如,墨西哥诉中国纺织品和服装补贴案涉及的财政部、国家发展和改革委员会《关于印发〈节能技术改造财政奖励资金管理办法〉的通知》(财建〔2011〕367号)(已失效)就规定了节能减排。《〈中央财政清洁生产专项资金管理暂行办法〉的通知》(财建〔2009〕707号)规定了对清洁示范项目的补助。其他如商务部、财政部《关于印发〈农轻纺产品贸易促进资金暂行管理办法〉的通知》(商规发〔2005〕507号)(已失效),也包括部分节能降耗、能源综合利用、绿色产品的推广等内容。

3. 促进农业发展

与发达国家一样,中国政府同样重视发展农业的相关补贴,通过给予补贴促进农业整体水平的提高。例如,墨西哥诉中国纺织品和服装补贴案中被指控的《2007棉花良种补贴》规定,中央财政拿出5亿元人民币对选用棉花良种种植的棉农实施每亩15元人民币的补贴。原农业部办公厅、财政部办公厅也出台《〈2011年粮棉油糖高产创建项目实施指导意见〉的通知》(农办财〔2011〕42号),规定全国建设5 000个高产创建万亩示范片,包括棉花260片,项目区每个示范片安排资金20万元人民币。此外,《财政部出疆棉运费补贴》、新疆维吾尔自治区人民政府《关于加快自治区纺织业发展有关政策的通知》(新政发〔2010〕99号)等文件还有对棉花出疆运输补贴的规定。

(二) 补贴项目支持的企业经营行为

除补贴的内容多样外,中国被诉至WTO的禁止性补贴的类型、形式也多样。从企业来看,被诉的几个补贴项目主要针对的企业经营行为包括:提高出口收入、技术研发和引进、产品开发、拓展国际市场、培训、参加展会、购置和使用高端设备、推广品牌等。

例如,美国、墨西哥和危地马拉分别诉中国出口补贴案涉及对企业争创名牌、参加国内外产品展销,按参展摊位进行补助的补贴;美国诉中国风能设备补贴措施案涉及对企业自主研发、联合开发或引进技术再创新的补贴;美国诉中国汽车及汽车零部件补贴案涉及对企业开展国外市场研究、资助产品开发、开展培训、资助开拓国际市场、资助企业境外申请知识产权等的补贴;而美国诉中国外贸转型升级示范基地和外贸公共服务平台案涉及对开拓国际市场和参加展会的补贴。

第四节　针对其他成员方禁止性补贴的WTO争议解决案件

一、欧共体大飞机案

民用航空器产业对一国的科技发展、经济成长及国防发展都有长远影响,因此美欧之间关于民用航空器之补贴措施也一直争论不断。美国于2004年10月向WTO提起诉讼,认为欧洲政府对空客公司的大量补贴使美国波音(航空)公司处于不利竞争的地位。而欧盟也不甘示弱,几乎是同时,将美国波音(航空)公司诉至WTO。2019年10月,WTO允许美国对欧盟价值74.966亿美元的产品加征关税,作为对欧盟补贴空客的报复措施。2020年9月,WTO又授权欧盟对美国价值40亿美元的产品加征关税,作为对美国补贴波音的报复措施。两大世界航空器巨头在WTO的较量备受世界瞩目。

欧共体大飞机案自2004年10月美国首次提出磋商申请以来,历时16年,双方围绕欧盟产业扶持政策、市场竞争等进行激烈的争论,历经专家组、上诉机构、执行之诉、执行之诉上诉、执行情况审查和授权报复的仲裁阶段。在2019年10月的仲裁裁决中,仲裁员认为欧盟补贴引起了不利影响,授权美国采取每年74.966亿美元的报复措施。2019年12月2日,进行执行情况审查的专家组进一步认为,欧盟未能证明其已全面撤回被裁违规的补贴措施,也没有完全消除违规补贴措施所造成的不利影响,裁定欧盟仍未完成该案的执行工作。裁决作出的当天,USTR在网站上发布题为"美国赢得空客补贴争端第六胜"的新闻。① 2019年12月6日,欧盟提出上诉,认为执行情况审查作出的专家组报告在《SCM协定》相关条款的适用方面出现法律错误,且未对部分事实调查进行客观评估。这也意味着,长达16年之久的案件仍将持续。

---

① United States Wins for the Sixth Time in Airbus Subsidies Dispute, https://ustr.gov/about-us/policy-offices/press-office/press-releases/2019/december/united-states-wins-sixth-time. 访问日期:2020年3月7日。

(一)案件综述

2004年10月6日,美国就影响大型民用飞机的措施向德国、法国、英国和西班牙以及欧盟提出磋商申请。欧共体大飞机案专家组于2005年7月成立,因双方对专家组成员未能达成共识,至2005年10月方确定了小组成员。该案专家组于2010年6月公布了专家组裁决。欧盟于2010年7月向上诉机构提出上诉,上诉机构于2011年5月18日作出上诉机构裁决。专家组于2016年9月作出执行之诉的裁决,上诉机构在2018年5月又作出执行之诉上诉的裁决。

2011年12月1日,欧盟通知DSB,其已经采取措施使之符合了WTO项下的义务。而美国认为,欧盟未能遵守DSB的裁决,向DSB申请授权,要求根据DSU第22条和《SCM协定》第7.9条的规定对欧盟采取贸易报复措施。在2011年12月22日的争端解决会议上,欧盟质疑了美国提出的请求,并根据DSU第22.6条的规定将相关事项提请了仲裁。2012年1月19日,美国和欧盟请求中止仲裁庭的工作。之后由于美国申请恢复仲裁庭的工作,仲裁庭于2018年7月13日恢复工作。根据仲裁庭2019年10月作出的裁决,DSB授权美国对欧盟及欧洲四国成员采取总金额不超过75亿美元的贸易报复措施。

2018年5月,欧盟根据DSU第21.5条的规定提出执行情况审查程序,就其遵守DSB裁决采取的措施的一致性向美国提起磋商请求,并于同年7月提出成立执行情况审查的专家组的请求。执行情况审查的专家组于2018年9月成立。由于争端的复杂程度,专家组于2019年12月2日作出裁决,裁定欧盟未能证明其已全面撤回被裁违规的补贴措施,也没有完全消除违规补贴措施所造成的不利影响,裁定欧盟仍未完成该案的执行工作。2019年12月6日,欧盟就执行情况审查的专家组报告提起上诉。欧盟认为,该报告在《SCM协定》相关条款的适用方面出现法律错误,且专家组未对部分事实调查进行客观评估。

美国曾就该案提出另组专家组之请求(DS347),但美国已于2007年10月请求专家组暂停审理此案。

美国就补贴项目提出了以下指控:

(1)研发资助/成员国融资(LA/MSF):法国、德国、西班牙和英国四国以极其优惠的条件贷款给空客公司,例如以零利率或低于一般商业利率提供长期无担保贷款;在航空器开发完成后,才需还款,且当销售不足以偿付时,可无限延期该贷款。美国提出,欧洲四国成员自1969年开始便不断向空客公司 A300 至 A380 的系列产品提供不同额度的优惠贷款,金额高达航空器开发所需金额的 33%~100%。

(2)欧洲投资银行(European Investment Bank,EIB)贷款:欧洲四国成员通过 EIB 对空客公司提供贷款,用于航空发动机的设计和开发,并列举了欧洲四国对空客公司不同机型的贷款。

(3)基础设施补贴:欧洲四国向空客公司提供大量补贴用于开发、扩张和升级基础设施。

(4)重组涉及的资本注入和拨款、债务承担或免除:欧洲四国免除或承担空客公司因航空器开发而产生的贷款或融资,包括德国政府于 1997 及 1998 年免除德国空客公司的债务,西班牙政府承担了西班牙航空制造公司的债务。此外,欧洲四国还通过注入股份和赠款的方式提供补贴。

(5)研发补贴:欧洲四国为空客公司参与航空相关的研究、开发提供财政资助。

截至目前,世界范围内仅波音航空公司和空客公司能够生产大型民用航空器。而根据飞机生产的产业特性,每一型号的飞机都需要经过漫长的设计、研发和试验生产,最终才能实现商业化。该案争议焦点是美国指控欧盟对空客公司提供的补贴。美国针对不同型号的空客飞机提出了不同的补贴指控,指控的时间跨度达 40 年,涉及英国、法国、德国、西班牙 4 个欧洲国家的补贴,共计 300 多个补贴项目。指控的补贴类型包括出口补贴、进口替代补贴、具有《SCM 协定》第 5、6 条规定的不利影响和严重侵害的可诉补贴等。大部分补贴项目并未涉及最后的执行之诉,因为 USTR 的声明主要指责欧盟对研发资助/成员国融资(LA/MSF)的微小修改是否符合 WTO 裁决执行的要求。因此笔者重点分析与研发资助/成员国融资(LA/MSF)项目有关的禁止性补贴。

(二)与研发资助/成员国融资(LA/MSF)有关的禁止性补贴——以 A380 为例

1. 专家组和上诉机构阶段

美国指控为开发空客 A380、A330-200、A340-500/600 型号而提供的融资为出口补贴,该补贴降低了空客公司研发新机型的成本,给予利率优惠、偿还条件优惠等融资支持。受篇幅所限,本书仅以欧盟对空客 A380 给予的研发资助/成员国融资(LA/MSF)的禁止性补贴为例进行说明。美国认为,空客 A380 型号的开发以出口为导向,且 A380 型号的预期销售超出了欧盟内部需求,显然该项融资以出口为目的、以出口实绩为要件,属于禁止性补贴。欧盟则认为,该贷款偿还条款相当严格,并未要求空客公司以出口销售所得偿还贷款,且其出口销售或航空器开发以出口为导向并不足以证明该优惠贷款以出口实绩为条件,不认为构成出口补贴。

专家组首先阐述了《SCM 协定》第 3.1(a) 条及脚注 4 关于事实上的出口补贴的认定标准,其依据上诉机构在加拿大民用航空器案中作出的解释,认为事实上的出口补贴必须符合三个条件:(1)授予补贴;(2)紧密联系;(3)事实上或预期的出口或出口收益。专家组认为仅有出口预期不足以证明授予补贴是视出口预期为条件,还需结合其他事实综合考量。① 关于第一个条件,专家组认为,融资条款的约定构成了补贴之授予。关于第三个条件,专家组在审查了相关事实后表示,空客公司与欧洲四国签订融资贷款协议时,四国政府清楚相关机型的开发会用于出口销售,因此与事实上或预期的出口有关。关于第二个条件,专家组认为,需要分析补贴授予之"动机",空客公司向四国政府承诺,其以销售特定数量的民用航空器所得偿还贷款,而其只有大量出口民用航空器才能获得特定销售额用于偿还贷款;四国在预期空客公司可以偿还贷款的基础上,在签订融资条款时必然将大量出口销售的事实纳入考量,因此符合第二个条件即视事实上或预期出口或出口收益为条件而给予补贴。根据这三个条件,专家组认定,德国、西班牙和英国政府对空客 A380 型号的大飞机的研发资助/成员国融资(LA/MSF),构成了事实上的出口补贴。

美国和欧盟都对专家组的结论提出上诉。上诉机构认为欧洲四国政府对空客 A380 型号的研发资助/成员国融资(LA/MSF),符合《SCM 协定》第 1 条和第 2 条规定的专向性补贴,同时也构成了事实上的出口补贴。② 但是上诉机构认为专家组对事实上的出口补贴的解释是不正确的。上诉机构认为应该考虑补贴是否刺激了出口,而不是因预期的出口实绩而给予补贴。③ 因此,上诉机构确立了"出口诱因"测试,该测试被满足的条件是,当补贴刺激了补贴接受者的出口,而未被补贴扭曲的国内和出口市场的供需并不能简单反映这一出口。该测试考虑的因素有:(1)补贴措施的设计和结构;(2)补贴措施的运作形式;(3)以及有利于理

---

① 参见欧共体大飞机案(第 21.5 条 - 美国)专家组报告(WT/DS316/AB/RW),第 6.678 段。
② 参见欧共体大飞机案上诉机构报告(WT/DS216/AB/R),第 1080 段。
③ 同上,第 1044 段。

解补贴的设计、结构和运作形式的相关事实情况。① 此外,上诉机构还认为,出口补贴使得出口销售的条件更优于国内销售。② 上诉机构还引入了"比率评估"测试作为分析工具,通过比较"补贴产品的预期出口和国内销售的比率(预期比率)"和"没有补贴的情形下的比率(基础比率)"来进行分析。③ 上诉机构认为,基础比率可以基于历史基础方法,即来源于补贴给予之前的"同类产品"的历史销售数据(此案中为同一机型的民用大飞机);也可基于假设基础方法,即来源于未给予补贴下假设的利润最大化的表现。

基于以上分析,上诉机构认为,专家组对在事实上以出口为条件的法律解释是错误的。但是,上诉机构认为专家组给出的事实和无争议的证据只能证明相关成员方给予的补贴是否为预期的出口或出口收益。因此,其在缺乏相关证据判断是否满足"出口诱因"测试和"比率评估"测试的情况下,并不能认定研发资助/成员国融资(LA/MSF)是否为出口补贴。④

2. 执行之诉

由于上诉机构对空客 A380 型号的研发资助/成员国融资(LA/MSF)是否构成出口补贴这一争点并未给出任何结论,因此在新启动的执行之诉中,相关的专家组又进行了充分的讨论。

执行之诉的专家组从三个方面讨论了美国提出的欧洲四国对空客 A380 型号的补贴是否违反了《SCM 协定》第 3.1(a)条的主张:第一,美国是否证明了给予补贴;第二,美国是否证明了给予补贴与预期的出口或出口收益紧密联系;第三,美国是否证明了给予补贴与该出口预期有联系或视出口预期为条件。

执行之诉的专家组侧重于对上诉机构的法律分析的梳理,进而得出结论。执行之诉的专家组认为,美国已经证明了第一点和第三点。因此,其着重讨论了第二点。执行之诉的专家组在梳理上诉机构的法律分析时反复强调了一点,即"出口诱因"测试的分析可以借助于比率分析这一手段,但该手段并不唯一,还应综合考虑给予补贴的措施以及相关的事实。⑤ 执行之诉的专家组根据美国提供的证据进行判断后认定美国未达

---

① 参见欧共体大飞机案上诉机构报告(WT/DS216/AB/R),第 1046 段。
② 同上,第 1053 段。
③ 同上,第 1046 段。
④ 同上,第 1101、1104 段。
⑤ 参见诉欧共体大飞机案执行之诉报告(WT/DS316/RW),第 206—210 页。

到事实上的出口补贴的证明标准。执行之诉的专家组认为,不能单纯地认定美国针对空客 A380 型号的比率分析加上证明预期的出口实绩就能证明视事实上的出口实绩而定,还应分析之前反复强调的补贴措施的设计、结构及运作方式等。执行之诉的专家组着重进行了比率评估分析。其认为,在预期比率上,美国提供的证据并不能准确计算出空客 A380 型号的预期比率,且美国提供的该预期比率也不能证明补贴措施视事实上的出口实绩而定。① 此外,执行之诉的专家组也拒绝接受美国提交的基础比率这一证据。②

虽然美国认为对空客 A380 型号的补贴违反了《SCM 协定》第 3.1(a)条有关禁止性补贴的主张,但未被执行之诉的专家组所采纳。执行之诉的专家组认定欧盟向空客公司生产的 A330、A350XWB 和 A380 三种机型提供补贴,对其他 WTO 成员造成了不利影响。③ 执行之诉的专家组在报告中指出,欧盟及法国、德国、西班牙、英国欧洲四国并未采取措施消除补贴的不利影响或撤销补贴,致使涉案补贴措施在案件执行期满后仍对美国利益造成损害,裁定欧盟及其上述四国在该案中的执行措施不符合 DSB 的建议和裁决,未履行其在《SCM 协定》项下的义务。

3. 执行之诉上诉和反诉

2018 年 5 月,上诉机构发布了该案执行之诉的上诉机构报告。美欧未就对空客 A380 型号的研发资助/成员国融资(LA/MSF)是否构成出口补贴这一争点提出执行之诉的上诉。但是上诉机构仍然裁定,欧盟仍在向空客公司生产的 A330、A350XWB 和 A380 三种机型提供补贴,对其他 WTO 成员造成了不利影响,违反了《SCM 协定》第 5 条和第 6 条的规定,未能执行 DSB 裁决,违反了《SCM 协定》第 7.8 条提供补贴的成员应消除不利影响或撤销补贴的规定。

欧盟于 2018 年 5 月收到该案执行之诉的上诉机构报告后,根据 DSU 第 21.5 条的规定提出执行之诉反诉,就其遵守 DSB 裁决采取的措施的一致性向美国提起磋商请求。欧盟认为,其已实质性地执行完专家组和上诉机构的裁决,已经撤销补贴或消除了不利影响。具体包括:修改了英国、法国、德国、西班牙四国政府原空客 A380 型号研发资助/成员国融资

---

① 参见诉欧共体大飞机案执行之诉报告(WT/DS316/RW),第 218 页。
② 同上,第 222 页。
③ 同上,第 573 页。

(LA/MSF)项目下的贷款协议;修改德国政府空客 A350XWB 型号研发资助/成员国融资(LA/MSF)项目的协议;偿还英国政府空客 A350XWB 型号研发资助/成员国融资(LA/MSF)项目下指控的贷款本金和利息。而美国反驳了欧盟的主张,认为欧盟不仅没有按照裁决来执行,反而提高了补贴的金额、延长了补贴项目的有效期。

对此,执行之诉反诉的专家组认为,欧盟没有证明英国、法国、德国、西班牙四国政府撤销了对空客 A380 型号的研发资助/成员国融资(LA/MSF)这一补贴项目,也没有证明德国、英国政府撤销了对空客 A350XWB 型号的研发资助/成员国融资(LA/MSF)这一补贴项目。首先,欧盟对德国政府空客 A350XWB 型号研发资助/成员国融资(LA/MSF)下贷款协议的修改,并不意味着新的贷款协议替代了前序补贴,也并不意味着撤销了前序补贴。其次,虽然欧盟证明了英国政府已经偿还了对空客 A350XWB 型号研发资助/成员国融资(LA/MSF)下的贷款本金和利息,但是偿还具有补贴性质贷款的行为本身并不能导致补贴项目的终止,尤其是执行裁决意义上的终止。最后,欧盟没有能够证明四国政府修改对空客 A380 型号研发资助/成员国融资(LA/MSF)下相关协议导致了补贴项目的撤销。尤其是,欧盟没有证明商业运营的借款方在遇到诸如对空客 A380 型号补贴的类似条件时,能够对类似的协议条款作出修改,也即无法证明能够通过修改符合商业标准的协议实现撤销前序补贴的效果。因此,执行之诉反诉的专家组驳回了欧盟的主张,认为空客公司宣布暂缓 A380 项目并未实际上撤销对空客 A380 型号的研发资助/成员国融资(LA/MSF)这一执行效果。在综合分析欧盟是否采取了适当步骤消除不利影响后,执行之诉反诉的专家组得出结论,欧盟的执行不符合裁决的要求。

4. 补偿报复仲裁

美国由于质疑欧盟及其成员国未能遵守 DSB 的裁决,因而请求 DSB 授权其对欧盟采取反措施。欧盟反对美国的这一主张,并根据 DSU 第 22.6 条的规定于 2011 年 12 月 22 日就相关事项提请了仲裁。仲裁人于 2019 年 10 月作出的裁决认定,美国可补偿报复的金额相当于欧盟的补贴引起的不利影响,因此授权报复的金额达到了每年 74.966 亿美元,主要是执行之诉主张的 2011 年 12 月—2013 年期间欧盟对空客公司授予的补贴所产生的不利影响。2019 年 10 月 18 日,美国决定对欧盟大型民用航空器征收 10%的关税,对来自英国、法国、德国、西班牙四国的农产品和其他产品征收 25%的关税。

(三) 美欧争议评析

由于大型民用航空器的制造需投入巨大的研发成本和固定成本,且产业内部的规模经济特性显著,因此美、欧等政府竞相投入巨大补贴扶持民用航空器产业群。正如专家组所指出的,在市场条件下,没有商业银行愿意牺牲自己的商业利益像欧盟及其成员国那样以极低的贷款利率为这类周期长、盈利无法预测、风险高、投入大的项目提供贷款。然而美国政府也对波音航空公司提供了大量补贴。根据上诉机构和专家组的裁决:(1)华盛顿州、堪萨斯州、伊利诺伊州以及相关城市的部分措施,美国国家航空航天局、国防部、DOC 研发项目的部分措施,《外国销售公司法案》《域外收入免除法案》的部分措施,构成了专向补贴,1989 年至 2006 年期间的补贴金额至少为 53 亿美元;(2)《外国销售公司法案》《域外收入免除法案》提供的补贴,属于禁止性出口补贴;(3)部分专向性补贴对欧盟的利益造成了严重损害。由此可以看出美国也为航空业提供了巨额补贴。

笔者认为,这场旷日持久的美欧争端,也从不同程度上反映了美欧在生产组织上的巨大差别。首先,欧盟单个成员国的实力比较弱,不具有独立生产大型民用航空器的实力,只有通过欧盟主导安排各成员国分工协作,才能产生像空客公司这样的超级大公司。其次,政府能够动用的政策工具是有限的,无论通过研发资助/成员国融资(LA/MSF),还是拨款、贷款、免除债务、资本注入、提供产品和服务等,都是侧重于研发、土地基础设施、物流或其他环节,其实质在于降低企业运行的成本,尽早实现商业化。而反观美国,由于其科技综合实力较强,并不需要政府协调安排分工。此外,虽然美国政府提供了大量的补贴,但同时美国国内具有相当成熟的商业风险投资机制,政府支持就是信用背书,使风投机构有意愿去投资波音飞机的零部件供应商。有了这些零部件的供应,波音航空公司具备了更成熟的开发大型项目的条件,从而美国能够产生像波音航空公司这样的超级大公司。美国通过风投机制投资企业,更好地避免了补贴的合规性这一问题,值得中国借鉴。

二、美国诉印度太阳能电池和组件措施案[①]

(一)案件背景

2013 年 2 月 6 日,美国就印度的尼赫鲁国家太阳能计划(Jawaharlal

---

① 参见美国诉印度太阳能电池和组件措施案(India—Certain Measures Relating to Solar Cells and Solar Modules, DS456)。

Nehru National Solar Mission，NSM)下的电池和组件措施提出磋商请求。2014年2月10日,美国又提出增加涉案措施并提出磋商请求。2014年4月14日,美国请求成立专家组。2014年5月23日,DSB决定就美国诉印度太阳能电池和模板措施案设立专家组,中国、巴西、加拿大、欧盟、日本、韩国、马来西亚、挪威、俄罗斯、土耳其等成员宣布作为第三方参加该案专家组审理程序。2016年2月24日,WTO就美国诉印度太阳能电池和组件措施案发布专家组报告。同年4月,印度对专家组裁决提出上诉。2016年9月16日,上诉机构公布了裁决报告。2017年12月4日,印度通知DSB其已经停止实施与DSB裁决不符的任何措施。但是美国认为,印度并未在合理时间内遵守DSB的裁决,因而于2017年12月19日向DSB请求授权报复措施,即中止对印度实施协定项下的减让或其他义务。印度不同意美国的主张。因此,在2018年1月12日的DSB会议上,该问题被提交仲裁解决。2018年2月28日,DSB应印度请求设立执行之诉专家组,执行情况的审查程序仍在继续。

该案经历专家组、上诉机构、授权报复的仲裁,目前还在执行情况的审查阶段。该案涉及的禁止性补贴值得进一步探讨。

(二)尼赫鲁国家太阳能计划

1. 补贴项目介绍

印度于2010年1月设立尼赫鲁国家太阳能计划,计划在2022年之前建立2万兆瓦的并网太阳能发电电力,旨在通过创造在全球快速扩散的政策条件,使印度成为全球太阳能领先国家。该计划通过与太阳能发电厂签署电力购买协议使得这些发电厂能获得经济利益或优势(比如长期电价),但前提是太阳能发电厂需要采购至少30%本地生产的太阳能电池和组件。具体来说,印度政府在太阳能发电厂发电上网的环节通过政府采购,对电站建设企业使用国内产品和进口产品作出限制,引导电站企业采购本地光伏产品,促进太阳能产业的发展。

美国认为,印度的这一当地成分要求措施(Domestic Content Requirement Measures,DCR措施)明显属于进口替代补贴,违反了《SCM协定》第3.1(b)、3.2条规定的进口替代补贴。

2. 专家组和上诉机构裁决

专家组和上诉机构一致认为印度的DCR措施属于进口替代补贴。此外裁决中还对该措施涉及的TRIMs协定相关条款、最惠国待遇、政府采购、GATT 1947第20条中规定的一般例外进行了分析。

3. 授权报复的仲裁

印度认为,其已经执行了专家组和上诉机构的裁决,其在2016年12月以后的新招标项目中,不再要求实施DCR措施;而以往实施的中标项目中,也只有部分项目涉及DCR措施,且这部分项目已经终止。① 但美国认为印度并没有在合理时间内执行以上裁决,因此请求DSB授权进行报复。②

(三) 争议评析

2011年,时任古吉拉特邦首席部长的莫迪即提出太阳能发展计划③,在其担任总理以来,太阳能发展计划始终是印度政府的关注重点,印度政府甚至要求各邦在各种场景下建设太阳能项目,包括沙漠、荒地、国家公路、河岸甚至运河上方。④

印度存在能源赤字、能源需求大量增加且大量依赖化石燃料和进口材料等问题,而纵观此案,印度希望通过采取DCR措施达到能源安全与可持续发展。印度的太阳能光伏主要依赖进口的电池和模板,这使得印度面临国际供应市场波动的风险,因此政府出面干预以尽量减少对进口电池和模块的依赖,进而实现国内的能源安全和可持续发展。因此,印度政府要求国内提高生产太阳能电池和组件的能力,降低进口依存度。相比于传统能源,太阳能作为一种新能源,在行业发展初期投入产出不具有成本优势。因此,各国无一例外出台了各种倾斜政策,投放了大量补贴扶持这一产业。典型如对消费者进行电费补贴、发电上网补贴、对太阳能电池生产补贴、对太阳能硅片生产补贴,等等。

---

① 参见美国诉印度太阳能电池和组件措施案专家组报告(WT/DS456/20)。
② 参见美国诉印度太阳能电池和组件措施案专家组报告(WT/DS456/18)。
③ 印度太阳能发展计划,载 http://www.china-nengyuan.com/news/67844.html,访问日期:2019年12月27日。
④ 印度制订计划大力发展太阳能,载 http://in.mofcom.gov.cn/article/jmxw/201410/20141000776177.html,访问日期:2019年12月27日。

第五章
可诉补贴的法律研究

可诉补贴(actionable subsidies)是《SCM协定》的一项重要内容,是反补贴措施的核心问题之一。作为一项重要的补贴纪律,其重要地位日益显现。特别是在不可诉补贴失效后,除禁止性补贴之外,只要补贴具有专向性并造成不利影响且两者之间具有因果关系,则可被认定是可诉补贴。《SCM协定》及其附件中并没有对可诉补贴的种类加以列举,也没有用描述性语言对可诉补贴加以定义。根据《SCM协定》中关于可诉补贴的用词,笔者认为,在不可诉补贴失效后,可诉补贴是指除禁止性补贴之外具有专向性并对其他成员方贸易利益造成不利影响的其他国内补贴。也有学者认为,可诉补贴是指允许在一定范围内实施的,且在实施过程中损害了其他成员方的贸易利益而导致其利益受到损害的成员方提起申诉的补贴。[①] 总而言之,可诉补贴对补贴提供国来说是不被禁止但又不能被免于质疑的补贴,一旦对进口成员方造成不利影响,则该成员方有权寻求救济。可诉补贴具有隐蔽性,对大多数成员方来说,补贴的提供形式渐渐由最初的以出口为导向的禁止性补贴转变成具有很强隐蔽性的可诉补贴。特别是发达国家成员,由于其在工业品领域已经具有很强竞争力,无须再提供被《SCM协定》禁止的补贴。因此,目前在各国大量的补贴以可诉补贴的形式出现,可以说是各成员方反补贴调查机关的主要调查目标。WTO给予可诉补贴双轨救济途径,既可寻求WTO争端解决救济机制,也可采取单边的反补贴措施通过国内法实现对国内产业的救济,让成员方拥有更多的灵活性和可操作性以抵消可诉补贴对国内产业的负面影响。

[①] 参见蒋新苗、屈广清主编:《世贸组织规则研究的理论与案例》,人民法院出版社2004年版,第517页。

本章将围绕可诉补贴的法律特征、救济路径等方面进行论述。

第一节 可诉补贴的法律特征

《SCM 协定》第四部分对可诉补贴的特征、性质及其救济作出了规定。《SCM 协定》第 5 条在 GATT 1947 第 16(Ⅰ)条的基础上进一步细化,规定任何成员方不得通过使用《SCM 协定》第 1.1、1.2 条所指的任何补贴而对其他成员的利益造成不利影响(Adverse Effects),即(a)损害(injury)另一成员的国内产业(Domestic Industry)[①];(b)使其他成员在 GATT 1994 项下直接或间接获得的利益丧失或减损,特别是在 GATT 1994 第 2 条项下约束的减让的利益,即"非违反之诉";(c)严重侵害(Serious Prejudice)另一成员的利益。不利影响作为一个法律概念引入 GATT/WTO 体制始于 1979 年《东京守则》第 8.1 条规定。缔约方承认,补贴是政府促进社会和经济目标的重要工具;缔约方同时承认,补贴可能会对其他缔约方的利益造成不利影响。《SCM 协定》继承了《东京守则》第 8.3 条和第 13.4 条关于"不利影响"三种情形的规定。《SCM 协定》第 5 条的分类对产生何种法律后果具有重要意义,损害的存在使成员可以征收反补贴税,采取单方措施,也可以在 WTO《SCM 协定》项下启动争端解决程序。而在(b)和(c)两种情况下,成员只能考虑启动争端解决程序,本章仅对这两种情况进行具体分析。[②]

一、利益丧失或减损即"非违反之诉"[③]

（一）"非违反之诉"的功能

《SCM 协定》第 5 条(b)项所指的"利益丧失或减损"(Nullification or Impairment of Benefits)与 GATT 1994 项下相关条款的意义相同,此类利益丧失或减损的存在应根据实施这些条款的惯例确定。[④]

"非违反之诉"(Non-violation)并非由 GATT 制定者们创造,而是来

---

① 根据《SCM 协定》注脚 11 的规定,"损害国内产业"的措施与《SCM 协定》第五部分适用的意义相同,该条款的认定等内容较为复杂,将在本书第六章中详细论述。
② (a)项将在第六章中具体分析。
③ 赵维田老先生译为"不违反之诉"。
④ 参见《SCM 协定》注脚 12。

自于以欧美为中心的"双边贸易协定。"①GATT第23.1(b)条②对"利益丧失或减损"给予程序上的救济,对非违反之诉案件,需要具备三要件:(1)由于GATT项下经磋商的减让造成了关税的约束;(2)关税约束生效后,该成员方在关税约束区域内实施了一种补贴计划;(3)这种补贴造成了关税约束方的利益丧失或减损,因为该补贴计划与本该通过关税约束获得的合法期望相悖。③ 在美国伯德法修正案中专家组用更简练的语言重申了有关非违反性丧失或减损主张成立的条件,并且对"实施一种补贴计划"中"实施"一词的含义作出了澄清,认为"实施"应当包括补贴的使用、给予和维持。美国伯德法修正案专家组认为,如果一项补贴计划系统性地抵消了关税减让的影响,即发生了非违反性丧失或减损。④

　　GATT这一条款的基本理念是指缔约方通过关税减让而获得的竞争机会,不仅可能会被GATT所禁止的措施所阻碍,也可能会被符合该协定的措施所阻碍;但为了鼓励缔约方作出关税减让,授予缔约方享有一种补救权,可以在互惠减让时因另一缔约方采取的措施而受到减损的情况下使用,而不论该措施是否与GATT相抵触。关税减让的价值在于通过改善价格竞争确保更好的市场准入,这也是缔约方谈判的主要目的,因而他们在作出关税减让时,应被推定为期待关税减让所带来的价格效果不被系统地抵消。如果没有这种补救权,他们可能就不愿意作出关税减让,GATT也就不可能成为汇集谈判结果的法律框架。专家组认为,GATT第23条第1款(b)项的这一目的在1990年1月25日欧盟油菜籽案裁决中得到了充分的说明。⑤ 然而日本消费胶卷和相纸案的专家组发现,尽管

---

　　① 赵维田:《论"不违反之诉"》,载 http://www.iolaw.org.cn/showscholar.asp? id=115,访问日期:2006年2月24日。
　　② 该条规定:如一缔约方认为,由于下列原因,它在本协定项下直接或间接获得的利益正在丧失或减损,或本协定任何目标的实现正在受到阻碍,(a)另一缔约方未能履行其在本协定项下的义务;或(b)另一缔约方实施任何措施,无论该措施是否与本协定的规定产生抵触,或(c)存在任何其他情况,则该缔约方为使该事项得到满意的调整,可向其认为有关的另一缔约方提出书面交涉或建议。任何被接洽的缔约方应积极考虑对其提出的交涉或建议。
　　③ Ernst-Ulrich Petersmann, *The GATT/WTO Dispute Settlement System: International Law, International Organizations and Dispute Settlement*, Kluwer Law International, 1997, p.142.
　　④ 美国《2000年持续反倾销和补贴抵消法》(United States-Continued Dumping and Subsidy Offset Act 2000,US-Offset Byrd Amendment,以下简称"美国伯德法修正案")专家组报告(WT/DS217/R, WT/DS234/R),第7.127段。
　　⑤ Matsushita, Schoenbaum and Mavroidis, *The World Trade Organization Law, Practice and Policy*, Oxford University Press, 2003, p.279.

非违反之诉救济是一个重要的且已被接受的 GATT 和 WTO 争端解决手段,已经存在了 50 年,但是专家组或工作组实质性考虑过的非违反之诉案件只有 8 个。① 这表明,GATT 和 WTO 对使用这种救济持谨慎态度,仅把它作为一项极为例外的争端解决手段。②

(二)"非违反之诉"的举证责任及救济

举证责任对案件至关重要,决定案件成败,尤其对将违反与不违反之诉加以区别的 GATT 第 23 条来说,更为重要。1979 年《东京守则》和 DSU 都对举证责任进行了明确的规定:"凡出现违反涵盖协定规定的义务时,该行为都被视为构成抵消或损害的表面证据。"这表明,在正常情况下可作出如下推定:违反规则就对涵盖协定的其他成员方造成有害的影响,在此情况下要由被告成员方举证反驳所诉。③ "非违反之诉"情况则相反,DSU 第 26.1 条(a)规定,起诉方应提供详尽的正当理由以支持任何针对一项不与适用协定产生抵触的措施而提出的起诉。

DSU 第 26 条对"非违反之诉"的救济手段有明确规定,专家组或上诉机构对"非违反之诉"类案件的裁决与建议主要是补偿,即争端当事方"作出互相满意的调整",并无法律约束力。

二、严重侵害另一成员的利益

《SCM 协定》并没有给"对其他国家利益的严重侵害"下一个定义,但是对如何判断"对其他国家利益的严重侵害"作了专门规定。根据《SCM 协定》第 6 条的规定,上述严重侵害的测试方法有两种,其中之一为"表面证据测试法",另一种为"后果测试法"。在"表面证据测试法"的情况下,只要补贴达到一定的数量或属于某一种性质,即可认定"严重侵害"的存在,并不看补贴的后果,如第 6.1 条中规定的几种情况。而在"后果测试法"的情况下,只有当补贴造成法定的后果时,才能认定"严重侵害"

---

① 参见杨国华:《WTO 第一个非违反之诉案件——日本消费胶卷和相纸案》,载中华人民共和国商务部条法司网站,访问日期:2005 年 10 月 11 日。
② 欧盟石棉案(European Communities-Measures Affecting Asbestos and Asbestos-Containing Products)上诉机构报告(WT/DS135/AB/R),第 185、186 段;美国伯德法修正案专家组报告(WT/DS217/R WT/DS234/R),第 7.127 段。
③ 参见赵维田等:《WTO 的司法机制》,上海人民出版社 2004 年版,第 186 页。

的存在。① 这些法定的后果在第6.3条②中都有所列明。

此外,《SCM协定》第6.7条中规定了一些情况,在这些情况下,不产生第6.3条项下造成严重侵害的取代或阻碍,比如对起诉成员方的出口限制、不可抗力等原因。③ 由于过渡期已经结束,《SCM协定》第6.1条有关在特定情况下推定严重侵害的规定不再适用。在乌拉圭回合谈判中引入这一规定,笔者认为其目的是使对严重侵害的评估简单化,有利于反补贴经验较少、技术较弱的成员方寻求救济。但它只是一个过渡性质的条款,故规定仅在《SCM协定》生效后的5年内适用。

(一)《SCM协定》第6.1条的失效

《SCM协定》第6条就如何认定存在第5(c)条意义上的"严重侵害"作出规定:(a)对一产品从价补贴的总额超过5%;(b)用以弥补一产业承受的经营亏损的补贴;(c)用以弥补一企业承受的经营亏损的补贴,但仅为制定长期解决办法提供时间和避免严重社会问题而给予该企业的非经常性的和不能重复的一次性措施除外;(d)直接债务免除,即免除政府持有的债务及用以偿债的赠款。如果起诉方成员的"表面证据"(Prima Facie)证明上述的四种情形中的任何一种出现,那么举证责任(Burden of Proof)则转移到应诉方成员,由应诉方成员去反驳起诉方成员的请求,去证明"严重侵害"情形的不存在。

但是,根据《SCM协定》第31条的规定,上述四种情况应于1999年12月31日停止适用。《SCM协定》第31条还规定,"委员会将在不迟于该期限结束前180天审议这些规定的运用情况,以期确定是否延长其适用,或是按目前起草的形式延长或是按修改后的形式延长"。在1999年12月20日的西雅图特别会议上,补贴与反补贴措施委员会根据第31条的规定进行了审议,委员会并未达成一致意见延长该条款,因此该条款已

---

① 参见盛建明:《关于WTO〈补贴与反补贴协议〉下补贴与损害之辨析》,载http://www.huanzhonglaw.com/hzlaw/zl/fbt-llysw.html,访问日期:2007年2月8日。

② 《SCM协定》第6.3条规定:(1)补贴阻碍了补贴国进口原产于另一成员方的相同或相似产品。(2)补贴阻碍了第三国进口原产于另一成员方的相同或相似产品。(3)补贴造成了另一成员方的相似产品在同一市场上之售价大幅降低(significant price undercutting),或对另一成员方的相似产品在同一市场上的售价构成了实质性的压制(significant price suppression),或对另一成员方相似产品在同一市场上的售价构成了实质性的抑制(significant price depression),或使另一成员方相似产品在同一市场上的销售量大幅减少。(4)与补贴提供之前三年内的平均市场份额相比,补贴导致了补贴国给予补贴的特定的初级产品在世界市场所占的份额的提高,而且此种提高在补贴提供期内形成持续之趋势。

③ 参见《SCM协定》第6.7条。

经失效。① 笔者在本书第一版中曾认为,从多哈规则谈判中各成员方的态度来看,恢复该条款的可能性不大。但十余年后的今天,贸易保护情绪高涨,中国在此条款反对恢复的立场能否得到大多数成员方的支持,笔者信心不足。

(二)《SCM 协定》第 6.3 条"严重侵害"条款②

1. "严重侵害"的认定分析

由于《SCM 协定》第 6.1 条的失效,所以只有存在《SCM 协定》第 6.3 条项下列举的情况,才可产生第 5 条(c)项意义上的"严重侵害"。该条款现在成为可诉补贴的核心,是乌拉圭回合《SCM 协定》的重要成果。该条款规定:如果一项补贴阻碍了成员方的同类产品的出口则允许该成员方寻求救济。③ 严重侵害的成立还必须考虑效果因素,即提供补贴成员在国际市场取得的利益和其他成员遭受的损害。这是因为如果一项补贴措施仅仅造成了法律意义上的严重侵害,便采取减少利益或报复等措施是不符合经济效益原则的。基于该考虑,第 6.3 条列举了严重侵害的四种条件,"如下列一种或多种情况适用,则可能(may)产生第 5(c)条意义上的严重侵害":(a)补贴的影响在于取代或阻碍另一成员同类产品进入提供补贴成员的市场;(b)补贴的影响在于在第三国市场中取代或阻碍另一成员同类产品的出口;(c)补贴的影响在于与同一市场中另一成员同类产品的价格相比,补贴造成产品大幅价格削减,或在同一市场中造成大幅价格抑制、价格压低或销售损失;(d)补贴的影响在于与以往 3 年期间的平均市场份额相比,提供补贴成员的一特定补贴初级产品或商品(《SCM 协定》注脚 17)④的世界市场份额增加,且此增加在给予补贴期间呈一贯的趋势。简而言之,上述条件都与市场准入直接相关。⑤

上述条件中,第二个条件的确定最为困难,因为该条款至少涉及两个以上的成员方,并应考虑时间的因素。《SCM 协定》第 6.4 条对此作出规定:就第 3 款(b)项而言,对出口产品的取代或阻碍,在遵守第 7 款规定的

---

① 参见 G/SCM/M/22。

② 美国陆地棉补贴案专家组认为"严重侵害"一词包含"'严重侵害威胁'的概念并且超越'威胁'的存在"。美国陆地棉补贴案专家组报告(WT/DS267/R),第 1494—1495 段。

③ See Matsushita, Schoenbaum and Mavroidis, *The World Trade Organization Law: Practice and Policy*, Oxford University Press, 2003, p.279.

④ 《SCM 协定》第 6.3 条(d)项中的注脚 17 规定:"除非其他多边协定的具体规则适用于所涉产品或商品的贸易。"表明该条款不适用于《农业协定》项下的任何补贴。

⑤ 参见王贵国:《世界贸易组织法》,法律出版社 2003 年版,第 420 页。

前提下,应包括已被证明存在不利于未受补贴的同类产品相对市场份额变化的任何情况。(经过一段足以证明有关产品明确市场发展趋势的适当代表期后,在通常情况下,该代表期应至少为1年。)"相对市场份额变化"应包括下列任何一种情况:(a)补贴产品的市场份额增加;(b)补贴产品的市场份额保持不变,但如果不存在该补贴,市场份额则会降低;(c)补贴产品的市场份额降低,但速度低于不存在该补贴的情况。印度尼西亚汽车案专家组认为该条款并不适用于起诉方主张的在补贴国市场的进口的取代和阻碍。①

简而言之,第6.3条实际上起到了确定严重侵害的"例示"作用,但这一例示不是穷尽的,只是基本上涵盖了补贴影响的主要类型,从而为DSB认定严重侵害提供了具体的指引和参考。

2."严重侵害"的实体规则

(1)关于"严重侵害可能(may)产生"的"可能"含义

在韩国商用船舶案中,争议各方对第6.3条"严重侵害可能(may)产生"的"可能"一词展开辩论。韩国认为,第6.3(a)—(d)条列举的情形只是认定严重侵害的必要而非必然条件。要认定存在严重后果,除了证明存在四种情形外,欧共体还须证明韩国的补贴对欧共体的造船业造成了重大整体侵害,以及欧共体造船业对欧共体整体利益的重大影响。欧共体则认为,第6条的核心是第3款,"可以"意味着允许,存在的四种情况本身就构成了严重侵害。②

专家组在审查了第6.3条规定的文本、上下文背景、目的以及起草历史后,驳回了韩国的观点。专家组援引了《SCM协定》第5条,指出该条将"损害"和"严重侵害"分别规定在第6.3(a)和(c)条,表明"严重侵害"并非韩国认为的更严重的损害,否则第5条就没有区分的必要了。专家组强调,严重侵害是一成员方对某一产品的补贴对另一成员方的产品产生的不利影响,而第6.3条已经表明了该"不利影响",不应扩大解释。③

在美国陆地棉补贴案中,专家组进一步重申了上述观点。美国辩称第6.3条中的"可以"(may)一词说明"即使第6.3条所列情形之一或多个被认定,严重侵害也不一定出现"。专家组驳回了美国的主张,再次重申

---

① 参见印度尼西亚汽车案专家组报告(WT/DS54,55,59,64/R),第14.208段。
② 参见韩国商用船舶案专家组报告(WT/DS273/R),第7.572—575段。
③ 同上,第7.577—578段。

只要认定满足第6.3条的标准之一,专家组就被允许认定严重侵害。[1]

(2) 补贴的影响

第6.3条的(a)(b)(c)和(d)项均提到了"补贴的影响"一词,WTO的专家组及上诉机构在一些案件中对该词进行了界定。

① 补贴影响的范围

对于补贴的影响是否应当包括已经失效的补贴计划的影响,印度尼西亚汽车案(WT/DS54,55,59,64/R)的专家组认为,"我们必须评估'补贴'而非'补贴计划'对另一成员利益的'影响'以确定'严重损害'是否存在。我们注意到在任何特定时刻都会发生一些补贴的支付而另一些则尚未发生。假如我们认为已经发生的补贴由于是'过期的措施'因此与我们对严重侵害的分析无关,而同时未来的措施又不可能已经引起了实际的严重侵害,则很难想象存在专家组可以认定存在实际严重侵害的情况"[2]。

② 补贴影响是否进行量化

在分析严重侵害对补贴的影响时无须对补贴进行量化。美国在陆地棉补贴案[3]中主张:(1) 专家组在进行严重侵害分析时有义务对涉案补贴进行准确量化;(2) 墨西哥必须确定陆地棉生产过程中所接受的补贴以及实际传递给出口商的金额;(3) 被控不与当前的陆地棉生产直接相关的部分补贴需要被摊销给补贴接受者农场内的整个生产过程。专家组驳回了美国的这些主张,并在对《SCM协定》第三部分的文本、上下文、法律性质及其理论基础进行审查之后裁定:"尽管《SCM协定》第五部分规定的数量性概念与规则可能提供了一个上下文的指导,但是这些概念和规则并不直接适用于第三部分对严重侵害的分析。"[4]该裁定也得到了上诉机构的认可。在美国大飞机案(第二次申诉)中,上诉机构也认为补贴的量化很重要,但是精确量化并非是严重侵害分析的必要部分。[5]

③ 补贴影响的因果关系

此外,在分析补贴对市场的影响时,上诉机构不断强调,要满足第5条(c)项和第6.3条之间的因果关系,必须证明有"真正的"(genuine)和

---

[1] 参见美国陆地棉补贴案(WT/DS267/R),专家组报告第1364—1365段。
[2] 印度尼西亚汽车案专家组报告(WT/DS54/R, WT/DS55/R, WT/DS59/R, WT/DS64/R),第14.206段。
[3] 在美国陆地棉补贴案之前的近10年时间里,鲜有案例涉及可诉补贴问题。
[4] 美国陆地棉补贴案(WT/DS267/R),专家组报告第1167—1190段。
[5] 参见美国大飞机案(第二次申诉)专家组报告(WT/DS353/R),第1006段。

"实质的"(substantial)因果联系。在欧共体大飞机案中,上诉机构进一步确认"真正的实质的因果联系"标准适用于第 6.3 条项下各种形式的严重侵害。① 美国大飞机案中,上诉机构进一步指出,要找出"真正的实质的因果联系",专家组还必须考虑补贴和各种其他因素之间的互相联系,重要性及后果。② 此外,在分析价格抑制或压低时,韩国商用船舶案的专家组认为"价格趋势本身并不构成价格抑制或压低",这些词语"默示地包含了某种内在的因果关系概念",专家组断定第 6.3(c)条暗含了"如果没有"(but for)式因果分析方法,即《SCM 协定》要求(根据价格抑制和价格压低等概念本身)进行的分析是在缺少(即'如果没有')涉案补贴时,相关船舶的价格运动趋势本应是如何的"③。上诉机构在欧共体大飞机案中进一步重申,在采用"如果没有"式因果分析方法时,无论如何必须证明补贴是造成市场影响的真正和实质的原因。④

(3)"取代"或"阻碍"

第 6.3 条的(a)和(b)项均提到了"取代"或"阻碍"一词,该词是认定存在严重侵害的重要表现形式。印度尼西亚汽车案专家组对"取代"和"阻碍"的含义进行了探究,并认为,"为了证明取代或阻碍,原告不需要证明销售量的下降。这是那些词汇的通常含义所内在固有的。因此,取代与销售量下降的情况有关,而阻碍与原本可能会发生的销售却受到了阻碍的情况有关"⑤。

在欧共体大飞机案中,上诉机构进一步分析了"取代"或"阻碍"的含义,并指出,"取代"即补贴产品与申诉方的同类产品之间存在替代效果,意味着在补贴成员方的市场上,补贴成员方的产品替代了申诉方的同类产品[第 6.3 条(a)项],或者是,在第三国市场上,补贴成员方的出口产品替代了申诉方出口的同类产品[第 6.3 条(b)项]。而上诉机构认为"阻碍"比"取代"一词含义更广,"阻碍"意味着,如果没有补贴产品的"阻碍",申诉成员方会扩大同类产品的出口或进口,或者,由于受到补贴产品的阻碍,申诉方没有实现同类产品的出口或进口。因此,两者虽是严重侵害的表现形式,侧重却不同。

---

① 参见欧共体大飞机案上诉机构报告(WT/DS316/R),第 1232 段。
② 参见美国大飞机案(第二次申诉)上诉机构报告(WT/DS353/AB/R),第 914 页。
③ 韩国商用船舶案专家组报告(WT/DS273/R),第 7.533、7.534 段及第 7.553 段。
④ 参见欧共体大飞机案上诉机构报告(WT/DS316/R),第 1233—1234 段。
⑤ 印度尼西亚汽车案专家组报告(WT/DS54,55,59,64/R),第 14.218 段。

(4)"同类产品"的认定

第6.3条的(a)(b)和(c)项均提到了"同类产品"一词,根据《SCM协定》脚注46的规定,"在整个协定中,'同类产品'一词应解释为相同的产品,即与考虑中的产品在各方面都相同的产品,或如果无此种产品,则为尽管并非在各方面都相同,但具有与考虑中的产品极为相似特点的另一种产品"。印度尼西亚汽车案的专家组在根据脚注46对"同类产品"进行分析时,强调了被比较产品的物理特性并注意到上诉机构在日本酒精饮料税案 II(Japan-Taxes on Alcoholic Beverages, DS8/10/11)中的论述,即在本案及任何其他背景下,"同类产品"问题必须逐案审查,专家组在适用相关标准时只能利用它们对事实上的产品是否是类似的最佳判断,而这通常会不可避免地涉及单独的自由裁量的判断。该案专家组裁定"解决'同类产品'问题的一种合理的方式是看看汽车行业本身是如何进行市场划分的"。关于"同类产品"的概念是否适用于价格抑制或价格压低的问题,韩国商用船舶案专家组裁定,根据第6.3(c)条主张价格抑制/价格压低时"同类产品"不是法定要求。

(5)"同一市场"的界定

关于第6.3(c)条中的"同一市场"能否为世界市场的问题,美国陆地棉补贴案上诉机构同意该案专家组的观点,即"依据本案的事实,为根据《SCM协定》第6.3(c)条主张大幅价格抑制之目的,'世界市场'可以为'同一市场'"。韩国商用船舶案专家组认为,第6.3(c)条并未对"同一市场"设定任何地理上的限制,而这表明该条实际上对根据案件的具体事实广义或狭义地定义"同一市场"留下了余地。因此,该案专家组认为,"同一市场"可以为世界市场,但前提是起诉方应当首先证明其产品与应诉方的产品存在竞争的地理范围。[①]

(6)价格削低、价格抑制和价格压低的认定

《SCM协定》第6.5条规定:"就第3款(c)项而言,价格削低应包括通过对供应同一市场的补贴产品与未受补贴产品的价格进行比较所表明的此类价格削低的任何情况。此种比较应在同一贸易水平上和可比的时间内进行,同时适当考虑影响价格可比性的任何其他因素。但是,如不可能进行此类直接比较,则可依据出口单价证明存在价格削低。"印度尼西亚汽车案的专家组指出,第6.3(c)条"大幅价格削低"中,对"大幅"一词

---

① 参见韩国商用船舶案专家组报告(WT/DS273/R),第7.564—7.566段。

没有定义,但是在第 6.3(c)条中加入这一修饰语的目的是确保那些幅度小的、无法对其价格正在被削低的进口产品的供应商产生实质性影响的削低行为不构成严重侵害。① 这种替代或价格削低只针对起诉方成员领土内的产品,而并非针对公司。② 对于第 6.3(c)条中价格抑制和价格压低两词的含义及认定方法,韩国商用船舶案专家组注意到该案双方"均使用'价格抑制'一词指代价格本应上涨而没有上涨或者上涨低于本应达到的幅度的情形;且均使用'价格压低'一词指代价格本应保持平稳或上涨时反倒下跌的情形"③。

回顾与《SCM 协定》第 6 条相关的争端,各方争端大多集中在第 6.3 条,而第 6.4 条、第 6.5 条和第 6.6 条都是对第 6.3 条的补充解释。因此,第 6.3 条是第 6 条的灵魂,起到了确定严重侵害的例示作用。笔者认为,对中国具有现实意义的是,反补贴措施的调查机关可尝试对其他成员具体的补贴计划和项目进行分析,看是否存在《SCM 协定》第 6 条项下的"严重侵害",即是否取代或阻碍中国的同类产品进入提供补贴成员的市场;是否在第三国市场中取代或阻碍中国同类产品的出口;与同一市场中中国同类产品的价格相比,补贴产品是否造成大幅价格削低或在同一市场中造成大幅价格抑制、价格压低或销售损失。

3. "严重侵害"的程序规则

(1) 举证责任及救济手段

《SCM 协定》第 5(c)条款的严重侵害与《SCM 协定》第 5(a)条款的产业损害的区别在于,严重侵害的起诉方只要证明存在产生严重侵害的情形即可,然后由被诉方证明不存在上述各种影响。若被诉方不能证明,则反推严重侵害成立。至于影响是否存在,则应依据提交专家组或专家组获得的信息确定。而产业损害则不同,补贴的存在和损害的存在及因果关系,一般应由起诉方举证证明。举证责任规则倒置,一方面为了避免举证困难而对严重损害的情形制约不力,导致补贴行为泛滥;另一方面也为防止反补贴措施被滥用而演变为贸易保护主义。

在《SCM 协定》的第 6.3 条项下被诉方可以不可抗力(Force Majeure)和不洁净之手(Unclean Hands)为由积极抗辩。因为在某些特殊的情形

---

① 参见韩国商用船舶案专家组报告(WT/DS273/R),第 14.254 段。
② 同上,第 14.204 段。
③ 同上,第 7.533、7.534、7.553 段。

下,贸易受到影响不能归责于实施补贴的成员。第 6.7 条规定了申诉方与第三方的禁止与限制、非商业性原则的限制、不可抗力、合谋限制出口、自我限制和管理限制等六种情形的免责条款,旨在限制申诉方滥用严重侵害规则。①

(2)判断严重侵害的信息搜集程序

对于可诉性补贴是否产生严重侵害的判断,应当依据提交专家组或专家组获得的信息确定,包括依照附录 5 的规定提交的信息。② 然后,在获得通过的专家组或上诉机构报告中,如果确定任何补贴确实造成严重侵害,造成严重侵害一方应采取适当步骤来消除该影响或撤销相关补贴,或由侵害方与受害方达成补偿协议。只有在这些救济未果的情况下,才可通过 DSB 授权受害方采取与该"严重侵害"相当的反措施。③ 为了支持可诉性补贴的申诉机制,《SCM 协定》附录5(搜集关于严重侵害信息的程序)设置了一种类似于反倾销程序中使用的信息收集程序及其他程序手段,比如,对信息收集过程中所涉及的任何一方不予合作的情形作出不利推定,使用可获最佳信息及寻求正确解决争端所需的额外信息等。但实践中,这一信息对争端解决并无太多实际意义,特别是第三方提交的信息一般都是中立的,有些仅限于海关统计的一些进口数据,这些信息不能影响案件的认定。

第二节 可诉补贴救济的法律研究

在可诉性补贴的情况下,贸易利益受到不利影响的成员可以根据《SCM 协定》第三部分第 7 条的规定寻求多边争端解决,以确定涉案补贴是否对起诉方的利益造成了不利影响;成员还可以根据其国内反补贴法通过单边的反补贴调查寻求救济,但《SCM 协定》第五部分第 10 条脚注 35 明确规定成员方仅可采取一种形式的补救(或是征收反补贴税,或是根据第 4 条或第 7 条实行反措施)。与《SCM 协定》第 4 条规定的禁止性补贴的救济基本相同,《SCM 协定》第 7 条针对可诉补贴救济规定了特殊的争端解决程序。与 DSU 规定的争端解决程序不同,在 DSU 附件 2 中指

---

① 参见《SCM 协定》第 6.7 条(a)—(f)款。
② 参见《SCM 协定》第 6.6 条和第 6.8 条。
③ 参见《SCM 协定》第 7 条。

出,《SCM 协定》第 7.2 条至第 7.10 条适用协定所含特殊或附加规则与程序。

一、时限较短

总体上,《SCM 协定》第 7 条对时限的规定都较短。首先,成员有理由认为另一成员给予或维持的任何补贴对其国内产业产生损害、使其利益丧失或减损或产生严重侵害,则该成员可请求与另一成员进行磋商①,且进行该磋商应越快越好。根据 DSU 第 4.4 条的规定,磋商的请求应陈述请求的理由,包括确认所争论的措施,并指出起诉的法律依据。根据《SCM 协定》第 7.2 条的规定,提出的磋商请求应包括一份说明以及关于以下可获得的证据:(1) 所涉补贴的存在和性质;(2) 对请求磋商的成员方国内产业造成的损害、利益丧失或减损或严重侵害。②《SCM 协定》第 7.4 条规定,如磋商未能在 60 天内达成双方同意的解决办法,则参加此类磋商的任何成员可将该事项提交 DSB,以立即设立专家组,除非 DSB 经协商一致决定不设立专家组。专家组的组成及其职权范围应在专家组设立之日起 15 天内确定。根据《SCM 协定》第 7.5 条的规定,专家组应审议该事项并向争端各方提交其最终报告。该报告应在专家组组成和职权范围确定之日起 120 天内散发给全体成员,而 DSU 第 6.8 条的规定是在 6 个月内。在专家组报告散发全体成员后 30 天内,DSB 应通过该报告,除非一争端方正式将其上诉的决定通知 DSB,或 DSB 经协商一致决定不通过该报告③,而 DSU 规定通常为 60 天内。④ 如果专家组报告被上诉,上诉机构应在争端方正式通知其上诉意向之日起 60 天内作出决定。如上诉机构认为不能在 60 天内提供报告,则应将延误的理由和它将提交报告的估计期限以书面形式通知 DSB,该程序绝不能超过 90 天⑤,这与 DSU 规定的程序是一致的。

---

① 参见《SCM 协定》第 7.2 条。
② Federico Ortino, Ernst‐Ulrich Petersmann, *The WTO Dispute Settlement System 1995 - 2002*, Studies in Transnational Economic Law, Volume 18, Kluwer Law International, 2004, p.368.
③ 参见《SCM 协定》第 7.6 条。
④ 参见 DSU 第 16.4 条。
⑤ 参见《SCM 协定》第 7.7 条。

二、消除不利影响或撤销补贴

如果专家组报告或上诉机构报告获得通过,其中确定任何补贴对另一成员的利益导致第 5 条范围内的不利影响,则给予或维持该补贴的成员应采取适当步骤以消除不利影响或应撤销该补贴。[①] 值得注意的是,《SCM 协定》第 7.8 条和第 4.7 条均使用了"撤销该补贴"一语,但如果一成员实施的是禁止性补贴,则应该立即撤销该补贴;如果是可诉补贴,除立即撤销该补贴外,还可以采取适当步骤以消除不利影响。也就是说,在可诉补贴的情况下,贸易利益受到不利影响的成员可以根据《SCM 协定》第三部分的规定寻求多边争端解决,以确定涉案补贴是否对起诉方的利益造成了不利影响。或者作为替代,其国内产业受到补贴进口侵害的成员可以根据《SCM 协定》第五部分采取反补贴措施。在这两种情况中,撤销补贴都是实施补贴的成员可以使用的、相对于其他行为的可选择措施。这里"撤销该补贴"如同第 4.7 条,也是指追溯性救济包含偿还的意思。

三、适当的反措施

如在专家组报告或上诉机构报告通过之日起 6 个月内,该成员未采取适当步骤以消除补贴的不利影响或撤销该补贴,且未达成补偿协议,则 DSB 应授权起诉方成员采取与被确定存在的不利影响的程度和性质相当的反措施,除非 DSB 经协商一致决定拒绝该请求。[②] 如一争端方请求根据 DSU 第 22 条第 6 款进行仲裁,则仲裁人应确定反措施是否与被确定存在的不利影响的程度和性质相当。[③] "反措施"一词出现在《SCM 协定》第 7.9 和 7.10 条中,也出现在《SCM 协定》第 4.9 和 4.10 条中,但是其在相应上下文中的语意却略有不同。《SCM 协定》第 7.9 条规定的是"与被确定存在的不利影响的程度和性质相当的"反措施,可以看出成员方在订立该条款的意图是将反措施限制在由补贴所引起的对某一成员的贸易造成的影响之内,这与禁止性补贴中的"适当的反措施"是不同的。[④]

---

① 参见《SCM 协定》第 7.8 条。
② 参见《SCM 协定》第 7.9 条。
③ 参见《SCM 协定》第 7.10 条。
④ 具体参见本书第三章第二节。

四、征收反补贴税

根据《SCM 协定》第五部分第 10 条的规定,第二部分或第三部分的规定可以与第五部分的规定平行援引,但仅可采取一种形式的措施,或是反补贴税或是反措施。

调查成员方可以根据其收到国内产业的书面申请后发起反补贴调查,但该申请应包括充足的证据以证明存在:(1)补贴及其金额;(2)损害;(3)补贴进口产品与被指控损害之间的一种因果关系。缺乏有关证据的简单断言不能视为足以满足《SCM 协定》第 11.2 条的要求(主要列明了 4 个基本条件)。但该条款不具有操作性,不能指导实践。在美、加等国对中国的双反调查中,申请书中的指控很多都较为简单,立案的标准不高,即使依照表面的要求也都是极为不充分的,不能满足《SCM 协定》第 11.2 条的 4 个基本条件。而且加拿大明确允许申请方直接援引美国调查机关对中国反补贴调查案件中的法律认定,可以看出其负责反补贴调查的主管机关没能尽到审查证据的准确性和充分性的调查义务。虽然《SCM 协定》第 12 条规定了证据标准,但在实践中,证据材料特别是被调查信息的提交标准、程度及范围都是有争议的,调查机关有很大的自由裁量权,甚至可以利用这些程序要求使被调查的成员方或企业处于不利地位。虽然第 13 条规定了磋商的情况,但在各成员方实践中立案前磋商仅仅流于形式,不能满足《SCM 协定》的立法宗旨和初心。第 14 条至第 23 条全面规定了反补贴调查的补贴认定、损害认定方、临时措施、最终措施和反补贴税收征收的规则,笔者将以一单独章节进行详细论述。

第三节 多哈规则谈判关于可诉补贴的修订

鉴于可诉补贴的重要性和现实性,以及作为反补贴调查中最为核心的内容,在多哈规则谈判中,成员方们花费较多的时间和精力提交了大量关于修订可诉补贴的提案,企图解决各自的诉求。历史经验表明,成员方们的诉求大致一致,了解历史可以有利于判断新一轮 WTO 改革中成员方的目标。多哈规则谈判时各成员方关于可诉补贴的修订主要集中在以下两个方面。

一、是否恢复《SCM 协定》第 6.1 条

关于是否恢复《SCM 协定》第 6.1 条,成员方们进行了广泛的讨论并存在两种完全对立的观点。以中国为代表的一些成员方认为,恢复《SCM 协定》第 6.1 条可能会造成反补贴措施的滥用;而以加拿大和巴西为代表的部分成员方认为应该恢复《SCM 协定》第 6.1 条,并应进一步细化。

(一)建议恢复《SCM 协定》第 6.1 条

巴西和加拿大都对第 6.1 条提出了恢复及修改的建议,但两者建议的内容有所不同:

1. 加拿大提案

加拿大[1]建议修改如下条款:(1)将《SCM 协定》附件 4 第 4 款[2]有关企业投产期计算补贴的规定单独列为第 6.1 条项下严重侵害的情形之一;(2)把《SCM 协定》第 3.1(a)条纳入第 6.4 条范围;(3)将附件 4 第 1 款[3]"授予补贴政府的费用"改为"给接受者的利益"。

阿根廷支持加拿大的提案,认为(e)与附件 4 实质相同,同意将附件 4 第 1 款"授予补贴政府的费用"改为"给接受者的利益",认为应该与第 14 条保持一致,第 14 条采用"接受者的利益"为计算基础。阿根廷认为各成员方应该认真考虑相关定义,如"全部资金"的定义是否应该包括股票、债券,是否过于宽泛。

2. 巴西提案

巴西的提案更为具体,并且建议扩大第 6.1 条的适用范围。巴西[4]认为第 6.1 条非常重要,该条款为成员方在严重侵害问题上提供了清晰的指引,并为有关的争端解决和成员抗辩提供必要引述,应当予以恢复,同时建议把农业和民用航空器也纳入调整范围。巴西建议:(1)将农业和民用航空器纳入《SCM 协定》第 6.1 条的范围,并把附件 4 第 4 段变为第 6.1 条的(e)项,并增加(f)项"基于价格支持计划的直接支付"(Direct Payments Based on Price Support Schemes);(2)将《SCM 协定》第 6.3 条

---

[1] 加拿大曾经于 2004 年 9 月 15 日递交过提案 TN/RL/GEN/14,目前的建议于 2006 年 4 月 21 日递交, TN/RL/GEN/112,TN/RL/GEN/112/Rev.1。

[2] 在接受补贴公司处于投产状态的情况下,如总补贴率超过投资资金总额的 15%,即被视为存在严重侵害。就本款而言,投产期将不超过生产的第一年。投产状态包括已作出产品开发的财政承诺或已建设用于制造从补贴中获益产品的设施,尽管生产还未开始。

[3] 就第 6.1(a)条而言对补贴金额的任何计算应以依据授予政府的费用进行。

[4] TN/RL/GEN/113。

(d)项中的"世界市场份额"(World Market Share)修改为"世界出口市场份额"(World Export Market Share);(3)将《SCM协定》附件4中的"授予补贴政府的费用"(Cost to The Government)修改为"给接受者的利益"(Benefit to The Recipient),用"与一特定产品的生产、销售、价格和其他特征联系在一起"(Tied to The Production, Sale, Price or Other Specific Characteristic of A Given Product)替代"与一特定产品的生产和销售联系在一起"(Tied to The Production or Sale of A Given Product)。

针对巴西扩大适用范围至农业和民用航空器领域的提案,一些农业发达国家成员表示反对,如美国、瑞士等。这些成员方为农业提供巨额补贴,如果扩大适用范围,农业补贴将被要求适用更严格的补贴纪律,势必会影响这些成员的利益。因此,这些成员方强烈反对。美国认为农业问题应通过农业谈判来解决,瑞士认为第6.1条不应该包括农业和民用航空器的问题,这两个领域不属于《SCM协定》的调整范围,农业问题应该在农业谈判中加以讨论。阿根廷认为应该认真讨论是否有必要把农业、民用航空器纳入并进行部门划分。从这些成员方的提案可以看出各个成员对反补贴措施的立场及所关注的利益点。

从技术处理的角度,美国支持加拿大和巴西的建议,将"授予补贴政府的费用"改为"给接受者的利益",并认为有必要澄清计算问题。此外,美国还指出巴西提案要求在案件中考虑通货膨胀问题,而不仅仅是针对高通货膨胀国家成员,因为这样很难加以计算,在实践中不具有可操作性。印度总体上同意巴西在脚注第16.1条对投产期重新加以定义,脚注中除了规定什么时候结束还应规定什么时候开始,并认为巴西提出的增加以价格支持为基础的直接支付相关的(f)项建议应当谨慎处理,有必要认真研究其可行性。

总体上,日本支持恢复第6.1条;美国欢迎恢复使用第6.1条,认为当前各类补贴已经造成了严重的贸易扭曲,应当制定更加严格的规定并使用更多的规则加以规范,同时还认为使用该条款并不会将发展中国家成员置于更不利的境地,因为只要其不使用具有贸易扭曲效果的补贴就不会受到协定的约束。

除此之外,有些成员方,如瑞士和挪威认为应该考虑乌拉圭回合中该条款设立的背景以及协定的总体平衡问题,如果恢复《SCM协定》第6.1条,也应该同时考虑恢复第8条和第9条,以保持协定总体架构的平衡。瑞士希望加拿大进一步澄清恢复的目的。

（二）不同意恢复《SCM 协定》第 6.1 条

针对加拿大和巴西两国的修改意见,中国明确表示不应该恢复《SCM 协定》第 6.1 条,更不同意扩大该条款的适用范围。中国强调,由于发展中国家成员的法律技术能力远不如发达国家成员,恢复使用严重侵害条款将使发展中国家成员举证更为困难。关于将附件 4 第 4 款移至第 6.1 条作为(e)项,中国认为现行协定附件 4 第 4 款仅与(a)项从价补贴计算相关,移至第 6.1 条中作为(e)项是不适当的,且该修改将导致第 6.1 条范围进一步扩大。该意见得到了部分成员的支持。此外,挪威等部分成员方认为恢复第 6.1 条的时机并不成熟。澳大利亚也表示第 6.1 条的失效是因为该条款规定不够明确,而且计算从价补贴的方式过于复杂,在进一步改善附件 4 前提出恢复该条款的时机尚未成熟。[①] 印度尼西亚等发展中国家也认为加拿大的提案没有考虑发展中国家成员的特殊性,没有与第 27 条相对应的条款。

针对中国的发言,巴西回应称其认同发展中国家成员在使用第 6.1 条上确实存在困难,但《SCM 协定》第 27 条已经对此加以考虑,希望能够帮助解决中国和其他发展中国家成员在第 6.1 条上的问题。加拿大则指出恢复第 6.1 条并不意味着第 27.8 条的消失,在严重侵害问题上同样需要按照《SCM 协定》的要求考虑发展中国家成员的利益,而且在国际市场上,客观事实是发展中国家成员的某些产业或产品已经具有很强的国际竞争力。

从上述案文来看,关于是否恢复第 6.1 条的问题,各成员方难以达成一致意见。从巴西的争端解决实践及其谈判态度和更多地作为进攻方的地位来看,恢复第 6.1 条并把农业和航空器纳入进来,将更有利于巴西发起反补贴调查和巴西的产业发展。笔者认为,乌拉圭回合设立《SCM 协定》第 6.1 条是为了防止因举证困难而对严重侵害情形制约不利,以致补贴行为滥用。举证责任的倒置为防止反补贴措施演变为贸易保护主义工具进行了有益的尝试。第 6.1 条以列举的方式使严重侵害的认定简单化,这也是《SCM 协定》采用 5 年过渡期的原因,也就是说,恢复第 6.1 条可能会造成反补贴措施的滥用。考虑到中国被挑战的情况多于主动发起反补贴调查,因此,中国不应该支持第 6.1 条的恢复。

---

① TN/RL/W/135.

二、加强严重侵害的补救措施

在谈判中,美国提出应促使严重侵害的补救措施更为有效,对引起严重侵害的补贴应加以列举。美国①要求澄清《SCM 协定》第 7.8 条②的规定,认为"消除不利影响或应撤销补贴"的规定过于模糊且难以有效执行,建议澄清或改为以"撤销补贴"为唯一救济方式。③ 美国还提出,可诉补贴是否也可采用《SCM 协定》第 4.7 条中规定(禁止性补贴)的"撤销补贴"救济制度。针对美国的提案,韩国④认为禁止性补贴可以予以撤销,但是对产生"严重侵害"的可诉性补贴可采取《SCM 协定》第 4.7 条、第 7.8 条和第 19.1 条项下多种救济手段,没有必要对该类补贴采取撤销的方式,并指出 WTO 鲜有与严重侵害有关的争端实践,不知为何美国认为"消除不利影响"的规定难以有效执行。澳大利亚⑤指出应澄清《SCM 协定》第 6.7 条列出的情况,特别是(f)项中"标准或其他管理要求"的适用标准,并进一步澄清第 4.7 条和第 7.8 条。总体来看,大多数成员方认为应该进一步强化可诉补贴的多边救济机制,以解决单边救济机制无法解决的如消除对第三国的不利影响等具体执行问题。十年后再回望美国当时的谈判方案:"撤销补贴"为唯一的救济方式。笔者认为,这可以让所有人更清楚判断美国在双边谈判中的目标,这就是反补贴调查的意义,通过它可以看出经济的、政治的、外交的潜台词。

第四节 不可诉补贴的恢复

《SCM 协定》项下的不可诉补贴包括不属于第 2 条范围内的专向性补贴以及虽属于第 2 条范围内的专向性补贴但符合第 8.2 条(a)项、(b)项及(c)项的所有条件的专向性补贴。《SCM 协定》第四部分规定的研发补贴、落后地区补贴和环境补贴⑥这三类补贴在《WTO 协定》生效之

---

① TN/RL/W/85.
② 如专家组报告或上诉机构报告获得通过,其中确定任何补贴对另一成员的利益导致第 5 条范围内的不利影响,则给予或维持该补贴的成员应采取适当步骤以消除不利影响或应撤销该补贴。
③ TN/RL/W/78.
④ TN/RL/W/96.
⑤ TN/RL/W/139.
⑥ 参见《SCM 协定》第 8.2 条。

日起的5年内曾是不可诉的,但它们已于1999年12月31日失效(根据《SCM协定》第31条的规定)。在各成员方的国内反补贴立法中,有的成员方已经明确表示不再存在不可诉补贴,如欧盟;有的成员方在事实上已经不承认存在不可诉补贴,如美国。鉴于上述原因,笔者不再详细介绍这三类补贴的具体内容及救济方式,而只探讨这种例外是否还有恢复的可能性。

在多哈规则谈判中,加拿大[1]建议,不可诉补贴的失效影响了《SCM协定》在补贴与反补贴问题上的整体框架安排,各成员方应考虑是否继续使用不可诉补贴分类。少数成员表示支持恢复1999年年底已失效的不可诉补贴,并建议WTO秘书处对以往发生的不可诉补贴的案件进行汇总。但美国反对恢复不可诉补贴,并强调了不可诉补贴的危害性,认为补贴不仅降低了国内产业竞争力,还影响政府财政收入,并提出对基础设施的投资和建设远比直接补贴厂商更为有效。古巴、委内瑞拉[2]建议研究重新适用不可诉补贴的可能性,特别是用于地区发展、技术研究和产品多样化,为适应法律或新的环境要求而给予的补贴应重新列入《SCM协定》第8条。具体提议[3]如下:

(1)变换或降低《SCM协定》第8条现有分类中列明的最高限度或基准点。

(2)修正第8条中部分语言,"援助"可以作为财政资助或政府机构支持的其他形式。

(3)建议发展中国家成员和最不发达国家成员为自身发展需要而予以的补贴应列在不可诉补贴范围内。

除以上内容外,不可诉补贴的讨论还扩展到环境领域。2002年11月21日,欧盟向WTO规则谈判委员会提交书面文件(TN/RL/W/30),就《SCM协定》的完善问题发表意见,提出了多项改进《SCM协定》具体规则的建议,其中包括补贴与环境保护之间的关系问题。欧盟的提案内容认为,多哈发展议程重申了对可持续发展总目标以及贸易与环境之间相互支持的承诺。某些补贴可能会对环境产生负面影响,但是,通过鼓励减少污染或者致力于清洁环境研究的其他补贴可能会对环境产生积极影

---

[1] TN/RL/W/1.
[2] TN/RL/W/41.
[3] TN/RL/W/131.

响。因此,有必要解决补贴涉及的环境问题,特别是要考虑如何在绿色补贴规则到期后处理旨在保护环境的补贴。但该提案遭到印度等成员的反对。从目前各成员提交的提案来看,多数成员建议恢复不可诉补贴,但同时许多成员又强调了保持《SCM 协定》总体框架平衡的重要性,希望恢复该条的同时也要恢复《SCM 协定》第 6.1 条。因此,在本回合谈判中是否有可能恢复不可诉补贴类别,主要是看各成员方之间利益的博弈。笔者认为,该条的恢复有利于使各成员方政府合法地继续给予以社会和经济持续发展为目的的财政补贴,这将有利于全球整体社会福利的提高,特别是将更有利于发展中国家成员的发展,对中国来讲,无疑也将赢得一定的发展时间和空间。笔者认为以美国为首的发达国家成员不会允许不可诉补贴的恢复,限制后来者居上是为了美国的国家利益,2020 年 2 月美国重新更新了发展中国家名单的这一举动也可以佐证。美国政府早在几十年前就已经完成对国内工业领域的大量补贴,并实施了不可诉补贴包含的研发等补贴方式,同时防御性地在乌拉圭回合谈判中给自己预留了政策空间,即在《SCM 协定》中将自己当时提供的研发、落后地区等补贴归类到不可诉补贴的范畴并预留过渡期作为反补贴调查的豁免。直到 2009 年中国对美国的第一起反补贴调查案实地核查时,美国相关产业的律师告诉笔者,他们始终不认为能够有任何一个国家能有专业能力开展对美国的反补贴调查。也就是说《SCM 协定》中的补贴纪律规范很难限制这些发达国家成员,反倒成为限制发展中国家成员利用产业政策促进经济发展的手段。由于不同的经济发展阶段,发达国家成员在规则制定上占尽先机。发展中国家成员要非常清醒地认识到,很难真正享有规则中为"未来"预留的任何"优惠和差别待遇",与美国为首的发达国家成员谈判时就要"着眼当下"。

第六章
补贴的损害认定及因果关系研究

第一节 相似产品与国内产业的实证分析

反补贴调查中所指的"损害"是指补贴进口产品对生产"相似产品"的"国内产业"造成的损害。分析损害的认定首先必须要确定"相似产品"和"国内产业"这两个概念，它们涉及反补贴立案时确定申诉方资格、损害认定及反补贴措施的适用范围等重要问题，是反补贴调查中确定损害的基本前提。因此，对"相似产品"和"国内产业"的界定是发起和实施反补贴调查的基本条件，"相似产品"和"国内产业"的定义在整个 GATT 和 WTO 法律体系中占有重要的地位。从宏观上讲，GATT 和 WTO 法律体系的目的之一是调整国际货物贸易法律秩序，确保进口产品之间、进口产品与国内相似产品之间的公平竞争，而其调整的客体从微观上讲就是产品。因此，"相似产品"的确定是关键之所在。而生产"相似产品"的企业则构成了"国内产业"，进而"相似产品"的界定是确定"国内产业"的前提。从反补贴调查实践来看，"相似产品"和"国内产业"对界定被调查产品的范围具有重要作用，而反过来被调查产品的范围又对损害的确定具有非常重要的作用，因此该问题是最具争议的问题之一，其界定范围的不同将会导致案件最终裁定结果的相去甚远。由于调查机关用非相似产品比较有可能得出不利于涉案出口国企业的损害决定，因此，相似产品的确定成为反补贴调查机关必须首要考虑的重要问题之一。

一、"相似产品"的界定

(一)"相似产品"的定义

在 GATT 和 WTO 的诸多条款中都提到了"相似产品"(like product)[①]的概念,这一术语最早是在肯尼迪回合中提出的,后来几乎原封不动地被纳入《东京守则》及《SCM 协定》之中。

《SCM 协定》第 15.1 条脚注 46 对"相似产品"作了明确定义,相似产品("like product"or"product similaire")是指相同(identical)的产品,即与被调查的产品(the product under consideration)[②]在各方面都相同的产品(alike in all respects),或如果无此种产品,则为尽管并非在各方面都相同,但具有与被调查的产品极为相似特点(has characteristics closely resembling)的另一种产品。《SCM 协定》为反补贴调查机关确定了界定相似产品的基本方法:首先,确认被调查产品的特征;其次,审查拟确定的相似产品的特征;最后,确认相似产品的特征是否与被调查产品"相同",如果不同,那么应确认其是否与被调查产品具有"非常相似的特征"[③]。但需要指出的是,该界定方法在实践上不具有很强的可操作性。

在《SCM 协定》制定之初,曾试图使用较为严格的"相似产品"的定义以削弱成员方使用反补贴措施的权利,但近几年的研究表明,《SCM 协定》存在两难境地。对于寻求保护的国内申请人来说,相似产品的范围同样也是一个两难选择:他们有强烈的愿望要求从宽定义相似产品(因此也从宽定义国内产业),因为这样就可以扩大调查产品的范围,增强保护的力度。但是过于宽泛的相似产品可能使得国内申请人(国内相似产品的生产商)难以证明其申请资格(通常以生产商的产量为依据)以及损害的存在。[④]

另外,有一个问题值得商榷:如果一案件中已经存在完全相同的产品,是否就仅以此产品作为"相似产品",还是需要考虑其他"相似"产品,目前在反补贴调查的实践中没有明确的界定。从《SCM 协定》的"相似产品"定义本身的上下文内容来看,似乎并没有禁止对其他"相似"产

[①] 也可以翻译成同类产品,但笔者认为相似产品(like product)更为准确。
[②] 该词可直译为被考虑的产品,也有人翻译为审议中的产品,本文的翻译是根据其引申含义,即根据调查实践及上下文的意思,在这里应理解为是调查机关所考虑的接受调查的产品。
[③] 美国软木案 V 专家组报告 (WT/DS264/R),第 7.141 段。
[④] 参见刘勇:《WTO〈反倾销协定〉研究》,厦门大学出版社 2005 年版,第 198 页。

品的考虑,而从定义的字面含义来看也很难作出能否引申的判断。该问题引起了争论,有学者指出,如果采取严格的解释,即存在"完全相同"的产品时就将"相似"产品排除于相似产品范畴之外,虽然有利于限制调查机关以寻找"相似"产品为借口扩大相似产品的范畴而行贸易保护主义之实的做法,但是也可能会造成生产与此产品极为相似的产品的生产商受到补贴的损害但却因此而无法得到保护的不公正情形。[①] 由此可以看出,相似产品范畴确定的严谨与否直接影响到案件的公正性和合法性。实施反补贴措施不是贸易救济手段的宗旨,而是要用贸易救济措施惩戒不公平的贸易行为。所以不能因噎废食,不应采取严格的解释,而是应当允许调查机关在发现存在完全相同产品的同时,考虑是否仍存在各方面都极为相似的产品,进而予以适当的救济。笔者认为应在允许调查机关有适当权限的同时,予以更为明确的判断标准来限制其确定调查范围的自由度,以防止其成为实现贸易保护主义的工具。各成员方的国内法及其实践影响国际立法的走向,分析研究欧美反补贴的立法及其实践做法有利于加深对"相似产品"的界定和应用,有利于中国日后参与《SCM 协定》的修订。

1. 欧盟关于"相似产品"的规定

欧盟《反补贴条例》关于"相似产品"的定义与《SCM 协定》的规定基本一致。[②]《SCM 协定》规定:"相似产品应被解释为在所有方面均与被调查的产品相一致的产品;或者在不存在这种产品的情况下,是指虽然不是在所有方面均与被调查的产品相一致,但其特征与之极为相似的产品。"

在欧盟对美国生物柴油(Biodiesel)双反案中,利害关系方主张,被调查产品与欧盟生产的生物柴油具有不同的物理和化学特性。欧盟生产的生物柴油以菜籽油为原料,而美国生产商仅使用大豆油。因此,二者不能相互替代,也不在欧盟市场上直接竞争。尤其是,二者的低温流动性和碘值有所不同。然而,欧委会调查认为:(1)被调查产品与欧盟相似产品基本特征十分相近,且通过相同或类似销售渠道销售。(2)被调查产品和

[①] 参见甘瑛:《国际货物贸易中的补贴与反补贴法律问题研究》,法律出版社 2005 年版,第183 页。

[②] Council Regulation (EC) No.2026/97, Art.1(5):For the purpose of this Regulation the term "like product" shall be interpreted to mean a product which is identical, that is to say, alike in all respects, to the product under consideration, or in the absence of such a product, another product which although not alike in all respects, has characteristics closely resembling those of the product under consideration.

欧盟相似产品具有相同或相似的最终用途。(3)对于利害关系方主张的低温流动性差异,欧委会调查发现,欧盟相似产品的冷滤点(CFPP)低于美国出口的生物柴油,但仅仅是微小差异并且很容易弥补,且冷滤点的差异对于欧盟市场生物柴油共混物的销售不产生任何实际影响。(4)对于利害关系方主张的碘值差异,欧委会认为,菜籽油和大豆油的碘值分别在94到120之间、117到143之间,在一定程度上具有相关性。虽然欧盟的生物柴油的主要原料是菜籽油,但必须指出,欧盟和美国生产商还使用其他多种原料生产生物柴油,并且通常将各种类型的生物柴油混合以获得同质产品。(5)欧委会认为,"相似性"并不要求产品在所有方面都是相同的,不同产品类别之间的任何微小差异不足以影响欧委会对于被调查产品及相似产品的总体认定。因此,欧委会认定欧盟生产销售的产品构成被调查产品的相似产品。①

此外,在欧盟对美国生物乙醇(Bioethanol)双反案中,就出口欧盟的被调查产品与美国国内市场销售的产品是否相似这一问题,利害关系方主张,美国国内销售的生物乙醇与被调查产品并不相似,因为其不完全符合立案公告中对被调查产品的产品描述。尤其是,美国市场销售的生物乙醇的含水量高于立案公告中 0.3% 的标准,且其符合的是美国标准(ASTM),而非立案公告中的欧盟标准(EN 15376)。然而,欧委会调查认为,美国市场销售的生物乙醇与被调查产品在很大程度上具有相同的物理、化学和技术特性。欧委会认为,根据相关法规,相似产品不一定在各方面均与被调查产品完全相同,其也可以是并非在各方面与被调查产品都相同,但特性极为相似的产品,美国市场销售的生物乙醇和出口到欧盟的生物乙醇正符合该种情形。并且,存在产品虽然具有某些差异但仍被视为与被调查产品相似的先例(如欧盟对华过硫酸盐反倾销案等)。因此,欧委会认为在美国市场销售的 ASTM 生物乙醇是被调查产品的相似产品。②

由于欧盟《反补贴条例》和反倾销规则中关于"相似产品"的规定是相同的,笔者在此部分引用欧委会在反倾销调查中所采用的相似产品的认定方法,以弥补反补贴调查实践的不足。在反补贴和反倾销调查中,通常审查产品的物理、技术和化学等方面的基本特性,和产品的使用性及其

---

① See O.J. No.L67, 50, March, 2009, pp.5-6.
② See O.J. No.L49, 10, February, 2013, p.6.

最终用途①，同时适当考虑生产工艺和投入物等因素认定相似产品。但前两者是决定性的因素，因为其他要素的差异不足以证明产品之间的相似性。如生产工艺或投入物的不同可能导致产品质量的差异，但被调查产品基本的物理特性和实际用途不受该差异的影响，相似产品质量的差异并不妨碍被视为相似产品，但如果质量的差异能得到证明，则可作价格比较。② 该做法在针对中国的手包反倾销案（No.209/97 of 3 February 1997）中有所体现。③ 其后，欧委会在认定相似产品时更为严格和谨慎④，考虑了以产品的可替代性和竞争性等因素⑤来衡量相似产品的构成以及市场和消费者对产品认知的特殊性，但产品的竞争性是确定相似产品的决定性因素。⑥

就"产品特性"这一因素来看，如果一种产品的某种特性导致相对于另一种产品的"重大改变"（substantial change），欧委会就会予以慎重考虑。但欧委会一般认为微小的、对产品的基本技术特点和基本功能没有影响的、消费者无法觉察的物理差异不影响将产品认定为"相似产品"。⑦ 就产品的最终用途来看，欧委会通常审查相关产品的基本功能和用途，以确定所涉产品是否具有相似的或同等的功能。此外，欧委会还考虑产品之间的可替代性。把市场和消费者对产品认知的特殊性和消费可替换性及其可替代程度作为判断产品相似性的一个重要指标，即使产品不具有相同的物理特征和技术标准，但如果消费者认为是具有可替代性

---

① See Council Regulation No.1015/94 of 29 April 1994, Imposing a definitive anti-dumping duty on imports of television camera systems originating in Japan., O.J. No.L111, 30, April 1994, p.106.
② See The anti-dumping rules of the EC a practical guide, October 1998, p.10.
③ See O.J. No.L33, 4 February 1997, p.11.
④ See No 94/389/EEC of 6 June 1994 terminating the anti-dumping proceeding regarding imports of refined antimony trioxide originating in the PRC, O.J. No.L176, 9, July, 1994, p.41.
⑤ See O.J. No.L111, 9, April, 1998, p.19.
⑥ See O.J. No.L272, 4, October, 1997, p.1.
⑦ See E.g. Hot-rolled Steel Coils from India, Taiwan and South Africa, Commission Dec.284/2000/ECSC of 4 February 2000, O.J.L 31/44, 2000.被申请人强调其出口的产品有较低的市场价值，二者并非相似产品。欧委会指出，总体而言，欧盟生产的产品和进口产品之间具有完全相同的物理特性和用途，即使产品之间不是完全相同，如工艺、质量、价格方面的细小差异不影响对"相似产品"的认定。参见甘瑛:《国际货物贸易中的补贴与反补贴法律问题研究》，法律出版社2005年版，第187页。

的,则可能构成"相似产品"。[①] 此外,欧委会还可能从市场和竞争的角度分析产品的可替代性,即使具有相同物理特性的产品,但如果是针对不同的市场目标,彼此之间不存在竞争,也可能被认定为非相似产品。[②] 就最终产品与其投入物是否可视为"相似产品",欧委会在该问题上的立场并不一致,在不同案件中有不同的分析,没有统一标准。

2. 美国关于"相似产品"的实践

美国《反补贴税法》采用了"国内相似产品"(domestic like product)的概念,该定义的含义与《SCM 协定》关于"相似产品"的规定有所不同,《反补贴税法》中的"国内相似产品"是指:与被调查产品相似(同类)或不相似(同类)时,在特征和用途上最相近的产品。[③] 该定义沿袭了《1979 年贸易法》的规定,仅仅说明了"国内相似产品"是与被调查进口产品"同类"或"极为相似"的产品,似乎是一种循环定义,并不能真正为调查机关提供衡量标准,而是给予调查机关过宽的自由裁量权。从定义的措辞来看,《SCM 协定》对"相似产品"的规定相对严谨。因为从措辞来看,"identical"显然要比"like"的用词严谨,美国《反补贴税法》对"相似产品"的定义在用词上对"同类"的规定在程度上显然低于《SCM 协定》。该定义并没有提供具体的判断标准,而由 ITC 根据 DOC 所确定的补贴进口产品范围去确定"相似产品",在调查过程中给反补贴的调查机关较大的自由裁量权。这种情况在其他条款里也出现过,这是美国的一种立法技巧。另外,《SCM 协定》规定,如果没有"完全相同"的产品,就寻找"尽管并非在各方面都相同"却"极为相似"的产品。此措施似乎可以理解为要求调查机关对产品的方方面面都进行考虑,比较产品之间的各种特点。而美国《反补贴税法》只考虑"特性和用途",与《SCM 协定》相比,使调查机关在调查时应该考虑的因素范围减小。在实际调查中,即使在产品特性或用途上存在微小差异但也并不影响 ITC 对"相似产品"的认定。

[①] See Joined Cases 294/86 & 77/87, Technointorg v. Commission & Council, (1988) E.C.R. 6077, para.39.参见甘瑛:《国际货物贸易中的补贴与反补贴法律问题研究》,法律出版社 2005 年版,第 188 页。

[②] 参见甘瑛:《国际货物贸易中的补贴与反补贴法律问题研究》,法律出版社 2005 年版,第 188 页。

[③] See Section 771(10) of the Act [19 U.S.C., §1677(10)]: The term "domestic like product" means a product which is like, or in the absence of like, most similar in characteristics and uses with, the article subject to an investigation under this subtitle.("国内相似产品"的概念是指一种与被调查产品相似或在缺乏相似性的情况下在特性和用途上与被调查产品最相近的产品。)

在实践中,由 DOC 决定涉案的接受调查的进口产品的范围,由 ITC 决定哪些国内产品与这些接受调查的进口产品相同。ITC 在确定国内相似产品时并没有一个明确的判断标准,而是根据个案的事实情况[1]来决定哪些产品适用关于"同类(like)"的标准,哪些产品适用在特征和用途上"最为相近(most similar)"的判断方法。所以,ITC 拥有较大的自由裁量权。虽然 DOC 限定了涉案进口产品的范围,但 ITC[2] 可以扩大国内相似产品的范围,即使不在 DOC 限定的范围,也可能发现两种或更多种的国内相似产品只与一类或一等级的进口产品相对应。ITC 所定义的国内相似产品要比 DOC 定义的进口被调查产品的种类或等级广泛得多,或者说 ITC 根据进口被调查产品的种类或等级会找到两个或更多的国内相同或类似产品。在确定"同类"产品时,ITC 一般要考虑一系列因素,包括:(1)物理特性和用途;(2)可替代性(interchangeability)[3];(3)销售渠道;(4)制造设备、生产工艺和流程及雇员的使用;(5)消费者和生产者对产品的认知;(6)在适当的情况下,可考虑产品价格。[4] 对这些因素的考虑被称为"横向比较"(horizontal comparison),但上述任何一个单独的因素都不是决定性的,ITC 可在特定调查事实的基础上考虑其他相关因素。一般来讲,ITC 不考虑被调查产品的细微差别而积极寻找可以区分相似产品的明确划分标准。[5]

在调查实践中还会涉及一个问题:调查机关是否应将在不同生产阶段使用的产品纳入国内相似产品的范围。ITC 采用了"semifinished product analysis"(半成品分析法)审查下列因素:(1)看上游产品是用于下游产品的生产还是有独立的用途;(2)上、下游产品是否存在两个不同

---

[1] See Nec Corp.v.United States, 36 F. Supp.2d 380, 383(cit 1998); NIPPON Steel Corp. v. United States, 19 CIT 450, 455(1995); Torrington Co.v. United States, 747 F.Supp.744, 749 n.3 (CIT 1990), aff'd 938 F.2d 1278(Fed.Cir.1991).See Anti-dumping and Countervailing Duty Handbook, eleventh edition, United States International Trade Commission.II-32, January 2005.

[2] See Hosiden Corp.v. Advanced Display Mfrs., 85 F.3d, 1561, 1568(Fed.Cir.1996); Torrington, 747 F.Supp, pp.748-752.See Anti-dumping and Countervailing Duty Handbook, eleventh edition, United States International Trade Commission.II-33, January 2005.

[3] 包括消费可替代性(consumption substitutability)和生产可替代性(production substitutability)。

[4] See Timken Co. v. United States, 913 F. Sunn, 580, 584(CIT1996).

[5] See S.Rep.No.249, 96th Cong., 1st Sess.90-91(1979); Torrington, 747 F.Supp, pp.748-749. see Anti-dumping and Countervailing Duty Handbook, eleventh edition, United States International Trade Commission.II-33, January 2005.

的市场;(3)上、下游产品在物理特性和功能上是否存在不同点;(4)纵向区别产品在成本或价值上的不同;(5)上游产品转换成为下游产品的重要性和工艺流程范围。① ITC一般不把不属于调查范围内的下游产品列入国内相似产品之列。②

从具体操作上来看,ITC对产品之间相互竞争性的"商业可替代性"这一要素更为关注。认定"相似产品"通常分为两个比较步骤:首先,比较被调查的进口产品与特定的国内产品,根据国内产品与进口产品的直接关系确定中心产品范围,这种比较更强调了二者间的消费可替代性;其次,再比较该特定国内产品与其他相关国内产品,进一步明确可获得救济的国内产品的深度和广度,这种比较更强调国内产品之间的生产可替代性。与上述特定国内产品之间具有生产可替代性的相关国内产品很可能与进口产品之间具有消费可替代性。后一步骤就是要在"相似产品"的可能范围内寻求明确分界线并忽略细小的差异,同时防止极左或极右两种倾向。③ 因此,对"商业可替代性"的分析,是在总结并分析了所有相关要素的基础上,从经济功能上区分产品之间是否存在竞争、是否存在替代,具有较强的客观性、市场性和公平性。实际上,"相似产品"的定义中"特性"相似表明了生产的可替代性,"用途"相似表明了消费的可替代性。

总体来讲,美国ITC认为,"相似产品"的定义应根据每一案件的特定情况来加以确定,对"相似产品"范围的确定也不应不利于调查机关对

---

① See Certain Frozen Fish Fillets from Vietnam, Inv. No.731-TA-1012(Preliminary), USITC Pub. 3533(August, 2002) at 7; Low Enriched Uranium from France, Germany, the Netherlands, and the United Kingdom, Inv. Nos. 701-TA-409-412 (Preliminary) and 731-TA-909-912 (Preliminary), USITC Pub.3388(January 2001) at 5-6; Uranium from Kazakhstan, Inv.No. 731-TA-539-A(Final), USITC Pub.3213(July 1999) at 6, n.23.

② 有学者认为,美国在实践中,除了上述所列的"横向比较"外,ITC还可能将国内产品以及有关的投入物都作为进口产品的"相似产品",即国内产品的投入物与制成品相比较,这种方法称为"纵向比较"(Vertical Comparison)。采用纵向比较时,一般会考虑如下因素:投入物进一步加工的必要性和所需成本;在生产早期阶段的投入物是否专供生产最终产品;最终产品和投入物是否有重大的独立用途或销售;在生产早期阶段的投入物是否已具有最终产品的基本特性或功能。E.g. Stainless Steel Flanges from India and Taiwan, USITC Pub.2724, Inv. No.s. 731-TA-639 and 640, (Feb., 1994). Stainless Steel Bar from Brazil, India, Italy, Japan and Spain, USITC Pub.2734, Inv. No.s. 731-TA-678-682, (Feb., 1994).参见甘瑛:《国际货物贸易中的补贴与反补贴法律问题研究》,法律出版社2005年版,第187页。

③ See Nippon Steel Corp v. United States, 19 CIT 450, 455 n.4(1995).参见甘瑛:《国际货物贸易中的补贴与反补贴法律问题研究》,法律出版社2005年版,第185页。

受进口产品消极影响的国内产业评估。认定"相似产品"时,每一因素都不是决定性的,所考虑的权重也因个案而不同,ITC 关注的是产品之间明显的分界线,而非细微的区别。虽然 ITC 在认定"相似产品"的范围时考虑了较多的因素,表面上看起来也较为客观,但在实际上对各项因素的评测并不存在一个具有操作性的、统一的、客观的标准,即使 ITC 的"商业可替代性"分析方法具有一定的科学性,但仍然难以摆脱给予调查机关过大自由裁量权的恶名。因为统一分析标准的缺失造成对"相似产品"的判断具有相当程度的任意性,使利害关系方很难预测和判断哪些因素将会被考虑或调查机关会对哪些因素有所侧重,使调查缺乏透明度和可预见性,有失公平原则。

另外,ITC 还有扩大"相似产品"的范围来界定"国内产业"的倾向。[1] 从 ITC 的实践来看,如美国 2002 年 201 钢铁保障措施案,除了以"商业可替代性"来衡量产品之间的相互竞争性外,并没有对某些因素加以特别的考量或有所侧重。因此,美国对案件的处理有相当程度的任意性,缺乏法律上应有的可预见性。

在 ITC 近两年作出的损害裁决中,大多数案例采用六要素法进行相似产品的分析,极少数采用半成品分析法。对于采用了六要素法的案件,如对华铝合金薄板(Common Alloy Aluminum Sheet)双反案中,应诉企业主张,ITC 应该将铝罐料纳入国内相似产品的范畴。ITC 调查认为,在最终用途、可替代性、生产者认知和定价等方面,铝罐料和产品范围内的铝合金薄板之间存在明显区别。尽管在物理特性、销售渠道和制造设备方面,铝罐料和铝合金薄板之间存在重叠,但这些重叠在本质上是有限的:只有少数国内铝合金薄板的厚度与铝罐料相同,并且,虽然大部分铝罐料以及相当比例的铝合金薄板都是出售给终端用户的,但是购买铝罐料的终端用户的类型不尽相同。考虑到所有这些要素,ITC 认为铝罐料和铝合金薄板之间的差异大于相似之处,因此,决定不将铝罐料纳入国内相似产品范畴。[2]

在对华钢制拖车车轮(Steel Trailer Wheels)双反案中,ITC 同样采用了六要素分析法。本案中,应诉企业主张镀锌拖车车轮和非镀锌拖车车

---

[1] See Nippon Steel Corp v. United States, 19 CIT 450, 455, n.4(1995).参见甘瑛:《国际货物贸易中的补贴与反补贴法律问题研究》,法律出版社 2005 年版,第 185 页。

[2] See Common Alloy Aluminum Sheet from China, Investigation Nos. 701-TA-591 and 731-TA-1399 (Final), USITC Pub. 4861(January 2019) at 11.

轮应被认定为不同的相似产品。ITC调查认为,除了镀锌拖车车轮上有锌涂层之外,镀锌拖车车轮和非镀锌拖车车轮的物理特性相同。二者的基本用途也相同,即作为拖车或其他牵引设备上的车轮。除了精整工艺之外,制造镀锌拖车车轮和非镀锌拖车车轮的设备、生产工艺流程以及雇员都是相同的。价格方面,对拖车车轮进行镀锌的成本相对较低。镀锌和非镀锌的拖车车轮在很大程度上是可以相互替代的,被视为具有不同涂层的相同产品,并且通过类似的销售渠道进行销售。虽然市场参与者对非镀锌和镀锌拖车车轮可比性的认知不尽相同,这可能是由于其认为镀锌拖车车轮是小众产品,但并不构成镀锌和非镀锌钢拖车车轮之间的明显分界线。尽管由于镀锌成本的原因,镀锌拖车车轮的价格高于非镀锌拖车车轮,但该差异的影响并未超过其他要素下的相似之处。总体而言,在案的记录并未显示在镀锌拖车车轮和非镀锌拖车车轮之间有一条明显的分界线。因此,ITC认定镀锌拖车车轮与非镀锌拖车车轮属于同一种相似产品。[1]

对华钢制拖车车轮双反案也体现了半成品分析法的应用。本案中,申请人主张可牵引活动房屋轮辋(Rims for Towable Mobile Homes)与包含轮辋和轮盘的完整钢制拖车车轮属于同一相似产品。ITC调查发现,绝大多数轮辋都是专门用来生产完整钢制拖车车轮的。并且,可牵引活动房屋轮辋的基本物理特性和功能与用于生产完整钢制拖车车轮的轮辋相同。尽管,可牵引活动房屋轮辋和完整钢制拖车车轮存在两个不同的市场,但是,可牵引活动房屋轮辋和完整钢制拖车车轮在同一制造设备中进行,采用了共同的生产工艺流程。并且,将轮辋转换成完整钢制拖车车轮的流程极其重要,该流程为产品显著增加了价值。因此,ITC认定,钢制拖车车轮与可牵引活动房屋轮辋属于同一国内相似产品。[2]

综合上述案例,显然,ITC在进行相似产品的认定时,各项因素的评测并未采用统一的标准,个案中不同因素的权重也不尽相同。由此可见,美国就相似产品问题的损害裁决依然具有任意性。

3. 中国《反补贴条例》对"相似产品"的规定和实践

《反补贴条例》第12条专门对"相似产品"(原文中为"同类产品",但

---

[1] See Steel Trailer Wheels from China, Investigation Nos. 701-TA-609 and 731-TA-1421 (Final), USITC Pub. 4943(August 2019) at 12-13.

[2] See Steel Trailer Wheels from China, Investigation Nos. 701-TA-609 and 731-TA-1421 (Preliminary), USITC Pub. 4830(October 2018) at 9-10.

笔者认为此说法不够贴切，在本书中全部使用"相似产品"替代）下了定义，相似产品是指与被补贴的进口调查产品相同的产品；没有相同产品的，以与被补贴的进口调查产品的特性最相似的产品为相似产品。尽管表述文字与《SCM 协定》不尽相同，但该定义基本上还是吸取了《SCM 协定》的实质内容。此外，中国反补贴调查机关借鉴了欧美等其他成员方的立法及实践做法，制定并公布了《反补贴产业损害调查规定》，该规定明确了确定相似产品时应予以考虑的因素："在确定同类产品时，可以考虑以下因素：产品的物理特征、化学性能、用途、生产设备和制造工艺、消费者和生产者的评价、产品的可替代性、销售渠道、价格等。"①

自 2010 年中国开启第一起反补贴调查以来，截至 2020 年 6 月 30 日共立案调查 13 起。其中，9 起案件作出终裁结论，3 起案件终止调查，1 起案件仍在调查。涉及取向性硅电钢、白羽肉鸡、小汽车、马铃薯淀粉、太阳能级多晶硅、葡萄酒、干玉米酒糟、高粱、邻氯对硝基苯胺、大麦等 12 个不同类型产品。结合目前的反补贴调查实践，中国调查机关主要分析了物理特征、生产工艺流程、产品用途、产品的可替代性、消费者和生产者的评价、销售渠道和价格等因素。在基本原则下，针对个别案件分析的因素略有不同，具体来说有以下几点：第一，价格是否作为区分的因素。在最初的取向性硅电钢、小汽车、马铃薯淀粉、多晶硅等案件中，价格都作为区分因素；在后期干玉米酒糟、邻氯对硝基苯胺案件中，并没有将价格作为确定相似产品的因素。第二，针对非标准工业产品，引入了其他指标。在白羽肉鸡案中，中国调查机关审查的因素包括质量、规格、品种和饲养、生产加工流程、产品用途、销售渠道和客户群体、产品可替代性、消费者评价等因素。其中品种和饲养属于畜牧业产品所专有的考虑因素。在另外未裁定的葡萄酒和高粱案中，根据立案公告中产品范围的描述，均与一般工业品有所差别，如侧重原材料或生产工艺流程等因素。第三，在多起案件中，应诉公司均主张质量和品牌差别作为确定相似产品的因素。例如：在取向性硅电钢案中，是否生产特定高等级产品；小汽车案中，考虑汽车品牌和高端消费市场；马铃薯淀粉、多晶硅、干玉米酒糟案中，产品质量、纯度等是否存在差别。

综上，《反补贴条例》对"相似产品"的规定与《反倾销条例》规定的内容基本相同。在具体案件界定相似产品时，均体现了以被调查产品范围

---

① 参见《反补贴产业损害调查规定》第 11 条。

描述为依据,根据我国立法规定,考察物理特征、化学性能、用途、生产设备和制造工艺、消费者和生产者的评价、产品的可替代性、销售渠道等因素确定相似产品,并在特殊的初级农产品、农业加工产品、畜牧产品中,引入属于该产业特有的考察因素。从目前反倾销、反补贴损害调查的实践来看,上述评估标准及适用性和可操作性基本满足了对相似产品认定的要求。

(二)DSB 对"相似产品"的界定

有学者指出,GATT 第 1 条和第 3 条规定了界定"相似产品"的基本分析和解释方法①,WTO 的《SCM 协定》《AD 协定》和《保障措施协定》也都规定了"相似产品"的定义,但在不同协定和条款里的解释是有区别的,其解释是否可以在不同条款里互用是仍待讨论的,这也是在众多案例中专家组和上诉机构争论的焦点。笔者认为,不同的条款及案例所处的情况各不相同,其解释也是根据具体情况作出的,当然不能机械地照搬。但"相似产品"均处在 WTO 同一宗旨的大背景下,各条款并不是割裂的,有相通之处,在解释选择适用上也不应太保守,否则不利于司法节制的原则。正如印度尼西亚汽车案②专家组指出的那样,虽然在处理争议时应该根据《SCM 协定》规定的特定含义来解释"相似产品",但 WTO 协定其他条款下的关于"相似产品"的争议分析仍然具有借鉴意义。因此,本章适当选取对反补贴措施有借鉴意义的案例进行分析。

1. 印度尼西亚汽车案

印度尼西亚汽车案是第一个通过专家组解决的涉及"相似产品"定义的反补贴案件。在对脚注 46 下"相似产品"的分析中,该案的专家组接受了日韩酒税案(Japan-Taxes on Alcoholic Beverages, DS10; Korea-Taxes on Alcoholic Beverages, DS75)③上诉机构报告中对 GATT 1994 第 3.2

---

① See Robert E. Hudec, "Like product": the differences in meaning in GATT Article I and III, Regulatory Barriers and The Principle of Non-discrimination in World Trade Law, University of Michigan Press 2000, pp.101-123.
② 参见印度尼西亚汽车案专家组报告(WT/DS54,55,59,64/R),该案涉及《SCM 协定》的第 5(c)条、第 6 条、第 27.9 条和第 28 条。
③ See Japan-Taxes on Alcoholic Beverages, WT/DS8/AB/R, WT/DS10/AB/R, ET/DS11/AB/R (1996); Korea-Taxes on Alcoholic Beverages, WT/DS75/AB/R(1999).

条下的"相似产品"分析的指导意见①:以相似的物理特点可作为判断是否为相似产品的标准之一,但是产品是否可替代,关税分类原则、品牌忠诚度、品牌形象/声誉、地位和转售价值等其他因素也可能是专家组在确定"相似产品"范围时考虑的内容。专家组在处理案件时要根据案件具体情况采取具体分析,有较大的自由裁量权。

印度尼西亚汽车案的专家组认为,"解决'相似产品'问题的一个合理方法就是考察汽车行业本身进行市场划分的方法"②。因此,专家组选择了"在进行市场划分时考虑了所涉汽车的物理特点"的分析方法,并认为"根据规模和价格/市场位置的组合划分市场的方法是一种明智的方法,该方法与《SCM 协定》下分析'相似产品'的有关标准是一致的"③。这种"市场基准分析方法"(The Market-Based Approach)来源于日韩酒税案,是该案对确定"相似产品"的最重要贡献,即强调确定"相似产品"或"直接竞争或可替代产品"的标准是由消费者认知决定的市场竞争;并将相关的市场竞争作为考虑"相似产品"的因素,如将物理特征、最终用途、价格、销售渠道和客户群等因素综合考虑在同一分析中给予不同的权重,最终确保进口产品和国内产品的公平竞争条件。该方法在 WTO 成员方的反倾销实践中已逐步得到接受,该方法对反补贴实践同样具有指导和借鉴意义。

此外,专家组还着重分析了价格要素对相似产品认定的影响,认为价

---

① 上诉机构认为,分析哪些汽车与 Timor 生产的汽车具有"极为相似特点"时,汽车的物理特点应被作为一个重要因素,因此诸如品牌忠诚度、品牌形象和声誉、地位和转售价值等至少部分地反映了购买者对将要购买的汽车具有的物理特点的评价。尽管物理上具有很大差异的产品可能被用于同一用途,但总的来说,用途的差异产生于产品不同的物理特点,并且可以协助评估这些物理特点的重要性。同样,产品的可替代程度也可能在很大部分上由它们的物理特点决定。价格差异也可能(但不必然)反映产品的物理差异。分析关税分类原则也会有所帮助,因为它提供的指导显示了关税专家认为产品之间的哪些物理差异具有重要性。但是,在相似产品分析上,上诉机构指出:"我们并没有看出《SCM 协定》禁止我们考虑物理特点以外的其他标准。'极为相似特点'该词语的通常含义包括但并不限于物理特点,而且我们从《SCM 协定》的上下文或宗旨和目的中并未认定任何导致相反结论的指示。尽管在本争端中我们被要求对'相似产品'一词作出与《SCM 协定》提供的特定定义相一致的解释,我们认为,从以前对 WTO 协定其他条款下'相似产品'问题的分析中也可以获得有意义的指导。因此,我们注意到在 Alcoholic Beverages(1996)案中上诉机构的陈述:在本上下文中,正如在任何其他上下文中一样,'相似产品'问题必须进行个案分析;在适用相关标准时,专家组只能使用他们的最佳判断力来分析产品事实上是否属于同类;这总会不可避免地涉及个人的自由裁量因素。"印度尼西亚汽车案专家组报告(WT/DS54,55,59,64/R),第 14.173—14.174 段。

② 印度尼西亚汽车案专家组报告(WT/DS54,55,59,64/R),第 14.177 段。

③ 同上,第 14.178 段。

格在某些情况下或许是考虑的要素之一。如同在日韩酒税案中,上诉机构同意专家组的观点,认为需求的价格弹性是确定产品是否构成直接竞争或可替代的决定性标准。① 印度尼西亚汽车案中起诉方称印尼 Timor 汽车正是由于受到补贴才削低价格出售,但专家组认为:"在进行'相似产品'分析时,特别是当价格上的差异给消费者提供了一种评估不同物理特点的相对重要性的方法时,我们并不排除价格可能是一个相关因素。然而在本案中,起诉方声称 Timor 汽车是由于受到补贴才削低价格销售的。假如我们裁定 Timor 汽车在印度尼西亚市场上的低价格导致 Timor 汽车'不同于'其他和 Timor 具有相似物理特点但定价较高的汽车,结果就会是,在补贴和随之产生的价格削低足够多的情况下,第 6 条下的价格削低诉讼根本无法胜诉。因此,我们不认为 Timor 的低价格构成其与起诉方声称与 Timor '同类'的汽车之间不属相似产品的理由。"② 由此看来,对于价格因素的考虑应较慎重,因为价格差异的存在,有可能是补贴的存在造成的。

印度尼西亚汽车案涉及的另一重要问题是整车与整车进口组件是否属相似产品。该案专家组认为,未组装产品这一事实本身不能使其与组装产品成为非相似产品,在本案中应使用上诉机构在日韩酒税案中采用的以关税税目作为划分的方法。③ 在本案中欧盟和美国生产商为避免高额关税将整车配件运往印尼再进行装配,可以认为未组装车与整车具有非常相似的特征,属于相似产品。④

2. 美国软木案 IV 中对"被调查产品"范围的确定

被调查产品范围的确定是非常重要的问题,但在反补贴调查案件中没有典型的案例。鉴于反补贴与反倾销措施的相似性,故在此引用加拿大诉美国对来自加拿大的软木最终实施倾销措施案(U.S.-Final Dumping Determination on Softwood Lumber from Canada, DS264,以下简称"美国软木案 V")⑤进行说明。在该案中,加拿大指控,DOC 在反倾销调查中错误地将若干特征迥然不同的软木产品确定为一个单一的相似产品,并非如

---

① WT/DS10/AB/R.
② 印度尼西亚汽车案专家组报告(WT/DS54, 55, 59, 64/R),第 14.192 段。
③ 如在《统一关税编码制度解释的一般规则》下:任何一个品目项下的物品(article)都必须包括成品(complete)或半成品(unfinished),只要未完成(incomplete)或未装配(unassembled)物品呈现出成品或半成品的基本特征(essential character)。
④ 参见印度尼西亚汽车案专家组报告(WT/DS54, 55, 59, 64/R),第 14.196 段。
⑤ 参见美国软木案 V 专家组报告(WT/DS264/R)。

《AD协定》第 2.6 条所要求的与被调查产品具有"非常相似的特征"。① 专家组认为,一旦被调查产品的范围得到确定,与此相对应的相似产品必须依据第 2.6 条来加以确认,但《AD协定》并没有就如何确定被调查产品的范围提供明确的指示②,也没要求"被调查产品与相似产品必须是具有同样特征的单一的产品",并最终裁定,DOC 界定相似产品的方法并不违反第 2.6 条。③ 加拿大在此提出一重要问题:在被调查产品与相似产品通常是多个产品的组合(产品群)的情况下,第 2.6 条是要求整个被调查产品与整个相似产品进行整体比较,确保两者存在"相同之处",还是要求单个被调查产品与单个相似产品进行单个比较?第 2.6 条并没有规定,专家组也没有对此加以裁定,而留给反倾销调查机关自行决定。在实践中,反倾销调查机关出于调查方便的原因,更愿意采用"整体比较"的方法(如欧盟在日本普通用纸复印机反倾销案中采用的方法④)。在多哈回合补贴与反补贴谈判时,各成员方也较为关注关于被调查产品的争议。

综上所述,"相似产品"的正确界定有利于找准国内产业以及认定其是否遭受损害,有利于促进国际贸易的公平和自由。但在 GATT 和 WTO 法律体系下,对"相似产品"仅加以定义却并没有统一的认定方法。一些案件的专家组和上诉机构报告虽然已经确立了一些确定"相似产品"时应考虑的标准,但总体认为应该根据个案来加以判定并认为应该对"相似产品"进行狭义解释,尽管这些规定和标准在实践中对调查机关均不构成强有力的约束。另外,这些标准也并非穷尽。不同的产品类型需要不同的区分标准,如价格因素在日韩酒税案可作为评判标准,但在印度尼西亚汽车案却不能作为考虑的因素。因而在确定"相似产品"时只能在个案基础上予以解决。在判定特性最相似的产品时,可考虑采用"市场基准分析方法"将产品的物理构成、化学特性、技术指标、制造方法、生产工艺流程、主要用途、销售渠道和客户群、商业可替代性和竞争性及价格等多方面因素⑤综合加以分析,但这些因素的选择及在分析中的权重都建立在

---

① 参见美国软木案 V 专家组报告(WT/DS264/R),第 7.140 段。
② 同上,第 7.153 段。
③ 同上,第 7.158 段。
④ 参见刘勇:《WTO〈反倾销协定〉研究》,厦门大学出版社 2005 年版,第 201 页。
⑤ 有时也考虑产品的关税分类,但在使用约束关税时,存在一定的风险。因为约束关税包含的产品范围过于宽泛,以致在确定产品是否为"同类"时,并不可靠。

调查机关充分的自由裁量权的基础上,这就难免增加了反补贴调查的不确定性和任意性,增加了滥用贸易救济工具的可能性。因此,在多哈回合补贴与反补贴谈判中,各成员方包括中国在内应在界定"相似产品"量化标准①的问题上有所作为,使"相似产品"在实践中更为准确、更具可操作性,以确保各成员方在调查程序上的一致性和公正性,防止贸易保护主义工具的滥用。除此之外,在服务贸易领域中如何界定"相似产品"的问题是值得探讨的。笔者认为,从产品的最终用途、消费者的喜好和习惯、产品的特性、种类和质量等方面无法较为准确地适用对服务的比较,虽然在适用后者时,可能会碰到各成员方有不同的分类制度及分类过粗等问题,但可以尝试从提供服务所涉及的产品是否是同类以及国际上服务贸易普遍适用的分类方法入手。

(三) 关于"被调查产品"问题的争议

在多哈回合谈判中加拿大②提出:在反补贴调查中,如果国内相似产品也接受了补贴,为公平起见,是否应探讨一可行的模式,以确保从反补贴调查程序上对国内相似产品接受补贴的金额予以考虑。对此,澳大利亚③认为,反补贴调查的基础是补贴对国内产业造成损害的表面证据。事实上,如果国内相似产品没有接受补贴,受补贴的进口产品对本国产业所造成的损害将会更大。澳大利亚希望加拿大澄清其所提出对国内及国外净补贴的评估模式以及如何使其符合《SCM协定》关于损害认定部分的规定。加拿大④回应,在国内及国外补贴均已确定后,应以净补贴额为基础,依据《SCM协定》第15条的程序进行损害的裁定,但可征临时或最终反补贴税的金额均不应超过净补贴金额。笔者认为,加拿大提出的这一问题在实践中是存在的,这种做法更加公平。但在反补贴调查中,认定损害的幅度是可以解决这一问题的。此类问题还有待于在实践以及多、双边的反补贴谈判中加以解决。

截至2006年3月,鉴于反补贴和反倾销调查在许多方面的一致性,反倾销规则谈判小组已经讨论过的问题在反补贴规则谈判小组已不再讨论,如相似产品定义中涉及的"被调查产品"的问题。因此,本书采用了反倾销规则谈判小组的讨论案文,提案主要包括被调查产品的定义

---

① 如市场检测是否可被使用。
② TN/RL/W112.
③ TN/RL/W135.
④ TN/RL/W145.

和相关程序两方面的内容。具体如下:

关于被调查产品的定义,欧盟提出被调查产品应是一个"单独的产品"(Single Product),基本的认定原则应是具有相同的基本物理、技术和/或化学特性。物理特性的差异可以考虑如下因素:产品型号、类型、级别、纯度;不同的生产流程;质量差异;不同包装;成品和半成品;不同类型的价格差异。在物理特性相同的情况下,考虑的其他非物理特性包括相似的用途、可替代性、在同一个市场的竞争性、销售渠道等几个要素。欧盟还认为,物理特性相同时,还要考察市场要素,但如果物理特性不相同,则无须考察其他要素就可以认定不是同一产品。

针对该提案,美国认为物理特性是极为重要的条件,但在物理特性不同情况下,还要考虑其他不同的要素。另外,还需要统一规范物理特性的构成要件。巴西指出,应该先考察产品的物理特性,然后再考察市场特性,这表明了要素的次序性,而并非要素的等级性。其他成员也分别对价格、生产过程、包装、质量是否构成物理特性的要素提出疑问。埃及认为一些认定要素很主观,发展中国家成员由于所掌握的资源和调查水平有限,很难进行认定。中国提出如果物理特性不同,是否就认定不是同一被调查产品;如果基本物理特性相同,但市场特性不同,是否认定为是同一被调查产品;是否只有物理特性和市场特性都相同时才是同一被调查产品。

笔者认为,对物理特性的区分是认定被调查产品的最基本和最直观的方法,这一点也是各成员方已经达成共识的。上述提案没能解决相似产品中被调查产品的认定问题,特别是在物理特性不能加以区分时如何考虑其他因素的问题。因此,这些提案仍然没能对调查机关拥有过于宽泛的自由裁量权问题提出相应的解决办法。在未来的规则谈判中,成员方们如果能够形成统一的认定标准,解决调查机关实际操作中出现的问题,将有利于增强调查的透明度,有利于增强被调查方对法律结果的可预见性,有利于减少反补贴措施的滥用。

二、"国内产业"的界定

(一)WTO对"国内产业"的界定标准

在反补贴调查中,国内产业的确定是损害认定的先决条件,对反补贴调查结果具有重要影响。《SCM协定》第16条对"国内产业"的范围采取一般和例外相结合的立法方式加以规范,第16.1条对"国内产业"的定义进行一般的解释,而第 16.2 条、第 16.3 条和第 16.4 条则是对"国内产业"的例外解释。"国内产业"的定义最早来源于 1947 GATT 工作组对国内产业的指导性意见,即要求对"损害"的判断应与进口国生产相似产品的全国总量或其中一个较大部分的产量相联系。《东京守则》第 4.1 条直接援引该条款,现有的《SCM 协定》和《AD 协定》也都直接采用了该定义。具体如何来界定"国内产业"的范围,笔者将从国内产业的涵盖比例和生产产品的范围两个方面来加以解释。

1. 根据国内产业的涵盖比例来确定

在该情况下,假设一个国内产业的整体范围与该国国内的整体市场相符合,此时的"国内产业"就是指生产该产品所有国内生产者全体(a whole)。在反补贴调查中,"国内产业"是指国内相似产品的全体生产者或指总产量构成相似产品国内总产量主要部分的国内生产者(a major proportion of the total domestic production),但如果生产者与出口商或进口商有关联或他们本身为自其他国家进口被指控的补贴产品或相似产品的进口商,则"国内产业"一词可解释为指除他们之外的其他生产者。在这种情况下,假设一个国内产业的整体范围是与该国国内的整体市场相符合①,该条款对"生产商"和"主要部分"的概念并未作出进一步解释,如那些把管理核心机构设在国内,而生产所有或大部分产品的加工厂却设在国外的"生产商"是否属于《SCM 协定》意义上的"生产商",以及"主要部分"到底占多大百分比等问题,仍有待于完善。"主要部分"一般认为是指占国内相似产品总量的 50%以上即可,但也有学者认为并不以 50%为必要条件,应该依据个案情况区别对待。另外,应该把"生产商"与"企业"两个词区分开来,因为"生产商"的主要意义在于生产活动,而企业的主要意义在于管理和经营。所以,"生产商"应指进口国国内进行生产活动的商家,不是指那些总部设在国内而加工生产设在国外的商家;至于企业则应按核心管理机构的属地原则确定在国内还是在国外。② 此外,认定国内产业涵盖比例时还要考虑三个例外规定:关联方交易、地区产业及多国单一市场产业。

(1) 关联方交易

《SCM 协定》第 16.1 条规定,如果国内生产者与出口经营者或者进口经营者有关联的,或者其本身为补贴产品或者相似产品的进口经营者

---

① 参见《SCM 协定》第 16.1 条。
② 参见黄东黎:《国际贸易法:经济理论、法律及案例》,法律出版社 2003 年版,第 700 页。

的,应当排除在国内产业范围之外。并在脚注 48 中列举了三类生产者可被视为与出口商或进口商有关联;第一,他们中的一方直接或间接控制另一方;第二,他们直接或间接被第三者控制;第三,他们直接或间接共同控制第三方,但应有理由相信或怀疑此种关系的后果是使有关生产者的行为不同于无关联的生产者。这些特殊的控制和被控制关系可以是直接的也可以是间接的,《SCM 协定》并没有强制规定,成员方一定要将这些生产者排除在产业范围之外,成员方有选择的权利。

在多哈规则谈判中,很多成员方认为"国内产业"在《SCM 协定》和《AD 协定》中存在不对称(asymmetry)的地方。如《SCM 协定》第 16.1 条和《AD 协定》第 4.1 条同样规定生产者与被指控倾销或补贴产品的出口商或进口商有关或本身作为进口商时,将被排除在国内产业的范畴之外。但表述的用语不一致,《SCM 协定》第 16.1 条将"国内生产者本身也是从其他国家进口被指控的补贴或相似产品的进口商,排除在国内产业之外"。而《AD 协定》第 4.1(i)条仅规定"他们本身为被指控的倾销产品的进口商,排除在国内产业之外",并没有"或相似产品的进口商"。此外,谈判还提到关联方的问题[①],各成员方对如何确定关联方的标准,相关标准是否会给出口商增加负担,如何确定交易属于关联方交易,如何进行公平交易测定等问题进行了讨论,但并无结论性意见。2011 年主席案文中表示,各成员方针对该项排除有诸多不同观点,包括制定标准的需要、标准的性质、可能的标准条款。具体来说,部分成员方希望规则能够尽量细化,包括诸多不同标准和指令的性质。部分成员方认为任何标准都不应太过细致,应在个案基础上评估。有部分成员方在实践中不作出任何排除,认为不需要对现有条款进行更改。[②]

(2)地区产业

"地区产业"是指主权国家内的地区工业。《SCM 协定》第 16.2 条规定:"在特殊情况下,就生产而言可以将某一成员管辖区域划分为两个或两个以上的竞争市场,被划分的各市场生产商可被视为一个独立的产业(separate industry),条件是:(a)该市场中的生产者在该市场中出售他们生产的全部或几乎全部所涉产品;且(b)该市场中的需求在很大程度上不是由位于领土内其他地方的所涉产品生产者供应的。在这种情况

---

① TN/RL/GEN/82.
② TN/RL/W/254,p.262.

下,只要补贴产品集中进入该独立市场销售,并且该补贴产品正在对该市场中全部或几乎全部产品的生产商造成损害,即使全部国内产业的主要部分未受损害,亦可确定损害存在。"借鉴《AD协定》的规定,在反补贴调查中确定"地区产业"应具备三个条件:第一,存在"地区产业",即存在这样的事实,独立市场生产商将其生产的所有或几乎所有的相关产品销售于该市场,该市场需求"在很大程度上并非由该地区以外的国内生产商"提供的,言下之意,是由该地区自己的生产商提供。第二,涉嫌补贴的产品在该独立市场集中销售。第三,涉嫌补贴的产品正在对该市场中所有或几乎所有而不是部分产品的生产商造成损害。第一个条件是第二个、第三个条件成立的前提,只有三个条件都具备,方可动用反补贴措施。客观地讲,《AD协定》的规定较为具体,但在"集中销售"等问题上仍给调查机关留有充分的自由裁量权。①

"地区产业"的问题非常值得中国调查机关关注,对于中国这样一个幅员辽阔而地区差异明显的大国来说,某一特殊地区遭受补贴损害威胁的可能性非常大,中国在国内产业预警时应该对此问题予以重视,并加强对有关参数的统计。

(3) 多国单一市场产业

"多国单一市场产业"可理解为关税同盟内意义上的国内产业。按《SCM协定》第16.4条的规定,当两个或两个以上国家依GATT第24.8(a)条要求达到了具有单一或统一市场性质的一体化程度时,在整个一体化区域中的产业应被视为前文所指的国内产业。这里GATT第24.8(a)条指的是"关税同盟"(Customs Union),即一个单独的关税领土代替两个或两个以上的关税领土而构成的关税区域,如欧盟。因此,在《SCM协定》体系下,欧盟的所有成员国被视为一个单一区域,如发生补贴争端,该区域内所有争端产品的生产者将被视为是一个国内产业。

2. 根据国内生产产品的范围来确定

依照《SCM协定》脚注46的规定,相似产品应该被理解为相同的产品,这里的相同产品与受调查产品在各方面均相似。假如没有这种在各方面均相似的产品,也不会当然地被认定为相似产品。虽然《SCM协定》对被调查产品的产业范围作了规定,但当事人在提出申请时所自行界定的产业范围对于国内产业的范围也有着决定的效果。因为调查机关必须

---

① TN/RL/W/254,Page 262.

依据当事人所提出的产业范围来界定国内产业的范围,当事人未提及的部分,调查机关将不予考虑。但是,当反补贴调查程序发起的申请人所代表的国内产量占总产量不足50%的情况下,应当证明在表示支持申请或者反对申请的国内产业中,支持者的产量占支持者和反对者总产量的50%以上,这样可以认定申请是由国内产业或者代表国内产业提出的。如果表示支持申请的国内生产者的产量占国内相似产品总产量不足25%的,则不得启动反补贴调查。在特殊情形下,如果国内一个区域市场中的生产者在该市场中销售其全部或者几乎全部的相似产品,并且该市场中相似产品的需求主要不是由国内其他地方的生产者供给的,可以视为一个单独产业。

(二)成员方国内法对"国内产业"的规定

美国的《反补贴税法》[①]和欧盟《反补贴条例》[②]中对国内产业的规定基本与《SCM协定》一致。但在如何排除关联方的问题上,美国在实践操作上与《SCM协定》的规定有所不同。从《SCM协定》的规定来看,允许调查机关有充分的自由裁量权来决定是否排除关联方。美国的《反补贴税法》要求ITC在"适当情况下"排除关联方时应该以个案为基础并考虑以下因素:(1)关联生产商在国内生产中所占的比例。(2)看关联生产商选择进口受调查产品的理由,是为了从不公平贸易中获益或是为了使自己能继续生产并在国内市场中竞争。如果该生产商是为了维持自身的生产和在国内市场的竞争,就应慎重考虑是否予以排除。(3)关联生产商与国内其他生产商的相对地位如何,是否处于基本同等的竞争地位上。如果竞争地位相似,排除该类生产商就可能是不适当的。[③] 美国这种以市场为基础衡量关联方是否会造成"国内产业"损害及损害分析中的不当影响的分析方法,有利于正确评估"国内产业"的范围,减少不准确因素,确保对损害影响的正确评估。

(三)中国《反补贴条例》对"国内产业"的规定和实践

《反补贴条例》第11条第1款规定,国内产业,是指中华人民共和国国内同类产品的全部生产者,或者其总产量占国内同类产品全部总产量的主要部

---

① Section 771(4), 19 U.S.C § 1677(4): "the domestic industry" means "the producers as a whole of a domestic like product…"

② EC 2026/97, Art.9.

③ 参见甘瑛:《国际货物贸易中的补贴与反补贴法律问题研究》,法律出版社2005年版,第150页。

分的生产者;但是,国内生产者与出口经营者或者进口经营者有关联的,或者其本身为补贴产品或者同类产品的进口经营者的,应当除外。从该条款可以看出,中国的规定和 WTO 相比,内容基本相似,但在国内生产者与出口商关于存在关联关系或作为进口商时,条例采用了"应当除外"的表述。

1. 产量比例

《反补贴调查立案暂行规则》第 5 条规定,国内产业是指中华人民共和国国内同类产品的全部生产者,或者其总产量占国内同类产品全部总产量 50%以上的生产者。《反补贴调查立案暂行规则》第 6 条规定,申请人的产量占国内同类产品总产量虽不足 50%,但如果表示支持申请和反对申请的国内生产者中,支持者的产量占支持者和反对者的总产量的 50%以上,并且表示支持申请的国内生产者的产量不低于同类产品总产量 25%的,该申请应视为代表国内产业提出。在确定本条第 1 款支持者的产量时,申请人的产量应当计算在内。

2. 关联方和进口商排除实践

在目前已有的反补贴调查中,仅在干玉米酒糟案调查中涉及该问题。该案中,应诉公司主张,该案申请人包括中粮生物化学(安徽)股份有限公司和中粮生化能源(肇东)有限责任公司,这两家公司的母公司是补贴产品的进口商,因此应当从国内产业中排除。中国调查机关从两家公司提交申请、参与调查的情况,以及其母公司自身生产和进口的情况等方面进行比较,最终未排除该两家公司。①

由于反补贴调查实践较少,可以参考以往反倾销调查中对该种情况的案例。在以往反倾销案件中,共有光纤预制棒、呋喃酚、未漂白牛皮箱纸板、对苯二甲酸、1,4-丁二醇、氨纶、甲苯二异氰酸酯、美欧光纤、磺胺甲噁唑、己内酰胺等 10 余起案件中涉及关联和进口商问题。在这些案件中,中国调查机关在分析了股权比例、经营模式、进口行为、自身进口或其关联公司进口等情况,在不同的案件中,作出排除或不排除的决定。(需要注意的是,中国《反倾销条例》第 11 条的规定为"可以排除在国内产业之外"。)

第二节　关于损害确定的法律问题

进口调查国可以采取反补贴措施的前提条件是:(1)存在 GATT 1994

---

① 参见中华人民共和国商务部公告 2016 年第 80 号,第 206—207 页。

第 6 条①范围内的损害;(2)被补贴的进口产品与被指控损害之间存在因果关系;(3)授予一项利益,即补贴的存在。补贴的存在已在第二章中论述,本章主要论述前两个前提条件,即补贴损害的确定及被补贴产品与损害之间的因果关系,本节先要论述的是损害的确定(determination of injury)。损害的确定是采取反补贴措施的必要条件,GATT 1994 第 6 条的损害包括实质损害、实质损害威胁和实质阻碍三种形态,笔者将从实体和程序两个方面对损害的确定加以分析。

一、损害确定的实质要件问题

GATT1994 第 6(a)条规定缔约方不得对另一缔约方领土的进口产品征收反倾销税或反补贴税(视情况而定),除非其确定倾销或补贴的效果会对国内已建产业造成实质损害或实质损害威胁,或实质阻碍一国内产业的建立。从该定义可以得出,只有确认补贴造成损害才能征收反补贴税。造成损害是必要条件(Sine Qua Non),但该定义并没有明确规定何谓"实质损害"及其程度。GATT 专家小组的解释认为"实质"(material)与实质性(substantial)损害同义,但 OECD 贸易委员会认为此种解释将造成过分严格地限制认定"损害"的可能性。有学者认为 GATT1994 第 6 条规定损害的实质要件比保障措施适用的损害要件的程度轻,也有的学者认为"实质"介于法文版的 GATT1994 第 6 条所指的"重要损害"(important injury)以及美国法所指的"非细小损害"(harm which is not inconsequential, immaterial, or unimportant)之间。②

《SCM 协定》第 15 条、《AD 协定》第 3 条根据 GATT 1994 第 6 条的规定,都对损害的确定作出规定。《SCM 协定》脚注 45 规定,"损害"一词除非另有规定,否则应理解为指对一国内产业的实质损害(material injury)、对一国内产业的实质损害威胁(threat of material injury)或对此类产业建立的实质阻碍(material retardation),并应依照本条的规定予以解释。美

---

① No contracting party shall levy any...countervailing duty on the importation of any product of the territory if another contracting party unless it determines that the effect of the...subsidization...is such as to cause or threaten material injury to an established domestic industry, or is such as to retard materially the establishment of a domestic industry...

② 参见罗昌发:《美国贸易救济制度》,中国政法大学出版社 2003 年版,第 174 页。

国①《反补贴税法》和欧盟《反补贴条例》②第 8 条③的规定与《SCM 协定》基本一致,欧盟《反补贴条例》定义中的"国内产业"具体化为"欧盟产业"。它们都没有具体解释何谓"损害",这给反补贴调查机关留有极大的自由裁量权。

笔者将逐一分析补贴损害的三种类型,具体如下:

(一)关于实质性损害的认定

《SCM 协定》第 15.1 条规定,就 GATT 1994 第 6 条而言,对损害的确定应根据肯定性证据(positive evidence),并应客观审查以下三要素:(a)补贴进口产品的数量;(b)补贴进口产品对国内市场同类产品价格的影响;(c)进口产品对国内生产商产生的影响。针对这些要素,《SCM 协定》作了较为详细的规定。

1. 进口数量

《SCM 协定》第 15.2(a)条规定,关于补贴进口产品的数量,调查机关应考虑补贴进口产品的绝对数量或相对于进口成员生产或消费的数量是否大幅增加。关于大幅(Significant)应如何理解,协定中给出了绝对数量增加和相对数量增加两种方式。WTO 专家组在不同案件中,作出了进一步的解释。

在美国 DRAMs 反补贴措施案④中,专家组指出,可以采取三种不同的方法确定是否存在补贴进口大幅增加,以满足协定的要求。第一种方法是,调查机关可以考虑补贴进口的数量是否出现了绝对大幅增加;第二种方法是,调查机关可以考虑补贴进口的数量相比进口国国内产量是否出现了大幅增加;第三种方法是,调查机关可以考虑补贴进口的数量相比进口国的消费量是否出现了大幅增加。通常损害调查期的时间跨越几年,但存在补贴行为的时间跨度与损害调查期不一定完全吻合。在该案中,韩国主张需要考虑存在补贴行为的时间段内是否存在进口的大幅增加。专家组认为,《SCM 协定》第 15.2 条并没有要求调查机关证明在损害调查期内的进口都存在补贴行为,补贴行为存在的时间跨度不需要完全

---

① 19 U.S.C. § 1671(a)(2),(1998)。
② Council Regulation (EC) No. 2026/97 of 6 October 1997(The Basic Decision), Commission Decision No.1889/98/ECSC of 3 September 1998(The Basic Decision) G/SCM/N/1/EEC/2.
③ 第 8.1 条规定,损害是指对已经建立的欧盟产业造成实质损害或实质损害威胁,或者对建立欧盟产业造成实质阻碍。
④ 参见美国 DRAMs 反补贴措施案专家组报告(WT/DS99/R),第 7.223 段。

"镜像"损害调查期的时间跨度。

在欧共体 DRAMs 反补贴措施案①中,专家组进一步明确表示,《SCM 协定》第 15.2 条的用语授予调查机关考虑的维度,在考虑大幅增加时,可以考虑绝对量增加,也可以考虑对比进口国国内产量或消费量的相对大幅增加。

2. 价格影响

《SCM 协定》第 15.2(b)条规定,关于补贴进口产品对价格的影响,调查机关应考虑与进口成员同类产品的价格相比,补贴进口产品是否大幅削低价格,或此类进口产品的影响是否是大幅压低价格,或是否是在很大程度上抑制在其他情况下本应发生的价格增加。

关于价格变化在什么程度上属于大幅,协定并没有给出明确的指引。笔者认为,不同产品、不同产业、不同经济活动中,对大幅的判断标准均不相同,难以给出一个量化指标,需要针对个案分析。如在某些产品中,价格下降幅度在5%以下,相比价格该幅度不大。但在考虑到利润时,那么这种价格下降幅度,应该是一种大幅下降。

关于价格影响的三种形式,削低、压低、抑制,近年来有许多讨论,尤其是中国在 WTO 的相关案件中涉及较多。

(1)三种价格影响的关系

一般来讲,价格削低是指进口价格低于国内价格;价格压低是指在进口价格高于国内价格的情况下,进口价格导致国内价格下降至产业不能实现合理利润;价格抑制是指在进口价格高于国内价格的情况下,进口价格阻碍国内价格上涨至合理水平。

在协定的文本中,对三种价格影响采用了"或者"的用语。那么在价格影响中,是否仅需要考虑一种价格的影响方式呢?笔者认为,答案是否定的。经济生活充满复杂性,价格处于变化中。在损害调查期内,可能某一个时间段内,补贴进口的价格和国内相似产品的价格之间表现为削低,而在另一个时间段内,就可能表现为压低。因此,在损害调查期的几年时间内,可能出现价格削低、压低、抑制之中的某一种价格影响形式,也可能交叉出现两种或三种价格影响形式。

同时,韩国纸制品反倾销措施案(Korea-Anti-Dumping Duties on Imports of Certain Paper from Indonesia, DS312)的专家组明确指出,依据

---

① 参见欧共体 DRAMs 芯片反补贴措施案专家组报告(WT/DS299/R),第 7.307 段。

《AD协定》第3.2条的规定,调查机关必须考虑倾销进口产品是否对国内产业价格存在三种可能的影响:(a)大幅价格削减;(b)大幅价格压低和(c)大幅价格抑制,但第3.2条并没有要求作出这方面的裁决。① 因此,虽然调查机关必须考虑三种价格影响形式,但是只需作出三种价格影响的一种裁决即可。

(2) DSB对价格影响的分析

在美国DRAMS反补贴措施案中,美国调查机关考虑了价格削低和价格压低两种情况。关于价格削低,韩国主张调查机关应该分别考虑补贴进口和没有补贴行为的进口(如前所述补贴行为出现的时间跨度与损害调查期不吻合),并在不同品牌的基础上考虑价格影响。专家组在报告中否定了韩国的主张,专家组认为,《SCM协定》第15.2条的文本字面含义非常明确地要求调查机关仅需要考虑补贴进口的价格影响,并不需要进一步区分审查没有补贴行为的进口,或在区分品牌的基础上审查。韩国的主张将使调查机关的审查远远超过补贴进口的价格影响,这并不是协定条文所要求的。

在欧共体DRAMS芯片反补贴措施案中,专家组指出,《SCM协定》第15.2条要求调查机关考虑是否存在补贴进口对国内相似产品的价格削低,而没有要求调查机关确定是什么造成了价格削低。因该句解释缺少上下文,表述存在循环逻辑。结合专家组的另一段解释将更容易理解。专家组认为,《SCM协定》第15.2条没有要求调查机关在该条下,建立补贴进口与国内价格之间的因果关系,而这种关系的确立需要审查影响国内价格的所有因素。② 笔者认为,结合后面的解释,可以看出,专家组是指,15.2条仅要求调查机关考虑两个价格之间的关系,补贴进口的价格削低了国内价格,而进口价格低于国内价格这种现象可能还存在其他的原因,或者说还存在多个影响价格的因素,而这些原因和因素并不需要在该条下考察。

关于分析的方法,专家组指出,《SCM协定》第15.2条并没有设定考虑价格削低的方法。专家组认为,只要方法本身合理和客观③,就都是可以的。专家组进一步表示,每种方法都各有优劣,但在协定没有设定任何

---

① 参见韩国纸制品反倾销措施案专家组报告(WT/DS312/R),第7.253段。
② 参见欧共体DRAMs反补贴措施案专家组报告(WT/DS299/R),第7.338段。
③ 同上,第7.334段。

要求的前提下,只要调查机关采取的方法没有显示出不合理,专家组就不能反对这种方法。

(3) DSB 关于中国的反补贴调查的案例

在中国的取向性硅电钢、白羽肉鸡案、小汽车案中,DSB 没有支持中国调查机关考察价格影响的方法和裁决。而在其他几起中国反倾销措施 WTO 争端案件中,DSB 也没有支持中国调查机关关于价格影响的考察和裁决。关于这些案件,近年来有很多讨论和分析,下面重点介绍在反补贴措施案中,专家组的分析和解释。

在中国小汽车案中,专家组指出,虽然协定没有限定价格影响的考察方法,专家组和上诉机构也在多个案件中作出了解释,调查机关在价格影响考察方法上具有裁量权,但这种自由裁量并不是没有任何限制的。专家组表示,《反倾销协定》第 3.2 条和《SCM 协定》第 15.2 条需要联系上下文条款理解。《反倾销协定》第 3.1 条和《SCM 协定》第 15.1 条均为总括条款,为调查机关设定了"客观审查"和"肯定性证据"的要求。该案专家组援引中国取向性硅电钢案中,上诉机构的论述指出,在考察对国内价格产生了何种价格影响以外,调查机关需要确定补贴进口对这种价格影响具有什么样的"解释力"(explanatory force)。这需要调查机关审查进口价格与国内价格二者之间的关系,且应分析进口价格对国内价格产生的影响。①

在中国白羽肉鸡案中,专家组专门提出了价格影响分析中价格可比性的问题。专家组表示,调查机关审查可比性的要求,并不依赖于调查中的一方是否向调查机关提出该问题。② 在价格削低分析中,需要考察价格可比性,但应该根据证据和事实情况对价格进行调整。专家组认为,在交易中,有很多因素能够影响价格,因此考虑价格可比性时,应该将产品的不同特征和交易等因素都纳入考虑。专家组作出了进一步解释,产品交易的价格反映了商业交易中的特定状况,交易中不同的条件和情形都要反映在价格中,成为构成价格的不同因子,并体现在从成本到利润的财务链条上。根据不同市场的特定实际情况,这些因子不同程度地附加在销售链条的价格上,成为从工厂、批发、零售到消费者等不同交易参与人的成本或利润。③ 专家组认为,在价格削低的情况下,调查机关必须审查

---

① 参见美国诉中国汽车双反案专家组报告(WT/DS440/R),第 7.255 段。
② 参见美国诉中国白羽肉鸡双反案专家组报告(WT/DS427/R),第 7.478 段。
③ 同上,第 7.480 段。

相似产品是否足够相似。产品的物理差异是决定价格的基础因素之一。《SCM 协定》第 15.1 和 15.2 条要求调查机关考察"相似产品"的价格影响,专家组认为确定产品的相似性不足以确定产品的可比性。当产品不呈现同质化,且不同型号间价格差异巨大,调查机关需要确认审查的是具有可比性的不同产品的价格影响。考虑到这种情况,在价格削低分析时,协定第 15.1 和 15.2 条也许要求调查机关在型号的基础上考察价格可比性。在审查"一揽子"产品的价格影响时,调查机关也有同样的义务。

在中国小汽车案中,专家组表示,在对进口价格和国内价格进行对比时,必须考虑价格可比性。未合理进行价格比较不符合《SCM 协定》第 15.1 条所确定的"肯定性证据"和"客观审查"的要求。在"一揽子"产品的情况下,调查机关必须审查在进口产品和国内产品中出现的各种价格差异,而不是仅仅罗列两个不同产品的差别,也没有考虑产品的物理差异。① 专家组进一步认为,调查机关的这种对调查中出现的肯定性证据的客观审查,不应仅仅是在某一种价格影响中,而应从整体上在不同的价格影响中都予以考虑。

(4)中国的实践变化

笔者查阅了 WTO 争端涉及价格影响的中国调查机关的案件裁决,发现在早期的价格影响分析中,多为罗列进口价格和国内价格,而没有对两个价格之间的影响进行任何分析。在 WTO 专家组针对案件进行审查和解释后,部分裁决简单套用了专家组的解释,没有体现出在不同案件中考察的不同,导致对"解释力""可比性"出现越来越窄的解读,进而造成在后续其他 WTO 争端案件中,专家组给出了更加使中国被动的解释。以可比性为例,可比性更多的是讨论影响价格可比的因素,或者说需要确定影响价格变化的最大因子,在这些因素的基础上考察可比性。也就是说,在考虑进口和国内价格竞争时,也需要考虑产品本身存在的定价因素与差异。在白羽肉鸡这类产品中,不同部位的肉鸡产品价格不同,而像鸡爪这样的产品在中国和外国存在颠覆性的价格差异,因此针对这个案件,可比性是一个重要问题。但是,在其他案件中,并不一定必然出现这样的情况。

笔者认为,考察价格影响需要重新回到协定文本。根据《SCM 协定》第 15.2 条,调查机关的义务是"考虑"进口价格如何影响国内产业价格,削低、压低、抑制都是价格影响的表现方式,需要充分突出"考虑"的

---

① 参见美国诉中国汽车双反案专家组报告(WT/DS440/R),第 7.256 段。

过程和逻辑，而不是简单确定结论。三种价格影响分析中，比较难以处理的是价格压低，即进口价格高于国内价格，但需要考虑进口价格压低了国内价格。由于实际交易和价格波动的多变和复杂，不同价格间往往表现为同向变动，但往往难以确定不同价格间是哪一个最先产生了影响，比如经常出现的"谁先降价"这样的问题。虽然专家组认为没有固定的价格影响分析方法，但笔者在这里尝试建立一种供借鉴的方法。

首先，价格的关系主要体现在竞争中，笔者想在其他竞争法领域寻找一些借鉴。在反垄断法的案件中，经常需要讨论"市场力量"这一概念。在反垄断中，市场力量是指"控制价格或排除竞争的能力"①。在进口产品和国内产品的竞争中，能够确定价格的一方往往在市场中处于引导地位，而这种引导地位的前提即需要具有市场力量。当具有市场力量的一方调整价格，其他竞争者感受到这种压力，只能跟随调整价格。这种跟随也许是为保住市场份额而采取的简单的追随，也许是受到下游客户的议价压力。通过引入这一概念，能够解答谁先降价，谁的价格影响了谁的问题。

笔者在查阅近期中国调查机关的裁决时发现，在邻氯对硝基苯胺反补贴案的裁决中，中国调查机关采取了更加全面的价格影响分析。

随着全球有机中间体及精细化工产业逐渐由欧美等国家和地区向亚洲转移，目前已经形成了以中国和印度为核心的生产和贸易中心，印度和中国成为国际中间体市场上的主要竞争对手。邻氯对硝基苯胺是一个市场容量较小的中间体产品，生产该产品的公司仅为国内产业申请人、阿迪公司等数家公司。考虑到各公司的产能和中国的供需结构，各公司在市场中能够发挥较大影响力的，都是市场竞争中具有主导地位的竞争者。国内的邻氯对硝基苯胺消费市场是一个竞争开放的市场，国内产业同类产品与被调查产品可以替代使用，不同产品在国内市场相互竞争。价格对下游用户的采购选择有重要的影响。下游用户对价格的敏感程度会直接决定对采购不同产品的选择。调查期内，除 2013 年外，2014 年至损害调查期末被调查产品价格比国内产业同类产品价格每吨低 3.45%～14.44%。与化工行业利润率相比，该价差足以影响下游客户的采购选择。国内产业注意到市场上被调查产品的低价事实，为了维持一定的开工水平，不断调整同类产品的售价。调查机关考虑到，在下游用户相对集中和交叉的情况下，通

---

① 〔美〕赫伯特·霍温坎普：《联邦反托拉斯政策：竞争法律及其实践》，许光耀、江山、王晨译，法律出版社 2009 年版，第 83 页。

过下游客户的议价压力,补贴进口产品不断对国内产业同类产品的价格造成影响。国内产业为了保持开工率和市场份额,在下游客户的议价影响下,不断调整同类产品价格。在需求和下游用户基本稳定的情况下,国内产业至少可以保持稳定的价格水平,以实现盈亏平衡,但在损害调查期内,国内产业不仅不能盈利,反而长年亏损。调查机关在初裁中认定,补贴进口产品对国内同类产品造成价格削减和压低。①

笔者认为,以上方法是中国调查机关在以往 WTO 诉讼的基础上的一种尝试,同期反倾销的损害认定中也有类似的分析。事实上,虽然各国没有通行的考察方法,但在欧盟学者的著作中,也有类似的分析。②

3. 损害指标审查

《SCM 协定》第 15.4 条则对第 15.1(c)条的规定进行了解释,补贴进口产品对国内产业影响的审查应包括对影响产业状况的所有有关经济因素和指标的评估,包括产量、销售、市场份额、利润、生产力、投资收益或设备利用率的实际和潜在的下降;影响国内价格的因素;对现金流动、库存、就业、工资、增长、筹措资金或投资能力的实际和潜在的消极影响;对于农业,则为是否给政府支持计划增加了负担。这些指标中,既包括直接的经营指标,也包括间接的指标;既包括需要做出是否存在正向增长审查的指标,也包括需要做出是否存在反向降低审查的指标。所有这些指标,基本反映了以价格作为出发点,对公司销售、经营、财务和生产的影响。

在美国 DRAMS 反补贴措施案中,专家组对其他产业指标进行了讨论。该案中韩国主张美国国内公司能够在资本市场获得融资的事实证明公司没有遭受损害。专家组认为,《SCM 协定》第 15.4 条明确说明,没有某一或某几项能够给予其决定性的指导,韩方提供的证据不能推翻美国调查机关的损害认定。专家组认为,两家美国企业可能能够持续进入资本市场这个事实本身,不能推翻国际贸易委员会基于多个因素确定的实质损害结论。尤其是考虑到《SCM 协定》第 15.4 条的最后一句,韩方没有提交任何证据证明进入资本市场是一个决定性的因素。

在欧共体 DRAMS 反补贴措施案中,专家组表示,《SCM 协定》第 15.4 条要求调查机关在肯定性证据的基础上,客观审查和评估产业状态的所

---

① 参见中华人民共和国商务部公告 2018 年第 18 号,第 64—66 页。
② Van Bael & Bellies, Anti-Dumping and other Trade Protection Laws of the EC, KLUWER LAW, pp.233-234.

有相关因素。在该案中,出现了两个不属于《SCM协定》第15.4条罗列的考察因素,即经济周期下行和出口实绩。专家组认为,对于哪些经济指标与考察相关,需要根据被调查的产业的自身特性来决定。专家组解释,一个经济指标是否与评估损害相关,取决于被调查产业的自身特性。在专家组看来,如果需要考察《SCM协定》第15.4条规定以外其他因素,那么提出主张的一方需要证明以下两点:一是根据产业特性,需要评估的特定因素没有被调查机关审查;二是在原审调查中,明确向调查机关提出审查该因素。

4. 证据规定

《SCM协定》第15.6条还规定,如可获得数据允许根据以工序、生产者的销售和利润等标准为基础,单独确认同类产品的国内生产,则补贴进口产品的影响应与该生产相比较进行评估。如不能单独确认该生产,则补贴进口产品的影响应通过审查包含同类产品的最小产品组或产品类别的生产而进行评估,而这些产品能够提供必要的信息。该条款的规定主要是解决国内产业指标依据的基础产品组大于被调查产品范围的情况。如果被调查产品范围较窄,国内产业可能会存在不对该产品单独统计,或没有单独会计记录的情况。协定为国内产业提交证据设定了依据。

关于提取经济指标的期间,WTO规则并没有明确的指引,各成员方调查机关的规定有所差别。一般是根据确定的损害调查期,选择对应期间的经济指标。部分情况下,调查机关会考虑或不考虑在损害调查期之后的指标运行情况。

5. 小结

WTO上述规定并没有给予"损害"精确的、具有操作性的定义,只是提供了一个如何确定"损害"存在的要素清单。特别是《SCM协定》第15条第2、4款规定的"该清单不是详尽无遗的"及"这些因素的一个或多个均未必能够给予决定性的指导"含义深刻。从一方面可以理解为任何一项经济因素都不能单独地起决定作用,反补贴的调查机关必须在综合评估各项因素的基础上作出判断;另一方面也可理解为调查机关有自由裁量权去评估每一要素及其相对比重。法律上的这种表述方式给调查实践带来很大的不确定性,由于缺乏较为严格的判断标准势必会影响调查机关的公正性,给行政相对人的利益带来不利影响。① 笔者认为,在 WTO 改革中,各方成员应该摒弃私心,以务实的态度澄清和细化《SCM 协定》中的模糊表述。

(二)关于"实质性损害威胁"的确定

在实践中,对实质损害威胁的认定比对实质损害的认定更为困难。GATT 对确定实质性损害威胁仅提出了原则性要求,没有给缔约方比较详细的评判标准,造成一些缔约方的国内法具有保护主义的倾向。《SCM 协定》为改变这种现象,在保留原有规定的基础上作出了一些有益的补充。《SCM 协定》第 15.7 条规定,对实质损害威胁的确定应依据事实,而不是仅依据指控、推测或极小的可能性。补贴将造成损害发生的情形变化必须是能够明显预见且迫近的。在作出有关存在实质损害威胁的确定时,调查机关应特别考虑下列因素:(a)所涉一项或几项补贴的性质和因此可能产生的贸易影响;(b)补贴进口产品进入国内市场的大幅增长率,表明进口实质增加的可能性;(c)出口商可充分自由使用的,或即将实质增加的能力,表明补贴出口产品进入进口成员市场实质增加的可能性,同时考虑吸收任何额外出口到其他出口市场的可获性;(d)进口产品是否以对国内价格产生大幅度抑制或压低影响的价格进入,是否会增加对更多进口产品的需求;(e)被调查产品的库存情况。

认定实质损害威胁必须在整体评估上述要素后得出如下结论:更多的补贴出口产品是迫近的,且除非采取保护性行动,否则实质损害将会发生。在该条款结尾处没有像《SCM 协定》第 15.2 条和第 15.4 条那样指明:"这些因素中的一个或多个未必能够给予决定性的指导。"笔者没有发现成员方在订立《SCM 协定》时的特别用意,但不能否认一点:上述任何单一因素均不能起到决定性作用,必须综合考虑评估。

在加拿大诉美国 ITC 对来自加拿大的软木进行反倾销调查案(United States-Investigation of the International Trade Commission in Softwood Lumber from Canada, DS277,以下简称"美国软木案 VI")中,专家组反对美国的抗辩,认为有可能导致将来损害发生的情势变化包括一个单独事项或一系列事项。不能简单地认为,《AD 协定》第 3.7 条和《SCM 协定》第 15.7 条并不要求调查机关确认一个要发生变化的特定事实,以使现时的无损害状况演变为将

---

① Mac Benitah, *The Law of Subsidies under the GATT/WTO System*, Kluwer Law International, First Punlished, 2001, p.14.

来的有损害状况。① 此外,《SCM 协定》第 15.8 条又特别指出,对于补贴进口威胁造成损害的情况,实施(application)反补贴措施的考虑和决定应特别慎重(special care)。美国软木案 VI 中,专家组认为"实施"(application)一词应理解为适用于损害威胁调查和裁定过程中确定措施是否实施的前提条件。"特别慎重"的意思是,在损害威胁案件调查中,要求注意的程度要高于所有反倾销和反补贴损害调查对调查机关的要求。实质损害威胁的确定应该基于事实,单纯的指控、臆断或遥远的可能性均不能作为认定的基础。若因为情势变更而使得一项补贴可能引起损害,这种引起损害可能性的情势变更,必须是可预见的和立即的。② 笔者认为,这段裁决很清楚地反映了《SCM 协定》防止滥用贸易保护工具的立法初衷。

除此之外,如果在实质损害调查中已就《AD 协定》第 3.2 条/《SCM 协定》第 15.2 条和《AD 协定》第 3.4 条/《SCM 协定》第 15.4 条相关的因素作了调查是否还需在损害威胁部分作重复调查?关于该问题,美国软木案 VI 专家组认为在第 15.7 条中没有要求在考虑损害威胁时必须以论断的方式(in a predictive context)直接考虑《AD 协定》第 3.2 条/《SCM 协定》第 15.2 条和《AD 协定》第 3.4 条/《SCM 协定》第 15.4 条所列举的因素。现有的规定不能作为必须重复调查的充分依据,如果《AD 协定》第 3.2 条/《SCM 协定》第 15.2 条和《AD 协定》第 3.4 条/《SCM 协定》第 15.4 条规定的因素在损害调查中已经进行过调查,则可以作为调查机关在评估未来倾销和/或补贴产品的影响时的背景,无须在损害威胁调查中对这些因素再次进行调查。另外,通过美墨玉米糖浆反倾销案的专家组报告③可以推断出,确定实质损害威胁时,除应审查《SCM 协定》第 15.7 条

---

① 参见美国软木案 VI 专家组报告(WT/DS277/R),第 7.45—60 段。
② 参见美国软木案 VI 专家组报告(WT/DS277/R),第 7.33—37 段。
③ 笔者认为虽然该案是对反倾销案件的裁定,但《AD 协定》与《SCM 协定》在损害认定方面的规定是完全一致的,两类案件互有可参考性。美墨玉米糖浆反倾销案专家组裁定,确定实质损害威胁时除应审查《AD 协定》第 3.7 条列举的因素,还应审查第 3.4 条所列的因素。专家组认为仅仅依据第 3.7 条作出裁定是不够的,还必须进一步考虑被补贴的进口产品对国内产业可能造成的影响,而第 3.7 条所列因素本身与评估被补贴的进口产品对国内产业的影响无关。专家组进一步指出,第 3.4 条所列的因素在所有情况下都应当考虑。在个案特殊情形下,可能还需考虑其他相关因素。例如,在实质损害威胁的案件中,《AD 协定》本身要求考虑第 3.7 条所列的因素。但第 3.4 条所列因素在每种情况下都应当考虑,就算这种审查可能使调查机关得出某个特别的因素在某起案件或某个产业的具体情形下无证明力的结论,从而与裁定不相关。而且,对第 3.4 条每一个因素的审查必须在调查机关的终裁中体现。参见美墨玉米糖浆反倾销案专家组报告(WT/DS132/R)。

列举的因素,还应审查第 15.4 条所列的因素。

根据上述分析,笔者认为实质损害与实质损害威胁在损害的时间和程度上有所不同。在实践中,反补贴调查机关对实质损害或同时对实质损害和实质损害威胁作出肯定性的结论,有利于对国内产业的保护。实质损害威胁是在调查期内国内产业尚未受到实质损害,但却面临实质损害的现实威胁,如果不及时采取保护性措施,则实质损害必然发生。因此,在存在实质损害情况时,很有可能面临实质损害进一步发生的威胁,故欧盟和美国在一些案件中会裁定实质损害和实质损害威胁同时存在。而如果单独裁定存在实质损害威胁,则实质损害必然尚未发生。另外,在认定实质损害与实质损害威胁时考虑的要素稍有不同。对实质损害的认定应重在分析被补贴进口产品的数量和价格的变化及对国内产业状况的影响;而对实质损害威胁的认定,除应分析被补贴进口对国内产业当前的影响外,更应该侧重分析《SCM 协定》第 15.7 条所列的因素,如出口国产能的扩大、价格降低造成需求的增加等,从而研究对国内产业造成实质损害的可能性和迫近性。

作为发展中国家的中国,国内大多产业属于刚刚起步时期,基础非常薄弱,很容易遭受来自其他成员方进口产品的冲击,中国国内产业和企业对运用贸易救济措施保护合法权益的意识也远远不够。通常在已经发生实质损害甚至已经面临生存危机之时才提出反倾销反补贴立案申请,而没有在实质损害威胁阶段及时采取遏制措施,这种情况会导致一些损害无法恢复或需要付出更大的成本。

在中国调查机关已经裁决的反补贴调查中,没有作出损害威胁的认定。在相对应的反倾销调查领域,相关实践也不多,只在对日本光纤预制棒案中,作出损害威胁的认定。在裁定中,按照《AD 协定》的要求,分析的内容包括:①进口的大幅增长率;②出口商可充分自由使用的或即将实质增加的能力;③其他出口市场吸收额外出口;④进口产品是否正以将大幅压低或抑制国内同类产品价格的价格进口,并且很可能导致对进口产品需求的增加;⑤进口产品的库存情况。[1] 在裁决中,调查机关表示,综合倾销进口产品在损害调查期的增长趋势,日本、美国光纤预制棒企业的产能、库存情况,国际上其他市场对被调查产品出口的吸收能力等各方面因素,调查机关认为倾销进口产品在迫近的将来存在进口数量大幅增长

---

[1] 参见中华人民共和国商务部公告 2015 年第 25 号,第 88—99 页。

的可能性。根据现有证据可以预见,高速增长的市场需求给中国国内产业带来的红利将在2016年后逐步消失,而被调查产品的倾销给中国国内产业带来的负面影响将进一步显现并最终造成损害发生。更多的倾销进口产品是迫近可预见的,倾销进口产品对中国国内产业造成了实质损害威胁。在中国国内光纤预制棒需求增速放缓的市场背景下,如不采取措施,实质损害将会发生。①

未来,中国政府应该加大对贸易救济法律的宣传力度,发挥国内产业协会和中介组织的作用,加大产业预警,引导国内产业加强对贸易救济措施的运用,特别是要注重对实质损害威胁条款的应用,使遭受冲击的中国国内产业得到救济。

(三)关于实质阻碍的确定

实质阻碍工业,是指实质阻碍某一工业的新建(materially retarding the establishment of industry),具体含义为:受补贴的产品尽管未对进口国国内工业造成实质损害或实质损害威胁,但实际上已严重阻碍了进口国生产同类产品的新兴工业的建立。GATT 1994第6.1条规定,即使受补贴的进口产品未造成进口国国内产业的实质损害或实质损害威胁,但若阻碍了进口国生产同类产品的新兴产业的建立,进口国仍然可以对该受补贴的进口产品征收反补贴税。"实质阻碍"的概念最早来源于美国1921年制定《反倾销法》时国会的建议,随后美国把该条款引入了GATT 1947。欧盟《反补贴条例》②第16条也有类似规定,要求"实质阻碍"与"实质损害威胁"一样,不能征收临时的反补贴税,只能是在最终裁定对共同体产业的建立造成实质阻碍的情况下才能征收反补贴税。如果临时税已开始征收,则应当被解除,最终反补贴税应该从实质损害威胁或实质阻碍的终裁公告之日起征收。

总结欧盟、美国及《SCM协定》的规定来看,在认定实质阻碍的规定时应注意以下几点:(1)被实质阻碍的产业正在形成并在实际建立过程中受到阻碍,这个产业属于新建阶段,但投资者已经采取实际步骤正在建立或将要建立的产业,可以包括已经开始生产但运营尚未稳定的产业。"新建"指的是在国内工业计划、筹备和启动阶段,已经开始实质性的建立阶段。欧盟认为只有产业处于筹建的高级阶段,才可能裁定构成实质

---

① 参见中华人民共和国商务部公告2015年第25号,第101页。
② Council Regulation (EC) No.2026/97, Art.16.

阻碍。(2)必须有充分的证据证明投资者已有明确可行的计划,而且采取实质行动建立新产业的努力受到补贴进口产品的冲击,即一个新产业的实际建立过程受阻。① 应提供已取得厂房、资金、技术等足以让人信服的证据。(3)每一产业的建立情况各不相同,处理案件时应个案解决。② (4)审查相关数据评估产业是否有健康发展和增长的趋势,相关数据包括:国内生产、出货、设备利用率、库存、融资情况、就业、与实际情况相比的计划目标、其他市场情况等。(5)考虑产品的竞争力。评估"正在形成中的国内产业"是否具有生命力,需考虑的因素有:国内产业制造适于销售的产品的能力;购买者对产品质量和产品价格的接受程度。

在实践中,该条款很少被引用。主要是因为对于现阶段的发达国家成员来说,诸多产业已经有很好的基础,相当完善,具有竞争力,无须使用该条款。而发展中国家成员在许多行业刚刚起步,国内产业遭受实质阻碍的可能性更大。因此,实质阻碍条款对发展中国家成员具有重要意义。从这几年的各成员方的反补贴实践来看,欧美从来没有使用过该条款,而发展中国家成员采用该条款保护本国新兴产业的次数相对更多。考虑中国现有状况,中方应重视实质阻碍条款在反补贴调查中的应用,并在立法上有所突破,使其更具可操作性。

埃及③在多哈规则谈判中建议:(1)增加"国内产业的建立"的概念(即"当国内产业为取得合理的、能够生存的商业化生产④或可持续经营⑤而付出巨大努力⑥时,应被认定为国内产业的建立"),并指出"国内产业的建立"是认定"实质阻碍"的关键,面临"实质阻碍"的产业不应只限于"新建立的产业",也包括"幼稚产业"和"面临'新开始'的现有产业"。(2)明确认定实质阻碍应考察的因素。在作出存在实质阻碍的裁定时,调查机关可以考虑可行性研究、投资计划或商业计划,应特别审查诸如产能利用情况、开始合理商业化生产的延迟,以及与国内市场容量相比较的国内产量三个方面的因素。(3)修改脚注9,明确在实质阻碍情况下,衡量申诉资格的指标为

---

① 参见甘瑛:《国际货物贸易中的补贴与反补贴法律问题研究》,法律出版社2005年版,第215页。
② 参见罗昌发:《美国贸易救济制度》,中国政法大学出版社2003年版,第220页。
③ TN/RL/GEN/122/Rev.1.
④ 埃及解释:"能够生存的商业化生产"是从短期来讲的。
⑤ 埃及解释:"可持续经营"是从长期来讲的。
⑥ 埃及解释:"付出巨大努力"的意思是国内产业进行了投资,并为取得合理的能够生存的商业化生产或可持续经营付出了很大努力。

实际产能或设计产能。总之,埃及认为对实质阻碍的确定应依据事实,而不是仅依据指控、推测或极小的可能性。中国、美国、韩国、欧盟和南非等成员对此建议予以支持。笔者认为该建议是积极的,对实质阻碍的认定标准进行了细化,并区分了实质阻碍与实质损害两者之间的关系,有利于"实质阻碍"要件的完善。2011年主席案文表示,诸多成员的观点认为,扩充和澄清实质阻碍对该条款有利。主要分歧是如何确定产业"正在建立"这一核心题目,有部分成员认为即使国内产业已经开始生产也可以认定为"正在建立",也有部分成员认为,只要国内产业开始生产就不再是"正在建立",这种情况下的损害分析也应该改为损害威胁。

二、损害确定的程序要件问题

《SCM协定》对损害的确定有了进一步的突破。第11.1条规定,确定任何被指控的补贴的存在、程度和影响的调查应在收到国内产业或代表国内产业提出的书面申请后发起。① 该申请应包括充足证据以证明存在:(a)补贴,及其金额(如可能);(b)属于由本协定所解释的GATT 1994第6条范围内的损害;(c)补贴进口产品与被指控损害之间的一种因果关系。缺乏有关证据的简单断言不能视为足以满足本款的要求。申请还应包括申请人可合理获得的关于下列内容的信息:……(iv)关于对国内产业的被指控的损害是由补贴进口产品通过补贴的影响造成的证据;此证据包括被指控的补贴进口产品数量变化的信息,这些进口产品对国内市场同类产品价格的影响,以及由影响国内产业状况的有关因素和指标所证明的这些产品对国内产业造成的影响。例如《SCM协定》第15.2条和15.4条中所列的因素和指标。②

《SCM协定》第15.1条也规定对损害的确定应根据肯定性证据(Positive Evidence),并应对确定损害的要素进行客观审查。在美国软木案IV中,专家组引用了上诉机构在智利对进口自欧盟的棉类床上用品发起的反倾销调查案[European Union (formerly EC)—Anti-Dumping Duties on Imports of Cotton-type Bed Linen from India, DS141,以下简称"欧盟棉类床上用品案"]③中对"肯定性证据"(Positive Evidence)和"客观性审查"

---

① 参见《SCM协定》第11.1条。
② 参见《SCM协定》第11.2条。
③ 欧盟棉类床上用品案上诉机构报告(WT/DS141/AB/R),DSR 2001:V, 2049。

(Objective Examination)的论述,指出:肯定性证据与调查机关证据的质量(quality of the evidence)有关。"肯定性"是指证据的确定性(affirmative)、客观性(objective)和可核实性(verifiable),而且必须是可靠的(credible)。"客观性审查"指向的是调查机关裁定的不同方面。肯定性证据主要从事实方面加强和支持损害裁定,而客观性审查指向的则是调查程序本身。"审查"(examination)一词指的是证据如何收集(gathered)、调查(inquired into)和随后的评估(evaluated),一般指的是调查行为本身。"客观性"一词用来修饰审查,指的是审查过程必须符合诚信和根本性公平基本原则的规定(the basic principles of good faith and fundamental fairness)。

在美国 DRAMS 反补贴措施案中,专家组表示,鉴于此前在《AD 协定》相对应的条款上,上诉机构已经作出了解释,两个协议均构成各成员方签署的整体协议的一部分。在本案中,专家组借鉴上诉机构在日本诉美国对来自日本的热轧钢采取的反倾销措施案(United States—Anti-Dumping Measures on Certain Hot-Rolled Steel Products from Japan, DS184,以下简称"美国热轧钢案")中的解释。肯定性证据是一种肯定、客观、可核实、可信的证据。客观性审查要求在考虑国内产业损害和进口对国内产业的价格影响时,采取不偏离的方法,不给任何一个利害关系方带来优势。专家组进一步解释,肯定性证据这一术语聚焦于用来支持和判断损害决定的事实。客观性审查这一术语指向调查机关裁决的不同方面,关注的是调查的本身。专家组认为,审查涉及证据的采集、调查、评估等,与程序控制相关。"客观性"一词在此修饰"审查",表明从实质上来说,审查程序必须符合善意和公正的基本原则。调查机关的职责是客观审查,调查程序的客观性将影响最终裁定结论。

在欧共体 DRAMS 反补贴措施案中,专家组认为,《SCM 协定》第 15.1 条是基础条款,对第 15 条整体都具有指导意义,具体要求体现在 15 条其他条款的规定中。因此,在考察是否满足了《SCM 协定》第 15.2 条、15.4 条、15.5 条的要求时,将主要评估调查机关的损害决定是否依据肯定性证据,并在客观性审查的基础上得出。

综上所述,上诉机构认为客观性审查的要求是指对国内产业和低价进口产品的影响以不偏不倚的方式(an unbiased manner)进行调查,在调查中不倾向于任何一方(without favouring the interests of any interested party)或当事方团体。从这一点也可以看出,调查程序上的非客观性及其先天的缺失,难免会影响调查机关的客观性审查。《SCM 协定》及上诉机构为弥补这种缺陷,试图在程序上加强对反补贴调查机关的约束,最大限度保证程序上的公正性。

三、成员方关于损害确定的法律规定

(一)中国关于"损害确定"的法律规定

1. 2004年《反补贴条例》

中国2004年《反补贴条例》在2002年《反补贴条例》的基础上对调查机关的名称等内容进行了修订,并无实质性改变。2004年《反补贴条例》第7条和第8条对损害的定义及审查事项作了具体规定。根据第7条第1款的规定,损害是指补贴对已经建立的国内产业造成实质损害或者产生实质损害威胁,或者对建立国内产业造成实质阻碍。根据第8条第1、2款的规定,在确定补贴对国内产业造成的损害时,应当审查下列事项:(1)补贴可能对贸易造成的影响;(2)补贴进口产品的数量,包括补贴进口产品的绝对数量或者相对于国内同类产品生产或者消费的数量是否大量增加,或者补贴进口产品大量增加的可能性;(3)补贴进口产品的价格,包括补贴进口产品的价格削减或者对国内同类产品的价格产生大幅度抑制、压低等影响;(4)补贴进口产品对国内产业的相关经济因素和指标的影响;(5)补贴进口产品出口国(地区)、原产国(地区)的生产能力、出口能力,被调查产品的库存情况;(6)造成国内产业损害的其他因素。对实质损害威胁的确定,应当依据事实,不得仅依据指控、推测或者极小的可能性。可以看出,中国对损害的定义及确定与《SCM协定》的规定基本一致。

2.《反补贴产业损害调查规定》

与2002年《反补贴条例》相比,《反补贴产业损害调查规定》有所突破,第二章对三种不同的损害类型分别定义,并列举了调查机关应审查的因素,具体如下:

(1)关于损害类型的定义

根据该规定第4条第2、3、4款,实质损害是指对国内产业已经造成的、不可忽略的损害;实质损害威胁是指对国内产业尚未造成实质损害,但有证据表明如果不采取措施将导致国内产业实质损害发生的明显可预见和迫近的情形;对建立国内产业的实质阻碍是指阻碍尚未建立的国内产业的形成和发展,致使该产业无法建立。

关于确定损害时应审查的内容,根据该规定第5条,在确定补贴对国内产业造成的损害时,应当审查以下事项:①补贴进口产品的数量和补贴

进口产品对国内同类产品价格的影响;②补贴进口产品对国内产业的影响。

对补贴进口产品数量的审查,应包括补贴进口产品的绝对数量是否大量增加,或相对于国内同类产品生产或消费数量是否大量增加;审查补贴进口产品对国内同类产品价格的影响,应考察与国内同类产品价格相比,补贴进口产品是否大幅削价销售,或者补贴进口产品是否大幅压低国内同类产品价格,或在很大程度上抑制国内同类产品本应发生的价格增长。

除此之外,第6条还列举了审查被补贴进口产品对国内产业影响的主要指标,包括对影响国内产业状况的所有有关经济因素和指标的评估:销售、利润、产量、市场份额、生产率、投资收益状况或设备利用率存在的实际或潜在的下降;影响国内价格的因素;补贴幅度的大小;现金流、库存、就业、工资、产业增长、筹资或投资能力受到的实际或潜在的负面影响。对于农产品案件,还应当考虑是否给政府支持计划增加了负担。

(2)关于审查三种损害类型须考虑的因素

第7—9条分别进一步规定了调查机关应当审查的一些具体因素。在确定补贴对国内产业造成的实质损害时,第7条规定应当审查补贴的性质及对贸易造成的影响。

第8条规定,实质损害威胁应当根据明显可预见和迫近的情形来判断,并且如果不采取措施,实质损害将会发生。对实质损害威胁的确定,应当依据事实,不得仅依据指控、推测或者极小的可能性。确定实质损害威胁,还应审查但不限于以下因素:① 补贴的性质及可能对贸易造成的影响;② 表明进口很可能发生实质增长的补贴产品进口的大幅增长率;③ 表明进口很可能发生实质增长的补贴进口产品生产者生产能力的增长。在采用这一指标时应考虑其他国家(地区)市场可能吸收的增加的出口量;④ 进口产品是否正以将大幅压低或抑制国内同类产品价格的价格进口,并且将很可能导致对进口产品需求的增加;⑤ 被调查产品的库存情况。

确定实质阻碍须审查但不限于以下因素[①]:① 国内产业的建立或筹建情况;② 国内需求的增长情况及其影响;③ 补贴进口产品对国内市场状况的影响;④ 补贴进口产品的后续生产能力和在国内市场的发展趋势。

---

① 参见《反补贴产业损害调查规定》第9条。

从上述内容来看,中国关于产业损害确定的规定与《SCM 协定》在保持一致的基础上又有所超越,如对"实质损害""实质损害威胁"和"实质阻碍"加以定义。

(二)欧盟关于"损害确定"的法律规定

欧盟采取反补贴措施的第二个实质要素是在欧盟内自由流通的受到补贴的产品必须造成了损害,反倾销损害调查也有此项要求。根据欧盟《反补贴条例》①,"损害"是指"对欧盟工业造成实质损害或构成实质损害的威胁,或严重阻碍有关工业的建立"。在判定是否存在损害时主要考虑两个因素:(a)进口的被补贴产品的数量以及对欧盟市场上相同产品的价格的影响;(b)这样的进口对共同体所造成的必然的冲击。② 总体来看,欧盟③有关损害确定的规定基本上与《SCM 协定》第 15 条保持一致,除选用了"共同体产业"概念之外,还有四点不同:

(1)欧盟《反补贴条例》第 8.5 条规定,在审查进口的被补贴产品对共同体产业所造成的影响时要考虑的因素包括"共同体产业还处在从过去的补贴和倾销所造成的影响的恢复之中这样的事实"④,而在《SCM 协定》中没有类似的规定。笔者认为欧盟的这个规定的目的在于囊括一种情况:由于以往的补贴或倾销的存在造成价格走低,而在计算补贴的损害幅度时会使用该价格,这就会造成计算出的反补贴税金额小于实际的损害影响程度。客观地讲,欧盟试图通过规定损害幅度计算方法及细节的规定使损害调查更为精确和客观,但这一规定却造成了负面影响,而且更具贸易保护主义倾向,因而遭到很多批评。因为这一规定似乎表明:并不是由进口的被补贴产品引起的损害也可归因于进口的被补贴产品;在评估反补贴损害时也可以考虑反倾销影响。很明显,这与《SCM 协定》的第 15.1 和第 15.5 条,及欧盟《反补贴条例》第 8.7 条的规定是矛盾的。根据这些规定,如果进口的被补贴产品之外的其他因素同时也造成了对相关工业的损害,这些因素也应该受到审查以确保这些因素所造成的损害不归因于进口的被补贴产品。

(2)欧盟《反补贴条例》规定,在审查进口的被补贴产品对共同体产

---

① Art.8.1 of Council Regulation (EC) No. 2026/97.
② Ibid., Art.8.2.
③ Ibid.
④ 在欧盟《反倾销条例》中也有类似规定。

业造成的影响时,要考虑的因素还包括"可抵消补贴的金额"①,类似的规定在欧盟《反倾销条例》第 3.5 条和《AD 协定》第 3 条中都有表述,但《SCM 协定》中没有类似的规定。

(3)《SCM 协定》第 15.8 条规定"在已经判定存在实质损害威胁的情况下,对采取反补贴措施的申请要特别仔细地考虑和决定",而欧盟《反补贴条例》中没有类似的规定。

(4) 损害幅度("injury margin", also referred to as an "injury threshold")计算。欧盟在反补贴和反倾销调查实践中都计算损害幅度:把被补贴产品的出口价格与欧盟同类产品生产成本加上合理的利润幅度相比较,这是欧盟贸易救济措施损害调查部分特有的。此外,欧盟《反补贴条例》第 14 条综合了《SCM 协定》第 11.9 条、第 15.3 条和第 27.9—27.11条关于微量补贴的规定。

(三)美国关于"损害确定"的法律规定

1974 年以前美国的反补贴税法只适用于应税货物(Dutiable Goods),征收反补贴税的前提是进口产品接受了补贴这一事实,而无须证明国内产业有受到损害或损害威胁的情形。该规定虽然与 GATT 第 6.6 条的规定不符,但因其制定于 GATT 之前,可适用临时议定书(Protocal of Provisional Application)"祖父条款",该规定可以继续被引用。1974 年美国将免税货物纳入反补贴税法适用的范畴,该规定属于新的立法,不能再继续援引祖父条款,故必须符合损害实质要件,才能征收反补贴税。当时损害认定的要求是"正受或可能受损害"(being or likely to be injured)②,而没有采用"实质"或"严重"损害(Material or Serious Injury)的标准,主要是因为美国担心适用的标准高于 GATT 其他缔约方所适用的标准。《1974 年贸易法》虽然未定义损害的要件,但规定损害必须并非"细微的、微不足道的、不重要的或非实质的"③,ITC 在实践中在决定是否属损害时会考虑进口产品的渗透性、价格抑制或价格跌落及国内雇工状况、利润及开工率等情形。④ 随后,美国根据《1979 年贸易协定法》的内容修改《1930 年

---

① Art.8 of Council Regulation (EC) No. 2026/97.
② 19 U.S.C. § 1303(b)(1)(A).
③ Frivolous, Inconsequential, Insignificant or Immaterial.
④ Impression Fabric of Manmade Fiber from Japan, Inv. No. AA 1921-176, USITC Pub. No. 872, at 4-6(1978).参见罗昌发:《美国贸易救济制度》,中国政法大学出版社 2003 年版,第 178 页。

关税法》，采用损害测试方法（injury test）（最早来源于《1921年反倾销法》[①]）并选取了实质损害的较低标准："损害并非微不足道、非实质或不重要的"（harm which is not inconsequential, immaterial, or unimportant）。[②] 并列举了在决定损害时应该考虑的关于进口量、价格及对国内产业影响三个因素：(a)对进口商品数量的评估；(b)对进口商品价格影响的评估；(c)关于进口商品对受影响国内产业的影响评估。遗憾的是，该法并未对实质损害威胁及实质阻碍产业的建立有定义性的规定。

现行美国反补贴税法[③]规定损害调查包括以下几个方面：(a)针对进口产品，确定生产与进口产品相同产品的国内产业；(b)该国内产业是否存在实质损害的迹象；(c)该损害是否与倾销进口有因果关系。另外，ITC 确定损害时，应根据受影响产业的特殊商业周期和竞争条件，评估与美国的产业状况有关的所有经济因素，包括但不限于：(a)产量、销售、市场份额、利润、生产率、投资回报以及产能利用的实际和潜在的下降；(b)影响国内价格的因素；(c)对现金流量、库存、就业、工资、增长、募集资本的能力以及投资的实际和潜在的不利影响；(d)对国内产业现有开发和生产努力的实际和潜在的不利影响，包括努力开发国内相同产品的派生或更先进的产品。[④]

《SCM协定》关于损害的规定主要借鉴了美国《1984年贸易和关税法》的规定，可见美国的国内法对《SCM协定》有极大的影响。

在 WTO 审理的案件中，美国所采取的保障措施中的损害认定部分，以及大多数反倾销和反补贴措施中的损害认定部分，都被 DSB 裁定有瑕疵。这表明损害及因果关系的认定是进口成员方进行贸易救济措施调查程序中最为薄弱的一环，是 WTO 争端解决程序中最常遭受挑战之处。对遭受贸易救济措施调查的成员方来说，损害认定部分是有可能赢得

---

① Anti-dumping Act of 1921, ch.14 201(a), 42 Stat.11(1921) codified as amened at 19 U.S.C. § 1671.确立"损害测试"的目的在于减轻海关的负担，并使财政部决定倾销及损害，而海关仅负责执行财政部的指示，直至1954年反倾销损害调查由关税委员会（国际贸易委员会的前身）负责。

② Trade Agreements Act of 1979, Pab.L.No.96-39, 93 Stat.133(1979), 101, 19 U.S.C. § 1677(7)。

③ 现行的美国反补贴税法与反倾销税法同属于《1930年关税法》第四分章，对反补贴与反倾销调查的产业损害要件加以规定。其中第一部分是征收反补贴税，第二部分是征收反倾销税，第三部分是对反补贴或反倾销裁定的行政审查，第四部分是对反倾销与反补贴的共同规定，包括对实质损害等的规定。

④ 19 U.S.C. § 1671(7)(1998)。

诉讼的关键。中国政府指导企业在应对美国贸易救济措施调查案件时,加强对 ITC 裁定中关于损害认定部分及损害是否排除其他非可归责的因素等问题的研究和质疑,从而对损害及原因的因果关系认定加以挑战。有经验的美国律师认为,之所以损害认定部分较为薄弱,除了因果关系认定条文自身缺陷造成缺乏准确适用标准外,另一方面的原因是美国 ITC 的委员以法学背景居多,委员们在进行损害认定时,主要从法律的角度考虑以下两因素:第一,进口产品如何影响国内价格;第二,是否还有其他因素影响国内价格的波动。他们经常忽略对这两因素的经济学分析,也难以从经济学的角度,运用精密的经济模型与计量工具进行考量。没有经济学分析和准确的数据为支撑难免过于主观,自然容易被挑战。① 笔者认为,这类问题在许多成员方调查机关中存在,如何使本国调查机关更加专业化,是各成员方目前所关注的,中国调查机关同样也应重视此问题。

第三节 损害累积评估的法律问题

国际贸易主体是多元的,是多国之间的贸易,因而会出现这样的情形:对进口国而言,在同一时段内,有多个国家的同类产品出口到进口国,并且这些产品可能都接受了补贴,但由于单个国家出口的数量较少,对进口国的国内产业损害影响较小,甚至可忽略不计;而如果有多个出口国的存在,累积评估这些进口产品对国内产业造成的影响,就有可能发现对进口国国内产业造成的损害。这一做法被称为损害的"累积评估"(cumulation),具体是指进口国的反补贴损害调查机关可以对来自两个或两个以上国家的进口被调查产品的进口数量和影响进行累积评估。累积评估是损害调查中的重要环节,成员方反补贴损害调查机关应予以高度重视。本节试图通过介绍和分析累积评估的法律渊源、各成员方及《SCM 协定》对累积评估的规定,寻找适合中国的反补贴损害累积评估调查方法,以强化反补贴措施的实施。反补贴损害调查适用的累积评估方法与反倾销损害调查中的累积评估方法基本相同,故本节部分引用反倾销累积评估实践。

---

① James Durling 律师的观点,其为华盛顿 Willkie Farr & Gallagher 法律事务所合伙律师,在美国贸易法与 WTO 相关诉讼的领域方面拥有丰富的实务经验。Durling 曾代表日本富士(Fuji)公司与美国政府在 WTO 进行诉讼(Fuji-Kodak),其法律观点于本案中赢得多数赞成,以此案一战成名。

一、"累积评估"的法律渊源与各成员方的实践

(一) 美国"累积评估"的立法与实践

美国首创累积评估方法,"累积评估"概念来源于1961年美国的Portland Cement from Portugal 案。① 该案实际上并未涉及累积计算问题,仅涉及三个不同进口商从同一个国家进口,但法院对该案的裁定却成为适用累积评估原则(the doctrine of cumulation)的先例,法院认为可以累积评估来自多个国家的进口被调查产品对国内产业的影响。② 在1969年的对来自加拿大、法国和西德的氯化钾调查案[Potassium Chloride (Muriate of Potash)from Canada, France and West Germany],美国关税委员会(Tariff Commission,TC,ITC的前身)首次使用了"累积影响"(Cumulative Impact)一词,然而在其后的案件中并未经常适用。③ 美国国会在制定《1974年贸易法》时曾肯定了累积计算法,但没有作出统一规定④,规则的缺失导致委员们可以采用不同的分析方法和标准,造成权力的滥用及缺乏法律应有的可预测性。1984年之前,ITC有完全的裁量权来决定是否将不同国家来源的进口产品累积计算,以确定对国内产业的损害影响。裁量权过大势必影响利害关系人的利益,为减少这种任意性,美国国会通过《1984年贸易和关税法》加以规范⑤,并使累积评估成为强制性适用条款。随后,《1988年综合贸易与竞争法》对"累积评估"又进行了修正,并排除对"可忽略不计进口"(negligible imports)的适用⑥,即当受反补贴调查的某种产品同时来自两个或两个以上的国家(包括地区)时,如果这些国家或地区的产品在进口国市场上相互竞争,同时也与进口国国内生产的同类产品竞争,只要这些被调查产品的进口数量和影响超过了法定的

---

① Portland Cement from Portugal, Inv, No.AA 1921-22, TC Pub.37(Oct.1961); Portland Cement from the Dominican Republic, Inv, No.AA 1921-23 TC Pub.54(Apr.1962).

② 参见罗昌发:《美国贸易救济制度》,中国政法大学出版社2003年版,第201页;甘瑛:《国际货物贸易中的补贴与反补贴法律问题研究》,法律出版社2005年版,第218页。

③ N. David Palmeter, *Injury Determinations in Anti-dumping and Countervailing Duty Cases-A Commentary on U.S. Practice*, Law and Policy in International Business, Vol.21, 1987, p.35;参见罗昌发:《美国贸易救济制度》,中国政法大学出版社2003年版,第202页。

④ 参见罗昌发:《美国贸易救济制度》,中国政法大学出版社2003年版,第202页。

⑤ 其后,几乎所有案件都采用累积评估方法。适用该方法有两个要件:① 同类的进口货物相互之间有竞争关系且其与美国同类货品有竞争关系;② 该等同类的进口货物均在接受调查之中。

⑥ 参见罗昌发:《美国贸易救济制度》,中国政法大学出版社2003年版,第206页。

最小额度,进口量并非可忽略不计,进口国方可适用累积评估。虽然这一规定缓和了累积评估被批评为保护主义的情形①,但实际上对于向美国出口数量不多的国家,虽然单个计算其出口产品对美国的市场和生产并不构成损害或损害威胁,也不能避免遭到美国的反补贴调查和产品被征收反补贴税的命运。

根据美国现行反补贴税法的规定,在评估对国内产业的实质损害时,如果在美国市场上这些进口产品之间相互竞争并与美国同类产品存在竞争,ITC应该(shall)累积评估同时接受调查(经申诉方申请或调查机关自行提起的同一天)的来自所有国家的被调查产品的进口数量和影响。② 在评估对国内产业的实质损害威胁时,如果在美国市场上这些进口产品之间相互竞争并与美国同类产品存在竞争,ITC可以(may)累积评估并同时接受调查(经申诉方申请或调查机关自行提起的同一天)的来自所有国家的被调查产品的进口数量和影响。③

ITC在确定被调查进口产品之间是否存在"相互竞争"及国内同类产品的竞争时,主要考虑四个要素:(1)来自不同国家的进口产品之间及进口产品与国内同类产品之间的可替代性程度,包括考虑特定用户要求和其他与质量相关的问题;(2)来自不同国家的进口产品和国内同类产品是否正在相同地域市场上销售或获得意向订单(offers to sell);(3)来自不同国家的进口产品和国内同类产品是否存在相同或类似的销售渠道;(4)进口产品是否同时存在于市场中。④ 但上述任何一个因素都不是决定性的,也不是穷尽的。也就是说,反补贴的调查机关必须在综合评估各项因素的基础上作出判断。另外,也可理解为调查机关有自由裁量权去评估每一要素及其相对比重。在实践中,ITC判断进口产品之间是否"相互竞争"时,对"可替代性"的界定较为宽松,有扩大累积评估的倾向。此外,对进口产品数量是否可忽略不计,也有考量标准。另外,需要注意的是,在进行累积评估确定损害的存在时,应把累积进口量与进口国总进口量进行比较,而不是与进口国同类的生产总量或市场消费总量相比较。

---

① 参见罗昌发:《美国贸易救济制度》,中国政法大学出版社2003年版,第206页。
② Section 771(7)(G) of the Act 19 U.S.C §1677(7)(G).
③ Section 771(7)(H) of the Act 19 U.S.C §1677(7)(H).
④ Such as Certain Cast-Iron Pipe Fittings from Brazil the Republic of Korea and Taiwan, Inv Nos.731-TA-278-280(Final), USITC Pub.1845(May 1986) at 8 of Fundicao Tupy, S.A.V, United States, 678F.Supp.898(CIT 1998), aff 859F.2d.915(FedCir 1988); Mukand Ltd. v. United States, 937F.Supp.910, 915(CIT 1996).

也就是说,不论别的国家进口数量多么小,只要这类进口数量之和达到进口总量的70%,就可以对其进行累积评估以确定损害影响。①

(二)欧盟及中国关于累积评估的规定

欧盟《反补贴条例》②要求只有满足下列条件,方可适用累积评估:(1)来自两个或更多国家的进口产品同时接受反补贴调查③;(2)对每一国家进口产品确定的采取反措施的从价补贴金额④大于1%(对发展中国家成员和不发达国家成员分别适用2%和3%);(3)每一国家的进口数量不属于微量水平,并非可忽略不计;及(4)这些国家的进口产品之间存在竞争并且与欧盟同类产品之间存在竞争。

欧委会在实践中认定"竞争"需要考虑产品之间是否存在相同的物理特征、在最终用途上是否具有可替代性以及产品的销售地域是否相同。⑤ 在不锈钢紧固件案(stainless steel fasteners)中,欧委会认为可以对原产于马来西亚和菲律宾的进口不锈钢紧固件进行损害累进评估,其原因是这两国的进口不锈钢紧固件在市场相互竞争,并且与欧盟同类产品生产商竞争。从两国进口的紧固件与欧盟生产商生产的紧固件具有同样的质量标准,通常它们是可以互相替代使用的。而且它们在欧盟内于同一时期通过类似的销售渠道并且以相似的商业条件进行销售。⑥

综上,是否进行累积评估,必须确定产品之间是否"相互竞争"。欧盟和美国在分析产品之间是否"相互竞争"时有相同之处,即考虑产品的可替代性,考虑产品是否在相同的地理市场上销售。WTO反倾销措施委员会于2001年4月公布了"关于对进口产品进行累积评估中就竞争条件所可能考察的相关标准",对累积评估的"竞争条件"作出了进一步的解释,并提出了考察的四个标准:(1)进口产品和国内同类产品的物理特性及产品的用途,需要考虑的因素包括:质量、功能、技术规格、特殊的消费

---

① 参见宋和平主编:《反倾销法律制度概论》(最新修订),中国检察出版社2003年版,第77、78页。

② Counail Regulation (EC) No.2026/97, Art.8(4).

③ "进口产品同时接受调查"是与行政执法效率、国际义务和实体结果的公平性相联系的。

④ Counail Regulation (EC) No.2026/97, Art.14(5).

⑤ Dr Konstantinos Adamantopoulos, Maria J Pereyra-Friedrichsen, *EU Anti-Subsidy Law & Practice*, Palladian Law Publishing Ltd., 2004, p.129.

⑥ Stainless Steel Fasteners originating in Malaysia and the Philippines, Commission Reg-(EC)618/2000, O.J.L75/18, 2000, recital 141.参见甘瑛:《国际货物贸易中的补贴与反补贴法律问题研究》,法律出版社2005年版,第228页。

者要求、消费预期、产品的可替代和互换程度。(2)从每个涉案国家进口产品数量的多少及发展趋势,抑或在进口国家的产量和消费量的绝对或相对数量。(3)进口产品和国内同类产品的销售状况,包括:是否有共同或相似的销售渠道;在国内市场上是否处于同一个地理区域;是否是在调查期内的同一个时间段。(4)国内同类产品与进口产品的价格水平和发展趋势,以及进口产品所造成的价格削减。但不是在所有累积评估调查或每一累积评估调查的全过程都要考量全部的四个标准。另外,成员方强调在考察"竞争条件"时,没有哪一个或几个标准是必须考察或产生决定作用的。笔者认为上述评价标准对反补贴调查有借鉴价值。

中国的《反补贴条例》第9条对累积评估的规定与《SCM 协定》完全一致。此外,《反补贴产业损害调查规定》第16条进一步明确规定并列举了商务部进行累积评估时应考虑的因素:(1)对国内产业损害的持续性和可能性等情况①;(2)可替代程度②;(3)市场上的销售价格、卖方报价和实际成交价③;(4)销售渠道④;(5)竞争条件⑤;(6)其他因素。上述规定借鉴了其他成员方的实践做法和规定,对指导国内产业损害调查工作的实践具有重要意义。由于中国目前尚无反补贴调查关于损害累计评估的实践,相关规则有待在未来的实践中检验及完善。

综上所述,成员方国内法关于"累积评估"的规定与《SCM 协定》基本保持一致。从中国的反倾销损害调查实践经验推断⑥,对"补贴进口产品"(被调查产品)的界定是确定累积评估的先决条件,对累积评估的调查结论有直接影响,但目前对该概念的理解并无定论。中国调查机关应该关注此问题,并了解其他成员方的做法,进一步完善中国的贸易救济措施损害调查实践。

---

① 具体是指,来自不同国家(地区)的补贴进口产品对国内产业损害的持续性和可能性等情况。
② 具体是指,来自不同国家(地区)的补贴进口产品与国内同类产品之间的可替代程度,包括特定客户的要求及产品质量等相关因素。
③ 具体是指,来自不同国家(地区)的补贴进口产品和国内同类产品在同一地区的市场上的销售价格、卖方报价和实际成交价格。
④ 具体是指,来自不同国家(地区)的补贴进口产品和国内同类产品是否存在相同或者相似的销售渠道,是否在市场上同时出现。
⑤ 具体是指,补贴进口产品之间以及补贴进口产品与国内同类产品之间的其他竞争条件。
⑥ 参见赵辉:《倾销产品对累积评估的影响》,载《产业损害业务研究》2005年第5期。

二、《SCM 协定》对累积评估的规定

GATT 并未涉及累积评估的问题。在《SCM 协定》制定之初,关于是否在反补贴调查中加入累积评估条款,反倾销调查中的累积评估方法在反补贴调查中适用是否合适,学者们有不同的见解。一种观点认为,损害裁定重在分析进口产品对国内产业的损害而非损害的来源,适用于反补贴措施中并无不妥。另一种观点认为,反补贴调查与反倾销调查针对的对象不同,倾销大多是私人行为,而补贴大多是由国家或国家内的政治实体提供或指示的,如果对反补贴调查采取累积评估,就是对不同国家所提供的不同补贴进行累积。最终《SCM 协定》还是借鉴了欧美反倾销法的这一规定[1],在反补贴措施中适用累积评估,以强化反补贴措施。关于对损害构成累积计算是否公平,有学者认为,在进口国的进口产品大部分来自一两个国家,剩余部分来自其他多个国家且每个国家的进口量占比很小的情况下,使用累积计算的方法会增加认定对国内产业造成损害的可能性。这对那些虽然提供补贴但只有少量产品出口的出口国是不公平的,而这些国家往往属于小经济体国家和发展中国家。[2]

为约束累积评估的滥用及防止其被用作贸易保护主义的工具,《SCM 协定》第 15.3 条规定:"如来自一个以上国家的一个产品的进口同时接受反补贴税的调查,则调查机关只有在确定以下内容后,方可累积评估此类进口产品的影响:(a)对来自每一国家的进口产品确定的补贴金额大于第 11.9 条定义的微量水平,且自每一国家的进口量并非可忽略不计;及(b)根据进口产品之间的竞争条件和进口产品与国内同类产品之间的竞争条件,对进口产品的影响所作的累积评估是适当的。"(b)款中"适当的"的表述很有弹性,进口国的调查机关在该问题上还是拥有较大的自由裁量权的。该累积计算方式主要采用美国的做法,一方面把所有提供补贴的进口成员方纳入计算;另一方面也不损及微量进口或微量补贴国家的利益。笔者认为,进口国如要进行损害累积评估调查必须满足上述要

---

[1] 欧美贸易法对 GATT/WTO 规则的产生和发展施加了重大影响,使其国内立法中的很多不利于发展中成员或小经济实体成员的规定演化成国际规则,使国内立法精神多边化。

[2] 参见朱榄叶:《国际反补贴》,载曹建明、陈治东主编:《国际经济法专论》(第三卷第三编),法律出版社 2000 年版,第 473 页。

件①,而且任何一个要件都不是决定性的,这些要件也不是穷尽的。《SCM 协定》中没有对"同时接受反补贴调查""可忽略不计"和"相互竞争"等概念加以明确解释,这使得各成员方在理解和适用上有较大的裁量空间,使行为相对人对该调查缺乏一定的可预见性。

在巴西诉欧共体对来自巴西的铸铁管征收反倾销税案(European Communities—Anti-Dumping Duties on Malleable Cast Iron Tube or Pipe Fittings from Brazil,DS219,以下简称"欧共体铸铁管案")②中,巴西认为欧委会首先应该根据《SCM 协定》第 15.2 条的规定将每一个国家补贴进口产品的数量和价格进行分析,并作为第 15.3 条累积评估补贴进口产品影响效果的先决条件。上诉机构否认了巴西这种观点,认为《SCM 协定》第 15.2 条规定如何分析补贴进口产品的数量和价格,但并没有规定在调查涉及几个国家时要一国一国地分析数量和价格。《SCM 协定》第 15.3 条明确要求调查机关审查每一单独国家的数量,是为了确定是否"每一单独国家的进口数量不是可忽视的"③。这种累积评估方法要求确认补贴对损害结果产生的影响程度,增加了确定损害存在的可能性,但就其本身而言主要是强化因果关系的联系,反映了回归"主要原因的因果关系"标准的意图。

在印度诉美国碳钢反补贴措施案(United States—Countervailing Measures on Certain Hot-Rolled Carbon Steel Flat Products from India, DS436)中,上诉机构认为,第 15.3 条的核心条款是"调查机关可以累积评估此类进口产品的影响",限定了累积评估的条件。在符合这些条件的情况下,累积评估补贴进口效果。相反地,不能累计评估没有补贴行为的进口效果。《SCM 协定》的条文明确表明,反补贴调查是累积评估进口效果的先决条件。④

在各国实践中,曾出现过就《SCM 协定》第 15.3 条最后一句的"竞争条件"进行解读。在大多数情况下,进口产品之间、进口产品与国内产品之间的竞争关系是没有差别的,而在部分复审案件中,出现过针对某一国

---

① 主要包括:(1)补贴进口产品同时接受反补贴调查;(2)补贴进口产品之间以及进口产品与国内同类产品之间的相互竞争;(3)来自每一国家进口产品的补贴金额都大于微量水平且进口水平并非忽略不计。
② 参见欧共体铸铁管案上诉机构报告(WT/DS219/AB/R),第 100 段。
③ 同上,第 104—106 段。
④ 参见印度诉美国碳钢反补贴措施案上诉机构报告(WT/DS436/AB/R),第 4.578—4.579 段。

产品终止措施的情况。在累积评估部分,调查机关认为自该国进口的产品竞争条件与自其他国家进口不同,不进行累计评估。

三、累积评估的特殊形式——交叉累积评估

除了上述通常意义上的"累积评估"外,还有一种特殊形式的,就是对基于不同贸易救济措施损害的评估,即"交叉累积评估"(cross-cumulation)。其包括两种情况:一种为一些国家的进口产品有倾销行为,而另一些国家的进口产品已被补贴;另一种情况为来自一国家的进口产品既有倾销又有补贴(该种情况是否为交叉累积评估的一种值得商榷)。交叉累积评估无疑扩大了损害的范围,使进口调查主管机构更容易认定损害的存在,具有贸易保护主义倾向。

(一)交叉累积评估的由来及相关立法

GATT 对反倾销和反补贴的关系进行了规定,第 6.5 条指出,在任何缔约方领土的产品进口至任何其他缔约方领土时,不得同时征收反倾销税和反补贴税以补偿倾销或出口补贴所造成的相同情况。《AD 协定》第 18.1 条和《SCM 协定》第 32.1 条也分别规定,"除依照本协定解释的 GATT 1994 的条款外,不得针对来自另一成员的倾销/补贴出口产品采取特定行动"。

从上述规定可以看出,反倾销与反补贴是两种特定的调查程序,有关倾销和倾销幅度、补贴和补贴金额的认定与计算存在较大区别,且应严格依据其各自所适用的反倾销和反补贴法律的相关实体和程序规定进行认定和计算,相关事实的认定和数据的计算都需要有肯定性证据予以支持。但由于协定仅仅是原则性的规定,进口调查机关拥有较大的自由裁量权。另外,从美国、欧盟等国家和地区的反倾销和反补贴法律和实践来看,对交叉累积评估也没有明确的规定,只是依据 GATT 第 6.5 条规定的避免重复计算和重复征税的基本原则来适用。

(二)美国关于交叉累积评估的实践

对由倾销造成的损害和由补贴造成的损害这两种不同性质的不公平贸易措施的进口是否可以累积计算? 1989 年美国国际贸易法院裁定两种不同性质的不公平贸易措施的进口可以累积计算:"section 1677(7)(c)(iv)并无例外地要求由两个或两个以上同受调查的同类产品的进口,只要其相互间且其与国内同类产品之间有竞争关系,就应累积计算,而不问进口产品的调查是针对倾销还是补贴,或两者兼而有之。"该裁

定还进一步指出,"不同形态的不公平贸易对美国产业所造成的损害并无不同"①。该裁定虽然遭到 ITC 许多委员的反对,但国际贸易法院的裁定具有强制约束力,虽然美国的反倾销/反补贴法中没有规定,但该做法是可行的。② 在实践中,美国不愿意对累积评估加强限制,原因很简单,它的出口商很少会是小供应商,即累积评估所针对的主要对象。③ 因此,作为拥有较多小供应商的发展中国家成员应在"累积评估"的谈判中有所作为,争取获得更为平等的贸易条件。

从具体的反补贴实践来看,美国的反补贴法授权其反补贴调查机关可以根据个案的具体情况决定是否适用"累积损害"的规定,但实际上由于其损害调查中不计算补贴损害幅度,所以并无实际意义,只是在征税时予以考虑而已。而欧盟在反补贴调查中采取的是补贴损害幅度计算方法,故欧盟委员会规定除了在少数例外情况下可以分别计算不同来源的倾销产品的影响外,一般都会累积计算这些产品的损害性影响。

四、多哈规则谈判关于"累积评估"的争议

各成员方希望能通过多哈规则谈判进一步明确累积评估的条件,达成统一做法以减少实际操作中的任意性。巴西④提出,《SCM 协定》第 15.3 条第 2 款关于进口产品的竞争条件对进口产品的影响缺乏相应的评判标准。澳大利亚⑤认为《AD 协定》也同样存在类似的问题,有必要解决。美国⑥建议,应该进一步澄清并规定《SCM 协定》和《AD 协定》中对进口产品的补贴及倾销所作的累积评估,以考核不公平贸易对国内产业所造成的不利影响。埃及⑦则不同意美国的意见,认为应维持《SCM 协定》与《AD 协定》的平衡关系,有必要以平行的方式处理问题,而非互相影响。

总而言之,累积评估方法在损害调查中的应用,对于规范国际贸易竞

---

① 罗昌发:《美国贸易救济制度》,中国政法大学出版社 2003 年版,第 207 页。
② Gary N. Horlick, Geoffrey O.Oliver, "Antidumping and Countervailing Duty law Provisions of the Omnibus Trade and Competitiveness Act of 1988", 23 J. World Trade, No.3, at 36, n 149(1989).
③ 参见肖伟主编:《国际反倾销法律与实务(WTO 卷)》,知识产权出版社 2006 年版,第 187 页。
④ TN/RL/W/19.
⑤ TN/RL/W/37.
⑥ TN/RL/W/103.
⑦ TN/RL/W/126.

争行为和抵制补贴对自由贸易和公平贸易所造成的损害,具有重要的意义。虽然累计评估方法可能会导致对损害的认定更容易,但从目前WTO及各成员方的法律规定来看,累积评估的调查程序规则是较为完善的,具有一定的可操作性,在一定程度上具有约束成员方损害调查机关过于主观及任意的作用。希望在多哈规则谈判中,各成员方达成完善现行调查规则的合意,共同努力进一步澄清相关规则。笔者希望在WTO下一步改革谈判中这些未尽事宜能够被认真对待,得到一揽子解决。

第四节 关于补贴与损害之间因果关系的认定

从WTO协定和各成员方的法律规定来看,贸易救济措施所要求的因果关系(causation),属于法律上的因果关系,与侵权法不同之处在于其并不要求考虑可预见性,这是因为贸易救济措施是因本国产业遭受进口冲击这一特定情况而给予的保护。[①] 反补贴、反倾销、保障措施这三大贸易救济措施在因果关系认定方面是一致的,不同点在于对损害程度的要求不同。保障措施对损害程度的要求更为严格,要求的是国内产业遭受严重损害或严重损害威胁,而反补贴和反倾销则要求的是实质损害或实质损害威胁。对于补贴与国内产业损害之间的因果关系,《SCM协定》第15.5条有明确规定:"必须证明通过补贴的影响(第2款和第4款所列),补贴进口产品正在造成属于本协定范围内的损害。证明补贴进口产品与对国内产业损害之间存在因果关系应以调查机关得到的所有有关证据为依据。调查机关还应审查除补贴进口产品外的、同时正在损害国内产业的任何已知因素,且这些其他因素造成的损害不得归因于补贴进口产品。在这方面可能有关的因素特别包括未接受补贴的所涉及产品的进口数量和价格、需求的减少或消费模式的变化、外国和国内生产者的限制贸易做法及它们之间的竞争、技术发展以及国内产品的出口实绩和生产率。"本部分结合DSB对《SCM协定》的解释及成员方反补贴税法的规定对因果关系的确立及"归因""非归因"因素进行评估。

---

① 参见郭策:《保障措施制度在GATT/WTO框架下的演进》,对外经济贸易大学2006年博士论文,第97页。

一、"因果关系"的认定标准

(一)《SCM 协定》对因果关系的规定

根据《SCM 协定》的规定[①],"因果关系"的审查应该注意几个方面:
(1)必须通过对补贴的影响分析(第 15.2 条和第 15.4 条所列补贴进口产品对数量、价格及国内产业的影响),证明补贴进口产品正在造成属于《SCM 协定》范围内的损害。对补贴的影响分析是确立因果关系的重要指标,该分析不仅与损害的存在有关,而且也是损害产生的原因。除此之外,第 6.3 条也规定了四种补贴的影响,可以产生第 5(c)条意义上的严重侵害情况。那么如何认定严重侵害的因果关系即关于补贴与价格大幅抑制或压低之间的因果关系问题,是否与反补贴调查中的因果关系要求一致,这些都是值得深究的问题。欧盟诉韩国商用船舶补贴案涉及该问题。欧盟认为,只要补贴是价格大幅抑制、压低或销售损失的一个原因(a cause),即可满足第 6.3 条(c)项的要求。[②] 韩国则不同意欧盟关于"一个原因"的观点,认为不管是否有其他因素,补贴的因素必须导致严重侵害,同时还应审查其他因素,在因果关系分析时应该对补贴额或程度进行量化,并再与价格抑制/压低的程度进行比较,从而决定是否存在因果关系。[③] 中国作为第三方提出的观点与韩国基本类似。作为第三方的美国也认为反补贴调查中的因果关系要求与认定严重侵害的因果关系要求是不同的,并特别指出,就反补贴来说,必须证明"补贴产品的进口"通过补贴的影响"正在导致损害"(从补贴产品进口对国内产业影响的意义上),而第 6.3 条要求证明价格抑制或压低是受"补贴的影响"。[④] 专家组运用了"若非"(but for)的方法来进行分析,即如果没有补贴的话,船舶的价格是否会下降。但是该解释非常模糊。专家组指出,确定严重侵害诉求的因果关系没有一个单一的方法,应当个案分析。[⑤] 笔者认为,通过该案专家组的报告可得出,专家组对复杂的因果关系问题并没有给出明确的解释,仍然没有解决对因果关系明确界定的问题,只是强调了个案分析的重要性。

---

① 参见《SCM 协定》第 15.5 条。
② 参见韩国商用船舶案专家组报告(WT/DS273/R),第 7.605 段。
③ 同上,第 7.606 段。
④ 同上,第 7.611 段。
⑤ 同上,第 7.619 段。

（2）调查机关应以得到的所有有关证据为基础，证明补贴进口产品与对国内产业损害之间存在因果关系。因果关系的确立，是调查机关作出肯定性损害认定和补贴认定之后所必然得出的推定性结论。

（3）调查机关还应审查除补贴进口产品外的，同时正在损害国内产业的任何已知因素，且这些其他因素造成的损害不得归因于补贴进口产品。在这方面可能有关的因素特别包括未接受补贴产品的进口数量和价格、需求的减少或消费模式的变化、外国和国内生产者的限制贸易做法及它们之间的竞争、技术发展以及国内产品的出口实绩和生产率。对"不得归因于"造成损害的"其他要素"的审查本身是强制性的，但是"其他要素"的范围不是穷尽的，是可以选择的，调查机关拥有选择"其他要素"的自由裁量权。

综上所述，《SCM 协定》第 15.5 条是一个宽松的因果关系标准，甚至没有确定何为"因果关系"。[①] 因此，仅仅根据该条款，调查机关无从得出据以详细分析因果关系问题的规范性步骤，但通过 WTO 专家组或上诉机构在某些反补贴和反倾销案例中的分析，可略窥一斑。鉴于反补贴与反倾销措施在因果关系认定上的一致性，笔者认为，美国热轧钢案中专家组采用三步法进行分析[②]，尽管是对倾销与损害之间的因果关系分析，但就其方法而言，无疑对反补贴调查中因果关系的分析具有借鉴作用。

（二）运用三步分析方法认定因果关系

借鉴美国热轧钢案中专家组采用的三步分析法，笔者认为对补贴与损害之间的因果关系可进行三步分析，具体如下：

（1）基于全部相关证据证明被补贴的进口产品通过补贴的影响（第15.2 条和第 15.4 条所列举的情况）对国内产业造成损害。实际上，调查机关在审查过程中要考虑的因素并非仅限于此。因为第 15.4 条所列的情况并不是穷尽的，有可能出现第 15.4 条中没有列明的对国内产业造成

[①] Raj Bhala, "Rethinking Antidumping Law", George Washington Journal of International Law & Economics, 1995, Vol. 29, No.1, p.102.

[②] 美国热轧钢案专家组指出，《AD 协定》第 3.5 条要求调查机关证实，由于第 3.2 条和第 3.4 条所述的倾销的影响，倾销进口产品正在造成《AD 协定》所指的损害，具体应分三步：① 要求对因果关系的证明应基于全部相关证据而进行；② 要求调查机关审查倾销进口之外的正在同时损害国内产业的其他已知因素；③ 要求调查机关确保其他因素导致的损害未归咎于倾销的进口产品。

影响的情况,因此需要证明该情况与第 15.4 条中列举的情况在功能上是相同的。①

(2)要求调查机关审查补贴进口产品之外的正在同时损害国内产业的其他已知因素。笔者认为可以参考反倾销案件中的做法,在此借鉴了专家组在反倾销案件中关于"其他因素"的认定。在波兰诉泰国对来自波兰的 H 型钢发起的反倾销调查案(Thailand—Anti-Dumping Duties on Angles, Shapes and Sections of Iron or Non-Alloy Steel and H Beams from Poland, DS122,以下简称"泰国 H 型钢案")②中,对"任何已知因素"(any known factors)进行讨论后专家组认为:任何已知因素仅包括在调查期以前,案件的利害关系方提请反倾销调查机关考虑的因果关系因素。调查机关没有义务在每一案件中,主动收集和审查除倾销进口产品之外的可能损害国内产业的其他全部因素,当然调查机关也有权选择这么做。专家组的上述说法在欧共体铸铁管案中得到了上诉机构的认同。③ 对于调查机关而言,《AD 协定》并没有明确规定,哪些因素才能构成"已知"的因素,利害关系方以何种方式提出的因素才能满足"已知"的条件。《AD 协定》也没有指明在何种程度上某一因素与倾销产品是无关的,或该因素是否必须来自出口商,以构成"倾销产品外"的某一因素。上诉机构同时也指出,调查机关在确立倾销产品与国内产业或受损产业之间的因果关系过程中,有义务审查正在同时造成国内产业损害的"其他因素"。该"其他因素"必须满足三个条件:(1)是调查机关"已知"的;(2)是倾销产品之外的;(3)是正在损害国内产业的。

泰国 H 型钢案中,专家组认为《AD 协定》第 3.5 条使用的语言不同于《AD 协定》第 3.4 条。第 3.5 条中的语言是"可能"(may),即"在这方面可能有关的因素……",而第 3.4 条使用的是"应当"(shall)一词。也就是说,第 3.5 条列举的可能造成损害的其他因素是说明性和例证性的,是可选择的,调查机关可以根据个案情况的不同就其中某些因素或全部因素进行审查④,即对"其他因素"的审查本身是强制性的。虽然对"审查"

---

① Mitsuo Matsushita, Thomas J.Schoenbaun, Petros.C.Mavroidis, *The World Trade Organization Law, Practice, and Policy*, Oxford University Press,2003,p.294.
② 参见泰国 H 型钢案专家组报告(WT/DS122/R),第 7.258 段。
③ 参见欧共体铸铁管案上诉机构报告(WT/DS219/AB/R),第 171—173 段。
④ 参见泰国 H 型钢案专家组报告(WT/DS122/R),第 7.274 段。

的程度要求很低①,但是"其他因素"的范围是具有选择性的,调查机关拥有自由裁量权。

(3)确保其他因素所造成的损害没有归咎于补贴进口产品(非归因要求)。

从目前专家组和上诉机构的裁决来看,关于因果关系的调查分析不应仅仅建立在对进口产品在不久将来会显著增长所带来的可能的影响上。对"不归咎于"的分析要求调查机关在因果关系的裁定中,不要把其他因素的影响归咎于补贴产品,以确认补贴产品导致国内产业遭受损害。在适用《SCM 协定》第 15.5 条时,为使调查机关不将其他已知因素造成的损害影响归咎于补贴产品,调查机关必须适当地评估其他因素所造成的损害结果,并将补贴进口产品的损害影响同其他因素的损害影响区分开。

在欧共体 DRAMS 反补贴措施案中,专家组认为欧盟裁定来自韩国的 DRAMs 对欧盟制造商造成损害的认定存在错误。因为欧委会没有考虑与共同体产业有关的所有相关因素,尤其是工资,并且欧委会没有根据《SCM 协定》第 15.4 条和第 15.5 条的要求审查其他因素,尤其是需求降低、产量过剩和其他非补贴进口所引起的损害不应归因于受到补贴的进口产品。在美国软木案 VI 中,关于被要求的对"不归咎于"的分析,专家组认为在反倾销调查和反补贴调查中的规定是相同的。专家组引用了上诉机关对"不归咎于"的解释:美国热轧钢铁案上诉机构对"不归咎于"义务(non-attribution obligation)的解释②是:《AD 协定》第 3.5 条中的"非归咎于"只适用于倾销进口产品和其他已知因素同时损害国内产业的情形。在适用《AD 协定》第 3.5 条时,为确保调查机关不将其他已知因素造成的损害影响归咎于倾销产品,调查机关必须适当地评估其他因素所造成的损害后果。从逻辑上讲,这样的评估必须将倾销进口产品的损害影响同其他因素的损害影响区分开。如果不将倾销进口产品的损害影响同其他因素的损害影响识别和区分,调查机关就无法断定其所认为由倾销进口导致的损害确实是由倾销进口产品引起的,而不是由其他因素引起的。因此,不归咎于要求将倾销进口产品的损害影响同其他因素的损害影响进行识别,不能将它们混在一起(lumped together)而无法区分(indistinguishable),这样才能使反倾销调查机关有合理的依据来断定倾销进口产

---

① 参见泰国 H 型钢案专家组报告(WT/DS122/R),第 7.283 段。
② WT/DS184/AB/R, para.223.

品确实正在引起损害,进而征收反倾销税。

在美国 DRAMS 反补贴措施案中,专家组援引了部分反倾销案件中上诉机构的解释。专家组表示,在近期的几起反倾销案件中,上诉机构表明了非归因分析的要求。专家组援引欧盟常用管件案中上诉机构的表述指出,确定 ITC 的损害裁定是否符合《SCM 协定》第 15.5 条的规定时,专家组审查国际贸易委员会是否在指控的补贴进口以外,区分和区别了其他已知因素的损害效应。上诉机构表明,ITC 可以采用任何方法进行区分和区别。韩国明确知悉 ITC 的审查方法没有量化的要求。

在欧共体 DRAMS 反补贴措施案中,专家组同样援引了上诉机构在反倾销案件中的解释。专家组表示,韩国的主张包括:欧盟因果关系分析是否符合《SCM 协定》第 15.5 条中非归因的要求,以及是否符合《SCM 协定》第 15.1 条基础条款"肯定性证据""客观性审查"的要求。专家组认为,《SCM 协定》第 15.5 条要求调查机关确定在补贴进口以外,其他导致损害的已知因素,不能归因于补贴进口。调查机关必须努力量化补贴进口以外的其他已知因素的影响,首选采用基本的经济建模。《SCM 协定》第 15.5 条要求调查机关解释,补贴进口以外的其他已知因素造成损害的性质和程度。

在美国 DRAMS 反补贴措施案中,专家组分析了其他第三国的进口。ITC 在调查中,对补贴进口和其他第三国进口两组进口产品分别作出价格分析表明,即使在不考虑数量较大的其他第三国进口的情况下,补贴进口也造成了损害的价格影响。专家组认为,《SCM 协定》第 15.5 条并没有要求调查机关对补贴进口和其他第三国进口造成的损害进行量化分析,ITC(作出量化分析的行为)已经完全履行了协定下的义务(而不论该分析是否是合理的)。

在美国 DRAMS 反补贴措施案中,专家组认为 ITC 认可了需求下降的负面影响,但没有能够解释需求下降造成的损害不归因于补贴进口造成的损害。专家组认为,在缺少对需求下降造成损害的性质和程度有意义解释的前提下,裁定从字面上没有显示出 ITC 是否和如何区分和区别了需求下降造成的损害,以及经济周期下降造成的需求下降、补贴进口造成的损害之间的关系。专家组判定,ITC 违反了《SCM 协定》第 15.5 条。

在欧共体诉墨西哥对来自欧共体的橄榄油反补贴措施案(Mexico—Definitive Countervailing Measures on Olive Oil from the European Communities,DS341,以下简称"墨西哥橄榄油案")中,专家组认为,《SCM 协定》第

15.5条第三句规定的义务,可以分解为两部分:一是无论是应诉方提出的方式,还是自主进行的方式,协议都要求墨西哥经济部考虑其他已知因素;二是墨西哥经济部需要对这些已知因素单独分析,解释这些因素造成损害的性质和程度,并区分和区别于补贴进口造成的损害。如果根据案件本身的需要,墨西哥经济部也可以对所有其他已知因素作整体分析。①

在欧盟 PET 案中,上诉机构认为可以采取不同的方法分析其他已知因素的因果关系,如一步法、两步法。一步法首先分析补贴进口与国内产业损害因果关系的存在和程度,然后评估其他已知因素造成的损害效果。在一步法的情况下,调查机关可以采取反向事实推导的方法,推导在不存在补贴进口造成影响,而仅存在其他已知因素造成影响的情况下,国内产业的状况是否能够好转以及好转的程度。这种方法能够直接评估补贴进口造成损害的单独影响,因此不再需要进行非归因分析。在两步法情况下,调查机关的因果关系分析、非归因分析是共同存在的。调查机关首先考察补贴进口和损害的因果关系,然后考察其他已知因素的损害效果。最终调查机关的因果关系分析需要明晰,补贴进口造成了国内产业真实和实质的损害,而这种分析已经考虑到了其他已知因素对损害的影响。②

以往涉及中国调查机关非归因的 WTO 争端案件,基本为反倾销案件。在这些案件中,其他已知因素往往涉及产能过剩、需求变化、其他第三国进口、不可抗力等。主要的诉点均为调查机关没有符合《SCM 协定》要求的"肯定性证据"和"客观性审查",没有将这些已知因素造成的损害与倾销进口造成的损害进行区分和区别,并作出非归因分析。

此外,上诉机构承认,《AD 协定》没有明确规定调查机关应如何识别和分离不同的损害影响,所以只要能适当地识别和分离倾销产品与其他已知因素的损害作用并满足《AD 协定》第 3 条的要求,成员方可采用任何适当的因果关系分析方法。另外,只要调查机关履行了"非归因于"要求的义务,对其他因素的累积损害影响无须考虑。③

本条款下所谓的"非归因"(non-attribution)实际上是使补贴进口产品与国内产业损害之间建立一个明确的、无法割断的因果关系。调查机关在进行因果关系评估时,有义务确保其他因素所造成的损害没有错误

---

① 参见墨西哥橄榄油案专家组报告(WT/341/R),第 7.305 段。
② 参见欧盟 PET 案上诉机构报告(WT/DS486/AB/R),第 5.180 段。
③ 参见欧共体铸铁管案上诉机构报告(WT/DS219/AB/R),第 192 段。

地归咎于补贴进口产品。这是确定补贴与损害之间因果关系的关键问题,也是争议之所在。该条款的确立有利于确保反补贴措施的正确实施及防止被滥用而成为国内贸易保护主义的工具。

实际上该条如同《AD 协定》第3.5条一样,并没有规定如何才能确保其他因素所造成的损害没有错误地归咎于补贴进口产品,而且对与补贴无关因素的审查及审查程度如何,几乎完全取决于进口国的调查机关。进口国的调查机关出于保护国内产业的考虑往往对某些因素不作调查,或者调查时浅尝辄止,而把由非补贴因素引起的损害不公平地归咎于进口产品。如在美国,法律不要求申诉者负责举证实质损害并非是由非补贴因素引起的,也不要求 ITC 对与其他因素有关的损害进行精确的算术式的计算。另外,在损害调查时,也没有规定采选数据的标准,这也很容易造成 ITC 以自由裁量为理由的武断和专横。因果关系问题上的这种不确定性使反补贴税法缺少了稳定性和可预测性。[①] 在 WTO 多边纪律的约束力十分有限的情况下,成员方应试图对这类问题加以解决,否则很难使成员方自律,达到 WTO 协定的立法目的。[②] 总体而言,《SCM 协定》虽然与以往的协定相比有很大的进步,但对损害的确定还是有许多未尽事宜,比如对补贴的影响是造成损害的主要原因还是原因之一,是应先确定损害再确定因果关系,还是同时确定损害与因果关系,等等。《SCM 协议》的这些不足,给各成员方的立法和调查实践留有较大空间。

二、成员方关于"因果关系"的实践

(一)美国的实践

美国反补贴税法规定[③],如果(1)管理当局裁定,一国政府或一国境内的公共实体直接或间接向进口到美国,或为进口到美国而销售(或可能销售)某种或某类产品的制造、生产或出口提供补贴;而且(2)在商品从补贴成员国进口的情况下,ITC 裁定由于该进口商品造成①美国的产业(i)受到实质损害或(ii)实质损害威胁,或②美国产业的建立受到实质阻碍,则除对该商品征收其他税收外,应对该商品征收反补贴税,反补贴税的税额等于可抵消的净补贴额。ITC 在裁定时应当考虑:对象商品的进

[①] 参见张晓君:《反倾销成案的哲学分析》,载西南政法大学国际法研究所网站(http://www.wtolaw.gov.cn),访问日期:2005年6月8日。
[②] 参见刘勇:《WTO〈反倾销协定〉研究》,厦门大学出版社2005年版,第248页。
[③] 19 U.S.C.,§1671(a),1998。

口数量,对美国国内同类产品的价格和生产商的影响,以及由于进口而存在实质损害的其他有关国内经济因素,并应当解释及证实所考虑的每一因素及其与裁定的相关性。①

综上,美国的反补贴税法并没有专门就补贴与损害的因果关系问题进行规定,但从条文的含义和 ITC 的实际操作中都要求对补贴与损害的因果关系进行分析。值得注意的是,虽然美国在实践上仅要求证明补贴进口产品是造成国内产业损害的"原因之一",但仍然对补贴进口产品的影响和非补贴因素的影响进行比较衡量,以确定损害是否归因于补贴的进口还是归因于"其他因素"。

(二)欧盟的实践

根据欧盟《反补贴条例》②,受补贴进口的数量或价格水平与共同体产业受到的损害必须存在因果关系。为了确认因果关系,根据欧盟《反补贴条例》第 8.7 条,除了审查补贴进口对共同体产业造成的损害外,也应审查正在损害共同体产业的其他因素,以便对该补贴进口作出正确的评价。这里应特别考虑某些因素,如补贴进口的产品数量和价格、因市场需求变化减少的营业额、外国生产商和共同体生产商之间的竞争以及共同体产业的生产率等。这条与《SCM 协定》第 15.5 条的规定基本一致。欧盟和美国在实践中,只需证明受补贴的进口是导致损害的原因之一,无须证明是其唯一或主要原因。如果存在"其他因素",即如果共同体产业损害的部分原因是受补贴产品进口之外的因素导致的,欧委会可能会采用"价格削低幅度",而不是"价格降低幅度",来作为最终的"损害幅度"。③ 欧委会在审查"其他因素"时,考虑如下要素:(1)调查程序没有涉及的来自第三国进口产品的影响。④ (2)欧共体产业对第三国出口的发展情况。如果出口上升,就会产生如下问题:该上升是因为欧共体产业决定专注于出口市场而非国内市场造成的,还是仅仅是为了减少损失而增加出口造成的。如果出口下降,那么欧共体生产商所遭受的损失就可能是因为其在出口市场上的低效率或由于竞争而导致在出口市场上的销

---

① 19 U.S.C., §1671(7)(B), 1998.
② Conncil Regulation (EC) No. 2026/97, Art.8(5)(6).
③ 甘瑛:《国际货物贸易中的补贴与反补贴法律问题研究》,法律出版社 2005 年版,第 249 页。
④ Stainless Steel Fasteners Originating in Malaysia and the Philippines, Commission Reg.(EC)618/2000.O.J.L175/18, 2000.

售无利可图。(3)需求的缩减或消费模式的变化。(4)限制性贸易措施以及国外与国内生产商之间的竞争。(5)欧共体产业的技术发展。(6)欧共体产业的生产率。(7)没有与相关调查合作的其他欧共体生产商。(8)原材料成本变化的影响。[①] 在实践中,欧委会采用的因果关系分析方法比较模糊。在从挪威进口大西洋鲑鱼案中,欧委会在分析损害的"数量""价格""国内产业"三要素时,把这些因素转化为一系列指标之间的时间相关性,特别强调"同时发生"。欧委会指出,"在审查共同体产业受到的实质损害是否是由受补贴的进口产品导致时,我们注意到,首先,损害主要包括共同体生产商遭到的持续的价格压力和利润降低,这与受补贴的挪威鲑鱼进口数量上的大幅度增加同时发生"。这似乎表明,要以时间相关性来推定进口产品与损害之间的因果关系。但是,欧委会还审查受补贴进口产品以外的其他因素,如共同体市场的消费倾向、从其他第三国进口的发展和影响,以及共同体鲑鱼产业的竞争状况等。欧委会认为其他因素并没造成损害影响,受补贴的挪威进口鲑鱼单独导致了对共同体产业的实质损害。[②] 欧委会在裁定中没有使用"占优势的原因""基本排他的原因"等措辞,这似乎表明欧委会并不试图分析不同原因造成损害的程度。[③] 综上所述,欧委会关于补贴与因果关系的分析是不全面的,仅对个别因素加以分析。[④] 总体上,欧委会利用《SCM 协定》在因果关系规定的自由裁量权,在内部立法和调查程序规定上更有利于共同体的利益,使反补贴案件在最终裁决上趋于符合利益集团的利益。

三、多哈规则谈判关于"因果关系"的提案

由于反倾销和反补贴调查在因果关系方面的规定相同,故反补贴"因果关系"的谈判在多哈规则谈判反倾销小组中进行。因此本文涉及的提案都是针对反倾销措施的,但同样对研究反补贴措施有借鉴作用。

在谈判中,埃及针对损害认定部分提出了许多具有建设性的提案。

[①] Dr Konstantinos Adamantopoulos, Maria J Pereyra‑Friedrichsen, *EU Anti‑Subsidy Law & Practice*, Palladian Law Publishing Ltd., 2004, p.130.

[②] Farmed Atlantic Salmon from in Norway, Council Regulation. (EC) 1891/97, O.J.L 267/19, 1997, p.28.

[③] 在实践中,欧委会还存在其他明显错误,如忽略了其他导致损害的原因,有关方也可就此提起诉讼。

[④] 该段参见甘瑛:《国际货物贸易中的补贴与反补贴法律问题研究》,法律出版社 2005 年版,第 250—251 页。

针对因果关系认定问题,埃及①认为应该减轻调查机关在认定因果关系问题上的责任,强调调查机关在确认因果关系时不需要"区分和量化"倾销进口和除此之外的其他原因造成的损害影响,也不需要证明倾销进口造成的损害比其他原因造成的损害严重。由于该建议不符合专家组和上诉机构作出的必须"区分和区别"不同原因造成损害的裁决,日本、挪威、加拿大、泰国、澳大利亚、巴西、欧盟、印度和南非等成员均对此建议有不同程度的保留意见。这些成员认为该提案降低了调查机关的义务,损害了《AD协定》第3.5条"非归因原则"的价值。日本认为,虽然没有普遍适用的公式,但调查机关必须对各因素进行"区分和区别",而且虽然不一定要求对所有情况都进行定量分析,但调查机关必须权衡各因素的重要性。加拿大、澳大利亚也表示虽然对损害认定不需要量化分析,也不要求倾销是造成损害的唯一或最重要的原因,但调查机关仍应"区分"各因素在导致损害发生的过程中所起到的作用,以便认定倾销是给国内产业造成了损害的实质原因。欧盟也指出虽然专家组和上诉机构的裁决对谈判不具有约束力,但《AD协定》中的"非归因原则"仍应该坚持,该原则虽然不要求量化分析,但成员仍应对造成损害的原因进行定性分析,提案仅仅规定该原则不要求做什么却没有规定应该怎么做,这无助于概念的澄清和改进。曾经提出过类似提案的美国在发言中也仅表示因果关系概念应该进一步澄清、WTO裁决对谈判不具有约束力,未对埃及的提案表示支持。中国在发言中表示因果关系分析中需要"区分"不同因素,否则"非归因原则"就将失去意义,同时认为埃及提案中的最后一句话没有任何意义,因为现有《AD协定》并没有要求倾销是造成损害的最重要的原因。

埃及在回答中表示,"非归因原则"在实际操作中存在困难,提案目的是保证该原则的可操作性,为此应明确因果关系分析应是定性分析而非定量分析。调查机关应该首先列明造成损害的各种原因,然后在此基础上进行定性分析。埃及还强调其并不是要取消"非归因原则",而只是希望对其进行完善,以便该原则对所有成员的调查机关均具有可操作性。

2011年主席案文中表示,各成员方对因果关系表达了不同的观点。近期的讨论主要聚焦于以下两点:一是是否需要强制性地区别和区分倾销进口和其他因素造成的影响;二是调查机关需要作出的非归因量化分

---

① TN/RL/GEN/140.

析的程度。虽然各成员比较认同调查机关应当谨慎考虑倾销进口以外的其他因素造成的影响,不能归因于倾销进口,但各成员间对于考察需要或应该达到的精确程度仍然存在实质性的分歧。

综上所述,尽管多边贸易体制下的贸易救济规则日趋完善,条款的设置日趋理性和成熟,更多的成员方参与程度日益加深,但在作为调查核心的因果关系问题上始终没能有所突破。由于各成员方自身的利益驱动,各成员方不可能在国内法率先修正,只能寄托于在规则谈判时能有所修正,从目前多哈回合谈判中各成员方的态度来看,对因果关系的规定不会有太大的实质性进展,这无疑将严重影响反补贴法和反倾销法的稳定性和可预测性,损害整个贸易救济措施体制。

第五节 确定损害时对公共利益的法律考量

反补贴税的功效是抵消补贴进口产品对国内产业造成的损害影响,维护国际贸易的正常秩序,以及恢复市场的有效竞争。调查机关需要综合评估和量化诸多因素,才能准确判断补贴对国内产业的损害影响程度、反补贴措施对上下游产业的影响以及对进口国整体产业链的利弊。现实的反补贴税法显然不能满足这一要求,而且在有些情况下会顾此失彼。因此,适时采用"公共利益"条款可以起到平衡作用,可以增加贸易救济措施的灵活度,可以更好地平衡上下游产业利益,也可以对一些显失公平的贸易救济措施加以校正。总之,"公共利益"条款就是要保证调查机关在各种经济利益冲突中作出最佳选择,为平衡和折中反补贴措施的成本与收益提供制度保障,是调和不同利益集团矛盾冲突的有效手段。因此,研究 WTO 规则,借鉴其他成员方的先进经验,有利于中国调查机关妥善处理由反补贴措施引发的既得利益产业与上下游产业及消费者之间的矛盾冲突,更为有效地平衡国内产业和社会公众的利益,真正维护国家的整体利益。

一、《SCM 协定》关于"公共利益"的规定

笔者认为,根据《SCM 协定》的指示,反补贴措施项下的"公共利益"可以理解为成员方在采取反补贴措施时,不仅需要考虑遭到损害的国内产业的利益,还要考虑公共利益,尤其是进口被调查产品的消费者和工业用户的利益,要权衡整体产业链的利弊,避免损害社会的整体福利水平。

在乌拉圭回合之前,各成员方在反补贴调查中没有法定义务去考量"公共利益"条款。《SCM 协定》虽未强制性地要求成员方考虑受反补贴措施影响的工业消费者用户的利益,但是各成员方可以自由选择是否把该条款写入其国内法。《SCM 协定》第 19.2 条规定,"……允许有关主管机关适当考虑其利益可能会因征收反补贴税而受到不利影响的国内利害关系方提出的交涉……"。《SCM 协定》脚注 50 中对"国内利害关系方"进行了限定:包括接受反补贴调查的进口产品的消费者和工业用户。《SCM 协定》第 12.10 条规定,调查机关应向被调查产品的工业用户,或在该产品通常为零售的情况下向具有代表性的消费者组织提供机会,使其能够提供与关于补贴、损害及其两者之间因果关系的调查及有关的信息。《SCM 协定》第 12.12 条对第 12.10 条进一步加以解释:"上述程序无意阻止一成员调查机关按照本协定的相关条款(relevant provision)迅速发起调查,作出无论肯定还是否定的最初和最终裁定,也无意阻止实施临时或最终措施。"该条中所指的"相关条款"是指对补贴的确定和补贴对国内同类产品生产者造成影响的有关条款。① 除此之外,《SCM 协定》第 23 条司法审查条款规定:"应向参与行政程序及直接和独立的受行政行为影响(individually affected)的所有利害关系方(interested parties)提供了解审查情况的机会。"消费者组织并不属于该条款中所提到的利害关系方的范畴,因为消费者组织不是独立地受行政行为影响,而且《SCM 协定》第12.9 条规定的对利害关系方(affected parties)的定义并不包括受补贴产品的中段和最终消费者(intermediate and final consumers)。② 《SCM 协定》的这些限定,无疑给"公共利益"条款的适用范围带来很大的局限。因此,笔者认为,公共利益条款在反补贴调查中适用的范围很窄,现实可操作性很小,并不像有些学者想象得那样乐观。

因此,虽然上述条款在 GATT 1947 体系下是完全没有的,"公共利益"条款的增加体现了《SCM 协定》的进步性,但是,不能否认,这些条款并没有给被调查产品的工业用户和最终消费者直接利益的关心,而仅仅要求调查机关提供一种信息,并且缺乏具有实际意义的法律程序来保障这种权利的实现。笔者认为,在反补贴调查中很难真正适用"公共利益"

---

① See Marc Benitah, *The Law of Subsidies under the GATT/WTO System*, Kluwer Law International, 2001, p.107.

② *Ibid.*

条款,主要存在两方面原因:(1)主观上,调查机关首先要考虑的是补贴进口产品对国内同类产品生产者造成的影响,要解决补贴进口产品对国内产业的冲击,考虑的是如何保护国内产业的利益,这也是反补贴措施存在的意义所在。(2)客观上,公共利益条款的相关立法不够完善,调查机关拥有绝对的自由裁量权来决定是否考虑公共利益条款。这造成在适用"公共利益"条款项时有很大的弹性和任意性,在某些情况下反倒成为调查机关平衡不同利益集团矛盾的手段,为调查机关不履行法律程序提供了借口。

二、成员方国内法关于"公共利益"的规定

(一)美国基本不考虑"公共利益"

美国反补贴税法中没有直接规定公共利益条款,只是为了回应《SCM协定》第12.10条的规定,在反补贴税法中谨慎陈述《SCM协定》第12.10条的规定,与在《SCM协定》中的情况一样,法律没有赋予中段和最终消费者法定权利。法律规定"利益关系方"包含7类人[①]:(1)涉及被调查产品的外国生产商或出口商,或美国进口商,或由主要生产商、出口商、进口商组成的商业联合会[②];(2)生产、制造国或出口国政府[③];(3)美国国内同类产品生产商、批发商[④];(4)美国国内同类产品生产商或批发商工会[⑤];(5)美国国内同类产品生产商或批发商商会[⑥];(6)一个团体,主要成员由(3)(4)(5)所指的成员构成[⑦];(7)农产品反补贴调查涉及的农产

---

① 19U.S.Cenitah,T.

② 19U.S.Cenitah(A) a foreign manufacturer, producer, or exporter, or the United States importer, of subject merchandise or a trade or business association a majority of the members of which are producers, exporters, or importers of such merchandise.

③ 19U.S.Ction a m(B) the government of a country in which such merchandise is produced or manufactured or from which such merchandise is exported.

④ 19U.S.Cgovernme(C) a manufacturer, producer, or wholesaler in the United States of a domestic like product.

⑤ 19U.S.Cnufactur(D) a certified union or recognized union or group of workers which is representative of an industry engaged in the manufacture, production, or wholesale in the United States of a domestic like product.

⑥ 19U. S. Certified (E) a trade or business association a majority of whose members manufacture, produce, or wholesale a domestic like product in the United States.

⑦ 19U.S.Crade or (F) an association, a majority of whose members is composed of interested parties described in subparagraph (C), (D), or (E) with respect to a domestic like product.

品加工者或农民。① 如果 USTR 认为,DOC 的 IA 和 ITC 的法律适用与美国应承担的国际义务不一致时,将停止考虑利害关系方的利益。

上述规定表明,除消费者之外,被征收反补贴税的生产商和出口商或补贴产品的本国进口商均被授予正式的地位(locus standi)。虽然美国 ITC 也会向消费者发送调查问卷,但仅仅作为损害调查中一个考虑的因素,并没有相应的法律程序,消费者问卷一般用于调查相似产品的最终用途等情况。在美国反补贴调查实践中 ITC 基本不考虑公共利益条款,如果适用也需由美国总统来决定。美国调查机关一般严格按照补贴金额的大小确定反补贴税,很少基于公共利益的考虑而放弃征收反补贴税或降低反补贴税的幅度。② 美国的这一做法表明,作为反补贴措施的适用大国深知贸易保护措施具有双重作用,没有两全之策。③

(二) 欧盟关于"公共利益"的立法

欧盟在法律中没有引入"公共利益"的概念而是采用更为直接的"共同体利益"的概念。"共同体利益"的理念最早被 GATT 1979 年《东京守则》第 8 条引用,规定"进口国对是否可征反倾销税仍具有裁量权",但该条没有具体的相关规定。由于"共同体利益"一直没有明确的定义,故其所涉范围、评估要素及规范目的一直存在争议。在实践中欧委会也没有制定具体的标准以协调商业用户、消费者与欧盟生产者之间的利益冲突。随后,欧盟在《3017/79 反倾销条例》中对"共同体利益"加以明确规定:"无论可征临时或最终反倾销税,除须符合有倾销事实、对本国竞争产业造成实质损害、倾销与损害之间具有因果关系的三要件外,另须满足所谓

---

① 19U.S.Crade or (G) in any investigation under this subtitle involving an industry engaged in producing a processed agricultural product, as defined in paragraph (4)(E), a coalition or trade association which is representative of either—(i) processors, (ii) processors and producers, or(iii) processors and growers.
② See Marc Benitah, *The Law of Subsidies under the GATT/WTO System*, Kluwer Law International, 2001, p.106.
③ 美国企业家协会出版的《高科技保护主义:反倾销制度的非理性》中的一项研究报告显示,若反倾销税或保障措施能够减少 15% 的钢铁进口,则可以挽救钢铁行业的 6 000 个就业机会。但是,下游企业和消费者将因反倾销税多付出 270 亿美元的成本,即为了挽救钢铁行业的一个就业机会,花费的成本将是 45 万美元。而且,钢铁产品的下游用户企业还将丧失掉 1.8 万个就业机会。1990 年美国对从挪威进口的新鲜鲑鱼征收了 23.8% 的反倾销税。征税后国内生产者利润随之增加了 70 万~80 万美元,国家关税收入每年增加 870 万~1090 万美元。但由于市场上鲑鱼价格的提高,消费者每年的净损失达 1810 万~1850 万美元。这样,实际美国社会净福利每年将下降 690 万~720 万美元。

给予共同体利益有介入的必要的第四要件。"

欧盟《反补贴条例》也引入了"共同体利益"的概念(the Community interest call for intervention),规定在课征临时性或最终反补贴税之前,欧委会应综合考量所有利害关系人的意见,并决定课征反补贴税是否符合共同体整体利益。欧盟《反补贴条例》[1]第31.1条中明确解释"共同体利益"条款:"共同体的利益应该建立在对所有不同利益,包括国内产业、用户及消费者,作为一个整体利益进行评价,允许中段和最终消费者提供与共同体利益相关的信息,参加听证会和对欧委会采取临时反补贴措施的理由进行评价。"第31.6条进一步规定,当事人可以获得那些可能被作为终裁依据的事实,当事人有权在可能的范围,且在不损害欧委会或理事会随后作出的任何决定的情况下,获取这些信息。

从欧盟近十年的实践来看,欧盟在考虑共同体利益时,不仅要考虑共同体产业、进口商、供应商的利益,还要考虑消费者、最终用户的利益及两者之间的利益均衡,以及可能影响公共利益判断的因素:如竞争因素[2]、工人状况、就业问题、国家的贸易关系、对外贸易政策和投资的稳定等。但是,贸易救济措施的性质决定[3]了对共同体产业的利益考虑是首要的、是最充分的。欧委会采取贸易救济措施的目的就是为了保护共同体产业的经济利益,使共同体产业免受反补贴不公平的贸易行为的损害,使共同体产业得以健康发展。欧盟《反补贴条例》第31.2条的规定也进一步证实这一观点,并指出[4]在此类审查当中应当特别考虑"消除有害补贴扭曲贸易的效果,以及恢复有效竞争的必要性",进一步表明对采取反补贴措施本身的考虑要优于利害关系方,也反映出欧盟成员国和欧委会在反补贴调查过程中,不希望由于考虑共同体利益而束缚调查机关的手脚。因此,在实践中,只有在其他利害关系方反应强烈时,才会予以重视。欧委会一般考虑以下几个方面:

---

[1] Council Regulation (EC) No.2026/97, Art.31(1).

[2] 欧委会通常会推翻征收反倾销税、反补贴税会减少市场竞争的观点,在1994年对来自印尼等国进口谷氨酸单钠反倾销复审案中,唯一的共同体生产商占有70%的市场份额,利害关系方认为征收反倾销税将进一步增强其市场地位,并损害下游用户利益,但欧委会认为即使共同体生产商占据大部分市场,但欧盟市场上存在多个国家的进口产品,竞争是充分的。

[3] Muller, Khan and Neumann, *EC anti-dumping Law - A commentary on Regulation* 384/96, Wiley Publishing Press, 1998, pp.480-500.

[4] Council Regulation (EC) No.2026/97, Art.31(2).

(1) 对进口商利益的考虑。征收反补贴税无疑会增加涉案产品的进口价格,增加被调查产品进口商的成本,提高其商业风险,对被调查产品进口商的利益产生不利影响。但是,欧委会通常不会考虑进口商的利益。①

(2) 对供应商利益的考虑。共同体产业受损,向共同体产业提供投入物的原料供应商的利益也自然受损,贸易救济措施使共同体产业得到恢复和发展,原料供应商自然从中获益。在调查实践中,欧委会一般不会对原材料供应商的利益予以太多的考虑。

(3) 对消费者利益的考虑。反补贴税最终会转化为消费者的负担,增加消费者的支出,同时反补贴措施还会限制从补贴国的进口,减少消费者的选择,对消费者的利益产生不利影响。但是,欧委会一直假定消费者的最高利益在于,维持共同体产业的生存和保证供给来源的多元化以及竞争格局,一般很少会因为消费者的利益受损而不征收反补贴税。

(4) 对下游产业利益的考虑。从欧盟的相关实践②,可以判断欧委会通常会考虑以下几方面因素:①欧盟生产商是否有足够的生产能力,是否有足够的可利用的生产资源;②该进口产品是否涉及较多的下游产业,应用领域是否广泛;③欧盟下游产业对该进口产品是否有依赖,下游产业生产的产品是否具有很高的附加值,并且拥有大量雇工;④征收反补贴/反倾销税造成进口产品价格升高,是否增加了下游产业的生产成本,并影响较大。欧委会通常通过计算有关投入成本在最终产品售价中的比重来评估价格上升对下游产业的影响,以此与共同体产业的利益进行比较。总之,征收反补贴/反倾销税对下游产业造成了不利影响,不利于共同体整体利益。

在 Soya meal③ 案中,欧盟调查机关认为该案的补贴计划已经停止,欧

---

① 在 1996 年来自中国进口手袋反倾销案中,由于在调查期内欧盟塑料与纺织手袋产业的市场份额只有 2%,而自中国进口产品的市场份额占 80%,欧委会认为征收反倾销税对进口商和经销商的不利影响与共同体产业短期内获得的利益不成比例,最终裁定对此类手袋征收反倾销税不符合共同体利益,终止反倾销措施。

② 如在针对来自中国的进口的松香反倾销案中,欧委会充分考虑到共同体利益,认为征收反倾销税对松香下游用户的负面影响与共同体松香产业获得的利益严重不成比例,决定不采取反倾销措施。其理由是:(1) 欧盟的松香生产商都是中小企业,生产能力有限,可利用的生产资源也非常有限,而松香作为原料在燃料、造纸、油漆等多个行业使用;(2) 即使征收了反倾销税,欧盟还是要依赖进口;(3) 松香的下游用户生产的产品具有很高的附加值,并且雇用大量的工人;(4) 征收反倾销税造成进口松香价格升高,增加了松香下游用户的生产成本。

③ Soya meal(Brazil), 1985 O.J., (L106)19.

盟没有必要采取反补贴措施,但实际上欧盟调查机关也曾建议征收7.27%的反补贴税,由于个别成员国的反对,才得以停止适用反补贴措施。在实践中,因"共同体利益"而没有采取反补贴或反倾销措施的案例非常少,因为欧委会认为过多地考虑"共同体利益",会削弱欧盟境内生产商申请贸易救济措施的积极性。笔者认为,在贸易救济措施实践中,主要是看欧盟境内生产商和涉案产品的下游用户两大利益集团的经济实力和政治影响力,哪个利益集团对欧委会的影响力更大,哪个集团的利益就有可能实现。简单地说,就是涉案产品的下游产业与共同体产业之间的博弈。欧盟对"共同体利益"的考量和权衡将在一定程度上影响欧委会采取反补贴措施的范围和形式,在实践中,欧委会一般采取劝利害关系方撤诉或实施价格承诺的方式来回避"共同体利益"条款的使用。

值得注意的是欧委会曾试图修改该条款,欧委会希望能进一步强化"共同体利益测试"的力度,例如规定"只有"(only If)在符合"共同体利益"的情况下才可以采取反补贴(或反倾销)措施,而不是"除非"(unless)不符合"共同体利益"才不采取反补贴(或反倾销)措施。这样就更明确地要求欧委会对采取反补贴(或反倾销)措施符合"共同体利益"作出更加详细的阐释。虽然这将使欧委会承担更为繁重的举证责任,但有助于谨慎适用反补贴(或反倾销)措施。①

就公共利益立法而言,欧盟共同体利益规则显然比 WTO/GATT 的法律规定有所突破,它不仅明确给予利害关系方救济的权利,而且在实践中逐步形成了在贸易救济调查过程中权衡公共利益的具体程序和指标评价体系。② 但是,现有的实体和程序规则并不能从制度上保证真正做到平衡共同体产业和消费者的利益冲突。

(三)加拿大关于"公共利益"的立法

加拿大作为较早在贸易救济措施中考量公共利益的国家,具有相对

---

① 参见刘超:《欧委会关于贸易救济措施法规修改的若干想法》,载《欧盟经贸研究》(商务部内部刊物),2006年7月。

② 欧盟在调查中通常推断征收反倾销税/反补贴税是符合共同体利益的,除非有证据明确显示采取反倾销措施/反补贴措施对其他利益集团的损害远超过了对欧盟产业的保护所带来的收益,欧盟才可能启用"共同体利益"条款停止反倾销/反补贴审查。具体审查步骤包括分析相关产品的市场界定及其竞争结构、评估反倾销/反补贴措施对共同体产业的影响、判断反倾销/反补贴措施对共同体利益的影响(主要考察进口商、上游供应商、工业用户和一般消费者),最后再根据上述指标进行总体评估。如果要确定终止反倾销/反补贴,则必须要证明反倾销/反补贴措施对共同体利益带来的弊端远大于其带来的收益。

完善的公共利益调查规则和较为丰富的实践经验。SIMA[①]第45.1条规定：依据本法第42条作出最终损害裁定后，如果有充分的理由相信按确定的补贴金额征收反补贴税不符合公共利益[②]，加拿大国际贸易裁判庭可以自行或依据利害关系人的请求发起公共利益调查[③]，并允许任何与调查有利害关系的当事人向加拿大国际贸易裁判庭陈述相关的利益。公共利益调查与产业损害调查结合在一起，并具有独立于损害调查之外的单独程序。公共利益调查结论包括定性和定量两个方面，即加拿大国际贸易裁判庭须量化消除产业损害所必需的价格水平或重估反补贴税率。如果加拿大国际贸易裁判庭认定按补贴全额征收反补贴税不符合公共利益，其将向国家财政部提交报告，提出建议并说明理由，即可以建议政府降低或免除征收反补贴税。由于该法没有明确定义何谓公共利益，使加拿大国际贸易裁判庭在公共利益的解释上存在很大的自由裁量权。这表明，即使在加拿大这个重视公共利益功效的国家，法律规定也较为模糊，可见在实际调查中个案分析的重要性。近年来加拿大国际贸易裁判庭似乎采取了相对宽泛的态度，扩大了公共利益概念的外延，在评估各种因素时融入鼓励竞争的考虑，更为积极地接纳公众的主张，更多地关注消费者的利益保护。这反映了加拿大政府决策背后的社会政策取向，这种转变再次体现了公共利益条款在贸易救济措施中的作用日益增强。

---

① 1984年12月1日起生效，1999年修订，2000年4月15日起再次生效。
② 该法第45.5条规定，如果国际贸易法院认为按确定的倾销/补贴幅度征收反倾销或反补贴税不符合公共利益，则法院应确定：(1)反倾销或反补贴税的削减幅度；(2)足以消除产业损害、损害威胁或阻碍产业发展的价格。第45.4条规定，根据调查结果，如果国际贸易法院认定征收反倾销或反补贴税，以及按确定的倾销/补贴幅度征收反倾销或反补贴税不符合公共利益，则法院应立即：(1)向财政部长报告调查结论并陈述相关事实和理由；(2)在政府公报上发布有关通知。
③ 该法第45.3条规定：在公共利益调查中，国际贸易法院应考察任何有关的因素，该法第40条第1款规定的公共利益因素包括：(1)是否可以从与该反倾销/补贴诉讼无关的其他国家或出口商获得相同产品。(2)如果依据倾销(补贴)幅度征收反倾销或反补贴税，则是否：① 消除或很大程度上降低这种产品在国内市场上的竞争力；② 对以这种产品为投入品而生产或提供其他产品的本国生产商或服务商造成重大损害；③ 因限制获得这种产品及相关技术，而对以这种产品为投入品而生产或提供其他产品的本国生产商或服务商的竞争力造成重大损害；④ 严重限制消费者按竞争性价格选择或获得这种产品，或通过其他方式给消费者造成严重损害。(3)如果不征收反倾销或反补贴税，或不依据倾销(补贴)幅度全额征收反倾销或反补贴税，则是否会给这种产品的上游产业，包括初级产品的国内生产商造成重大损害。(4)与本案公共利益有关的任何其他因素。

综上所述,WTO 对公共利益的规定还比较模糊,相比欧盟与加拿大,WTO 的公共利益制度存在局限性。一方面其适用范围不够宽泛,仅要求考虑下游用户和消费者的利益,忽略了上游用户等利害关系方的利益,也没有考虑市场竞争等因素的影响;另一方面实施力度不够强硬,"低税原则"中对成员方并没有做强制性的规定,赋予成员方太大的裁量权,削弱了公共利益制度平衡各方利益的效用。基于这些局限性以及多边贸易的要求,欧盟、加拿大、印度以及反倾销之友(Friends of Anti-dumping Negotiations,以下简称 FANs)提议应强化 WTO 中的公共利益规则,包括明确订立公共利益条款和制定强制性的"低税原则"。笔者认为,公共利益条款可以平衡利益主体之间的相互冲突,强调成员方不能只顾本国某个产业的局部利益,消除反补贴措施中阻碍竞争的因素,应该对社会福利予以整体考量。WTO 明确订立公共利益条款,将为各成员方的立法和实践提供国际法依据,WTO 特有的争端解决机制也有助于公共利益条款在各成员方的切实执行,这将更有利于实现《SCM 协定》防止反补贴措施沦为贸易保护主义工具的立法精神。

(四) 中国关于"公共利益"的立法与完善

2004 年中国《宪法修正案》的第 10 条与第 13 条均将公共利益作为国家对土地以及对公民的私有财产实行征收、征用的理由与条件加以规定。该规定体现了这样的法理,即公权力对私人利益的单方面克减,只能是以公共利益为目的,由此而形成的是一种公法关系,国家应当承担相应的法律责任。基于任何公共利益之外的理由对私人合法权益的单方面克减、剥夺都是非法的。①

2004 年修订的《对外贸易法》《反倾销条例》和《反补贴条例》都明确规定"公共利益"条款,如《反补贴条例》第 38 条明确规定,征收反补贴税应当符合公共利益。这些立法表明了中国贸易救济措施法律的先进性,以及中国政府在采取贸易救济措施时不像其他西方国家那样偏向某一利益集团,而是真正考量各利害关系方的利益,体现中国政府对个体、私权的尊重,体现了社会主义的优越性。不能否认,该规定还属于原则性条款,条例本身和其他法规并未对公共利益的判定标准作出任何具体规定,在目前还难以发挥应有的作用。这种状况导致调查机关在调查中考

---

① 参见胡建淼、邢益精:《公共利益的法理之维——公共利益概念透析》,载《法学》2004 年第 10 期。

虑公共利益时无章可循,难免带有随意性。反补贴措施是把"双刃剑",在保护国内产业的同时,也会伤及上下游产业。如何在发挥贸易救济措施最大功效的同时,妥善处理好上下游产业的利益,是公共利益条款所要实现的。

根据关税理论及中国反倾销调查的实践经验,笔者认为,在反补贴调查时,应该考虑以下几个方面的问题:中国商务部可以借鉴欧盟和加拿大的相关做法,从实体和程序两方面将反补贴公共利益的评价标准具体化[1],从而形成一整套较为完善的公共利益调查机制。首先,在调查程序上,要充分满足各利害关系方参与调查活动的权利,利用下游产业利益陈述会、听证会等形式,给予有关利害关系方充分发表意见、提交证据材料的机会。其次,在实体上,将公共利益评价的结论和依据在反补贴终裁决定中作出明确说明,并在现有损害调查的基础上可以适当借鉴产业损害幅度理论和认定标准,在确保弥补产业损害的前提下,依从低征税原则,最大限度地保护下游产业和消费者的利益。此外,还应采取更灵活的措施,如降低或免征反补贴税、价格承诺等方式结案,以削弱反补贴措施对公共利益的影响。最后,对公共利益的评价应综合考虑中国整体利益和社会福利,要与中国产业政策、竞争政策及相关法律保持一致,要兼顾近期利益和长远利益。具体来说要考虑涉案产品的国内供给能力[2]、国内产业对进口上游产品的依赖性[3]、下游产业的数量及重要性[4]、资源配置有效性等方面。总之,公共利益的政策取向可以向最终用户和消费者倾斜,以鼓励竞争、维护消费者权益,还要考虑环保等因素,注重可持续发展,使社会的整体福利最大化。

当中国遭受其他成员方的反倾销或反补贴调查时,中国政府可以发动进口国国内进口商对调查机关或国会等权力机关施加影响,加大游

---

[1] 欧盟公共利益评价的结果仅仅影响是否征收反补贴税的决定,反补贴税率高低的确定遵循低税原则,与公共利益评价的结论没有直接联系。加拿大将公共利益评价与反补贴税率的确定联系起来,可以根据维护公共利益的需要确定较低的反补贴税率。

[2] 如果涉案产品的国内供给能力较低,采取反补贴措施后,会导致供需缺口加大,价格上涨刚性增大。也就是说,进口产品即使被征收了特别关税,在中国市场仍然具有竞争力,却增加了国内下游产业的生产成本,而价格上涨的收益被外国生产商和出口商获得。

[3] 涉案产品价格的提升也会拉动上游产品的价格,具有双重保护的作用,但如果国内产业对进口上游产品具有较高的依赖性,则得不偿失。

[4] 如果涉案的中间产品用途非常广泛,涉及众多下游产业,特别是如果下游产业具有战略意义或属于国家支柱性产业,则要采取召开听证会的形式,广泛听取意见,进行整体考虑。

说①力量,利用"公共利益"条款进行抗辩。

三、多哈规则谈判关于"公共利益"条款的争议

根据参加多哈规则谈判的亲身经历,笔者认为,许多成员方都对"公共利益"的条款予以关注并加以评论,原因有二:第一,"公共利益"条款确实对反补贴/反倾销案件的调查结果有实质性的影响。各成员方的相关实践较少,许多成员方希望利用规则谈判的机会进一步澄清相关规则,增加该条款的透明度,以期在未来贸易摩擦中充分发挥"公共利益"条款的作用,利用措施国的下游用户和消费者的游说,使本国的出口产品免于或降低被征收反补贴/反倾销税。第二,对"公共利益"条款的讨论不涉及复杂的法律和技术分析,也不要求有丰富的实际经验为背景,该条款的立法意图容易被理解,一些成员方代表有能力对此发表意见,因为在一些较为复杂的技术条款上只有一些贸易救济措施常用国才有能力发表评论。这一现象表明,成员方在处理贸易救济措施复杂问题的能力上存在巨大的差异,能力弱者在谈判中处于劣势地位,谈判所订立的条款很可能对其不利,而美国、欧盟等深谙此道的成员方则经常利用其他成员方对规则不熟悉等弱点,在国际谈判中订立看似平等但实际上对自己更为有利的条款。因此,客观地讲,谈判的基础是不平等的,WTO 规则在订立之时就是不平等的,发达成员方通过谈判使不合法、不合理的行为获得了合法地位。虽然发展中国家成员清楚地认识到这一问题,但为了参与全球贸易自由化、为了促进自身发展及加速自身的改革进程,而必须参与其中。

由于加拿大的"公共利益"实践较多,其提案最为全面和详细,加拿大②认为澄清"公共利益"条款有利于在给予调查机关灵活性的同时,保障各利害关系方充分发表评论的权利,并指出在《SCM 协定》和《AD 协定》中增加公共利益条款应遵循两条原则:(1)任何关于公共利益的新义务应为成员提供足够的灵活性,以便适应成员们的不同做法和国内法律体系;(2)成员方有关公共利益的决定应不受 WTO 约束。为此,加拿大建议增加以下有关内容,主要包括:每个成员应在其法律中设立适当程序(appropriate procedure),允许调查机关对征收反补贴税(或反倾销税)是

---

① 用英文可解释为"lobby"。
② TN/RL/GEN/85.

否符合公共利益进行调查；调查机关应考虑受反补贴税(或反倾销税)影响的国内各方，包括但不限于工业用户、消费者组织和国内竞争法机关等提供的意见；在充分考虑有关信息的基础上，调查机关可以决定取消措施或降低税率；公共利益决定不能诉至 DSB。同时，加拿大建议在两个协定中增加附件以明确调查机关在进行公共利益测试时需要考虑的因素。

针对加拿大的提案，很多成员方认为，加拿大的提案旨在增加调查的透明度和可信性，使调查机关真正做到善意行政，但加拿大的提案在给予利害关系方评论机会、调查机关对评论意见的考虑等程序性问题方面还存在一定欠缺。各方争议主要集中在以下几个方面：

1. 关于公共利益的定义

美国认为公共利益还可能包含非经济因素，应该在修改后的条文中得到体现。欧盟指出，增加公共利益条款最主要的目的是使各方更加公开、深入地参与反补贴(或反倾销)调查，因此，应避免将定义制定得过于宽泛，外交政策、安全、环境等因素应被排除在公共利益定义之外。

2. 关于公共利益决定与争端解决机制的关系

巴西、澳大利亚、埃及等成员希望澄清"公共利益决定不受争端解决机制约束"中的含义和范围。"不受约束"是仅指决定的实体内容，还是包括程序部分。日本特别举例，如一成员法律中包含了公共利益测试的程序，但在实践中却没有进行这种测试，该情况是否可诉诸 DSB。韩国指出，根据加拿大的提案，公共利益的测试可分为三个步骤，分别是在国内法中设置有关程序、调查机关听取各方意见、调查机关作出公共利益决定。韩国认为，前两个步骤可以诉诸 DSB，而第三步骤则不应受争端解决机制约束。同时，韩国还提出了公共利益决定与司法审查的关系问题。

3. 公共利益测试的次序问题

日本虽未明确反对在终裁后进行公共利益测试，但认为在调查过程中进行测试更为有效。新西兰指出，应首先明确进行公共利益测试的主体是调查机关还是其他单独机构，再决定进行测试的次序，并应注意协调不同机构之间的不同意见。关于进行公共利益测试需要考虑的因素，泰国认为加拿大的提案具有指导性，但其中的个别措辞，如重大损害(significant damage)等，将可能在实践操作中引发新的问题。印度希望澄清并量化公共利益测试指标。埃及认为发展中国家成员的调查能力和资源有限，应予以特殊照顾。

中国认为加拿大的提案在很大程度上平衡了公共利益测试和争端解决机制的关系。中国支持在国内法中设置公共利益测试的程序,并认为应在进行测试方面给予各成员一定的灵活性,还认为最终决定不受争端解决机制约束十分重要。

澳大利亚、新西兰等无公共利益实践的成员方,仍对在协定中增加公共利益条款持保留意见,认为《AD 协定》第 6.12 款和《SCM 协定》中已有相关规定,无须再增加条款。此外,还对公共利益与较低税率规则之间的关系以及如何计算较低税率问题表示关切。除关于公共利益的基本问题之外,FANs[①] 和一些成员方建议将"工业用户"(industrial users)及"消费者组织"(consumer organization)纳入《SCM 协定》第 12.9 条和《AD 协定》中关于"利害关系人"的定义中,以确保他们参与调查的机会。[②] 埃及反对将倾销进口产品的工业用户列为利害关系人,并认为消费者团体与公共利益有关,而公共利益属于国内政策,应由成员方自行决定。[③] 笔者认为,在实践中,最让调查机关困惑的就是如何一方面保证贸易救济措施得以有效实施,达到预期效果;另一方面又要满足来自国内下游用户的需要。把下游用户列入利害关系方,会使公共利益的考虑更加全面,真正顾及了措施所涉及的各方关系的利益,但又会使贸易救济措施的有效性受到减损。贸易救济措施的价值取向在于保护国内产业的利益,但这难免要牺牲部分利益,因此,对其他利害关系方来说,虽然公共利益条款是维护其利益的法律依据,但却不能对该条款寄予很高期望。

---

① TN/RL/W/6.
② TN/RL/W/104.
③ TN/RL/W/126.

第七章
反补贴措施的有关问题

在反补贴调查实践中,出口国(地区)政府、国外生产商、出口商均可被视为被调查对象。与反倾销调查仅针对企业出口行为相比,反补贴调查不仅仅涉及出口企业,还涉及被调查成员方的补贴政策,因此也必将会涉及该成员方的经济体制、产业政策、外交政策、立法机制以及行政管理手段等问题,因此调查机关的相关法律认定变得非常敏感和复杂。从世界范围看,能够发起反补贴调查的成员方大多为发达国家成员,大部分成员方除了需要找到有足够竞争力并且能够被视为可以作为反补贴调查案件申请人的"同类产业"之外,主要针对的目标是发达国家成员方产业政策、经济体制,还受到调查机关本身对补贴的认知、理解和调查的能力水平等客观条件所限,因此,更多成员方会更愿意动用反倾销调查,采用反倾销措施来抵消他国补贴造成的影响。

因此,与反倾销调查相比各国反补贴调查实践都比较少,这一状况限制了补贴与反补贴规则的发展,并导致各成员方对补贴与反补贴措施的研究和适用较为薄弱,而从易操作考虑,在大多数情况下直接参照反倾销程序规则。客观讲,这种做法虽然简便,有利于不熟悉反补贴规则的成员方积极使用反补贴措施。但是,笔者认为,无论从措施性质还是从其影响程度来看,反补贴措施与反倾销措施是不尽相同的,反补贴措施应该有一套更具有针对性的程序规则。随着反补贴实践的发展,各成员方在未来谈判中对反补贴程序规则的改革也是必然的。① 事实上,中国已经在规则谈判中提出了相关提案。目前《SCM 协定》和各国国内反补贴税法

---

① 本观点在 2005 年得到乔治城大学(Georgetown University)教授约翰·杰克逊(John Jackson)的支持。

规定的反补贴调查程序和反倾销调查程序基本一致,主要包括以下几个步骤:立案、初步调查及裁定、采取临时反补贴措施、最终裁定及最终反补贴措施,及承诺听证会等调查程序,而且大部分成员方的调查机关会在此阶段进行实地核查。此外,与反倾销调查类似,反补贴调查措施生效后,还有发生追溯征税、复审、司法审查等法定程序。但这些都不是必经的调查程序而是依当事方的申请或视个案具体情况而定的。本章主要研究的是反补贴程序规则中与反倾销程序规则不尽相同且具特殊性的问题。

第一节 反补贴法授权的有关措施

一、临时措施

临时措施是一种为顺利进行继续调查而采取的预防性措施,也是反补贴调查机关决定是否最终征收反补贴税的前序性非正式措施。[①] 反补贴调查机关采取临时性措施,表明其对补贴的存在和补贴进口产品给国内产业造成的损害已经有了初步肯定性的结论,但采取临时措施并不表明一定要采取最终的反补贴措施。临时措施只是调查机关为防止国内产业遭受的损害进一步扩大而采取的一种临时性和预防性的救济措施。

(一)采取临时措施的先决条件

《SCM 协定》第 17.1 条规定采取临时反补贴措施必须满足三个条件:

第一,已经根据第 11 条的规定发起反补贴立案调查并发出公告,给予利害关系成员方和利害关系方提交信息和表达意见的充分机会。

从本条的字面含义上看,调查机关在采取临时反补贴措施时的义务是要给予利害关系成员方提交信息和表达意见的充分机会。这里强调了发起反补贴调查的成员方的通知义务,无论是在 1947 年 GATT,1979 年东京回合,还是在 1994 年乌拉圭回合都对通知义务作出了重要规定。专家组在 1960 年的报告中曾指出:"正常情况下,知道补贴存在和补贴造成的损害存在的国家应当直接与出口国的政府联络,后者也应不拖延地提供要求的信息,如果不能提供信息,将被征收很高水平的反补贴税,而它

[①] 参见顾敏康:《WTO 反倾销法——蕴于实践的理论》,北京大学出版社 2005 年版,第 153 页。

提供信息则可能可以避免。"①需要注意的是,该条款项下的"利害关系方"和《AD协定》项下"利害关系方"的范围是不一致的。《AD协定》第7.1条第1项只规定给予"利害关系方"提交信息和表达意见的充分机会,当然在采取最终反倾销措施时调查机关也有义务向利害关系成员方提供提交信息和表达意见的充分机会。但仅从字面来判断,《AD协定》项下的"利害关系方"似乎比《SCM协定》项下的"利害关系方"涵盖的内容要广,它包括了利害关系成员方政府。《SCM协定》则将"利害关系方"与"利害关系成员方"同时列明,这突出了反补贴调查中,接受调查的成员方在调查中的重要性,即不仅仅作为利害关系方提交评论、发表意见,更应积极参与调查、主张权利。调查的结论对利害关系成员有实质性的影响。欧盟《反补贴条例》②对采取反补贴措施的前提条件也作出了类似的规定,在条款中也只采用了利害关系方的概念,其内容涵盖了利害关系成员方,并认为进口产品受益于该补贴且对欧盟产业造成损害,采取临时措施有利于防止进一步损害。③

第二,已经作出关于补贴存在和接受补贴的进口产品对国内产业造成损害及具有因果关系的初步肯定性裁定。

第三,反补贴调查机关判定采取临时性反补贴措施对阻止调查期间造成损害是必要的。由于临时反补贴税的目的是抵消补贴造成的优势,因此临时反补贴税的范围不能超过"估计"的范围,这种"估计"必须基于客观事实。

从条文的上下文含义来看,上述三项条件是应该同时存在和满足的,而非选择性的条件。

(二)采取临时措施的形式及期限

根据《SCM协定》第17.2条④的规定,临时反补贴措施可以采取征收

---

① 王传丽编著:《补贴与反补贴措施协定条文释义》,湖南科学技术出版社2006年版,第145页。
② Art. 10 of Council Regulation (EC) No. 2026/97.
③ Art. 12 of Council Regulation (EC) No. 2026/97:The regulation requires the following cumulative conditions to be fulfilled so as to allow the imposition of provisional duties:(1) proceedings have been initiated in accordance with Article 10 of the Regulation.(2) A notice of initiation has been issued and interested parties have had the opportunity to submit information and make comments.(3) A provisional determination affirms that the imported product benefits from countervailable subsidies and that this causes injury to the community industry.(4) The Community interest must call for intervention in order to prevent such injury.
④ Provisional measures may take the form of provisional countervailing duties guaranteed by cash deposits or bonds equal to the amount of the provisionally calculated amount of subsidization.

临时反补贴税的形式,临时反补贴税由现金保证金或保函担保,其金额等于临时计算的补贴金额。各成员方国内法的规定较为灵活。美国《反补贴税法》规定,如果 DOC 作出肯定性初步裁定,则被调查产品的进口商须交纳押金、保函或其他保证。韩国《关税法》规定,临时反补贴措施可以采取征收临时反补贴税或要求被调查产品进口商缴纳保证金的方式实施。巴西《关于适用〈AD 协定〉和〈SCM 协定〉的第 926 号暂行办法》第 3 条第 1 款规定,临时反补贴措施以现金保证金或者保函担保的形式实施。中国 2004 年《反补贴条例》第 29 条和第 30 条规定,临时反补贴措施采取以保证金或者保函作为担保的征收临时反补贴税的形式。采取临时反补贴措施,由商务部提出建议,国务院关税税则委员会根据商务部的建议作出决定,由商务部予以公告。海关自公告规定实施之日起执行。

《SCM 协定》第 17.3 条规定,临时措施不得早于发起调查之日起 60 天实施。各成员方的调查机关一般希望尽早采取临时措施,其目的在于:一方面可以起到阻吓的作用;一方面可以尽早保护国内产业,防止国内产业在调查期内继续遭受损害。《SCM 协定》的规定表明,调查机关应该在作出采取临时措施的决定之前至少 60 天的时间,对补贴的存在和补贴造成的损害结果进行实质性的调查。如果调查机关仅为了满足法定的 60 天的期限而消极等待,则应视为违反了第 17.1 条。各成员方的反补贴法也作出类似规定。美国《反补贴税法》规定 DOC 在接到申请书后 85 天内必须作出初裁,但在特别复杂的情况下,经部长批准可顺延 65 天,即发起调查之日起的第 150 天。韩国《关税法》规定,如果韩国贸易委员会的初步调查在规定的调查期限内完成,则临时反补贴措施最迟可在发起调查的公告发布之日满 4 个月之日起根据韩国财政经济部部长的肯定性初裁实施。但是,韩国贸易委员会需要将初步调查期限按照规定延期 2 个月,临时反补贴措施最迟可在发起调查公告之日满 6 个月之日起实施,韩国财政经济部部长还可在必要时延长初裁时间,但最长不超过 20 天。

此外,《SCM 协定》对临时措施的实施期限也进行了限制。第 17.4 条规定,临时措施的实施期限应限制在尽可能短的时间内,一般不超过 4 个月。但该条没有如同《AD 协定》第 7.4 条规定的那样可以适当延长实施期(6 个月延长到 9 个月),这表明与反倾销措施相比,WTO 对反补贴措施的适用更为谨慎。各成员方的反补贴法也都严格遵守了该项规定,如中国、欧盟①、新加坡等都严格规定，临时反补贴税的征税期限不应超过4个月，并且不得延长。但也有例外，如韩国《关税法》规定，临时反补贴措施一般不得超过4个月，但占有重要贸易比重的利害关系方提出要求时，财政经济部部长可以将临时反补贴措施的期限延长至6个月。

专家组在美国软木案 III 中认定美国违反了《SCM 协定》第 17.3 条和 17.4 条的规定，因为美国的临时反补贴措施是在立案后不足 60 天就予以实施的且期限长于 4 个月。② 笔者认为，反补贴调查机关应该避免出现这种低级错误，一定要遵守程序上的硬性规定，否则就很容易受到被调查方的出口国（地区）政府质疑，不仅会陷于被动地位，而且还有可能因此影响案件调查结果。

临时措施并不是最终措施的必经阶段，如果调查机关不能依据表面证据作出造成损害的初步肯定性裁定，为了保持继续调查的权利，可以不经过临时措施而直接采用最终措施。欧盟在反倾销调查实践中就曾尝试过没有采取临时措施，而直接采取最终反倾销措施。③ 从表面上看对出口商而言，似乎是一时的利好，避免缴纳临时现金保证金或保函担保，但实际上这种做法容易使利害关系方不能及时获得相关信息和提交意见，影响了利害关系方权利的行使，也使利害关系方对调查机关后续调查的影响力减小。

二、承诺

（一）《SCM 协定》对承诺的规定

承诺的规定首次出现在肯尼迪回合中，并在东京回合期间进行了实质性的修正。④《SCM 协定》第 18.1 条并没有把承诺作为反补贴调查机关应该遵守的义务，而是作为自愿选择。

1.《SCM 协定》中"承诺"与《AD 协定》中"价格承诺"的区别

《SCM 协定》的"承诺"（undertakings）和《AD 协定》中的"价格承诺"

---

① Art 12.6 of Council Regulation (EC) No. 2026/97.
② 参见美国软木案 III 专家组报告（WT/DS236/R），第 7.100 段。
③ 例如：欧盟对来自印度的热轧卷和对来自中国的铝制箔片直接采取最终反倾销措施。
④ 参见顾敏康：《WTO 反倾销法——蕴于实践的理论》，北京大学出版社 2005 年版，第 156 页。

(price undertakings)①本质上相同,是中止或终止调查的一种情形,但在实体内容上则有很大不同。反补贴措施中的"承诺"有别于反倾销措施中的"价格承诺"主要体现在:

第一,内容不同。在反倾销中称为"价格承诺",在反补贴措施中称为"承诺",因为在反补贴调查中承诺的形式除了出口价格上的承诺,还包括补贴的取消或限制、消除进口成员方国内产业损害等情况。

第二,提出承诺的主体不同。在反倾销措施中,价格承诺的主体不包括出口成员方政府,但在反补贴措施中的承诺主体包括产品的原产国(地区)政府或出口国(地区)政府。专家组在欧共体紧固件案中的观点与笔者的观点一致。② 当原产国(地区)政府或出口国(地区)政府同意取消或限制补贴,或采取适当措施对消除补贴所产生的影响作出承诺③;或出口商同意修改价格或停止出口以消除补贴带来的损害性影响,从而使进口成员方的反补贴调查机关确信补贴的损害性影响已经消除。④ 上述两种自愿承诺的情形一旦出现,则可以中止或终止调查程序,而不采取临时措施或征收反补贴税。⑤ 但根据此类承诺的提价不得超过消除补贴金额所必需的限度,如提价幅度小于补贴金额即足以消除对国内产业的损害,则该提价幅度是可取的。⑥ 欧盟《反补贴条例》第13.1条关于承诺的规定与《SCM 协定》完全一致。在实践中,欧委会很少达成承诺,在 Ball Bearings (Thailand)和 Women's Shoes(Brazil)⑦案中欧盟曾与他国达成承诺,巴西政府主动提出对被调查产品征收出口税以抵消对欧盟产业的损害,欧委

---

① 欧委会也曾经采用过数量承诺的方式结案,但现在基本上采用价格承诺的方式终止调查。但对中国的出口企业采取过数量承诺的方式,如大屏幕彩电反倾销案、镁碳砖反倾销案等,欧委会认为价格承诺只能由获得市场经济地位或分别裁决待遇的企业提出。但是,《AD 协定》仅对价格承诺作出规定,欧盟反倾销法也没有对数量限定制定特殊条款和程序。因此欧委会的做法缺乏法律依据。

② 参见欧共体对来自中国的钢铁及紧固件发起的反倾销调查案专家组报告(European Communities-Definitive Anti-Dumping Measures on Certain Iron or Steel Fasteners from China, WT/DS397/R),第7.103段。

③ 参见《SCM 协定》第18.1(a)条。

④ 参见《SCM 协定》第18.1(b)条。

⑤ 参见《SCM 协定》第18.1条。

⑥ 参见《SCM 协定》第18.1(b)条。

⑦ 参见 Women's Shoes (Brazil), 1981 O.J.(L 327)39. In Broad-flanged beams(Spain), 1983 O.J.(L 116)91, the EC authorities decided to terminate the anti-subsidy proceeding because an arrangement with respect to trade in steel products had been made in the meantime between Spain and the Community. SeeVan Bael & Bellis, p.564.

会接受了该承诺,没有采取反补贴措施。在聚酯纤维和聚酯纤维纱线案(土耳其)[Polyester Fibres and Polyester Yarns(Turkey)]案中也如此,欧盟采取临时反补贴措施之后,土耳其提出建议并承诺逐步取消出口补贴、豁免公司税等补贴政策,双方达成承诺。①

第三,对生产商、出口商提出承诺的要求不同。反倾销调查中,接受调查的生产商和出口商提出价格承诺时,无须征得出口国(地区)政府的同意;但在反补贴调查过程中,接受调查的生产商和出口商提出承诺时,必须经过出口国(地区)政府的同意。

2. 承诺的前提条件

《SCM协定》第18.2条规定了承诺的前提条件:必须是在进口国(地区)的反补贴调查机关已经就补贴和补贴所造成的损害作出初步肯定裁定,并且出口商已获得出口成员方的同意作出承诺的情况下。② 该条的目的在于避免自愿限制协定或其他类似的措施。如果进口国(地区)的调查机关认为接受承诺不可行,则不必接受所提承诺,通常有两种情况:①由于实际或潜在的出口商数量过大,或②由于其他原因,包括一般政策原因。但是如果发生此种情况且在可行的情况下,调查机关应向出口商提供其认为不宜接受承诺的理由,并应在可能的限度内给予出口商就此发表意见的机会。③ 如果承诺被接受,且出口成员方希望或进口成员方决定,则关于补贴和损害的调查仍应完成。在此种情况下,如作出关于补贴或损害的否定裁定,则承诺自动失效,除非此种裁定主要是因承诺的存在而作出的。同时,调查机关可要求在与《SCM协定》规定相一致的合理期限内维持承诺。如作出关于补贴和损害的肯定裁定,则承诺应按其条件和《SCM协定》的规定继续有效。④ 在此,如何理解第18.2条和第18.4条的内在联系就显得十分重要。第18.2条规定了承诺的依据是初步裁定存在补贴和损害,而第18.4条规定了接受承诺的情况下,仍然可以继续进行补贴和损害的调查并作出最终裁定。当然,在现实中,承诺是一种妥协的结果。有的学者将承诺视为欧盟可能取消调查而不征收临时或最

---

① Van Bael & Bellis, Anti-Dumping and Other Trade Protection laws of the EC (Ⅰ), Kluwer Law International, 2004, p.565.
② 在反倾销措施中,则无须经出口成员方同意,见《AD协定》第8.2条。
③ 参见《SCM协定》第18.3条和《AD协定》第8.3条,两者规定一致。
④ 参见《SCM协定》第18.4条。

终反补贴税的一种情况。① 《SCM 协定》尽量兼顾各成员方的实践做法。在没有初步裁定的情况下，不能确定进口产品是造成损害的原因。在此情况下，承诺无疑代表出口商自认补贴和损害行为，第 18.2 条的规定可避免调查机关在没有任何结论的情况下胁迫出口商承诺，也避免出口商承诺的幅度低于损害。第 18.4 条进一步明确了终裁决定与初裁相同和不同时对承诺的处理。

3. 承诺的提出

依照《SCM 协定》的规定，承诺可由出口商或出口成员方政府主动提出，或进口成员方调查机关提出建议。如果进口成员方调查机关在作出肯定性裁定时，建议接受承诺就更具压力优势，从而迫使出口商在权衡将来诉讼的利弊后接受承诺。第 18.5 条明确规定，"价格承诺"可由进口成员方的调查机关提出建议，不得强迫出口商作出此类承诺。政府或出口商不提出此类承诺或不接受所建议的承诺的事实，绝不能有损于案件审查。当然，如果补贴产品继续进口，则进口成员方调查机关可自由决定损害的威胁是否有可能成为现实。在该条中，似乎仅针对"价格承诺"这一形式进行了规定，其真正含义还有待于在实际案件中验证。由于承诺是以补贴和损害存在的初步裁定为前提的，并不能排除对补贴和损害的继续调查，因此，接受承诺本身不表示进口成员方调查机关不采取临时或最终反补贴措施。进口成员方调查机关可要求已接受承诺的政府或出口商定期提供有关履行承诺的信息，并允许核实有关数据。如违反承诺，则进口成员方调查机关可根据相关规定采取行动，包括使用可获得的最佳信息立即实施临时措施。在此类情况下，可依照《SCM 协定》对在实施此类临时措施前 90 天内进口的供消费的产品征收最终税，但此追溯课征不适用于违反承诺前已入境的进口产品。② 反补贴税由进口商支付，而承诺是由出口商接受的，当出口商和进口商有关联关系时，出现承诺的概率比较大，因为进口商可能更容易说服出口商向进口成员方调查机关提出价格承诺的建议。在美国伯德法修正案中，专家组认定涉案措施并没有强令美国调查机关拒绝承诺的要约，因此拒绝了认定关于涉案措施违反

---

① 参见顾敏康：《WTO 反倾销法——蕴于实践的理论》，北京大学出版社 2005 年版，第 156 页。

② 参见《SCM 协定》第 18.6 条。

了第 18.3 条的请求。①

承诺是出口商对调查机关的单方面行为,进而承诺是案件调查中的一种可选方案,不是强制程序,对出口商和调查机关双方都有较大的选择空间。在实践中,通常出口商提出承诺会考虑较多情况,如进口商的接受意愿、关联进口商的反吸收问题、价格波动等。出口商在初裁后,根据初裁幅度测试继续出口的可能性后,一般在难以出口的情况下,会提出承诺的意向。从调查机关的角度来看,承诺涉及措施效果、执行监管等问题。因此,对承诺的提出和此后调查程序的进行,协定都给予了宽松的规定,包括在终裁前达成承诺或者承诺与终裁同时发布等。另一种情况是,在终裁后措施执行中,是否可以提出承诺。这种情况更加复杂,需要承诺的原因不一,如采取措施中的部分产品不能满足国内下游生产企业、政治交涉等。通常,调查机关通过开启复审的方式实现承诺,以避免程序上的瑕疵。

(二)多哈规则谈判关于"承诺"的建议

在多哈规则谈判中,巴西认为,《SCM 协定》第 18.1 条并没有把承诺作为反补贴调查机关应该遵守的义务,而是作为自愿选择,缺乏对"令人满意的自愿承诺"的定义,而且第 18.3 条给予调查机关很大的自由裁量权去拒绝承诺,致使出口商很难实现承诺以恢复出口。虽然该条款规定调查机关应该给出不接受承诺的理由,并给出口商评论的机会,但在实践中,出口商的权利难以实现,处于弱势状态。巴西还认为调查机关在计算反补贴税时没有考虑较低税率原则,使发展中国家成员出口商承受额外的负担,建议将低税率原则作为成员方应该遵守的义务。② 澳大利亚认为应该对承诺的相关问题加以认真研究和澄清,使其更具可操作性。有成员方认为,应该采用较低税率原则,并希望研究具有可操作性的模式并将此原则作为各成员方应遵守的义务。③

(三)中国在实施承诺时应注意的问题

目前,中国已经连续十多年成为遭受反补贴调查最多的 WTO 成员。从中国目前的经济状况看,出口对经济的拉动作用在短时期内不可替代。中国的立场还是应该积极支持较低税率原则、建议减少各国或地区反补

---

① 参见美国伯德法修正案专家组报告(WT/DS217/R,WT/DS234/R),第 7.80—7.81 段。
② TN/RL/W/19.
③ TN/RL/W/37.

贴调查机关的自由裁量权。中国应总结各成员方在反倾销和反补贴措施领域实施价格承诺的经验,在实施承诺的时候,需要注意以下程序问题:在反补贴调查期间,如果出口国(地区)政府提出取消、限制补贴或者其他有关措施的承诺,或者出口商提出修改价格承诺,应当予以充分考虑,但是不得强迫出口商作出承诺。在对补贴以及由补贴造成的损害作出肯定的初裁裁定前,不得寻求或者接受承诺。在出口商作出承诺的情况下,未经其本国(地区)政府同意,也不应寻求或者接受承诺。如果不接受承诺,应当向有关出口商说明理由。如果最终的调查结果作出补贴或者损害的否定裁定,承诺自动失效;作出补贴和损害的肯定裁定,承诺继续有效。出现违反承诺的,可以立即决定恢复反补贴调查;根据可获得的最佳信息,可以决定采取临时反补贴措施,还可以对实施临时反补贴措施前90天内进口的产品追溯征收反补贴税,但是对于违反承诺之前进口的产品应当除外。

中国在应对反补贴调查主动提出承诺时,在注意法律程序问题的同时,应注意考虑商业战略、市场的经济特征等问题,如涉案产品的特点、进口调查国(地区)的市场状况、价格走势、供求关系、竞争情况等。较为适宜提出价格承诺的产品特征有:(1)产品价格相对比较平稳,具有上升空间;(2)产品结构相对单一;(3)竞争对手较少,不能形成"进口替代";(4)产品的市场份额较大;(5)进口国(地区)下游产业对产品需求很大。[①]

三、反补贴税的征收

《SCM 协定》第 19 条对反补贴税的征收进行了规定,但从脚注 51[②] 的规定和上下文的含义来看,该条规定的反补贴税征收应该是指进口国(地区)的调查机关在终裁时最终确定的反补贴税征收。《SCM 协定》第 19 条关于反补贴税征收的规定要比《AD 协定》第 9 条中反倾销税征收的规定简单。具体如下:

《SCM 协定》第 19.1 条规定:"如为完成磋商而作出合理努力后,一成员就补贴的存在和金额作出最终裁定,并裁定通过补贴的影响,补贴进口产品正在造成损害,则该成员可依照本条的规定征收反补贴税,除非此项或此类补贴被撤销。"通常认为,该条规定了反补贴税征收的三个实

---

① 参见蒲凌尘:《应诉欧共体反倾销律师业务》,法律出版社2007年版,第74页。
② 本协定使用的"征收"应指最终或最后的合法课税或征税或收税。

体要件,即反补贴税的征收是以裁定存在补贴、国内产业遭受损害和具有因果关系为前提的。但笔者认为,反补贴税征收还有第四个要件,即反补贴税不得超过经确认存在的补贴额。此外,根据第 19.1 条的用词,"如为完成磋商而作出合理努力后"应视为程序性的前提,其目的在于通过磋商手段促使成员方取消不符合《SCM 协定》规定的补贴,而非具有惩戒性的反补贴措施。关于"通过补贴的影响",日本 DRAMs 案专家组比较了第 15.5 条和第 19.1 条的关系,认为第 19.1 条应该与第 15.5 条保持一致,即调查机关无须证明补贴进口产品数量及价格的影响以及随即带来的影响。① 上诉机构也支持了专家组的主张。② 最后一句话"除非此项或此类补贴被撤销"对反补贴税的征收加以限定,这表明,如果补贴被撤销则不能再征收反补贴税。实际上,虽然补贴被撤销了,但其对进口成员方国内产业造成的损害影响可能仍然存在。《SCM 协定》对此没有任何规定,这个问题将有待于在实践中加以解决。《SCM 协定》第 19.2 条③规定了三方面的内容:其一,调查机关拥有征税的自由裁量权;其二,较低税率原则;其三,公共利益的考虑。该条的主旨是在反补贴税的征收要件全部满足的条件下,进口成员方的调查机关拥有自由裁量权可基于公共利益等因素的考虑决定不征收反补贴税或从低征税,不受《SCM 协定》的限制。在与之相对应的《AD 协定》第 9.1 条中没有对公共利益条款作出规定,这表明,反补贴措施与反倾销措施相比,其对进口国国内产业及上下游的影响更为广泛。调查机关对反补贴税的征收也更为谨慎。这也是在全球范围内反倾销措施数量远远多于反补贴措施数量的重要原因之一。此外,成员方国内法也有类似规定,如欧盟《反补贴条例》规定在采取措施时应该考虑欧盟的整体利益。

此外,第 19.3 条还强调了对所有已查明受到补贴并造成损害的进口产品,应在非歧视原则基础上征收反补贴税,但应将已接受价格承诺的进口产品排除在外。关于第 19.3 条提到的"经确认存在"(实施反补贴税时利益继续存在),在日本 DRAMs 案中,专家组认为,征收的反补贴税只能用来抵消现行的补贴。该案中,日本调查机关发现 2001 年提供的补贴给

---

① 参见日本 DRAMs 反补贴税案专家组报告(WT/DS336/R),第 7.424 段。
② 参见日本 DRAMs 反补贴税案上诉机构报告(WT/DS336/AB/R),第 277 段。
③ GATT 第 6.3 条规定,反补贴税的额度不得超过相当于该产品在原产地国或出口国制造、生产或出口时确定直接或间接给予补助或补贴的估算额的反补贴税,包括对特定产品的专门运输补贴在内。

予了利益,仅在5年内分配了2001年补贴所给予的利益,并于2006年征收了反补贴税(即该利益分配的相关期限已到期)。专家小组解释说,征收反补贴税时调查机关有义务证明当前的补贴与调查机关在过去的调查时期确定的补贴的做法不矛盾。①

此外,对于出于拒绝合作之外的理由而未受到实际调查的出口商,应从速进行审查以便由调查机关为其确定单独的反补贴税率。下文笔者将从"快速审查"(类似于反倾销调查中的新出口商复审)、"适当金额"和可能存在的双重救济措施、补贴金额的计算等方面进行分析:

(一)快速审查

在美国软木案Ⅲ中,专家组重申了第19.3条,获得"快速审查"资格的出口商,即出口商的产品应承担反补贴税,但是并非因拒绝配合调查机关而未在原始调查中接受调查的出口商,有权获得快速审查以获得单独的税率。② 美国诉加拿大超级压光纸反补贴措施案(United States—Countervailing Measures on Supercalendered Paper from Canada DS505,以下简称"美国超级压光纸案")中,专家组认为快速审查的目的"旨在最大限度地将未经调查但配合调查的出口商置于原始调查中应当被调查的境地"。因此,允许"在快速审查中提出任何新的补贴指控将破坏第19.3条的宗旨"③。此外,关于累积调查在快速审查中的运用,美国软木案Ⅲ中,专家组认为,美国的法律对美国调查机关是否可以在快速调查中采用累积审查并没有规定,并指出没有法律规定的事实并不意味着"法律要求美国在累积适用反补贴税率的情况下拒绝任何快速审查请求"。因此,专家组认为,在该案中已审查的法律和法规并未强制违反第19.3条进行快速审查的要求。④

(二)"适当金额"和可能存在的双重救济措施

在中国诉美国部分产品双反案中,专家组认为,在非市场经济方法下,补贴有可能被计算进倾销幅度中,而当针对同一产品征收反补贴税时,该国内补贴又可能被计算进补贴金额中,从而导致同一补贴被抵消两次,构成"双重救济"。上诉机构从条约解释和法律适用两个角度进行了分析。上诉机构认为,"双重救济"与《SCM协定》第19.3条规定不

---

① 参见日本DRAMs反补贴税案专家组报告(WT/DS336/R),第7.356—7.358段。
② 参见美国软木案Ⅲ专家组报告(WT/DS236/R),第7.136段。
③ 美国超级压光纸案专家组报告(WT/DS505/R),第7.290段。
④ 参见美国软木案Ⅲ专家组报告(WT/DS236/R),第7.133和7.140—7.142段。

符①，要合理理解《SCM 协定》第 19.3 条有关反补贴税的"适当数额"，必须同时考虑《AD 协定》的相关规定以及《SCM 协定》和《AD 协定》授权成员实施的救济的规定。② 上诉机构认为，如果不考虑为反倾销税所抵消的同一补贴，则难以确定反补贴税的"适当金额"。

上诉机构认为，根据《SCM 协定》第 19.3 条，调查机关在使用非市场经济方法时，负有肯定性义务，确保征收反补贴税和反倾销税的同时不会导致"双重救济"。第 19.3 条应理解为，在个案中在反补贴税的基础上征收"适当金额"，对所有补贴并造成损害的进口产品无歧视地征收反补贴税。③ 因此，上诉机构裁定，DOC 拒绝考虑"双重救济"的做法违反了第 19.3 条。与 19.2 条相比，该条是硬法条款，具有强制约束力。

USTR 在 2020 年 2 月发布《有关 WTO 上诉机构的报告》，指责上诉机构在裁决中的这一做法，提出的理由如下：(1)没有任何协定限制 WTO 成员方采用包括非市场经济(NME)在内的方法计算反倾销税同时计算反补贴税，因此 WTO 成员方有权对进口产品的补贴与倾销采取单独的救济措施。(2)上诉机构对同时实施反倾销和反补贴税附加了额外要求。在中国诉美国部分产品双反案中，上诉机构报告将第 19.3 条解释为调查机关的义务，这一解释试图"解决一个在谈判中从未解决的问题"并"创造了新的义务"。此外，上诉机构过度依赖第 19.3 条的"适当金额"并为之设定了主观标准，其解读与文本规定相去甚远。(3)上诉机构错误解读第 19.3 条，通过限制 WTO 成员方处理来自中国等非市场经济体的倾销和补贴的进口产品的能力，增加了 WTO 成员方的义务并削弱其权利。④ 笔者认为，美国指控上诉机构的理由没有新意，只是站在美国的角度把之前的所有单方面指责又重新梳理了一遍，但是这一做法是上升到国家的层面去宣告世人，而不仅仅是双边谈判口径或者多边的大使发言，国际影响广泛。从中也可以看出美国在 WTO 改革方面的意图和决心。美国有中长期策略，稳步推进，甚至不会因为党派的更迭而中断；美国智库人员有实践经验，学术水平也高，能为政府提供非常有价值的信

---

① 参见中国诉美国部分产品双反案上诉机构报告(WT/DS379/AB/R)，第 541—542 段。
② 《SCM 协定》和《AD 协定》都规定了使用救济的严格条件。两个协定规定的救济目的可能不同，但是对形式和措施、效果的规定却是相同的。比如《AD 协定》第 9.2 条和《SCM 协定》第 19.3 条均规定，"在每个案件中均应适当"征收反倾销和反补贴税额。
③ 参见中国诉美国部分产品双反案专家组报告(WT/DS379/R)，第 7.323—7.324 段。
④ Report on the Appellate Body of the WTO, pp.114—119.

息。中国相关部门要做好回应的准备。

(三) 补贴金额的计算

关于补贴金额的计算,在中国白羽肉鸡产品案中,应诉方认为,调查机关关于每单位补贴税额的计算由于包括了非被调查商品(non-subject merchandise)获益的补贴,因而是不正确的。专家组认为,根据《SCM协定》第19.4条和GATT 1994第Ⅵ:3条下裁定的相关案例,调查机关有义务正确计算补贴,不得征收超过每单位补贴额的反补贴税。此外,专家组引用了上诉机构在美国小麦麸质案中已经确定的规则,即调查机关"必须积极寻找相关信息",尤其在应诉方已经提请调查机关注意他们误解了问题、交错了数据的情况下,更不能仅仅被动接受并使用应诉方提交的信息和数据。

上诉机构维持了专家组的结论,并指出,第19.4条是指"已存在"的补贴,第19.4条没有要求调查机关在征收反补贴税时进行新的调查或"更新"其作出反补贴的裁定以确定补贴的继续存在。但是,在非重复性补贴项下,如果调查机关在调查过程中发现补贴期限和补贴额在成员方最终决定征收反补贴税时已经不复存在,则不能征收反补贴税。否则超过认定存在的补贴金额,而与第19.4条的条文相悖。①

《SCM协定》第19.4条规定:"对任何进口产品征收的反补贴税不得超过认定存在的补贴金额,该金额以补贴出口产品的单位补贴计算。"关于第19.4条的含义,美国铅铋碳钢案②中专家组认为,如果认定进口产品不存在(可抵消的)补贴,则不能对该进口产品征收反补贴税,因为在这样的情况下认定该进口产品的补贴金额为零。《SCM协定》第19.1条、第19.4条、第21.1条及《SCM协定》第五部分所设的目标是一致的,只有表明(可抵消的)补贴直接或者间接给予进口产品的制造、生产或出口时,才能对该进口产品征收反补贴税。

综上所述,反补贴税的征收既要符合公平原则和较低税率原则,也要满足实体上和程序上的两个条件。实体上的条件指的是,反补贴税的征收要以经磋商并认定存在补贴、国内产业损害和因果关系及不超过经确认存在的补贴额为前提。程序上的条件主要是指,《SCM协定》中明确规定的有关反补贴调查的立案发起和实施、临时反补贴税的征收和承诺及反补贴税的征收时间。其核心在于,保证反补贴调查程序是以透明的方

---

① 参见日本DRAMs反补贴税案上诉机构报告(WT/DS336/AB/R),第210段。
② 参见美国铅铋碳钢案专家组报告(WT/DS138/R),第6.52段。

式进行的,所有当事方都有充分的机会表达自己的意见,同时调查机关对裁定的基础要予以充分的解释。简而言之,作为反补贴的调查机关在征收反补贴税时应注意:只有在终裁裁定补贴成立,并对国内产业造成损害而且两者之间具有因果关系的条件下,才可以征收反补贴税。另外,征收反补贴税时还应当考虑国内利害关系方即下游用户或消费者的意见,即对公共利益的考量。但这仅仅是一种考虑,只有欧盟反补贴法将其作为征收反补贴税的要件,但目前看,也有回退的动向。反观中国《反补贴条例》的规定,也根据补贴金额来确定反补贴税额,但这一将补贴金额与反补贴税税额等同的做法与《SCM 协定》第 19.3 条项下"适当金额"的要求不大一致,也与第 19.2 条从低确定税额的软法精神不一致。考虑到征收反补贴税的目的在于抵消损害性补贴,而非消除一切补贴。因此,一律按补贴金额确定反补贴税税额的做法有可能被认为有过度救济之嫌。虽然并非是调查机关的义务,但中国调查机关可考虑根据规则精神调整将反补贴税税额等同于补贴金额的实践做法,根据《对外贸易法》第 43 条所设定的目的,并根据损害幅度确定反补贴税税额,并注意不得超过补贴金额。对于美国当前的背离主义立法,中国应积极利用《SCM 协定》第 19.3 条项下的"适当金额"条款挑战该规定在 WTO 法律制度中的合法性。鉴于中国诉美国部分产品双反案的上诉机构已经认可第 19.2 条在解释第 19.3 条上的积极作用,中国应以此为契机,积极争取按损害幅度从低确定税额,以降低本国生产者和出口商潜在的税负。

四、追溯征收反补贴税

追溯征收反补贴税的规定与追溯征收反倾销税的规定基本一致。《SCM 协定》对追溯效力(retroactivity)的规定较为原则,缺乏操作层面的规定。《SCM 协定》第 20.1 条规定了临时反补贴措施和反补贴税仅对在分别作出临时措施和最终反补贴措施决定生效之后进口供消费的产品适用,但需遵守本条所列例外规定,即指反补贴税的追溯征收情况。具体可以分为对实施临时措施期间的追溯征收和对实施临时措施之日前 90 天期间的追溯征收。一般而言,临时措施和反补贴税是没有溯及力的,即对初步裁定和最终裁定生效前进口产品不能采取临时措施和征收反补贴税,但也有例外规定,具体情况如下:

1. 对实施临时措施期间的追溯征收

简单地说是指在没有临时措施的情况下裁定有损害存在。这种情况是为了征收应该征收而没有征收的反补贴税,用来弥补没有征收临时反补贴税的不足。又可以具体分为可追溯征收和不可追溯征收两种情况。

(1)可以追溯征收的情况:《SCM协定》第20.2条规定,如作出实质损害的最终裁定(而不是实质损害威胁或实质阻碍一产业建立的最终裁定),或在虽已作出实质损害威胁的最终裁定,但无临时措施,将会导致对补贴进口产品的影响作出损害裁定的情况下,则可在实施措施(若有的话)期间追溯征收反补贴税。这时,如果最终反补贴税高于现金保证金或保函担保金额,则差额部分不得收取。如最终反补贴税低于现金保证金或保函担保的金额,则超出的金额应迅速予以退还,或迅速解除保函。简而言之,该条是为了解决终裁的税率是否能运用初裁措施的问题。若终裁损害认定的形式是实质损害或特定情形下的损害威胁,那么终裁的反补贴税可以追溯至临时措施期间,即临时措施保证金转为反补贴税。

(2)不可追溯征收的情况:如果作出实质损害威胁或实质阻碍的裁定(但未发生实质损害),则最终反补贴税只能自作出实质损害威胁或实质阻碍的裁定之日起征收,在实施临时措施期间所交纳的任何现金应迅速予以退还,任何保函应迅速予以解除。[①] 如最终裁定的损害为损害威胁或实质阻碍国内产业建立的形式,那么对于临时措施保证金的处理要求是退还,保函应迅速予以解除。

2. 对实施临时措施之日前90天期间的追溯征收

根据《SCM协定》第20.6条的规定,在紧急情况下,对涉及补贴产品,如调查机关认为,难以补救的损害是由于得益于以与GATT 1994和本协定的规定不一致的方式支付或给予的补贴产品在较短时间内大量进口造成的,则在其认为为了防止此种损害再次发生而有必要对这些进口产品追溯征收反补贴税的情况下,可在实施临时措施前90天对进口产品课征最终反补贴税。这种情况下征收的反补贴税具有一定的惩罚性和警戒性。

各成员方国内法在《SCM协定》规定的基础上对追溯征收反补贴税进行了规定,如欧盟《反补贴条例》第16条和中国2004年《反补贴条例》第44—46条。但至今为止,欧盟无论是在反补贴领域还是反倾销领域都没有采取过追溯征税。

---

① 参见《SCM协定》第20.4条。

第二节 反倾销调查中对受补贴产品的征税处理

一、GATT及WTO的避免重复征税原则

GATT 1994对反倾销措施和反补贴措施的关系进行了规定,第6.5条指出对任何缔约方的产品进口至任何其他缔约方领土时,不得同时征收反倾销税和反补贴税以补偿倾销或出口补贴所造成的相同情况。《AD协定》和《SCM协定》分别规定,"除依照本协定解释的GATT 1994的条款外,不得针对来自另一成员的倾销/补贴出口产品采取特定行动"(《AD协定》第18.1条及《SCM协定》第32.1条)。上述条款规定了处理两者关系的基本原则,表明WTO体系下要求任何采取贸易救济措施的成员方不得针对由于补贴或倾销造成的情况进行重复征税。

从上述规定可以看出,反倾销调查与反补贴调查是两种特定的调查程序,有关倾销和倾销幅度、补贴和补贴金额的认定与计算存在较大区别,且应严格依据其各自所适用的相关实体和程序法律规定进行认定和计算,相关事实的认定和数据的计算都需要有肯定性证据予以支持。但由于协定仅仅作了原则性规定,因此进口国(地区)调查机关拥有较大的自由裁量权。从美国、欧盟等国家和地区的反倾销和反补贴法律和实践看,都没有明确规定,只是本着避免重复计算和重复征税的基本原则。笔者试图通过对欧盟实践的研究,以寻找适当的处理方法解决中国的实践问题。

二、欧盟的征税实践

在2003年欧盟对来自埃及和俄罗斯的橡胶碳黑(Rubber Grade Carbon Black)征收反倾销税案[1]中,欧委会认为俄罗斯的煤气、电力是由政府定价的,实际上是补贴行为,因此不接受该价格,并予以调整。出口商认为根据欧盟《反倾销条例》[2]第7.10条的规定,欧委会应该同时提起

---

[1] On 21 December 2001 the Commission announced by a notice Page 1, 9 Feb 04 of initiation published in the Official Journal of the European Communities the initiation of an anti-dumping proceeding with regard to imports into the Community of rubber-grade carbon blacks originating in Egypt and Russia, O.J. C 367, 21.12.2001, p.16.

[2] Council Regulation(EC) No. 3284/94.

反补贴调查来认定是否存在补贴。欧委会拒绝了该主张,认为根据欧盟《反倾销条例》第 14.1 条的规定(其实质与 GATT 第 6.5 条是一致的),通过反倾销调查,可以解决由补贴造成的出口价格较低这一情况。[①]

从欧委会的裁定分析得出,如果反倾销调查与反补贴调查同时进行,或者在反倾销调查之前已经采取了反补贴措施的情况下,需要在征收反倾销税时考虑是否会有重复征税的问题,根据补贴类型的不同采取不同的处理方式。

(一)对出口价格和正常价值都产生影响的国内补贴

对原产于土耳其的聚酯纤维和涤纶纱反补贴案[②]中的国内补贴,欧委会认为,所有的国内补贴都应该被视为生产补贴(具有贸易反作用),其减少了被调查产品的生产成本。生产成本的减少使得国内销售价格和出口价格得以同时降低。因此国内补贴不会影响之前确定的倾销幅度。国内补贴对于倾销幅度的影响应该被视为是中性的。在这种情况下,由于 EEC 第 2423/88 号法令第 13.9 条[③]的规定并没有排除同时征收反倾销税和反补贴税的可能性,所以只要不重复征税,则没有必要考虑在反倾销税的基础上是否可以征收反补贴税。

(二)对出口价格和正常价值都产生影响的出口补贴

如原产于泰国的外部最大直径不超过 30mm 的滚珠轴承反倾销案[④]中,欧委会发现泰国对出口商提供了补贴,包括对进口机器设备、原材料关税的减免及企业所得税的免除。在该案中,欧委会认为有必要考虑是否可以在反补贴税的基础上征收反倾销税,是否造成重复计算,需要审查该出口补贴是否影响到正常价值和出口价格。可以认为,进口机器设备、原材料关税的减免及企业所得税的免除降低了正常价值的生产成本部分,因而可以降低出口价格,但出口价格的降低幅度不会大于正常价

---

① 英文原文为:"Because situations which derive from the existence of subsidies may be examined in the course of an anti-dumping investigation. As evidenced by the last sentence of Article 14 (1), the basic anti-dumping Regulation may address dumping situations stemming from subsidization."

② Commission Regulation (EEC) No. 1432/91 of 27 May 1991 imposing a provisional countervailing duty on imports of polyester fibres and polyester yarns originating in Turkey *Official Journal* L137, 31/05/1991, pp.0008-0017.

③ 该条规定对倾销或补贴中的同一事实,对任何产品不得同时适用反倾销税和反补贴税。

④ Commission Regulation (EEC) No.1613/90 of 13 June 1990 imposing a provisional anti-dumping duty on imports of ball bearings with a greatest external diameter not exceeding 30 mm originating in Thailand *Official Journal L* 152, 16/06/1990, pp.0024-0031.

值的减少幅度。欧委会认为该情况对倾销幅度的影响是中性的。但是,如果企业所得税的免除影响了出口价格以及所有向第三国销售的利润,该案中正常价值中的"合理利润"部分是根据在泰国销售的轴承计算出来的(通过一个在新加坡的非关联客户计算得出),因此这个补贴对正常价值中"合理利润"部分的影响与对出口价格影响的数额是一样的。欧委会认为此种补贴同时影响了正常价值和出口价格,如征收反补贴税或者作出取消该补贴的价格承诺对倾销幅度并没有影响。因此在该情况下,在征收反补贴税的基础上再征收反倾销税是合理的。

上述两种补贴使得国内销售价格和出口价格都会受到影响,因此被认为是中性的(neutral),也就是说如果调整的话需要对出口价格和正常价值同时进行调整,该类补贴的存在不会对之前确定的倾销幅度产生影响。因此,在上述情况下,可以同时征收反倾销税和反补贴税。

(三)仅对出口价格产生影响而对正常价值不产生影响的出口补贴

原产于土耳其的聚酯纤维和涤纶纱反补贴案中的出口补贴被假定为降低了出口价格(正是因为有了这种补贴,出口价格才会降低到低于正常价值因而导致倾销)。但是,因为在国内销售时没有获得该种补贴,也就不会影响在国内销售价格基础上计算出来的正常价值。由于该种补贴降低了出口价格而正常价值却没变,以该种补贴计算出来的补贴金额与原反倾销案件中已经确定的倾销额是相同的,如果根据该种出口补贴在征收了反倾销税的基础上再征收反补贴税就会出现重复征税的问题(由于在计算倾销幅度时没有对该出口补贴进行调整,该出口价格已经合理反映出了此种补贴的影响),与 GATT 第 6.5 条规定相违背。

因此,在单独的反倾销调查程序中(即之前没有针对同类产品采取过反补贴措施,或在反倾销调查程序进行中没有同时进行同类产品的反补贴调查的情况下),不应该在未经过法定程序进行调查的情况下就对补贴是否属于反补贴范畴进行定性并调整。在同时有反补贴调查进行或之前进行过反补贴调查的情况下,对于同时影响了出口价格和正常价值的补贴类型,对出口价格和正常价值的同时调整,对倾销幅度没有任何影响;对于仅仅影响出口价格的补贴类型,则因其是倾销产生的原因,只有在之前征收了反补贴税的情况下才有必要在征收反倾销税的时候考虑是否因重复计算问题需要调整。

第八章
反补贴措施的审查

第一节 评审标准

DSU 对专家组司法权力(管辖权)的规定体现在两个条款中,其一为第 7 条的"专家组职权范围";其二为第 11 条的"专家组的职责",规定了评审标准(standard of review)。由于 WTO 的法律框架中没有采用"用尽当地救济"原则(local remedies principle),因而原告成员方可以不需要用尽司法审查救济手段,而可以直接起诉到 DSB。由此引出的问题是 DSB 裁定成员方政府行为是否违法时,难免会涉及干涉"国家主权"的争论,其实质是国际机构与主权国家之间的权力合理分配问题。关于评审标准的争议颇多,早在 GATT 便已提出[①],并一直成为 GATT/WTO 司法体系下未能解决的问题,特别是其能否在反补贴中适用的问题,是本节探讨的主要内容。

乌拉圭回合文件中关于争端解决中评审标准的规定并不多,DSU 也没有关于审查标准的单独明示条款,仅在 DSU 第 3 条和第 11 条存在关于审查标准的隐含规定。[②] 除此之外,在《AD 协定》第 17.6 条中明确规定了评审标准,其主旨在于限制 DSB 在审查成员反倾销决定时的权力。同时,与评审标准相关的还有一个"部长决定"(Ministerial Decisions)和

---

① 虽然在制定 GATT 时,根本没有考虑到"评审标准"的问题,但由于捷克斯洛伐克皮帽保障措施案的发生,引发了争议,参见赵维田等:《WTO 的司法机制》,上海人民出版社 2004 年版,第 114 页。

② 参见纪文华、姜丽勇:《WTO 争端解决规则与中国的实践》,北京大学出版社 2005 年版,第 164 页。

"部长声明"(Ministerial Declarations)。① "部长声明"要求对反倾销和反补贴税措施引起的争端采取一致解决方法,但是《SCM协定》没有给补贴和反补贴税争端提供评审标准,能否采用《AD协定》第17.6条的审查标准,以及"一致的解决方法"是否包括采用《AD协定》第17.6条的审查标准,成为成员方争论的焦点。

上诉机构在美国热轧铅铋案中,澄清了关于反倾销和反补贴案件应当采取一致措施的"部长声明"的含义,讨论了是否应该把《AD协定》第17.6条引入《SCM协定》的问题。

美国认为根据对GATT第6条和《SCM协定》第五部分修正的乌拉圭回合部长宣言中提出的"要协调反倾销和反补贴争端中的不一致性"原则,应该把评审标准纳入《SCM协定》。② 而专家组不认为对反倾销和反补贴措施引起的争端必须采取一致的解决方法,也不要求将《AD协定》中的第17.6条应用到反补贴税案中。上诉机构同意专家组的观点,拒绝了美国的主张,认为该宣言只是一条劝告,并没有规定评审标准应该适用。③ 上诉机构认为专家组的裁定是正确的④,认为《SCM协定》第五部分项下的反补贴措施应该适用DSU第11条的评审标准。⑤

需要强调的是,专家组不愿适用第17.6条,并不表明专家组在审查标准问题上采取绝对严格的态度,也不表明专家组在法律解释审查方面对于成员方政府的裁量权力存在不遵从的态度。实际上《AD协定》中的审查标准第17.6条(ii)项并没有对专家组和上诉机构产生什么实质性的影响。

在《AD协定》中确立评审标准是美国提议并积极推动的,虽然没有完全实现其目标,但在一定程度上得到了实现。美国在乌拉圭回合的一个主要谈判目标就是想要为DSB在法律问题上设立一个合理尊重性

---

① (a) A Declaration by the Ministers During the Conclusion of the Uruguay Round; (b) A Decision: Final Act Embodying the Results of the Uruguay Round of Multilateral Trade Negotiations, 15 April 1994.
② Debra P. Steger, "Appellate Body Jurisprudence Relating To Trade Remedies", Journal of World Trade 35(5):799-823, Kluwer Law International, 2001.
③ 参见美国热轧铅铋案上诉机构报告(WT/DS138/AB/R),第48—50段。
④ 参见欧共体诉美国对来自欧共体的小麦蛋白保障措施案上诉机构报告(WT/DS166/AB/R),第29—51段。
⑤ Mitsuo Matsushite, Thomas J. Schoenbaum and Petros. C. Mavroidis, *The World Trade Organization Law*, *Practice and Policy*, Oxford University Press, 2003, p.296.

审查标准,一个限制专家组推翻国内行政决定能力的标准。① 该合理尊重性标准主要体现在第 17.6(i)条上,该标准来自于美国行政法的切夫朗原则(Chevron Doctrine)。美国联邦最高法院在审理切夫朗案中指出,政府的一些具体管理职能需要由具有相关技术专长的人来完成,而法官在此方面并不擅长,因此对于行政机关认定与决策的事项,司法部门应予以合理的尊重。② 客观地讲,该原则具有合理性,这也是该原则能最终写入《AD 协定》中的一个重要原因,但乌拉圭回合部长会议《关于审议执行 GATT 1994 第 6 条的决定》中的表述(第 17.6 条规定的评审标准应在 3 年后加以复议是否可普遍适用)也对该条款的适用与否留有余地。

美国之所以如此看重这个"评审标准"问题,是因为它直接关系到美国政府的权威和具体经济利益。美国认为,该标准大大限制了国际司法机关推翻美国政府部门决策的资格,尤其限制了对反倾销方面裁定的能力,特别是涉及 WTO 组织职能的一个核心问题:如何协调国际司法机关与各国政府之间的关系,在重大问题上实行分权,以防止国际司法机关滥用权力,达到相互制约的目的。实际上,就反倾销争端解决的情况来看,在争端解决过程中对于采取反倾销措施的成员政府受到质疑的事实和法律认定被推翻的只是一小部分。在争端解决中专家组不可能不对成员政府的认定保持一定的尊重和认可,毕竟主权国家对于国际机构的权力让渡终究是有限的。对于成员政府的决定保持一定的遵从,是 WTO 争端解决机制需要的,而且认定本身也具有很重要的政策价值。专家组采取一个合理细致的评审标准可以增强 DSB 的可信度,也会减少 WTO 成员方政府对单边措施的滥用。

从目前的法律规定来看,除反倾销措施之外,其他两类贸易救济措施(反补贴和保障措施)的评审标准是指 DSU 第 11 条所要求对其审议的事项作出"客观评估"(objective assessment)。但以往的裁决表明,客观评估并非是指需要重新审查(de novo review),而是要求复审调查机关认定事实和程序上是否符合 WTO 有关法律规定。③ 在具体解释"客观评估"上,许多案件的上诉机构和专家组的裁决中均有论及,但至今也没能订立

---

① See D. Palmeter, "A Commentary on the WTO Antidumping Code", The World Trading System, Volume II, Routledge Publishing, 1998, pp.242-243.
② 参见赵维田等:《WTO 的司法机制》,上海人民出版社 2004 年版,第 116 页。
③ See Claus-Dieter Ehlermann, Nicolas Lockhart, "standard of review in WTO law", Journal of International Economic law, Volume 8, Issve 3, Oxford University Press, September, 2004, p.7.

一个明确的客观标准。基于上述情况及中国目前所处的贸易状况,评审标准问题应该并非中国的核心利益所在。笔者认为,把该问题列入《SCM协定》也未尝不可。

第二节　反补贴措施的复审程序

一、反补贴措施复审的含义

政府提供的补贴项目变化、产品销售变化、市场的变化、企业营销方式的转变、原材料供需变化等因素都会影响企业的定价,有可能使反补贴措施的预期效用受到影响,也有可能使反补贴措施的使用超过了必要的限度。为了使反补贴措施更加公平,其有效性得以实现,程序上合理完善,《SCM协定》针对有可能出现的情势变化,规定了相应的法定程序,对实施中的反补贴措施加以调整,以检验现行措施的合理性与必要性。复审程序是原审反补贴程序中的继续调查,调查的内容和结果因复审性质的不同而不同。复审程序虽然不如原审程序那样复杂,但也有相应的法定条件和标准。具体讲,反补贴行政复审(Administrative Review)是指反补贴调查机关应请求或依职权依法对已经产生法律效力的反补贴措施进行重新审查的一种法律行为。如果原来行政裁决所依据的事实和条件发生了根本性的变化,要求反补贴调查机关作出变更裁决的裁定。形式包括情势变迁复审、期间复审、期终复审、新出口商复审、反规避复审、反吸收复审、退税复审或定期复审等几种类型。需要注意的是,《SCM协定》未规定以上具体的复审形式,各个成员方的法律和实践有不同的做法。反补贴复审是反补贴法律制度中的一个重要环节,对各利害关系人的利益有着重大影响。对申请方来讲,利用复审程序可以继续阻击进口产品的进入;对出口商来讲,利用复审程序可以重新获得返回市场的机会,或降低税率,以进一步巩固市场份额,对抗竞争对手。

根据《SCM协定》的规定,复审可在下述两种情况下进行:(1)进口成员方的调查机关在有正当理由时,可自行复审;(2)利害关系方在被征收最终反补贴税的一段合理时间后,有权请求调查机关进行复审。行政复审的期限通常不超过复审开始之日起12个月。由于进口成员方为了保护国内产业一般不会自行主动取消最终反补贴措施,可能造成措施无限期的执行下去,造成对出口国成员及其出口商的惩罚过度。针对这种情况《SCM 协定》第 21.1 条首先规定了"反补贴税应仅在抵消造成损害的补贴所必需的时间和限度内实施"。这表明,反补贴措施不能超过必要的限度,不能被扩大实施,应在合理的一定的范畴内实现反补贴措施的目的。第 21.2 条规定了"期间复审"(Interim Review)程序,调查机关在有正当理由的情况下,自行复审或在最终反补贴税的征收已经过一段合理的时间后,应提交证实复审必要性的肯定性信息的任何利害关系方请求,复审继续征税的必要性,取消或改变反补贴税。第 21.3 条又进一步规定了反补贴调查机关的"期终复审"(Expiry Review)义务,即采取反补贴措施国必须在最终反补贴措施实施满 5 年前履行复查的义务,并在没有理由继续支持执行该反补贴税时及时取消。除非调查机关在此期限前通过主动复查,或应国内产业或其代表在合理的时间内根据确实证据提出复审申请而进行复查后确定该税的"届满"可能导致补贴和损害的继续或再发生,该反补贴税在复查期间仍然有效。复审应该依照《SCM 协定》规定的程序进行,通常应在 12 个月内结束。通过上述规定可以看出,该条款的立法意图具有两面性,一方面不希望最终反补贴税被无限制地征收,减少"日不落"情况,规定了维持措施的条件,即补贴和损害的继续或再度发生。另一方面也不希望补贴给进口成员方产业继续造成损害。

二、反补贴措施复审的条件和标准

《SCM 协定》第 21 条为调查机关的复审作出基本指引。第 21.1 条[1]体现了行政复审的一般性规则,从时间和限度上规定了征收反补贴税的原则,强调了对反补贴税进行复审的要求并且规定了进行复审所需的要素,即反补贴税在征收之后的继续适用应当以某些纪律为条件,这些纪律涉及反补贴税的期限、幅度和目的。[2] 而这些规定在《SCM 协定》的条款中环环相扣,第 1.1 条规定只有在一项"财政资助"授予了一项"利益"时"补贴""才被视为存在"。根据 GATT 1994 第 6.3 条,进口调查机关在征收反补贴税前必须确定被调查的进口产品所接受补贴的具体金额。因此《SCM 协定》第 10 条要求成员必须"确保"反补贴税,只能"根据"GATT 1994 第 6.3 条和《SCM 协定》的规定征收。此外《SCM 协定》第 19.4 条要求"对任何进口产品征收的反补贴税不得超过认定存在的补贴

---

[1] 反补贴税应仅在抵消造成损害的补贴所必需的时间和限度内实施。
[2] 参见欧共体诉美国碳钢反补贴税案上诉机构报告(WT/DS213/AB/R),第 70 段。

金额"。最后,《SCM 协定》第 21.1 条规定"反补贴税应仅在抵消造成损害的补贴所必需的时间和限度内实施"。总之,这些规定表明了成员方应在调查机关认定存在的补贴金额和期限的限度内征收反补贴税的义务。该规定不仅适用于原审调查也适用于《SCM 协定》第 21 条下的复审。①

为了确保成员遵守第 21 条,第 21.2 条提供了期间复审机制及强调了继续征税的必要性。期间复审是一个特定的具体调查程序,是指在反补贴措施执行过程中,各有关当事方针对措施继续实施的必要性和效力提出的复审请求,最终结果可能是取消或改变反补贴税。其特定性表现在可以是调查机关自行发起,也可是某一出口商、进口商或原申请方提出的,复审调查的内容可以非常广泛,也可以仅涉及措施的方式、补贴的计算或损害等。② 各成员方国内法对《SCM 协定》的规定进行了细化,如欧盟《反补贴条例》第 19.3 条对期间复审作出了较为详细的规定。

上诉机构在美国热轧铅铋案中认为调查机关必须认定补贴是否继续存在。如果补贴不再存在,那么也就没有必要继续征收反补贴税。③ 在复审程序中,对于表明"财政资助"已经被返还和/或不再发生"利益"的"肯定性信息",调查机关必须予以评估审查进而确定是否有必要继续征收反补贴税,而不得忽略该类信息。尽管调查机关可能在第 21.2 条期间复审背景下推定一项无关联的、一次性的"财政资助"继续产生"利益",但是这种推定绝非"无可争议的"。④ 上诉机构在美欧产品案中又重申了该观点,指出"在复审中,如果调查机关收到证明在私有化之后不再存在任何'利益'的信息证据,则必须根据该信息确定继续征收反补贴税是否合理。但这并不是基于新法人的设立而予以考虑,而是因为所有权的变更影响到利益继续存在的可能性"⑤。

此外,第 21.2 条⑥还规定了复审应该遵循的规则及调查机关自行提

---

① 参见欧共体诉美国相关产品反补贴案(第 21.5 条-欧共体)专家组报告(WT/DS212/RW),第 139 段。
② 参见蒲凌尘:《应诉欧共体反倾销律师业务》,法律出版社 2007 年版,第 218 页。
③ 参见美国热轧铅铋案上诉机构报告(WT/DS138/AB/R),第 53—54 段。
④ 同上,第 61—62 段。
⑤ 美欧产品案上诉机构报告(WT/DS212/AB/R),第 144 段。
⑥ 调查机关在有正当理由的情况下,自行复审或在最终反补贴税的征收已经过一段合理时间后,应提交证实复审必要性的肯定信息的任何利害关系方的请求,复审继续征税的必要性。利害关系方有权请求调查机关复审是否需要继续征收反补贴税以抵消补贴,如取消或改变反补贴税,则损害是否有可能继续或再度发生,或同时复审两者。如根据本款作出复审的结果,调查机关确定反补贴税已无正当理由,则反补贴税应立即终止。

起复审时在发起标准方面,不适用应当事方申请发起复审情况下的标准。上诉机构注意到第 21.2 条对由利害关系方根据该条提出的复审请求的情况设定了明确的证据标准,即该请求必须包含"证实复审必要性的肯定信息"。从第 21.2 条表面上来看,并没有将该条标准适用于调查机关根据该条"自行"提起的情况。因此上诉机构认为调查机关自行提起的复审并不适用应其他当事方请求发起复审所适用的标准。① 上诉机构在美国热轧铅铋案中也认定应当区分原审调查与复审这两种程序,在原审调查程序中,调查机关必须证明《SCM 协定》中有关反补贴税征收的所有条件均已得到满足,但在复审程序中调查机关所要解决的是利害当事方提交其审查的那些问题或者在其自主发起调查的情况下,审查具有正当理由的问题。基于此,上诉机构否定了该案专家组暗含的观点:在第 21.2 条复审背景下,在复审期间调查机关必须总是证明存在"利益",正如调查机关在原审调查程序中必须证明"利益"一样。②

三、反补贴措施的期终复审

乌拉圭回合采用了 5 年后裁决复审的要求,《SCM 协定》第 21.3 条③和《AD 协定》第 11.3 条均要求征税和价格承诺要"期终复审"。"期终复审"一般在反补贴措施期限终止时发起,所以也称日落复审。主要包括两项内容:反补贴措施的正常期限和期终复审。期终复审是为了确定一旦实施中的反补贴措施终止,是否会导致补贴和损害的继续或者复现。也就是说调查的核心由补贴认定、损害确定及因果关系,转化为一旦终止现行反补贴措施,补贴或损害是否会继续或者再度发生。

上诉机构在欧共体诉美国对来自德国的碳钢征收反补贴税案(United States—Countervailing Duties on Certain Corrosion-Resistant Carbon Steel Flat Products from Germany, DS213,以下简称"欧共体诉美国碳钢反补贴税案")中指出,第 21.2 条与第 21.3 条的区别在于,第 21.2 条所确定的情况是调查机关有义务("应当")审查是否有必要继续征收反补贴税。相反,第 21.3 条下的基本义务本身并不是进行复审,而是要求终止一项

---

① 参见欧共体诉美国碳钢反补贴税案上诉机构报告(WT/DS213/AB/R),第 108 段。
② 同上,第 63 段。
③ 第 21.3 条规定,反补贴税自征收或最后一次复审之日起不得超过 5 年,除非经调查机关自行提起或应有关当事方申请提起的复审确定反补贴税的终止有可能导致补贴和损害的继续或再度发生。

反补贴税,除非复审时作出一项具体裁定。第 21.3 条的核心是反补贴在自行调查或后续全面复审之后满 5 年自动终止。反补贴税的终止是一般规定,继续征收则是例外情况。因此继续征收反补贴税必须基于适当进行的复审以及肯定裁定,即撤销反补贴税将"可能导致补贴和损害的继续或再度发生"。如果复审当时的补贴标准非常低,则必须存在具有说服力的证据证明撤销反补贴税仍然将导致国内产业的损害。调查机关单纯依赖原审调查作出的损害裁定是不够的。相反,要继续征收反补贴税就有必要基于可信的证据作出新的裁定。① 对于第 21.3 条是否包含了第 11.9 条规定的微量标准问题,在欧共体诉美国碳钢反补贴税案中上诉机构与专家组的结论正好相反。上诉机构不认为美国法违反了第21.3条,因为第 21.3 条没有要求在期终复审中适用 1%微量标准。上诉机构也不认为第21.3条暗含适用第 11.9 条微量标准的意思,两个条款没有任何联系。上诉机构指出,"《SCM 协定》经常使用互相引用法,这些互相引用表明如果《SCM 协定》的谈判者们希望一条规定中的纪律适用于另一上下文背景中,则他们会明确地这么做。根据协定中诸多明确的相互引用,我们注意到第21.3条复审与第 11.9 条规定的微量标准之间不存在任何文字上的联系(textual link),也不能互相参考(cross-reference)"②。因此"我们无法断定第 21.3 条暗含了第 11.9 条规定的微量标准"③。

此外,在欧共体诉美国碳钢反补贴税案中另一重要的问题是关于第 21.3 条调查机关自行提起复审的证据标准的问题。上诉机构支持专家组的裁定,认为第 21.3 条的上下文内容并未表明根据美国法和《SCM 协定》调查机关自行提起期终复审必须遵守《SCM 协定》第 11.4 条中有关发起调查的证据标准为条件,也没有规定任何其他证据标准。但这并不表明调查机关可以在没有证据证明终止反补贴税将可能导致补贴和损害的继续或再度发生的情况下 5 年后继续征收反补贴税。④ 专家组认为这一认定应该建立在合理的事实基础上,而且调查机关有义务考虑出口商提出

---

① 参见欧共体诉美国碳钢反补贴税案上诉机构报告(WT/DS213/AB/R),第 88 段。
② 同上,第 69 段。
③ 同上,第 92 段。
④ 同上,第 116—117 段。

的相应证据。①

上诉机构还在欧共体诉美国碳钢反补贴税案中指出,第 12 条主要规定了适用于进行调查的证据性和程序义务。第 11 条则规定了调查的发起和调查的程序性、证据性和实体性规则。虽然第 11 条和第 12 条具有前后的关联关系而且都明确规定了调查的义务,第 21.4 条②中明确规定了第 12 条的证据和程序的规定适用于复审,而并没有规定适用第 11 条,这表明协定的起草者们希望将第 12 条而非第 11 条下的义务适用于第 21.3 条下的复审。③

因此,反补贴调查机关在运用反补贴措施时应当遵守第 21 条的规定,如:在抵消造成损害的补贴所必需的时间和限度内实施;复审可由调查机关自行提起,也可由利害关系方提交证实复审必要性的肯定信息申请复审;反补贴税的征收每次不得超过 5 年,如需继续征收,则必须经调查机关复审裁定,终止征收反补贴税有可能导致补贴和损害的继续或再度发生。

四、多哈规则谈判关于复审的提案

在多哈规则谈判中,各成员方对复审的现有规定提出了改进意见。欧盟建议重新审视复审的有关规定,并认为应该修改反补贴措施的复审,应该规定如果经调查发现一项补贴在特定期间后失效,或是在特定期间内分配完毕,那么反补贴措施应该在该期间到期后终止。④ 复审规定的模糊,造成许多应在 5 年内撤销的反补贴税仍继续征收。此外,针对调查机关采用与初始调查不同的方式,造成应诉者负担过重的情况。⑤ 巴西建议,原始调查中的产业代表性规定应该适用到《SCM 协定》第 21.3 条中的期终复审;开展期终复审前应给予当事方磋商的机会;澄清《SCM 协定》第 19.2 条反补贴税的复审,第 21.2 条的撤销反补贴税复审,以及第 21.3 条的期终复审等概念、程序及适用方法。针对巴西的提案,美国则认

---

① The panel found the application of US CVD law in the particular sunset review to be inconsistent with Art 21.3 as the US authority had failed to take into account a document submitted by the German exporters that would have been relevant in its analysis on the likelihood of continuation or recurrence of subsidization(this panal finding od violation was not appealed).

② 第 12 条关于证据和程序的规定应适用于根据本条进行的任何复审。任何此类复审应迅速进行,且通常应在自复审开始之日起 12 个月内结束。

③ 参见欧共体诉美国碳钢反补贴税案上诉机构报告(WT/DS213/AB/R),第 72 段。

④ GEN/93.

⑤ TN/RL/W/19.

为《SCM 协定》第 21 条规定的期终复审产业代表性的比例并不比第 11 条规定原始调查所需的产业代表性低；而且，《SCM 协定》第 21.4 条规定适用第 12 条有关证据及程序的规定，并非如巴西所说的不足以处理相关问题。澳大利亚认为应该修正《SCM 协定》中的部分条款，如磋商、通知等。① 笔者认为，进一步细化复审的规定，将有利于遭受反补贴调查的成员方，中国应该予以支持。

五、中国反补贴措施复审

中国关于反补贴措施复审的相关规定与《SCM 协定》关于反补贴措施复审的规定高度一致，而且在调查期限上更为严格，体现了中国政府一贯对国际条约的尊重态度，以及严格执行国际法转化到国内法时的立法精神。《反补贴条例》第 47 条至第 51 条对中国反补贴复审进行了原则规定，调查机关尚未以部门规章的形式出台具体的操作细则。第 47 条规定了反补贴税的征收期限为 5 年，且只能通过期终复审再次延长征税期限，与《SCM 协定》第 21.3 条的规定基本一致。第 48 条对复审的调查内容作出了规定，即对继续征收反补贴税的必要性进行复审，也基本与《SCM 协定》第 21.2 条的规定一致。第 49 条规定了中国保留、修改或者取消反补贴税的特定程序要求。第 50 条规定了复审调查程序参照原审进行，且调查期限不超过 12 个月，与《SCM 协定》第 21.2 条的规定基本一致。不同点在于，WTO 对复审调查期限的规定比中国的规定更为宽松，即通常复审调查应在 12 个月内结束，但中国的法律明确规定不能超过 12 个月。第 51 条规定了复审调查期间可以征税，与《SCM 协定》第 21.3 条最后一段基本一致。

截至 2020 年 6 月 30 日，中国已发起 4 起反补贴措施期终复审调查，分别对美国白羽肉鸡反补贴措施、欧盟太阳能级多晶硅反补贴措施、欧盟马铃薯淀粉反补贴措施和美国太阳能级多晶硅反补贴措施发起期终复审调查。其中，前两起反补贴措施经期终复审调查再次延长征税时间的期限已到，目前已经不再继续征税；欧盟马铃薯淀粉反补贴措施在 2017 年 9 月公布期终复审调查结论，决定继续征税至 2022 年 5 月；美国太阳能级多晶硅反补贴措施在 2020 年 1 月公布期终复审调查结论，决定继续征税至 2025 年 1 月。

---

① TN/RL/W/37.

此外,中国调查机关在2012年10月对美国小轿车和越野车反补贴措施发起过新出口商复审,并于2013年7月作出新出口商复审裁决。在立案公告中,适用的法律依据是《反补贴条例》第42条,即"对实际上未被调查的出口经营者的补贴进口产品,需要征收反补贴税的,应当迅速审查,按照合理的方式确定对其适用的反补贴税率"。中国在9个月内完成新出口商复审调查,体现了对第42条"加速审查"的考虑。调查内容主要为裁定是否存在可以征税的补贴项目,以及确定反补贴税率。值得注意的是,调查机关沿用了反倾销调查中的"新出口商复审"叫法,因为《SCM协定》第19.3条只称为"加速审查"(expedited review)。

2019年4月,应美国利害关系方申请,中国调查机关对干玉米酒糟反补贴措施发起复审调查。根据立案公告,美方主张由于中国市场发生重要变化以及中国的公共利益等原因,应终止征收反补贴税。中国将对该申请的调查归类为对反补贴措施的必要性进行复审。2019年6月,中国调查机关发布公告,裁定有必要继续征收反补贴税。调查机关分析了国内干玉米酒糟产业的经营状况以及如果取消措施国内产业可能受到美国产品的冲击,认定没有足够的证据可以证明继续实施反补贴措施不具有必要性或不符合公共利益。由于该复审调查并不属于常见的期终复审、新出口商复审或期间复审,中国调查机关并未具体指明该复审调查种类,而以继续征收反补贴税的必要性作为复审调查内容,并依据《反补贴条例》第48条发起本次调查。

目前,中国调查机关已经积累了一定的反补贴措施期终复审调查的经验。与《SCM协定》第21.3条的立法精神相一致,中国同时复审补贴继续或再度发生的可能性和损害继续或再度发生的可能性。关于补贴的继续或再度发生,从目前已裁决的4起案件来看,中国调查机关均认定了原审裁定的政府补贴仍然在继续实施。笔者根据现有裁决公告作如下点评:关于损害的继续或再度发生,与反倾销措施期终复审类似,中国调查机关首先分析国内产业的经营状况,再分析涉案国家(地区)的过剩产能情况、对国际市场的依赖情况以及中国市场的吸引力等,在此基础上分析如取消反补贴措施,涉案进口产品可能对国内产业产生的影响。在已裁决的4起案件中,中国均认定如取消反补贴措施,涉案进口产品可能对国内产业产生不利影响。

关于补贴继续或再度发生的认定,欧盟马铃薯淀粉反补贴期终复审案比较典型。原审认定的马铃薯淀粉生产商补贴和淀粉马铃薯种植者补贴已经于 2012 年 7 月 1 日终止。经复审调查,中国调查机关发现,原审认定补贴项目的资金转移到其他补贴项目下,继续使涉案产品获得补贴利益。在 2012 年 7 月至 2014 年底,原补贴资金转移到单一支付计划(single payment scheme)项目下。2015 年至 2020 年,补贴资金再次转移至自愿挂钩补贴(voluntary coupled subsidy)、基础支付计划(basic payment scheme)、绿色补贴(green subsidy)和青年农民补贴(youth farmer subsidy)项目下。其中,青年农民补贴与本案没有直接关系。由于是原有补贴资金转移而设立的补贴项目,复审发现的补贴项目实际是原补贴项目的变向延续,而并非与原补贴项目无关的新补贴项目。

中国调查机关对于延续补贴项目的财政资助、专向性和利益均进行了分析,并认定 2015 至 2020 年间,欧盟通过自愿挂钩补贴、基础支付计划和绿色补贴对涉案产品继续补贴。自愿挂钩补贴是欧盟全面取消挂钩补贴后,迫于成员方压力而再次恢复实施的挂钩补贴,其实施范围只限于 21 个农业产品,涉案产品马铃薯淀粉包括在内,该项目的资金占比较小,但具有明显的法律专向性。基础支付计划和绿色补贴,分别是为提升农民基础收入水平和促进环保绿化的补贴,合计资金占比约为 85%。从部分欧盟法律来看,基础支付计划和绿色补贴不与产量、产品挂钩,因此在复审调查中欧方主张其不具有专向性。对此,中国调查机关从补贴获得资格、补贴金额标准和补贴实际受益情况三方面认定了专向性,值得借鉴。首先,从欧方提供的信息来看,并不是所有农户的土地都可以获得补贴资格。其次,延续补贴项目仍参考过去补贴金额标准进行补贴,导致目前农户的补贴金额标准并不一致,涉案产品农户获得了高于平均水平的补贴金额标准。最后,在获得补贴的农地中,涉案产品事实上占据了较高比例,涉案产品是延续补贴的主要受益农作物。可见,在期终复审调查中,中国调查机关对于补贴的财政资助、专向性以及利益的认定原则与原审调查的认定原则是基本一致的。但在期终复审调查中,中国调查机关并不计算各补贴项目的从价补贴率,这与原审调查明显不同,笔者认为这是因为中国在期终复审调查中并不改变反补贴税率,因此调查机关也就不再计算从价补贴率了。

关于"新增补贴项目"的处理。期终复审调查在原审裁决 5 年后发起,原审认定的补贴项目可能已经发生变化。这种变化可能只是表面形式的一些调整,实质上仍延续原补贴项目实质,笔者认为该类延续补贴并不属于"新增补贴项目",如欧盟马铃薯淀粉反补贴期终复审案中的基础支付计划。也可能是原审并未裁定的补贴项目,即"新增补贴项目",调查机关能否依据新项目认定补贴继续或再度发生是比较敏感的问题。因为单独的期终复审只是决定是否延长反补贴税的征收时间,并不改变税率,但认定的新项目与原反补贴税率没有关系,如依据新项目以延续旧税率是存在矛盾的。笔者认为,从狭义上理解,期终复审调查应该是对因原审认定补贴项目而征收反补贴税的必要性的复审,新项目造成的税率调整应通过期间复审解决;从广义上理解,《SCM协定》第21.3条只要求认定补贴继续或再度发生的可能性,再无其他详细规定,新项目作为继续的理由《SCM协定》也并未禁止。实践中,中国裁决期终复审案件都存在原补贴项目的延续,在少数案件中调查机关同时也对新项目进行了分析,并作为补贴继续或再度发生的依据之一,例如在对美白羽肉鸡反补贴期终复审案中,调查机关对"价格损失保障计划"和"农业风险保障计划"也进行了分析。因此,只要不违反《SCM协定》的原则精神,在无具体规定的情况下,调查机关可以灵活适用。这一点要学习美国调查机关,不能只做乖学生,而要做一个活学活用、有创新能力、会"造牌"的"好"学生,让调查为贸易政策服务。

第三节 反补贴措施的司法审查

司法审查(Judicial Review)作为现代法治社会的一项重要法律制度,已被各法治国家所普遍采纳,法院对行政行为拥有最终的司法审查权。英美法系国家的普通法院,有权审查行政行为的合法性及其是否违宪;德国、法国等欧洲大陆法系国家的普通法院不享有任何行政法事务的管辖权,而由专门的法院即行政法院管辖行政法事务。在WTO领域,有学者提出把司法审查分为广义[1]和狭义[2]两类。还有学者提出,WTO体

---

[1] 有学者认为广义的司法审查是指司法机关进行的违法审查(包括对立法行为和行政行为的审查)和对司法本身的审查,其形式包括行政诉讼和民事诉讼。参见孙南申:《WTO体系下的司法审查制度》,法律出版社2006年版,第1页。

[2] 有学者认为狭义的司法审查是指违宪审查,源自西方国家通过司法审查裁决、立法、行政行为是否违宪的一种制度。参见孙南申:《WTO体系下的司法审查制度》,法律出版社2006年版,第1页。

系下的司法审查应该分为国内法意义①和国际法意义上②两个层面。③ 笔者认为 WTO 体系下的司法审查通常是指国内法意义上的司法审查,是对行政行为和国内立法的审查,即违法审查,是 WTO 成员方在本国设立的一项专门审查国际贸易行政行为的法律救济制度,是国家的一项重要法律制度,是国家主权的体现,反映了一种以司法审查控制行政权力、救济私权和维护公平正义的法治精神。司法审查制度的实施状况,是一个国家民主制度和人权保障制度发展程度的重要标志。本节所要论述的是通常所指的国内法意义上的司法机关对反补贴贸易救济措施的司法审查,该审查具有强制执行力。④

一、反补贴措施司法审查的含义

反补贴措施的司法审查,是指反补贴措施的利害关系方对反补贴调查机关的行政行为或措施不服或对行政复议的结果不服,而依据相关法律向有管辖权的机构⑤(如司法的、仲裁的或行政的裁决机构)提出审查请求,而由具有管辖权的机构对该行政行为或措施进行审查及作出判决,并对违法行政行为给公民、法人或其他组织合法权益造成损害给予相应补救的法律制度。其目的在于用法律的强制力确保反补贴措施的适用符合反补贴国内法及《SCM 协定》的规定,对被征收反补贴税的行政相对人予以一种司法救济,保护行政相对人的诉权,纠正违法行政行为,防止进口

---

① 是指 WTO 成员的国内法院审查行政机关行为所进行的国内司法程序活动,其法律依据首先是 WTO 各协定中有关要求成员提供司法审查程序的规定,其次是各成员方国内法中有关司法审查或行政诉讼的法律规定。
② 是指 WTO 的 DSB 处理成员间贸易争端所进行的国际司法程序活动,其法律依据是 WTO 的 DSU。
③ 参见孙南申:《WTO 体系下的司法审查制度》,法律出版社 2006 年版,第 11 页。
④ 同上书,第 3 页。
⑤ 复审或者审查的机构可以是司法的、仲裁的或者行政的裁决机构,其英文文本的措辞为"judicial, arbitral or administrative tribunals",国内有些译本将其译为"司法、仲裁或行政庭",是不准确的,从其逻辑结构来看,至少"administrative tribunals"是指司法机关和仲裁机关以外的履行行政复审职责的行政复审机构,而不是中国法院行政审判庭意义上的行政法庭,也不同于法、德等国属于司法序列的行政法院。笔者认为这里的"tribunal"更类似于一种独立于行政机关的准司法机构,译为裁决机构更为准确。成员可以根据其宪政要求和国内法律制度,选择适合自身的审查方式或者裁决机构,而不是必须选择司法复审途径,更没有要求必须以司法审查作为最终的审查程序。换言之,即使成员规定行政裁决机构(或者说行政复审机构)可以行使终局裁决权,也与 WTO 的要求不相抵触。可参见孔祥俊:《WTO 对司法审查的要求及我国司法审查面临的任务和挑战》,载《法律适用(国家法官学院学报)》2001 年第 10 期。

成员方调查机关滥用行政权力,减少当事方的诉讼成本,减少多双边贸易争端,避免国际贸易纷争直接上升到 WTO 争端解决机制层面。① 反补贴司法审查制度是 WTO 反补贴法律制度和国内反补贴法得以合法适用的重要保障,是反补贴措施相对人权利得以救济的重要机制,是有效的外部制约机制。

GATT 第 10.3(b)条②采取总括式方式规定各缔约方有司法审查的义务,但审查范围仅限于与海关事项有关的行政行为。《SCM 协定》第 23 条③在 GATT 基础上明确规定对反补贴措施的司法审查义务,并强调司法审查的独立性。此外,第 23 条还强调各成员方应赋予受反补贴行政裁决和程序影响的所有利害关系方参加司法审查程序的权利④,但在《AD 协定》中并没有类似的规定。

二、反补贴措施司法审查的主体

(一)反补贴措施司法审查主体较为广泛

如同 GATT 第 10.3 条,《SCM 协定》第 23 条也规定"每一成员均应设有司法的、仲裁的或行政的裁决机构或行政程序",该规定并列包含了几

---

① 争端解决机制 WTO 层面包括贸易政策审议机制(Trade Policy Review Mechanism)和 DSB,如果一旦被诉至 WTO,实施贸易措施的成员方的政府将在限定的时间内对相关贸易措施作出调整,甚至被要求承担相应的责任,如果国内的司法审查制度是值得信赖的,相关当事人就可能选择通过国内司法审查制度获得救济,这无疑将为进口成员方的政府赢得调整贸易政策和产业结构的时间。

② 该条规定:"每一缔约方应维持或尽快设立司法的、仲裁的或行政的裁决机构或行政程序,目的特别在于迅速审查和纠正与海关事项有关的行政行为。此类法庭或程序应独立于受委托负责行政实施的机构,它们的决定应由此类机构执行,并应适用于此类机构的做法,除非进口商在规定的上诉时间内向上级法院或法庭提出上诉;但是如有充分理由认为该决定与既定法律原则或事实不一致,则该机构的中央管理机构可采取步骤在另一诉讼程序中审查此事项。"

③ 除此之外,《AD 协定》第 13 条、《服务贸易总协定》(GATS)第 6 条、《与贸易有关的知识产权协定》(TRIPs)第 32 条及《装船前检验协定》第 4 条中都有类似的规定。《AD 协定》第 13 条规定:"国内立法包含反倾销措施规定的各成员,应当维持司法的、仲裁的或者行政的裁决机构或者程序,以特别用于迅速审查属于第 11 条范围的与最终决定的复审相关的行政行为。此类裁决机构或者程序应独立于作出该决定或者复审的主管机关。" GATS 第 6 条第 2 项规定:"(1)各成员应当维持或者尽快设立司法的、仲裁的或者行政的裁决机构或者程序,以应受影响的服务提供者的请求,对影响服务贸易的行政决定迅速审查,并在请求被证明合理的情况下,给予适当的救济。如果此类程序不能独立于作出行政决定的机关,成员应当确保此类程序事实上能够提供客观和公正的审查。(2)第(1)目的规定不得解释为要求一个成员设立与其宪政结构或者法律制度的性质相抵触的裁决机构或者程序。"

④ 第 23 条最后一句话规定:"应向参与行政程序及直接和间接受行政行为影响的所有利害关系方提供了解审查情况的机会。"

类司法审查主体,包括司法机构、仲裁庭或行政裁决机构,只要该机构或程序是建立在国家层面并独立于作出反补贴措施裁定或审查的行政调查机关。在这里,审查机构[①]的"独立性"是 WTO 对成员方设立审查机构的最低标准。[②] GATT 和《SCM 协定》对司法审查主体的规定,是国际贸易救济司法审查制度的一个重要特点。这一点表明,WTO 考虑到成员方不同的法律环境和宪政体系,在不同法律传统下对行政行为进行复核的司法习惯,以及尊重成员方因涉 WTO 行政行为具有很强专业性而采取的行政救济穷尽原则,因此成员方只要保证审查机构或程序具有独立性,可以制约反补贴调查机关的权力,即可满足 WTO 关于司法审查主体的要求。笔者认为,这一点充分体现了 WTO 的灵活性和务实态度,以及对成员方宪政结构和法律制度的尊重。但从另一角度也反映了 WTO 是成员方相互调和的产物。各成员方在反补贴司法审查实践中,审查机构以司法机关即法院的审查为主,主要是因为采取反补贴措施方为国家行政机关,而受反补贴措施约束方为外国企业和外国政府,此两者之间的主体地位不平等,一般来讲,仲裁并不适用于处理不平等主体之间的纠纷,所以并没有成员方采用仲裁庭作为司法审查的机构。

值得注意的是,《北美自由贸易协定》[③]以两国专家小组审查代替国内司法审查。《北美自由贸易协定》第 1904 条规定,就有关征收反倾销税与反补贴税的最终裁定而言,缔约方应以两国专家小组审查代替国内司法审查。[④] 这表明,司法审查的主体可以更为灵活,只要满足司法审查的程序和实体义务要求,WTO 是允许的;只要在自由(或区域)贸易协定中

---

① 美国行政机关依听证程序裁决行政争议时,实质上是一个行政庭,但它们的裁决仍然受普通法院的监督。在这方面美国和英国相同,与欧洲大陆法系国家的行政法院不同。从形式上看,英美法系国家的行政裁判所只具有相对的独立性,但从法律关系上看,完全独立于作出行政决定的机构,并且要接受法院的司法审查。在英美法系国家,学者们对于 WTO 司法审查规定的主体不作并列的理解,而是分层次的理解,即受反补贴措施等贸易救济措施影响的利害关系人首先可以寻求行政裁决机构的救济,对行政裁决机构裁决不服的,可以再寻求法院的司法救济。两者的区别是,行政裁决机构可以审查行政决定的合理性问题,而法院只能审查合法性问题;行政裁决机构的审查是初步的,而法院的审查结论具有最终裁决性质。

② 参见陈明聪:《经济全球化趋势下反倾销的法律问题》,厦门大学出版社 2006 年版,第 102 页。

③ 1992 年 8 月 12 日,美国、加拿大及墨西哥三国签署了一项三边自由贸易协定——《北美自由贸易协定》(North American Free Trade Agreement between the Government of Canada, the Government of the United Mexican States, and the Government of the United States of America, NAFTA)。

④ As provided in Article 1904, the Parties shall replace judicial review of final antidumping and countervailing duty determinations with binational panel review.

缔结的条款不违反成员方在 WTO 项下应承担的义务,自由(或区域)贸易协定缔结方在处理补贴与反补贴措施事宜时可以享有较大的灵活度。笔者认为,《北美自由贸易协定》的这一做法值得借鉴,从学术的角度看,中国可以选择更灵活和更加适合中国的方式履行 WTO 义务,充分运用 WTO 规则。中国在签订自由(或区域)贸易协定时,也应该采取类似做法,掌握更大的灵活度和空间,选取有利于中国国情的双边及多边贸易救济条款。

(二)反补贴措施司法审查机构以法院为主

反补贴措施的司法审查以法院审查为主,有的成员方还设立了专门的国际贸易法院管辖此类纠纷。以下将介绍中国、美国及欧盟的反补贴司法审查机构:

1. 中国

在中国,负责反补贴案件司法审查的一审管辖法院为北京市高级人民法院及其指定的北京市中级人民法院,二审管辖法院为北京市高级人民法院或最高人民法院。从目前中国国际贸易案件的司法审查现状来看,中国在近几年内设立国际贸易法院的可能性不大。主要是由于以下几个原因:首先,设立专门的国际贸易法院缺乏法律依据,设立国际贸易法院需要修改现行的法院组织法;其次,中国国际贸易救济调查工作已有一定的经验,已经成功实施多起反倾销措施并已有二十年的调查实践经验,也启动了反补贴调查,司法审查案件虽开启了先例(对俄罗斯取向性硅电钢反倾销案等被诉至北京市第二中级人民法院),但总体被诉案件数量仍然不多。笔者认为,随着国际贸易案件的增多,为更好地保障行政相对人的救济权利,中国将会成立专门的国际贸易法院管辖国际贸易纠纷。

2. 美国

在美国,负责司法审查的机构为国际贸易法院、联邦巡回上诉法院①(其前身是美国海关与专利上诉法院)和美国联邦最高法院(the Supreme Court)。② 反补贴案件的任何当事方都可以针对 DOC 或 ITC 裁决向国际贸易法院起诉,要求进行司法审查。如对国际贸易法院的判决不服,还可向联邦巡回上诉法院上诉。在特殊情况下,当事人甚至还可以通

---

① 该法院是根据 1982 年的《联邦法院改进法》而设立的,是一个专门的法院,主要管辖国际贸易法院上诉案件。

② 一般来说,不会上诉到联邦最高法院,上一起上诉到联邦最高法院的案件发生在 1979 年。

过调卷令(certiorari)管辖权①寻求司法救济,案件直接由美国联邦最高法院审理。

国际贸易法院是根据美国《宪法》第3条设立的专门法院,在美国参议院的建议和同意之下,美国总统任命9人担任国际贸易法院的法官,其中不得有5名以上的法官来自同一党派。国际贸易法院享有排他专属管辖权,管辖因为进出口贸易、涉及进出口关税法、禁运令或其他联邦成文法和管理规章而引起的民事诉讼(Civil Actions),如对有关反补贴税和反倾销税的最终行政决定的审查权等。② 从管辖的地域范围来看,国际贸易法院可以受理全美各地的国际贸易案件,而且美国国会还单边立法授权它可以在美国本土以外的地点开庭。国际贸易法院的前身是总估价官委员会(the Board of General Appraisers)和美国海关法院。③ 国际贸易法院实行陪审团审理制度,拥有联邦地区法院享有的法定和衡平法上的救济权,包括赔偿损害令和禁止侵害令。④

3. 欧盟

在欧盟,欧洲初审法院(the Court of First Justice)和欧洲法院(the European Court of Justice)负责司法审查。从1994年3月起,欧洲初审法院对欧盟反补贴措施实行管辖权,而欧洲法院则是初审法院的上诉法院。与美国的行政机构设置不同,负责欧盟反补贴调查的机构采用单轨制,即倾销和损害的确定均由欧委会负责。如果案件的当事人对欧委会作出的

---

① 1988年,美国国会对联邦最高法院的管辖权作出一项补充规定,确定了"调卷令管辖权",允许美国联邦最高法院通过向下级法院发出"调卷令"而审理任何一个案件。调卷令是针对各联邦上诉法院间的冲突、联邦下级法院或州法院的判决涉及宪法问题并且它的判决可能与联邦最高法院的判决发生矛盾而发出的。

② 2007年中国商务部启动司法程序向美国国际贸易法院申请临时禁令,主要是针对DOC决定对来自中国的铜版纸采取反倾销和反补贴措施调查行为,该案是中国政府首次针对国外反补贴调查而采用以司法审查为救济手段。随后,中国企业通过司法审查,在铝箔、木地板等多起案件中获得胜诉,修改了DOC的征税税率。参见本书第十章第三节。

③ 前者是设立于美国财政部的一个准司法行政单位,凡是由美国海关官员根据美国关税法作出的进口税额的裁定,都需经总估价官委员会的最后审查;后者与前者的职能有所交叉,与前者具有相同的管辖权和权力。

④ 国际贸易法院可以对美国行政机关作出有金钱支付义务的判决,包括国家胜诉的和败诉的判决,但是要受到三点限制:第一,在对贸易调整裁决(A Trade Adjustment Ruling)提出质疑的案件里,国际贸易法院不得发布书面训令或命令书(Mandamus);第二,可以颁布命令强制要求披露商业机密,但是必须以1930年《关税法》第777(c)(2)条的特别规定为准;第三,若有证据证明损害是不可补救的损害,由法律授权国际贸易法院可以加速审查,对此案件国际贸易法院仅仅可以宣布宣示性的救济措施。

反补贴措施裁决不服,可以诉至欧洲初审法院乃至欧洲法院,但上诉只能限于反补贴法律的适用而不涉及欧委会对法律的具体实施问题。欧洲法院通常不愿意过问欧委会关于案件中经济政策方面的具体裁决,曾经作出不干涉欧委会的案件处理权的裁决。中国企业在反倾销案件应对中,已经多次利用司法审查救济程序获得公正待遇。

上述三个成员的司法体制各有不同,不容易被人熟知,公众不易查找相关信息。WTO应该要求成员方提供司法审查法院体制、程序及运作等方面的信息,以便让社会公众较为容易取得相关信息,这将更有利于公众行使监督权,增强程序的透明度和公平。

三、反补贴措施司法审查的范围

根据《SCM协定》第23条的规定,反补贴措施司法审查的范围应包括迅速审查与最终裁定有关的行政行为和第21条所指的复审决定。简单地说就是与最终裁定行政行为有关且属反补贴税及其复审范围内的裁定。[①] 反补贴措施司法审查的范围主要包括几个方面:

(一)利害关系方的诉讼主体资格

诉讼主体是指申请采取反补贴措施的国内产业或者其代表和被指控接受补贴的出口商或生产商,在特定情况下,诉讼主体还包括受到补贴行为损害的第三国企业和出口国政府。与反倾销措施不同,反补贴措施涉及出口国的补贴政策,部分问卷由出口国政府直接作答,出口国政府因而可以作为司法审查的诉讼主体。

(二)行政机关的具体行政行为(不包括抽象的行政行为)

反补贴措施司法审查的对象是反补贴行政调查机关的具体行政行为,主要包括:(1)反补贴调查程序中的具体行政裁决。包括是否立案调查的决定;中止或终止反补贴调查的决定;关于补贴的认定及补贴金额、损害及因果关系是否成立的初裁决定和终裁决定;关于损害及损害程度的终裁决定。(2)反补贴措施中的具体行政裁决。包括是否征收反补贴税以及追溯征收、退税、对新出口经营者征税的决定;提供保证金、保函等担保的决定;因承诺而中止或终止反补贴调查的决定。例如,进口行政调查机关寻求或接受出口成员政府自愿承诺取消或限制有关补贴措施或出口商自愿承诺修改其价格,是否是在有关当局就补

---

① 参见孙南申:《WTO体系下的司法审查制度》,法律出版社2006年版,第11、45页。

贴和损害作出初步的肯定性裁决之后；出口商承诺提高的价格是否高于消除补贴所必需的额度；自愿承诺接受之后，有关的补贴或损害调查是否随之停止；当作出补贴或损害否定的结论之后，有关的自愿承诺是否自动终止。[①] (3) 反补贴行政复审[②]程序中的具体行政裁决。包括有关保留、修改或者取消反补贴税以及承诺的复审决定；依照法律、行政法规规定可以起诉的其他反补贴行政行为。[③] 从另一个角度来说，对上述行政行为的审查主要是针对反补贴措施的必要性审查：认定反补贴税的征收是否必要，即征收反补贴税是否为抵消造成损害的补贴所必需的，及征收期限是否合理，缩短、延长或取消反补贴措施是否必要；征收的税率是否为抵抗造成损害的补贴所必需的程度。除此之外，还应审查反补贴措施获取的补贴证据、损害证据和补贴与倾销之间因果关系证据是否真实和充分，以及整个调查活动在程序上是否合法和适当。总体上看，中国司法审查的主体、对象和程序都完全符合 WTO 的有关规定。

一般来讲，反补贴措施司法审查对象主要是反补贴税的终裁和复审决定，这体现了行政法中的"权利用尽原则"[④]或"成熟原则"[⑤]。因为临时措施的行政决定不是最终的措施，具有不稳定性，权利用尽原则可以避免法院过早地作出裁决，保证行政调查机关在作出对当事人产生影响的最终决定之前不受法院干涉，以便充分发挥行政调查机关的专业知识和经验。美国和欧盟把最终决定作为司法审查的对象，但有的成员方(如阿根廷)则把反补贴临时措施也作为司法审查的对象。

WTO 虽然将抽象的行政行为纳入司法审查的范围，而且"行政行为"从英语、法语和西班牙语的语义来看都包括抽象的行政行为，但《SCM 协

---

① 参见曾令良：《中国加入 WTO 及其司法审查制度的完善》，载《武汉大学学报(哲学社会科学版)》2001 年第 3 期。

② 《SCM 协定》第 21 条包括：(1) 反补贴税的时间和限度；(2) 对反补贴措施的复审；(3) 对证据和程序的复审；(4) 对价格承诺的接受，即进口成员当局寻求或接受出口成员政府自愿承诺取消或限制有关补贴措施或出口商自愿承诺修改其价格，是否是在有关当局就补贴和损害作出初步的肯定性裁决之后；出口商承诺增长的价格是否高于消除补贴所必需的额度；自愿承诺接受之后，有关的补贴或损害调查是否随之停止；当作出补贴或损害否定的结论之后，有关的自愿承诺是否自动终止。

③ 参见最高人民法院《关于审理反补贴行政案件应用法律若干问题的规定》第 1 条。

④ 权利用尽原则(又称为行政救济终结原则)，是指行政机关受理的行政请求，只有在行政程序终结后才允许司法干预。

⑤ 美国行政法规定了"成熟原则"，即"指行政程序必须发展到适宜有法院审理的阶段，即已经达到成熟的程序，才允许进行司法审查"。将行政行为划分为不成熟行政行为与成熟行政行为是美国司法审查中的一项重要原则。

定》第23条规定的司法审查范围并没有包括抽象行政行为。① 中国《行政诉讼法》第11条及其司法解释均规定,司法审查的对象仅仅局限于行政机关针对特定的行政相对人的权利与义务作出的"具体行政行为",而不及于行政机关实施的"抽象行政行为"②。从法学研究的角度来看,对于具体行政行为和抽象行政行为的区别,曾经有过种种探讨,如认为在"抽象行政行为"概念中加上"反复适用",仍不能解决与具体行政行为划分的问题,因此主张从行政行为过程的角度来加以界定。

四、反补贴措施司法审查的标准

司法审查标准可以反映法院尊重行政机关自由裁量权的程度,体现并规范行政调查机关和法院之间权利和责任的分配,并最终以判决的方式影响行政活动的效率和对公民权益的保护。WTO项下司法审查的标准可以分为五种:行政程序正当标准、权力正当行使标准、法律合理适用标准、事实认定合理标准及实体规则不得违反标准。《SCM协定》的具体审查标准有:(1)实质性归责要求(第11.2条);(2)补贴的确定标准(第1.1条和第2.1条);(3)利益的确定方法(第14条);(4)损害的认定(证据的审查)(第15条);(5)程序性规则要求(第11.3条);(6)证据规则(证据的提供)(第12条);(7)反补贴措施的期限与复审(第21条)。③

各成员方的司法审查标准基于不同的法律理念因而略有不同。在多哈规则谈判中,美国建议各成员方应向WTO提供关于司法审查标准程序方面的信息,以促进程序的公平及透明化。④ 在美国,一般情况下,国际贸易法院在实施司法审查时,并不对案件相关的基本事实展开调查,除非国际贸易法院认为行政裁决的理由不充分或不具备充足的事实根据。如果行政调查机关的行为因"武断、反复无常、滥用自由裁

---

① 参见陈明聪:《经济全球化趋势下反倾销的法律问题》,厦门大学出版社2006年版,第103页。
② 抽象行政行为是指行政主体针对不特定的行政相对人单方作出的具有普遍约束力的行政行为,即行政机关制定法规、规章和其他具有普遍约束力的规范性文件的行为。具体行政行为和抽象行政行为的区别在于:(1)抽象行政行为必须经过各方利益"合意"的过程,如果一个行政行为是行政机关单方意思表示,并未经过立法的程序,那么,即使该行政行为的结果以抽象行政行为形式出现,也不能称为抽象行政行为。(2)抽象行政行为不能直接产生强制力,它只具有间接的效力,这种间接的效力只有通过具体行政行为才能最终实现。
③ 参见孙南申:《WTO体系下的司法审查制度》,法律出版社2006年版,第71页。
④ TN/RL/W/35。

量权或其他原因导致与法律上的规定不相符",或对其裁决不能提供足够的"实质性证据"而与法律规定又不一致,或行政调查机关关于事实裁定根本没有证据支持,以至于达到了法院必须重新审理的程度,则国际贸易法院可重新审理案件的事实,并作出独立的裁定。在法律适用标准问题上,虽然原则上采用实体规则不得违反标准,但近年来有采用法律合理适用标准的趋势①,即如果法律对某一法律概念有明确的解释,而行政调查机关作出了不同的解释,其解释将被推翻;若法律无明文规定,法院将审查行政调查机关的解释是否为法律所允许,如果是可以允许的,即使法院有不同的解释意见,仍然裁定行政调查机关的认定是有效的。

五、中国反补贴措施司法审查的法律适用

中国现行的宪法尚未明确人民法院有权对行政机关的行政行为进行司法审查与监督,也没有明确规定中国的司法审查制度,但宪法确立了公民有权控告违法、失职的国家机关和国家机关工作人员的原则;一切国家机关必须遵守宪法和法律,否则应予追究违法责任的原则;以及人民法院独立行使审判权的原则等,这些原则为司法审查制度的建立提供了最基本的宪法依据。《行政诉讼法》是中国司法审查制度确立的法律依据,并规定了人民法院享有司法审查权。② 根据中国对反补贴措施进行司法审查的国际法依据——《中国加入工作组报告书》③中关于司法审查的第76节至第79节及中国《反补贴条例》第5条的规定,中国将对反补贴措施进行司法审查。根据中国的行政法理论和国内法律制度的现有格局,司法

---

① 自谢弗朗案件以来有不断向法律合理适用标准靠拢的趋势。
② 如第6条规定人民法院有权对行政行为的合法性进行审查;第12条、13条规定了人民法院受理行政案件的范围。
③ 2001年7月10日《中国入世议定书草案(修改本)》第一部分"总则"中对"司法审查"作出了下列两项承诺:"1.中国应当设立、指定和维持裁决机构、联系点和程序,以迅速审查1994年GATT第10条第1项、GATS第6条和TRIPs协定有关条款所规定的与普遍适用的法律、法规、司法判决和行政决定相关的所有行政行为。此种裁决机构应当是公正的,并独立于作出行政行为的机关,而且,在该事项的结果上不得具有任何实质性的利益。2.审查程序应当包含受被审查的任何行政行为影响的个人或者企业提起上诉的机会,且并不因此加重处罚。如果初次上诉权是向一个行政机关行使,那么无论如何应当给予其对该决定选择向司法机关提起上诉的机会。有关上诉的判决应当通知上诉人,且应当提供书面的判决理由。上诉人还应当被告知继续上诉的任何权利。"参见孔祥俊:《WTO对司法审查的要求及我国司法审查面临的任务和挑战》,载《法律适用(国家法官学院学报)》2001年第10期。

审查属于行政诉讼法的范畴,是指人民法院依据行政相对人所诉,依照法定程序审查行政主体做出的具体行政行为的合法性的行政审判活动。[1]

中国反补贴司法审查适用的法律依据[2]有:(1)具有约束力的、法院必须适用的法律和法规,包括《中华人民共和国行政诉讼法》《中华人民共和国国家赔偿法》《中华人民共和国行政处罚法》《中华人民共和国行政复议法》《对外贸易法》及《反补贴条例》、最高人民法院《关于行政诉讼证据若干问题的规定》、最高人民法院《关于审理国际贸易行政案件若干问题的规定》、最高人民法院《关于审理反补贴行政案件应用法律若干问题的规定》。(2)没有法律约束力,但法院可以参照并自行决定适用与否的国务院部门规章,如商务部颁布的部门规章:《反补贴调查立案暂行规则》《反补贴调查实地核查暂行规则》及《反补贴问卷调查暂行规则》。由于反补贴调查的专业性较强,这些部门规章具有权威性和指导作用,在反补贴措施司法审查时应该被采用。

自1990年《中华人民共和国行政诉讼法》实施以来,中国的司法审查制度历经30年,受案范围涉及社会行政管理的诸多方面,案件数量也逐年上升[3],但对国际贸易领域中的反倾销和反补贴措施进行实质司法审查的案件非常少。笔者认为,原因是多方面的:其一,国内企业和代理律师顾虑重重,特别是因为反补贴措施的专业性和复杂性所限,可以代理反补贴案件的律师相对集中,他们不愿因个别案件影响与行政调查机关的关系;其二,对于外国企业来说,刚刚进入中国市场,反倾销措施给其带来的影响相对于中国的巨大市场来说,是微不足道的,其不想因此与中国政府[4]交恶,不想因小失大;其三,受中国传统道德观念影响,以和为贵,不愿涉及诉讼;其四,涉案当事人对人民法院审理反倾销和反补贴案件的能力缺乏信心,包括执法水平、法院审判独立性和维护司法公正等问题。[5] 当然更重要的是,中国调查机关的调查和裁决符合法律规定,中国调查机关的工作人员的严谨合规的工作态度得到了当事人的基本认

---

[1] 参见龚红柳:《国际贸易行政案件司法解释关联精析》,法律出版社2003年版,第66页。
[2] 最高人民法院《关于审理反补贴行政案件应用法律若干问题的规定》第6条。
[3] 参见2003年2月13日时任最高人民法院副院长李国光在全国法院行政审判工作会议上的讲话:《深入贯彻党的十六大精神,努力开创行政审判工作新局面,为全面建设小康社会提供司法保障》。
[4] 反倾销和反补贴措施的调查机关商务部也同时负责中国的外资企业管理工作。
[5] 参见龚红柳:《国际贸易行政案件司法解释关联精析》,法律出版社2003年版,第123页。

可,调查机关在调查反倾销和反补贴案时是公开透明、依法合规进行调查的。

对于国际贸易行政案件的审查,法院审查的内容①包括主要证据是否确实、充分;适用法律、法规是否正确;程序是否合法;是否越权;是否滥用职权;行政处罚是否显失公平;是否不履行或者拖延履行法定职责进行审查。最高人民法院《关于审理国际贸易行政案件若干问题的规定》对国际贸易行政案件审查的标准和原则进行了规定,但针对不同性质的贸易救济措施审查的具体内容不尽一致。最高人民法院《关于审理反补贴行政案件应用法律若干问题的规定》对反补贴行政案件的审查范围作出了进一步的规定,具体是指有关补贴及补贴金额、损害及损害程度的终裁决定;关于是否征收反补贴税以及追溯征收的决定;关于保留、修改或者取消反补贴税以及承诺的复审决定;依照法律、行政法规规定可以起诉的其他反补贴行政行为。②

由此可看出,中国采取了法律与事实相结合的审查原则。由于反补贴调查专业性较强,笔者认为在审查法律标准方面,可以借鉴美国司法审查的法律合法适用审查标准。法院可以将司法审查的重点放在其熟悉的法律问题和程序问题上,对行政机关所作的法律解释是否符合反补贴的立法目的、是否符合反补贴专业技术特点、是否兼顾公共利益等方面作出审判,更加侧重于法律上的合法性审查,而不是代替行政调查机关对专业技术问题作出裁定。法院应该尊重行政调查机关对事实问题作出的合法的解释和规定,这不仅符合公正原则,也有利于提高司法效率,降低司法成本,有效监督行政行为,发挥司法审查的功能。

---

① 参见最高人民法院《关于审理国际贸易行政案件若干问题的规定》第6条。
② 参见最高人民法院《关于审理反补贴行政案件应用法律若干问题的规定》第1条。

第九章
关于农产品补贴的法律问题

在国际贸易中,农产品国际贸易因农产品本身具有的弱质性、缺乏弹性等特点,以及农业政策的特殊性,成为极其敏感和复杂的问题。① 它涉及一国的粮食安全战略、政治力量对比、地理环境与气候、生产结构、就业、出口国与进口国的利益等诸多方面问题。世界各国或是为了促进经济发展、保护国内农业生产,或是为了改善国际收支,或是为了全球战略、国家安全等经济和政治目标,都在实施名目繁多的农业政策。② 正是出于这些考虑,各国不遗余力地通过财政补贴的方式对农业生产和贸易给予各种直接和间接的补贴,使农业生产者最终实际所得超过按市场均衡价格确定的收益水平,进而稳定和提高农民收入,但同时也刺激了生产,扩大了出口,并通过占领国际市场来消耗过剩的产能。以美国和欧盟为代表的一些发达国家出于国家自身利益和国家安全的特殊战略考虑,对农业的保护远远超过其对制造业的保护。它们每年对农业给予大量财政补贴,严重扭曲国内和国际农产品及其下游产品的产量和价格,遭到其他国家的强烈反对和谴责,也正是由于各国这种不均衡的补贴政策导致了农产品贸易的摩擦。正如巴格沃蒂说的,第二次世界大战后发达国家在逐步瓦解别国对工业制成品的保护的同时,对它们的农业实行坚

---

① 主要表现在:(1)农业生产的自然风险和市场风险较大及政府对农业要素流动的限制造成比较收益较低;(2)农产品的供求相对缺乏弹性,使得价格杠杆无法充分发挥效用,极易导致市场失灵;(3)农业的比较利益偏低要求政府对农业加以特殊保护;(4)农产品储备及自给自足是国家战略安全的重要组成部分;(5)农业利益集团很长时间在英国、欧盟和美国等国家和地区有很强的政治影响力及有效的农产品补贴机制,原因有二:其一为土地所有权大多掌握在大地主手里,其二为农民拥有投票权。参见龚宇:《WTO农产品贸易法律制度研究》,厦门大学出版社2005年版,第17页。

② 参见曹建明、贺小勇:《世界贸易组织》(第二版),法律出版社2004年版,第207页。

决的保护。而发展中国家则通过利用限制贸易和货币兑换等一系列综合手段保护其制造业,这不经意间阻碍了农业的发展。发展中国家对"工业化"的政治偏爱与发达国家对"农业化"的政治偏爱相映成趣。① 农产品的重要性在历次贸易谈判中都有所体现,每每涉及农业议题,谈判就有所停滞。在农业问题上的意见分歧成为多边贸易谈判不能顺利达成共识的重要原因,也是以欧盟和美国为代表的发达国家成员之间,以及发达国家与发展中国家成员之间的主要矛盾之一。多哈回合谈判又因成员方在农产品贸易问题上不能达成共识而多次暂停。本章主要从《农业协定》对农产品补贴的约束、和平条款的终止、欧美农业补贴政策法律问题分析、多哈农业谈判暂停、农业补贴多边博弈五个方面对农产品补贴规则的特点进行研究,以期对建立符合中国国情的农业补贴法律制度有所启发。

第一节 WTO对农产品补贴的约束

一、GATT对农产品国际贸易的例外规定

在农产品领域,西方发达国家盛行实施贸易保护主义政策。特别是两次世界大战及若干次经济危机后,农业保护主义的潮流随着日益膨胀的经济民族主义而日益增强。农业补贴对资源配置和市场竞争条件的扭曲作用很大,在保护本国农业生产的同时,其所具有的外溢效应往往会普遍危及其他国家的贸易利益,从而引发公平贸易之争。GATT 1947第6条、第16条对初级产品(primary products)作出了例外规定,因为大多数农产品属于初级产品范畴,使各缔约方实施农产品补贴合法化,而无须担心反倾销和反补贴调查;另外,GATT 1947第20条"一般例外条款"第2项规定对非关税壁垒措施的适用,各缔约方可以以保障本国居民和动植物的生命健康为理由,实施动植物卫生检疫标准等非关税措施,以限制进口,如荷尔蒙牛肉案。② 因此,这些"例外"规定使农产品贸易实际上一直没有被有效地纳入到GATT 1947的法律框架中③,缔约方之间的贸易摩

---

① 贾格迪什·巴格沃蒂(Jagdish Bhagwati):《贸易保护主义》,王世华等译,中国人民大学出版社2010年版,第9页。
② 李本:《补贴与反补贴制度分析》,北京大学出版社2005年版,第142页。
③ John H. Jackson, *The World Trading System: Law and Policy of International Economic Relations*, second edition, the MIT Press, 1977, p.313.

擦使缔约方对 GATT 的作用及其规则的公正性和有效性提出了质疑。由于农业固有的特殊性及迫于国内的政治压力，缔约方常常利用这些例外规定，采取足以扭曲农业生产和贸易的措施；有些缔约方甚至违反 GATT 的规定，采取非关税贸易壁垒措施以保护其国内农业发展。而 GATT 也未能有效地约束缔约方，不仅在规范上对农业补贴放宽标准，在执行上亦未能有效推动。许多学者认为这是由于 GATT 立法缺失造成的，但笔者认为 GATT 的制度性缺陷不能解释为何工业品和农业品贸易在"遵纪守法"方面差距巨大。如果 GATT 第 11、12 条的例外可以忽略不计，那么除出口补贴外，GATT 规则对于工农业产品的约束应是相同的。面对同样不完善的规则，为何工业品贸易的规范化和自由化程度远远高于农产品贸易，笔者认为，GATT 体系缺乏对农产品贸易的规制，主要原因在于各缔约方在无政府状态缺乏超国家实体的国际社会中缺乏实现农产品贸易自由化的政治意愿(Political Will)。①② 正如休德克教授所言，在国内法律体系中，规则的执行是以国家强制力为保障的，规则的规定与执行之间存在着一一对应关系。然而在 GATT 这样松散的国际法律体系中，道德和经济上的压力虽然也会促使国家遵守规则，但最终的执行力量往往来自缔约方对自我利益的衡量以及对法律体系顺利运作的期望。如果缔约方缺乏遵守规则的政治意愿，规则就有可能无法运作，无论规则本身是否完备。由此可见，国家的政治意愿在国际规则运作中起着重要的作用。

二、《农业协定》的产生

虽然在狄龙回合、肯尼迪回合和东京回合中，农业问题已成为重要的谈判领域，但直至乌拉圭回合《农业协定》③的产生，才将农产品贸易纳入 WTO 的法律框架下。乌拉圭回合首次将农产品贸易纳入多边纪律的有效约束，迈出了农产品贸易自由化改革的第一步。各成员方为了消除法律冲突，增加法律的适用性，在《农业协定》和 WTO 的法律文件中对法律

---

① 参见龚宇：《WTO 农产品贸易法律制度研究》，厦门大学出版社 2005 年版，第 321 页。
② 同上，第 320 页。
③ 该协定于 1993 年 12 月 15 日签署，1995 年 1 月 1 日起生效。该协定属于 WTO 附件 1A 的部分，该部分虽然包含关于货物贸易的诸多协定，但以具体产品或产业命名的却只有《农业协定》和《纺织品与服装协定》，其他协定对于所有的货物贸易都是一体适用的。

的冲突和选择适用作出了具体规定。① 但《农业协定》只是一个过渡性的安排,其目的在于锁定相关领域的贸易自由化进程,并最终使农产品回归到统一的贸易规则中。②

20世纪60年代至80年代的20年间,美国与欧盟之间的贸易战逐步升级,由冷冻鸡到小麦面粉这一系列的贸易争端使政府财政负担加重,给国家造成经济损失,并牺牲了消费者的利益。这一系列的恶性竞争使欧、美认识到限制农业出口补贴的重要性,并一致认为补贴政策存在许多负面效应,有损全球自由贸易进程,有损广大发展中国家成员的利益。各成员方认识到达成新的具有约束力的规则的必要性,基于共同的政治意愿,《农业协定》产生了。

《农业协定》共包括1个序言、13个部分和5个附件,共21个条款,从市场准入、出口补贴和国内支持三个方面对农产品加以限制。《农业协定》中没有直接出现"农业补贴"一词,而是把出口补贴与国内支持统称为农业补贴。"农业补贴"主要是指对农业生产、流通和贸易进行的一种转移支付。具体可分为:广义上的补贴,即政府对农业部门的所有投资或支持(support),其中对科技、水利、环保等方面投资,由于不会对产出结构和农产品市场产生直接显著的扭曲性作用,因而是现行《农业协定》的"绿箱政策"所允许的;狭义上的补贴,即对粮食等农产品提供的补贴,这类补贴又称为保护(protection)性补贴,通常会对产出结构和农产品市场造成直接明显的扭曲性影响。WTO在理念上不赞同保护性补贴,并试图通过多边贸易协定加以削减和限制。

《农业协定》的不足之处在于:(1)《农业协定》的框架是渐进式的谈判体制,各成员方削减承诺本身也构成协定的内容,但进一步的削减需要通过新的谈判来实现。这一状况造成完善农业补贴规则还需要一定的时间。(2)《农业协定》是欧、美、凯恩斯集团之间相互妥协,发展中国家成员作出一定让步的结果,订立的基础是不平等的。与《SCM协定》相比,对农产品补贴的约束过于温和,约束机制不够健全,不能高效解决补贴争端,更不能起到惩治作用。(3)《农业协定》对发达国家成员缺乏制

---

① 《WTO协定》关于附件1A的总体解释性说明指出,若GATT 1994的某一规定与附件1A中另一协定的规定发生冲突,则以该另一协定的规定为准。《农业协定》第21条进一步规定:"GATT 1994年和《WTO协定》附件1A所列举的其他多边贸易协定的规定应在遵循本协定规定的前提下适用。"

② 参见龚宇:《WTO农产品贸易法律制度研究》,厦门大学出版社2005年版,第139页。

度上的约束,给其留有很大的农业补贴空间,执行效果更是令许多发展中国家成员失望。(4)《农业协定》虽然使发达国家成员作出一定减让,但却使其优势相对固定。特别是关税化后,发展中国家成员在国际收支得到改善后,不能再以外汇短缺为由对农产品的进口实行限制。① (5)发展中国家成员得到的特殊和差别待遇无实质内容。

如果说 GATT 的反补贴规则及关于"非违反之诉"的规定对缔约方的国内补贴行为具有一定的约束作用,那么这种约束作用也是间接的,并不涉及国内补贴本身的合法性。从这个意义上说,《农业协定》对农产品国内支持确立了全面且具有直接约束力的规则,是多边贸易体制的一大突破。② 《农业协定》的积极意义在于规范了成员方的农业补贴行为,确立了出口补贴和国内支持的多边纪律,对贸易保护主义起到了一定的遏制作用,有效地减少了农产品领域的无效、低配置等问题,推动了各成员方内部补贴政策的改革。正如《农业协定》前言所说,《农业协定》的长期目标是在议定的期限内,持续对农业支持和保护逐步进行实质性的削减,从而纠正和防止世界农产品市场的限制和扭曲。

三、《农业协定》对出口补贴的约束

乌拉圭回合之前只是成功地对工业品补贴进行了限制,完全禁止了对工业品的出口补贴,但各缔约方特别是发达国家缔约方对农产品的出口仍然给予巨额补贴。直至乌拉圭回合谈判时,各成员方才在削减农业出口补贴的问题上取得进展,达成以减让基期为基础的出口补贴尺度,在一定的实施期内逐步削减出口补贴。《农业协定》规定,除符合本协定和该成员减让表列明的承诺外,每一成员保证不以其他方式提供出口补贴,并将出口补贴列入减让表的第四部分。如果成员方实施没有列入减让表的出口补贴,实施超过承诺的出口补贴或者对没有列入减让表中的产品给予出口补贴,均被认定为对农产品提供了禁止性的出口补贴。③ 中国在《中国入世议定书》中承诺取消对农产品的出口补贴,包括价格补贴和实物补贴,以及发展中国家成员可以享有的对出口产品加工、仓储和运输的补贴。中国政府认为人为地提高出口竞争力,妨碍自由贸

---

① 参见张向晨:《发展中国家与 WTO 的政治经济关系》,法律出版社 2000 年版,第 219 页。
② 参见龚宇:《WTO 农产品贸易法律制度研究》,厦门大学出版社 2005 年版,第 209 页。
③ 参见曹建明、贺小勇:《世界贸易组织》(第二版),法律出版社 2004 年版,第 217 页。

易和公平竞争,严重地扭曲和扰乱了国际农产品贸易,极大地危害了国际贸易体制。

(一)《农业协定》对"出口补贴"的认定

"出口补贴"的定义可以在《农业协定》第1条术语定义(e)中直接找到,"出口补贴"是指视出口实绩而给予的补贴,包括《农业协定》第9条所列的出口补贴。该定义非常简单,并没有对"补贴"和"视出口实绩"等具体词语予以详细解释,也就是说在立法之初,已经考虑到需要结合《SCM协定》相关条款(第1条和第3条)加以理解,虽然《SCM协定》和《农业协定》关于出口补贴的纪律并不一致,但对出口补贴的认定是相同的,这一点在DSB的实践中得到了证明。[1]

加拿大对牛奶进口和乳制品出口采取的影响措施案(Canada - Measures Affecting the Importation of Milk and the Exportation of Dairy Products, DS113,以下简称"加拿大乳制品案")[2]是DSB第一次对《农业协定》第9.1条中出口补贴的定义做出解释。在该案中,美国和新西兰向WTO提起申诉,认为加拿大的特殊牛奶类别计划构成《农业协定》第9.1条和第9.3条项下的出口补贴,并超出了加拿大对出口补贴的承诺水平。但加拿大辩称该种措施不属于补贴,因为它不是由政府所提供的而是由私人机构即省级牛奶销售委员会提供的,而该委员会由农民自己组织经营。就此争议,专家小组认为构成《农业协定》第9.1条意义上的出口补贴必须要满足四个要件:(1)直接补贴(包括实物支付)的存在;(2)由政府或其代理机构提供;(3)向企业或产业等提供;(4)依赖于出口实绩。上诉机构关于"补贴"的认定直接援引了《SCM协定》第1.1条的解释,认为补贴产生于授予者通过财政资助给予接受者其无法在市场条件下取得的利益的情形,若接受者支付了全部的对价换取实物支付,则不存在补贴,因为接受者为其所得支付了市场价格。《农业协定》第9.1条规定的"支付"并不是仅仅指金钱的支付,而是广义的经济资源转移,提供低价牛奶属于资源转移的一种方式。[3] 从表面上看,似乎是生产商对牛奶加工商提供了补贴,但在实际上是由加拿大政府提供的。既然补贴是属于

---

[1] 参见龚宇:《WTO农产品贸易法律制度研究》,厦门大学出版社2005年版,第189页。
[2] 参见加拿大乳制品案(第21.5条-新西兰和美国)专家组报告(WT/DS103/AB/RW,WT/DS 113/AB/RW)。
[3] A subsidy involves a transfer of economic resources from the grantor to the recipient for less that full consideration.

第 9.1 条所指的出口补贴,那么这种出口补贴应列入加拿大的减让承诺表。① 而这些被裁定为出口补贴的牛奶数量与其他出口补贴措施的牛奶数量之和超过了加拿大减让承诺表中的承诺,被认定违反了《农业协定》关于出口补贴的规定。②

此外,在美国外销公司税案中,上诉机构认为《农业协定》中"视出口实绩而给予"的要求与《SCM 协定》中的要求相同,虽然二者关于出口补贴的纪律有所差异,但该差异并不影响对出口补贴的理解。③

综上所述,DSB 对《农业协定》出口补贴的认定与《SCM 协定》是一致的,两者的差异在于对出口补贴的约束程度。

(二)《农业协定》对"出口补贴"的限定

《SCM 协定》中禁止性补贴的原则,并不完全适用于农产品。根据《农业协定》的规定,农产品的出口补贴在一定程度上不受《SCM 协定》禁止性补贴法律原则的约束。根据《农业协定》第 9 条及第 10 条的规定,各成员方对农产品的出口补贴不得超过其在该国加入 WTO 或 GATT 时期"减让表"所列的承诺范围水平,言下之意,WTO 允许其成员在加入 WTO 或其前身 GATT 时作出的"减让表"中的减让承诺范围之内,提供补贴或其他支持措施。但是,若超出了承诺减让范围,且造成了法定损害,那么,其他成员就可以向世贸申诉。

出口补贴的纪律主要体现在《农业协定》及各国的减让表中。《农业协定》第 9 条列举了 6 种受削减承诺约束的出口补贴:(1)政府或其代理机构视出口实绩而提供的直接补贴,包括实物支付;(2)以低于同类农产品的国内市场价格,将非商业性政府库存出售给出口商;(3)政府财政资助的出口(无论是否涉及公共账户的支出);(4)农产品的出口营销补贴(发展中国家成员方例外);(5)出口农产品的国内运费补贴(发展中国家成员方例外);(6)视出口产品所含的农产品的情况而对该农产品提供的补贴。因为受到《农业协定》项下削减承诺的约束,该条并未穷尽所有出口补贴,只特别列明 6 种出口补贴。但凡构成出口补贴的均应受《农业协定》出口补贴纪律约束。

---

① 参见加拿大乳制品案(第 21.5 条-新西兰和美国)专家组报告(WT/DS103/AB/RW),第 87 段。
② 参见曹建明、贺小勇:《世界贸易组织》(第二版),法律出版社 2004 年版,第 218 页。
③ 参见美国外销公司税案上诉机构报告(WT/DS108/AB/R),第 141 段。

总体上,《农业协定》中对补贴的纪律约束水平较低。因此《SCM 协定》存在诸多关于农业补贴的例外条款,如第 3.1 条、第 5 条、第 7.1 条、第 8 条、第 10 条及注脚 15、16 和 17。[①] 但在补贴的认定、专向性测试、补贴计算、反补贴措施的调查和执行等方面还需参照《SCM 协定》,因此《农业协定》应视为 WTO 补贴与反补贴规则体系的有效组成部分。在多哈回合谈判中,巴西提议将农业出口补贴列入《SCM 协定》禁止性补贴的范畴,但遭到欧盟、美国等拥有大量农业补贴的成员方的反对,认为农业问题应该区别对待。由此可见,在 WTO 的法律框架之内,对补贴存在两种不同的分类方法。第一种是根据补贴的性质或是否给予法律制裁分为三种类型:禁止性补贴,可诉的补贴和不可诉的补贴。这种分类是直接和明显的,在《SCM 协定》中有明确的规定。第二种是以补贴涉及的产业性质来分的,如农产品补贴的出口补贴和非农产品出口补贴,后者还包括货物贸易和服务贸易的出口补贴。

四、《农业协定》关于国内支持的规定

国内支持导致了大量的生产剩余,而出口补贴是为了销售生产剩余。国内支持是指 WTO 成员通过各种国内政策对农民和农产品所进行的各种支持措施,是造成国际农产品贸易不公平竞争的原因之一。国内支持虽然不直接以农产品出口实绩为条件,但与出口补贴一样,都是在政府干预下经济资源向农业生产者的转移。只要不产生扭曲农业生产或贸易的后果,只要除免于减让的政策外其他支持措施按承诺履行削减义务,《农业协定》并不禁止成员方对国内农业采取支持政策及根据本国的具体情况制定国内农业政策的自由。在实践中,国内支持的形式多种多样,既有直接支持也有间接支持。适度的国内支持对成员方农业的发展是必不可少的,但过度的支持又会产生贸易扭曲效应,因此需要在适度发展和限制不利影响之间寻求一种相对的平衡。《农业协定》第 1 条、第 6 条、第 7 条、第 13 条及其附件 2、附件 3 和附件 4 对国内支持作了规定,并把其划分为两类:一类是免于削减的国内支持;另一类是受削减承诺约束的国内支持。

(一)免于削减的国内支持

免于削减的国内支持包括绿箱支持、蓝箱支持、黄箱支持(包括微量

[①] 也不适用于《民用航空器贸易协定》。

支持和发展性支持)三大类。具体如下:

1. 绿箱支持(Green Box)

不引起贸易扭曲,对生产没有影响,或只有最小限度的扭曲作用和影响的国内支持措施,被称为绿箱支持。《农业协定》附件2规定的绿箱支持政策包括:由政府财政开支所提供的一般性政府服务计划(农业科研、病虫害控制、农业培训、技术推广和咨询服务、检验服务、农业基础设施建设包括供电网、路和其他运输工具市场与港口设施、供水设施等)、为保障粮食安全面提供的储存补贴、粮食援助补贴、作物保险与收入安全补贴、自然灾害救济补贴、结构调整补贴、地区援助与发展补贴、为保护环境所提供的补贴、农业生产者退休或转业补贴等。这类措施具有履行一般性政府职责的特点,不具有专向性,被免于减让承诺。

2. 蓝箱支持(Blue Box)

蓝箱支持是指限制生产面积和产量为条件的直接支付,不列入需要削减的国内支持计算。根据《农业协定》第6.5条的规定,限产计划下的直接支付需符合三个条件才能免于削减:(1)根据固定领域和产出或者固定数量的提高而作出的支出;(2)此类支付按照基期生产水平的85%或85%以下给予;(3)此类支付按照固定的牲畜头数给予。由于上述条件并非累加而是可以选择的,因此仍无法避免蓝箱支持对贸易和生产造成明显的扭曲效应。在蓝箱支持中,各成员方不但可以将从事生产作为给予支付的条件,甚至还可以在一定程度内将支付数额与产量直接挂钩,只要支付所涉及的产量不超过基期生产水平的85%。该条款之所以缺乏经济的合理性,是因为该条款是美国和欧盟谈判相互妥协的结果。① 由于蓝箱支持的实施具有相当的灵活性,一些发达国家成员②如欧盟大量使用该政策以规避黄箱政策。而对于发展中国家成员来说,因其多数面临生产不足的问题,很少出现限产的情况,所以对发展中国家成员而言蓝箱支持并无实际意义。③ 发展中国家成员和部分发达国家成员支持消除蓝箱支持,将其纳入黄箱政策中,但遗憾的是,在多数情况下,谈判

---

① 在乌拉圭回合谈判中,欧盟的"差价税"制度成为把农产品贸易纳入GATT谈判的最大障碍,美欧之间的油籽案(oil-seeds case)争执不断升级,最终于1992年11月在美国华盛顿的布莱尔庄园达成秘密交易以解决冲突,其中主要内容为拟定了"蓝箱政策"。参见韩高举:《多哈农业框架协议与"新蓝箱"政策》,载《世界农业》2005年第7期。

② 由于需要大量的财政支持,向WTO通报使用的国家有冰岛、挪威、日本、斯洛伐克、斯洛文尼亚等少量国家。

③ 参见龚宇:《WTO农产品贸易法律制度研究》,厦门大学出版社2005年版,第213页。

最终形成的规则更多体现的是美国和欧盟的立场。①

3. 黄箱支持(Amber Box)中的发展性支持和微量支持

绿箱和蓝箱支持之外的国内支持措施通常被称为黄箱支持。在《农业协定》项下,黄箱支持属于需要削减的国内支持,但其中有两项例外,发展性支持和微量支持。(1)发展性支持:除了绿箱中的特殊和差别待遇外,属于发展性支持的有,一般发展中国家成员的投资补贴,一般用于对低收入或资源匮乏生产者的农业投入,以及为鼓励生产者除了种植非法麻醉性作物以外的农业产品及经营而给予的国内支持。(2)微量支持:上述不属于例外类型的有利于农产品生产者的国内支持措施均需受减让承诺的约束,对任何年度中特定产品的支持没超过该农产品生产总额的5%,或低于全部农产品生产价值非特定产品5%的支持都不受减让限制。对于发展中国家成员,微量支持的标准是10%。②

就中国而言,"入世"谈判承诺黄箱支持的微量支持标准是8.5%,但实际上中国只使用了0.5%,所以使用黄箱支持还有很大空间,中国政府有关部门应该尽快制定该类补贴政策。

(二)受削减承诺约束的国内支持

受削减承诺约束的国内支持,是指除《农业协定》附件2列举之外,对农业的其他国内支持。这种国内支持刺激了国内农产品生产,对贸易产生扭曲,需要履行削减承诺,用综合支持量(AMS)③来计算,称黄箱政策。除发展性支持和微量支持之外其他黄箱支持政策均在削减之列,各成员方应公开这些措施,并通知WTO秘书处。需要减让承诺的黄箱政策包括:价格支持、营销贷款、面积补贴、牲畜数量补贴、种子、肥料、灌溉等投入的补贴。需削减的国内支持可以分为两类,即针对特定产品的国内支持和针对非特定产品的国内支持。前者可以细分为市场价格支持、不可豁免的直接支付(即不能被纳入绿箱和蓝箱的直接支付)以及其

---

① 参见韩高举:《多哈农业框架协议与"新蓝箱"政策》,载《世界农业》2005年第7期。
② 参见《农业协定》第6.4条。
③ 由于需削减的国内支持种类繁多,要对其进行削减,首先必须确定一个统一的衡量标准,在《农业协定》中,这一标准就是综合支持总量。根据《农业协定》第1条的定义,综合支持量是指以货币形式表示的、有利于基本农产品生产者的对某一农产品提供的年度支持水平,或指有利于一般农业生产者的非特定产品支持。综合支持总量则指有利于农业生产者的所有国内支持的总和,即指所有基本农产品的综合支持量、所有非特定产品的综合支持量以及所有农产品支持等值的总和。

他不可豁免的支持措施(如农业投入补贴和降低销售成本的措施等)。①

(三)国内支持条款的缺陷

《农业协定》关于国内支持的规定是妥协的产物,存在很多不足。具体表现在:

(1)国内支持措施总量排除了在原则上对生产和贸易影响较小的措施,与自由公平贸易的长期目标相悖。

实际上,《农业协定》给发达国家成员预留了巨大的国内支持空间,对国际农产品贸易有较大的扭曲作用。为了实现减少成员农业政策造成贸易扭曲这一目标,在乌拉圭回合农业多边谈判中,美欧等主要谈判方达成妥协:国内支持措施总量排除在原则上对生产和贸易影响较小的措施。这虽然为乌拉圭回合农业多边谈判达成约束和削减综合支持总量扫除了障碍,但却与自由、公平贸易的长期目标相悖。

(2)有关国内支持规定的文字多为原则性表述,导致成员方对相关专门术语的解释存在差异,给成员方执行国内支持条款带来了不便。

具体地讲:①缺乏对"可得到实际管理价格的产量"的定义。《农业协定》附件3第8条、第10条和附件4第2条等出现"可得到实际管理价格的产量"一词,《农业协定》对此未有定义。各成员对"可得到实际管理价格的产量"也没有达成一致的解释。一些成员用总产量,另一些成员用市场流通的产量,还有一些成员使用半国营组织收购的产品数量。不同的解释直接导致各成员的综合支持量、综合支持总量、总国内支持及各成员的最低支持水平不可比较。②缺乏对"低收入和资源贫乏农户"的规定。《农业协定》第6条第2款规定,"发展中国家成员中低收入或资源贫乏生产者可普遍获得的农业投入补贴应免除在其他情况下本应对此类措施适用的国内支持削减承诺"。根据特殊和差别待遇规定,发展中国家成员享有对低收入农户投入补贴的豁免,该规定对发展中国家成员有着特殊意义。由于《农业协定》对"低收入和资源贫乏农户"这一概念缺少明确的定义,大多数发展中国家成员根据这一豁免条款,将所有投入补贴都排除在削减范围以外。③缺乏对"最小的贸易扭曲作用或最小的生产刺激作用"的解释。《农业协定》第6条和附件2规定,绿箱支持免于削减承诺,附件2第1条规定,此种国内支持措施无贸易扭曲作用或对生产的刺激作用,或此类作用最小。但《农业协定》没有定义或解释"最小的

---

① 参见龚宇:《WTO农产品贸易法律制度研究》,厦门大学出版社2005年版,第213页。

贸易扭曲作用或最小的生产刺激作用"概念。严格地说,几乎所有国内支持措施都产生刺激生产的作用,只不过作用或大或小,几乎所有国内支持措施都会间接扭曲国际市场农产品贸易,所以绿箱支持措施从实施结果看,与黄箱支持措施相似,只是程度轻重、作用大小不同而已。此外《农业协定》对"结构性缺陷""政府计划"也未进行定义或作出解释。

(3)《农业协定》有关削减产品项目的规定给予发达国家成员滥用灵活性的机会。

《农业协定》从本质上讲是根据发达国家成员的实际需要而设计的,对发展中国家成员并不公平。由于《农业协定》规定对蓝箱和绿箱补贴免除削减义务,且没有上限限制,使扭曲贸易的农业补贴合法化和制度化,导致一系列不利于发展中国家成员农业发展的体制问题。1992年11月美欧达成的《布莱尔宫协定》规定,缔约方的综合支持量是按总量削减,而不按产品项目削减,这给了缔约方在确定削减产品项目上的灵活性。《农业协定》第6条第3款规定,如一成员在任何一年中,以现行综合支持总量表示的、有利于农业生产者的国内支持,未超过该成员减让表第4部分列明的相应年份或最终约束承诺水平,则该成员应被视为符合其国内支持削减承诺。可见,成员方内综合支持总量是按各类农产品的平均削减幅度而言,不是按特定农产品或特定国内支持措施作出削减承诺的,因此各成员在综合支持总量削减幅度达到所要求程度的前提下,可自行调整其所削减支持的产品项目。成员方可通过对不敏感产品的支持加大削减幅度,保留或尽量减少对敏感产品的补贴。

(4)计算基期选择的不公正性。

根据《农业协定》附件3第11条的规定,固定参考价格应以1986—1988年为基期。对欧盟和美国1980—1990年国内支持水平的研究表明,以生产者补贴等值计算的补贴量在1986—1987年前后达到最高峰。美、欧是乌拉圭回合农业多边谈判的主要参加方,它们选择1986—1988年作为基期有其内在原因。《农业协定》谈判目标之一是约束并削减综合支持量,因为大多数发达国家报告的基期综合支持量超过其农业国民生产总值的20%,而《农业协定》的谈判目标之一是约束并削减综合支持量,以1986—1988年为基期确定国内支持削减水平对美欧等发达国家成员最为有利。国内支持削减幅度以1986—1988年基期国内支持为参照,则美、欧等发达国家成员在乌拉圭回合后仍可维持较高国内支持水平。而大多数发展中国家成员报告的基期综合支持总量为0,只有少数发展中国家成员的基期综合支持总量为正,且报告的综合支持量也普遍偏低,凯恩斯集团的综合支持量也很低,其中新西兰对农业不实行补贴。由于这些成员的基期补贴量很低,甚至为负值,乌拉圭回合后这些成员可以维持的补贴水平将会更低,甚至根本没有削减的空间,这显然是不公平的。

(5)绿箱支持措施的适用标准过于灵活,蓝箱的规定有名无实。

《农业协定》附件2第2条规定:"此类计划包括但不仅限于下列清单。"据此WTO成员可任意增加绿箱支持措施,也可任意增加绿箱支持开支。因为《农业协定》规定绿箱支持措施免于削减承诺。由于绿箱支持措施扭曲国际市场农产品贸易,刺激成员方国内农业生产,这与WTO的长期目标"建立一个公平的、以市场为导向的农产品体制"不符。这为一些WTO成员尤其是发达国家成员借扩大绿箱支持措施的范围来逃避国内支持削减的义务埋下了隐患。《农业协定》第6.5条是有关蓝箱支持政策限产计划的规定,该政策与美、欧有关。邓克尔文本《农业协定》草案把农产品生产者的收入补贴列入红箱,美、欧达成的《布莱尔宫协定》把谷物类产品改为在限制产量条件下允许"收入补贴",使用蓝箱。可见限产计划下的收入补贴是美、欧妥协的产物。最有影响的蓝箱补贴是欧盟共同农业政策的补贴支付和土地休耕计划,以及美国的差价补贴计划。目前通知WTO正在使用或已经使用蓝箱政策的成员有:欧盟、爱尔兰、挪威、日本、斯洛伐克、斯洛文尼亚。可见只有极少数成员方使用蓝箱政策,这对于没有实行蓝箱政策的绝大多数成员也是不公平的。蓝箱政策保护了农产品生产者的生产积极性,直接刺激成员方国内农业生产,间接扭曲国际农产品贸易,与《农业协定》建立公平的、以市场为导向的农产品贸易体制的长远目标相悖。[①]

在多哈回合谈判中,成员方应该对黄箱、绿箱和蓝箱支持措施进行修正,进一步削减黄箱支持,取消蓝箱措施,或者将其放入黄箱;应该重新审查《农业协定》附件2绿箱支持并考虑发展中国家成员的利益。中国应始终站在发展中国家成员的立场上,主张大幅度持续地实质性地削减综合支持总量和微量许可,取消蓝箱支持,或把蓝箱支持放入黄箱支持,扩大发展中国家成员享有的特殊和差别待遇。敦促发达国家成员约束和减

[①] 参见白云:《乌拉圭回合〈农业协定〉国内支持条款缺陷问题研究》,载《时代法学》2006年第4期。

少国内支持总量,大幅度减少出口补贴直至最终取消补贴。

第二节 "和平条款"终止适用对农业补贴纪律的影响

"和平条款"(Peace Clause)是指《农业协定》第13条规定的成员方在提起反补贴措施及非违反之诉(剥夺或减损其他成员方利益)时,应当适当克制(Due Restraint)①,符合国内支持及出口补贴措施削减规范的成员方可免于被采取反补贴措施,其目的是在《农业协定》执行农业改革的期限内减少出现有关削减农产品国内支持和出口补贴方面的争议,防止或避免成员方之间由于单方面采取报复或反报复措施而形成贸易战,而特别规定的彼此自我克制的义务。

一、《农业协定》第13条"和平条款"的含义

"和平条款"源于美国和欧盟之间为解决油籽等农产品争端就农产品的出口补贴和国内支持达成的削减目标,双方同意在6年之内②,只要符合《农业协定》双方都适当克制免于GATT 1994项下的指控。"和平条款"针对绿色措施、国内支持及出口补贴三项措施作出规定,具体如下:

(1)根据《农业协定》第13(a)条的规定,在执行期限之内,完全符合《农业协定》附件2(即绿色措施)规定的国内支持,就反补贴税而言,属不可诉补贴,应免于根据GATT第16条以及《SCM协定》第三部分的可诉补贴采取的措施;并免于GATT 1994第23.1(b)条意义上的、根据另一成员在GATT 1994第2条项下产生的关税减让利益造成的非违反之诉。

(2)根据《农业协定》第13(b)条的规定,完全符合《农业协定》第6条规定的国内支持(包括符合削减义务的补贴、发展中国家成员的若干补贴、微量补贴等),除非证明造成产业损害或损害威胁,否则应被免征反补贴税,在发起反补贴税的调查时,也应表现适当的克制;若对特定产品的支持未超过1992年销售年度(marketing year)中确定的支持水平,则应免于GATT 1994第16.1条或《农业协定》第5条和第6条项下的约束;及免于GATT 1994第23.1(b)条的非违反之诉。

---

① "适当克制"一词最早见于乌拉圭回合谈判时的"邓克尔文本"。
② 1993年再次修改"布莱尔宫协定"时,将和平条款6年的实施期延长为9年。

(3)根据《农业协定》第13(c)条的规定,符合《农业协定》第五部分并已反映在每一成员减让表中的出口补贴,仅在确定其对进口国产业造成损害或损害威胁后,方可征收反补贴税,且成员方在发起反补贴调查时,应表现出自我克制;该出口补贴同时免于基于《SCM协定》第3条、第5条及第6条所采取的行动。

在多哈回合谈判中,成员方们关于"和平条款"的争议主要集中在四个方面:(1)欧盟、美国和G10①希望"和平条款"延长适用;(2)20国协调组成员拒绝在没有利益回报的情形下延长"和平条款"的适用;(3)毛里求斯、埃及等成员主张修改"和平条款",扩大适用范围并针对所有成员方;(4)印度则认为发达国家成员应该停止适用"和平条款",但"和平条款"可以作为一项特殊和差别待遇,发展中国家成员可以在10年内适用。由于未能在2003年12月31日前达成一致意见,该条款已失效,执行期限为9年。② 恢复该条款则需通过成员方谈判。③ 目前,多哈回合谈判停滞,使本就矛盾重重的农业问题形势更加不明朗,"和平条款"是否能得以恢复,主要看谈判方的对价。笔者认为发达国家成员不会为该条款的恢复而付出太多,因此该条款恢复的可能性不大。

二、"和平条款"终止的法律影响

根据"和平条款"的规定,符合《农业协定》的规定及削减承诺的国内支持和出口补贴可有条件地免于被征收反补贴税及免于依GATT 1994第16条或《SCM协定》第3、5、6条提起的"非违反之诉"和"违反之诉"。实际上,受"和平条款"影响的只限于根据《SCM协定》第5条和第6条提起的指控,"和平条款"的终止适用不影响农业补贴措施的"合法性",只影响某些农业补贴措施的可诉性。

除"和平条款"外,《农业协定》本身并未对"非违反之诉"和反补贴税问题作出任何特别规定,也未限制各成员方通过征收反补贴税来抵消农业补贴的不利影响。因此"和平条款"失效后,《农业协定》项下的国内支持和出口补贴在反补贴和"非违反之诉"方面将不能继续享受豁免,将受

---

① 在坎昆会议时的十国集团包括比利时、加拿大、法国、德国、意大利、日本、荷兰、瑞典、瑞士、英国和美国。
② 《农业协定》将"年"定义为成员承诺表中规定的"日历年、财政年或运作年",所以对采用运作年的国家如欧盟、美国等,则自2004年年中起实施。
③ 参见《农业协定》第1(f)条。

限于 GATT 1994 和《SCM 协定》的相关规定。

"和平条款"终止后,农产品补贴能否免于"违反之诉",关键在于法律适用的选择,及相关协定之间是否存在适用冲突。根据累加适用原则、特别法优于一般法原则及《农业协定》第 21.1 条的规定,应优先适用《农业协定》的规定。① 美国陆地棉补贴案中,专家组和上诉机构都认为,当《农业协定》和《SCM 协定》对同一问题有不同规定时,《农业协定》应优先适用,但《农业协定》没有规定的问题,并不排除对 GATT 1994② 和《SCM 协定》的适用。③ 因此,有关农产品出口补贴、绿箱支持和绿箱之外的国内支持措施仍只适用《农业协定》的规定,可以继续免于 GATT 1994 和《SCM 协定》下的"违反之诉"。但在"和平条款"项下的豁免是通过直接限制诉权来保护提供补贴的实体权利不受影响,即其他成员方完全可以根据 GATT 1994 和《SCM 协定》对农业补贴的规定得到优先适用,进而"违反之诉"的诉求很难成功,起到限制不必要贸易争端出现的作用。美国陆地棉补贴案有两个争议点涉及"和平条款":(1)巴西主张,美国把生产灵活性合同支付和直接支付作为绿箱措施通报,不符合《农业协定》附件 2 关于不挂钩收入支持的规定[《农业协定》第 13(a)条];(2)巴西认为美国对棉花的国内支持超过 1992 年销售年度水平,不符合《农业协定》第 13(b)条的规定。农业是广大发展中国家成员方利益诉求高度一致的领域④,该案是 WTO 历史上第一次,也可能是唯一一次关于"和平条款"争议的案件,是发展中国家成员方对发达国家成员方在争端解决机制上的一次重大胜利。该案还是 GATT、WTO 历史上第一次对国内农业补贴的申诉,第一次对以农业出口信贷担保为方式的出口补贴进行的申诉,第一次将损害认定条款应用到农业补贴问题上并采用计量经济分析方法确定损害程度,该案受到各成员方的普遍关注,中国也作为第三方参与此案。笔者认为该案的积极意义还在于,澄清了农业补贴规则,为成员方进

---

① 《WTO 协定》关于附件 1A 的总体解释性说明指出,若 GATT 1994 的某一规定与附件 1A 中另一协定的规定发生冲突,则以该另一协定的规定为准。《农业协定》第 21.1 条进一步规定:"GATT 1994 和《WTO 协定》附件 1A 所列举的其他多边贸易协定的规定应在遵循本协定规定的前提下适用。"

② GATT 1994 第 16 条虽未禁止农产品出口补贴,但依据"公平份额"标准,若出口补贴导致补贴国在相关产品的国际市场上占有不公平的份额,即违反了第 16 条的规定。

③ 美国陆地棉补贴案专家组报告(WT/DS267/R)。

④ 由于在工业品领域,许多发展中成员方之间存在竞争关系,因此在谈判中并不能真正形成合力。

一步理解农业补贴规则提供了先例。该案也反映了发展中国家成员对发达国家成员维持高额农业补贴的不满及要求取消农业出口补贴和实质性削减扭曲贸易的国内支持的立场，对推动新一轮谈判起到积极作用，也表明发达国家成员在农业补贴方面是可攻克的，巴西的胜利鼓舞了饱受发达国家成员的农业补贴之苦的发展中国家成员。

总体而言，"和平条款"的失效对农业补贴并没有实质影响，虽然近两年关于农业补贴的案件争端较多，如巴西、澳大利亚和泰国诉欧盟糖类补贴案[①]等，但并非如有些人想象的那样，该条款的失效使发达国家成员的农业补贴规则极易被挑战。

第三节　欧美农业补贴政策法律问题分析

在长期高额的农业补贴下，美欧农产品具备很强的国际竞争优势。长久以来，美欧农业补贴政策覆盖在一层面纱之下，对其的研究也多停留于表面。美欧补贴在支持其国内目标的同时，通过国际贸易对世界各国特别是对中国部分国内产业造成了损害。在这一背景下，中国发起了对美欧涉农产品的反补贴调查。笔者在这里想提醒的是，涉农产品反补贴调查难度较大，在全球范围内仅较少成员方发起调查，中国政府开启了很多先例。截至2019年底，中国对涉农产品发起反补贴立案调查共计6起，涉及美国3起、欧盟2起、澳大利亚1起，其中作出裁决的有4起，分别是对美白羽肉鸡反补贴案、对美干玉米酒糟反补贴案、对欧盟马铃薯淀粉反补贴案和对澳大利亚大麦案。截至目前，白羽肉鸡案措施终止，对欧盟葡萄酒案和对美高粱案已终止调查，中国商务部对澳大利亚大麦的调查也已于2020年5月18日作出终裁，反补贴税率为6.9%。措施执行中的案件有对美干玉米酒糟案和对欧盟马铃薯淀粉案。

通过反补贴调查，审查大量外国政府和企业提交的文件、国内产业和应诉方的控辩，中国调查机关得以从多个角度、不同层面审视和解析美欧农业政策。这些案件所涉被调查项目均触及被调查国的核心农业补贴政策，特别是对欧盟的马铃薯淀粉反补贴案针对的是欧盟的共同农业政策，这一政策号称"皇冠上的明珠"，对欧委会的意义不言而喻。对美干玉米酒糟反补贴案的调查，触及美国核心利益，几经波折。笔者从亲历者视角来介绍并分析美欧农业补贴政策。

---

① WT/DS265、WT/DS266、WT/DS283.

一、美欧重要农业补贴政策

(一) 美国

美国农业补贴政策主要集中于《2014年农业法案》(农业法案每6年更新一次),该法案预算开支达280亿美金。通过解读对美白羽肉鸡反补贴案和对美干玉米酒糟反补贴案的立案公告和裁决可以发现,农作物保险项目是美国长期实施的农业补贴政策之一。新法案对农作物保险内容进行了部分修改,主要内容仍延续《2008年农业法案》,修改主要包括两项:一是扩大了保险覆盖的农作物范围,增加了一些特殊的农作物品种;二是在原保险品种的基础上,增加了可额外补充的累计收入保险计划和补充保险选择。累计收入保险计划只针对棉花,补充保险选择针对棉花以外的其他作物。根据中国反补贴调查案的裁决,美国政府提供农作物保险的目的在于降低不可避免的灾害(如干旱、过湿、大风、冰雹、飓风、龙卷风、虫灾等)对农业生产者造成的损失,或减少由于价格或产量下降或两者同时下降而造成的收入损失,目前主要有大灾保险和附加保险两种类型的保险。大灾保险对低于农业生产者平均产量50%的损失给予补偿,赔付款按预计市场价格的55%予以支付;附加保险也称"高买"保障,适用于需要更高保障的农业生产者。农业参与者只支付部分保费和管理费用,其余保费、运作管理费以及实际风险发生赔付损失均由美国政府支付。

美国《2014年农业法案》还有一个重大变化,就是取消了之前的直接支付项目,并用价格损失保障替代之前的反周期补贴项目,用农业风险保障替代之前的平均作物收入选择项目,两个项目的具体内容详见第十一章的中国反补贴案件调查。从其字面可看出,价格损失保障主要关注的是具体农作物的市场价格能否达到目标价格,在触发条件中并不考虑单产变化,而农业风险保障则关注农业生产者的综合收入水平,单产变化也纳入考虑范围。目前,美国农业生产者只能选择参与价格损失保障或农业风险保障一项,一旦选择就不能更改,农业生产者可根据自身情况作出决策。

总之,美国《2014年农业法案》继续将保障农民收入、提升农产品竞争力作为首要目标,致力于农民增收提升政策对农业的保护力度、可持续性和资源环境的保护,有效供给三方面的"铁三角"对农业的支持保护更加系统化、市场化和隐蔽化。同时及时结合国际形势和国内需要,充分发挥市场引导作用,用多元化的风险管理方法来替代农业的直接补贴,充分发挥农作物保险作用,利用更隐蔽的保护政策规避 WTO 规则并为后续改革埋下伏笔。

(二)欧盟

马铃薯淀粉反补贴案是中国对欧盟发起的首起反补贴调查案,也是中国发起的第二起反补贴调查案。对欧盟马铃薯淀粉原审案、期终复审案以及葡萄酒反补贴原审案均涉及欧盟《共同农业政策》(Common Agricultural Policy,CAP)。《欧盟运行条约》(Treaty on the Functioning of the European Union, TFEU)第 39 条明确指出 CAP 这一欧盟共同农业政策的目标是提高农业生产率、确保农业生产者的生活水平、稳定市场确保粮食供应以及保证零售价格合理,该目标主要针对 1958 年 TFEU 生效时欧洲农产品短缺的情况。CAP 自 1962 年实施以来,经历多次改革,目前的改革方案 CAP2020 于 2014—2020 年实施,占欧盟总财政预算的 38%,显示了欧盟对农业的一贯重视和有力支持。目的是实现三大长期目标:确保粮食供应、自然资源可持续、平衡的区域发展。CAP2020 下设"农业担保基金"和"农村发展基金",被称作共同农业政策两大支柱,资金占比约为 3∶1,其中被中国反补贴调查的补贴政策均属于第一支柱"农业担保基金"项下"直接支付补贴"的内容。"直接支付补贴"为 CAP 最主要的财政支出,年均支出为 380 亿欧元,约占 CAP 总资金的 71%。

笔者在 2010 年调查该案时发现,CAP 项下的补贴设计复杂、覆盖面广、针对性强,特点如下:

(1)农业补贴政策有法律保障。CAP 是欧盟最重要的政策之一。其政策目标和针对不同农产品的具体政策均被纳入欧盟(包括其前身欧共体)法律。在本案中,欧盟法律明确规定了对马铃薯淀粉产业的补贴政策,包括补贴适用的产品,获得补贴需要满足的条件和标准、补贴金额、补贴的申请和发放流程等。由于欧盟对马铃薯淀粉实施生产配额制,欧盟法律还明确规定了该项目的年度总预算和各成员国之间的分配额度。将补贴政策纳入法律的好处:强化补贴政策的效力,确保补贴政策的稳定性,增加补贴政策的透明度,提高政府部门的行政效率和执行力。

(2)农业补贴政策的管理和实施实行共管制。共管制是欧盟管理和实施农业补贴政策的一大特色。所谓共管制,即由欧盟委员会及成员国农业部门共同负责项目的管理和实施。就该案而言,欧盟理事会和欧盟委员会负责制定法律和进行监管,欧盟委员会农业总司负责项目预算的分配以及补贴金额的支付。成员必须按照欧盟法律规定具体执行相关政策，包括接受申请、进行审核和发放补贴，并对补贴申请人进行监管和核查。各成员国的具体执行方式并不完全相同，但均需符合欧盟的法律规定。各成员国无权自行出台法律和政策，以确保欧盟农业政策在各成员国统一实施。

(3) 农业补贴政策侧重生产领域，注重保护农民利益。欧盟农业补贴政策侧重农产品生产领域，往往既针对初级农作物，又针对初级农作物的加工品。在本案中，种植马铃薯的农民与马铃薯淀粉生产商可分别向欧盟申请种植者补贴和生产商补贴。种植者补贴使农民直接受益；对于生产商补贴，由于欧盟农产品的生产商往往以农业合作社的形式存在，这种农业合作社是由农民组成的经济实体，生产商补贴仍然会使农民受益。因此，补贴政策的主要受益者是农民。这也充分反映了欧盟共同农业政策的目标：增加农民收入，改善农民居住条件和提高生活水平。

(4) 农业补贴的形式以现金资助为主。通常而言，政府财政资助的形式包括优惠贷款或贷款担保、赠款、税收优惠或抵免、低价提供货物或服务等。欧盟农业政策补贴则主要通过现金资助的形式提供。如本案中，马铃薯种植者，根据其提供的马铃薯生产的淀粉产量，可直接获得政府的现金拨款。而淀粉生产商也以同样的形式获得政府资助。通过现金资助形式实施补贴的好处：简单方便、易于操作，为从事农业种植和生产的人申请补贴提供便利条件。

(5) 农业补贴政策易遭反补贴调查。欧盟实施的农业补贴政策，是其发展内部经济、行使管理职能的需要，本无可厚非。但接受补贴的农产品出口时，会对国际贸易造成扭曲，并对进口国的国内产业造成冲击，因而容易遭受反补贴调查。除中国对其马铃薯淀粉进行的反补贴调查外，其橄榄油、白兰地酒、精制糖、通心粉、小麦蛋白等先后遭遇过其他国家的反补贴调查。欧盟是农产品遭受反补贴调查最多的 WTO 成员。

综合考虑不同时期的案件裁决，特别是马铃薯淀粉调查案历经十年，可以发现欧盟最初按农产品部门实施不同补贴政策，该时期的补贴具备明显的产业专向性。但随着其产品被采取调查措施，欧委会也及时进行了政策的调整。CAP 经过历次改革和完善，市场导向、环境友好、注重农村发展的改革的方向越来越清晰。2005 年至 2014 年，欧盟单一支付计划开始逐步实施，取代之前的针对具体农产品的专向补贴，将原先以种植面积或产品数量为基础的补贴，转换为与生产无关的直接拨款，原则上欧盟对农民的实际种植情况不再进行要求。2015年起,单一支付计划被欧盟第1307/2013号条例取代,新条例总预算的90%以与生产无关的直接收入补贴形式支付,包括基础支付计划、绿色补贴和青年农民补贴等。新条例还规定了可选择实施的自愿挂钩补贴,允许成员方在选定的21种农产品范围内提供专向补贴,约占总预算的10%。单一支付计划和欧盟第1307/2013号条例均赋予成员方一定选择空间,兼顾了欧盟层面的原则的统一性和成员国层面操作的灵活性。目前欧盟各成员国间实施的欧盟农业补贴政策存在差别。例如,荷兰决定实施基础支付计划、绿色补贴、青年农民补贴和放牧牲畜自愿挂钩补贴,且参考单一支付计划补贴金额确定基础支付计划补贴金额,到2019年每公顷将统一在270欧元。德国决定实施基础支付计划、绿色补贴、青年农民补贴和重新分配补贴,且分地区实施不同的基础支付计划补贴水平,到2019年将统一在每公顷175欧元。欧盟政策的调整一方面符合其自身改革进程和利益取向,另一方面也体现了反补贴调查对被调查国政策制定走向的影响。这种影响非其他贸易措施可以比拟,这也是为何笔者一直钟爱反补贴调查,并把补贴与反补贴法律制度作为终生研究方向。

总而言之,2013年版CAP的目标是在2014—2020年实施期间,更加环保、高效,更加市场化和绿色化的直接支付。政策调整主要体现在三方面:一是继续推进了市场化改革,大幅压缩了价格和市场支付比例的同时,继续提高了直接支付占比;二是在直接支付中,开辟绿色直接支付,定向用于农业生态环境保护的支付;三是在第二支柱预算中,明确了专项支持农村环境保护、支持有机农业和其他环保投资的支付比例。

二、主要法律问题分析

(一)法律适用问题

欧盟在反补贴应诉中援引了《农业协定》,主张单一支付计划和基础支付计划均属于绿箱支持,前述补贴不与产量、产品挂钩,是一种脱钩补贴,不鼓励生产,没有扭曲贸易。对此,中国调查机关认为反补贴调查是依据中国《反补贴条例》进行,无须认定相关欧盟农业补贴政策是否属于《农业协定》的绿箱支持或蓝箱支持,还特别指出《农业协定》中"和平条款"已经终止。笔者认为,中国并非直接在WTO起诉其他成员方农业补贴政策,而是发起反补贴调查,因此调查机关的回应是合理的。

(二) 美欧农业补贴政策的合规性分析

对于欧盟上述关于《农业协定》的主张,笔者认为,《农业协定》规定绿箱支持免于削减的理由,是认为它不引起贸易扭曲或只有很小限度的扭曲作用或影响。通过中国调查机关的分析可以看出,在马铃薯淀粉期终复审案中获得欧盟新农业补贴政策的农民事实上仍主要是淀粉马铃薯的种植者,也就是说目前所谓的脱钩的绿箱支持与之前的挂钩农业政策的补贴效果是很接近的。从该案可以看出,欧盟农业补贴政策改革的本质,仅仅是表面上的脱钩,使政策更加隐蔽,在实质上可以继续保证其改革之前的农业政策的补贴效果。所谓的脱钩的绿箱支持仍在延续旧版本农业政策,其对农产品贸易有扭曲,提升了欧盟整体的农产品竞争力,造成了不公平竞争。

美国在2002年至2013年间实施直接支付补贴,对部分农作物按照固定补贴比率提供拨款补贴。例如《2008农业法案》对玉米、大豆的补贴比率分别为0.28美元/蒲式耳、0.44美元/蒲式耳。由于是按特定农作物历史基期的种植面积和产量提供补贴,表面上并不对农民当前的种植提出要求,美国政府认为该项补贴是一项脱钩的收入支持,不会扭曲贸易,因此在之前的WTO通报中作为绿箱支持通报。在巴西诉美国陆地棉补贴案中,巴西非常深入地分析了美国的农业补贴政策,并通过大量数据证明了美国对棉花的所谓脱钩补贴85%给予了实际的棉花生产者,从而实际上刺激了美国棉花的生产,压低了世界棉花的价格,造成了贸易的扭曲。

上述补贴政策说明,被归箱到绿箱支持的脱钩补贴也造成了贸易的扭曲,但按照《农业协定》绿箱支持却免于削减。这再次体现了《农业协定》对发达国家成员农产品竞争优势的庇护和偏心,以及没有公平对待发展中国家成员,是赤裸裸的不公平。美国、欧盟之间的互相指责由来已久,笔者记得一位美国律师得知中国调查机关对欧盟马铃薯淀粉反补贴开启调查,想正式拜访调查小组,被笔者婉拒,但后来有人告诉笔者,还是有很多美国律所把该案件的裁决公告翻译成英文版认真研究。中国应该加强对西方发达国家的农业补贴政策研究,一方面深入了解其补贴政策实质,为中国的多双边农业谈判等工作提供支撑,以制定有效的应对方案;另一方面也可为中国农业补贴政策改革调整提供参考,以制定符合中国实际情况并符合绿色理念的高水平农业支持政策。

第四节 多哈回合谈判①暂停原因的解析

一、多哈回合谈判的由来及暂停

（一）多哈回合谈判的启动原因

多边贸易自由化的目标是促进全球经贸发展和社会福利的提高。从GATT 1947生效到1994年WTO成立,多边贸易体制曾成功地完成了八个回合的谈判。最终在乌拉圭回合谈判达成《农业协定》。尽管《农业协定》首次将农业纳入多边纪律,并构建了多边农产品贸易体制,但仍然存在许多不足,如市场准入条件没有实质性改革、巨额出口补贴严重扭曲农产品贸易等,这与建立公平的、市场导向的农产品贸易体制的目标还相差甚远,迫切需要进一步的改革。为了继续这一改革进程,依照《农业协定》第20条的要求,WTO成员方于2000年年初启动了农业谈判。2001年11月在多哈召开的WTO第四次部长会议进一步明确了农业谈判的任务和方向,并将其纳入新的"一揽子"多边贸易谈判之中。② 农业谈判的预期目标是通过农业部门的改革计划(具体包括规则的强化,及政府对农业支持与保护的特定承诺),建立一个公平、以市场为导向的贸易体系,改善并避免对全球农业市场造成贸易限制与扭曲。农业谈判主要分为市场开放、出口补贴及国内支持。笔者认为,启动农业谈判是解决《农业协定》现存问题和农业贸易自由化的需要。③ 具体如下:

1. 贸易扭曲依然存在

(1)高关税问题。WTO各成员方通过高关税实施贸易保护,自《农业

---

① 为了协助发展中国家,更是特别针对贸易和发展展开讨论,将此回合定位为多哈发展回合谈判(Doha Development Agenda, DDA,以下简称为多哈回合谈判)。该谈判主要包括:农业谈判,非农产品市场准入,服务贸易的开放承诺,知识产权、贸易便利化与贸易规则的强化、争端解决、贸易与环境及贸易与发展问题等相关议题。笔者把贸易规则的谈判称为多哈规则谈判。

② 在上述背景下,多哈回合谈判的新一轮农业谈判于2000年3月正式启动,并得到了成员方的广泛支持和响应。当然,由于《农业协定》第20条的规定过于模糊,各成员方对新一轮农业谈判范围和目标的认识并不完全一致。例如,对于谈判内容是以市场准入、国内支持和出口竞争三大议题为主并适时考虑非贸易关注和发展中国家的特殊和差别待遇,还是将非贸易关注和发展中国家的特殊和差别待遇置于与三大议题同等重要的地位;谈判目标是实现农产品和工业品贸易规则的无差别化还是保留农业的特殊性,各成员方之间都存在不同的理解。

③ 参见杨鹏飞、洪民荣等编著:《WTO法律规则与中国农业》,上海财经大学出版社2000年版,第1—2页。

协定》实施以来,美国等成员对发展中国家成员的产品实际征收的关税仍很高,其中从价税率超过12%的占10%以上,而且有些重要产品的关税高达300%以上。乌拉圭回合后,欧盟关税水平高达34%的农产品关税比例超过总数的15%,韩国为74%,日本为18%,瑞士为17%,而这些成员方的工业品关税超过15%的比例分别只有0.6%、20%、0.6%和0.3%。高关税大大加重了政府财政预算和消费者负担,阻碍了农产品的资源有效配置,这些均表明,农业保护水平仍然很高。

(2)关税升级问题。关税升级是指依产品加工程度的提高而相应提高关税的一种关税设定情况,具有限制加工品进口的贸易保护主义倾向。关税升级对发展中国家成员农产品的出口及其多样化非常不利,它限制了发展中国家成员建立高附加值工业及增加农产品加工出口份额。因此,关税升级引起广大发展中国家成员强烈的不满。

(3)国内支持削减严重不足。发达国家成员故意利用蓝箱和绿箱例外措施,千方百计逃避削减义务。利用削减目标是削减综合支持量这一漏洞,通过在其他方面较大比例的削减,来规避最敏感部门的削减,使协定的削减目标不能完全实现。

由此可见,乌拉圭回合谈判给发达国家成员预留了巨大的农业补贴空间,对国际农产品贸易仍然会产生较大的扭曲作用。《农业协定》并没有如它承诺的那样代表发展中国家成员的利益,有的规则有待进一步完善。

2. 农产品贸易自由化的需要[①]

许多成员方都希望通过贸易自由化来扩大农产品的出口,但在《农业协定》实施过程中出现的问题,直接影响到《农业协定》根本目的的实现,需要通过启动新一轮的谈判来加以解决。根据世界银行估计,多哈回合谈判将为全球经济带来约2870亿美元的利益,可协助6600万人脱离贫穷,发展中国家成员约可从中获益860亿美元。多哈回合谈判对促进国际经济增长和帮助发展中国家成员融入全球经济是至关重要的。其主要目标是保障乌拉圭回合中涉及较不发达国家成员根本利益的承诺得到充分实施,发达国家成员进一步削减农产品补贴,扩大市场准入,以使发展中国家成员有机会发挥相对优势,利用国际贸易来促

---

① 参见薛荣久、樊瑛等:《WTO多哈回合与中国》,对外经济贸易大学出版社2004年版,第55页。

进自身经济发展。

(二) 多哈回合谈判的主要分歧和阶段性成果

对于成员方政府而言,多边贸易谈判的基本立场都是维护国家利益,尽可能地减少因外部竞争给国内居民和企业所带来的损失,这也就意味着成员方之间的诉求经常会有所冲突。而且受成员方在经济发展水平和经济规模上的大相径庭所限,实力较弱的成员在与实力较强的成员进行贸易谈判时就难免会遭受不公正地对待。因此在多哈回合谈判一开始,各成员方基于不同的利益主张分化出不同的结盟团体。这种结盟虽然使分歧的主张大幅度简化,但也强化了各种团体坚持自己立场的力量,使得谈判在最后妥协阶段能够让步的空间缩小。基于谈判立场的差异,可以将多哈回合谈判的成员方分为三类:主张自由贸易的美国和凯恩斯集团[①];坚持农业保护的欧盟、瑞士、挪威、日本和韩国等成员;以及强调公平贸易和特殊和差别待遇的广大发展中国家成员。美国和凯恩斯集团作为世界主要农产品出口方,在农产品贸易方面具有较强的竞争力,试图利用此次谈判推动农产品贸易自由化。欧盟、日本、韩国、瑞士和挪威等成员方因在农业方面缺乏比较优势,农业生产的发展严重依赖政府支持和保护,因此在谈判中希望尽可能维持对农业的高度支持和保护,尽量保持乌拉圭回合时期的削减幅度和水平。成员方还不遗余力地强调农业的多功能性及非贸易关注,以此作为延缓贸易自由化的理由。发展中国家成员分为三大利益群体:G20 国[②]、G77 国[③]和 G33 国[④],它们的共同目标是:要求发达国家成员降低关税、取消出口补贴、减少国内支持,并给予发展中国家成员特殊和差别待遇。[⑤] 2004 年 8 月 1 日,谈判各方终于就农产品贸易问题达成共识,认为应该逐步取消农产品的出口补贴、降低进

---

① 凯恩斯集团于 1986 年在澳大利亚凯恩斯城宣告成立,时值 WTO 前身关贸总协定乌拉圭回合谈判开始之前,澳大利亚、加拿大、新西兰、巴西、泰国、阿根廷和印尼等 17 个不实行农业补贴政策的农产品出口国成员,主张发达国家应取消农业补贴政策,改变由此造成的国际农产品贸易的扭曲状况,支持发展中国家寻求农业安全和农业可持续发展的政策。

② G20 国是在 2003 年 8 月 20 日确立的发展中国家的集体性称呼,这个集团是在第五次部长级 WTO 会议时首次出现,之后又有多次变动,因此也产生了 G21 国或 G20 国。核心会员有中国、印度、巴西以及南非,因此也经常合称为 G4 集团。

③ 非洲、加勒比海和太平洋地区国家集团与非洲联盟和以孟加拉国为首的最不发达国家结成联盟。

④ 多米尼亚、洪都拉斯、肯尼亚等 33 国组成的战略产品和特殊保障机制联盟。

⑤ 参见郭建宇、武巧珍:《多哈回合谈判与中国农产品贸易》,载《中国合作经济》2005 年第 1 期。

口关税,发达国家成员承诺取消出口补贴并确定具体日期,制定与出口补贴相关的问题(如出口信贷、国有贸易企业和食品援助等)的纪律约束,削减20%的国内支持,实质性改进市场准入条件。

此外,在2005年12月18日的《香港部长宣言》中,就某些议题达成框架性协议:发达国家成员和部分发展中国家成员同意2008年前向最不发达国家成员提供免关税和免配额的市场准入;发达国家成员于2006年年底前取消棉花出口补贴;2013年年底前取消农产品出口补贴。截至2008年7月,多哈回合谈判仍未达成一致,2008年7月21日召开的部长会议的目标是确定"对多哈回合至关重要的农产品和非农产品市场准入的模式",包括农产品关税和工业补贴削减,以及发达国家成员方对农业补贴削减的程度数量。由此可见,多哈回合谈判在当时处于关键阶段,彼时的部长会议旨在推动农业与非农两大核心议题的谈判取得突破,为2008年年底前结束谈判奠定基础。

(三)多哈回合谈判的暂停及未来走向

2006年7月24日,WTO秘书长拉米(Lamy)邀请美国、欧盟、巴西、印度、日本和澳大利亚参与核心六国会议(以下简称G6),希望就成员最关切的农业和非农产品贸易自由化议题达成共识,但历经14小时的谈判,仍无任何进展,美国提出的削减农业国内补贴的建议与欧盟提出的削减农产品进口关税的建议都无法满足对方要求,最终造成谈判破裂。就此情况拉米在贸易谈判委员会非正式会议上建议全面暂停谈判。当时笔者认为多哈回合谈判虽然暂停,但不能就此而认为多哈回合谈判彻底失败,从各成员方的最新态度来看似乎还有转机。各成员方已经由开始的互相指责对方应为多哈回合谈判破局承担责任的状况,转变为纷纷表示应该迅速恢复谈判的理智表态并开始游说,如欧盟、美国[1]、新西兰及日本的企业界联合发表声明,希望各方重新回到谈判桌,美国和英国两国代表在白宫会晤时表示,双方要尽最大努力使谈判得以恢复。[2] 代表WTO发展中国家成员的G20国在谈判中止后表示,多哈回合谈判的中止使其"促进发展"的重要承诺严重受挫,削减发达国家成员造成贸易扭曲的国

---

[1] 花旗集团主席普林斯等跨国公司高管联名上书布什政府,称白宫不应该仅仅因为欧美间在农业问题上的"蝇头小利"而耽误全球贸易的大事,并敦促布什尽快想法重开多哈回合谈判。普林斯等人在信中指出,欧美的农业贸易仅占双方GDP的3%不到,因为这样的区区小事而影响到全球贸易发展的进程,实在"无法让人接受"。

[2] "Around the Globe", Washington Trade Daily, July 31, 2006, at 1.

内农业补贴的机遇将被错过,长期以来使发展中国家成员产品无法在国内和国际市场上立足的不合理政策将继续存在下去,并威胁发展中地区农民的生活。G20国主要成员巴西外交部长阿莫林(Amorim)说:"WTO多边贸易体系面临自创立以来最严重的危机,如果不加以挽救,其威信和合理性会日益削弱。"随后,美国、巴西等成员纷纷开始外交斡旋游说恢复多哈回合谈判,美国贸易代表史瓦布(Schwab)与巴西外交部长阿莫林于2006年7月27日至29日在里约热内卢会晤,双方承诺决心完成多哈回合谈判。① 其他成员方也均在不同场合不同程度上表示欢迎重新恢复谈判。这些都表明成员方虽然在一些议题上没有达成共识,但仍然希望借助该轮谈判实现预期目的,不希望由于此次谈判的失败而动摇整个WTO体系。正如拉米所说,WTO谈判受挫将会造成成员方丧失信心,将重心转移到多边或区域贸易协定,进而危害整个多边贸易体系。② 拉米甚至还认为,多哈谈判的失败更会有地缘政治效应,从而造成政治乱流。由于各方的积极努力,多哈回合谈判于2006年年底重新启动。

2006年11月的亚太经济合作组织(Asia-Pacific Economic Cooperation, APEC)第14次领导人非正式会议在越南发布《河内宣言》,呼吁不遗余力地打破目前僵局,使多哈回合谈判获得"巨大而总体平衡的成果"。该会议还认为亚太经合组织的前途与一个强有力的多边贸易体制紧密相连,并承诺为打破谈判僵局表现出"必要的灵活性和决心"。随后,2006年11月16日,WTO谈判委员会召开自7月份多哈回合谈判中止以来的首次全体会议,与会149个成员的代表一致同意恢复多哈回合谈判的技术讨论,并为谈判最终全面恢复做好准备。谈判将由各谈判小组的主席主持,将有权决定谈判的形式、时间和成员方参与规模等。拉米说这次会议的目的在于把7月以来各成员方之间的非正式磋商多边化,让所有成员方都参与进来,给大家提供相互了解立场和探寻解决方案的机会。当时笔者指出,多哈回合谈判能否顺利进行取决于欧盟、美国等主要成员方的态度和政治意愿。只有它们愿意在补贴和关税减让方面表现出灵活性的情况下,谈判才能正式恢复。但我们看到的是,在削减农业补贴和农产

---

① "Governments Exploring How to Restart Doha Round Talks", Bridges Weekly Trade News Digest, Aug 2, 2006, at 1.
② Pascal Lamy, What now, trade ministers? International Herald Tribune, available at:http://www.iht.com/articles/2006/07/27/opinion/edlamyp, July 27, 2006.

品关税方面的分歧是一时很难达成共识的。① 此外,由于发展中国家成员方在乌拉圭回合农业、服务贸易等方面做出巨大让步,希望发达国家成员方在此次谈判中能有所回报,但欧盟和美国的做法让这些发展中国家成员方大失所望,因此需要这些发达国家成员方通过具体行动表达诚意。如印度商业部部长卡迈勒·纳特(Kamal Nath)说,多哈回合谈判的失败显示的不仅是数字上的分歧(减少多少补贴和关税),更重要的是发达国家成员方与发展中国家成员方就该回合对发展意味着什么存在认识差异。2013年后,欧盟已经降低了农业出口补贴水平,但目前仍未完全取消农业出口补贴。美国农业部部长麦克·约翰斯已于2007年1月31日向众议院农业委员会提交了《2007年农业法案建议》,该建议在可更新能源、保护、研究、农村发展和贸易等方面的预算增加了50亿美元,试图改变以往农业法案侧重少数重点产品的局面。② 欧盟认为,虽然新法案开始转向扭曲贸易作用较小的直接支付,但对乳制品和糖等产品的补贴没有根本改变。要推动多哈回合谈判取得成功,美国需要作出更大幅度的削减。由此可见,美国当时的新农业法案不仅事关美国未来10年农业政策的走向,也对停滞不前的多哈回合谈判产生重大影响。

多哈回合谈判之所以出现暂停局面,主要源于以下两个方面的矛盾:两类成员之间政治经济发展的不平衡,利益冲突较大;美国、欧盟、凯恩斯集团、日韩、中国与印度及巴西等组成的G20国之间诉求不一,特别是美国、欧盟、日本三大农业贸易体矛盾突出。笔者认为,从实体和程序上看,主要是成员方未能在农业和非农产品市场准入议题上达成共识和制度上的局限性两大原因所致。对于新兴经济体而言,中国是希望"全球一体化",而巴西和印度更倾向于利用对外贸易机会来支持经济增长和发展。③

---

① 参见联合国粮食及农业组织:《农产品市场状况(2015—16)》,载 http://www.fao.org/3/a-i5090c.pdf,访问日期:2020年9月10日。
② 也更加符合中期选举后民主党掌控的两院议员的胃口。
③ 参见〔法〕尤里·达杜什、〔尼日利〕奇都·奥萨奎编:《加入世界贸易组织和多边主义——世界贸易组织成立20年以来的案例研究和经验总结》,屠新泉、杨荣珍等译,对外经济贸易大学出版社2016年版,第27页。

二、暂停的主要原因——农业和非农产品市场准入[①]议题的分歧

多哈回合谈判的关键是农业和非农产品市场准入问题,谈判焦点集中在三个方面:农业国内补贴的削减幅度;农产品关税的削减幅度;工业产品的关税削减幅度。这些焦点反映了成员方的需求:欧盟需要在农产品关税上做更多让步;美国需要在补贴削减上做更多让步;G20国则需要在工业产品关税上做更多让步。"三大成员"的立场在"三大议题"上互相纠结,成为难解的结。拉米在2007年4月份的一份报告中称,多哈回合谈判遇到的最大问题是美国、欧盟以及G20国都希望对方做出更大让步。[②]

多哈回合谈判的僵局反映了各成员方产业与需求的差异,争议焦点的实质是市场开放的程度问题。美国因有较强的产业竞争力而认为多边贸易谈判应该促使各成员方进一步开放市场、促进竞争以带动经济高速成长。多哈回合谈判应该以"市场准入就是发展"和"增加新的贸易流动"为终极目标,应施行自由贸易主义。但近年美国财政和贸易赤字逐年攀升,中国、巴西和印度等新兴工业国家成员的崛起导致了在工业品领域的竞争加剧,特别是临近美国大选,各党派都试图利用产业工人的反华情绪获得选民支持。这些都造成了美国国会和产业界贸易保护主义情绪高涨,使美国一方面在钢铁、纺织等劳动密集型传统领域实施贸易保护主义;一方面在具有竞争优势的农业领域要求扩大市场准入。而欧盟、日本等较为保守的发达国家成员则因其部分国内产业竞争力较弱,唯恐开放市场对无竞争优势的产业造成威胁。这一焦点问题还会在WTO改革中继续出现。

在国内支持方面,主要是发达国家成员方面对必须削减的要求,但由于削减国内支持与出口补贴,将使谈判代表必须面对国内利益团体与国会议员的压力,因此谈判代表很难做出较大的让步。这正应验了"经济是全球的,政治是国内的"这一观点。如美国只愿意承诺削减53%~

---

① NAMA谈判的内容主要以降税公式、非约束税项的处理及发展中成员弹性三项为谈判要点,其他议题则待此三项议题有所共识后再进一步予以讨论,包括部门降税、约束比率(Coverage Rate)低于35%的成员弹性及新入成员方弹性等议题。本章节主要涉及农产品的补贴和反补贴问题,故不论及非农产品问题。

② 参见易强:《6 000亿美元点火 多哈回合谈判可能复燃》,载中国经济网,访问日期:2006年10月5日。

60%,而欧盟要求美国削减65%以上,G20国更要求美国应削减70%以上。而在2006年7月24日美国、欧盟、巴西、印度、日本与澳大利亚等核心六国(G6)的小型部长会议中,美国认为其已于2005年10月承诺降低60%的出口补贴,如果没有换得其他成员方同样大幅度地削减关税与开放市场作为说服国内的理由,谈判代表将无法获得国会的支持,故宁愿暂时没有结论而中止谈判。自从多哈回合谈判暂停后,从美国舆论界和农业团体"认为继续谈判比坏的谈判要好"的态度来看,美国贸易谈判代表的立场是受到个别国内产业团体支持的。此外,美国贸易谈判代表史瓦布(Susan Schwab)也表示,"一些发达国家成员及发展中国家成员尚未准备好在多边谈判中扮演其应扮演的角色"①,致使其无法再继续让步。欧委会也表示,农业领域的自由贸易协定将严重损害欧美国家享受农产品补贴的农民的利益,但如未能成功达成该协定无论从经济上还是从政治上而言,都将付出更为昂贵的代价。综上,各成员方在各项议题上立场的根本差异,是造成此次谈判暂停的重要因素。

总体来说,发达国家成员方希望发展中国家成员方能大面积开放工业品市场,而发展中国家成员方则希望发达国家成员方进一步开放农产品市场,并承诺大幅削减补贴。正如拉米所说,发达国家成员方的农业补贴与关税问题及发展中国家成员方的工业制成品的关税问题,已经构成多哈回合谈判最难解的三角习题。② 多边贸易谈判的"付出与取得"(give and take)常会随着时间和对方的出价(offer)而改变,当发达国家成员方在市场进入与国内支持议题上相互对立与牵制时,渔翁得利者似乎为巴西、印度等新兴工业国成员。但是如果多哈回合谈判真的破裂,受害者可能也是这些新兴工业国成员,因为当前世界经济正处在调整期,各成员方更关注内部经济问题的解决,特别是地区性经济合作不断加强,作为工业大国的发达成员方可能转向区域贸易谈判(目前的区域贸易谈判异常活跃,这也是多哈回合谈判进行不畅的原因之一,很多成员方试图在区域贸易谈判中获得所关注的利益),而不必受制于给发展中国家成员任何协助的承诺。再加上发达国家成员方国内的贸易保护主义抬头,也进一步降

---

① Steven R. Weisman And Alexei Barrionuevo, Failure of Global Trade Talks is Traced to the Power of Farmers, New York Times, July 27, 2006.

② 参阅WTO秘书长拉米于2006年7月24日在非正式贸易谈判委员会(Trade Negotiations Committee, TNC)会议的声明,载http://www.wto.org/english/news_e/news06_e/tnc_dg_stat_24july06_e.htm,访问日期:2006年7月24日。

低了成员方对谈判的期盼和热情。此外,发达国家成员方彼此在谈判立场上的出价也需要时间进行相互评估,各成员方的立场会随对方的出价而调整。总之,影响多边贸易谈判成败的因素不但多而且复杂,也会随时间的推移而改变,未来多边贸易谈判的发展与各成员方的立场充满变数。但是可以确定的是,如果多哈回合谈判最终无法达成协定,则所有的参与者都是输家。

有论调说,多哈回合谈判暂停原因之一是由于中国的不合作态度。笔者认为,中国政府在多哈回合谈判中的表现是积极的,但仍被认为是搅局人,其原因在于中国经济的迅速增长造成以美国为首的发达国家成员认为工业品市场开放的受益者更可能是中国。在工业品领域如果不能保持优势又放开农产品市场,是它们不愿看到的。中国加入WTO后促进了市场经济体制改革,使国际贸易获得前所未有的发展,经济增长快速并获得了巨大利益,可以说是WTO的一个特例,是绝无仅有的,这也是发达国家成员始料不及的。中国在参与WTO事务时,一贯以务实、合作的态度,并在多种场合表达了对多哈回合的关注和信心,中国针对进口产品采取比较平和的处理方式,都表明了中国在经济崛起的同时,愿意遵照国际贸易规则并力促各成员方实现公平贸易的立场。笔者判断,作为主要目标的中国很难再以韬光养晦的原则低调平衡地出现在谈判桌上,未来WTO改革中的中国只能以一个专业硬核的进取者姿态出现,唯有扎实的做好技术准备和策略判断有理有据地面对一切挑战。

三、暂停的次要原因——决策和谈判制度上的低效率[①]

多哈回合谈判之所以暂停,除各成员方未能在农业和非农产品市场准入议题上达成共识外,还有制度上的原因,主要表现在决策方式和谈判模式两个方面,在某种程度上制约了多哈回合谈判的有效进行。

(一)协商一致的决策方式

协商一致的决策方式是指在一般情况下WTO各项决定均应以协商一致的方式作出,即当有关机构就提交的事项作出决定时,如果出席会议的成员方代表并未正式提出反对意见,则视为成员方已经协商一致并作出决定。协商一致并不等于意见一致,或对一项决定各成员方都表示拥

---

① 参见郑富霖:《WTO多哈回合复谈的制度性问题评析》,载https://www.wtocenter.org.tw/,访问日期:2006年4月3日。

护、支持,不出席会议或出席会议但保持沉默或弃权或发言只属于一般的评论等情况,都不构成正式的反对意见,应视为决定以协商一致方式获得通过。协商一致原则是 GATT/WTO 决策程序中的基本准绳。协商一致原则是成员方提交表决建议的一般合意,该合意是成员方尽各种努力不经投票达成的相互妥协及和解,协商一致客观上要求成员方在作出决定前进行充分的协商,在协商过程中各方的意见和要求经过折中、协调、妥协及讨价还价,已基本达成合意。

"协商一致"作为一种决策手段又可分为"积极的协商一致"和"消极的协商一致"。前者为正常情况下的决定都必须以协商一致的方式作出,除非需要表决的事项,这是所谓的"积极的协商一致";后者特指 DSB 所使用的一种决策方式。"消极协商一致"适用于:除审议通过"情势所涉非违法之诉"的建议和裁决及其监督和执行等方面以协商一致方式决策外,DSB 均以"消极协商一致"方式作出决定。换言之,DSB 与部长级会议和总理事会的协商一致不同,凡涉及设立专家组、通过专家组和上诉机构报告、授权报复等重大问题的决策方面,除非协商一致反对该项请求和报告,否则该项请求和报告将被 DSB 接受和通过。显而易见,"消极协商一致"具有准自动性,它使得败诉方阻挠解决进程的现象几乎不复存在,有助于争端的迅速解决。此外,"消极协商一致"对 WTO 争端解决机制的理论也有重大的影响。WTO 为了解决过去专家小组程序性质上属"调解而非司法性质"的混合体制存在的问题,采纳"消极协商一致"原则标志着 WTO 争端解决机制中的"司法性"机制成为主导的发展方向,体现了 WTO 争端解决纠纷的非政治化理念的诉求。[①]

2003 年时任欧盟贸易执委的拉米曾表示:"在成员数目大量增加的情况下,WTO 应该考虑改变协商一致(consensus)的决策方式。"也有学者建议改革"协商一致"的决策模式:(1)将待议事项区分为程序性事项或实质性事项,有针对性地采用不同的决策方式;(2)依情况将待议事项分为需要协商一致通过与仅需多数投票通过两种;(3)除对成员方有重大影响的应采用协商一致的方式外,其他都应采用投票表决方式。[②] 这些考虑都是源于近几届 WTO 部长会议中议事效率不高的状况。但由于

---

① 参见余敏友等:《WTO 争端解决机制概论》,上海人民出版社 2001 年版,第 81—83 页。
② Claus-Dieter Ehlermann & Lothar Ehring, Decision-Making in the World Trade Organization: Is The Consensus Practice Of the World Trade Organization Adequate for Making, Revising and Implementing Rules on International Trade?, Journal of International Economic Law 51, 73, March 2005.

一国一票的决策机制很难反映国际贸易体制的实际情况,及投票表决无法解决无法凑足法定出席人数、一国一票原则无法反映各成员方国际贸易实力,游说拉票将会激化矛盾等现实情况。GATT 自 1960 年成立"代表理事会"以来,本着求实变通的原则,采用协商一致的习惯做法,在 30 多年的决策中从未动用过 GATT 规定的投票表决方式。乌拉圭回合《马拉喀什建立世界贸易组织协定》(Marrakesh Agreement Establishing the World Trade Organization, 以下简称《建立 WTO 的协定》")又在其基础上加以补充和完善,一直沿用至今。协商一致的表决方式非常符合 WTO 的议事,如无任何成员表示明确反对,协商一致的表决方式代表多方妥协同意的结果,法理上的正当性较强。此外,协商一致规则的好处还在于有些成员方对某项决定并不十分赞同但又不想得罪某些贸易大国时,可以很体面地避免尴尬的局面。但其缺点在于任何一成员方都有否决权。

笔者认为,从《建立 WTO 的协定》第 9 条 1 款①的规定来看,协商一致并非唯一的决策程序,而是作为多数表决原则的前置性程序,和多数表决规则结合在一起使用。投票表决制是对使用协商一致原则的鼓励,又是在用尽了各种努力仍未取得基本一致时允许任何当事成员方行使否决权的备用手段,起着"安全阀"的作用,从而防止 WTO 决策机制陷入瘫痪。萨莫拉在分析这种协商一致与多数表决机制时说,"无条件的协商一致原则,可以阻止任何不合作成员滥用否决权,防止其挫败大多数成员方采用协商一致原则达成合意的愿望。只有在寻求协商一致无果的情况下,才能采用投票表决的方式,将更有利于 WTO 决议执行的自觉性"。这样的安排显然是充分利用了协商一致原则作为决策程序的优点,同时又限制了该程序的消极效果。② 鉴于上述原因,现有的 WTO 体制采取协商一致的决策方式是比较现实和可行的。

(二)"一揽子"谈判模式

由于多哈回合谈判涵盖议题广泛且各成员方兴趣点不同,为了使所有决议都受到同样的重视,多哈部长宣言第 47 段指示,除了争端解决机制的谈判外,成员方对于多哈回合谈判成果及其生效,只能选择全部接受或全部拒绝,而无逐项选择的权利。这种"一揽子"(single undertaking)模式反映出国际政治现实的必然,因为成员方在各个谈判议题上的竞争力

---

① WTO 应继续关贸总协定所遵循的以协商一致方式作出决策的惯例。
② 参见曹建明、贺小勇:《世界贸易组织》(第二版),法律出版社 2004 年版,第 338 页。

不同,若不采用"一揽子"谈判模式而将某些议题单独分离出来谈判,则较无竞争力的成员方将失去以其他议题作为利益交换的谈判筹码,而实力较强的发达国家成员方更不会去妥协和让步。"一揽子"谈判模式曾在乌拉圭回合谈判时发挥重要作用,是 WTO 得以成立的重要因素之一。

WTO 秘书长拉米于多哈回合谈判破裂后指出,或许 WTO 会员可重新考虑当某一议题无法完成谈判时,是否应继续维持"单一承诺"方式。① 欧盟贸易执委曼德森(Mandelson)曾于 2006 年 7 月 25 日贸易便利化谈判小组会议中提出,贸易便利化、贸易援助、针对不发达国家成员方提供技术协助计划,以及给予不发达国家成员方免关税与免配额的优惠等方面议题已有一定成果是否可以"早期收获"(early harvest)。美国与许多发展中国家成员都表示反对,认为这些议题应遵照多哈部长宣言的指示,接受单一承诺的约束。②

笔者认为,从当时多哈回合谈判的进展情况来看,欧盟的"早期收获"提案是建设性的。原因有二:其一,大部分成员方希望从谈判中获得很多,但同时又缺乏足够的政治意愿去作出承诺。从目前的谈判僵局来看,由于单一承诺缺乏灵活性,如果继续采用单一承诺,会影响谈判的整体进程。其二,贸易便利化有利于提高行政效率,具有长远利益;贸易援助、对不发达国家成员方的技术援助及给予不发达国家成员方免关税与免配额的优惠这三项有利于不发达国家成员方的利益且符合多哈回合谈判的精神。"早期收获"方案,无疑有利于部分谈判成果的先期实现,有利于鼓舞士气并为多哈回合谈判带来一丝曙光。但从另一角度看,这也可能致使一些成员方不会再为实现其他议题而妥协,谈判也可能因此而结束。

在 2006 年多哈回合谈判暂停之后,国内一些学者和政府官员认为"对中国影响不大"。笔者认为该观点缺乏前瞻性或长远考量,有失偏颇。如果仅仅简单地就目前中国农产品的出口规模来说,影响的确不是很大;但如果从多哈回合谈判对全球经贸和多边贸易体制的影响,特别是对中国贸易的影响,及 WTO 博弈机制的未来走向乃至全球贸易发展趋势的可预测性和国际社会的稳定来看,其影响是巨大的。2019 年中国货物

---

① Daniel Pruzin and Christopher S. Rugaber, "WTO's Doha Round Talks Collapse, As G-6 Ministerial Ends in Acrimony", WTO Reporter, July 25, 2006.

② Daniel Pruzin and Christopher S. Rugaber, "Others Give Cold Shoulder to EU Plan for, U. S., arvest' Deal on Trade Facilitation", WTO Reporter, July 25, 2006.

进出口总额为 31.6 万亿元,比上年增长 3.4%,连续两年超过 30 万亿元,有望蝉联世界第一贸易大国。从 2004 年开始,加拿大和美国对中国采取反倾销和反补贴合并调查,中国持续多年成为遭受反倾销、反补贴调查最多的国家。截至 2020 年 9 月 30 日,中国共遭受反补贴调查 184 起、保障措施 357 起、特别保障措施 88 起、反倾销调查 1482 起。2019 年共有 27 个国家(地区)对中国发起贸易救济调查 100 余起,其中反倾销 60 起、反补贴 9 起、保障措施 31 起,此外遭受美国 337 知识产权调查 46 起。如果多哈回合谈判最终失败而区域贸易合作还尚未形成,中国的外部经济环境将严重恶化,竞争压力则更为严峻,国际贸易保护主义将大行其道,中国将成为各国贸易保护的靶子,将会面临更多的贸易摩擦和争端,这对于外贸和外资依存度极高的中国来说,影响将是巨大的。可以这样认为,多哈回合谈判是中国成为 WTO 成员后参加的首轮多边贸易谈判,其象征意义和现实意义都很重大。中国政府一直高度重视多边谈判并积极地推动谈判进程,始终不渝地推动全球多边贸易体制的发展,并提出建设性方案。

第五节　农业补贴多边博弈
——美国诉中国农业支持政策

中国的农业政策始终以充分发挥市场机制作用为基础,仅在必要时对重点粮食品种在主产区实行最低收购价格。当市场粮价低于国家确定的最低收购价时,中央政府委托符合一定资质条件的粮食企业,按国家确定的最低收购价收购农民的小麦、稻谷、玉米。2016 年美国将中国对玉米、小麦和稻谷的最低价收购价政策诉诸 WTO。鉴于 2016 年中国政府已取消对玉米的最低收购价政策,2019 年发布的专家组报告驳回了美国对中国实施的玉米最低收购政策的诉请,但支持了对小麦和稻谷政策的诉请。该案的争议焦点是前述农业政策是否违反了中国对《农业协定》国内支持的削减承诺。

一、入世谈判的陷阱

2016 年 9 月 13 日,美国针对中国对小麦、大米(籼米和粳米)、玉米等农产品的支持政策提出 WTO 争端磋商请求,即 DS511 案。美国主张,中国政府的支持措施违反了《农业协定》的第 3.2、6.3、7.2(b)条。美国主张,中国的补贴行为违反了入世承诺,并导致生产过剩,影响了美国农民在国际市场与中国竞争的能力。

2016年12月5日,美国政府请求设立专家组。2017年1月25日,DSB会议决定设立专家组。本案中,澳大利亚等27个成员方申请成为第三方。2017年6月24日,组成专家组。2018年2月22日,专家组主席通知DSB,最早将于2018年第三季度散发报告。后经推迟,最终于2019年2月28日,散发专家组报告。2019年4月26日,DSB会议通过该报告。2019年6月10日,美方和中方通知专家组,双方协议执行专家组报告的合理期限为11个月零5天,即于2020年3月31日前执行。

《农业协定》第3.2条规定:"在遵守第6条规定的前提下,一成员不得提供超过其减让表第四部分第1节中列明的承诺水平的、有利于国内生产者的支持。"第6.3条规定:"如一成员在任何一年中其以现行综合支持总量表示的有利于农业生产者的国内支持未超过该成员减让表第四部分列明的相应年份或最终约束承诺水平,则该成员应被视为符合其国内支持削减承诺。"根据《中国入世议定书》,中国的"基期综合支持总量(Base Total AMS)"和"最终约束承诺水平"(Final Bound Commitment Levels)是零。也就是说,中国承诺的现行综合支持总量(Current Total AMS)是零。根据《农业协定》第6.4条,现行综合支持总量不应包括"微量支持",《中国入世议定书》规定的特定产品"微量支持"水平是8.5%。因此,该案专家组的审查标准就是2012—2015年中国对小麦和稻谷的各年市场价格支持是否超过了8.5%的特定产品"微量支持"水平。通过大量的计算,专家组最后作出了中国对小麦和稻谷的各年市场价格支持均超过特定产品"微量支持"水平8.5%的结论,从而支持了美国的相关诉请,认为中国政府的相关做法违反了《农业协定》第3.2条、第6.3条及中国入世承诺。该案再次证明了笔者的判断,《SCM协定》及成员方入世的承诺更多的是政治判断,并非真正的法律规则。发达国家成员利用早期优势以及政策制定者优势为后来入局者设定了很多不合理条款,发展中国家成员为了加入"富人圈"不得不作出妥协和让步。同时,可以看出对谈判的前瞻性研究非常重要。

二、中国的国内支持措施

该案涉及的中国国内支持措施主要为针对小麦、大米(籼米和粳米)、玉米的价格支持(Market Price Support, MPS),包括2012年、2013年、2014

年、2015 年的支持措施。涉及的中方文件包括 2012—2015 连续 4 年的《中央 1 号文件》,连续 4 年的发改委最低收购价文件等三十多项法律措施。

中国对以上农产品设定最低收购价,当在市场上购买时,价格不低于设定的价格。其中,中国对玉米的市场价格支持措施在 2015 年玉米收获之后已经到期,这一时间在美方提起磋商之前,因此专家组决定没有必要对该措施作出裁决。中国在减让表中承诺的综合支持量为产值的 8.5%,因此中国的支持总额是否超过了该限制成为案件的关键。在本案中,主要争议点是小麦和大麦国内支持总额的计算方式。

根据《农业协定》附件 3 第 8 段的规定,市场价格支持的计算和三个要素有关:固定的外部参考价格(Fixed External Reference Price,FERP)、适用的管理价格(Applied Administration Price,AAP)和有资格接受适用的管理价格的产量(Quantity of Production Eligible to Receive the Applied Administered Price,QEP)。

首先,专家组确定了外部参考价格的适用期间。专家组决定,虽然《农业协定》附件 3 第 9 段确定的基准期间为 1986—1988 年,但在本案中,对中国确定的适用期间是以中国减让表中确定综合支持量时适用的 1996—1998 年。需要指出的是,WTO 成立于 1995 年,协定中确定的时间点自然在成立之前。中国加入 WTO 的时间是 2001 年,很多重要时间点都在 2001 年前的入世谈判阶段。专家组考察了 WTO 成立后加入 WTO 的 36 个成员的价格支持承诺,均没有使用 1986—1988 年作为基准期间。因此,专家组认定,支持中国主张的 1996—1998 年为基准期间。

其次,关于适用的管理价格。中美双方没有争议,均同意使用文件中确定的价格。

最后,关于有资格接受适用的管理价格的产量。专家组确定,中方没有对支持措施设置任何限定条件,因此产量依据应为在实施省份的全部小麦和大米产量。

根据以上计算,专家组确定中国的综合支持水平超过了减让承诺的 8.5% 的水平,中国的支持措施违反了《农业协定》第 3.2 和 6.3 条的规定。

三、案件背后的中美博弈

笔者认为,该案的法律争议比较简单,不在这里赘述,而应将关注点集中在中美农业政策博弈上。农业是美国重点保护的产业领域。多年来,美国产业界致力于开拓中国国内农产品市场,向中国出口大豆、玉米、小麦、大米、高粱等作物,以及农业加工品。除了对中国农业生产端提出挑战,在该案磋商后,仅时隔3个月,美国便对中国农业贸易政策提出磋商,在WTO同时提起农产品配额争端,即DS517案。美国一方面打击中国的农业生产,一方面希望中国放开贸易管理,其目的均是扩大美国农产品出口。可以看出,美国的目标非常清晰,综合运用规则的能力非常强。

在任何国家,农业都是战略性产业,尤其中国人口众多,粮食安全的地位更加重要。从产业来说,国家粮食安全战略方针是:"以我为主、立足国内、确保产能、适度进口、科技支撑。"战略目标是:确保谷物基本自给、口粮绝对安全。对农业生产者和农民来说,土地具有稀缺性,作物种植具有可替代性。如果粮食作物种植综合收益低于其他经济作物,肯定会选择效益高的作物。但如果具体来看种植收益,则需要考虑成本和价格。中国是传统农业国,经过几千年的精耕细作,土地肥力下降。从规模化来说,除少部分农场集中经营外,大部分仍属于小规模种植,机械化程度低。因此导致中国农业种植成本高,谷物类产品价格与国际价格相比长期倒挂。2012年,发改委确定,每50公斤白小麦(三等)、红小麦、混合麦最低收购价格均提高到102元;2015年,发改委确定,2015年生产的小麦(三等)最低收购价为每50公斤118元。按这一价格水平计算,每吨价格为2040~2360元。以2015年为例,根据网上报道援引的数据①,2015年全球主要国家小麦美元价格的年度平均价为262美元/吨。当年美国小麦的出口离岸价格长期处于每吨250美元以下,即使考虑到运费等因素,进口小麦价格仍然较低。这也是出台价格支持政策的原因。

从争端的结果来看,本案中,中国的综合支持水平仍然超过了承诺表。但从具体计算来看,仍为价格支持总量留下了一定的空间。WTO争端后,也为国内农业政策调整提供了一定的时间缓冲。笔者拭目以待,期待更加有效、合规的支持政策能够尽快出台。

中国政府对美反补贴调查大多涉及农产品,并裁定了美国政府提供了大量的违背WTO规则的农业补贴。但为何美国政府没有把所有的争议点都集中在多边DSB起诉中国政府呢,或者说仅仅起诉了程序问题,而没有起诉中国调查机关的实体认定?笔者认为这是因为美国政府不希望把它们提供的补贴政策公之于众,让世人知晓,也不愿意让国际组

---

① 《2015小麦市场年度分析》,载 https://wenku.baidu.com/view/b8c065eab90d6c85ed3ac6a9.html,访问日期:2019年12月28日。

织来品头论足其国内的政策。中国在 WTO 多边诉讼中可借鉴其战术和策略,让 DSB 更多地为其国内政治服务。

美国在入世谈判时留给自己的现行综合支持总量很大,欧美就是利用规则留给自己很大的发展空间,给后来者埋下了钉子。各成员方实际都有自己的政策考虑,发达国家成员可能是打着国家安全、战略、环保等旗号,对农业、创新、能源、大飞机等进行扶持,实际背后原因是经济发展阶段不同,体现的补贴目标和形式不同。欧盟农业政策改革这么多次,实际上只是改变了表面的形式,欧委会在农业上花费巨额资金,农业种植受自然条件限制,决定了实际种植农产品改变很小,但欧盟的农业补贴政策从表面看越来越合规。中国应该善用微量补贴中的非特定农产品支持,积极研究相关政策。《农业协定》本身就是不公平的,保护了美欧的既得利益相对稳定。现在多边谈判中的国有控制、产业补贴、产能过剩等问题,都是限于对中国不利的货物贸易领域,中方在应对时应该突破现有的思维和框架,尽早提出约束美欧等发达国家成员占据优势的农业、服务业领域的公平竞争规则。比如笔者早在十多年前就曾呼吁过紧急保障措施的研究工作,在不实质违反 WTO 规则的大框架下,通过双边谈判可以实现规则的灵活运用。笔者也曾参与设计了新西兰的乳制品促发机制,目前一直运行良好。笔者认为,当前要做好服务贸易领域规则制定工作,防止国内产业竞争力被削弱,同时也可以加大谈判筹码以在货物贸易领域牵制欧美,中国要学习美国的策略和战术,要积极主动去给自己造牌。正如一位前同事说的,为什么农业要单独立规则,又凭什么农业补贴就要考虑基期水平呢?当年入世时,中国不熟悉规则,付出了代价,但时至今日必须做好再次改写规则的技术准备,不然百口莫辩被动挨打的局面恐将无法改变。

第十章
中国补贴的多双边之诉

根据《中国入世议定书》第15条的规定,中国在加入WTO后的15年内即2016年12月前在反倾销调查中被作为非市场经济体国家对待。① 在2003年以前中国没有遭受过国外反补贴措施②,因为美国等一些成员方一直把中国视为"非市场经济体国家",其秉持不对非市场经济国家进行反补贴的原则,并认为中国的原材料和劳动力以及制成品的定价不是由市场决定的,是由政府操纵的,缺乏计算反补贴税所需要的可比较的市场基准,因而反补贴税法不适用于中国,针对中国产品主要采用反倾销措施和特别保障措施。加拿大于2004年4月对中国的烧烤架和紧固件发起反补贴和反倾销合并调查,成为中国入世后第一个针对中国产品发起反补贴调查的WTO成员。之后,美国接连不断地对原产自中国的产品发起密集的双反调查,其密集程度在国际贸易救济历史上极为罕见。截至2020年7月底,中国遭受反倾销和反补贴合并调查共184起,其中美国98起、加拿大27起、澳大利亚22起、欧盟14起。对中国发起反补贴调查的成员方主要为发达国家成员,截至2020年7月底,美国发起98起,加拿大发起27起,澳大利亚发起22起、欧盟发起14起,发展中国家成员印度发起9起。笔者在本章分别对美国和其他国家(地

---

① 《中国入世议定书》第15条是在确定补贴和倾销时的价格可比性问题上对中国的不利条款,并涉及中国是否具有市场或者非市场经济地位的问题。所谓的"非市场经济地位"仅是在反倾销调查中适用的方法。在实践中,一国的非市场经济地位通常通过各国的国内法加以规定,例如美国《1930年关税法》及其修正案规定了一国是否属于市场经济国家的6项标准。

② 根据《中国入世议定书》第10条的规定,中国应通知WTO在其领土内给予或维持的、属《SCM协定》第1条含义内的、按具体产品划分的任何补贴;中国对国有企业提供的补贴将被视为专向性补贴;中国应自加入时起取消所有出口补贴和进口替代补贴,并全面遵守《SCM协定》的规定。

区)针对中国产品采取的反补贴调查以及涉及的核心内容作出评述。

第一节　美国对中国发起的反补贴调查第一案——铜版纸案

一、案件背景和法律争议点

针对中国的补贴政策,美国采取两步走策略。第一步通过国内反补贴税法对中国发起反补贴调查,第二步通过向 WTO 多边争端解决机制申诉的方式,要求中国撤销禁止性补贴。早自 1983 年的纺织品案和 1984 年的乔治城钢铁案起,美国国内产业就开始尝试游说 DOC 对中国发起反补贴调查,直至 2007 年的铜版纸反补贴调查,美国对非市场经济国家适用反补贴调查经历了一个漫长的过程。目前美国已经成为对中国发起反补贴调查立案数量最多、调查频次最高、影响面最广的国家。从以往反补贴调查案件的历史来看,美国行政机关不断创新、灵活运用规则,在战术和战略以及法律认定上都对中国产品造成系统性歧视;从表面上看,美国司法机关并未违背其一贯信奉的法律原则,尊重行政机关的抽象行政行为和分权原则,但实际上无论是行政机关、立法机构还是司法机关都留有较大弹性,灵活运用法律技术,最终为美国国家策略服务。铜版纸案作为美国对中国发起的第一起反补贴调查,回顾其案情有利于了解美国政府对中国发起反补贴调查的深层次原因。

(一)以"无损害"结案

2006 年 10 月 31 日,美国新页(New Page)纸业公司作为申请方向美国 DOC 和 ITC 提交申请,要求对包括来自中国在内的铜版纸(Coated Free Sheet Paper)进行反倾销和反补贴立案调查。申请方指责中国政府提供赠款、优惠贷款、税收减免、人民币汇率、债转股等多个补贴项目,使中国企业获得了不公平的出口竞争优势,损害了美国国内产业的利益,要求 DOC 进行反补贴调查,并对中国产品征收反补贴税。

2006 年 11 月 21 日,DOC 发布立案公告,开始对中国、韩国、印度尼西亚的铜版纸产品进行反倾销、反补贴合并调查。[①] 据中国海关的统

[①] 由于 DOC 未在调查前完全解决是否能够对中国适用反补贴法问题,因此,2006 年 12 月 15 日,DOC 在 FR 上发布公告,邀请各相关利益方就反补贴法是否适用于"非市场经济国家"进行评论。DOC 共收到约 50 份评论,其中支持对中国适用反补贴法的有 43 份,反对适用的有 7 份。

计,2005年和2006年中国铜版纸对美国出口额分别为1.2亿美元和2.3亿美元,共涉及企业27家。随后,DOC于2007年3月30日作出对来自中国的铜版纸征收反补贴税的肯定性初裁[1],认定存在10个涉及赠款、优惠贷款、税收优惠、上游补贴等方面的可征收反补贴税的补贴项目,并裁定涉案中国企业的反补贴税率为10.90%至20.35%。由于对非市场经济国家同时采取反倾销措施和反补贴措施需要考虑避免双重计算问题,该问题较为复杂且争议较多,而DOC在认定时较为慎重,将反倾销终裁推迟到2007年10月17日与反补贴终裁共同作出。DOC最终裁定中国应诉公司反倾销税率为21.12%,其他出口公司税率为99.65%,并认定政策性贷款、外商投资企业的税收减免、购买国产设备退增值税、购买进口设备退增值税及关税等7个项目构成可采取反补贴措施的补贴,中国应诉公司被确定的反补贴税率为7.4%。与初裁相比,10余项补贴指控被排除,反补贴税率由初裁的20.35%降为7.4%。但该终裁仍维持了初裁中的一些错误认定,如认定中国企业获得的所有银行贷款为优惠贷款构成可采取反补贴措施的补贴,认为中国不存在商业化运作的银行体系,仍采用其他国家的利率作为计算基准。又如,认定外商投资企业"两免三减半"的所得税优惠政策具有专向性,是可采取反补贴措施的补贴;同时拒绝承认存在双重计算问题,未就采用替代国做法计算的反倾销税与同时征收的反补贴税进行相应的调整。但有趣的是ITC作出了否定性裁决,即"无损害",也就是不采取措施。笔者认为无损害的结果,一方面是中国政府大力抗辩和交涉的结果,包括将该案起诉到WTO等一系列有理有节的反击;另一方面也是美国政府的试水,看看中国政府对此事的态度。包括如何改变对非市场经济国家不进行反补贴调查的做法,以及如何对中国进行反补贴调查。当然,这或许是ITC和DOC在反补贴调查做法上暂没达成共识或者也可能是美国的政治考虑或利益交换,以缓和与中国政府在贸易争端上的僵局。

(二)铜版纸案涉及的主要法律争议

美国在以往的反倾销调查中坚持视中国为非市场经济国家,并一直使用替代国数据计算正常价值,这已经使中国企业在美国反倾销调查中承担了不合理的反倾销税,构成了对中国产品的歧视。同时又对中国政府和中

---

[1] See Coated Free Sheet Paper from the People's Republic of China: Amended Affirmative Preliminary Countervailing Duty Determination, 72 FR 17484 (April 9, 2007).

国产品进行反补贴调查,这无疑是对中国产品的双重歧视,并且该案是自1991年以来,DOC首次改变了其在23年前美国乔治城钢铁案(1984年美国乔治城钢铁公司诉捷克斯洛伐克和波兰的钢丝绳反补贴案)中的关于对非市场经济国家不适用反补贴法的做法。① 因此,从立案的合法性到具体补贴项目的认定,法律争议点很多。主要集中在以下两个问题:

1. 立案的合法性

笔者认为,对所谓"非市场经济国家"适用反补贴税法不符合美国以往司法判例和DOC的一贯做法。在1984年美国乔治城钢铁案中,DOC基于非市场经济国家不存在一个可比较的"市场基准"(benchmark)而无法计算补贴金额的原因,认定《1897年关税法》不适用"非市场经济国家",并驳回了乔治城钢铁公司的申诉。美国联邦巡回上诉法院在1986年最终裁定,在该案中,DOC有权不将反补贴税法适用于非市场经济国家,而且在此后对中国发起的摇头电风扇和镀铬螺母的调查案中,也认定反补贴法律不适用于涉案产业。

在美国国内,一直对该判例是否明确禁止对非市场经济国家适用反补贴法存在争论。许多DOC官员认为,《中国入世议定书》第15条"非市场经济条款"是中国加入WTO时确定中国出口产品是否具有倾销或补贴行为的条款。其主要特点为,如果一国认定从中国进口的产品来自非市场经济国家,允许在确定倾销或补贴价格时采用第三国的替代价格,并将该条款适用的年限限定为15年。同时,根据《SCM协定》第29条的规定,反补贴调查适用于包括中国在内的所有WTO成员,并没有排除非市场经济国家。正如1984年美国乔治城钢铁反补贴税案中联邦巡回上诉法院对DOC的评价一样:反补贴税法适用于非市场经济国家不是法律问题,而是技术问题,只要DOC制定了具体的补贴衡量标准就能实施,美国反倾销税法做到了,美国反补贴税法同样能做到,DOC对是否可以进行反补贴调查有解释权。DOC在初步裁定中指出,2007年的中国已与20世纪80年代的苏东国家完全不同,美国希望通过运用反补贴税法,与中国政府共同努力引导中国采取进一步措施获得市场经济地位。在终裁中也再次论述了中国目前已经存在美国反补贴税法中要求的"市场基准",可以适用反补贴税法。

通过研究上述相关案件的裁决,笔者认为,在乔治城钢铁案中,美国

---

① 美国联邦巡回上诉法院裁定不对像中国这样的非市场经济国家适用反补贴法。

CAFC 支持 DOC 对非市场经济国家不适用反补贴税法的裁定,DOC 有权作出是否适用的决定,但 DOC 的一贯做法是对非市场经济国家不适用反补贴税法。因此,DOC 在铜版纸案中对中国发起反补贴调查,是在尚未履行美国《行政程序法》关于制定规则的程序规定情况下,改变其以往不对非市场经济国家适用反补贴税法的一贯做法,同时也违反了《SCM 协定》第 14 条关于要求各成员政府对补贴计算方法立法并公开的规定。在铜版纸案的初裁阶段,DOC 于 2006 年 12 月 15 日在《联邦纪事》上发布公告,邀请各相关利益方就反补贴税法是否适用于"非市场经济国家"进行评论。DOC 的这种做法违反了美国《1930 年关税法》规定的程序保护规则,该法律禁止非利害关系方就具体案件进行评论,而 DOC 公开评议的做法无疑扩大了参与评议的主体范围,一般公众的评议意见可能对中国政府和企业造成不利影响。

从申请书的表面证据来看,该申请缺乏足够的证据支持,在申诉方的产业代表性、补贴的存在、金额和性质以及国内产业的损害等问题上均缺乏准确性和充分性,不符合《SCM 协定》第 11.2 条和美国反补贴税法规定的立案标准。

2007 年 1 月 9 日,中国政府与涉案企业金光集团作为联合起诉方就 DOC 的立案决定向 CIT 正式提起诉讼,要求 CIT 颁布临时禁令(Temporary Restraining Order)和初步禁令(Preliminary Injunction)以停止 DOC 的非法调查。这是中国政府首次在美国法院就贸易救济案件起诉美国政府,是利用美国司法体制维护中国贸易利益的尝试。但遗憾的是,CIT 加速了法律调查程序并因此而决定不颁布临时禁令,并没有仔细分析上级法院——美国联邦巡回上诉法院在以往判例中作出的关于对非市场经济国家不适用反补贴税法的裁定,并于 3 月 30 日作出判决,认为美国法院对 DOC 的立案决定不具有管辖权,决定撤销该司法诉讼,在判决中也未就是否应对中国适用反补贴法的问题作出详细的法律分析。这种做法明显违背司法公正原则,明显受到了美国行政机构的干涉以及国内政党不良情绪的影响。

2. 优惠贷款的认定

铜版纸案申请方指控中国政府对造纸企业扩大产能及技改所提供的优惠利率的贷款问题、对国有造纸企业革新所提供的优惠贷款及贷款利息补贴项目问题以及国有银行提供的政策性贷款和贷款债务的豁免问题,并指出依据《出口收汇考核试行办法奖惩细则》(已失效)的规定,对符合条件的出口企业可以享受优惠贷款利率10%以下的浮动,因此中国涉案企业获得了优惠贷款。笔者认为,申请书中的指责是无法律依据的。首先,中国的贷款政策符合商业贷款利率标准,无论在法律上还是事实上均不符合美国反补贴税法[19 U.S.C § 1677(5A)(B)]所指的专向性标准。中国人民银行明确规定允许商业银行在基准利率上可以适度扩大贷款利率浮动区间,可以下浮10%①,因此该做法是符合中国国内法和行业规定的。中国商业银行的贷款利率优惠并非仅仅针对国有企业,而是给一些盈利状况良好、商誉信用可靠、公司资产状况良好及运作透明度较高的企业利率上的优惠,晨鸣、华泰造纸企业获得优惠贷款利率不是基于其属于造纸行业或国有企业,而是因为它们作为上市公司管理透明、盈利状况良好,其他状况较好的上市公司、私营企业同样也可以获得优惠贷款。银行是否给予贷款完全是正常的商业判断,符合市场运作规则,在美国也存在同样情况。在终裁中,DOC回避了认定补贴的要素及是否具有专向性的论断,只是简单认定具有法律专向性,即推断构成了一项利益,其论证逻辑混乱,论据不充分。

此外,DOC适用"替代国"数据作为贷款利率的计算基准是不公平的。DOC在计算优惠贷款项目的补贴税率时,裁定由于中国银行为政府控股,而推断中国金融体系是"非市场化的",利率是不可靠的,并且在计算时综合37个与中国人均国民收入相似的所谓市场经济国家的利率情况,得出以13.147%的利率作为计算基准,并与中国企业的实际贷款利率进行比较进而认定中国所有银行对国内企业的贷款均为补贴(两家应诉企业在该项目下的反补贴额分别为3.15%和14.02%)。这种做法无视中国的正常商业行为,使银行贷款利率的计算基准严重偏离了中国的实际经济情况,直接导致了补贴幅度的大幅提高。美国的这种做法是荒谬的,不仅违背了WTO的相关原则,也影响了中美正常的经贸关系。任何

---

① 根据2003年12月10日中国人民银行《关于扩大金融机构贷款利率浮动区间有关问题的通知》的规定:自2004年1月1日起,扩大金融机构贷款利率浮动区间。贷款利率浮动区间不再根据企业所有制性质、规模大小分别制定。商业银行、城市信用社贷款利率浮动区间扩大到[0.9,1.7],即商业银行、城市信用社对客户贷款利率的下限为基准利率乘以下限系数0.9,上限为基准利率乘以上限系数1.7;农村信用社贷款利率浮动区间扩大到[0.9,2],即农村信用社贷款利率下限为基准利率乘以下限系数0.9,上限为基准利率乘以上限系数2。政策性银行贷款、优惠贷款及国务院另有规定的贷款,利率不上浮。2004年以前,银行贷款利率的变化不仅要取决于银行的类型,还取决于接受贷款企业的类型。商业银行和城市信用合作社可以为大企业提供基准利率110%的贷款,可以为特殊区域内的企业提供基准利率130%的贷款。农村信用合作社可以提供基准利率90%~150%的贷款,并且政策性银行和其他特定的银行不能提供浮动利率的贷款。

国家的利率都是由各国内部的经济结构、价格水平、就业等多种因素综合决定的,属于一国的主权范畴。

二、铜版纸案涉及的中国补贴项目

铜版纸案的申请书中提到中国提供了非常广泛的补贴项目,DOC 在初裁中共认定四大类九小类补贴项目,主要集中在税收优惠补贴和直接拨款项目上,DOC 提出质疑的补贴项目包括:

(一)直接补贴类项目

1. 国家重点技术改造资金项目

依据原国家经贸委、原国家计委、财政部和中国人民银行联合发布的《国家重点技术改造项目管理办法》(已失效)《国家重点技术改造项目国债专项资金管理办法》(已失效)设立,用于支持重点行业、重点企业和重点产品的技术改造,以项目投资补助或贷款贴息的形式,适用范围为试点企业集团和行业骨干企业。但国家发展和改革委员会已经于 2003 年机构改革后终止实施该项目,并已向 WTO 做出通报。终裁中 DOC 裁定涉案企业没有获得该补贴。

2. 清洁生产技术资金

2004 年,国家发展和改革委员会、原国家环保总局联合发布了第 16 号文件《清洁生产审核暂行办法》(已失效),该办法旨在提供财政或非财政性质的小额奖金或奖励,以鼓励清洁生产审核。该项目既不具有法律专向性也不具有事实专向性。因此,初裁中 DOC 未认定存在该项目,终裁中 DOC 认定存在该项目,金东纸业获得的反补贴额为 0.005%,属于微量补贴。

3. 出口导向型企业免缴某些类型的员工福利项目

根据国务院《关于鼓励外商投资的规定》第 3 条的规定,产品出口企业和先进技术企业,除按照国家规定支付或者提取中方职工劳动保险、福利费用和住房补助基金外,免缴国家对职工的各项补贴。但财政部已于 2002 年 1 月 1 日废止该规定。本案中由于涉案企业并未实际获得收益,因此 DOC 在终裁中裁定该补贴项目已经终止,涉案企业未获得利益。

(二)优惠贷款

DOC 认为,根据《出口收汇考核试行办法奖惩细则》(已失效)的规定,凡符合条件的出口企业可以享受优惠贷款利率 10% 以下的浮动,因此中国涉案企业获得了优惠贷款。但在实践中由于该项目不具有可执行性,中国涉案企业未曾享受此优惠,而且中国人民银行、国家外汇管理局、商务部、国家税务总局已于 2007 年 3 月 8 日宣布废止该规定,因此 DOC 没有认定涉案企业获得了《出口收汇考核试行办法奖惩细则》项下的优惠贷款。但是,DOC 初裁认定中国总体贷款存在可被征收反补贴税的补贴,山东晨鸣纸业在优惠贷款项下的反补贴税率为 3.15%、金东纸业为 14.02%。笔者认为,DOC 的裁定不具合理性。在终裁中,DOC 只是简单地因《中华人民共和国国民经济和社会发展第十个五年计划纲要》中提出鼓励和发展造纸业,即推断该项补贴政策具有法律专向性,而忽略了对补贴要素的认定,特别是对专向性的论证,并裁定应诉公司的反补贴税率为 4.11%。

(三)税收优惠政策

1. 购买国产设备的所得税抵免和增值税退还

《外商投资企业和外国企业购买国产设备投资抵免企业所得税管理办法》[①]规定,对外商投资企业所购买的国产设备,只要符合《外商投资产业指导目录》中鼓励类、限制乙类的投资项目,并不在《外商投资项目不予免税的进口商品目录》内,其购买国产设备的投资可从购置设备当年比前一年新增的企业所得税中抵免。《外商投资项目采购国产设备退税管理试行办法》规定,对外商投资企业所购买的国产设备,只要不在《外商投资项目不予免税的进口商品目录》内,且没有超过对外商投资企业投资总额的限制,其购买的国产设备的投资可以获得增值税的返还。基于上述规定,DOC 初步裁定山东晨鸣纸业在该项目下的反补贴税率为 1.45%、金东纸业为 0.35%;因《外商投资企业采购国产设备退税管理试行办法》对购买国产设备可退还增值税有明文规定,金东纸业因此获得了利益,反补贴税率为 0.08%。

2. 购买进口设备的关税及增值税减免

1997 年国务院《关于调整进口设备税收政策的通知》规定,对于符合一定条件的外商投资企业和国内企业在投资总额内进口的自用设备免征关税和进口环节增值税。因此,DOC 初步裁定山东晨鸣纸业在该项目下的反补贴税率为 0.1%,金东纸业为 2.6%。终裁中 DOC 裁定该政策具有专向性,金东纸业的反补贴税率为 1.51%。

3. 外商投资企业所得税"两免三减半"

《外商投资企业和外国企业所得税法》[②]规定,对生产性外商投资企

---

① 已于 2011 年失效。
② 已于 2007 年失效。

业,经营期在 10 年以上的,从开始获利的年度起,第一年和第二年免征企业所得税,第三年至第五年减半征收企业所得税。DOC 初步裁定金东纸业该项目下的反补贴税率为 2.88%。DOC 终裁裁定金东纸业该项目下的反补贴税率为 0.76%。

4. 特定地区的税收优惠政策

《外商投资企业和外国企业所得税法》规定,对设在沿海经济开放区和经济特区、经济技术开发区的生产型外商投资企业,适用 15% 或 24% 的企业所得税税率。该类补贴具有专向性。DOC 裁定该项目具有地区专向性,初裁中裁定山东晨鸣纸业在该项目下的反补贴税率为 0.34%,终裁裁定金东纸业在该项目下的反补贴税率为 0.76%。

5. 地方所得税减免

《外商投资企业和外国企业所得税法》规定,省级人民政府有权决定是否减免地方所得税。地方的一般做法是免征 3% 的地方所得税。DOC 认为该项目具有事实专向性。DOC 初步裁定山东晨鸣纸业在该项目下的反补贴税率为 0.17%,金东纸业为 0.31%。DOC 终裁裁定金东纸业的反补贴税率为 0.15%。

6. 出口导向型外商投资企业所得税减免

根据《外商投资企业和外国企业所得税法实施细则》的规定,产品出口外商投资企业在按照国家规定减免企业所得税期满后,当年企业出口产品总值达到当年企业产品产值 70% 以上的,可以按照现行税率减半缴纳企业所得税。但是,对设在经济特区、经济技术开发区和其他按照 15% 的税率缴纳企业所得税的满足上述条件的企业应按照 10% 缴纳企业所得税。由于涉案企业并未实际获益,DOC 在初裁中未认定该项目。

7. 外商投资企业利润再投资退税的规定

根据《外商投资企业和外国企业所得税法》的规定,任何外商投资企业的外国投资者,将从企业获得的利润直接再投资于该企业,增加注册资本,或者作为资本投资开办其他外商投资企业,经营期不少于 5 年的,可以退还其再投资部分已缴纳的企业所得税的 40% 税款。如果该投资企业属于产品出口企业或者先进技术企业,则可以全部退还其再投资部分已缴纳的企业所得税税款。如果再投资设立的企业是产品出口企业,那么该项目可能被认定为禁止性补贴。否则,该项目不应被认定为禁止性补贴。DOC 在初裁中未认定该项目。

(四) 债转股

铜版纸案的申诉方主张涉案企业的债转股项目中存在债务免除等政府补贴内容。中国在处理债转股时完全是在商业条件下基于市场价值作出的决定，并不是如申请书中所指责的补贴行为。而且也是基于企业面临破产、大量工人面临失业等情况作出的，为避免严重社会问题，为企业提供一种解决方法，这是《SCM 协定》所允许的。而且中国政府进行的债转股项目针对的对象是国有大中型企业，不涉及外商投资企业。因此，金东纸业的债转股项目属于企业的商业行为。DOC 在初裁中未认定该项目，终裁维持初裁裁定。

(五) 上游原材料的补贴

鉴于补贴的传递性，DOC 对原材料进行调查，还要求提供《中华人民共和国国民经济和社会发展第十个五年计划纲要》在林业和纸业行业的实施情况。在终裁中 DOC 裁定涉案企业没有获得该补贴项目。

1. 投资林业的外商投资企业所得税优惠政策

根据《外商投资企业和外国企业所得税法》的规定，在中国从事农业、林业、牧业的外商投资企业在依法享受"两免三减半"的税收优惠待遇期满后，经过外商投资企业的申请以及国务院税务主管部门批准，在之后的 10 年内可以继续按应纳税额减征 15% 至 30% 的企业所得税。在终裁中 DOC 裁定涉案企业没有获得该补贴项目。

2. 针对林业企业的税收优惠政策

根据财政部、国家税务总局《关于林业税收政策问题的通知》(已失效)的规定，各企事业单位就种植林木、林木种子和从事林木产品初加工所获得的所得暂免征收企业所得税。DOC 在初裁中未认定该项目，在终裁中也裁定涉案企业没有获得该补贴项目。

3. 天然林保护工程

根据《天然林保护工程财政资金管理规定》(已失效)的规定，本项目主要向国有森工企业提供资金，用于停伐或调减木材产量和安置分流职工。鉴于应诉企业晨鸣纸业和金东纸业属于外商投资企业，不符合申请本项目的条件，没有实际使用。DOC 在初裁中未认定该项目，在终裁中裁定涉案企业没有获得该补贴项目。

4. 公益林补偿基金

根据《中央森林生态效益补偿基金管理办法》(已失效)的规定，中国政府对重点公益林管护者产生的营造、抚育、保护和管理支出给予一定补助的专项资金。鉴于应诉企业晨鸣纸业和金东纸业属于外商投资企业,不符合申请本项目的条件,没有实际使用。DOC在初裁中未认定该项目,在终裁中裁定涉案企业没有获得该补贴项目。

5. 海南经济开发区的增值税返还政策

依据洋浦地方税务局的有关规定,对海南经济开发区内符合标准的企业可以享受国内销售增值税25%的返还。DOC初步裁定金东纸业在该项目下的反补贴税率为0.19%,终裁裁定为0.04%。

铜版纸案涉及的具体项目详见表10-1:

表 10-1

序号	项目类别	具体补贴项目
1	优惠贷款	国有银行提供的优惠贷款、政府政策性贷款项目、国有企业优惠贷款、特定区域开发政策的贷款和利率补贴
2	低价提供要素投入	低价提供电力、土地、用水、燃气
3	政府拨款项目	国家重点技术创新项目基金、对亏损国有企业的拨款、高新技术设备的财政拨款支持
4	所得税项目	外商投资企业"两免三减半"所得税优惠、出口导向型外商投资企业的所得税优惠、外商投资企业利润再投资于出口导向型企业所得税退税、外商投资企业购买国产设备抵免所得税、特定区域和高新技术及技术密集型外商投资企业所得税优惠、外商投资企业研发投入的所得税抵免、外商投资的乡镇企业税收优惠政策
5	间接税和进口关税项目	外商投资企业购买国产设备退增值税、购买进口设备免征关税和增值税、鼓励类产业进口技术设备的增值税和关税免除、国内企业的进口设备增值税和关税免除、出口导向型企业的员工福利税收优惠、增值税出口退税的差别税率优惠
6	地方补贴项目	广东省出口企业开拓国际市场专项资金、浙江省和广东省企业出口利息补贴基金、浙江省技术创新基金、辽宁省地方实施五年计划优惠贷款、深圳市和浙江省反倾销应诉法律费用支持、生产性外资企业地方所得税的减免
7	外汇项目	外汇留成计划
8	债转股	债转股
9	原材料出口限制	锌、热轧钢材等

笔者认为,就铜版纸案本身而言涉案金额不大,但负面效应不小,给美国国内产业发出了错误信号,造成了群起效仿态势,频频对中

国产品提出反补贴调查立案申请,而 DOC 则接二连三地对中国发起反补贴调查。反补贴立案频率之高、涉案补贴项目数量之多、范围之广、涉案金额之大,在 GATT 以及 WTO 历史上都是极为罕见的。这给中美经贸关系蒙上了阴影,给两国经贸合作带来了极大的不确定性,同时也引发了其他成员方对中国经济贸易体制的质疑,这不仅影响了中国与其他成员方的经贸关系,还对世界经济的稳定造成了负面影响。美国应该克制片面和偏见,不要让带有沙文主义色彩的民族主义主导美国政治。

第二节 补贴问题成为中美贸易争端之核心

2018 年以来,特朗普政府在继续民主党对华政策的基础上又以中美间存在巨大贸易逆差以及纠正"不公平贸易行为"为由,对中国进口产品加征进口关税、对人民币汇率开展反补贴调查等行动。从表面上看,中美货物贸易的确存在巨大差额,这也成为美国发起对中国展开一系列贸易行动的主要理由,但从深层次上看,造成中美贸易逆差的根本原因其实是美国自身的社会问题及其实行的自由市场经济带来的结构性问题:一是美国国内工业发展出现空心化,大量制造业向新兴市场国家转移,特别是相对于服务贸易、技术贸易比重的增加,制造业在美国产业结构中的地位相对萎缩;二是美国崇尚原教旨市场经济的新自由主义体系及自由民主的价值观、长期奉行财政赤字政策促使民粹主义抬头。国外反恐与国内减税政策共同将小布什政府及奥巴马政府的财政赤字推到历史最高水平,也为 2008 年经济危机埋下隐患,导致喜欢过度消费的白人中产阶级生活水平急剧下降,民族主义情绪急剧发酵。① 美国要想从根本上解决贸易逆差问题,必须认识到自身的结构问题,逐步削减财政赤字、压缩过度消费、遏制金融泡沫、放宽出口管制,进而才能创造有利于经济良性发展的社会环境。

格林斯潘指出,自美国取代英国以来,美国第一次受到的挑战就是来自中国。从购买力评价看,中国在 2016 年就超过美国,中国的制造业产

---

① 参见〔英〕阿纳托尔·利文:《美国的正确与错误:民族主义视角》,孙晓坤译,中信出版集团 2017 年版,中文版序言,第 10 页。

量也远超过美国。资本全球化及后工业化经济的扩张带来的负面效应是传统工业萎缩,经济陷入低增长沼泽,美国在国际秩序的主导地位有所下降。① 随着美国经济增长趋缓,美国国内政治民粹主义抬头,孤立主义、逆全球化思潮严重,其国内贸易保护主义势头日益高涨。自布什政府转向单边主义以来,美国各届政府出于政治经济目的,来自美国国会、政府、产业及学术界对中国的批评声不断,如"中国操纵汇率""中国威胁论""中国是不公平的贸易伙伴""不保护知识产权""重商主义"等极不利于中美经贸关系正常发展的论调,把中美经贸问题妖魔化、政治化。1996年以来,美国对中国贸易逆差再创新高,迫于产业和国会的压力,美国政府为了选票必须在对中国贸易上有所作为,一些美国政客把中国作为其转嫁国内矛盾的对象,把经济等一切问题政治化,滥用国内法和国际法不断加大对中国限制措施的力度,如对中国贸易发起双反调查、保障措施及337调查、将中国的补贴与知识产权政策②诉至WTO等,以国家安全为名遏制中国经济发展及打击中国经济政策,以确保美国在国际竞争格局中的绝对优势地位,防止中国对美国的全球政治和经济霸权构成威胁。

一、两党携手扫清法律障碍

美国政府及产业界非常关注中国补贴政策,美国国内出现"中国出口的高速增长得益于政府补贴"的论调。2004年加拿大帮美国政府试水,对中国产品发起了首起反补贴调查,同年DOC和USTR联合向美国国会提交的《补贴执行年度报告》中显示"美国的补贴专家正在寻找更多的关于中国出口补贴和进口替代补贴方面的补贴项目和政策",并检查中国在纺织品、钢铁、化工和机器制造等产业的补贴实践。随后在2007年发布的年度报告中,更是将中国作为监督与执行的重点对象单独列出;此外,ITC和USTR的年度报告也大篇幅评论中国补贴政策。

2005年3月10日,美国国会11名议员提出新议案,要求修订美国现行的反补贴法《1930年关税法》中的第七章,对非市场经济国家适用反补贴税法,该议案名称为《2005年停止海外补贴议案》。《1930年关税法》

---

① 参见〔美〕艾伦·格林斯潘、〔美〕阿德里安·伍尔德里奇:《繁荣与衰退——一部美国经济发展史》,束宇译,中信出版集团2019年版,第407、416、417页。

② 2007年4月9日,美国就以中国反盗版执行不力和中国对美国电影、音乐及书籍销售严格管制为由,向WTO提起诉讼。2006年3月美国、欧盟及加拿大曾就中国汽车零部件进口关税问题联合向WTO提起申诉。

第 701 节(f)经修改后,在所有出现"国家"二字的后面均增加"包括非市场经济国家"的表述。在该法案通过之日起,可根据《1930 年关税法》第 702 节提起申诉。2005 年 7 月 27 日,旨在对包括中国在内的"非市场经济国家"适用反补贴税法的《美国贸易权利执行法案》在美国国会众议院获得通过,该法案要求将《1930 年关税法》第 701 节(f)适用对象的范围扩大至中国等"非市场经济国家";并参照《中国入世议定书》第 15.b 条,在第 771 节(5)(e)上"对中国产品调查与有特殊困难时,可根据中国以外的情况和条件进行调整";强调确保反补贴行动不被双重计算。虽然该法案最终没有被美国参议院通过,但已足以说明美国国会在对中国贸易政策问题上早已形成跨党派共识。认清这点,有利于减少对美国政策的误判。

随后,DOC 在就美国审计署向美国参众两院拨筹款委员会提交的对中国启动反补贴程序的报告发表评论时表示:(1)没有明确的法律授权对中国适用反补贴法律的说法不准确,而应当理解为法律没有明确禁止对中国适用反补贴调查;(2)DOC 不接受针对中国的反补贴调查立案申请的观点是错误的,事实上 DOC 自 1991 年之后没有收到此类申请;(3)受理反补贴调查立案申请并不意味着 DOC 必须将中国升级为市场经济国家,DOC 如果收到针对中国的反补贴调查立案申请,将如同处理针对其他国家的申请一样认真审查。DOC 的上述表态,透露出美国政府部门在反补贴调查政策立场上的转变。也正是在这种直接的暗示与鼓动下,美国国内产业自 2006 年 10 月开始频繁针对中国产品提出反补贴立案调查申请。① 此时正值美国国会中期选举,民主党控制了国会的参众两院,与共和党相比,民主党政治上更为保守,更加注重劳工权益和公平贸易,贸易保护主义势头明显上升,特别是随着中美贸易顺差的加大,美国的个别产业将自身衰退归因于中国产品因得到了政府补贴而获得竞争力。一些产业协会不断游说并通过各种渠道向美政府施压,要求改变反补贴法不适用于非市场经济体的做法,要对中国适用反补贴法。迫于国会的压力,美国政府要落实在选举期间作出的保护国内产业利益的承诺,并争取延长国会对总统贸易谈判的特别授权期限,于是 DOC 改变了以往的行政惯例和政策立场,开始受理对中国的反补贴立案申请并发起调查。

---

① 参见王建华、范荷芳:《美国对华反补贴政策的演变与内在动因分析》,载《国际贸易问题》2007 年第 11 期。

2011年12月,美国联邦巡回上诉法院对中国非公路用轮胎案作出裁决,裁定DOC对非市场经济国家采取反补贴调查缺乏立法依据。上诉法院判决一旦生效,此前DOC针对中国发起的反补贴调查应认定为全部非法,这使DOC陷入极为尴尬的境地,也无法再利用反补贴措施限制中国的出口。为迅速解决法律依据问题,2012年3月美国国会迅速通过了《对非市场经济国家适用〈1930年关税法〉反补贴税条款及用于其他目的法案》,认定美国反补贴法适用于非市场经济国家,并且规定该法案效力可追溯至2006年11月20日。上述法律修正案扫清了美国对中国发起反补贴调查的法律障碍,标志着美国对中国贸易救济政策的根本性改变。此后,美国开启了频繁对中国发起反补贴调查之路,反补贴调查成为美国对中国贸易救济调查的主要手段。

二、调查机关与司法机关的权力边界

DOC和美国CIT、CAFC在对非市场经济国家是否适用反补贴调查这一结论各有论断。DOC负责具体的贸易救济调查工作,但它同时也是对外贸易政策制定和执行部门,对外一直鼓吹自由贸易理论,要以充分的市场经济为模型,从经济理性的角度和立法的出发点去考虑,认为征收反补贴税的目的在于纠正被扭曲的市场资源配置,以防减损全球福利,非市场经济国家根本不存在市场机制,自然不应该适用反补贴税。笔者认为,从这一点可以看出,DOC最初开启双反调查的逻辑是清晰的,后续的所有行动是源于其国内产业遭受竞争压力而改变,所以法律制度屈服于现实政治需要是无法避免的。这种情况在逆全球化时代变得更加肆无忌惮。

CIT认为,反补贴税法的立法目的是抵消进口产品中的非法补贴,保护国内产业利益,调查机关不能没有经过事实调查就对结果作出定论。DOC要依据法定程序来执行法律、查明事实,而不是推测立法意图和经济理论讨论,应依据被调查成员方的国家经济性质或类型来讨论是否适用反补贴调查,不应该从管辖权的角度来考虑是否适用实体法律问题。笔者认为,从此处可以看出,反补贴调查涉及意识形态问题,如果美国总把"看不见的手"当作国家的意识形态问题,都用其自身的自由市场资本主义作为标杆来要求贸易伙伴,这无疑是非常危险的。

CAFC表现得更为中性,认为应该通过研究立法者的立法意图来补充法律条文的模糊或缺失,其直接援引联邦最高法院在Zenith案中认定的反补贴税法的目的是抵消进口产品从所在国政府获得的不公平竞争优

势。CAFC 在判决中强调美国企业有权期待与外国企业在美国市场公平竞争,这既不同于 CIT 的"国内产业免受影响说",也不同于 DOC"资源最佳配置说",而是"公平竞争权力保障说"。

可以看出,DOC 受制于过往实践,不能自如地对非市场经济国家进行反补贴调查,特别是要避免对非市场经济国家的双反调查中双重计算的问题,由于美国国会一直未能通过新的立法,这促使 DOC 直接在现有法律基础上展开立案调查程序以投石问路,希望在调查过程中推动立法的解决。早年笔者认为,中国可以把 DOC 滥用调查权的做法诉至 CIT,但后来更多的事实证明,无论是 CIT 还是 CAFC,在处理涉及国家利益案件时,其一贯倡导的独立性和公平正义是根本不存在的。

通过乔治城钢铁案、铜版纸案和非公路用轮胎案可以看出,DOC 有权自由裁量查明事实、对补贴的存在及补贴的金额等作出认定。而法庭的权力即司法审查,审查调查机关的裁定是否符合法律相关规定。依照联邦最高法院在乔治城钢铁案中的裁定:第一步应分析国会是否就所涉事项直接作出规定;如果没有,第二步要看 DOC 的解释是否合理。当有模糊之处时,看具体的解释是否具有合理性。值得注意的是,美国《宪法》第 6 条规定,美国所缔结的条约为"全国之最高法律",根据美国加入 WTO 贸易协定法的行政声明,作为 WTO 成员方,美国有义务使其措施和法律符合《SCM 协定》的规定。但是同时国会对法院依据《SCM 协定》审查行政机关的行为施加了严格的限制,要求法院不能因为行政机构的行为不符合《SCM 协定》的规定而否决其合法性,法院不应考虑 WTO 争端解决案件报告的裁决意见,特别是与美国国内法、行政规章以及主管机构的通常做法不一致时,即法院在进行司法审查时无须考虑美国的国际义务。①

三、利用反补贴工具施加政治影响

美国希望在推动贸易伙伴的自由市场经济和资本全球化的同时,推动其政治体制改革。美国一直认为中国的政治经济体制改革进展缓慢,中国也从未有进行实质性改变的意愿去成为美国预期的自由市场经济模式的国家。美国政府利用多双边各种场合对中国补贴问题提出质

---

① 参见彭岳:《美国对华产品适用反补贴法中的行政方法与司法方法》,载《北方法学》2015 年第 2 期。

疑,要求中国政府修改国内政策(包括人民币汇率问题、产业政策问题、知识产权问题、税收问题等),同时利用WTO规则所赋予的权利,希望对中国的宏观经济政策施加影响。

补贴政策体现了一国的宏观经济调控导向,涉及税收制度、产业政策、金融体系、土地政策等经济体制及管理模式。反补贴的调查对象,除企业外,主要为被调查国的中央或地方政府,通过反补贴调查可以直接依据美国法律对被调查的中国经济政策进行评价,反补贴调查机构可以纠正一国政府对经济的控制和干预行为。DOC在反补贴调查问卷中要求中国政府提供各类补贴项下的执行情况,包括项目的主管机关、性质及政策依据、档案记录、申请程序、企业申请资格以及涉案企业受益情况等。DOC还兵分两路分别复核中央政府和涉案企业及其所在地政府,给中国政府的应对带来很大挑战。这也是反补贴调查与反倾销调查的不同之处。反补贴调查不仅涉及企业行为,还涉及中央和地方政府的行政行为。反补贴调查对出口国的影响深度再次得到印证。

2019年,美国又挑战现有的WTO框架,提出改革方案。2019年3月1日USTR发布的《2019贸易政策议程及2018年度报告》[①]中,明确指出WTO必须解决非市场经济的挑战以及发展中国家成员的待遇问题。美国认为,WTO的规则框架没有充分预料到由国家主导经济的成员对全球贸易造成的破坏性影响;现行规则及WTO上诉机构规制的严重缺陷,使成员没有足够的工具来应对这些问题的侵蚀性蔓延。美国与欧盟和日本联手,意图通过制定新的多边规则和其他措施来应对这些所谓的"挑战",以进一步压缩包括中国在内的发展中国家的经济政策空间。

2020年3月7日,USTR向国会提交《2019年中国WTO合规报告》[②],核心结论与2018年相同,即中国遵守WTO规则的记录很差。报告从四个方面进行了论述:一是WTO成员的身份伴随着一种期待,即加入成员不仅要严格遵守WTO规则,还要支持和追求开放和市场导向的政策;二是中国未能符合这种期待;三是近年来,中国进一步偏离了开放和市场导向的政策,而是更加全面地在经济和贸易领域采取政府主导和实施重商主义;四是中国扭曲市场的政策和做法,让中国从WTO获得巨大

---

① 参见 https://ustr.gov/sites/default/files/2019_Trade_Policy_Agenda_and_2018_Annual_Report.pdf。

② 参见 https://ustr.gov/sites/default/files/2019_Report_on_China's_WTO_Compliance.pdf。

利益的同时损害了其他 WTO 成员的利益。美国从战略高度构建对中国的贸易政策,以确保自身的优势地位。

纵观当前国际形势,正如美国学者指出的,美国要学会调整与包容,要接纳中国、印度、巴西、南非、俄罗斯等新兴经济体的崛起,要正视不再拥有压倒性力量形塑全球政经格局。① 而中国政府在综合应对美国在人民币汇率、金融体制、贸易顺差等几方面频繁出击的基础上,要战略和策略相结合,要外交和法律技术相结合,加大对国际贸易历史沿革和法律制度的研究,进一步加大对国际法、经济、金融跨学科人才的培养,鼓励更多的学者从事对美国、欧盟等西方国家经贸和法律制度的研究。此外,中国政府应梳理现有的财税政策,进一步完善补贴政策的顶层设计,兼顾公平和效率,平衡市场自律和政府干预的监管法律制度,清理明显具有禁止性补贴特征及补贴效力不佳的补贴政策,以营造更高效的国内经济运行环境和良好的外部发展空间。

第三节 美国反补贴调查中对中国补贴项目的歧视性认定

美国反补贴调查的服务对象是美国单方的产业政策,并非美国和被调查方共同的竞争环境。其规则合法性来源,是美国国会对于本国产业利益保护的认可。因此,在美国国内极少出现商业性国企的情况下,美式反补贴规则无须考虑利益平衡,只需关注他国国企对本国企业参与国际竞争的阻却效应。从"政府提供货物"这一标准形式到"国有企业补贴"的变迁,本身就是美国通过规则的延展对抗新兴经济体的一种方式。② 在这样的背景下,美国在反补贴调查中,不乏存在对中国的歧视性做法,而这些歧视性做法造成的结果往往是企业要承受高幅度的反补贴税率。作为先例,这些做法对之后的美国反补贴调查案认定方法带来恶劣的示范效应。如"公共机构"认定的泛化、外部基准的滥用、对政策性贷款的宽松认定、坚持对进出口银行出口信贷项目适用不利事实的推断

---

① 参见〔美〕戴维·哈维:《新帝国主义》,付克新译,吴默闻校,中国人民大学出版社 2019 年版,第 43 页。

② 参见赵海乐:《竞争中立还是竞争礼让——美国对华反补贴中的国有企业歧视性待遇研究》,载《国际商务(对外经济贸易大学学报)》2016 年第 4 期;毛志远:《美国 TPP 国企条款提案对投资国民待遇的减损》,载《国际经贸探索》2014 年第 1 期。

以及近期拟将汇率低估认定为一种补贴,等等,无一不是在立法或者实践中歧视中国的表现。

一、"低价提供原材料"及"政策性贷款"项目中"公共机构"的认定

一项补贴措施成为《SCM 协定》项下的可采取反补贴措施的补贴,需满足三个要件:(1)"主体",即补贴由政府或"公共机构"作出;(2)补贴授予了相对方利益;(3)补贴具有专向性。在对中国的反补贴调查中,美国政府一直在扩大泛化"公共机构",DOC 认定,提供补贴的主体是"当局"(authority),指"一国政府或一国境内的任何公共实体"(a government of a country or any public entity within the territory of the country),将中国所有国有商业银行和国有企业及部分民营企业均判定为"公共机构"。DOC 在调查时,对中国出口商品中的投入物(如原材料、水、电、天然气等)开展调查并认定这些"公共机构"提供的低价投入物应视为给出口商提供了可诉补贴。

DOC 判定一个实体是否属于"当局"采用了两种方法。一是将大多数国有公司视作政府本身。二是采用以下五个指标进行判断:是否为政府所有、政府官员是否担任董事会成员、政府是否控制其活动、是否实施政府政策和追求政府利益,以及是否由立法设置。第一种方法由 DOC 基于司法实践在 1998 年颁布且沿用至今的反补贴联邦法规(《美国联邦法规》第 19 编 351 章)解释性序言中阐明;第二种方法则主要形成于 1987 年的荷兰鲜花反补贴案。在该起案件中,调查机关需要对一家荷兰政府持股 50%的天然气公司是否属"当局"作出认定,由于政府未持绝对多数股权,调查机关便采取了上述五个指标进行判断。一般情况下,政府持多数股权是判断一个实体是否为"当局"的首选依据,对于政府未持多数股权的企业则依据五个指标进行综合分析。

中国企业补贴幅度中 80%以上来源于此类项目。比如,在标准钢管案中,一家应诉公司获得 29.57%反补贴税率中低价提供的原材料项目(热轧钢)占27.35%,另外一家应诉公司获得 44.86%反补贴税率中低价提供的原材料项目(热轧钢)占 44.84%;在 2018 年的铸铁污水管案中,强制应诉企业获得 14.69%的反补贴税率,低价提供原材料项目(生铁、有色金属废料)为10.24%,占 69%以上;在 2018 年的钢制丙烷气瓶案中,一家强制应诉企业的反补贴税率为 37.91%,其中以低于充分对价提供热轧钢是主要的税率来源,高达 27.36%,占 72%。

在政策性贷款问题上,DOC 在铜版纸案的裁定中指出,中国政策性

银行及国有商业银行构成政府机构,但"中国政府在改革,对国有商业银行的控制范围与程度正在变化"。一年后,在非公路用轮胎案中依然认定,尽管相关改革仍在进行中,中国政府的影响在中国银行部门的运作中仍为重要因素。DOC 的逻辑是由于中国政策性银行和国有商业银行的所有权及控制权主要掌握在国家手中,所以中国政策性银行和国有商业银行会根据国家发展规划、产业政策等要求发放给国有企业的贷款利率低于正常的市场利率,这就构成了资金的直接转移,应属于提供了财政资助。笔者在应对美国对中国的热敏纸反补贴调查案过程中,指导涉案政府机构、企业及其代理律师认真准备实地核查问题清单,实地核查应对效果很好。DOC 调查官认为中方专业,核查过程高效。双方都实现了既定的工作预期和目标。而且美方在终裁前披露中没有把国有银行认定为"公共机构"。然而由于中方在美方即将公布终裁裁决之际,把几个对中国调查的反补贴案件打包诉至 WTO,美方便迅速反转,更改终裁裁决,延续了之前案件中把国有银行认定为"公共机构"的做法,否定了在实体核查中获得的事实基础及终裁前披露的法律认定。

2011 年 3 月,WTO 就中国诉美国的四起双反措施案作出裁决,专家组驳回了中方的诉求,认为向涉案被调查生产商提供原材料的若干国有企业,以及向这些生产商提供贷款的若干国有商业银行,均属于《SCM 协定》第 1.1 条项下的"公共机构"。但是,上诉机构推翻了专家组对"公共机构"标准的认定(即"政府控制的任何实体"),认为公共机构是一个"拥有、行使或被赋予了政府权力的实体",认为判定公共机构的一个至关重要的因素是有关实体是否有权履行政府的职能。调查机关在作出认定时,必须评估并合理考虑该实体的所有相关特征,避免在最终定性时排他地、不合理地关注其中某一特征,而忽略其他可能的特征。该案澄清了"公共机构"的概念,判定美国以往仅依赖国有成分认定"公共机构"的做法违反 WTO 规则,应该调查该实体是否被赋予政府权力并行使政府职能,即注重"职能说"。

就"提供原材料的所涉国有企业是否属于公共机构"而言,上诉机构明确推翻了专家组的"控制说",也不同意美国在对国有企业定性时采用的"多数所有权理论"。上诉机构认为,"多数所有权理论"比"控制说"考虑的因素更单一,更欠缺对其他相关特征的考虑,因该理论把所有权作为认定"公共机构"的唯一判断标准。最终,上诉机构在一定程度上倾向于中国的"职能说",即以履行政府职能为目的而行使所授予的权力。但需注意的是,美国的做法没有得到上诉机构的认同是由于分析此问题时考虑的因素过于单一,没有尽到调查义务。

在中国诉美国部分产品双反案诉讼期间,DOC 于 2009 年 7 月在厨房置物架反补贴案终裁中引入了所谓的可反驳推定制度,即将政府拥有多数股权的企业推定为"公共机构"。若要反驳该项推定,需证明政府持有多数股权并未导致对公司的控制。即使政府并未持多数股权,DOC 仍可基于其他因素作出属于公共机构的认定。

中国诉美国部分产品双反案虽确立了"公共机构"的政府权力认定标准,但留下了"有意义控制"这个尾巴。在上诉机构对中国诉美国部分产品双反案作出裁决后,由于 WTO 裁决需要经过一定的国内法程序转化为国内法,才能在一国直接适用,DOC 在执行中国诉美国部分产品双反案裁决时利用这个尾巴,将"有意义控制"作为认定"公共机构"的法律标准,继续将中国诉美国部分产品双反案涉案国有企业认定为"公共机构"。具体而言,为执行 WTO 裁决,美国对涉案措施启动了国内重审程序。在重审过程中,美国曲解上诉机构裁决的含义,引入所谓"政党信息",开始搜集被调查企业党组织和高管政治身份信息等,并以企业和政府未完全配合为由,推定政府通过企业的党组织及党员对企业形成有意义的控制,从而成为受政府控制的"公共机构"。

2011 年以来,美国在镀锌钢丝、钢制轮毂、晶体硅光伏电池、应用级风塔、不锈钢水槽、多层实木地板、钢制丙烷气瓶等多起反补贴调查案和美国为执行 WTO 争端解决裁决所涉及的 129 执行程序中,均以中方没有完全提交信息为由,用不利事实裁定中国原材料生产企业(包括私营企业)为"公共机构"。上诉机构认为,DOC 仅依凭政府在这些企业中的所有权份额,便认定向被调查生产商提供钢铁、橡胶和石油化学产品等原材料的国有企业为"公共机构",其举措有悖美国在《SCM 协定》第 1.1 (a)(1)条、第 10 条、第 32.1 条项下的义务。中国政府依据 WTO 规则对美上述错误做法提起 WTO 争端解决机制下的执行之诉,但未获争端解决机构的支持。

经过 10 年的反补贴调查以及 WTO 诉讼,美国针对"公共机构"问题的态度不断变化,从开始将国有银行和国有企业作为"公共机构",逐渐演化为利用调查技巧将私营企业、外商投资企业等都归在"公共机构"名下。在中国诉美国部分产品双反案之前的调查中,美国判定"公共机构"的标准是控制论,主要从所有权结构判定是否为"公共机构",且以是否由国有控股作为重要的判定标准。上诉机构在中国诉美国部分产品双反案中阐释了"公共机构"的"职能论"后,否决了美国凭所有权结构判定公共机构的做法。随后,美国以是否行使政府职能为由,从中国国有企业具有的不同特性方面设计问卷,扩大信息搜集范围,除营业执照、验资报告、公司章程等表明所有权的一般信息外,还应查证企业党组织发挥的作用、董事会和监事会等高级管理层人员是否具有政府官员或党员身份及其任命等各种可能与党和政府有关系的信息。除了原材料供应商本身,还溯及其各层股东的相关信息。该调查方法实际上是在利用调查机构的主动性,以调查为由,将中国政府和企业置于无法提供信息的境地。而 DOC 能以"不合作"为由,冠冕堂皇地适用"不利事实推定",将所有原材料供应商,无论是国有企业、私营企业还是外商投资企业都认定为"公共机构"。有能力对成员方的滥用行为加以限制的上诉机构因美国的阻挠而停摆,上诉机构有关"公共机构"的判决成为被美国诟病的重要理由之一,认为上诉机构超越规则进行解释。目前美国联合欧盟、日本多次发表三方联合声明,共同力推的一项改革就是试图将上诉机构有关"公共机构"的判决扳回到对其有利的状况,继续推行滥用规则的理念及做法。

二、"低价提供原材料项目"中"外部基准"的适用

根据相关法律,DOC 在计算低价提供原材料项目的充分对价时,通过以下优先顺序确定合适的基准:首先,寻求被调查国国内某一市场交易所确定的市场价格;其次,如果国内市场决定价格不存在,则寻求一个"世界市场价格,且应当能合理地确定该价格是可以由被调查国家的购买者所获得的";最后,如果该世界市场价格不存在,则通过评估政府价格是否"同市场原则相一致"来确定对价。DOC 在对中国反补贴调查中会通过答卷和核查收集原材料供应商的企业性质、产量等信息进行判断。一旦证明国有企业主导了某个原材料市场,DOC 便会认定中国政府控制和扭曲了该市场,从而采用外部基准(而非国内价格为基准)与被调查企业的实际购买价格之差来认定存在利益。在具体计算补贴金额时,应调整为采购者购买进口原材料时实际支付或者应当支付的价格,并包括运费和进口税。在调整运费时,DOC 会在基准价格基础上增加应诉企业到其距离最近港口的运费,这种做法对距离港口远的企业是不合理的。除了调整运费和进口税外,还对外部基准进行增值税调整,也就是在含增值税的基础上将企业实际采购价格和基准价格进行比较,这种做法会导致该项

目最终的补贴额虚增17%。

中国诉美国部分产品双反案中,上诉机构重申其在美国软木案Ⅳ中关于《SCM协定》第14(d)条的两点解释。一是第14(d)条允许使用外部基准。若将该条款解释为在任何情况下都把提供国的民间价格作为唯一的基准,则会使第14条和《SCM协定》的目的落空。因此,提供国的市场价格是计算利益的首要基准,但不是唯一基准。二是使用非国内民间价格的情形非常有限。只有在政府作为货物的供应商或扮演类似于货物的供应商角色,在市场中占据主导地位从而导致私营价格被扭曲时,才可以使用非国内民间价格作为基准。上诉机构又强调,即使在政府作为"主导供应商"的情况下,调查机关也应考虑记录在案的所有其他证据,但这些证据的使用范围,依政府的主导程度以及证据的相关性而定;并且,在使用外部基准时,调查机关必须在事实信息基础上进行合理分析,并进行必要的选择和调整,以使其与市场情况具有最大的可比性。在美国对中国发起的标准钢管、薄壁矩形钢管及复合编织袋反补贴调查案中,DOC采用外部基准来计算国有企业生产原材料所授予利益的金额是合理的。上诉机构支持了专家组对《SCM协定》第14条的解释,即当政府在市场中居于支配地位以致一国范围内的民间价格被扭曲时,调查当局可拒绝参照该价格。上诉机构同时认为专家组的下述结论是恰当的,即鉴于在标准钢管和薄壁矩形钢管反补贴调查案中,中国政府已被证明是具有支配地位的热轧钢供应商,并考虑到其他已证实因素,DOC可以认定中国的民间价格遭到扭曲,并不将其作为计算利益的基准。此外,在对复合编织袋和非公路用轮胎反补贴调查案中,DOC采用外部基准来计算政府提供土地使用权所授予利益的金额,并采用曼谷和泰国土地价格来作为替代价格。这种替代是极为不公平的,势必会造成高税率。

除了在以往WTO争端解决涉及中国诉美国部分产品双反案、印度诉美国碳钢反补贴措施案中,DOC的做法涉及外部基准,在后续调查中,DOC继续运用这种方法。例如,在2018年钢制丙烷气瓶反补贴案中,低于充分对价提供热轧钢是强制应诉企业主要的税率来源,高达27.36%。在调查过程中,DOC要求中国政府提供的信息繁多,且其要求的许多行业信息,恰恰是没有准确的官方统计的,提供这些信息以满足应诉需要给中国政府造成了极大的应诉负担。如果提交的相关信息不能满足DOC的要求,DOC可以基于"不能"充分提供信息,使用不利事实推定,以达到适用外部基准的目的。而这一过程都是基于DOC的主观判断和自由裁量权,DOC 调查的公正性让人存疑。如何防止调查机关滥用行政权力,确实是值得思考的问题。

DOC 认为,中国政府没有充分提供问卷中要求的信息,包括中国共产党的相关信息,基于不利事实推断认定强制应诉企业的热轧钢生产商是政府机关(government authorities)。DOC 认定,中国的热轧钢市场是扭曲的市场,中国政府未能充分提供关于热轧钢产业的信息,如法律、政策等。因此,DOC 采用了世界市场价格作为基准来衡量企业享受的利益,而该基准非常之高,以至于计算出的单项税率偏高。由于无论是申请人提交的数据还是强制应诉企业提交的数据都不能正好对应作为钢制丙烷气瓶生产原料的热轧钢卷的税则号列,无法得到只反映强制应诉企业所使用的热轧钢卷对应的税则号的价格,为了得到该项目的税率,DOC 选取了以下两个数值的平均值:(1)申请人提交的 TDM(贸易数据监测,Trade Data Monitor)的加权平均的出口价格数据;(2)强制应诉企业提交的 MEPS(钢铁资讯机构麦普斯)出口价格数据。

此外,申请人提供的海运费基准(与热轧钢的 MEPS 价格一起构成世界市场价格)是针对集装箱运输的,比标准的海运费高很多,导致较高的反补贴税率。DOC 拒绝了中国政府提交的 ISM(国际海运市场)的海运运费。正如中国政府在提交的材料中所述,热轧钢不怕潮湿,不需要集装箱运输,鉴于集装箱运输的高昂费用也不可能采取集装箱运输。DOC 拒绝了中国政府的海运费基准,理由是,ISM 价格是针对去往中国香港的海上运输,而中国内地的海运费已经有先前的记录可查。DOC 还加上申请人在申请书中提供的内陆运费、进口关税和增值税数据,进一步抬高了本项目的反补贴税率。

其他原材料项目中也存在上述类似的情况。一方面,在某些案件中,要求提供原材料进出口的统计数据以及生产商中国有企业数量、国有企业产值、国有企业产量、国内需求量等数据,但并非每一次中国政府及行业协会都有完全能够对应被调查产品原材料的统计类目去收集这些数据。在此种情况下,即使中国政府尽最大努力合作,提供绝大多数税则号下统计来的数据或者较为能够覆盖被调查产品原材料的统计数据,也还是被认定为提供的数据不充分,由此采取不利事实推断适用外部基准。另一方面,对于中国强制应诉企业提供的外部基准,DOC 自由裁量的权力较大,往往以各种理由拒绝。

三、"政策性贷款项目"中"外部基准"的适用

在早期美方对中方的反补贴调查案中，DOC 对中国政策性银行贷款是否构成可征收反补贴税的补贴的认定，需要产业政策文件等其他证据支持。但后期，DOC 不断扩大贷款类补贴项目的范围，只要是国有银行提供贷款就认定为补贴。根据美方裁决披露的材料可看到，中方会作出如下抗辩：

中国的商业银行基于其独立的标准决定是否向申请人提供贷款以及贷款的利率。从普遍意义上讲，贷款的价格是由谈判时借款人经营周期、偿付能力以及贷款人放贷能力等因素决定的。中国的商业银行有权独立采用贷款申请和审批程序。① 除此以外，中国政府重申，对于用作流动资金的短期贷款，中国银行业监管机构没有要求遵守任何行业政策。2013年1月1日，原银监会发布的《商业银行资本管理办法（试行）》（以下简称《资本管理办法》）开始生效。《资本管理办法》为资本规模和相关资本比例制定了严格的规定，主要作用于贷款管理和贷款风险管理。此外，中国人民银行在调查期间已经放宽了对商业银行利率的管理。更确切地说，《资本管理办法》通过对商业银行股东和其他投资者设定严重的坏账风险责任，确立了一系列信贷业务的严格规则。② 中国人民银行一直在扩大利率浮动范围，推进中国银行业市场化改革。2013 年,中国人民银行发布通知，全面放宽中国金融机构的贷款利率。2015 年,中国人民银行进一步下发通知，降低存贷款基准利率，扩大利率浮动幅度。再者，修订后的《商业银行内部控制指引》于 2014 年生效，其中明确各地方银行业监督管理委员会出台"促进商业银行建设和内部控制改善"的方针。近 2/3 的规定在这一新的准则中被废除，以进一步推动中国商业银行的自主商业治理。原中国银监会（现中国银保监会）和中国人民银行于 2009 年 3 月加入巴塞尔银行业监督管理委员会常务理事单位，全面参与制定

---

① 贷款决议是基于几个因素作出的，包括但不限于：(1)借款人的竞争地位；(2)借款人过去的表现；(3)借款人的经营利润和成本；(4)借款人未来发展的预期；(5)抵押物文件、财产和资产的性质和价值。

② 例如，《资本管理办法》第 3 条规定："商业银行资本应抵御其所面临的风险，包括个体风险和系统性风险。"第 4 条规定："商业银行应当符合本办法规定的资本充足率监管要求。"第 5 条规定，"资本充足率，是指商业银行持有的符合本办法规定的资本与风险加权资产之间的比率。"第 7 条规定："商业银行资本充足率计算应当建立在充分计提贷款损失准备等各项减值准备的基础之上。"第 152 条规定："银监会有权对资本充足率未达到监管要求的商业银行采取监管措施，督促其提高资本充足水平。"

《巴塞尔公约》，并于 2014 年与 55 家海外监管机构签署了谅解备忘录或 EOL。这一切都表明中国银行业的做法与国际上许多国家的做法是一致的，也是符合经济规律的。

关于《SCM 协定》第 14(b)条，上诉机构从基准的可比性、商业性及由政府实际提供的贷款在市场上的可获得性入手进行分析。上诉机构认为，美国软木案 IV 中的解释是如果不能适用第 14(d)条中的国内基准，则可适用第 14(b)条。在被调查的贷款利率因被扭曲而不能作为基准时，第 14(b)条并未阻止使用非调查贷款币种的贷款利率作为基准替代使用。具体到铜版纸案中，上诉机构认为，应区分政府实施货币政策与政府干预商业借贷市场而造成的市场扭曲。前者是所有商业借贷市场的必要因素，后者将扭曲一个竞争性的商业贷款市场，因而不能使用其利率作为基准。在非公路用轮胎、标准钢管和复合编织袋调查中，DOC 采用外部基准来计算国有银行人民币贷款所授予利益的金额。专家组没有支持中方诉求。非公路用轮胎案中，DOC 使用外部基准来计算国有银行美元贷款所授予的利益，并采用年均 LIBOR（伦敦同业拆借利率）利率作为基准。专家组支持中方所诉美元贷款所适用的利率基准一项，否定了 DOC 所采用的以年平均利率而非日利率为基准的做法。该案中，上诉机构强调专家组在审查当事人的诉求时，应履行 DSU 第 11 条项下的"客观审查"义务。

在铜版纸、热敏纸等案中，DOC 称中国的国有商业银行的贷款均不具有商业条件，从而使所有借款者均可获得该利益，所以所主张的补贴不再具有专向性。但是 DOC 认为，中国政府控制银行，通过对市场的管理控制利率从而扭曲了中国的贷款利率，因而不存在可比商业贷款来作为基准。DOC 选择既满足《SCM 协定》第 14(b)条的规定，同时又具有商业性和可比性的基准。该基准基于一组国家的利率而非一个国家的利率。DOC 通过选择与中国具有相似的人均 GNI 的国家的通货调整利率来控制影响利率的重要因素，然后运用回归分析、GNI 数据和一系列世界银行政府指数来决定一个可比年利率。这一做法得到了中国诉美国部分产品双反案专家组的肯定，专家组认为，中国政府未能证明 DOC 未将中国利率作为基准来计算国有商业银行人民币贷款的基准，违反了《SCM 协定》第 14(b)条。虽然上诉机构随后以"不能仅依据政府是主要供应商就直接认定存在价格扭曲"为由推翻了专家组的结论，却同时确认了《SCM 协定》第 14(b)条没有阻止调查机关适用"替代利率"的做法，认为在被调查企业所在的市场中并不存在商业贷款利率的情况下,可以适用其他替代基准。同时,上诉机构认为,当调查机构使用其他币种贷款基准或替代基准时,应采用透明且被充分解释的方法确保该基准被调整后更接近"可比商业贷款"。

而在美国对华反补贴案件中,现实情况是,对于优惠性政策贷款,即使中国政府在答卷中说明,提交的五年计划及鼓励类产业目录中不存在直接针对被调查产品的鼓励政策,DOC 也往往将其归入某一更大的行业分类,由于该更大的行业分类被列为鼓励类行业,因此认为被调查产品也享受政策扶持,即该贷款构成专向性。

在 2018 年钢制拖车轮毂反补贴案中,中国政府主张不存在针对钢制拖车轮毂的鼓励性产业政策,而 DOC 依然认为中国的"十一五"等规划中有鼓励汽车行业发展的内容,而钢制拖车轮毂是汽车配件的一部分,因此,认为存在针对钢制拖车轮毂行业的优惠政策。

在 2018 年的铸铁污水管反补贴案中,在原材料项目上中国政府主张生铁、废钢和焦炭被广泛应用在许多产业中,因此不具有专向性。但是 DOC 认定,根据现有的信息,生铁、废钢和焦炭仅应用在数量有限的产业中,而铸铁污水管所属的大类金属制品产业是生铁、废钢和焦炭的主要应用产业,因此裁定该项目下的补贴具有专向性。

同理,对于政策性贷款项目,DOC 依据 2017 年 7 月 21 日对中国信贷系统的再评估报告认为,中国政府从根本上扭曲了贷款利率,应诉企业接受的长期和短期商业贷款的利率都不应作为基准利率,全国平均利率也不足以被采纳,应当适用外部基准。对于短期贷款,DOC 用中低收入国家的利率来确定 2003—2009 年的基准利率和贴现率,用中高收入国家的利率来确定 2010—2017 年的基准利率和贴现率。对于长期贷款,由于国际金融统计(International Financial Statistics,IFS)系统中只有短期和中期贷款利率,没有适用于长期贷款的利率,DOC 通过彭博美国公司 BB 级债券利率将短期和中期贷款利率转化为长期贷款基准利率,并考虑通货膨胀因素,由此得到基准利率。

四、"出口信贷项目"的"不利事实"推定

自 2011 年 11 月美国对中国发起光伏双反案调查起,出口信贷项目成为双方争议点。虽然 DOC 在初裁中并未认定两家中方企业使用了买方出口信贷,但仍要对未使用项目进行核查,超出了一般正当程序要求。

DOC 最终在终裁中认定中国政府未尽最大努力配合而适用了"不利事实推定",使用了最高税率。随后,美国政府在后续每起对中国反补贴案中都调查了出口买方信贷项目,并延续了上述做法。在反补贴调查上,DOC 不断创新调查方法,值得中国调查机关学习借鉴。

金融危机以来,中国连续多年成为遭受反补贴调查最多的国家。反补贴调查针对的是中国政府的各种政策措施,实际上是挑战中国经济管理制度,质疑中国特色社会主义市场经济体制。美国反补贴调查矛头对准中国产业政策、国有企业体制甚至中国的政治制度,调查逐步由产品转向影响产能的政策机制,由价格转向影响价格的经济体制。2004 年至 2007 年,美国反补贴调查采用摸底调查的方式,重点关注中国政府五年规划、产业政策。此后的调查将触角深入到中国国有企业、国有资产管理制度以及政府、政党对企业生产经营的影响等体制性问题,对中国经济领域的各项政策以及相关制度安排,如中央和地方的金融、税收、投资、贸易、土地、产业发展和国企改革等政策大加攻击和指责,导致中国企业被征收高额反补贴税。反补贴调查是了解甚至是影响一个国家财税制度的最佳切入点,各成员方都有权运用。

对于进出口银行的出口买方信贷项目,在后续很多案件中,进出口银行根据应诉企业提供的美国客户名单,已经核实进出口银行没有为应诉企业的美国客户提供过出口买方信贷,因此在政府答卷中回答该项不适用。DOC 认定中国政府没有提供与进出口银行相关的法规和实施细则,且未提供相关的利率和标准问题附件答卷,因此依然采用了铜版纸案中政府借贷项目基于不利事实推定裁定的 10.54% 反补贴税率。

在出口信贷项目执行中,由于出口信贷属于出口补贴,通常在反倾销税率较高的情况下,出口补贴部分的税率自动抵消,但在反倾销税率很低时,依然会征收部分反补贴税。换句话说,即使中国企业获得反倾销零税率,其他补贴项目税率也很低,依然会被认定为出口买方信贷项目,10.54% 成为中国企业应诉的最低税率。需要注意的是,通常在行政复审程序中,DOC 都对该项目的税率进行调整,降低税率幅度。

近年来,在多起案件中,中国应诉企业联合美国进口商,由进口商向 DOC 提交联合声明,主张没有使用出口买方信贷项目。但 DOC 在原审调查中依然不采信该证据。中国企业在随后的司法审查程序中,向美国法院提起诉讼。在铝箔等多起案件中,美国法院均裁定 DOC 没有尽到证据审查义务,要求 DOC 重新审查该项目。虽然在重新调查中,DOC 采取变通的形式，没有完全取消该项目，但在司法审查案件逐渐增多的情况下，希望可以通过该程序对此做法予以纠正。

五、"对人民币低估项目"的认定

美国国内申请人曾在铜版纸、热敏纸、铝挤压材等多起案件中要求DOC对中国人民币汇率低估项目启动反补贴调查。例如，2009年9月，美国纽柯钢铁公司向DOC和ITC请求，对原产于中国的标准紧固件征收反倾销和反补贴税（以下简称"紧固件案"）。美国纽柯钢铁公司指控，中国政府通过维持人民币汇率从而有效地阻止了人民币对美元的升值，称中国出口商品获得的美元结算人民币时，能够比市场条件下的人民币汇率的兑换获得更多的人民币。DOC认为，纽柯钢铁公司主张汇率低估是一项"出口补贴"，却没有足够的证据证明该项补贴以出口量或出口实绩为前提，拒绝对申请人指控的操纵汇率问题进行调查。虽然纽柯钢铁公司其后向CIT提起诉讼，但CIT最终以DOC的裁决不是最终决定为由，裁定纽柯钢铁公司的起诉因不满足"成熟（ripe）原则"而不具有可诉性。在以往类似案件中，对中国人民币低估项目启动反补贴调查的申请均未得到DOC的支持。DOC认为，人民币兑换的相关法律适用所有中国的企业和个人，那么所有中国的企业或个人只要兑换外币就可以被申请人指控为补贴，因此申请人没有提供足够的证据证明该项目是"出口补贴"。

尽管在反补贴调查实践中，人民币低估问题尚未有DOC的最终裁决，但美国国内对于人民币低估的讨论却由来已久，DOC一直蠢蠢欲动。早在2003年9月，美国参议院议员查尔斯·舒默（Charles Schumer）等提出针对人民币的第一个法案，称如果人民币价值不能有效重估，应该对所有来自中国的产品征收27.5%的附加关税。此后，美国国会参众两院提出了几十项有关人民币汇率的法案，仅在2007年就提出了参议院1607号、参议院1679号、众议院2942号三项法案，均指责人民币低估违背了WTO有关协定，构成禁止性补贴。金融危机后，美国又通过了《2009年公平贸易货币改革法案》和《2010年货币汇率监督改革法案》。2010年9月29日，美国众议院通过2039号法案（《汇率改革促进公平贸易法案》），对《1930年关税法》进行了修改，在补贴的表现形式上增加了"实质性货币低估"的情形，要求对某一向美国出口国家的货币对美元汇率在18个月内是否从根本上被低估作出判定，若调查机关作出肯定性终裁,则将对相关国家出口到美国的产品征收反补贴税。该法案于2017年4月6日被提交至美国国会,但是至今未获通过。①

(一)对人民币低估项目的新规

2019年5月23日,DOC发布了《反补贴利益及专向性规定的修订提案及征求意见》,拟对现行规则进行修改,并将对从"汇率低估"国家进口的商品加征反补贴税。在收到了47方的评论意见后,DOC于2020年2月4日发布了调整后的新规,旨在通过发起反补贴调查对币值低估这一项目进行调查。② 新修订的19 CFR§351.502部分扩大了专向性的适用范围,新增的19 CFR§351.528部分将币值低估视为一种补贴。如果DOC认定外国政府低估本国币值,将对出口商因汇率低估而从美元结算中获得的额外本国货币金额认定为补贴利益金额,从而征收反补贴税。新的规则已于2020年4月6日生效,适用于之后发起的反补贴调查和行政复审。

1. 关于专向性条款的修订

关于19 CFR§351.502专向性部分,修订后的新规将补贴提供给特定的"一组企业或行业"(a group of enterprises or industries)中的"组"(group)定义得极其宽泛。其中增加的19 CFR§351.502(c)部分,规定"从事国际货物买卖的企业(enterprises that buy or sell goods internationally),即指在一经济体内的货物贸易领域的企业"(enterprises in the traded goods sector of an economy),通常认为将构成"组"。该定义实际上涵盖了所有货物贸易企业,明显违反了《SCM协定》"专向性"标准中"一组企业"的应有之意。这一新增条款可以适用于所有补贴项目的专向性分析,且将使得专向性的认定条件极易被满足。

将中国从事货物贸易的企业视为"一组"企业,也使得汇率低估项目极易被认定为具有专向性。从前述DOC拒绝调查汇率低估项目的理由来看,目前证明人民币汇率构成补贴的主要困难在于对专向性的认定。因为人民币汇率同时适用于所有企业和个人,并不仅涉及出口企业,用美元兑换人民币并不以出口实绩为必要的前提条件,因此出口补贴的主张缺乏合理性,然而修订后的新规为美国国内产业申请人提供了一个全新

---

① 参见 https://www.congress.gov/bill/115th-congress/house-bill/2039,访问日期:2020年2月15日。
② 参见 https://www.commerce.gov/news/press-releases/2019/05/department-commerce-amends-countervailing-duty-proceedings,访问日期:2020年05月10日。

的专向性指控方向,即从出口补贴转向国内补贴,依照新规将中国货物贸易企业视为"一组"企业,并主张该组企业主要使用了该项补贴,也就是具有事实上的专向性,即可成功推动对汇率低估项目的反补贴调查。现阶段,我国是货物贸易大国,较之服务贸易、资本项目、个人货币兑换等,货物贸易企业用美元兑换人民币的数量肯定占比更高。这是由中国经济发展现状所决定的,但这却使得中国的抗辩非常困难,而一旦认定人民币汇率低估就必然具有专向性。

  DOC虽然在修法说明中解释称,其只是填补了法律空白,对美国国内法中提及的"一组企业"作出进一步澄清,而且新规用词谨慎,"normally will consider"并未强制要求DOC一定这样认定,也使得直接起诉规章本身存在困难。但是,笔者认为,作为反补贴案件的调查机关,DOC对该款的修订很明显是为了扩大化解释专向性标准,违背了调查机关基于个案具体事实进行客观认定的基本原则,在其规章中几乎将从事货物贸易的企业直接认定为"一组企业"。《SCM协定》以及各国国内法均未对"一组企业"进行具体界定,各国的实际情况存在很大差别,在一个国家可以构成补贴专向性认定中的"一组企业",在另一个国家可能就不能构成,所以"一组企业"的认定与具体案件中的各国的实际情况密切相关。例如,在一个大国,1 000家企业可以被认定构成"一组企业",但在一个小国,1 000家企业可能是该国全部企业,所以不能构成专向性认定中的"一组企业"。再如,一国所有企业均从事国际货物贸易的可能性是存在的,因此应在个案中主张和认定"一组企业",不能先入为主地认为哪些企业就应该构成"一组企业"。这种先入为主反映出规章和规章制定者的预设考虑,甚至已经让人提前看到了裁决结果,而这绝不是《SCM协定》界定的"一组企业"的应有含义。

  笔者认为,如DOC将中国从事货物贸易的企业作为"一组企业"从而认定其具有事实专向性,将违背《SCM协定》第2.1(c)条下的事实专向性认定义务要求。第2.1(c)条规定,当"一组企业"主要使用补贴时可以认定具有事实专向性,但调查机关应考虑授予机关管辖范围内经济活动多样性程度,例如,考虑中国的经济活动多样性程度,作为一个货物贸易大国,中国产业产品丰富,经济活动的多样性程度高,因此从事货物贸易的企业数量很大、范围很广。如基于这样一个宽泛的特定企业范围来考察实际兑换美元的占比,将因为企业本身范围广而造成占比较高。"一组企业"界定的范围越广,显然这"一组企业"的实际使用补贴比率就会越高,所以第 2.1(c)条要求考察一国的经济活动多样性程度,以避免将"一组企业"定义得过为宽泛。因此,如果 DOC 选择忽视中国实际情况而任性地认定具有事实专向性,将涉嫌违反《SCM 协定》第 2.1(c)条下的相关义务要求。

2. 关于利益条款的修订

新增的 19 CFR § 351.528 部分为 DOC 计算币值低估项目的补贴利益提供了程序和方法上的指引。在对统一汇率制度国家的原审或复审调查中,当该国货币在调查期被低估时,DOC 通常的做法是分析美元兑换成该国货币时是否被授予了利益。

(1)币值低估的认定。新规规定,在认定一国币值是否被低估时,DOC 通常采用国际货币基金组织(IMF)针对特定国家的外币部门评估时所采用的方法进行评估,即考量被调查国的实际有效汇率(Real Effective Exchange Rate,REER)和均衡的实际有效汇率(Equilibrium REER)之间的差异。

根据新规,在一国政府的行为导致汇率低估时,DOC 会作出肯定性的裁定。此举遭到了各界的抨击。关于认定汇率低估的标准,DOC 表示,通常会听取美国财政部的专业意见;但由于两者采取的标准和法律框架不同,因此认定结果可能不一致。如果按照 DOC 的新规,即便美国财政部认为贸易伙伴没有操纵汇率,DOC 依然存在认定汇率低估的可能。美国智库战略与国际问题研究中心亚洲经济高级顾问马修·古德曼表示,DOC 并不具备计算汇率估值的专业能力。前美国财政部官员、美国智库战略与国际问题研究中心高级顾问马克·索贝尔也认为,目前没有统一的方法来准确衡量汇率是否被低估或高估,如果落实这一规定,将严重损害国际货币体系和美国经济。[①] 此前,由于境外离岸市场上人民币汇率长期高于中国官方汇率,造成了外国出口商和中国进口商进行跨境套利操作,这成为人民币汇率存在低估情形的证据材料。

(2)政府行为。新规并未定义何为政府行为,而是规定,仅在出现一国政府对汇率的行为导致币值低估的情况下,DOC 通常将依照 19 CFR § 351.502(a)(1)作出肯定性认定。关于是否存在这种政府行为,DOC

---

① 参见《美国新规拟对汇率低估国家商品加征反补贴税》,载中国国际贸易促进委员会网(http://www.ccpit.org/Contents/Channel_4130/2020/0205/1239789/content_1239789.htm),访问日期:2020 年 3 月 7 日。

认为通常不包括与独立的中央银行或金融机构有关的货币及相关信贷政策，但可以考量被调查国政府有关能改变汇率行为的透明度。

虽然新规指出"不包括与独立的中央银行或金融机构的货币及相关信贷政策"，但如前所述，由于中国国有商业银行被 DOC 归入"公共机构"，国有商业银行对出口商开展的结汇售汇业务即可被认定构成由政府或公共机构提供的资金直接转移形式的财政资助。

关于汇率操纵，值得关注的是在《1988 年贸易与竞争综合法案》中，美国财政部"考虑各国是否为了防止有效的国际收支调整或在国际贸易中获得不公平的竞争优势而操纵本币与美元之间的汇率"。2019 年，美国财政部将中国列为"货币操纵国"，但在 2020 年 1 月 13 日，就在中美签署包括汇率内容在内的《第一阶段贸易协定》的几天前，美国财政部发布的半年度汇率政策报告取消了中国汇率操纵国的标签。历史上，美国汇率政策的制定专属于财政部，并由其会同美联储协商。而新规扩大了 DOC 的职能，DOC 虽然要求美国财政部提供有关"币值低估"和"获利"认定的评估及结论，但在判断货币低估是否构成补贴时，DOC 和财政部可能得出不同的结论，因为财政部仅具有咨询性职能，而 DOC 具有立案权、调查权、咨询权以及决定权。因此，新规使得 DOC 能够在促进美国出口中拥有重要的话语权，而这一先例也可能使国际协议复杂化，并混淆了对美国政策和目标的理解。而且中美《第一阶段贸易协定》也已对汇率问题作出具体承诺，且《第一阶段贸易协定》第 5.4 条"执行机制"规定，如果双方在解决汇率问题方面出现分歧，由中国人民银行和美国财政部向双边评估和争端解决机制提请解决；如果不能解决，则请国际货币基金组织在其职责范围内协助解决。可见该协定已经对两国关于汇率问题的分歧解决方式进行了规定，其中并不包括单边的反补贴调查。虽然如此，笔者预计这并不会阻止 DOC 对汇率低估补贴项目的调查，因为《第一阶段贸易协定》中对中国的汇率约束并不具体，通过反补贴调查，美方可以深入了解中国的汇率市场情况，反而为美方监督中方是否违反《第一阶段贸易协定》提供了一个难得的机会。

(3) 在计算补贴幅度时，DOC 将计算采用双边均衡名义的美元汇率这一基准与双边实际名义的美元汇率(结汇汇率)的差额。如果存在差额，则获利金额为企业兑换美元时所获得的本国货币金额与不存在获利所得差额时应获得的本国货币金额之差。关于评论意见中对获益计算的提问，DOC 作出如下解释：①新规仅关注美元转换为本国货币所产生的获利金额本身,不考虑企业获得美元的方式。②仅关注出口企业在兑换美元的过程中因为币值低估而产生的获益,因此也包括通过贷款和注资等方式获得的美元。③关于企业采购进口材料或设备所支付的美元外汇是否可以与出口收汇进行抵消调整的问题,DOC 认为这种调整不属于《1930 年关税法》第 771(6)节所限定的对补贴额进行调整以计算净补贴额的情形,因此没有被新规采纳。笔者认为,这导致 DOC 在实际处理个案中具有很大的随意性。因为如果汇率低估,DOC 将认定出口企业可以获得与市场化汇率相比更高的利益;而如果汇率高估,则可以认定出口企业在进口原材料时可以用更少的美元进口同样的原材料。④新规并未就分摊分母作具体规定,DOC 仅认同补贴计算的分子和分母必须基于同一基础,但是如何进行分摊,是在所有销售额基础上还是在出口销售额基础上进行分摊,还存在不确定性,留给 DOC 在个案中处理。

  修订后的规则不仅扩大了反补贴税的基础和适用范围,还扩大了 DOC 的职能。在被质疑汇率低估并不符合 WTO 规定的实施反补贴税的必要特征之际,DOC 称其有权决定反补贴税法的适用问题,包括针对汇率低估行为征收反补贴税,并有权颁布相关实施法规。DOC 还辩称,并没有发现不能针对汇率低估征收反补贴税的历史,即使有,也可以改变做法。DOC 将货币低估行为列入补贴,使得美国政府终于能从法律上"名正言顺"地对该项目进行反补贴调查进而征收反补贴税,与反倾销措施进行双重救济。此外,值得注意的是,今后实践中,如果企业被认定为货币低估,由于换汇成本提高导致企业的进口成本增加,将促使企业更多转向国内采购,存在被认定为"进口替代补贴"的可能性。因此,货币低估可能同时触发出口补贴和进口替代补贴两项禁止性补贴。

(二)"对人民币低估项目"的调查

  因有新规授权,2020 年 6 月 23 日 DOC 宣布对原产于越南的乘用车和轻型卡车轮胎发起双反调查,并对币值低估项目开展反补贴调查。7 月 17 日,应拜德福德公司(Bedford Industries)的申请,DOC 宣布对原产于中国的扎口丝产品进行双反调查。这是新规修订以来,申请人首次对中国产品的人民币低估项目提出指控。申请人简要陈述了中国的外汇管制情况,认为中国存在资本项目未开放、管制的浮动汇率制度、被干预的每日中间价形成机制和被干预的在岸离岸市场汇率交易等问题,并从币值低估认定、政府行为、补贴幅度计算及专向性认定等几个方面进行分析。在币值低估认定方面,申请书引用了美国财政部《美国主要贸易货币的宏观经济和外汇政策》(2019年8月)部分内容,指出中国长期片面干预外汇市场、被确定为货币操纵国、2019年下半年以来的人民币对美元汇率贬值及中美货物贸易逆差等。在政府行为认定方面,申请书援引了DOC在以往案件中对"公共机构"的认定,推定国有银行、受政府委托或指示的私人实体为"公共机构"。因而申请人认为,这些"公共机构"通过人民币对美元的贬值,使得中国企业获益的行为构成了"财政资助"。在汇率操纵方面,申请书除指控外汇管制外,还列举了央行及其他监管机构出台的一系列规章制度,例如《银行办理结售汇业务管理办法》,关于外币兑换、兑换机构资质、外汇交易、外贸企业外汇业务操作等系列规定。在补贴幅度计算方面,申请人引用美国财政部报告,并指出中国的实际汇率低于均衡汇率,从而鼓励了中国企业的出口。在专向性认定方面,DOC通过货物贸易企业是否构成净外汇使用的主要用户或在净外汇供应是否占比过大来判断是否具有专向性,申请人则引用中国国际收支外汇规模、中美直接投资(FDI)规模、大宗商品交易结算等数据,计算出中国2019年的货物贸易出口(2.4万亿美元)在外汇供应总规模(2.7万亿美元)中占比高达89%,进而得出中国出口企业是补贴的主要使用者的结论。由于新规扩大了"一组企业"的认定,从而中国货物贸易企业都将被认定构成事实专向性,从而绕过出口补贴法律认定障碍。申请人大篇幅论述了政府的干预、管制和控制,目的是迎合DOC过往的实践,因为只要被认定为市场的非完全自由状态就会被认定为存在政府支持,进而会被认定构成可采取反补贴措施的补贴。

笔者认为,申请书中的证据材料不准确、论据不充分、论点缺乏事实基础。比如,2019年7月人民币汇率相对美元贬值,这与美联储开启新一轮降息周期密切相关,是美元宽松造成购买力贬值带来的系列反应。再如,贸易逆差是由多种原因造成,进出口收支不平衡源于其以农产品、技术为主的出口模式,美元的全球储备货币地位也是造成逆差的原因之一。此外,任何一个国家在货币和汇率方面都不是完全自由、任由市场调节的。将逆差作为货币低估的证据,无疑是从根本上否认了国际贸易中的比较优势理论,这对石油出口国、新兴经济体是不公平的。诺贝尔经济学奖获得者保罗·克鲁格曼曾指出,世纪之交的阿根廷比索危机的缘由之一即为资本的自由流动。① 2020年新冠疫情中,美联储的无限宽松政策也是一种干预措施。② 笔者希望DOC在调查中的法律认定秉持理性、专业、客观、谨慎的态度,美国财政部在2020年1月13日发布的半年度汇率政策报告中也没有认定中国是货币操纵国。由于DOC在反补贴调查中滥用可获得事实、不利推定的调查方法,使中方的应对陷于两难局面,如果不配合将面临高幅度惩罚性税率;而配合提交信息又给美国提供了全面了解本国货币和汇率政策的机会。

　　总而言之,美国在双边采取的上述歧视性调查方法是基于两国制度的差异。就如笔者在十几年前写到的,反补贴不仅仅是经贸战,更是政治战,美方对中方的挑战已由个案法律层面上升到体制层面,中美已进入制度博弈阶段。美国在多边谈判中提出的管制价格、外部基准、上游补贴等多项提案意图修改《SCM协定》,以使其对中国反补贴调查的单边歧视性做法多边化。21世纪以来,美国就一直挥舞着关税大棒迫使贸易伙伴在单边接受其不平等诉求,同时在多边从法律规则上进一步遏制贸易伙伴的生存发展空间,使多边规则为其国内政治和国家利益服务。从历史上看,大国地位更替的过程中从来不是一帆风顺的,中国在发展中必然要面对各种竞争和挑战。我们既不轻敌也不妄自菲薄,战略与战术相结合,在扎实做好法律技术应对的基础上,要有通盘系统的考虑,避免思维范式,跳出西方的方法论,及时调整应对之策。当然,打铁还需自身硬,自身发展才是硬道理。以笔者16年的贸易摩擦应对工作经验来看,摩擦从未停止过,只是规模不同而已。尽管中方一直坚持理性沟通、保持克制,妥善处理与贸易伙伴的关系,但在全球经济下行期,西方社会的偏见和转移自身矛盾的动因很难改变,美国两党在对华政策上也始终高度一致,政客的更迭不会根本性改变贸易政策,我们要深刻认识到中美贸易摩擦的长期性和敏感性。

---

　　① 参见〔美〕保罗·克鲁格曼:《克鲁格曼的预言:美国经济迷失的背后》,张碧琼等译,机械工业出版社2008年版。
　　② 由于美元是可自由兑换的货币,本身具有世界外汇交易主要货币的性质,很难具体量化在这种干预与自由经济前提下货币低估的差额,但从美元与黄金的比价变动中,可以看出美元宽松导致购买力下降的趋势。2007年金融危机前,黄金的美元标价最低为每盎司608美元,金融危机出台量化宽松政策后,黄金上涨至创纪录的每盎司1 895美元。目前随着应对新冠疫情的宽松政策,黄金的美元标价在2020年8月已经突破每盎司2 000美元。

第四节　除美国外的 WTO 其他成员对中国发起的反补贴调查

在多哈回合谈判停滞、全球贸易保护主义加剧、国际经贸环境明显恶化的大背景下,中国已连续多年成为全球遭遇反倾销和反补贴调查数量最多的国家,个别发达国家成员在多双边场合对中国的出口管理体制、银行呆坏账核销、税收、补贴政策、劳工标准、社会责任、知识产权以及人民币汇率等问题频频发难,使中国的外部压力不断增大。长期以来,中国一直被视为"非市场经济国家",其他成员方认为中国生产资料价格受政府的控制,很难找到市场基准,因而不对中国适用反补贴调查。随着更多的成员方承认中国行业市场经济地位,反补贴措施必将成为继反倾销措施、特别保障措施后另一个制约中国对外贸易发展的杀手锏,这是笔者十多年前的判断,也是导师曹建明教授鼓励笔者一定要克服困难选取反补贴作为博士研究方向的重要原因。截至 2020 年 7 月底,共有 12 个国家和地区对中国发起了 184 起反补贴立案调查,涉案金额超过 600 亿美元。其中,除美国 98 起之外,其他成员方数量也不小,加拿大 27 起,澳大利亚 22 起,欧盟 14 起,印度 9 起,新西兰 3 起,埃及 2 起,土耳其 2 起,巴西 1 起,墨西哥 1 起,南非 1 起。本节将具体介绍加拿大、澳大利亚、印度等 WTO 其他成员方对中国产品发起反补贴调查的情况。

一、加拿大对中国发起的反补贴调查

(一)反补贴调查案件情况

2004 年 4 月 13 日,加拿大 CBSA 对原产自中国的户外烧烤架案(outdoor barbeques)[①]发起反补贴调查,该案是加拿大对中国首次发起的反补贴调查,也是 WTO 成员方首次对中国发起的双反调查。截至 2020 年 6 月 30 日,CBSA 针对中国产品共发起 27 次双反调查。其中,2013 年 4 次;2004 年和 2008 年各 3 次;除 2005 年和 2019 年未发起外,其余年份平均发起 1 至 2 次。产品主要集中于金属制品行业、光伏产品、电子工业、

---

① 2004 年 4 月 13 日,CBSA 正式立案对该产品进行反倾销和反补贴合并调查,这是首例对中国的反补贴调查。该案调查期为 2003 年 1 月 1 日至 2004 年 3 月 31 日。涉案产品在 2003 年对加拿大的出口金额为 2 000 万美元左右。

木材等领域。27 起反补贴调查案件及进展情况详见表 10-2：

表 10-2　2004—2020 年 6 月 30 日加拿大对中国发起的反补贴调查案件表

序号	案件名称	立案时间	涉案行业	案件状态
1	装饰和其他非结构胶合板反补贴案	2020/6/11	木材加工业	正在调查
2	冷轧钢卷/板反补贴案	2018/5/25	钢铁工业	措施实施中
3	抽油杆反补贴案	2018/5/18	专用设备	措施实施中
4	聚对苯二甲酸乙二醇酯树脂反补贴案	2017/8/18	化学原料和制品工业	无损害
5	装配工业用钢构件反补贴案	2016/9/12	金属制品工业	措施实施中
6	焊接大口径碳合金钢管反补贴案	2016/3/24	金属制品工业	措施实施中
7	碳和合金钢管反补贴案	2015/8/28	金属制品工业	措施实施中
8	晶硅光伏组件和层压件产品反补贴案	2014/12/5	光伏产品	措施实施中
9	混凝土钢筋反补贴案	2014/6/13	钢铁工业	措施实施中
10	铜管反补贴案	2013/5/22	金属制品工业	已终止措施
11	金属硅反补贴案	2013/4/22	非金属制品工业	措施实施中
12	铝制单元式幕墙反补贴案	2013/3/4	金属制品工业	措施实施中
13	镀锌钢丝反补贴案	2013/1/21	金属制品工业	终止调查
14	铝制单元式幕墙反补贴案	2012/7/16	金属制品工业	终止调查
15	钢管桩反补贴案	2012/5/4	金属制品工业	措施实施中
16	不锈钢水槽反补贴案	2011/10/27	金属制品工业	措施实施中
17	石油管材短节反补贴案	2011/9/12	金属制品工业	措施实施中
18	钢格板反补贴案	2010/9/20	金属制品工业	措施实施中
19	石油管材反补贴案	2009/8/24	金属制品工业	措施实施中
20	铝挤压材反补贴案	2008/8/18	金属制品工业	措施实施中
21	半导体冷热箱反补贴案	2008/5/16	机械器具	措施实施中
22	碳钢焊缝管反补贴案	2008/1/23	金属制品工业	措施实施中
23	无缝油井管反补贴案	2007/8/13	金属制品工业	措施实施中
24	铜制管件反补贴案	2006/6/8	金属制品工业	措施实施中

(续表)

序号	案件名称	立案时间	涉案行业	案件状态
25	复合木地板反补贴案	2004/10/4	轻工制品	已终止措施
26	紧固件反补贴案	2004/4/28	金属制品工业	措施实施中
27	烧烤架反补贴案	2004/4/13	金属制品工业	微量补贴幅度终止调查

(二)被调查的补贴项目

加拿大对中国早期的反补贴调查案中,申请方指控的补贴项目包括中国经济特区政策、对外资企业的税收优惠政策、进口原材料设备税收减免、土地优惠政策、政府奖励、优惠贷款等,近几年又扩展到上游补贴、贷款担保、出口信贷、股权类项目等,还进一步细化了政府低价提供货物和服务项目。在个别调查案中,被调查的补贴项目数量高达180多个,给中国企业和政府造成繁重的应诉负担,CBSA还效仿DOC以中国企业或政府不配合和答卷不完整为由,运用不利推定等诉讼技巧,利用自由裁量权人为地提高了反补贴税率。笔者根据CBSA公布的调查信息将涉案补贴项目分为以下八类,部分补贴政策已经失效或被取消,详见表10-3:

表10-3 加拿大对中国的反补贴调查项目类别表

序号	项目类别	具体补贴项目
1	特定地区鼓励政策	经济特区及其他区域的企业税收优惠政策、特殊的土地使用税和土地使用费减免、企业地方所得税减免和再投资所得税退税、经济不发达地区的外商投资企业税收优惠政策、边境城市和长江三角洲经济区的外商投资企业税收优惠政策、西部和贫困落后地区的税收优惠政策
2	对出口实绩和雇用普通工人提供的补贴	出口贴息、雇用失业人员可免征所得税
3	优惠贷款和贷款担保	国有银行优惠贷款利率、国有银行、公共机构的贷款担保、国有银行的债务和利息减免、优惠的出口融资和出口信用担保/保险
4	赠款	中小企业发展基金和国际市场开发基金及科技企业的技术创新扶持基金、政府提供的赠款、扶贫贷款的利息免除、地方政府反倾销和反补贴法律费用补贴、保险赠款、设计和研发拨款、出口发展和实绩赠款、绩效奖励、土地使用和/或租赁费减免、专利奖励、环保拨款、贷款贴息

(续表)

序号	项目类别	具体补贴项目
5	所得税优惠项目	外商投资企业的所得税优惠政策、外商投资出口企业的税收优惠政策、外商投资知识技术密集型企业研发的税收优惠政策、在国家级高新技术开发区或新技术产业开发区设立的外商投资高新技术企业或新技术企业以及外商投资经营的先进技术企业的税收优惠政策、城镇企业税收优惠政策、对购买国产生产设备用于生产经营和技术升级的外商投资企业的税收优惠政策、外国投资者以利润再投资的所得税返还、债转股项目的增值税和所得税免除、企业的研发税收优惠、企业技术转让的税收优惠、利用废弃原料的税收优惠、获利较少企业的税收优惠、高科技企业所得税减少、市政/当地所得/财产税减少、外商投资企业的优惠税率政策、研发和投资的优惠税率政策
6	原材料和设备关税及税收减免	进口技术设备的关税及进口增值税减免和返还、进口原材料增值税返还及关税和增值税的免除、资源综合利用生产的建材产品的税收优惠政策、购买国产设备所得税抵免
7	土地使用费减免	土地使用费和使用税减免及豁免
8	以低于市场价格购买货物/服务	以低于公平市场价格购买政府设备、政府低价提供土地/原材料

1. 针对经济技术开发区、沿海经济开发区、高新技术开发区、出口加工区和其他特定区域的补贴政策

该类补贴政策主要是指具有地区专向性的补贴政策,是为了促进企业在特定区域内的投资而提供的,授予特定区域内企业的一种利益,主要包括的类型有:

(1)进口原材料的关税免除;

(2)外商投资企业的税收优惠政策;

(3)企业所得税的减免;

(4)再投资所得税退税;

(5)特别土地使用税和使用费的减免;

(6)政府或国有企业提供基础设施和服务的优惠。

如在复合木地板案中,CBSA 认为中国中央政府和地方政府提供上述补贴,其中最为常见的是对外商投资企业的税收优惠政策。

2. 与出口实绩挂钩的出口补贴

CBSA 认为,在复合木地板案中,中国中央政府和广东省政府以直接的资金授予形式,以扩大出口为目的,向满足特定出口条件的企业授予

一项利益。广东省政府根据公司的出口业绩提供补贴,公司的出口业绩每增加1美元则奖励人民币1元,但该项目仅提供给那些注册资本大于3 000万美元的省内注册企业。在核查中发现,中国中央政府提供的出口补贴已于2002年终止,广东省政府提供的出口补贴也已于2003年终止,而且涉案企业由于股本的限制,并没有资格获得这项补贴。在复合木地板案中,CBSA经核查最终认定出口商没有获得该补贴。但在碳钢和不锈钢紧固件案中,CBSA认定涉案企业获得了一项利益,该项利益是对因出口退税滞后而遭受利息损失的相关企业通过贴息的办法加以补偿,但此项补偿构成了补贴,虽然该政策已于2002年12月31日终止。

3. 优惠贷款利率和贷款担保政策

CBSA认为,中国政府直接或通过指示金融机构向达到一定出口额度的企业提供低于市场贷款利率的优惠贷款。中国政府指出,虽然部分涉案企业获得国有银行的贷款,但都符合一般商业贷款利率标准。在烧烤架案中,CBSA比较了中国内地和中国香港特别行政区在案件调查期内的贷款利率,中国人民银行的贷款利率为5.04%～5.76%,同期香港商业银行的贷款利率为5%。因此,CBSA认定涉案企业并没有在调查期内收到优惠贷款。

CBSA在复合木地板案中认定具有专向性构成可采取反补贴措施的补贴的优惠贷款项目有:①国内商业银行经国务院和财政部授权,可以向木材加工产业提供贷款,利率是偿还期为3年至5年的普通贷款利率的90%。②速生、丰产种植园投资的木材加工企业有资格获得偿还期为10年至15年的长期贷款。③国内或者外商投资的木材加工企业投资速生、丰产种植园的,有资格获得财政部批准的中国农业银行、国家开发银行和其他商业银行或者国有银行的贷款利息补贴。根据这个政策,木材加工企业可以被免除贷款利息。④还款期的延长。中国人民银行曾于1996年6月1日发布了一项贷款政策,根据该政策,如果公司投资快长、高产类树木,可以申请贷款,考虑到树木成长与收获需要的周期,该贷款可展期为10年至20年。⑤关于技术改造项目的贷款贴息。CBSA还认为,中国政府直接或通过指示金融机构向满足一定出口条件或其他特定条件的企业提供贷款担保。中方在答辩中解释,依据中国国内法《担保法》第8条的规定,政府组织不能作为保证人,除非为了利用国外政府或国际经济组织提供的贷款。最终CBSA认可了该主张。

4. 税收减免优惠政策

CBSA 非常关注中国的税收优惠政策,特别是原材料和设备的关税及税收减免政策,中国税收优惠政策共涉及三大类:第一类为进口关税税收优惠,主要涉及进口技术设备的关税减免;第二类为外商投资企业所得税税收优惠,主要涉及铸造及锻造产品、模具产品、数控机械工具产品的税收优惠政策;第三类为企业的增值税和所得税税收优惠,主要涉及进口原材料、进口技术设备的增值税减免及炭材或其他低值木材生产产品增值税退税。

在烧烤架案中,进口商免税进口的生产设备在调查期间都没有出现在《国内投资项目不予免税的进口商品目录》和《外商投资项目不予免税的进口商品目录》中,没有在这些目录中出现的产品都可以免税进口。CBSA 对这些目录进行了审查,最终认定涉案企业没有享受进口生产设备免税的优惠政策。但 CBSA 在铝挤压材、碳钢焊缝管、石油管材、无缝油井管等案中仍对该项目进行了立案调查。

在复合木地板案中,CBSA 发现:①外国或者国内的木材加工企业由于其产品生产使用薪材和其他低价位的木材而被免征税率为13%的增值税;②降低进口木材纤维的关税;③免除木材加工生产设备的关税;④外商投资企业被允许进口生产设备而免征关税和增值税。此外,CBSA 还认定下述两项政策为禁止性补贴:①外商投资开办的产品出口企业,凡当年出口产品产值达到当年企业产品产值 70%以上的,可以按 15%征收企业所得税。经济特区和经济技术开发区以及其他已经按 15%的税率缴纳企业所得税的产品出口企业,符合上述条件的,按 10%的税率征收企业所得税。②根据《关于印发〈技术改造国产设备投资抵免企业所得税暂行办法〉的通知》(财税字〔1999〕290 号)第 2 条的规定,凡在中国境内投资于符合国家产业政策的技术改造项目的企业,其项目所需国产设备投资的 40%可从企业技术改造项目设备购置当年比前一年新增的企业所得税中抵免。

2008 年 1 月 1 日施行的《中华人民共和国企业所得税法》统一了内外资企业所得税税率,被指控项目不再具有法律上的专向性,从源头上解决了这一补贴项目的应对方法问题,在一定程度上减少了其他成员方对中国税收政策的质疑。但是 2020 年 6 月,在装饰和其他非结构胶合板案中,CBSA 认为,外商投资企业仍然因《外商投资企业和外国企业所得税法》而获益,因为根据该失效法律,省、自治区、直辖市政府可以对鼓励外商投资的行业自行决定减免企业的地方所得税。

5. 土地使用费的减免

在中国,私人需要支付土地使用费才能取得土地使用权。涉案企业是在正常的市场条件下获得土地使用权的,并没有获得优惠,CBSA认可该抗辩理由。

6. 国有企业以优于市场价格水平提供货物或服务

碳钢和不锈钢紧固件案中,CBSA认定涉案企业从国有企业低价购买原材料碳钢盘元,构成了可采取反补贴措施的补贴。笔者认为,该认定在证据规则和计算方法上都存在错误。CBSA认为,中国政府未能提供"肯定性的证据"①证明其与国有企业的分离,因而认定中国政府直接或间接地控制了国有企业商品或服务的定价。根据《SCM协定》的规定,进口国调查机关对于补贴、损害以及两者之间因果关系的确定所依据的证据应是充分的、肯定的。显然CBSA的推理是不符合《SCM协定》中关于证据要求的规定,CBSA不能仅仅依据中国政府不能提供不存在补贴的否定性证据而作出补贴存在的肯定性裁决。CBSA在计算时,将涉案企业购买原材料等商品或服务的供货商分为国有企业和非国有企业两类,并以月份为基础将调查期内该两类企业的平均销售价格进行了比较,并得出从国有企业购买的商品或服务的月平均价格低于从非国有企业购买的月平均价格。于是,CBSA将非国有企业的销售价格作为该月的市场价格,用价格差异来确定补贴数额,这种做法显然违反《SCM协定》第14条关于补贴计算的规定。CBSA认为中国政府低价提供水、电力等资源以及原材料都可能影响被调查产品的价格,在无缝油井管、焊接大口径碳合金钢管、碳钢焊缝管等案中均对该补贴项目作出肯定性裁决并征收反补贴税。加方完全忽视中方一直主张的事实,即在实际经济运行中,依照《公司法》及其他法律的规定,中国政府没有干涉国有企业的经营运行,国有企业的定价机制是由市场因素决定的。

7. 赠款

CBSA认为,中国政府针对出口企业提供该类补贴。在复合木地板案中,中国政府主张为了帮助中小企业进入世界市场,中央政府设立基金为中小企业参加贸易展会提供援助,包括参加展览的差旅费、申请国外专

---

① 参见http://www.cbsa-asfc.gc.ca/sima/anti-dumping/ad1308f-e.html,访问日期:2007年2月15日。

利保护费、参加国外贸易展会提供的基础技术培训等项目,但该项目提供给所有企业,不具专向性,而且该案的涉案企业在调查期内均未获得此类补贴。但是,CBSA 在后续案件调查中仍认定设计与研发拨款、环保奖励、绩效奖励等项目赠款构成可采取反补贴措施的补贴。

8. 对雇用工人提供补贴

该类补贴主要分为两类:一是以减少企业生产成本为目的向企业提供一定的员工雇佣费。为了促进国有企业职工再就业,缓解社会矛盾,相关部门划拨一定资金向国有企业下岗工人提供技能培训以获得新的劳动技能;中央政府及各级政府通过银行给下岗工人创业提供贷款担保。CBSA 在几个案件中均认定涉案企业员工都是通过招聘的途径上岗,并没有获得任何该项补贴利益。二是雇用失业人员可免征所得税。根据《关于企业所得税若干优惠政策的通知》(财税字〔1994〕001 号)(已失效),新办的城镇劳动就业服务企业,当年安置待业人员超过企业从业人员总数 60%的,可免征所得税 3 年;劳动就业服务企业免税期满后,当年新安置待业人员占企业原从业人员总数 30%以上的,可减半征收所得税 2 年。在碳钢和不锈钢紧固件案中,CBSA 认为涉案企业获得了该项利益。

从加拿大对华双反案件来看,CBSA 在反补贴调查中存在很多不合理的做法,CBSA 对中国产品的立案调查标准越来越低,针对中国产品采用了双重标准的做法,既不符合法律规则,也不符合 CBSA 针对其他国家一贯采取的立案标准,CBSA 在申请书明显缺乏补贴项目存在及补贴数额的初步证据的情况下启动反补贴调查。在一些案件中,CBSA 还不顾中方在答卷和实地核查配合中存在的一些现实困难,拒绝中国政府及企业提出的合理的延期申请,故意为难中方,让中方很难在其规定时限内提交其要求提供的信息。此外,新增补贴项目未经磋商程序便被纳入调查范围,加方这种任意扩大调查范围,并要求中方提供大量的极为不合理的信息的做法,加方未履行调查国成员应尽的义务以及善意原则,不符合《SCM 协定》及国际法的相关规定。笔者认为,加拿大在反补贴调查中应该严格遵守 WTO 项下的正当程序和调查国的尽职义务,避免贸易救济措施的滥用,防止贸易保护主义势力抬头。

二、欧盟对中国发起的反补贴调查

(一)反补贴调查案件情况

2010年是欧盟对中国开启反补贴调查的元年。2010年2月,欧盟对原产自中国的进口铜版纸发起反倾销立案调查,并于同年4月发起反补贴立案调查,这是欧盟对中国首次发起反补贴立案调查。2010年6月,欧盟对原产自中国的数据卡进行反倾销和保障措施的立案调查。同年9月,又对该产品进行反补贴立案调查。这是欧盟首次对中国进口产品同时使用了三种贸易救济措施,该行为在贸易救济史上都极为罕见。截至2020年6月30日,欧盟针对中国产品共发起14次反补贴调查,其中2012年、2013年分别发起3次,2010年、2017年和2019年分别发起2次,2014年和2016年分别发起1次。产品主要集中于钢铁工业、光伏产品、运输设备、非金属制品工业等领域。14起反补贴调查案件及进展情况详见表10-4:

表10-4 2010—2020年6月30日欧盟对中国发起的反补贴调查案件表

序号	案件名称	立案时间	涉案行业	案件状态
1	热轧不锈钢板材和卷材反补贴案	2019/10/10	金属制品工业	正在调查
2	玻璃纤维织物反补贴案	2019/5/16	非金属制品工业	措施实施中
3	电动自行车反补贴案	2017/12/21	其他运输设备	措施实施中
4	卡客车轮胎反补贴案	2017/10/14	橡胶制品工业	措施实施中
5	热轧板材反补贴案	2016/5/13	钢铁工业	措施实施中
6	冷轧不锈钢板反补贴案	2014/8/14	钢铁工业	终止调查
7	聚酯短纤维反补贴案	2013/12/19	化纤工业	终止调查
8	玻璃纤维长丝反补贴案	2013/12/12	非金属制品工业	已终止措施
9	太阳能玻璃反补贴案	2013/4/27	光伏产品	措施实施中
10	晶体硅光伏组件及关键零部件反补贴案	2012/11/8	光伏产品	已终止措施
11	自行车反补贴案	2012/4/27	其他运输设备	终止调查
12	有机涂层钢反补贴案	2012/2/22	钢铁工业	措施实施中
13	数据卡(无限宽域网络调制解调器)反补贴案	2010/9/16	电子工业	终止调查
14	铜版纸反补贴案	2010/4/17	造纸工业	措施实施中

(二) 被调查的补贴项目

欧盟对中国发起的反补贴调查案中涉及的被调查项目主要包括特定地区鼓励政策、优惠贷款和贷款担保、赠款、所得税优惠、原材料和设备关税及税收减免、股权及以低于市场价格购买货物或服务等八大类。具体内容详见表10-5：

表10-5 欧盟对中国的反补贴调查项目类别表

序号	项目类别	具体补贴项目
1	特定地区鼓励政策	高新技术产业发展基金、工业园区保增长奖励、工业园区节能项目专项基金
2	优惠贷款和贷款担保	国有商业银行及政策性银行提供的政策性贷款、无息贷款、集团内部财务担保、出口信用保险
3	赠款	知名品牌奖励、为鼓励外商投资项目设立的专项基金、知识产权基金、污水整治项目专项基金、减少主要污染物总排放量专项基金、节水减排补贴、环境保护奖励、节能奖励、信息电子产业发展基金、国家核心技术创新项目基金
4	所得税优惠项目	高新技术产业所得税减免、研发税收优惠、居民企业间的股利所得免税、对外商投资企业征收城市维护建设税和教育费附加税、"两免三减半"项目所得税减免、扣除研发费用的税收政策、从事资源综合利用项目的企业实施的所得税优惠、地方所得税减免
5	原材料和设备关税及税收减免	进口设备关税及增值税减免及返还、购买国产设备增值税返还/所得税抵免、固定资产的增值税抵免
6	土地使用税费减免及豁免	土地使用费和使用税减免及豁免
7	股权	债转股、股权投资、未付股息
8	以低于市场价格购买货物/服务	政府低价提供土地/原材料/电力/水资源

1. 政府低价提供货物

在有机涂层钢板案中，欧委会要求中国政府提供热轧钢和冷轧钢生产商中国有企业的构成情况等信息，中国政府因未提供该信息而被认定为不合作并被适用"可获得信息"。欧委会援引了上诉机构对"公共机构"的认定，对中国政府是否对国有企业实施控制、是否拥有所有权等几个方面进行审查。欧委会指出，根据《中华人民共和国宪法》第7条、第15条的规定以及中国五年发展规划的相关内容，中国国有企业经营时应遵从国家制定的产业发展规划,公司的董事会及成员(或由政府委派或来自政府)受到中国政府的控制;私营钢铁企业也受到国家直接或间接控制,或者属于供货来源为国有企业的贸易公司,也被认为属于"公共机构"。可以看出,欧委会完全忽视中国政府在答辩中指出的,在实际经济运行中,中国政府严格依照《中华人民共和国公司法》及其他法律的规定,没有干涉国有企业的经营运行,国有企业的定价机制是由市场因素决定的。该案中,在确定低价提供土地使用权项目的反补贴税率时,调查机关使用了外部基准,以中国台湾地区的土地使用权价格为比较基准确定了反补贴税率。

2. 优惠贷款

在有机涂层钢板等案件中,欧委会指出,向中国企业提供贷款的17家银行中有14家银行为国有银行,而国有银行因其属于政府所有、受政府控制、执行政府职能,被认定为"公共机构"。欧委会据此认定中国企业因获得优惠贷款而获得了利益,构成《欧盟反补贴条例》第3(1)(a)条规定的可采取反补贴措施的补贴。

欧委会对该项目的认定逻辑是,中国的企业从中国国有商业银行和政策性银行获得了优惠贷款利率。根据中国2003年实施的《中华人民共和国商业银行法》第61条、中国人民银行银发〔2003〕第251号文和银发〔2004〕第251号文有关贷款利率政策的内容,欧委会认为中国大多数主要银行都属于国家所有,因此政府介入了中国的金融市场。此外,《国有重点金融机构监事会暂行条例》(国务院令第282号)第3条和第5条的规定都表明了国家对国有金融机构财务活动的控制。

3. 税收减免优惠政策

欧委会将税收减免优惠政策分为直接税减免和间接税减免两种形式:①直接税减免主要包括高新技术企业所得税优惠;研发费用抵免企业所得税;合格居民企业间的股利所得免税。②间接税减免主要包括:进口设备关税及增值税减免和返还、购买国产设备增值税返还/所得税抵免、固定资产的增值税抵免。

欧委会认定高新技术企业所得税优惠的法律依据包括:①《中华人民共和国企业所得税法》第28条和《中华人民共和国企业所得税法实施条例》第93条;②《高新技术企业认定管理办法》(国科发火〔2016〕32号);③《高新技术企业认定管理工作指引》(国科发火〔2016〕195号);④《当前优先发展的高技术产业化重点领域指南(2011年度)》。此外,欧委会还设定了认定高新技术企业的标准:与销售收入相比需要有一定比例的研发费用投入;企业总收入中有一定比例的高科技/产品/服务;企业总员工中有一定比例的技术人员。

欧委会认定进口设备关税及增值税减免的法律依据主要包括:①国务院《关于调整进口设备税收政策的通知》(国发〔1997〕37号);②《关于调整部分进口税收优惠政策的通知》;③财政部、海关总署、国家税务总局公告2008年第43号;④国家发展改革委《关于办理外商投资项目〈国家鼓励发展的内外资项目确认书〉有关问题的通知》(发改外资〔2006〕316号);⑤《外商投资项目不予免税的进口商品目录》和《国内投资项目不予免税的进口商品目录》。在电动自行车案中,欧委会认定涉案企业未因该项目而获益。

4. 拨款项目

欧委会认为中国政府对出口企业提供了该类补贴,主要包括:名牌项目、出口补助(如加工贸易奖励、对外投资奖励等)、环保拨款(如节能技术改革特殊基金、清洁产品技术基金、环境保护和资源储备激励等)、技术升级或革新拨款(如国家关键技术基金补贴、科技支撑计划下的研发任务推广、关键产业调整推广)、市级/省级政府的临时补贴。

综上,欧盟的反补贴调查中,除了常规性补贴项目之外,对中国的调查重点主要聚焦在优惠性贷款项目上,因为欧委会可以通过认定中国的国有商业银行为"公共机构"进而利用外部基准这一做法人为地大幅提高反补贴税率。

(三)欧盟对中国反补贴调查的新策略——第三国补贴项目

2019年5月16日,欧委会发布公告,对原产自中国和埃及的玻璃纤维织物产品发起反补贴调查。2019年6月4日,欧委会公告对原产自埃及的玻璃纤维纱产品发起反补贴调查。在这两起案件中,欧委会均对埃及企业调查了埃及以外第三国政府(即中国)补贴的项目。欧委会认为,在埃及当地设立的企业获得了来自中国政府的补贴。2020年6月15日和6月25日,欧委会分别发布了这两起案件的终裁结果,裁定埃及企业获得来自中国政府的补贴项目成立,反补贴税率分别为8.45%和10.49%。由于该调查方法远远超出WTO现有的规则,欧委会在裁决中指出,因中国政府并未答复该项目下的问卷,因此采用"可获得信息"调查方法裁定因中国政府不合作实施惩罚性税率。在欧委会的裁决中,对该项目的指控主要是针对"苏伊士经济合作区",具体包括中国政策性银行直接提供贷款或通过中国母公司提供贷款、股本投资以及低价提供土地。欧委会认为该合作区是中埃两国政府共同合作设立的,中国政府补贴行为的后果应由埃及政府承担,因此可以对原产自埃及的产品征收反补贴税。该项目在补贴与反补贴调查实践中首次出现,远远超出成员方调查机关对WTO《SCM协定》、DSB专家组和上诉机构裁决的理解。

首先,扩大了补贴定义的授予主体。《SCM协定》第1.1(a)(1)条规定,补贴是"在一成员方的领土内",由政府或任何公共机构提供的财政资助。《欧盟反补贴条例》第3(1)(a)条规定,由"原产地或出口国"政府授予的财政资助。在裁决中,欧委会试图搭建中国与埃及两国政府在授予补贴上的联系,援引了上诉机构裁决,认为《SCM协定》的解释可以适用一般国际法准则,《维也纳条约法公约》(Vienna Convention on the Law of Treaties)、ILC章程中关于"国家责任"的条款可以作为法理解释。欧委会认为,在两个国家间存在合作的情况下,可归于一国政府的行为,符合国家责任条款的解释。因此,该项补贴虽由中国政府而非埃及政府授予,但仍可适用《欧盟反补贴条例》第3(1)(a)条,中国政府的补贴因两国合作而传递给埃及政府。

埃及政府及出口商在终裁前披露中提出了五点评论意见:①在国际法框架下,不可能将中国政府的主权行为归于埃及政府。②欧委会违反了《SCM协定》第3(1)(a)条"原产地或出口国领土内"的规定。③WTO规则不能依据ILC章程第11条"国家责任"条款的解释,将中国政府的行为归于埃及政府。④ILC章程第11条"国家责任"不适用本案的情况。⑤中国政府的财政资助不符合专向性的规定。埃及政府和出口商强调国际法中的主权原则,认为只有在某一行为得到国家授权,才可以归于该国。

欧委会在裁决中对上述评论一一作了回应,欧委会认为,依据《联合国宪章》第2.1条的规定,禁止一国违背他国意愿,在他国领土内行使本国政府的权力。当然,国家有权授权其他国家在本国领土内的行动。此时,受邀国在东道国领土内的行为,即可归于东道国。关于《欧盟反补贴条例》,欧委会认同该条款指向出口补贴产品国家领土内的政府行为。但同时认为,该条款未明确规定政府授权或知晓在其领土内的具体行为,如同"公共机构"术语一样,"政府"术语也可作出开放的解释。因此,不仅包括政府直接作出的行为,也包括可归于该政府的行为。关于评论意见的第(3)(4)点,欧委会认为,WTO规则应适用国际法的普遍原则,如国家责任、禁止反言、诚信等,因为ILC章程第11条"国家责任"的规定并没有细化具体的适用情况。关于专向性问题,埃及政府和出口商认为,针对埃及企业,中国政府的财政资助行为不符合"在授予当局管辖范围内"。但欧委会认为,其并不考察是否在中国管辖范围内,而是认为埃及政府是授予当局,在合作区内的企业获得的财政资助符合地区专向性的规定。

其次,滥用"不合作"武断地适用"可获得信息"。在欧委会的裁决中,首先对苏伊士经济合作区的背景作了介绍,重点强调合作区是中埃两国政府共同设立的,列举了中埃合作备忘录、2016年合作协议中的条款。还引述中国商务部的文件,如中国设立合作区的目的是"一带一路"产能合作、促进出口、支持"走出去",使用财政和税收政策、优惠贷款、银团优惠贷款、出口信贷、股本投资、出口信保措施等。此外,欧委会还引用了被调查出口商母公司中国巨石公司的内部文件,指出巨石公司在埃及设厂的意图包括应对贸易保护障碍,以及认为自埃及出口不会被欧盟等WTO成员征收反倾销税等以规避贸易救济调查。

欧委会在调查中采取的贸易保护主义做法给全球贸易带来不确定性,严重挑战了WTO规则的严肃性,打击了投资者对市场乃至全球经济恢复的信心,具有极坏的示范效应,特别是疫情肆虐之际,做出如此小格局之举,让笔者甚为惋惜。欧盟这种做法会引起国际社会对调查机关滥用反补贴规则的担忧,将使来自任何国家或地区的企业在全球的投资和经营过程中面临被调查的风险,投资的不确定性大大增加,与WTO规则的设立初衷相背离。更让人担忧的是,欧委会的裁决居然援引古巴导弹危机作为法条解释,冷战思维明显,有麦卡锡主义倾向。2020年6月17日,欧委会发布《在外国补贴方面创造公平竞争环境》白皮书,欧委会正在将补贴规则从货物贸易措施向服务贸易、投资、政府采购等方面拓展,甚至追溯审查欧盟内已经设立的企业获得的非欧盟国家政府补贴等。欧盟此举会对全球产业链布局产生影响,特别是中国的"一带一路"倡议以及企业的海外投资将受到影响。如果欧委会可以对一国的来自第三国的投资支持开启反补贴调查,那么将有可能继续推出更加宽泛的各种创新的反补贴调查,如从放弃税收的角度出发,调查可以拓展至对避税港、避税天堂注册企业的补贴;从允许跨国企业并购导致的价格影响出发,可以开启并购补贴调查,等等。总而言之,在多边,欧盟与美国、日本联手抛出新的补贴规则;在双边,欧委会已开始尝试适用补贴新规。中国面临的国际环境将异常复杂,中方的应对工作将面临巨大挑战。

三、澳大利亚对中国发起的反补贴调查

(一)反补贴调查案件情况

澳大利亚是继加拿大、美国之后,第三个对中国发起反补贴调查的国家。2008年3月26日,澳大利亚发起对中国的卫生纸反倾销、反补贴合并调查,该案是澳大利亚对中国反补贴调查的第一起案件。2008年至2020年6月,澳大利亚共对中国发起反补贴调查22起,产品主要集中在钢铁工业、金属制品工业等行业,详见表10-6:

表10-6 2008—2020年6月30日澳大利亚对中国发起的反补贴案件调查表

序号	案件名称	立案时间	涉案行业	案件状态
1	铜管反补贴案	2020/7/13	金属制品工业	正在调查
2	镀铅锌板反补贴案	2020/6/30	金属制品工业	正在调查
3	彩钢带反补贴案	2020/5/27	钢铁工业	正在调查
4	精密钢管反补贴案	2020/3/31	钢铁工业	正在调查
5	聚氯乙烯扁平电缆反补贴案	2018/6/4	电气工业	措施实施中
6	铁道轮毂反补贴案	2018/4/18	其他运输设备	终止调查
7	钢置物架反补贴案	2016/7/4	金属制品工业	终止调查
8	A4复印纸反补贴案	2016/4/12	造纸工业	措施实施中
9	盘条反补贴案	2016/2/17	钢铁工业	已终止措施
10	钢筋反补贴案	2015/12/23	钢铁工业	已终止措施
11	研磨球反补贴案	2015/11/17	金属制品工业	措施实施中
12	不锈钢拉制深水槽反补贴案	2014/3/18	金属制品工业	措施实施中
13	金属硅反补贴案	2014/2/6	非金属制品	措施实施中
14	热轧钢板反补贴案	2013/2/12	钢铁工业	已终止措施
15	镀铝锌板反补贴案	2012/11/26	钢铁工业	措施实施中
16	镀锌板反补贴案	2012/11/26	钢铁工业	措施实施中
17	铝制车轮反补贴案	2011/11/7	汽车工业	措施实施中
18	焊缝管反补贴案	2011/9/19	金属制品工业	已终止措施
19	空心结构钢材反补贴案	2011/9/11	金属制品工业	措施实施中
20	铝挤压材反补贴案	2009/6/24	金属制品工业	措施实施中

(续表)

序号	案件名称	立案时间	涉案行业	案件状态
21	空心结构钢材反补贴案	2008/12/18	金属制品工业	已终止措施
22	卫生纸反补贴案	2008/3/26	轻工业	撤案

(二)被调查的补贴项目

澳大利亚对中国发起的反补贴调查案中涉及的被调查项目主要包括政策性贷款、高科技企业税收减免、进口设备增值税减免、能效环保补贴、各类政府拨款、中小企业补贴、出口名牌奖励等。澳大利亚对中国征收的反补贴税率幅度总体水平低于美国、欧盟。

2005年4月18日,澳大利亚宣布承认中国的完全市场经济地位。同年5月和10月,澳大利亚分别修订《海关法》和《海关条例》,将中国列入不适用转型经济条款的名单中。同时,澳大利亚政府也对《海关手册》中有关适用市场经济国家的做法进行了修改。此后,澳大利亚调查机关在反倾销中引入特殊市场情形的同时,也发起反补贴调查。澳大利亚在贸易政策上一直是欧盟和美国的追随者。

四、印度对中国发起的反补贴调查

(一)反补贴调查案件情况

2009年1月14日,印度商工部对中国亚硝酸钠产品发起反补贴调查,该案是印度对中国反补贴调查的第一起案件,涉及出口金额约207万美元,2010年1月该案的印度国内申请人撤诉。截至2020年6月底,印度共对中国发起8起反补贴调查。2018年,印度集中发起了6起反补贴调查,其中有5起针对中国,详见表10-7:

表10-7　2009—2020年6月30日印度对中国发起的反补贴调查案件表

序号	案件名称	立案时间	涉案行业	案件状态
1	莠去津原药反补贴案	2018/8/27	化工	措施实施中
2	氟橡胶反补贴案	2018/8/14	化工	终止调查
3	糖精反补贴案	2018/8/10	化工	措施实施中
4	焊接不锈钢管反补贴案	2018/8/9	金属制品工业	措施实施中
5	卡车和客车用充气轮胎反补贴案	2018/3/27	汽车工业	措施实施中

(续表)

序号	案件名称	立案时间	涉案行业	案件状态
6	热轧和冷轧不锈钢平板反补贴案	2016/4/12	钢铁工业	已终止措施
7	风力发电机组铸件反补贴案	2014/5/29	电气工业	措施实施中
8	亚硝酸钠反补贴案	2009/1/14	化工	撤案

(二)被调查的补贴项目

印度对中国发起的反补贴调查案中涉及的被调查项目主要包括财政拨款(主要包括名牌奖励、能效提升奖励、固定资产投入补贴等)、税收减免、优惠贷款、出口融资支持、股本投资、政府低价提供商品和服务等。其中,政府低价提供原材料项目被征收的反补贴税率最高。

印度反补贴调查在全球经济下滑阶段频现,主要体现在2008年金融危机和2018年中美贸易摩擦两个时间点对中国反补贴调查数量的增多。印度对中国调查产品占比最高的为化工品,占比为50%,侧面反映出印度化工业在经济中的重要地位,以及中印化工产业的直接竞争。

五、WTO其他成员对中国发起的反补贴调查

截至2020年6月底,WTO其他成员对中国发起反补贴调查的情况是:新西兰3起、埃及2起、土耳其2起、巴西1起、墨西哥1起、南非1起。其中,南非、墨西哥、埃及、土耳其的反补贴调查已终止;巴西反补贴措施已暂缓征税;新西兰对中国钢铁产品的3起反补贴调查中2起补贴幅度为微量,未采取措施。案件情况详见表10-8:

表10-8 截至2020年6月30日WTO其他成员对中国发起的反补贴调查案件表

序号	案件名称	申诉国/地区	立案时间	涉案行业	案件状态
1	新西兰对中国空心型钢反补贴案	新西兰	2018/4/10	金属制品工业	终止调查
2	新西兰对中国钢筋反补贴案	新西兰	2017/8/15	钢铁工业	终止调查
3	新西兰对中国镀锌板反补贴案	新西兰	2016/12/19	钢铁工业	终止调查

(续表)

序号	案件名称	申诉国/地区	立案时间	涉案行业	案件状态
4	埃及对中国钢制棒、卷和扦产品反补贴案	埃及	2016/12/22	钢铁工业	终止调查
5	埃及对中国聚对苯二甲酸乙二醇酯反补贴案	埃及	2014/9/1	化学原料和制品工业	终止调查
6	巴西对中国热轧钢板反补贴案	巴西	2016/11/21	钢铁工业	已终止措施
7	墨西哥对中国三水阿莫西林反补贴案	墨西哥	2011/7/12	医药工业	终止调查
8	土耳其对中国腈纶反补贴案	土耳其	2018/3/20	化纤工业	终止调查
9	土耳其对中国无缝钢铁管反补贴案	土耳其	2015/5/15	金属制品	2016年10月撤诉
10	南非（南部非洲共同体）对中国不锈钢洗涤槽反补贴案	南非（南部非洲共同体）	2008/7/25	金属制品	2009年1月撤诉

上述案件中，被调查的补贴项目主要包括财政拨款、优惠贷款、出口信贷优惠、政府低价提供商品和服务、税收减免、债转股等。部分成员方的申请人在案件申诉书指控的项目直接援引了美国对中国反补贴调查案件的裁决。可以看出，美国、欧盟等成员的做法有很强的示范效应，会对全球贸易和多边组织建设带来负面影响。中国应该坚持不懈地在多双边场合澄清中国发展情况和经济运行的事实，降低恶意污蔑中国经验的负面影响，减少一些成员方对中方的误解。

在新西兰对中国镀锌板反补贴案中，新西兰调查机关实事求是、遵守规则，结合WTO上诉机构对"公共机构"是"具有、实施或被授权行使政府职能的实体"的认定，分析了中国市场经济发展状况后认为，自20世纪70年代以来，中国逐步发展为以市场为导向的多元化经济，特别是中国共产党第十八次全国代表大会的召开确定了市场在资源分配中起到决定性作用。尽管国有能源和重工业仍为中国的支柱产业，但新西兰调查机关认为，如今中国的市场经济可以被看作私有企业得到了极大发展的、拥有私有财产所有权的市场经济。因此，中国的国有原材料供应商和国有商业银行不构成"公共机构"。在裁决中，新西兰调查机关全面认可了中方的抗辩观点，并决定不对镀锌板采取反补贴措施。但令人非常遗憾的是，新西兰申诉方因不服新西兰商业、创新和就业部的终裁裁决，向新西兰高等法院提起上诉并获得胜诉。新西兰高等法院判决在两个诉点上支持新西兰申诉方，并裁定新西兰商业、创新和就业部对该案进行再调查。随后，新西兰商业、创新和就业部对本案发起了再调查。在再调查中，申诉方提交了大量证据，引用了美国、欧盟、加拿大、澳大利亚等国家和地区对中国相同产品以及其他钢铁案件作出的都将中国的国有商业银行和国有原材料供应商认定为"公共机构"的肯定性裁决，并据此要求新西兰调查机关也将中国的国有商业银行和国有原材料供应商认定为"公共机构"。为避免新西兰高等法院的不利判决对再调查带来的影响，中方提交了新的事实和数据，在分析和吸收WTO争端解决机构关于补贴定义判例的基础上，通过逐案对比，对新西兰申诉方引用的其他西方国家和地区调查机关的相关裁决不能作为本案的依据进行了详细论证。经过半年多再调查，新西兰商业、创新和就业部仍然认为中国的国有商业银行和国有原材料供应商不构成《SCM协定》认定的"公共机构"。且在再调查终裁报告中，再次认定中国对新西兰出口的镀锌板补贴微量，没有对新西兰国内产业造成实质性损害，决定不对原产自中国的镀锌板采取反补贴措施。

第十一章
中国反补贴法律制度与实践

第一节 中国反补贴调查制度

一、早期反补贴调查依据

1994年7月1日生效的《对外贸易法》第一次以法律的形式明确了"进口的产品直接或者间接地接受出口国给予的任何形式的补贴,并由此对国内已建立的相关产业造成实质损害或者产生实质损害的威胁,或者对国内建立相关产业造成实质阻碍时,国家可以采取必要措施,消除或者减轻这种损害或者损害的威胁或者阻碍"①。该法虽然仅对补贴问题作了笼统的表述,没有明确提出"反补贴措施"的概念和具体规定实施程序,缺乏可操作性,但其积极意义是在法律上赋予了国内产业一种救济权,为反补贴立法奠定了基础。

1997年3月颁布的《反倾销和反补贴条例》第一次以法律的形式明确了反补贴措施,该条例第36条、第37条和第38条分别规定了补贴的定义、补贴的例外和补贴的金额等问题。但《反倾销和反补贴条例》主要调整的是反倾销问题,反补贴的规定主要是参考反倾销规定来实行的,如第39条规定,反补贴的损害、反补贴调查和反补贴措施的实施适用反倾销的有关规定。《反倾销和反补贴条例》缺乏对补贴的认定和计算及反补贴实体和程序上的具体规定。

二、2002年实施的《反补贴条例》及相关法规

2001年12月11日中国正式成为WTO成员,接受乌拉圭回合协定

---

① 1994年《对外贸易法》第31条。

一揽子协议,并将有关协定内容转化为国内法施行,以行使 WTO 成员的合法权利并履行法定义务。为完善中国反补贴立法,依法开启反补贴调查,维护中国国内产业的合法权益,中国政府自 2002 年 1 月 1 日起正式施行《反补贴条例》。2002 年《反补贴条例》替代了 1997 年颁布的《反倾销和反补贴条例》。《反补贴条例》在形式上对反补贴与反倾销分别立法,在内容上严格与《SCM 协定》保持一致,规定了补贴的定义、损害的确定、反补贴的调查程序及反补贴税的征收,并注意吸取中国在反倾销实践中的经验,是一部较为成熟和完善的反补贴法规。为使《反补贴条例》更具可操作性,中国反补贴调查主管机关又陆续颁布了《反补贴调查立案暂行规则》《反补贴调查听证会暂行规则》《反补贴调查实地核查暂行规则》《反补贴问卷调查暂行规则》及《反补贴产业损害调查与裁决规定》和《产业损害调查听证规则》①等一系列部门规章。2018 年,中国反补贴主管机关颁布了新的《反倾销和反补贴调查听证会规则》,该规则废止了《反倾销调查听证会暂行规则》《反补贴调查听证会暂行规则》和《产业损害调查听证规则》。

2002 年《反补贴条例》的另一个进步性体现在第一次将反补贴措施纳入司法审查的范畴②,赋予反补贴国内外利害关系方以司法上的救济权利,真正把贸易制度的实施纳入法制轨道。为了依法客观公正地审理反补贴行政案件,最高人民法院于 2002 年 11 月 21 日颁布了《关于审理反补贴行政案件应用法律若干问题的规定》,对反补贴的司法审查作了较为全面的前瞻性规定(详见本书第八章第三节)。

鉴于中国对外贸易的新发展和新情况及中国反补贴调查机关的新变化,中国于 2004 年修订了《对外贸易法》和《反补贴条例》。③ 因此,以《对

---

① 《产业损害调查听证规则》自 2003 年 1 月 15 日起施行,废止了 1999 年颁布的《产业损害裁定听证规则》。

② 2002 年《反补贴条例》第 52 条有明确规定。

③ 2001 年 11 月 26 日国务院令第 329 号公布,根据 2004 年 3 月 31 日发布的国务院《关于修改〈中华人民共和国反补贴条例〉的决定》修订。主要修改了以下几个方面:(1)一些条款中的"对外贸易经济合作部(外经贸部)""国家经济贸易委员会(国家经贸委)"和"调查机关"修改为"商务部";"外经贸部和国家经贸委共同认为"修改为"商务部认为";删去第 16 条、第 18 条中的"经商国家经贸委后"及第 49 条中的"商国家经贸委后"。(2)将第 26 条第 1 款、第 54 条、第 57 条中的"外经贸部、国家经贸委"修改为"商务部";同时,将第 26 条第 1 款中的(转下页)

外贸易法》为基础①,以 2004 年修订的《反补贴条例》为核心,其他相关部门规章为补充,以司法审查为法律保障的中国反补贴法律体系已经形成。中国的反补贴法立法时间虽然较短,但在大量吸收反倾销调查实践经验和 WTO 其他各成员反补贴立法成功经验的基础上,较好地实现了国际条约向国内法的转化。

三、中国反补贴调查的主管机关

1997 年《反倾销和反补贴条例》虽未明确中国反补贴调查的主管机关,但参照反倾销实践,中国反补贴调查由原对外贸易经济合作部条法司和原国家经贸委产业损害调查局共同负责,各司其职。原对外贸易经济合作部条法司负责补贴及补贴金额的调查和认定,原国家经贸委产业损害调查局负责国内产业损害及因果关系的调查和认定。2002 年《反补贴条例》实施后,由原对外贸易经济合作部进出口公平贸易局负责补贴及补贴金额的调查和认定,原国家经贸委产业损害调查局负责国内产业损害及因果关系的调查和认定。

2003 年,经全国人大批准,在原对外贸易经济合作部的基础上成立了商务部,原国家经贸委亦被撤销,产业损害调查局并入商务部。自 2003 年 3 月起,中国反补贴调查由商务部负责,具体承办司局为进出口公平贸易局(补贴和补贴金额的调查和认定)和产业损害调查局(国内产业损害及因果关系的调查和认定)。2014 年 4 月,为强化贸易救济执法权,提高调查的质量和效率,商务部决定以进出口公平贸易局为基础设立

(接上页)"由外经贸部予以公告"修改为"予以公告"。(3)将第 37 条中的"外经贸部经商国家经贸委后"、第 48 条第 1 款中的"外经贸部经商国家经贸委"修改为"商务部"。(4)将第 25 条修改为:"商务部根据调查结果,就补贴、损害和二者之间的因果关系是否成立作出初裁决定,并予以公告。"(5)将第 29 条、第 44 条和第 46 条中的"现金保证金"修改为"保证金"。(6)将第 34 条第 1 款修改为:"商务部认为承诺能够接受并符合公共利益的,可以决定中止或者终止反补贴调查,不采取临时反补贴措施或者征收反补贴税。中止或者终止反补贴调查的决定由商务部予以公告。"(7)将第 35 条第 1 款中的"应出口国(地区)政府请求或者调查机关认为有必要,调查机关可以对补贴和损害继续进行调查"修改为"应出口国(地区)政府请求,商务部应当对补贴和损害继续进行调查;或者商务部认为有必要的,可以对补贴和损害继续进行调查"。同时,将该条第 2 款中的"作出补贴或者损害的肯定裁定的,承诺继续有效"修改为"作出补贴和损害的肯定裁定的,承诺继续有效"。(8)在第 38 条中增加"征收反补贴税应当符合公共利益"的规定,将这一条修改为:"在为完成磋商的努力没有取得效果的情况下,终裁决定确定补贴成立,并由此对国内产业造成损害的,可以征收反补贴税。征收反补贴税应当符合公共利益。"

① 《对外贸易法》第 43 条。

贸易救济调查局，同时撤销产业损害调查局，将该局负责产业损害调查的职能并入贸易救济调查局，由贸易救济调查局统一负责反补贴调查。

此外，与反补贴调查有关的政府部门还包括国务院关税税则委员会和海关总署。国务院关税税则委员会根据商务部的调查结论和措施建议作出是否征收反补贴税的决定，商务部根据国务院关税税则委员会的决定发布公告，海关总署根据商务部的公告执行。

四、中国反补贴调查的基本程序

（一）立案

商务部贸易救济调查局负责接收国内产业提出的反补贴调查书面申请，经审查后决定是否立案进行调查。在立案前，商务部贸易救济调查局会向被指控补贴产品的出口国（地区）政府发出磋商邀请，并转交反补贴申请书的公开版本。如进行有关磋商，商务部贸易救济调查局则将在立案审查过程中，对出口国（地区）政府就申请书中指控的补贴项目和其他内容作出的解释和澄清依法予以考虑。如决定立案调查，商务部将发布立案公告。立案公告包括立案调查及调查期、被调查产品及调查范围、反补贴调查项目、登记参加调查、查阅公开信息、对立案的评论、调查方式、保密信息的提交和处理、不合作的后果、调查期限和商务部联系方式等内容，以及申请人的代表性、申请的被调查产品和涉案国家（地区）、申请书指控内容和立案前磋商等情况。

（二）初步调查及初裁

初裁阶段的主要程序包括登记应诉、发放和回收调查问卷、听证会（视情况召开）等，如涉及的国外生产商和出口商数量众多，还可能通过抽样选定应诉公司进行调查。调查问卷主要包括出口国（地区）政府调查问卷、国外出口商或生产商调查问卷、国内生产者调查问卷和国内进口商调查问卷等。各利害关系方和利害关系国（地区）政府均应按照问卷要求和期限向商务部贸易救济调查局提交完整、真实和准确的答卷。商务部贸易救济调查局会根据案件复杂程度、调查进度和应诉方面临的实际情况，对应诉方提交的延期申请予以考虑，还可以视情况发出补充问卷或应申请召开听证会。在初裁阶段，商务部贸易救济调查局可对国内产业进行实地核查。

反补贴调查的初步裁定通常在立案公告发布之日起2至14个月内作出。临时反补贴措施通常在初裁公告发布的次日起实施，且最长不超过4个月。

(三)终裁前调查和终裁

商务部在发布初裁公告后将继续进行终裁前调查。终裁前调查主要包括对出口国(地区)政府和国外生产商、出口商进行实地核查,对国内生产商进行实地核查、召开听证会等程序。在终裁决定作出前,商务部贸易救济调查局将向利害关系方和利害关系国(地区)政府披露终裁结论所依据的基本事实。

最终裁定通常在初步裁定公告发布之日起4个月内作出。如终裁认定被指控的进口产品存在补贴、国内产业受到实质损害(含实质损害威胁、对国内产业建立造成实质阻碍等),并且补贴与国内产业实质损害之间存在因果关系,则将依法对被指控的进口产品采取反补贴措施。措施的主要形式为征收反补贴税,征税期限通常为5年。

(四)反补贴措施的行政复审、行政复议和司法审查

相关内容已经分别在本书第八章有所提及,不再赘述。可以预见的是,随着中国反补贴实践的不断增多、反补贴法律法规的不断完善,未来反补贴措施的行政复审、行政复议和司法审查将会越来越多,这对促进中国反补贴调查的水平提升、评估反补贴措施的执行效果和中国贸易救济法律制度的建设都大有裨益。

第二节 中国反补贴调查实践

对进口产品开启反补贴调查的益处是显而易见的:一是行使 WTO 赋予成员方的合法权利,运用反补贴措施保护国内产业利益;二是通过反补贴调查了解其他国家(地区)政府补贴政策运用的基本情况,借鉴其做法为我所用;三是通过反补贴调查学习其他国家(地区)政府关于反补贴应对的流程和经验,为中国出口应对工作拓展思路;四是积累调查经验,提升调查和立法水平,打造专业人才队伍,输出国际人才,更好地维护国家利益;五是提高在国际组织的话语权。

一、中国反补贴调查的开启

2004年,加拿大首开对中国产品进行反补贴调查的先例,起到了投石问路的作用。此后的几年间,中国产品遭到密集的反补贴调查。美国于2006年对中国产品发起反补贴调查后,其示范效应更加明显。中国调查机关对启动进口反补贴调查较为谨慎。一是中国为出口导向型国

家,虽然进出口渐趋平衡,但仍为贸易顺差大国。从贸易结构上来说,对部分进口产品有依赖。二是反补贴调查的对象既包括出口国(地区)的生产商和出口商,也包括出口国(地区)政府,技术难度大,政治敏感度高,对调查机关对法律和规则的理解能力和运用水平要求很高。三是担心启动调查后招致报复,使中国出口产品遭受更多的反补贴调查。四是无讼的文化传统,中国人不愿意主动挑起法律争端。

2008年金融危机爆发后,各国(地区)政府一方面出台各种政策措施,对本国(地区)产业进行救助,另一方面又竖起关税壁垒,对进口产品进行贸易限制。在这种形势下,2009年6月,中国商务部抓住机会,应中国国内产业申请,对原产于或出口自美国的取向性硅电钢发起反补贴调查,开启了中国的反补贴调查实践。截至2020年6月30日,中国已发起反补贴调查13起,其中涉及美国7起、欧盟3起、印度2起、澳大利亚1起。此外,中国还发起了1起新出口商复审调查、4起期终复审调查和1起反补贴措施必要性复审调查。13起案件共涉及调查补贴项目369个,已完成裁决的9起反补贴原审和1起新出口商复审案件中,调查机关调查的补贴项目共涉及215个,最终认定可采取反补贴措施的补贴项目共48个,其他为未使用或未认定项目。中国反补贴调查实践的开展,完善和丰富了中国贸易救济调查实践和手段,使中国跻身有能力开展反补贴调查以及运用反倾销、反补贴和保障措施等"两反一保"措施保护国内产业利益的WTO成员方之列,对避免不公平竞争,通过及时、有效、合规的救济手段维护国内产业合法权益并了解其他成员方的补贴政策具有积极和重大现实意义。

二、中国反补贴调查的主要特点

首先,调查方式通常采用"双反"模式,即反倾销和反补贴合并调查。自2004年起,中国频频遭受美国、欧盟、澳大利亚"双反"调查,给中国政府和企业应对造成沉重负担。中国在2009年开启第一起对美取向性硅电钢案调查时,也采取了反倾销和反补贴双反调查同时进行,合并裁决、分别征税的模式。但在近年的调查实践中,考虑到反倾销调查和反补贴调查的不同性质和特点,中国在坚持"双反"调查的前提下,采取的是分别公告、同时进行、分别裁决、分别征税的模式,进一步增强了调查的主动性和灵活性。

其次,涉案金额高、补贴项目多。仅以笔者在商务部工作时已完成的

4起反补贴调查实践(对美取向性硅电钢反补贴案、对美白羽肉鸡反补贴案、对美部分汽车产品反补贴案和对欧盟马铃薯淀粉反补贴案)为例,涉案金额共约30.15亿美元,调查补贴项目超过80个。

再次,调查注重效率,突出重点,直指美国、欧盟等成员对其内部产业提供的主要补贴项目。如对美的取向性硅电钢双反案调查了美国的《购买美国货法案》项下的补贴;对美的白羽肉鸡双反案调查了美国农产品补贴政策,调查了美国对玉米、大豆等提供的农业补贴;对美的部分汽车产品双反案调查了美国金融危机时期的紧急救助计划和先进技术汽车制造贷款项目;对欧盟的马铃薯淀粉反补贴案调查了欧盟共同农业政策项下的补贴;对欧盟和美国的多晶硅双反案调查了美国对新能源产业的税收优惠政策和欧盟落后地区财政支持政策;邻氯对硝基苯胺案调查了印度的出口补贴和经济特区政策等。这些补贴项目均触及被调查方重大利益,是个案中主要被调查的目标项目,也是征收反补贴税的主要来源。

最后,调查借鉴WTO发达国家成员对中国反补贴中采取的调查方法和模式。客观来看,中国反补贴调查经验不足,相关立法尚不完善,给中国反补贴调查的开展造成一定困难。但中国调查机关在这个问题上采取了灵活的做法,"以彼之道、还施彼身",在对美反补贴调查中借鉴了美国对中国反补贴调查采用的外部基准、不利事实推定等做法,一方面提高了美国公司的补贴率,另一方面也可在措施被诉诸DSB审查时,专家组能够对相关做法的合规性进行认定,以起到澄清规则、加严调查纪律、维护中国企业出口利益的目的。在美国诉中国取向性硅电钢双反案中,美方并没有诉中方对美补贴项目认定的实体问题,目的是为了避免在DSB中讨论美国法律,以及担心一旦失败后续被迫对相关法律作出修改。被诉的争议焦点均为中方在调查中效仿了美国调查机关的做法,如立案标准和外部基准的适当性。从WTO上诉机构裁决来看,中方当时的调查策略和方案是正确的,起到了澄清相关规则的目的。这个案件在最后被上诉机构裁定维持措施,维护了调查权威和产业救济效果。调查机关仅进行微小的反补贴税率的调整,在这个案子上是"输了面子,赢了里子"。笔者作为该案调查官,亲历整个过程,对此后面会有详细论述。中国反补贴原审案件见表11-1。

表 11-1 中国反补贴调查原审案件一览表

序号	案件名称	涉案成员方	立案时间	终裁时间/案件状态
1	取向性硅电钢	美国	2009/6/1	2010/4/10
2	白羽肉鸡	美国	2009/9/27	2010/8/29
3	部分汽车产品	美国	2009/11/6	2011/5/5
4	马铃薯淀粉	欧盟	2010/8/30	2011/9/16
5	多晶硅	美国	2012/7/20	2014/1/20
6	多晶硅	欧盟	2012/11/1	2014/4/30
7	葡萄酒(终止)	欧盟	2013/7/1	2014/3/24
8	干玉米酒糟	美国	2016/1/12	2017/1/11
9	邻氯对硝基苯胺	印度	2017/2/13	2018/2/12
10	高粱(终止)	美国	2018/2/4	2018/5/18
11	7-苯乙酰氨基-3-氯甲基-4-头孢烷酸对甲氧基苄酯	印度	2018/11/26	2020/4 终止调查
12	大麦	澳大利亚	2018/12/21	2020/5/18
13	正丙醇	美国	2019/7/29	2020/9/4 初裁

三、中国反补贴调查案中认定的主要补贴项目

（一）对美国取向性硅电钢反补贴案

对原产于美国的进口取向性硅电钢反补贴案是中国发起的第一起反补贴案调查，该案填补了中国贸易救济实践在反补贴领域的空白，具有里程碑意义，使中国跻身于能够运用反补贴调查的 WTO 成员之列。同时，该案也是中国第一次通过"双反"调查挑战美国政府的补贴政策，并对美国的经济体制、财税政策、贸易政策进行调查。通过反补贴调查，中国调查机关了解了美国政府实施的政府购买货物、税收抵免政策、政府发行企业债券等复杂的财税和金融支持手段。此外，调查机关开启了对美联储、能源部及能源管理委员会、财政部、商务部等联邦政府部门及印第安纳州、俄亥俄州、肯塔基州等州政府进行实地核查之先河。调查搜集了大量资料、积累了宝贵经验，为后续反补贴调查的开展打下了坚实的基础。本案中，中国调查机关裁定的可采取反补贴措施的补贴项目有三项，包括购买美国货物项目、俄亥俄州"钢铁发展行动"项目和印第安纳州一揽子激励措施项目。

1. 政府购买美国货物项目

美国政府的《购买美国货法案》《2009年美国振兴和再投资法案》《1982年机场和航空促进法案》《1982年地面运输援助法案》、宾夕法尼亚州《钢铁产品购买法案》构成了一整套关于购买美国货的法律。这些法律中要求美国政府财政开支项目中使用的钢铁和制成品通常情况下应为美国生产,即"国货优先",即便是美国生产的钢铁产品价格更高,其实质是使用本国产品替代进口产品。调查机关认定上述规定构成财政资助和专向性。

政府购买货物项目是本案应诉公司反补贴税的主要来源。该项目的裁决非常精巧,有四两拨千斤之效,是该案获得肯定性税率并对美应诉公司征收反补贴税的关键点。在具体补贴利益计算时,由于两家美国应诉公司未按照中国商务部的调查问卷要求提供调查期所有产品的销售数据,调查机关采用"可获得事实"的方法,推定其调查期内的全部产品国内销售均卖给美国政府或政府工程承包商,从而计算出两家公司的从价补贴率。如果想得到符合正义、期望的调查结果,就要求调查官员熟悉掌握规则精神和实质,活学活用,敢于创新。这些方法值得中国调查机关学习。美国是造牌高手,其对中国的反补贴调查就是在利用中国自身的经济体制和政治体制特点方面大做文章,比如,利用中国民营企业建立党支部问题,进而认定中国共产党控制民营企业发挥影响等,让中国的应对工作处于非常艰难的处境。

在政府购买货物项目下,美国政府对中国调查机关关于财政资助和专向性的认定没有异议,但对补贴利益计算时的"不利事实推定"提出质疑。在美国诉中国取向性硅电钢双反案中,专家组基本支持了中方的主张,认为由于美国应诉公司没有合作,美国所抗辩的"该数据已经在反倾销问卷中提交过"的理由是不成立的,这些数据在调查中"必要的"。在调查中,美方律师忽略了在反倾销反补贴两个程序案中均应提供数据,中方已对美方进行了提醒和答复,已尽了明示义务。反倾销和反补贴调查是两个法定程序,并在不同的调查官员手中,被调查方有义务提交数据,如不提交应该明确询问调查机关,不能想当然地不提交,而在事后以此作为自己未尽义务拒绝提交答辩的抗辩理由。中国调查机关有权使用"可获得事实"方法计算它们获得的补贴利益。然而,就可获得事实数据使用方面,专家组认为中国调查机关推定调查期全部产品国内销售均卖给美国政府或政府工程承包商没有事实基础,根据应诉公司年报,给政府建设项目最多不超过29%。因此,中国调查机关数据选用与《AD协定》附件二第7款规定的"特别慎重"的义务不符,"可获得事实不是为了惩罚利害关系方的不合作",而《SCM协定》第12.7条的目的是保证在利害关系方没有提供必要信息时,调查机关的调查得以继续进行。专家组出具报告后,中国调查机关执行了WTO裁决,更改了可获得事实数据的使用,选用29%作为应诉公司销售给政府建设项目的销售比例数据,重新计算了应诉公司的从价补贴率。美方对此未再提出异议。

2. 俄亥俄州"钢铁发展行动"项目

根据俄亥俄州"钢铁发展行动",该州发展部向州内钢铁行业提供拨款、直接贷款、贷款担保和企业债券基金等融资支持,资助对象仅限于州内钢铁企业。应诉公司之一的AK钢铁有限公司从俄亥俄州地方政府获得了15万美元拨款、500万美元贷款和6200万美元债券贷款。因此,调查机关认定俄亥俄州地方政府通过提供现金贷款和债券贷款的方式向AK钢铁有限公司提供财政资助,并产生利益,构成了中国《反补贴条例》项下的可采取反补贴措施的补贴。调查机关根据AK钢铁有限公司主张的其2002年发行票据的利率,即7.75%作为确定补贴利益的基准利率,计算了AK钢铁有限公司在该项目下获得的补贴利益。

3. 印第安纳州向AK钢铁有限公司提供激励措施

根据《印第安纳州行政法典》和《印第安纳州法典》的授权,印第安纳州斯潘塞县可以吸引企业投资、扩大就业及促进经济发展再开发为目的对县辖区特殊分配区内所产生的财产税收入进行分配,并通过政府发行债券融资的方式,给符合新设生产设施、加大投资和雇用新员工等条件的重大经济发展项目修建生产设施,使企业能够生产经营并有能力缴纳未来的财产税,再允许这部分企业使用未来应缴的财产税偿还债券的本金、利息及相关费用。而在事实上,在项目批准的当年及之后的前三年,应诉企业之一的AK钢铁有限公司是唯一使用该激励措施发行债券的公司。因此,调查机关认定印第安纳州地方政府通过应缴税的税收增值收益债券的方式,放弃原本应征收的相关税收帮助AK钢铁有限公司偿还债券的激励措施,属于向AK钢铁有限公司提供财政资助,并产生利益,构成了中国《反补贴条例》项下的可采取反补贴措施的补贴。调查机关根据AK钢铁有限公司在调查期内在该项目下实际受益金额,计算了其获得的补贴利益。笔者在调查时花费了大量精力才研究清楚美国的间接补贴的做法,美国政府在答卷中回复极其简单,不希望中方的调查机关能够明白其中的复杂设计。特别遗憾的是当时没有能力和时间去深入调查美国政府如何通过复杂的金融工具来支持实体经济发展,这成为笔者最大的憾事之一,无奈只能在初裁裁决中关于"印第安纳州一揽子激励措施"项目留下了一段话:"调查机关未能获得任何新的关于印第安纳州斯潘塞县在该债券发行中具有隐性担保作用,而影响债券的信用评级和发行利率等要素的证据材料,在终裁中对此部分不予裁定。"笔者希望在后续的案件调查中能够解决类似项目的认定问题。

在美国大飞机案(第二次申诉)中"堪萨斯州工业收入债券所产生的税收优惠"项目以及"堪萨斯发展金融局债券"项目中的做法如出一辙,都是市和县代表私营实体发行债券,而获得该类债券的私营实体能够以低于市场条件的利率借入资金、获得财产税与销售税减免;或者发展金融局代表"合格企业"为"合格项目"发行债券,而州政府放弃了本应征收的获得该类债券的"合格企业"的雇员本应缴纳的所得税用以偿还债券利息。美国在州、县层面的补贴大多以税收形式存在,设计巧妙,值得我国补贴政策制定部门认真研究。

(二)对欧盟马铃薯淀粉反补贴案

欧盟的补贴政策主要集中在农业和欧盟结构性调整两个方面,其中农业补贴占欧盟补贴预算的近50%。2007年11月16日,《欧盟官方公报》公布欧盟理事会第1234/2007号条例,宣布于2008年为所有农产品建立一个单一的共同市场。目前,欧盟的共同农业政策项下针对农业提供的补贴项目有欧洲农业担保基金、直接补贴、用于农村发展的欧洲农业基金等。本案是中国第一起农产品反补贴调查案,也是对欧盟发起的第一起反补贴调查案,进一步丰富了中国反补贴调查实践。本案裁定的可采取反补贴措施的补贴项目有以下两项:

1. 马铃薯淀粉生产商补贴

欧盟理事会第1234/2007号条例第95条明确规定向马铃薯淀粉生产商提供资金资助。资金来源于欧洲农业担保基金,属欧盟财政预算资助。资助标准为每吨马铃薯淀粉22.25欧元。项目由欧盟和成员国政府共同管理实施,欧盟负责制定法律和进行监管,成员国负责具体执行。为获得该项目下资助,马铃薯淀粉生产商需要满足四个条件,包括:(1)在配额范围内生产马铃薯淀粉;(2)每年须基于配额与淀粉马铃薯种植者签订种植合同;(3)基于种植合同所采购的淀粉马铃薯的淀粉含量不得低于13%;(4)马铃薯淀粉生产商不能以低于法律要求的最低价格向淀粉马铃薯种植者采购淀粉马铃薯。

因此，调查机关认定欧盟及成员国政府通过以拨款形式直接提供资金向马铃薯淀粉生产商提供财政资助，具有专向性，并产生利益，构成了中国《反补贴条例》项下的可采取反补贴措施的补贴。调查机关以应诉公司在调查期内在该项目下获得的资助数额除以马铃薯淀粉实际生产数量，计算出各应诉公司单位马铃薯淀粉在该项目下获得的利益额。

2. 淀粉马铃薯种植者补贴

根据欧盟理事会第73/2009条例第77条和第78条的规定，2009—2011农事年，种植马铃薯的农户获得的补贴金额以生产1吨马铃薯淀粉为基数进行计算。1吨马铃薯淀粉的补贴金额为66.32欧元。项目资金来源于欧洲农业担保基金，项目由欧盟与成员国共同负责管理和实施。种植者获得该项目下补贴的基本条件是必须按照欧盟法律规定与淀粉生产商签订种植采购合同，并完成合同约定的供货义务。关于种植采购合同，欧盟理事会第571/2009号条例规定，种植采购合同应当包括下列主要相关内容：(1)淀粉生产商按照不低于欧盟委员会制定的工厂交货最低价格向种植者购买马铃薯；(2)基于欧盟委员会确定的配额，签订种植采购合同；(3)种植者出售给淀粉生产商的马铃薯的淀粉含量不得低于13%。根据欧盟法律规定，获得本项目下补贴的对象，只能是与马铃薯淀粉生产商签订种植采购合同的马铃薯种植者。由于马铃薯淀粉配额机制的存在和马铃薯的种植特点，也决定了只有位于欧盟境内并受种植采购合同约束的马铃薯种植者才可以获得该项目下的补贴。

因此，调查机关认定，欧盟及成员国政府通过以拨款形式直接提供资金向淀粉马铃薯种植者提供财政资助，具有专向性，并产生利益，构成了中国《反补贴条例》项下的可采取反补贴措施的补贴。

在计算本案补贴利益时，调查机关针对应诉公司之一的艾维贝合作社公司的特点，将种植者和加工者视为一体计算其获得的补贴利益，即将作为该公司股东的种植者在调查期内接受该项目下的补贴金额，除以艾维贝合作社公司在调查期内的销售收入和作为艾维贝合作社公司股东的马铃薯种植者向公司销售马铃薯的收入之和，再乘以该公司马铃薯淀粉销售单价，得到该公司单位马铃薯淀粉在该项目下获得的利益额。

该案裁决的另一个突出特点是对"公共机构"的认定。在调查被诉"法国污水处理设备投资补贴"项目时，关于认定法国阿图瓦-庇卡底水资源管理署（以下简称"管理署"）所提供赠款类投资补贴是否属财政资助的问题,欧盟答卷(法国政府部分)和法国罗盖特公司答卷都主张,管理署未受到国家任何补贴,在财政上完全独立,其80%的收入来自其征收的税费,其余收入来自其提供贷款的偿还。但调查机关从管理署的征收依据,征收、监管和纠纷解决主体,以及所征税费的具体内容等方面,认定管理署属于国家公共执行机构,援助资金来源于政府行政类收费,属于政府财政资金。该项目虽然能够计算出的补贴金额小,但认定方法值得赞扬,为后续调查案件关于"公共机构"的裁定提供了思路和方法。但笔者认为,上诉机构关于"公共机构"的认定是非常谨慎的,调查机关在调查时不应武断推定,在实地核查时一定要获得充分的证据材料,在裁决时一定要基于相关事实信息——该实体实际上被授予了政府职能,并实际上在履行该职能。

(三)对美国白羽肉鸡反补贴案

本案调查的突出特点是对上游补贴利益传导的分析。上游补贴利益传导问题是反补贴调查的难点,本案对进一步丰富中国反补贴调查实践具有重要意义。上游补贴利益传导主要集中在农产品直接支付和农作物保险两个项目。

1. 农产品直接支付项目

美国《2008年农业法》第1001节、第1101—1103节规定向玉米和大豆的农业生产者发放直接补贴。玉米的直接补贴支付率为0.28美元/蒲式耳,折合约为11.02美元/吨,大豆的直接补贴支付率为0.44美元/蒲式耳,折合约为16.17美元/吨。此外,项目实施过程中,只有有限的农作物如玉米、大豆等可以获得补贴,且《2008年农业法》第1001节对受益者的资格作了限制,如"如果农场基础种植面积总和小于或等于10英亩,农业生产者不得获得直接补贴",法案明确将部分农作物种植户排除在外。调查机关由此认定,美国政府通过拨款形式直接提供资金向玉米和大豆的农业生产者提供财政资助,具有专向性,并产生利益,构成中国《反补贴条例》项下的可采取反补贴措施的补贴。调查机关以美国政府在调查期内适用的玉米、大豆直接支付补贴率来计算玉米、大豆种植户获得的补贴利益。

2. 农作物保险项目

根据美国《1980年联邦农作物保险法》《1994年联邦农作物保险改革法》和《2000年农业风险保护法》的规定,美国联邦农作物保险公司通过私营保险公司向农作物种植者提供旨在降低由于不可避免的原因而对农业生产商产生的损失,或减少由于价格或产量下降或两者同时下降产生的收入损失。联邦农作物保险公司是一个在农业部部长的综合监管下由董事会进行管制的联邦公司,其运营管理、保险政策等受美国农业部风险管理局监管。联邦农作物保险公司选定"合格"的私营保险公司提供联邦农作物保险服务。被选定的私营保险公司实际是受联邦农作物保险公司的"委托"或"指示"向农作物种植者提供保险服务。此外,联邦农作物保险公司在具体制订、实施保险计划的时候,或者限制了特定的地理区域,或者限定了可投保的农作物种类,或者限定了特定的农作物生产商。因此,调查机关认定,美国政府基于玉米、大豆保险合同支付的保险费补贴属于财政资助,具有专向性,并产生利益,构成中国《反补贴条例》项下的可采取反补贴措施的补贴。由于美国市场中不存在与联邦农作物保险类似的其他商业保险的正常市场价格,故调查机关认定美国政府提供的保险费补贴和行政运营补贴是保险服务的正常市场价格的重要组成部分,两者的总和构成了玉米、大豆种植户获得的补贴利益。

3. 上游补贴利益传导

上游补贴利益传导是本项目的核心问题。首先,美国白羽肉鸡产业是高度纵向一体化产业,纵向一体化程度达99%。美国被调查产品生产企业通常拥有孵化场、饲料厂、屠宰厂以及深加工工厂一整套生产设备,它们自行采购玉米和豆粕等原材料来加工白羽肉鸡饲料,然后通过生产合同方式委托养殖者饲养白羽肉鸡活鸡,最后将饲养成熟的白羽肉鸡活鸡加工成被调查产品。在美国白羽肉鸡这种高度纵向一体化的产业中,玉米和豆粕是被调查产品生产的直接投入物和主要生产成本。其次,从玉米和大豆农场到抽样公司生产的被调查产品只经过一个交易环节,抽样公司直接从玉米和豆粕生产商处购买玉米和豆粕,并且这些豆粕生产商是用自产大豆生产的豆粕。抽样企业购买的玉米和豆粕均是被补贴产品。最后,由于阿根廷是世界玉米和豆粕的主要生产国和主要出口国,阿根廷生产的玉米和豆粕与美国产品基本相同,且价格趋势与美国产品基本一致,均反映出全球供求变化对市场价格的影响,但阿根廷生产的玉米和豆粕未接受政府补贴。因此,调查机关以调查期内美国进口阿根廷生产的玉米和豆粕 CIF 平均价格作为未被补贴产品的基准价格。调查机关比较了被补贴产品的价格与未被补贴产品的价格,发现抽样公司采购被补贴产品的价格明显低于基准价格,抽样公司在购买被补贴产品时获得竞争利益。各抽样公司在采购被补贴的玉米和豆粕中获得的竞争利益是来自美国政府给予玉米和大豆的补贴。如没有上游补贴,抽样公司需按照基准价格来购买玉米和豆粕,那么抽样公司就不能获得体现为价格优势的竞争利益。抽样公司获得的竞争利益表明,美国政府给予玉米和大豆的补贴利益已传导给被调查产品。综合以上分析,调查机关认定,上游补贴利益传导给被调查产品。

(四)对美国部分汽车产品反补贴案

美国汽车产业是美国重要产业之一,就业人数多。金融危机时期,政府拨付巨额财政资金救助汽车产业。中国对汽车产业发起反补贴调查打中了其软肋,对美部分汽车产品反补贴案主要调查了美国金融危机时期的救助计划,即美国汽车业融资计划项目和美国汽车业重组及资产盘活救助方案。2008年,为应对金融危机,美国国会通过了《2008年经济稳定紧急法案》。2008年年底,美国政府据此制定了"不良资产救助计划"(TARP)。美财政部根据该计划的授权制定了"汽车业融资计划"(AIFP),该计划由美国财政部负责实施。2008年12月底至2009年12月21日,仅有通用汽车公司和克莱斯勒公司在该项下获得资金支持。2009年,克莱斯勒公司获得了40亿美元的紧急援助贷款和45.8亿美元的重组后贷款支持。为完成破产重组,通用汽车公司先后获得了美国政府近600亿美元的贷款支持。调查机关由此认定,美国汽车业融资计划项目和美国汽车业重组及资产盘活救助方案构成了中国《反补贴条例》项下的可采取反补贴措施的补贴,并据此计算了克莱斯勒公司和通用汽车公司获得的补贴利益。

在此后发起的对北美日产公司新出口商复审案中,中国调查机关再次对美国先进技术汽车制造贷款、密西西比州就业税收抵免、田纳西州工业机械税收抵免进行了调查,并认定该三个项目属于财政资助,具有专向性,并产生利益,构成中国《反补贴条例》项下的可采取反补贴措施的补贴。

(五)对美国多晶硅反补贴案

2012年7月20日,中国调查机关决定对原产于美国的进口太阳能多晶硅进行反补贴立案调查,立案调查的项目包括美国先进能源制造业税金抵免等16个补贴项目。2014年1月20日,调查机关作出终裁,最终认定可采取反补贴措施的补贴项目5个,即美国先进能源制造业税收抵免、密歇根州"经济萧条地区"企业的动产税免除、密歇根州高新技术企业税金抵免、密歇根州"工厂复兴区"和"工业发展区"内企业的财产税免除和华盛顿州太阳能制造企业适用较低的商业和职业税税率。由于美国联邦和州政府对新能源、新技术企业和位于特定落后地区的企业给予税收优惠政策,本案财政资助和专向性认定较为清晰。

(六) 对欧盟多晶硅反补贴案

针对上述多晶硅产品,2012年11月1日,中国调查机关决定对原产于欧盟的进口太阳能多晶硅进行反补贴立案调查,并于2014年4月30日作出终裁。调查机关最终认定德国"改善区域经济结构共同任务"投资赠款、德国东部地区"投资津贴"和欧洲投资银行政策性贷款三个补贴项目属于可采取反补贴措施的补贴项目。其中,前两个项目为欧盟和成员国政府通过投资补贴的方式资助欠发达地区的企业,具有地区专向性。政策性贷款项目涉及欧洲投资银行的优惠贷款,这些优惠贷款事实上向能源和基础设施类产业倾斜,使这些企业获得了不成比例的大额度贷款,具有事实上的专向性。

(七) 对欧盟葡萄酒反补贴案

本案是中国第一起通过业界合作而终止的案件。2013年7月1日,中国调查机关根据国内产业代表中国酒业协会的请求,宣布对欧盟葡萄酒产品发起反补贴立案调查。立案调查的有欧盟单一支付计划、第三国市场推广等15个补贴项目。立案后,中欧双方业界多次进行磋商,最终就解决葡萄酒纠纷达成一致,确立了产业合作的解决方案,达成产业合作协议,签订合作谅解备忘录。原申请人请求终止案件调查,中国调查机关于2014年3月24日发布公告,宣布终止对原产于欧盟的进口葡萄酒的反倾销和反补贴调查。本案是中国调查机关首次以业界合作的方式化解贸易救济纠纷的成功案例,成为中欧解决贸易争端的一个范例,丰富了中国贸易救济调查的实践,创新了结案方式,为今后有效应对国际贸易摩擦提供了借鉴。

(八) 对美国干玉米酒糟反补贴案

与工业、制造业相比,农业是美国政府补贴的重点领域。美国政府高度重视农业发展,补贴项目较多且金额较大,本案的反补贴税大部分来自因原材料获得的农作物补贴项目。本案裁决在"公共机构"认定上取得重大突破,是WTO争端解决中国诉美国部分产品双反案上诉机构就"公共机构"作出裁决后,中国调查机关在对外反补贴调查中将"国有企业"认定为"公共机构"的首次实践,在对美国反补贴调查上向前迈进了一大步。此外,中国调查机关对价格损失保障和农业风险保障两个新项目作出认定。

1. 农作物保险项目

在白羽肉鸡反补贴案中,调查机关已对农作物保险项目进行了充分调查和认定。美国《2014年农业法》授权延续此项目。该项目的突出特点是,由美国农业部风险管理局主管,由联邦农作物保险公司通过私营保险公司向农作物种植者提供,农作物种植者直接从私营保险公司获得全套服务,而联邦农作物保险公司为私营保险公司提供补贴和再保险。

借鉴美国在对中国反补贴案件中将提供上游原材料的"国有企业"认定为"公共机构"这一做法,本案重点对联邦农作物保险公司进行全面调查。从所有权来看,美国《2014年农业法》第1504(a)条和《1980年联邦农作物保险法》第504节规定,该公司是美国政府全资所有的公司。从董事会组成和任命来看,法律明确要求公司董事会成员应包括农业部副部长和农业部首席经济学家,其他人员由农业部部长任命。从管理层任命来看,法律规定公司经理由农业部部长自行决定任命,实际是由风险管理局局长担任。从公司职能来看,美国法律赋予联邦农作物保险公司推行农作物保险制度、提高农业经济稳定性的职能。实践中,该公司和风险管理局共同运营农作物保险项目,实际上是"一套人马两块牌子",联合发布年度财务报告,并接受农业部监察长办公室的审计。

可以看出,联邦农作物保险公司是美国法律授权成立的、由美国政府全资所有、旨在实现关于农作物保险法之特定目的和宗旨的公司,法律赋予该公司运行农作物保险项目的职能。联邦农作物保险公司从决策到日常运营均受美国政府的直接控制和监管。实践中,联邦农作物保险公司与美国农业部风险管理局密切合作,共同根据法律授权运营农作物保险项目、增强农业经济的稳定性。因此,调查机关认定联邦农作物保险公司构成中国《反补贴条例》第3条中的"公共机构"。该裁决充分体现了上诉机构的裁决精神,全面考察法律、实践、所有权、政府控制等各方面因素,为未来实践奠定了坚实的基础。

2. 价格损失保障项目和农业风险保障项目

美国《2014年农业法》同时设立了价格损失保障计划和农业风险保障计划,有效期为2014年至2018年。价格损失保障项目是在所保障商品的有效市场价格低于该年的基准价格时,向农作物生产者提供补贴。农业风险保障项目包括县农业风险保障和个体农业风险保障两个项目,在受保障产品的实际收入低于县基准值或农场基准值时向生产者提供补贴。该法要求所有农业生产者必须在二者之间作出一次性的、不可撤销的选择。两个项目由美国农业部下属的农场服务局负责管理，资金由商品信贷公司提供。商品信贷公司由美国政府依法成立，董事会全体成员和公司高管全部为农业部官员，没有工作人员，具体工作由农业部官员完成。根据《商品信贷公司章程法案》和《2014年农业法》的授权，向财政部借款，用于支付该公司有权支付的所有项目，不足部分每年由国会拨款补足。因此从职能上看，商品信贷公司构成了《SCM协定》项下的和中国《反补贴条例》项下的"公共机构"。《2014年农业法》限制了在两个项目下可以受益的农作物的品种，玉米也包括在内。由于合格的受保障商品仅限于有限种类和品种的农作物产品，因此该项目具有专向性。

3. 其他项目

本案中，调查机关还突破性地尝试对美国政府低价提供原材料项目进行调查，涉及天然气、电力两项能源，对于创新调查方法、开拓思路具有重要意义。遗憾的是，调查机关未能对几个地方补贴项目作出认定。

(九) 对印度邻氯对硝基苯胺反补贴案

本案是中国对印度发起的第一起反补贴调查案件，中国调查机关共裁定了12个补贴项目，包括以下几类：第一类是印度政府的出口补贴项目，共8个项目被中国商务部认定为出口补贴，这些出口补贴的主要形式是印度政府放弃或者不收缴应收收入，包括发放税收抵免额度和税收减免。在以上8个出口补贴项目中，5个项目是促进出口专门补贴，2个项目是对经济特区企业促进出口的补贴，1个项目是出口退税补贴。第二类是印度政府的所得税减免补贴，政府放弃部分所得税税收，政策指向促进大额固定资产投资。第三类是印度政府赠款补贴，政府直接向企业拨款，政策指向印度政府对肥料产品的价格控制，补贴受政府价格管制影响的肥料生产销售企业。第四类是政府低于对价提供货物和服务，包括政府提供的优惠贷款和低于充分对价提供的水电。

作为发展中成员，产业政策在印度经济中发挥着重要作用。印度政府通过制定规划和产业政策、促进出口等方式，鼓励产业发展。也正因如此，在很长一段时间内，印度都是被美国、欧盟提起反补贴调查最多的国家。本案涉及的产业政策补贴项目包括：

1. 印度产业政策

化工产业是印度的传统优势产业，也是印度政府优先发展的行业。根据印度工商联合会数据，印度化工产业全球排名第六，亚洲排名第三；

化工产业占印度制造业的16%,产值超过1300亿美元。为了促进化工产业的发展,印度政府制定了一系列规划和支持政策,通过补贴政策、激励等手段扶持化工产业,增强化工产业全球竞争力。印度化工产业第十二个五年规划(即2012—2017年五年规划)、《国家化工产业政策》等明确提出,将化工业年增速提升至13%,产值占GDP的比例由2.5%提高到6%。

为促进印度制造业和化工产业的发展,印度政府制定了包括水、电补贴各类产业发展政策,如在印度政府制定的2014年化工产业政策草案中,提出通过政策扶持增强印度化学工业的全球竞争力。印度工商联合会在2015年12月发布的《印度化学工业——挑战与机遇》第五点介绍了促进化学工业品发展的政策。①

2. 印度出口补贴

印度的化工产业是出口型的,产业出口额占印度全部出口额的9%。出口补贴是印度促进出口的重要政策。

(1)"SHIS"绩优出口商激励项目(Status Holder Incentive Scrip)。该项目的内容为:根据《2009年—2014年外贸政策法案》,印度中央政府以税收抵免额度奖励出口,企业获得此项补贴的资格与其出口业绩直接挂钩,即补贴额度相当于企业FOB出口额的1%。根据此政策,出口企业可以获得相当于其FOB出口额1%的"关税免税凭证"(Duty Credit Script),用以抵免进口"资本货物"的关税。出口企业可以转让"关税免税凭证"②,该项目指向出口实绩,属于直接促进出口。

(2)"EPCG"资本货物出口促进项目(Export Promotion Capital Goods)。该项目的内容为:根据印度商务部《2009年—2014年外贸政策法案》和《2015年—2020年外贸政策法案》第5章,企业用于出口产品生产的"资本货物"进口可享受关税免除,要获得此项补贴,企业在6年内的出口额必须不低于免税额的6倍。③ 该项目是以达成一定出口数额为条件的免税措施,其政策指向为促进产品出口,可以免除生产所需的进口机器设备的关税,目的之一是增强出口竞争力。

(3)重点产品项目(Focus Product Scheme,FPS)、与市场挂钩的重点

---

① 参见中华人民共和国商务部公告2018年第18号,第52页。
② 同上,第14页。
③ 同上,第17页。

产品项目（Market Linked Focus Products Scrip，MLFPS）、重点市场项目（Focus Market Scheme，FMS）、印度出口商品项目（Merchandise Exports from India Scheme，MEIS）。这4个项目的内容相似，均为根据印度商务部《2009年—2014年外贸政策法案》相应章节，对列明的"重点产品""重点市场""出口商品"①，企业出口这些产品可以获得FOB出口额2%～5%或3%～4%的"关税免税凭证"，用以抵免进口商品时应缴纳的关税。这些项目的指向是促进产品的出口，项目从产品的种类、产品出口的市场两个角度出发，尽可能地涵盖更多的出口行为，属于直接的出口刺激行为。

该案中印度公司主张，以上几个项目间存在替代和补充的关系。如自2015年4月1日起，MEIS项目替代了FPS、MLFPS和FMS②，MLFPS规定FPS清单之外的对于高出口密度/高就业潜力行业或产品③，FPS、FMS和MLFPS不能同时申请。④ 在该案的裁决中，中国商务部未支持印度公司的主张。⑤

3. 印度经济特区

印度经济特区与中国概念上的经济特区不同，印度的经济特区更像是实施一定优惠政策的工业园区。印度的经济特区由商业企业运营，经政府认定，就可以称为经济特区。根据印度官方统计，印度在运行的经济特区有222个，分布比较集中的地区为古吉拉特邦，也是印度化工业集中地区。

该案中，涉及的经济特区补贴项目有：经济特区内企业进口货物关税免除、经济特区内企业的境内采购货物的消费税免除、中央销售税免除、服务税免除、电力税和附加税免除、销售和交易应付税款免除。这些项目都是针对经济特区内的企业，为促进出口，由政府给予税收优惠。根据该案申请书，经济特区还涉及一些其他补贴项目，如所得税减免、不动产交易印花税免除、免征印花税和登记费等，调查机关对这些项目的结论是未使用或未认定。

4. 低于充分对价提供货物和服务项目

该案中，中国调查机关对印度国有银行的贷款、公用企业提供的水电

---

① 参见中华人民共和国商务部公告2018年第18号，第21、25、29页。
② 同上，第32页。
③ 同上，第22页。
④ 同上，第28页。
⑤ 关于FPS、FMS和MLFPS之间的关系，由于印度政府没有配合调查，调查机关无法得知这些项目的具体实施情况。参见中华人民共和国商务部公告2018年第18号，第29页。

等补贴项目都作出认定。从裁决公告看,中国调查机关似乎借鉴了美国调查机关在认定中国类似项目中的做法,从产业规划出发,从事实专向性和国有企业公共机构认定入手,最终认定构成了《反补贴条例》项下的可采取措施的补贴。

在政府提供优惠贷款项目中,中国调查机关指出,为促进印度制造业和化工产业发展,印度政府制定了包括优惠贷款在内的多项产业发展政策。在印度政府制定的2014年化工产业政策(草案)中,提出通过政策扶持增强印度化学工业的全球竞争力。通过贴息或低息贷款鼓励在环保、职业健康和安全方面符合规定的企业。印度国家银行和印度工业发展银行为政府所有,受政府控制,履行政府职能。印度国家银行向化学制品行业发放的贷款在所有行业中排名居前十位。而印度工业发展银行在贷款发放时,要遵守相关政府部门制定的促进优先部门发展义务的规定,其向化学品及化学产品行业发放贷款在所有行业中排名居前三位。①

在低于充分对价提供水和电项目中,中国调查机关指出,马哈拉施特拉邦工业发展公司在《马哈拉施特拉邦化工产业》中总结,化工企业享受的各种补贴,其中包括电力税免除、水和能源补贴。为应诉公司提供水、电的国有企业为政府所有,受政府控制,履行政府职能。马哈拉施特拉邦工业发展公司为马哈拉施特拉邦政府所有,作为政府的代理机构履行邦工业发展法案和规章框架内的职能,遵守邦政府的指令。马哈拉施特拉邦配电公司是马哈拉施特拉邦所有的该邦最大的配电公司。调查机关有理由推定,上述国有供电、供水企业,被政府所控制,执行政府相关产业政策,为化工产业提供支持。据此,调查机关将上述印度国有供电、供水企业认定为"公共机构"。②

(十)对美国高粱反补贴案

该案已终止调查,根据申请书内容,申请被调查的项目包括农作物保险项目、价格损失保障项目、农业风险保障项目,与干玉米酒糟反补贴案中认定涉案项目一致。

(十一)对印度7-苯乙酰氨基-3-氯甲基-4-头孢烷酸对甲氧基苄酯反补贴案

2020年5月该案已撤诉。根据申请书中指控的补贴项目包括:资本

---

① 参见中华人民共和国商务部公告2018年第18号,第49页。
② 同上,第52、53页。

货物出口促进项目、出口商品项目、经济特区内企业免除进口货物关税、经济特区内企业境内采购货物免除消费税、经济特区内企业的中央销售税免除、经济特区内企业免除服务税、经济特区内企业免除电力税和附加税、依据《所得税法》第32A、32C条对投资项目的税收减免等,这些项目与对印度邻氯对硝基苯胺反补贴调查案中认定的项目一致。

(十二)对澳大利亚大麦反补贴案

对澳大利亚大麦反补贴案于2020年5月18日发布终裁公告。该案是澳大利亚农业政策在全球范围内被挑战的第一起案件。在多边场合,澳大利亚作为凯恩斯集团的主要成员,主张削减农业补贴,推动农产品贸易自由化。从公布的裁决中可以看出,澳大利亚政府在该案中抗辩被诉的项目属于广泛应用于农业产业的环境项目。中国调查机关认为,澳大利亚出口商或生产商没有按要求提供完整答卷,调查机关在"可获得的事实"的基础上作出裁定。① 该案计算了3个被诉项目的补贴幅度,分别为:可持续农村用水和基础设施项目(Sustainable Rural Water Use and Infrastructure Program)、南澳大利亚州默累河可持续发展计划—灌溉效率改进计划(South Australian River Murray Sustainability Program-Irrigation Efficiency Element)、维多利亚州农业基础设施和就业基金(Agriculture Infrastructure and Jobs Fund-Victoria)。其中,可持续农村用水和基础设施项目的补贴幅度最高。此项目是一项涉及100亿澳元的国家计划,主要包括三个部分:灌溉基础设施项目、水的购买和供给措施。大部分基础设施基金用于墨累-达令盆地的项目以支持"盆地计划"的实施。中国调查机关认定该项目补贴金额为100亿澳元,并按照10年分摊期计算调查期内获益金额,依据2017—2018年大麦面积占作物总面积的比重分摊得出大麦产业所获补贴额,再以大麦全国总产量计算单位重量大麦获得补贴额,最后根据中国海关统计的调查期CIF加权平均出口价格计算被调查产品的从价补贴率。②

从裁决中可以看出,该案在前几起调查案例的基础上,更加完善了调查方法,中国调查机关在多处运用"可获得事实"作出裁定,包括专向性、补贴利益分摊等,体现了调查技术的不断完善。笔者认为,该案的裁决将为后续调查打下良好基础和提供经验。在本书完稿之际,2020年8月31

---

① 参见商务部公告2020年第15号裁定,第13—16页。
② 参见商务部公告2020年第15号裁定,第18页。

日,中国调查机关发起对澳大利亚葡萄酒的反补贴调查,从立案公告的公开信息中可以看出,两个案子中部分被诉补贴项目相同,让我们拭目以待最终结果。

(十三)对美国正丙醇反补贴案

目前该案尚在调查中,申请书指控的项目主要有美国油气勘探开发涉及的税收优惠政策,部分地方政府区域发展政策,研发和出口信贷等。其中区域发展政策的名称与对美国部分汽车、多晶硅反补贴案中涉及的调查项目名称类似。本案是中国调查机关第一起对美国石化行业的反补贴调查,涉及上游页岩气、石油等开发项目,如果能够作出肯定性裁决,将会深化中国对美国能源行业补贴政策的认识。

四、中国反补贴调查实践的意义

入世近 19 年来,中国贸易救济调查及应对队伍在国际贸易摩擦、维护国家经济和产业安全工作中得到了锻炼。从各国实践看,反补贴调查对调查机关能力要求较高。目前,能够成熟运用反补贴调查的仅有美国、加拿大、澳大利亚、欧盟等少数成员。中国开启反补贴调查,成功跻身于运用"两反一保"维护产业利益的 WTO 成员之列,显示出中国贸易救济调查能力不断提高,运用贸易救济调查的原则性和灵活性不断增强。其意义有:

第一,反补贴调查维护了国内产业利益。在中国取向性硅电钢实施贸易救济措施后,国内申请人的生产状况明显好转,高磁感取向性硅电钢达到甚至超过了发达国家的水平。马铃薯淀粉反补贴案促进了中西部马铃薯加工工业发展,保障了农民种植利益,使内蒙古自治区、青海省、甘肃省和云南省等老少边穷地区的几十万农民通过种植马铃薯获得了脱贫致富的机会。

第二,反补贴调查对美欧形成了一定震慑。自 2004 年以来,中国频频遭受美欧等发达国家成员的反补贴调查,给中国政府和企业应对造成沉重应诉负担。中国对美欧发起反补贴调查,并在调查中适当借鉴美欧的调查方式,在一定程度上牵制了美欧频频对中国发起的反补贴调查。开启反补贴调查是在国内产业提出申请的基础上,经审查满足立案条件后发起的。例如,取向性硅电钢案对美反补贴实地核查中,涉及 12 个美联邦政府机构,包括商务部、农业部、财政部、美联储、联邦能源监管委员会等多个部门及印第安纳州、肯塔基州、俄亥俄州、宾夕法尼亚州 4

个地方州政府的30个职能部门,形成核查报告上百页。对欧盟反补贴调查过程中,则涉及欧委会贸易总司、农业总司以及法国、荷兰和德国的农业部、水利部和财政部等政府部门。牵制了美欧政府大量人力物力,消耗其行政资源,在一定程度上减缓了其对中国滥用贸易救济措施的局面。

第三,反补贴调查可以了解其他成员方补贴政策,为中国补贴政策制定提供思路。通过调查,了解了美国和欧盟的宏观经济和产业发展政策、财政政策、货币政策和贸易政策等,同时掌握了其为国内相关产业提供的大量补贴及实施补贴的做法。美欧产业补贴政策重点突出,侧重新能源、新技术、农产品领域,注重鼓励特定落后地区发展。补贴政策设计上水平较高,较多采用税收等间接补贴方式,在执行中透明度高,限制和约束了政府的自由裁量权,对经济发展的推动作用明显。熟悉和掌握这些补贴政策,一方面可以为今后中国反补贴案件积累素材;另一方面,也为中国合规、科学制定补贴政策提供了借鉴。

第三节　WTO争端案件对中国反补贴调查的影响

WTO争端解决机制是中美博弈的另一个舞台。美国对中国调查机关对其发起的前三起反补贴调查,均提出申诉。这反映出反补贴调查对美方的利益影响重大,绝不仅仅是涉案产业的一城一池的利益,而是涉及联邦以及州政府的重大政策,美方深知其利害关系。这三起案件分别是美国诉中国对来自美国的取向性硅电钢反倾销、反补贴税案(China-Countervailing and Anti-Dumping Duties on Grain Oriented Flat-rolled Electrical Steel from the United States,DS414,以下简称"美国诉中国取向性硅电钢双反案"),美国诉中国对来自美国的白羽肉鸡反倾销、反补贴措施案(China-Anti-Dumping and Countervailing Duty Measures on Broiler Products from the United States,DS427,以下简称"美国诉中国白羽肉鸡双反案"),美国诉中国对来自美国的汽车反倾销、反补贴税案(China-Anti-Dumping and Countervailing Duties on Certain Automobiles from the United States,DS440,以下简称"美国诉中国汽车双反案")。发起反补贴调查对中国政府来讲,体现了维护国内产业利益、依法开展调查的执法能力和坚决维护WTO规则的态度立场;对中国调查机关来讲,是调查专业能力的展示和体现,通过WTO争端解决程序的检视,提高对规则的理解和运用能力,对进一步提高调查能力、完善调查方法和相关规章制度具有积极作用。笔者围绕争端解决案件中争议焦点问题进行介绍和点评,希望能为调查机关开启双反调查提供一些启发。

一、美国诉中国取向性硅电钢双反案

(一)案件整体评价

对美国取向性硅电钢案是反补贴调查领域开创性的案件,是中国第一起"双反"调查案,具有里程碑意义。一是丰富了中国的贸易救济实践,使中国跻身于运用反补贴调查的 WTO 成员之列;二是中国政府第一次对美国联邦和州政府的补贴政策开展调查,该调查涉及美国经济政策、外汇政策、财税政策、贸易政策,特别是钢铁领域的补贴政策。该裁决根据 WTO 规则和中国相关法律对美国政府的补贴政策作出是否合规的裁决,并接受 WTO 争端解决机制的挑战。通过中国调查机关公布的裁决可以看到,美国政府的补贴方法已经不再是简单直接的拨款、减税等,美国政府实施的政府购买货物、税收抵免制度、政府发行企业债券等财政支持方式,结构设计更加复杂,更具有隐蔽性,融合财政和金融支持手段,从表面证据很难发现其不合规之处,即便通过反补贴调查也很难判定其违反 WTO 补贴与反补贴规则,可以说这是美国政府利用其国际规则倡导者或者立法者身份,利用现有国际规则的漏洞,规避制度,使其总能够置身事外,使规则总是对其自身发展有利,实现其自身的政策目标。

从裁决和 WTO 争端解决的相关材料可以看到,中国调查机关遵循了调查程序的透明、公正、公开原则,在披露充分及时,给予各方当事人充分参与调查的机会,保证当事人发表意见、作出评论的权利等方面,完全符合 WTO 规定和国内法要求,对当事人的权利保证方面高于一些发达国家成员。在问卷调查中,作为首个案件,设计了中国版的调查问卷。在裁决中可以看到,中国调查机关对美国复杂的财政补贴政策进行了合规分析和认定,并计算出美国企业的受益额,这在调查人员不足的情况下实为巨大挑战。值得一提的是,本案中,中国调查机关开启了"域外执法"方式,对美国政府开展实地核查,通过书面材料与现场实地核查相结合的方式对美联储、能源部及能源安全委员会、财政部、商务部等联邦政府部门及印第安纳州、俄亥俄州、肯塔基州等州政府部门及涉案企业等共计约 30 个部门进行现场实地核查。特别是实地核查中问询政府官员和企业工作人员,有点类似英美法系中的交叉询问方式,这对没有接受过英美法系法律专业训练的中国调查官员来说是一个不小的挑战。

本案通过双边调查实质性挑战了美国政府的补贴政策,历史上没有成员方对美国的钢铁产业开启过双反调查,更没有针对金融危机时一些金融支持方案如购买美国货等政策开启过双反调查,否则美国政府必然将该双反措施诉诸 DSB。美国政府熟稔诉讼技巧,将案件诉点主要集中在程序问题上,不纠缠实体问题。笔者认为美国政府的策略考虑有三:一是美国的确存在补贴,中国调查机关的调查和认定工作扎实,不易推翻;二是美国不愿意把美国的法律和补贴政策拿到多边场合讨论,防止其他成员方知晓美国存在大量可诉补贴,也预防 DSB 作出对美国不利的裁决,引起后续连锁反应以及示范效应;三是双边案件中,调查机关须采用本国语言作为调查语言,中方的中文裁定决定了传播广度有限。避免在诉讼中使中文全文翻译为英文,可以减少更多的成员方了解该案补贴认定方法的机会,以免其他成员方参考借鉴,发起对美反补贴调查。①

针对反倾销、反补贴征税措施争端案件涉及的争议点多,且是行政令,带有浓厚的行政色彩,不可能保持中立,具有倾向性,而且 WTO 规则和成员方国内法的授权也都有模糊之处,专家组和上诉机构作出的规则解释也多,造成几乎没有成员方的调查机关能够在这类诉讼中全部获胜,这也是 WTO 争端案件的一大特点。在美国诉中国取向性硅电钢双反案中,美国在部分申诉点胜诉,胜诉的申诉点主要是程序方面的规定。该案中,专家组和上诉机构支持了中方的部分抗辩,专家组和上诉机构对程序方面的澄清,加严了反补贴调查的纪律,加大了发起反补贴调查及裁定的难度。从中国作为出口大国、遭遇反补贴调查数量居世界之首的立场上看,加严反补贴调查纪律,对中国政府及企业应诉是有积极意义的。笔者全程参与此案,该案无论是在调查阶段,还是在争端解决阶段,均实现了预期目的。笔者根据已公开的资料,进行了梳理。

(二) 争端解决的基本程序

2010 年 9 月 15 日,美国根据 DSU 等规定向中国请求磋商,正式启动美国诉中国取向性硅电钢双反案的程序。② 磋商无果后,美国于 2011 年 2 月 11 日向 DSB 请求成立专家组。③ 专家组组成后,对本案进行了长达

---

① 中国调查机关对该案的裁决以中文作出,受语言所限,裁决中认定的美国补贴不易被其他成员方熟知。
② 参见美国诉中国取向性硅电钢双反案关于美国请求磋商的报告(WT/DS414/1)。
③ 参见美国诉中国取向性硅电钢双反案关于请求成立专家组的报告(WT/DS414/16)。

13个月的审理,于2012年6月15日做出专家组报告。2012年7月20日,中国就本案专家组报告相关部分提起上诉,上诉机构于2012年10月18日作出裁决。2012年11月16日,DSB通过了美国诉中国取向性硅电钢双反案的专家组和上诉机构报告。① 之后,中美双方未能就本案合理执行期限达成一致,美国根据DSU第21.3条申请仲裁。仲裁庭认为,中国应灵活执行,中国未能有说服力地解释为何需要更长的执行期,并认为缩短时间不会有损本案利益相关方的正当程序权利。故裁定本案合理执行期为自DSB采纳本案专家组报告和上诉机构报告之日起8个月零15天,即中国政府应在2013年7月31日前执行完毕。② 中国商务部于2013年7月31日发布了本案再调查裁定,执行了DSB裁决并维持了反倾销、反补贴措施。③ 美国认为中方未完全执行DSB裁决,于2014年1月13日根据DSU第21.5条再次提出磋商请求。④ 磋商无果后,本案进入执行专家组程序。2014年2月26日,DSB同意指定原专家组继续负责该案。2014年3月17日,专家组成立。2014年9月22日,专家组主席通知DSB,预计的裁决时间为2015年第二季度。2015年7月31日,专家组报告分发各成员。2015年8月31日,DSB采纳了专家组报告。同日,中国通知专家组被诉的反倾销、反补贴措施已于2015年4月10日期满。

该案经历了WTO争端协定项下的所有程序,磋商、专家组、上诉机构、执行期限仲裁、再调查执行、执行之诉磋商、执行之诉。在执行之诉专家组报告刚通过的时候,中国反倾销、反补贴措施的5年实施期限已经届满。

(三) 争端解决涉及的重要法律问题

专家组和上诉机构支持的中方诉点包括信息披露、适用"可获得事实"计算应诉企业补贴税率等;未支持的诉点包括某些补贴项目的立案证据不充分,部分保密信息的非保密概要不符合要求,对被调查进口产品价格影响分析未做到客观审查,因果关系的分析不充分,披露公告等透明度不足等。下文将主要介绍本案涉及的反补贴调查立案标准、"可获得事

---

① 参见美国诉中国取向性硅电钢双反案专家组报告(WT/DS414/R)和美国诉中国取向性硅电钢双反案上诉机构报告(WT/DS414/AB/R)。
② 参见美国诉中国取向性硅电钢双反案关于DSU第21.3条下的仲裁报告(WT/DS414/13)。
③ 参见《商务部公告2013年第51号 关于取向性硅电钢执行世贸裁决的公告》,载http://www.mofcom.gov.cn/article/b/e/201307/20130700222486.shtml。
④ 参见美国诉中国取向性硅电钢双反案关于DSU第21.5条下美国请求报复的报告(WT/DS414/15)。

实"的运用和价格影响分析三个重点问题。

1. 关于反补贴调查的立案标准问题

(1) 争议主张和背景

美方认为,中国调查机关在发起反补贴调查时,有 11 个补贴项目不符合立案要求。不符合的原因和项目分为四种情况,包括:①缺乏证明存在专向性的证据(如医疗保险处方药、改进和现代化法案、2003 年宾夕法尼亚州经济刺激计划、天然气项目、电力项目、煤炭项目);②缺乏证明存在价格支持或财政资助的证据(如 1984 年钢铁进口稳定法案、印第安纳州钢铁产业咨询服务、电力项目);③缺乏证明存在补贴利益的证据(如宾夕法尼亚州可替代能源融资计划、电力项目、煤炭项目);④部分项目已经终止,在调查期内不存在补贴利益(如 1981 年经济复苏税收法案、1986年税收改革法案、遵守清洁空气法案的宽限期)。

(2) 专家组的认定

专家组认为,《SCM 协定》第 11.3 条关于调查机关的"证据审查义务"与《AD 协定》第 5.3 条规定的一致:主管机关应审查申请中提供的证据的准确性和充分性,以确定是否有足够的证据证明发起调查是正当的。因此,调查机关必须具有"足够的证据",不管这些证据是来自申请人、出口成员方或来自其自身的调查,不能仅凭"断言"①。从《SCM 协定》第 11.2 条的术语中可以清楚地得出,"缺乏有关证据的简单断言"对于证明发起调查的正当性不够充分,而且申请人不可合理地获得证据不能作为减损立案证据审查义务的正当理由。专家组还指出,应该采纳危地马拉水泥案(I)中确认的立案证据审查标准和美国软木案 V 专家组对《AD 协定》第 5.3 条所作的解释,适用的立案审查标准应是一个无偏见的和客观的调查机关在面对同样的证据时,是否会确定有足够的证据证明发起调查是正当的。② 调查机关还可自行收集信息以确定其掌握了足够的证据,尽管调查机关没有义务这样做。此外,专家组裁决的另一亮点是进一步明确调查机关在立案之际而不仅仅是调查阶段,需要对被指控补贴项目进行专向性审查。③ 当然,对证据的数量与质量要求和裁决阶段的要求不能等同。④ 在此之前,在立案阶段是否需要对专向性进行审查,如

---

① 参见美国诉中国取向性硅电钢双反案专家组报告(WT/DS414/R),第 7.56 段。
② 参见美国诉中国取向性硅电钢双反案专家组报告(WT/DS414/R),第 7.51 段。
③ 同上,第 7.60 段。
④ 同上,第 7.54 段。

何满足"初步证据"的要求,一直是学术界争论的问题。

据此,专家组认定,在本案中,一个无偏见的和客观的调查机关不能得出结论认为存在专向性方面的充足证据,并以此为根据发起反补贴调查。因此,专家组最终认定:商务部对11个项目发起反补贴立案调查不符合《SCM协定》第11.2条和第11.3条的要求。

(3)对中国后续反补贴调查方法的影响

笔者认为,专家组认定立案证据不足的11个补贴项目属于调查中典型的陪绑项目,对最后的结论和反补贴税率均没有影响。从调查本身来看,调查机关都希望尽可能多地根据申请书的指控开展调查,只要是符合立案的表面证据要求。该案专家组的裁定加严反补贴立案的调查纪律,提高了反补贴调查立案门槛,对中国这样的出口大国是利好。

调查机关的立案证据审查主要包括两个方面:一是要对申请者本身代表国内产业的地位进行审查;二是要对申请书中提供的证据进行审查。第一项审查相对容易实现,第二项审查义务指向内容很多,而且缺乏客观标准,主观性强。但是从程序要求来说,调查机关在发起反倾销、反补贴立案调查之前,必须对申请书中提供的证据的"准确性"(accuracy)和"充分性"(adequacy)进行审查①,以此为依据来确定证据的"充足性"(sufficiency),进而以证据的充足性为依据来确定发起反倾销、反补贴调查的"正当性"②。因此,成员方调查机关虽然拥有自由裁量权来决定适用何种证据审查标准,但是根据专家组的裁定,调查机关的审查标准需要满足适当的要求。

美国诉中国取向性硅电钢双反案专家组的认定进一步要求成员方在发起反补贴立案调查时应该持审慎态度,应该做到:第一,要求申请人在申请书中除有补贴、损害及两者之间因果关系等必备要件之外,在补贴认定方面应该包含存在财政资助、利益和专向性三要素的初步证据。③ 第二,申请书中对于法律法规等抽象性文件不能仅仅概括性描述政策目标,需要有初步证据表明涉案国或地区政府有具体行政行为以实现该政策目标。④ 第三,如果补贴的时间距离调查期间比较远,那么应当说明授

---

① 参见《AD协定》第5.2条;《SCM协定》第11.2条。
② 参见《AD协定》第5.3条;《SCM协定》第11.3条。
③ 参见美国诉中国取向性硅电钢双反案专家组报告(WT/DS414/R),第7.59—7.60段。
④ 同上,第7.66、7.145段。

予的利益能够传导或者存续到调查期间。① 第四,受益的主体必须明确,要求能够证明有关公司、企业是获得利益的单一或者有限个体。②

2. "可获得事实"的法律适用问题

(1) 争议主张和背景

对美取向性硅电钢"双反"调查中有两个方面涉及了"可获得事实"的法律适用问题,包括在反补贴调查中认定政府购买货物项目的补贴利益时,对两家应诉公司适用"可获得事实"的方法进行计算;在反倾销和反补贴调查中,以"可获得事实"的方法分别计算"其他公司"的倾销幅度和从价补贴率。在这里笔者重点介绍在本案反补贴调查中认定政府购买货物项目的补贴利益时适用"可获得事实"的问题。

"政府购买货物项目"是取向性硅电钢双反案中应诉公司从价补贴率的主要来源。在具体计算时,调查机关以两家美国应诉企业未按照问卷的要求按时回答相关问题,即未提供调查期所有产品(包括被调查产品和非被调查产品)的销售数据为由,采用"可获得事实"的方法,推定其调查期内的全部产品国内销售均卖给美国政府或政府工程承包商,并计算了两家公司的从价补贴率。

美国诉中国取向性硅电钢双反案中关于"可获得事实"的争论点主要集中在两点:一是"可获得事实"的适用条件;二是"可获得事实"的来源。"可获得事实"适用的核心法律条款是《SCM协定》第12.7条。但是《SCM协定》中没有类似于《AD协定》附件二关于"可获得事实"使用的进一步详细规定。尽管如此,专家组和上诉机构在多个反补贴案件中分析《SCM协定》第12.7条时,均引用了《AD协定》第6.8条以及附件二项下"可获得事实"的裁决和分析,并指出《SCM协定》没有类似的规定并不意味着在适用"可获得事实"上没有条件限制,而且完全可以参照适用。③ 因此,《SCM协定》中"可获得事实"的适用应该参照《AD协定》附件二的规定。这些条款指出,在以下三种情况下适用"可获得事实":第一,利害关系方拒绝在合理期限内提供必要信息;第二,利害关系方不能在合理期限内提供必要信息;第三,利害关系方严

---

① 参见美国诉中国取向性硅电钢双反案专家组报告(WT/DS414/R),第7.71—7.74段。
② 同上,第7.107、7.138段。
③ 参见美国诉墨西哥牛肉和大米案上诉机构报告(WT/DS295/AB/R),第291—294段。

重阻碍调查。①

因此,被调查者"不合作的态度"将导致调查机关适用"可获得事实"继续反倾销和反补贴的调查,但同时也要求调查机关"充分说明要求利害关系方提交信息的细节",并且"保证利害关系方知道如果信息不能在合理期限内提供,调查机关将可以依据'可获得事实'进行裁决"。在该案原审调查阶段,调查机关已经充分注意到适用"可获得事实"不仅要考虑《SCM协定》第12.7条,还应参照《AD协定》第6.8条以及附件二的规定。此外,中国政府在多哈规则谈判中多次主张应该把《AD协定》第6.8条以及附件二引入《SCM协定》中,并在此基础上建立更加符合反补贴调查特点的适用规则。因此,可以看到在该案调查中涉及的诸多程序问题方面,中国调查机关非常谨慎,在通知义务、告知利害关系方因不配合而可能带来的不利后果、给利害关系方充分评论的机会、提交信息方式、再次提供信息的机会、调查问卷及补充问卷的合理延期时间、证据关门时间等方面都严格遵守WTO以往的判例精神,没有受到美方的挑战。

(2)专家组的认定

就适用"可获得事实"适用方法问题,美国诉中国取向性硅电钢双反案专家组基本支持了中方的主张,认定两家应诉企业AK公司和ATI公司没有合作,中方有权适用"可获得事实",而能否适用"可获得事实"问题的核心争论点在于中国调查机关所要求的数据是否是"必要"的。在专家组报告中,专家组接受了中方的抗辩,表示即使这些数据仅用于准备核查,该数据也应被视为"必要信息",因为核查也是调查程序的一部分。② 虽然应诉方提交了答卷,但答卷上的信息仅包含了国内数据,且调查机关已经就答卷内容不能构成答复这一问题通知了应诉方。故美方的"该数据已经在平行进行的反倾销程序中提供"的理由是牵强的。③ 最后,专家组认为虽然美国强调调查机关的要求对应诉方构成了"负担",但"却并未解释其认为该负担可能影响专家组评估第12.7条主张的原因"。④ 综上,专家组认定中方对于这些数据的要求是"必要的"⑤。该

---

① 参见《SCM协定》第12.7条。
② 参见美国诉中国取向性硅电钢双反案专家组报告(WT/DS414/R),第7.291段。
③ 同上,第7.292段。
④ 同上,第7.293段。
⑤ 同上,第7.294段。

案中,专家组肯定了调查机关向 AK 公司和 ATI 公司发放问卷和"补正通知"(deficiency letter)的行为,认为被调查的美国公司既没有对问卷不清楚或者不明白的地方向调查机关提出疑问,也没有向调查机关申请延期。① 因此,专家组认为中国调查机关已经合理地通知应诉企业 AK 公司和 ATI 公司应在规定期间内提交相关的交易数据,并且告知因不合作可能产生的不利后果,但是 AK 公司和 ATI 公司仍以"不合作"态度对待。因此,专家组认为,调查机关可以对应诉企业 AK 公司和 ATI 公司适用"可获得事实"。②

然而,在"可获得事实"的适用来源问题上,专家组则支持了美方的主张。简单地讲,美国诉中国取向性硅电钢双反案的专家组结合了美国诉墨西哥牛肉和大米案上诉机构的意见,提出适用"可获得事实"的两个标准:第一,"即使面对信息缺失的情况,调查机关适用'可获得事实'的权力仍然是有限度的,必须依据客观事实进行选择并作出判断"③;第二,调查机关没有权力随意选择需要的信息,被选择的信息只能用来替代被调查者拒绝提供的信息。④ 因此,专家组认定调查机关推定应诉公司的全部国内销售均卖给美国政府或政府工程承包商,并采用 100% 使用率来计算政府购买货物项目的从价补贴率是武断的,缺乏事实基础,与现有的案件记录不符。⑤ 调查机关选择的不是"可获得事实",而是"不利推定"(adverse inference),违反了《SCM 协定》第 12.7 条的规定。⑥

具体地讲,首先,专家组认为,适用"可获得事实"的目的是为了"补缺",即为了作出准确的补贴或者损害裁定必须使用"可获得事实"来替代缺失的信息,也仅为此目的。⑦ 适用"可获得事实"并不是为了惩罚利害关系方不合作,不合作也并不意味着可以适用不利推定。专家组认为,《AD 协定》附件二中没有"任何可以进行不利推定的基础","'可获得事实'机制不是为了惩罚利害关系方的不合作"。而《SCM 协定》第 12.7 条的目的在于"保证在利害关系方没能提供必要的信息时,调查机关的调查不受阻碍"。专家组继续引用美国诉墨西哥牛肉和大米案上诉机

---

① 参见美国诉中国取向性硅电钢双反案专家组报告(WT/DS414/R),第 7.285 段。
② 同上,第 7.294 段。
③ 美国诉墨西哥牛肉和大米案上诉机构报告(WT/DS295/AB/R),第 289 段。
④ 同上,第 291—292 段。
⑤ 参见美国诉中国取向性硅电钢双反案专家组报告(WT/DS414/R),第 7.303 段。
⑥ 同上,第 7.310 段。
⑦ 参见美国诉墨西哥牛肉和大米案上诉机构报告(WT/DS295/AB/R),第 293 段。

构的解释并认为,虽然调查机关可能会面对信息缺失的情况,但是调查机关的自由裁量权不是无限的,选择"可获得事实"的目的在于完成调查①;选择"可获得事实"不等于采用不利的事实或者惩罚不合作者。②"可获得事实"机制要求调查机关采用最佳的、可能的信息和事实,换句话说,即使选择"可获得事实",调查机关的裁决也必须有事实基础。③ 其次,专家组认为,调查机关在裁定所有取向性硅电钢产品销往政府或政府工程承包商,采用100%使用率这一问题上没有事实基础,且100%使用率与其他案卷记录不符。④ 专家组认为,AK公司提交了有关取向性硅电钢产品和非取向性硅电钢产品的客户清单,这些清单都没有显示AK公司全部将取向性硅电钢产品或者非取向性硅电钢产品出售给美国政府(机构)。根据中国调查机关的间接补贴理论,存在AK公司将所有产品出售给美国政府(建设合同提供者)的可能性,但是AK公司的2008年报告显示,AK公司32%的产品销售给汽车,29%的产品销售给基础设施和生产,39%的产品销售给分配器和转换器。因此,根据AK公司2008年的报告,给政府建设项目的AK公司产品不可能超过29%⑤,据此可推断,AK公司取向性硅电钢全部销售给建设工程领域的美国政府工程承包商的可能性很小。根据美国诉墨西哥牛肉和大米案上诉机构的裁决,《SCM协定》第12.1条要求的正当程序意味着调查机关应当慎重选择并考虑所选取的事实与案件的相关性,特别是如果有被调查者已经提交的并记录在案的可以作为参考的事实。⑥ 由此可以看出,在选择具体的事实作为"可获得事实"时,《AD协定》附件二第7款规定了"特别慎重"的义务。在之前的WTO裁决中,上诉机构认为《AD协定》附件二标题中"最佳"一词表明使用的"可获得事实"不仅仅应该是正确或可用的,而且应该是在案件中最合适的,没有与其相比更好的信息。这就要求调查机关进行评估和比较分析,没有对案件中可获得证据的比较分析,调查机关就不可能得出准确的判断。再者,调查机关在从第二来源的数据中进行信息选择时,要通过与其他独立来源的信息进行比对以审查该数据的可靠性和准确

---

① 参见美国诉墨西哥牛肉和大米案上诉机构报告(WT/DS295/AB/R),第293段。
② 参见欧共体DRAMS反补贴措施案专家组报告(WT/DS299/R),第7.80段。
③ 参见美国诉中国取向性硅电钢双反案专家组报告(WT/DS414/R),第7.302段。
④ 同上,第7.303段。
⑤ 同上,第7.305段。
⑥ 参见美国诉墨西哥牛肉和大米案上诉机构报告(WT/DS295/AB/R),第292段。

性,而且"特别慎重"表明调查机关应该有此主动行为。

(3)对后续反补贴调查的影响

美国诉中国取向性硅电钢双反案专家组报告指出,调查机关在适用"可获得事实"之前,应当至少考虑几个方面的要件:①调查机关是否尽到了告知的义务,是否给予利害关系方再次说明的机会,是否告知其不利后果。②在具体选择"可获得事实"时应充分考虑《AD协定》附件二第7款规定的义务,应尽量避免简单地选择一个对于应诉企业最为不利的事实,而是应尽最大可能去选择最客观、公正的事实,而且要用具有公信力的渠道去核实信息和数据来源的真实性和准确性。③在终裁前披露和终裁公告中应对适用"可获得事实"进行详细的分析说明,包括适用可获得事实的事实依据、最终选取的可获得事实的理由、适用的具体数据、计算方法等。根据WTO争端诉讼经验,详细的披露和公告不仅是避免在程序义务上违规的基本要求,也是进行实体抗辩的重要基础。如果披露或公告不详细,在争端解决程序中的抗辩意见可能会被专家组认为是事后说理而被拒绝。

在当前全球范围内的反补贴调查中,虽然已有相关判例,但很多成员方仍然通过不断地给应诉方加重应诉负担,使其无法提供相应信息,并惩罚性适用"可获得事实",而对出口企业课以重税。这几乎已经成为各国(地区)在反补贴调查中获得高税率的不二法宝。结合中国企业被其他国家(地区)调查反补贴的情况,中国调查机关做法是,复制其他成员方的调查技巧,适用"不利推定"。笔者作为时任调查官,从立案开始,就对该案整体的走向有了预判和方案,已经充分做好了被诉至WTO的准备,其中一些做法完全效仿美方的调查方法,就是希望专家组能够进一步明确反补贴调查中"可获得事实"的适用原则,对惩罚性的"不利推定"适用加以严格限制,进而能够从多边规则的角度来加严反补贴调查纪律,在全球范围内限制"可获得事实"的滥用。

3. 损害认定中价格影响认定问题

(1)争议主张和背景

《SCM协定》在损害认定方面授予调查机关较大的自由裁量权,因此在WTO争端中,贸易救济调查的损害部分难以全部获得DSB的支持。该案中,美方从多个方面对中方措施的损害和因果关系认定提出质疑,重点集中在价格影响分析认定以及因果关系中的非归因等问题。由于前者涉及对《AD协定》和《SCM协定》有关规则的解释,而后者主要是个案事实问题,且中方仅就前者提起上诉,因此笔者重点讨论本案关于价格影响的专家组和上诉机构意见。

在美国诉中国取向性硅电钢双反案中,中国调查机关认定被调查产品对国内产业同类产品价格产生压低和价格抑制作用,而美国认为调查机关还认定存在价格削减,因为裁决中数次提及"低价进口"。同时,美国对中国调查机关价格影响认定提出质疑,美方主张中方在关于价格影响认定方面未能做到对肯定性证据进行客观审查,从而违反了《AD 协定》第 3.1 条、第 3.2 条以及《SCM 协定》第 15.1 条、第 15.2 条。中方抗辩称,调查机关并未认定也无须认定存在价格削减,且调查机关关于 2008 年至 2009 年一季度存在价格压低和价格抑制的认定是客观、适当的。①

(2) 专家组和上诉机构的认定

专家组首先审查了中国调查机关关于价格压低的认定。经审查,专家组首先认为,调查机关关于价格压低"本身"(per se)的认定是客观的,即国内产业同类产品价格确实在调查期后期出现下降。② 接下来,专家组分析了《AD 协定》第 3.2 条与《SCM 协定》第 15.2 条的含义,认为条文要求调查机关考虑倾销/补贴进口产品的影响,因此调查机关必须证明价格压低是受被调查产品的影响。③ 基于此条文的解释,专家组进一步认定本案中中国调查机关考虑的各项证据未能证明这一点。④ 特别对于中方提出进口产品平均单价(AUVs)低于国内同类产品的主张,专家组认为调查机关在比较时未考虑贸易水平和产品构成的影响,且基于年度平均价值的比较不够精确。⑤ 对于中国调查机关关于价格抑制的认定,专家组同样认为调查机关基于调查期内不断扩大的"价格成本差"认定存在价格抑制"本身"是客观的,但未能证明该价格抑制是由于被调查产品的影响。⑥ 除了与价格压低部分相同的理由外,专家组还指出,在宝钢投产导致国内产业成本上扬的情况下,调查机关却没有分析国内产业价格成本差的扩大是否由宝钢投产而非进口产品造成,未满足协定所要求的客观审查义务。⑦ 最后,针对美方主张,专家组指出中国调查机关并未作

---

① 参见美国诉中国取向性硅电钢双反案专家组报告(WT/DS414/R),第 7.475—7.477 段。
② 同上,第 7.515—7.517 段。
③ 同上,第 7.515—7.520 段。
④ 同上,第 7.525—7.527 段。
⑤ 同上,第 7.528—7.530 段。
⑥ 同上,第 7.546—7.551 段。
⑦ 同上,第 7.547—7.551 段。

出价格削减认定。

中方就本案价格影响的法律解释和适用相关问题提出上诉。上诉机构通过文本解释、上下文解释、目的解释等条约解释方法详细分析了《AD协定》第3条与《SCM协定》第15条的相关内容,总体肯定了专家组的解释,并首次提出被调查产品对国内产业同类产品价格造成的影响应当具有"解释力"(explanatory force)。① 上诉机构还指出,相比专家组采用的"两步走"分析方法,对国内产业同类产品价格下降和被调查产品的影响进行"综合"(unitary)分析更为可取。② 当调查机关发现其他因素可能削弱被调查产品的"解释力"时,调查机关应当对这些因素是否影响国内产业同类产品价格进行分析。③ 根据此解释,上诉机构继续审查专家组适用《AD协定》第3.2条和《SCM协定》第15.2条是否妥当。上诉机构指出,虽然其不同意专家组对被调查产品"价格政策"因素的考量,但经综合分析后,认为专家组关于中国调查机关在价格影响分析中违反《AD协定》第3.1条、第3.2条与《SCM协定》第15.1条、第15.2条规定的总体结论并无错误。④

(3)对损害调查的影响

在该案中,中国调查机关通过上诉,澄清了相关规则,并推翻了专家组在法律适用方面的部分认定,这些都体现在中方后续的再调查执行裁定中。专家组和上诉机构对《AD协定》第3.2条与《SCM协定》第15.2条的解释,强调了调查机关在分析是否存在价格压低和价格抑制时,应当考虑和说明是倾销/补贴进口产品对国内产业同类产品价格造成了影响。按照上诉机构的表述,就是要论证被调查产品对于价格压低和价格抑制应当有"解释力"。这对今后各WTO成员的贸易救济产业损害调查工作提出了进一步的要求。

该案除了要在价格影响分析上作出进一步澄清之外,还要求中国调查机关在进行损害调查时应注意以下几个方面:一是裁决用词必须精准,要经得起法律和事实的严格检验。本案中,调查机关在裁决中多次使用"低价进口"一词指代"倾销进口",概念上的不准确给美方留下口实,也成为专家组和上诉机构认定中方损害调查未做到对肯定性证据进

---

① 参见美国诉中国取向性硅电钢双反案上诉机构报告(WT/DS414/AB/R),第136段。
② 同上,第142段。
③ 同上,第152段。
④ 同上,第224段。

行客观审查的重要依据。二是进一步加强裁决的说理部分,作为一种法律文书,应该有充分的论点和论据作为支撑,裁决中应该充分回应利害关系方的抗辩意见,增强透明度和说服力。三是在价格影响分析中要更加注重价格分析。结合个案产业和产品特性考虑产品分类、贸易水平等影响价格的因素,进而保证裁决的合规性。

(四)对美国政府补贴政策的分析

本案中,中国调查机关共对美国联邦政府和地方州政府的28个补贴项目进行调查,在最终裁定中,中国仅认定应诉公司从政府购买货物等3个补贴项目中受益,其余项目或被认定为应诉公司未使用,或被认定为不具有专向性,或项目已终止或不构成财政资助等。美国政府提供财政补贴政策具有隐蔽性和技巧性,美国政府的补贴政策具有如下几个特点。

1. 补贴政策有法可依

美政府的补贴项目大多以法律的形式出现,都有相应的法案、立法说明和项目执行的评估报告等法律文件。与政策性文件规定的补贴政策相比,其优点在于:基于法律规定的补贴政策的效力和执行力更强,连续性和稳定性更佳。由于法案最终颁布前均经过了听证会、议会辩论等程序,使相关政策更加完善、透明和更具有可操作性。通过法律上的授权使补贴项目参与方的分工明确,可以避免政出多门或互相推诿的现象,有效提高了行政效率,保证了对补贴政策的执行。此外,由于法案的最终文本及相关文件均会发布在政府网站上,使补贴政策的透明度更高,更易为公众所了解。

2. 补贴政策表面上基本符合WTO规则的要求

从本案来看,美国联邦政府层面的补贴政策基本上符合WTO规则的要求,基本上不存在《SCM协定》规定的禁止性补贴(包括出口补贴和进口替代补贴),但仍存在一定数量的可诉性补贴项目。美国州、地方政府层面,为了扩大就业、刺激本地区经济发展或鼓励扶持某一产业的振兴,制定和出台了很多补贴政策,许多项目属于可诉性补贴项目。但美国政府已经将其中的大部分项目向WTO作了通报。

3. 补贴政策注重经济发展和社会职能

美国政府联邦层级的补贴政策较为注重发挥其社会职能,如退休人员药物补贴,是政府鼓励企业为退休人员提供更多的处方药补贴,规定凡是加入该项目的企业,政府就向其提供相应的财政支持;养老金收益担保补贴,是政府对企业向其员工支付养老金提供担保,在企业破产的情况下,由政府承担企业员工养老金的支付。这些补贴项目,其实是政府帮助企业分担了本应由企业承担的社会职能。

4. 补贴政策偏向新能源或新技术领域

美国政府重视新能源的开发或新技术的应用,早在20世纪七八十年代就出台了相关的法案,并提供了相应的补贴政策,如清洁煤炭技术计划项下的补贴、钢铁行业的特别环保豁免、可替代能源基金所提供的资助等。这些领域的补贴政策使美国在新技术和新能源领域保持世界领先地位,提高了美国产品的竞争力。同时,这些补贴政策或基本符合WTO规则的要求,或根本不构成补贴,使其他国家很难从WTO规则层面对其补贴政策进行挑战。

5. 州和地方政府主要以发行债券和税收优惠的形式提供补贴

美国的州和地方政府较少采用直接的资金转移如赠款、股本注入和贷款等方式提供财政资助,主要采用税收优惠(包括税款抵减企业负债、代缴税款企业留存和研发费用的税收抵免等)及发行债券的方式,目的是为促进当地经济发展,振兴某一产业或提高当地的就业水平等,与出口有关的补贴较少。通过州和地方政府为企业基建项目发行债券的方式提供补贴,在形式上较为隐蔽,对补贴项目的认定和补贴利益的计算造成很大困难。

二、美国诉中国白羽肉鸡双反案

(一)案件整体评价

白羽肉鸡案是中国第一次就美国涉农产品进行的调查,并开创性地通过对上游补贴利益传导的认定,对美国农业政策依法开展调查并裁决。笔者与该案很有缘分,笔者去山东协调美国对中国热敏纸反补贴调查实地核查时,遇到当地肉鸡加工企业反映,被进口产品冲击很严重,笔者介绍了贸易救济调查案件的立案和调查程序,建议企业依法维护自己合法利益。随后,该产业的几家企业一起作为申请人正式向商务部提出立案申请。该案是国内产业利用法律武器维护自身权益的范例,也说明调查机关要加大宣传力度,让更多的企业能够获知可以依法寻求法律帮助以维护自身权益。

(二)争端解决的基本程序

2011年9月20日,美国在WTO提出对白羽肉鸡反倾销、反补贴措施的磋商。2011年12月8日,美国要求成立专家组。2012年1月20

日,DSB会议决定设立专家组。2012年5月14日,美国要求总干事确定专家组的组成。2012年5月24日,总干事决定专家组组成。2012年11月23日,专家组主席书面通知DSB不能在6个月内提交报告,预计延迟至2013年6月底。2013年8月2日,专家组向各成员散发报告。2013年9月25日,DSB通过专家组报告。

2013年10月22日,中国告知DSB中方需要确定合理时间执行专家组报告。2013年12月19日,中国和美国通知专家组,双方协商一致9个月内(即在2014年7月9日前)执行专家组报告。2014年7月22日,DSB会议中,中方通知DSB已经执行完毕,但美方认为中方执行不充分。2016年5月10日,美方要求与中方就执行展开磋商。2016年5月27日,美国要求成立执行之诉专家组。2016年6月22日,DSB会议同意指定原专家组继续审理。2016年7月18日,执行之诉专家组组成。2016年10月18日,专家组主席通知DSB,预计提交报告时间为2017年年底。2018年1月18日,执行之诉专家组向各成员散发报告。2018年2月28日,DSB采纳执行之诉专家组提交的报告。

(三)争端解决涉及的重要法律问题

美方在申诉中指出,中方违反《SCM协定》关于"可获得事实"、征税税率高于补贴额等内容,涉及《SCM协定》第10条、第11.1条、第12.3条、第12.4条、第12.7条、第12.8条、第15.1条、第15.2条、第15.4条、第15.5条、第16.1条、第19.4条、第22.3条、第22.4条、第22.5条的违反。

1. 关于损害的认定

(1)争议主张和背景

专家组审查了损害认定中的价格影响、损害指标、因果关系三部分内容。其中损害指标部分涉及较少,因果关系主要讨论了价格影响分析的瑕疵造成因果关系的影响。笔者在这里主要讨论价格影响。

关于价格影响,美方主张,调查机关的价格影响分析违反了《SCM协定》第15.1条和第15.2条的规定。调查机关认定价格削减时,比较了进口产品和国内产品的单位价格,有两点存在争议:一是比较时价格处于不同贸易环节;二是比较包括了不同的产品组合。进而美方同时主张,调查机关基于价格削减的基础认定的价格抑制同样违反《SCM协定》。

(2)专家组的认定

针对以上主张,专家组没有支持美方的第一个主张,即美方没有证明调查机关在不同贸易环节基础上比较交易价格。专家组支持了美方的第二个主张,认为调查机关在比较国内价格和进口价格时,混同了不同的产品,违反了《SCM 协定》第 15.1 条和第 15.2 条的规定,进而支持了关于价格抑制的主张。

在执行之诉阶段,专家组再次支持了美方的主张。专家组认为,调查机关的再调查执行不符合《SCM 协定》的要求。一是调查机关没有重新比较价格,而是重新进行国内产业实地核查,并收集和分析了来自 4 家国内企业的额外价格数据。这种调查不能满足《SCM 协定》第 15.2 条的要求,没有解决进行价格影响分析时,国内价格和进口价格包括"一揽子"产品时价格比较的情况。二是在重新进行的实地核查中,调查机关没有解释为什么抽样的 4 家企业的价格具有代表性,进而能够作为价格影响分析的基础。

(3) 对反补贴调查的影响

该案中的价格影响问题主要涉及的是如何认定价格削减。价格削减需要比较进口产品价格和国内产品价格,在这种情形下涉及确定影响价格的全部因素是否被充分考虑的问题。很多学者认为,这种比较可以套用反倾销中出口价格和国内正常价值比较中的可比性问题。笔者认为,反倾销中的可比性,主要侧重可比,而损害部分,更加侧重分析影响价格的因素,考虑进口价格影响国内产业价格时是否纳入其他影响价格的因素。

2. 通知、披露和"可获得事实"的适用

本案中的通知和披露等除涉及程序部分的登记应诉、通知、非保密概要、披露、公告等之外,还涉及实体部分的"可获得事实"适用。与该案同期的几起反倾销、反补贴 WTO 争端案件中,均涉及该问题。

(1) 争议主张和背景

美方主张,调查机关适用"可获得事实"确定其他公司税率时,违反了《SCM 协定》第 12.7 条的要求。调查机关未尽到通知义务,没有通知未知的生产商或出口商关于立案、所需的信息、不合作的后果等,因此不能对这些公司适用"可获得事实"。进而调查机关选择的税率不恰当,其他公司税率大幅高于答卷公司和登记应诉公司,调查机关未解释税率是如何确定的。与这一主张相关,美方提出其他几点主张。关于非保密概要,美方主张,调查机关没有要求申请人的非保密概要,导致阻碍美国相关利害关系方的抗辩。关于披露,美方主张,调查机关没有按照《SCM 协定》第 12.8 条的要求,披露计算其他公司税率的关键事实。关于公告的要求,美方认为,调查机关的初裁和终裁公告没有满足《SCM 协定》第 22.3 条的要求,即详细披露所依据的事实、调查结论、法律。专家组支持美方的主张,认为调查机关没有详细披露确定其他公司税率所依据的法律、事实、调查结论等。

(2) 专家组的认定

专家组认为,调查机关在互联网上发表公告,要求登记和提交信息,并提示不作为的后果,可以构成适用"可获得事实"的要求。但是,专家组认为税率适用方面违反了《SCM 协定》第 12.7 条关于"可获得事实"的要求。关于非保密概要,专家组支持美方的主张,认为申请人提交的非保密概要没有满足《SCM 协定》第 12.4.1 条的要求,不能使其他利害关系方能够合理理解保密信息的实质内容。关于披露,专家组支持美方主张,认为调查机关没有披露特定关键事实。

(3) 对反补贴调查的影响

结合同期被诉的其他反倾销、反补贴调查案件,笔者认为,要进一步提高调查机关在透明度、程序控制和"可获得事实"适用方面的调查能力。对于应诉公司来说,并不是每个公司都具有非常广泛的信息渠道。如果因为调查机关没有尽到通知义务,或没有明确通知需要提交的信息,致使公司没有能够提交相应的信息,这种情况并不是公司不愿意配合,而是没有相应的机会。如果调查机关以公司不配合为由,对公司适用"可获得事实",无疑对公司是不公平的。

从更广义的角度来看,该案促使调查机关进一步提高调查程序的透明度。在该案之后的再调查阶段,调查机关为解决前述价格影响问题,对国内产业进行了重新实地核查。美方在执行之诉中,继续质疑中方的证据收集。美国主张调查机关从 4 家国内产业生产者收集价格信息的程序不符合《SCM 协定》的要求。专家组认为,调查机关没有通知各相关利害关系方需要向国内产业收集信息,不符合《SCM 协定》第 12.1 条的要求。调查机关没有提供足够的时间让各相关利害关系方知悉问题和要求的信息,不符合《SCM 协定》第 12.3 条的要求。

自该案以后的调查,笔者看到,作为调查机关的商务部贸易救济调查局在裁决中对程序作出相应的调整,包括立案阶段在商务部网站上发布公告,通知被调查国政府,并将申请书公开版发布到网站;在调查中更加注重程序控制,充分利用公开信息查阅室和公开信息查阅网站公开信息。不断增强调查的信息化和透明度,开发上线了新的贸易救济调查信息化系统。在对未知公司适用税率方面,调查机关也调整了相应的裁决表述。例如,在对印度的邻氯对硝基苯胺案中的表述,调查机关通知了印度驻华使馆和申请书列明的印度生产商,同日,调查机关将立案公告登载在商务部网站上,任何利害关系方均可在商务部网站上查阅本案立案公告。立案后,调查机关给予各利害关系方20天的登记应诉期,给予所有利害关系方合理的时间获知立案有关情况。此后,调查机关将调查问卷登载在商务部网站上,任何利害关系方可在商务部网站上查阅并下载本案调查问卷。调查机关尽最大可能通知了所有利害关系方,也尽最大可能提醒所有利害关系方不配合调查的后果。① 调查机关调查方法的规范和统一有利于提升调查的透明度和可预期性。

3. 采用"可获得事实"计算补贴利益

(1) 争议主张和背景

美方主张,调查机关采用"可获得事实"计算单位补贴额的方法不恰当,进而违反《SCM 协定》第19.4条规定的征收反补贴税不得超过认定存在的补贴的金额。具体而言,美方主张,调查机关不恰当地将全部产品获得的补贴受益额都分摊到了被调查产品上。

(2) 专家组的认定

专家组支持美方的主张,认为调查机关没有解释如何确定将全部补贴额只分摊至被调查产品的产量上。专家组认为,调查机关有义务准确计算单位补贴额,并征收不超过该补贴额的反补贴税,并强调,其职责不是重新审查证据、替代调查机关的结论或者简单接受调查机关的决定,而是审查是否有在案证据表明调查机关对其认定进行了合理和充分的解释。商务部有义务保证已正确计算补贴金额,而非简单接受应诉企业提交的信息,特别是应诉企业和美国政府已经告知商务部它们可能错误地理解了调查问卷并提供了错误的数据。因此,专家组以程序正当为理由,认定中国调查机关没有做到在调查记录中体现其对冲突证据的积极和充分的考虑,没有做到对抗辩企业给予必要的回复,没有对结论进行合理和充分的解释,进而违反了《SCM 协定》第19.4条和GATT 1994第6.3条。②

(3) 对后续反补贴调查的影响

从专家组的裁定可以看出,调查机关应该充分考虑应诉企业提交的

---

① 参见中华人民共和国商务部公告2018年第18号,第56—58页。
② 参见傅东辉:《论贸易救济——WTO 反倾销反补贴规则研究》,中国法制出版社2015年版,第302页。

证据材料,特别是对相互有冲突的证据材料更要给予高度重视。调查机关应该对应诉方的抗辩作出及时回应,并在调查案卷中进行详细记录;可以公开披露的要及时披露,增加调查的透明度,给予应诉方知情权。此外,调查机关要夯实调查结论的事实基础并作出充分、合理的解释。总之,调查程序要满足反补贴调查的程序性要求。①

在美国诉中国取向性硅电钢双反案中,调查机关对"购买美国货项目"采用"北美碳钢综合价"来计算应诉公司所获利益。该案中,由于存在上游补贴利益传导的情况,对调查机关提出了更高的技术要求。调查机关选取了联合国粮农组织统计的阿根廷上河地区玉米的每月离岸价,以及阿根廷农业部统计的豆粕每月离岸价。争端中的主要争议点在于,接受补贴的产品是玉米,从玉米到饲料、饲料到活鸡、活鸡到切割后的产品,产品中还包括鸡块、非商业产品、深加工产品。因此需要对应补贴额和对应销售金额。正如应诉的美国公司主张,调查机关必须确保计算补贴税率的分子和分母相对等。如果调查机关打算采用玉米和豆粕的总消耗量作为分子,则相应的分母应该是所有禽肉(包括被调查产品和非调查产品)的总量。因为所有玉米和豆粕都用于鸡的饲养,而这些鸡最终被加工成的产品里既包含被调查产品,也包含非调查产品。抑或调查机关仍打算采用被调查产品的销售额作为分母,那么相应的分子应该调整为按比例分摊到被调查产品上的对应的玉米和豆粕消耗量。调查机关在执行再调查中,从分子和分母两个角度考虑该调整。由于应诉公司提交数据不完善,调查机关没有接受重新计算受益额的主张。根据肉鸡产品加工的不同阶段,调查机关使用切割后白羽肉鸡产品(熟食加工前)作为分摊基准,重新计算补贴税率。②

在反补贴调查案中,当被调查方被要求出具不利于己的证据时,会出现不予合作的情况。因此,各国调查机关经常依据"可获得事实"或"可获得的最佳信息"作出裁定。这种做法虽然普遍存在,也是 WTO 规则赋予调查机关的自由裁量权用以完成调查,以及对不配合的应诉方予以惩罚。但在现实中,也经常会违背立法初衷和本意,出现调查机关滥用权力的情形。在多哈回合规则谈判中,笔者建议中国政府提出进一步规范适

---

① 参见傅东辉:《论贸易救济——WTO 反倾销反补贴规则研究》,中国法制出版社 2015 年版,第 302 页。
② 参见中华人民共和国商务部公告 2014 年第 44 号,第 79—81 页。

用"可获得事实"的提案。①

此外,在"上游补贴项目—直接支付项目"中,根据美国《1980年联邦农作物保险法》的规定,联邦农作物保险公司向农作物种植者提供风险担保。美国《2008年农业法》规定,计算直接支付补贴的支付额度所要考虑的因素包括:该法所规定的支付率和该法所涵盖农作物的补贴种植面积。但是由于应诉方不予合作,因此,就《2008年农业法》第1103节(c)段所涉"直接支付"补贴的支付额度计算公式而言,调查机关无法获知该计算公式中所需的三项乘积是如何定义及确定的。因此,调查机关根据表面证据认为,"直接支付补贴率"是单位重量的农作物应获得"直接支付"补贴获得的比率,并最终采用玉米、大豆的直接支付补贴率来认定单位数量的玉米、大豆受补贴的情况。在US-Upland Cotton案(DS267)中,也是私人保险机构向高地棉种植者提供风险担保。专家组对巴西所主张的计算方法和美国所主张的计算方法作了分析和对比。专家组的认定更为准确和精细,值得中国调查机关学习。

三、美国诉中国汽车双反案

(一)案件整体评价

2008年全球金融危机中,美国政府启动大规模救助计划,总耗资超过7000亿美元,救助对象包括受到日本进口汽车影响的美国汽车产业,政府对通用和克莱斯勒汽车集团的救助耗资超过800亿美元。救助计划主要体现为破产重组程序中的资金纾困,救助方式在初期为贷款并辅助担保,后期实施债转股等形式。虽然美国财政部的救助依据为破产重组相关法律规定框架,但考虑到通用公司和克莱斯勒公司当时融资困难,无法在市场上获得大规模资金,政府贷款对企业渡过难关和恢复经营起到关键作用。具体讲,救助包括对车企重组的贷款支持,贷款条件中配套认股权证等担保;在汽车销售端支持汽车金融公司,促进消费者恢复购买能力、车企恢复销售现金流;支持汽车零部件生产厂商融资,保证车企的生产安排不中断。最终,通过破产程序中的资产出售条款,财政部实行债转股,并再次将通用公司IPO上市,实现退出,通用公司获得贷款近600亿美元。

---

① 参见"中方历年提案",载中国商务部贸易救济调查局网(http://trb.mofcom.gov.cn/article/bzcsdcgz/),访问日期:2020年2月2日。

在这一背景下,中国调查机关对美国汽车产业救助中的补贴项目发起调查并进而发起新出口商复审调查。因触及美国金融危机救助这一重要政策,美国随即提起WTO争端解决程序。由于该案几经易手以及其他多重因素,错过不少时机,仅调查了金融危机期间美国政府对产业的救助政策等个别项目,错过了深度挖掘美国补贴政策的机会。笔者一直认为,在终裁裁决中即使认定补贴幅度为零,也要对美方提供禁止性补贴和可诉补贴的事实予以法律上的认定。

(二)争端解决的基本程序

2012年7月5日,美国提起磋商请求,主张中国对部分汽车反补贴调查案裁决违反《SCM协定》第10条、第11.3条、第11.4条、第12.4.1条、第12.7条、第12.8条、第15.1条、第15.2条、第15.4条、第15.5条、第16.1条、第22.3条、第22.5条的规定。2012年9月17日,美国要求设立专家组。2012年9月28日,DSB会议决定设立专家组。2012年10月23日,DSB设立专家组。2013年2月1日,美国要求总干事指定专家组组成。2013年2月11日,总干事指定专家组组成。2013年9月25日,专家组主席通知DSB,预计于2014年3月提交报告。2014年5月23日,专家组向各成员散发报告。2014年6月18日,DSB采纳了专家组报告。

(三)争端解决涉及的重要法律问题

1. 争议主张和背景

美方的主张涉及可获得信息和其他公司税率、公告要求、损害认定中国内产业认定、价格影响分析、因果关系认定等。美方的主张与前述两起案件相似。

2. 专家组的认定

专家组认为,调查机关在确定其他公司补贴幅度方面违反了《SCM协定》第12.7条的要求;在价格影响分析和因果关系认定方面,违反了《SCM协定》第15.1条、第15.2条和第15.5条的要求;在非保密概要方面,违反了《SCM协定》第12.4.1条的要求。专家组未支持美方主张的调查机关确定国内产业时违反了《SCM协定》,以及商务部公告违反《SCM协定》的主张。具体的论述和主张与前两述起案件类似。

3. 对后续反补贴调查的影响

中国调查机关在随后的调查中,逐步调整调查方式和裁决表述。该案特别值得关注的是涉及重组企业的利益传导问题,美财政部根据汽车业融资计划,向濒临破产的美国汽车工业提供巨额贷款。被调查企业克莱斯勒和通用公司均接受了贷款。因此,调查机关在计算应诉公司所获得的利益时,应诉公司主张,即使美国政府给予重组前公司的贷款构成补贴利益,该利益也没有转移给重组后的公司。无独有偶,在欧共体大飞机案中也涉及空客重组过程中补贴的传导问题。该案专家组花费了大量心思,旁征博引了很多其他案件专家组和上诉机构的论述,对补贴的接受者、补贴的传导和灭失都作了较为经典、系统的论述。

四、案件的结果和影响

总而言之,反补贴、反倾销调查是一个双向和互动的过程,并在所有参与方之间保持一种平衡。一方面,要求调查机关不受任何利益的影响,在所有反补贴调查程序中都以证据为准,保证调查程序的正当性和合法性。另一方面,要求利害关系方诚实地对待调查,但赋予其平等的参与及评论机会,以保证法律授予的自然权利。从法理上看,这一切都是基于"正当程序"的理念,"可获得事实"的适用更是体现了该精神,只有程序正义、证据交换的公开和透明,才能保证实体裁决的公正和准确。

对于中国调查机关来讲,美国诉中国取向性硅电钢双反案是"赢了里子,输了面子"。为什么这么讲呢?在该案立案前,中国调查机关已经对调查的目的和走向、案件的发展和是否会诉至 WTO 及中国的外部形势进行了充分考量和研判,并精心拟制了调查策略和具体方法。而无论是从双边裁决还是多边争端的最后结果看,调查机关在该案中的预期目的已经全部实现:一是依法维护了国内产业利益,为产业发展赢得了时间;二是开启了中国的反补贴调查,丰富了实践经验,完善了调查手段;三是通过调查掌握了美国政府提供补贴的大量证据,为后续反补贴调查打下基础;四是在核心利益上获得了 WTO 争端解决机制的支持,裁决经受住了规则的考验;五是看似在争端中输掉的一些法律点,但大部分在预设范围内,其本来的设计目的就是丰富 WTO 的判例,澄清现有规则,加严反补贴调查纪律,对一些成员方滥用反补贴调查起到警示和约束作用,以期使中国出口企业遭受不公平待遇的状况有所改善。

笔者从事贸易救济调查工作 16 年,参与了中国发起的第一个保障措施案,负责了中国分别对美国和欧盟首起双反调查案,也负责过多起其他国家(地区)对中国双反调查应诉工作。笔者深刻体会到反倾销法和反补贴法作为行政法的先天不足。贸易救济调查机关是行政部门而非独立的司法机构,是进口国(地区)政府的组成部门,毫无疑问会受到进口国

(地区)政府贸易政策的影响。贸易救济调查程序上是行政程序,而非司法程序,其本质是一种机制,其目的是通过快速、高效的调查征收反倾销和反补贴税,以最终实现保护国内产业的目标。同时,基于自然法的法律精神,要求贸易救济调查必须遵循公平、公正、公开的原则,使当事方的权利得到保护,因此贸易救济调查天然存在不可调和的冲突和矛盾。具体而言,调查机关会尽最大努力在规则范围内寻找理由去扩大自由裁量权以限制进口,保护国内产业,而出口国(地区)和企业则采用多种途径努力维护自身的辩护权,最终实现出口这一经济目的。这里的辩护权包括知情权、听证权、知晓决定依据的事实和考虑权,以及取得援助权等程序权利,保障这些权利的前提是调查机关的透明度。只有WTO成员保持和提高贸易救济措施调查的透明度,保障应诉企业的知情权和抗辩权,才能保证调查机关的调查是公平可信的,是在WTO规则框架内进行的。这是保护WTO成员及其参与企业程序权利的重要内容,更是维护WTO规则的有效性和权威性,进而保证WTO成员方有意愿继续维护WTO多边规则的效力以及积极推动多边规则的不断发展和完善的必然要求。中国作为近20年来遭受贸易救济调查最多的WTO成员方,深受贸易保护主义之害,提高WTO成员贸易救济调查中的透明度无疑对于维护中国企业在应诉贸易救济措施调查中的权利有重要意义。同时,中国也是贸易救济调查的主要使用成员,在调查中,能够积极地维护多边规则,尽最大努力保证程序的公开和透明,公平、公正地开展贸易救济调查,这将对多边贸易体制带来积极影响,更能产生正面的示范效应。

第四节 完善中国反补贴立法和实践

一、对现行《反补贴条例》的完善建议

2004年修订后的《反补贴条例》具有前瞻性,尽最大努力与《SCM协定》保持一致性,同时个别条款又不失灵活性。但仍有学者认为该条例的许多条款与《SCM协定》并不完全一致,应该保持完全一致。笔者认为,没有必要与《SCM协定》完全一致。即使该条例确实存在不严谨和值得商榷之处,但只要在不违反GATT、WTO、《SCM协定》《对外贸易法》及《立法法》的宗旨原则、相关规定和法定义务的前提下,赋予本国调查机关更多的自由裁量权,使本国调查机关更具灵活性,并能实现立法目

标——在符合WTO规则的同时,使国内产业得到更好的保护,获得更大的发展空间,这样的立法技巧是值得鼓励的。此外,还有学者认为2004年修订的《反补贴条例》的立法层次比较低,应该上升为法律。笔者10多年前认为中国调查机关正在逐步丰富实践,不上升到法律的层次是合时宜的、明智的、务实的选择。但10多年后的今天,笔者认为实践经验已然丰富,可以进一步完善立法,提升立法层次。

现行的2004年《反补贴条例》只是对2002年《反补贴条例》的简单修订,并没有进行实质修改。其客观原因是,修订《反补贴条例》时,中国尚未进行过反补贴调查,缺少实操经验。这使得该条例仅是根据《SCM协定》的规定,借鉴和参考了其他成员方的反补贴立法实践,并结合中国反倾销调查实操经验而形成的。这一现实状况,也使得该条例有许多不符合实操之处,具体问题有:

(1) 2004年《反补贴条例》第3条关于补贴的定义中规定了"财政资助"的四种形式,前三种情形的措辞与《SCM协定》保持一致,仅在第四种情形中规定"出口国(地区)政府通过向筹资机构付款,或者委托、指令私营机构履行上述职能",而忽略了《SCM协定》第1.1(a)(iv)条[①]中关于"且此种做法与政府通常采用的做法并无实质差别"的表述。2004年《反补贴条例》没有完全与《SCM协定》保持一致,可能有两个原因:其一,扩大了第四种情形的范围,无论此种做法是否与政府通常采用的做法有实质差别,均须考虑。其二,立法时的疏忽,用词不严谨。笔者认为,从条文的语义来看,似乎更像是立法者的疏忽,立法者似乎没有完全理解《SCM协定》的含义,"且此种做法与政府通常采用的做法并无实质差别"的表述,是"出口国(地区)政府通过向筹资机构付款,或者委托、指令私营机构履行上述职能"的一个限定条件,不应省略。立法者如果决定完全接受《SCM协定》的相关规定,则应保持概念的完整性,不应断章取义,立法者应对此类情况加以注意,避免再次出现此类错误。

(2) 2004年《反补贴条例》第6条关于补贴金额计算规定的第1款第3项"以贷款担保形式提供补贴的,补贴金额以在没有担保情况下企业应支付的利息与有担保情况下企业实际支付的利息之差计算"与《SCM协

---

① 《SCM协定》第1.1(a)(iv)条规定:政府向一筹资机构付款,或委托或指示一私营机构履行以上(i)至(iii)列举的一种或多种通常应属于政府的职能,且此种做法与政府通常采用的做法并无实质差别。

定》第 14(c) 条①所指的"可比商业贷款的金额"的规定是有差距的,显然用词不够严谨。

(3)2004 年《反补贴条例》第 11 条②对单独产业的规定与《SCM 协定》第 16.2 条和第 16.3 条相比,过于简单,不利于操作和界定。

(4)2004 年《反补贴条例》中原则性的规定较多,如仅对专向性补贴作了较为原则的规定,缺乏可操作性。笔者认为,这种做法与中国的立法习惯有关。

(5)在补贴的定义中没有涉及服务贸易,应该学习欧盟各国的反补贴法对其加以规范,扩大对国内产业的保护范围。

(6)2004 年《反补贴条例》没有对从事贸易救济领域业务的律师享有的权利和应该承担的义务作出规定。从反倾销调查可以发现,会有利益冲突及不能严格执行保密义务有损于当事人利益的情况发生。此外,调查机关应进一步强化保密信息制度和披露制度,例如,美国的律师看卷制度,可以保证当事人更好地实现权利,也有利于调查机关裁决透明度的实现。

(7)三种类型的损害认定标准划分不清。2004 年《反补贴条例》应分别考虑实质损害、实质损害威胁及实质阻碍三种损害类型,提出更具操作性和针对性的审查标准。

(8)对反补贴立案申请的审查,特别是对所附证据进行形式审查及实质审查方面,2004 年《反补贴条例》规定的审查标准比《SCM 协定》第 11 条、第 12 条和第 15 条规定的证据提供和审查标准要低,较为宽松,对证据的性质也未作出明确要求。而且与《SCM 协定》要求的不一致,2004 年《反补贴条例》并未明确要求提供证据证明补贴的金额。③

(9)程序性立法有待加强。《反补贴条例》只在第 21 条和第 37 条对

---

① 《SCM 协定》第 14(c)条规定:"政府提供贷款担保不得视为授予利益,除非获得担保的公司支付政府担保贷款的金额不同于公司支付无政府担保的可比商业贷款的金额。在这种情况下,利益为在调整任何费用差别后的两金额之差。"

② 国内产业,是指中华人民共和国国内同类产品的全部生产者,或者其总产量占国内同类产品全部总产量的主要部分的生产者;但是,国内生产者与出口经营者或者进口经营者有关联的,或者其本身为补贴产品或者同类产品的进口经营者的,应当除外。在特殊情形下,国内一个区域市场中的生产者,在该市场中销售其全部或者几乎全部的同类产品,并且该市场中同类产品的需求主要不是由国内其他地方的生产者供给的,可以视为一个单独产业。

③ 参见孙南申、彭岳:《中国反补贴规则与 SCM 规则的差异分析与冲突解决》,载《华东政法学院学报》2007 年第 2 期。

"可获得的事实"和"可获得的最佳信息"作出了规定,但没有指明"不利推定"(adverse inferences)。在商务部《反补贴问卷调查暂行规则》中,第25条、第30条则使用了"现有最佳材料"的措辞。但是,与前述规章同日发布(2002年3月13日)并同日实施(2002年4月15日)的《反补贴调查实地核查暂行规则》又在第21条中使用了"可获得的最佳信息"的措辞。《反补贴问卷调查暂行规则》第25条中的"现有最佳材料"译成"best information available",而第30条中的同一词译成"draw adverse inferences"①。

总而言之,2004年《反补贴条例》虽然还存在表述不规范、用词不统一等不足,在一些技术问题上缺乏前瞻性、整体协调性和可操作性,但是,在没有任何实践的情况下,仅仅参考《SCM协定》及其他成员方的立法而制定出如此翔实完整的条例,是非常了不起的。2004年《反补贴条例》的进步性主要表现在对反规避条款、公共利益条款和司法审查制度等方面的规定。特别是反规避条款的规定是对《SCM协定》的突破,这些条款的设置充分吸收了《SCM协定》的规定和借鉴了其他国家的立法经验,特别是欧盟反倾销和反补贴法中关于反规避条款和公共利益条款的规定。从这点也可以看出中国立法理念对公平贸易的追求。

可以预见,随着中国反补贴调查工作的开展,实践经验的日益丰富,2004年《反补贴条例》的不足也会逐渐显现,对2004年《反补贴条例》的修改和完善将是必然。

二、对反补贴调查实践的完善建议

(一)中国反补贴调查实践存在的主要问题

由于中国反补贴调查还处于起步阶段,在实践中暴露出了一些问题,主要集中在以下几个方面:

(1)反补贴调查与国家宏观战略、产业政策联系不够紧密。党的十八大以来,中国新一届领导集体锐意进取,提出了加强经济合作的共建"一带一路"倡议,十八届三中和五中全会、十九大对中国进一步加大对外开放水平,构建开放型经济新体制也提出了更高的要求。贸易救济措施是维护产业安全、促进产业发展、提升产业竞争力的重要手段。从中国

---

① 《进出口公平贸易法律法规汇编(中英文)》,载商务部贸易救济调查局网站(http://gpj.mofcom.gov.cn/aarticle/bi/bj/bk/201106/20110607607638.html),访问日期:2020年3月20日。

调查实践来看,中国贸易救济调查与产业政策联系还不够紧密。一方面,调查工作需要从被调查产品向产业、产业链及产业政策延伸,提升调查的广度和深度,为中国对外贸易的持续稳定发展保驾护航,促进国内新技术、新产业、新业态的加快发展,提升中国产品在全球价值链中的地位。另一方面,通过反补贴调查,调查机关要熟悉美欧发达国家各类补贴政策,为中国科学制定产业政策、提高产业竞争力提供智力支持。

(2)调查体制机制不够健全。反补贴调查难度大,政策水平高,随着形势发展,目前的调查体制机制已经显现出许多不足。一些重要问题缺少统一规范的操作指南,如没有统一的反补贴调查手册,缺乏系统的反补贴问卷设计等。此外,在程序透明度、反补贴复审、实地核查、裁决论述、调查信息化建设等方面也需要进一步完善。

(3)调查官队伍建设亟待加强,反补贴调查能力和水平需要提高。反补贴调查涉及法律、国际贸易、经济、财务、公共政策等多方面知识,一名合格的调查人员,首先,要熟悉 WTO 规则和中国法律,要不断跟进贸易救济相关规则的发展,了解 WTO 争端解决机制的最新裁决;其次,要通过大量的调查实践,积累调查经验和技巧;最后,还要将理论结合实践,作出依法合规的裁决。目前中国调查机关与欧盟、美国等成员方在规则的理解和运用方面仍存在差距,在多、双边受到的关注和质疑增多,调查压力增大,这都对中国贸易救济调查队伍的专业素质提出了更高的要求。

(4)国内申诉律所等中介组织能力不强,反补贴调查攻守不平衡。目前,能够代表中国企业和行业协会,对外提起反补贴申请的中国律师团队为数不多,造成中国在反补贴领域的攻守不平衡。专业律师数量的缺乏导致国内开拓案源的能力有限,在调查过程中参与程度不够。在 WTO 争端案件中,与国内产业有关的部分往往成为各成员方起诉的重点。在美国诉中国取向性硅电钢双反案和美国诉中国白羽肉鸡双反案中几乎所有的争议点都集中在国内产业和产业损害部分,这就需要国内产业代理律师提供更加准确的基础数据和充分的说理。但目前国内产业申诉律师因立案数量较少而一直无法发展壮大,这在一定程度上限制了调查机关的裁决能力。

(5)缺乏对美欧等发达国家的补贴项目的基础研究。当前,中方对欧盟、美国补贴政策的了解主要来自美欧向 WTO 的通报,包括美国的减税政策、欧盟通报的研发补贴、澳大利亚的基础设施建设支出等。这些项目对于发起反补贴调查起到基础支持作用,但从反补贴调查实践来看,这些项目普遍税率不高。在调查中,中方面临对欧盟、美国补贴政策和补贴项目研究不够深入的问题。一是欧盟、美国工业补贴相对较少,更多的补贴指向农业、地区发展等领域,从联邦层级到州层级,导致补贴不易被发现。二是美国、欧盟补贴结构更加巧妙,补贴政策与财政、金融、增信等资本运作相结合,融合了使用权等所有权制度的延伸,本身不易被发现和证明。三是反观美国对中国的反补贴调查,从早期的税收优惠逐步发展为低于充分对价提供原材料项目,是一个以长期实践作为基础逐步积累的过程。而中国对美欧的反补贴实践还不够丰富,对税收政策以外的项目还没有完全理解,如"购买美国货"项目涵盖内容广,涉及的多种财税支持政策有待挖掘。但是美国补贴项目信息并不是无迹可寻。美国有些公司长期跟踪美国补贴政策,收集并建立了补贴数据库,按行业、州、地区、年度,梳理了不同类型的补贴支持政策,覆盖了几千家公司获得的补贴金额。这类网站和信息可以成为中国调查机关了解美国补贴政策、收集补贴项目的重要渠道。比如,2015 年 3 月,美国咨询公司 Good Jobs First 曾发布美国补贴报告,自 2000 年至发布报告日,在 137 个补贴项目下,美国联邦政府发放的补贴额高达 680 亿美元。其关注的补贴项目为 1039 项,涉及 2934 家企业集团。其中 6 家大型企业集团获得超过 10 亿美元以上的政府拨款或税收抵免额。

(6)学界对补贴与反补贴实践的研究不够深入,反补贴调查缺乏智力支持。当前,中国经济持续高速增长,国内市场进一步开放,国外公司对中国国内市场的争夺日趋激烈,这些都需要中国更多懂得 WTO 规则和贸易救济知识的人才加入企业、律所或者政府部门。从目前实践来看,中国在反补贴领域的研究还有欠缺。一是与贸易救济相关的教学资源不够均衡。目前,开设与贸易救济相关专业的高校数量有限,长期跟踪研究 WTO 规则、WTO 争端案件、贸易救济调查的学者较少,且教学资源主要集中于北京、上海等发达地区的少数院校,西部院校资源相对匮乏。二是研究范围不够深入。中国学术界对反补贴的探讨主要集中在概念、国际规则、国内法律体系等方面。从研究成果来看,主要是对反补贴进行描述性、操作性的探讨,对补贴及反补贴规则的产生背景、谈判历史、各国法律规定、目前调查实践中存在的问题、WTO 争端案件裁决等领域缺乏深入的理论研究,总体上处于"隔靴搔痒,雾里看花"的状态,无法通过系统的理论研究指导反补贴调查实践,而反补贴调查过程中了解到的国外产业政策也未能在学界形成中国补贴政策新的思路和观察视野。三是在国际层面的影响力不够。与全球第一的中国对外贸易规模相比,中国在反补贴领域的国际影响力还相对有限。

(二)完善中国反补贴调查实践的具体建议

(1)保持与产业的密切联系。调查机关要建立与产业协会和产业主管部门的联系机制,熟悉产业政策,推动产业转型升级;做好重点行业和产业的调研,及时发现产业诉求;加大对企业的培训,支持中小型企业和民营企业的立案申请并给予必要协助,提高企业维权意识和能力;做好产业补贴政策梳理工作并及时反馈给相关产业部门。

(2)积极推进调查能力和机制建设。信息化是提高透明度和调查水平的重要方式,中国调查机关要抓紧做好公共服务网站、进口立案和调查数据库系统建设,建立他国补贴政策数据库、加强答卷提交、案件调查及档案管理电子化、信息化建设。早日完成反补贴调查手册,进一步提高调查工作效率和水平,为中国贸易救济调查提供制度保障。

(3)不拘一格选用专业人才,探讨开启"旋转门"制度。在世界各国智库当中,美国智库数量最多,影响力最大,它不但影响美国公共政策和社会舆论,还对世界政治、经济的走向发挥着重大影响,这其中一个最重要的原因就是美国的"旋转门"制度。在贸易救济领域,美国的政府官员卸任后可以到智库从事政策研究,或者在著名的律所担任律师,从事调查实践,而同时智库研究者和著名律师也可以到政府部门任职。这种社会组织和政府部门之间的流通机制,为知识研究和政策制定搭建了畅通的桥梁,使得社会专业领域的人才资源得到了充分的配置。与美国相比,中国各领域的贸易救济人才则处于割裂状态,政府机关、律所和高校都只能通过自己固有的模式去招录、选择人选,造成人才不能得到最优配置。"旋转门"制度使政府官员、律师、学者没有身份上的固化,政府官员可以随时去律所、高校工作,将在政府掌握的第一手信息分享给社会组织,带动律所、高校甚至整个贸易救济领域研究力量的壮大;而律所、高校的专业人才,也可以将宝贵的实践经验和理论特长用于政策的制定,使政策可以更好地为实践服务,从而在有限的资源内,实现人才的良性互动。

(4)充分发挥中介组织的作用。加强对律师工作的指导和评估工作,支持申请人律师队伍的发展,积极扩大案源,鼓励其在调查过程中发挥更大作用,保持调查中控辩双方实力均衡,缓解调查机关压力;加强与高校院所、研究机构、智库等部门的合作,使其分担调查机关案件统计、信息收集整理等基础性工作,并提供重要法律问题的智力支持。

(5)鼓励中国学术界与调查机关进行合作,开展具有国际视野的前瞻性研究。贸易救济领域专业技术性强。由于中国在该领域起步晚,尽管立法与实践进步很快,但研究成果少,国际影响力有限,在理论研究、产业数据统计分析以及对规则的认识和把握等方面与美国、欧盟差距较大。因此,中国要实现从规则的跟随者转为规则的影响者和引领者,就需要官方和民间通力合作。积极鼓励政府、中介机构、学术界开展合作,就重点问题进行专门研讨,并定期出版相关成果,积极占领国际宣传阵地,发出中国声音,提出中国方案。

(6)进一步完善和细化相关规章制度,特别是程序性规定,进一步增强调查的透明度。在美国诉中国取向性硅电钢双反案合理执行期仲裁案中,仲裁员认为中国政府提出的很多执行步骤和时间表来源于中国调查机关的实践推算,并没有明确的时限规定,认为中国调查机关有足够的灵活性来解决这个问题。在案件调查早期,都会给予调查时间表,但后来随着形势日益复杂,涉案复杂因素太多,再无法给予各当事方准确的调查时间表,只能给予一个大致时间表,提醒程序上的最终截止日期。在美国诉中国取向性硅电钢案调查中,就是因为调查机关在调查初期给予美方一个反补贴调查时间表,后来也以此为由拒绝美方在终裁披露后提出召开听证会的申请。美方在明知调查程序即将结束没有足够时间召开听证会的情况下,故意在终裁之际提出召开听证会,有恶意阻碍调查程序之嫌疑,专家组也支持了调查机关的做法。

(7)加强对调查官专业能力建设。懂法律、懂财务、懂外语是调查官的基本要求,笔者在贸易救济调查局工作时为了开启对美反补贴调查,专门请美国律师来讲美国立法制度、财税制度等。从DSB争端解决案的裁决可以看出,个别调查官在实地核查时收集证据材料和交叉询问的能力不足,裁决中论理不够充分,主观推定较多;调查官的审计和财务会计知识储备不够,缺少对美国、欧盟的管理系统、成本管理和财务管理系统以及账务处理方法的研究和了解。因此,要对调查官进行系统的专业培训和职业训练。贸易救济调查是一份特别专业和值得尊重的工作,笔者在工作时经常给同事鼓劲,认为它是世界上最完美的工作之一,涉及经济政治,涉及国际国内,涉及政策专业,有宏观有微观,有谈判有合作,有家国情怀有侠肝义胆。一位欧盟调查官员也告诉笔者,他喜欢反倾销、反补贴调查的重要原因是可以让他利用实地核查走遍全球,可以更清楚地了解这个世界。

(8)要不断总结经验提高政策水平。通过调查案件找出内在规律性,一为改进日后调查方法;二为产业政策制定提供建议,学习其他成员方成功的治理经验,为我所用;三为国家治理提供思路。

第十二章
中国补贴政策现状及调整

中国正在经历"百年所未有之大变局",很多学者和官员在面对深层次的问题的时候,往往都喜欢简单地归结为体制性问题。笔者认为,很多问题不能简单地作些表面研究后就归结为系统性、体制性问题,有的甚至武断地作出盲目的判断,经常用短期性政策去解决长期积累的问题和矛盾。政府的补贴政策制订受限于行政管理模式,如果过于粗放则意味着成本代价过高,效率不高。政府职能转变就是要从竞争性的经济活动中退出来,更多地从提供公共服务,建立法治和公平竞争的市场体系,维护和完善经济制度上着力。①

第一节 WTO 视角下的中国补贴政策

一、中国补贴政策的种类

笔者根据《SCM 协定》第 1 条把现有的财政补贴政策分为直接的财政资助和间接的财政资助两大类;同时,也可以根据补贴的经济属性分为财政资助类补贴政策、税收优惠政策、金融信贷类优惠政策及土地使用优惠等其他类优惠政策。笔者结合美国等其他成员方对中国的双反调查涉及的补贴项目以及 WTO 争端机制项下被诉的补贴项目,梳理如下:

（一）直接的财政资助

直接的财政资助主要包括以下四种类型:（1）资金实际的直接转移,如赠款、贴息、优惠贷款、股本注入等;（2）潜在的资金或债务的直接

---

① 参见博源基金会编:《中国未来十年的机遇与挑战》,中国经济出版社 2013 年版,第 1 页。

转移,如债转股和贷款担保等;(3)税收优惠;(4)政府提供除一般基础设施外的土地、货物、服务或者政府采购。具体内容如下:

1. 资金实际的直接转移

资金实际的直接转移方式主要有:赠款、贴息、优惠贷款和股本注入等。

(1)赠款和贴息。赠款大多以政府专项拨款的形式出现。简单地讲,是政府直接将资金转移给企业,使企业获益。如果与出口挂钩,就是出口补贴。如果能够证明其具有专向性,则构成可诉补贴。通过梳理美国对中国的反补贴调查案件,可以看出中国政府提供的专项拨款种类较多,有国家级的专项拨款和地方政府的拨款,大体可以分为四类:科技发展类补贴、节约资源和能源类补贴、重点产业类补贴和其他类补贴。其中,科技发展类补贴涉及案件较多,并且有多起涉案产品同时获得多项科技类补贴。获得补贴的企业大多是由于要淘汰落后设备进行技术升级或者需要投入资金进行研发,主要集中在金属制品和新兴产业。在节约资源和能源类补贴案件中,部分获得水资源补贴的企业同时获得节约能源补贴。节约能源补贴主要集中在钢铁、铝、玻璃等高耗能产品,主要是为了号召企业使用节约资源、提高资源利用率的设备。重点产业类补贴主要集中在生产规模大、盈利能力强或未来有发展潜力的产业。这些产业将为中央政府和地方政府的财政收入作出贡献,所以政府为鼓励产业持续发展,对其进行奖励或扶植。

《中华人民共和国中小企业促进法》(2017年修订)和2010年生效的《中小企业国际市场开拓资金管理办法》(财企〔2010〕87号)都明确规定了赠款和贷款贴息两种形式的财政支持。原国家经贸委发布的《关于鼓励和促进中小企业发展的若干政策意见》规定,各级政府要根据财力情况,安排一定的资金投入,重点用于中小企业的信用担保和创业资助、科技成果产业化、技术改造项目贴息等,支持中小企业发展。2000年原国家经贸委制定的《当前国家鼓励发展的环保产业设备(产品)目录(第一批)的通知》[①]中规定,在技术创新和技术改造项目中,重点鼓励开发、研制、生产和使用列入目录的设备(产品);对符合条件的国家重点项目,将给予贴息支持或适当补助。此外,一般用于加快产业结构升级、促进科技进步的政策也主要是采用贴息的方式。原国家经贸委、原国家计划委员会(以下

---

① 参见http://www.gov.cn/gongbao/content/2000/content_60246.htm,访问日期:2007年5月1日。

简称"计委")、财政部和中国人民银行1999年联合发布的《国家重点技术改造项目管理办法》《国家重点技术改造项目国债专项资金管理办法》规定,重点行业、企业和产品的技术改造以项目投资补助或贷款贴息的形式,适用范围为试点企业集团和行业骨干企业。但国家发展改革委员会已经于2003年终止实施改造项目。除上述属于中央政府提供的补贴项目外,各地方政府也有提供此类财政支持项目。随着2003年国务院机构改革后,上述由原国家经贸委和原国家计委颁布的大部分政策已经废止。但在国家层面和地方政府层面,仍存此类补贴。笔者建议尽快取消或规范这类非常容易被发现和认定为具有专向性的财政资助形式。

(2)优惠贷款。优惠贷款的形式主要包括低息贷款、出口贷款、贴息贷款和债务豁免等。低息贷款、出口贷款和债务豁免是比较常见的可诉补贴。其中,最为复杂的是国有金融机构提供的贷款。本书重点分析贴息贷款和国有金融机构提供的贷款。在美国对中国发起的反补贴调查中,均涉及优惠贷款项目,多次核查中国政府职能部门提供的贷款政策,如财政部、国家税务总局颁布的《关于促进企业技术进步有关财务税收问题的通知》中规定,国有大中型企业享有技改贴息和优惠贷款。如《中华人民共和国国民经济和社会发展第十个五年计划纲要》、2001年至2006年的《政府工作报告》《促进产业结构调整暂行规定》《全国林纸一体化工程建设"十五"规划及2010年专项规划》等文件中均涉及对某些产业或企业提供优惠贷款。

①贷款贴息

贴息贷款即银行发放的由国家补贴利息的贷款,即由财政拨付一定数额的资金,作为对贷款单位的利息补贴。以广东省的中小企业贷款贴息为例,在银行和中小企业的合作贷款项目中,由于中小企业的还款能力较差,实力不强,信誉度不高,市场淘汰率高,很难提供银行需要的抵押、质押物,同时也难以取得第三方的信用担保,银行贷款的成本、收益和风险不对称,很多银行担心贷出去的资金变成坏账,不愿意将资金贷给中小企业。为了减少金融机构的忧虑,广东省政府就为中小企业提供贴息贷款。中央政府和地方政府虽然多次号召扶植中小企业,解决贷款难的问题,但是至今也没有系统地解决这个问题,如果不通过增加供给和竞争很难实现供需平衡,所以目前还只能通过提供贴息贷款的方式来满足中小企业的贷款需求。然而,这种行为容易构成可采取反补贴措施的补贴,成为美国对中国反补贴调查的靶子。

②国有银行贷款

中央或地方政府根据宏观经济形势,为实现国家战略,通常会通过提供优惠贷款来扶植优先产业的发展。在美国对中国反补贴案件中,有多起涉及国有银行机构提供的贷款,美方称其为"政策性贷款"。DOC 认为中国的国有商业银行根据中央和地方政府的产业规划,如五年规划或其他政策性文件为企业提供贷款或优惠贷款。如《商业银行法》第 34 条规定,商业银行贷款应遵循的基本原则之一是:商业银行根据国民经济和社会发展的需要,在国家产业政策指导下开展贷款业务。以非公路用轮胎案为例,DOC 指出,在《贵州省国民经济和社会发展第十个五年规划纲要》第七章第七节中明确指出,要积极地争取国家支持,集中财力、物力等多种渠道增加投入,重点扶植特色优势产业;通过宏观指导、政府贴息、信用担保等形式,支持中小企业和民营科技企业顺利发展,促使传统产品升级换代。这成为构成政策性贷款项目的主要证据。近年来,DOC 不断扩大贷款类补贴项目的范围,只要是国有银行提供贷款就认定为补贴,甚至认为外资银行或股份制民营银行的贷款也是受政府委托或指示提供的。DOC 在判定政策性贷款是否构成补贴时,考量的因素除前述五年规划等相关政策之外,还包括银行的性质。DOC 认为,由于中国政策性银行和国有商业银行的所有权及控制权主要掌握在国家手中,银行的高级管理人员由政府任命,中国信贷市场上由国有银行占主导地位,有关贷款利率是非市场化的。中国政策性银行和国有商业银行对企业的贷款利率低于 DOC 测算拟制的所谓的正常市场利率,是优惠利率贷款。DOC 认为这是资金的直接转移,属于财政资助。

③出口信贷

在各类贷款中,出口信贷虽然所占比重不大,但却最容易被认定为具有专向性的补贴项目。利用出口信贷等政策性金融工具提供贷款虽然是世界各国出口信用机构的普遍做法,但需要符合 WTO 有关规则,特别是《SCM 协定》附件有关《出口补贴例示清单》中的规定。出口信贷包括进出口银行提供的出口信贷(含卖方信贷和买方信贷)、出口利息补贴等。出口信贷被认为是一种贸易融资方式。DOC 在涉及钢铁及钢铁制品行业的反补贴案中,认定出口信贷是出口补贴,目的是为了鼓励企业出口,增强企业的竞争力。

2. 潜在的资金或债务的直接转移

主要形式包括贷款担保和债转股。《中华人民共和国担保法》颁布实施后,政府提供担保的情况已经不再存在。一般意义的债转股指的是公司的债权人普遍同意取消部分或全部债务以换取公司的股权。从公司端来看,债转股可以有效降低企业的杠杆率水平,降低企业的财务成本,化解企业中短期的财务困境;从银行端来看,可以缓解银行监管指标压力,降低不良贷款爆发可能引发的风险。20世纪末中国大规模采取的债转股是银行商业化和国有企业改革配套的举措,主要通过国家组建金融资产管理公司,收购银行的不良资产,把原来银行与企业间的债权债务关系,转变为金融资产管理公司与企业间的控股(或持股)与被控股的关系。这是政府主导型债转股,是一个阶段性的金融政策。客观地讲,国有银行在政府主导下的债转股可以认为是政府对企业的一种资金支持,把有息负债转为权益资金。但是随着特定历史使命完成,就近几年中国的实践来看,目前债转股主要是市场化的债转股,商业银行对企业的不良贷款直接转换为商业银行对企业的股权,债权人和债务人为了各自的利益,平等自愿地均按照商业惯例参照市场基准将债权转化为债务企业的股权,政府不直接干预债转股。

3. 税收优惠

税收优惠政策是中国政府吸引外商投资的重要举措,在改革开放早期,该政策对促进经济发展,尤其是对招商引资起了重要作用。但加拿大、美国等成员长期把对外商投资企业的优惠政策作为对中国发起反补贴调查的重点关注内容,事实上,这也是最容易被认定为可诉补贴或禁止性补贴的项目。除了前述外商投资企业税收优惠,针对中国本土企业的税收优惠政策主要有购买中国生产设备的税收优惠、高新技术企业税收减免、研发税收减免等。中国政府的税收减免优惠政策分为以下几类:

(1)从税种的角度进行划分,可分为:

①增值税税收优惠。主要包括对进口设备免进口环节增值税、出口退税、以产顶进、外汇借款、以税还贷以及对重点产业、地区的增值税减免。

②关税税收优惠。主要是对进口设备、原材料的关税优惠,目的在于促进外国先进技术和设备的引进,鼓励技术革新。

③企业所得税税收优惠。主要包括高新技术企业所得税优惠政策,研发税收加计扣除政策,符合条件的居民企业之间的股息、红利等权益性投资收益免征所得税,资源综合利用企业所得税优惠,国产设备投资抵免企业所得税,技术改造国产设备投资抵免企业所得税,企业所得税先

征后返。

④外商投资企业所得税税收优惠。主要包括外商投资企业所得税减免,外商投资企业再投资退税,外商投资企业进口设备免关税和增值税,外商投资企业购买国产设备增值税返还等。为吸引外资,中国政府自1986年起就制定了一系列针对外商投资企业的税收优惠政策,包括1986年国务院《关于鼓励外商投资的规定》、1991年《中华人民共和国外商投资企业和外国企业所得税法》(已废止)及《中华人民共和国外商投资企业和外国企业所得税法实施细则》(已废止)等。中国政府在所得税的税率、税收减免、税收返还三个方面对外资企业实行了分地区、有重点、多层次的税收优惠办法。[①]《中华人民共和国外商投资企业和外国企业所得税法》及《中华人民共和国外商投资企业和外国企业所得税法实施细则》规定,设在经济特区的外商投资企业,在经济特区设立机构、场所从事生产、经营的外国企业和设在经济技术开发区的生产性外商投资企业,减按

---

① 例如:(1)在中国持续经营10年以上的外商投资生产型企业,自盈利年度起算,免征第一年和第二年的企业所得税,并减半征收第三年至第五年的所得税。(2)外商投资的先进技术企业,在免税、减税期满后,还可以继续免征所得税和减征50%的所得税。(3)对于投资于国家鼓励外商投资的行业的外商投资企业,省、市、县政府可以决定是否减免地方所得税。(4)对于外商投资企业技术转让的生产所得,可以减免所得税。(5)位于经济特区或者沿海开放城市(如上海)的经济技术开发区的外商投资企业的所得税率为15%(一般所得税率为33%)。投资者将所得收益转向国外同样免征所得税。(6)如果外国投资者将利润用于企业再投入以增加企业的注册资本,或者用于设立经营期在5年以上的新企业,经申请并经地方税务主管机关的批准,可以返还用于再投入利润的40%所得税。适用于外商投资企业及外籍个人(包括港、澳、台胞)的税种有:企业所得税、个人所得税、流转环节税(包括增值税、消费税、营业税)、关税、土地增值税等。(a)企业所得税的减免包括:对外商投资企业按33%的税率征收企业所得税,但对在经济特区、国家高新技术产业区、国家级经济技术开发区设立的企业按15%的税率征收企业所得税;对在沿海开放地带和各省的省会城市设立的企业按24%的税率征收企业所得税。外商投资企业可享受从获利年度起两年免征三年减半征收企业所得税的待遇。对设在中西部地区的国家鼓励的外商投资企业,在5年的减免税满后,还可延长3年减半征收所得税。对外商投资设立的先进技术型企业,可享受2年免税、6年减半征收企业所得税的待遇。对外商投资企业在投资总额内采购国产设备,如该类进口设备属进口免税目录范围,可按规定抵免企业所得税。(b)流转环节税的减免包括:对外国企业及外商投资企业技术转让免征营业税。对外商投资企业在投资总额内采购国产设备,如该类进口设备属进口免税目录范围,可全额退还国产设备增值税。(c)进口环节税的减免。为扩大吸收外资,鼓励引进先进技术、设备,提高利用外资工作水平,促进产业结构调整和技术进步,保持国民经济持续快速健康发展,1995年6月,原国家计委、原国家经贸委、外经贸部联合颁布《指导外商投资方向暂行规定》(已废止,2002年发布《指导外商投资方向规定》)、《外商投资产业指导目录》[已废止,2017年发布《外商投资产业指导目录(2017年修订)》],将外商投资和产业指导划分为鼓励、允许、限制、禁止四大类。国家对鼓励及限制乙类的投资项目给予产业专向性补贴,即投资项目总额内的进口备和物料,免征关税和进口环节增值税。

15%的税率征收企业所得税。设在沿海经济开放区和经济特区、经济技术开发区所在城市的老市区的生产性外商投资企业,减按24%的税率征收企业所得税。设在沿海经济开放区和经济特区、经济技术开发区所在城市的老市区或者设在国务院规定的其他地区的外商投资企业,属于能源、交通、港口、码头或者国家鼓励的其他项目的,可以减按15%的税率征收企业所得税,具体办法由国务院规定。

鉴于国际、国内形势变化,这些政策与WTO原则相违背,第十届全国人民代表大会第五次会议通过《中华人民共和国企业所得税法》,并于2008年1月1日起施行。该税法统一了内、外资企业的税率。新税法规定,在中国的外资企业将与内资企业按照25%的统一税率缴纳企业所得税,并将与内资企业平等享受更侧重于产业结构优化的优惠税率政策。它结束了企业因"身份"不同而享受不同税收待遇的时代。《中华人民共和国企业所得税法》确立了"产业优惠为主、区域优惠为辅"的新税收优惠体系。

(2)以最终政策目标为划分标准,可以分为以下几类:

①以促进中小企业发展为目的的税收优惠政策

以美国、日本为代表的各成员方都在不同程度上采用税收优惠政策促进中小企业发展。中国也采取一定的鼓励措施,例如,原国家经贸委颁布的《关于鼓励和促进中小企业发展的若干政策意见》规定,各类中小企业凡在中国境内投资符合国家产业政策的技术改造项目,可按规定享受投资减免企业所得税的政策。国有企业下岗职工创办中小企业的,可按国家规定享受减免税优惠政策。为鼓励中小企业更快发展,要抓紧研究减轻工业企业增值税纳税人税收负担的办法。对纳入全国试点范围的非营利性中小企业信用担保、再担保机构,可由地方政府确定,对其从事担保业务收入3年内免征营业税。

②以鼓励科技创新、研究开发和环境保护为目的的税收优惠

如财政部和国家税务总局颁布的《关于印发〈技术改造国产设备投资抵免企业所得税暂行办法〉的通知》(财税字〔1999〕290号)和《关于促进企业技术进步有关财务税收问题的通知》规定,企业进行技术转让,以及在技术转让过程中发生的与技术转让有关的技术咨询、技术服务、技术培训所得,年净收入在30万元以下的,暂免征收所得税;中试设备的折旧年限可在国家规定的基础上加速折旧30%~50%。

原国家经贸委制定的《当前国家鼓励发展的环保产业设备(产品)目

录》规定,企业技术改造项目凡是使用目录中的国产设备,按照财政部、国家税务总局《关于印发〈技术改造国产设备投资抵免企业所得税暂行办法〉的通知》(财税字〔1999〕290号)的规定,享受投资抵免企业所得税的优惠政策;对专门生产目录内设备(产品)的企业(分厂、车间),其年净收入在30万元以下的,暂免征收企业所得税。随着不可诉补贴的失效,对该类政策的使用应该慎重。

③以投资国家鼓励的行业和地区为目的的税收优惠政策

如根据珠海市《关于珠海国家高新技术产业开发区发展的若干规定》,高新区内的企业均可享受生产科技型私营企业税收优惠政策;区内属于重点扶持行业的企业,地方税收部分前三年先征后返,后八年返还50%;高科技企业可从固定资产原值中减除不高于原价10%的残值后,加速折旧。

再如国务院《关于实施西部大开发若干政策措施的通知》规定:民族自治地方的企业经省级人民政府的批准,可以定期减征或免征企业所得税。对在西部地区新办交通、电力、水利、邮政、广播电视等企业,企业所得税实行两年免征,三年减半征收。对西部地区实行为保护生态环境,退耕还生态林、草产出的农业特产品收入,在10年内免征农业特产税。对西部地区国道、省道建设用地比照铁路、民航用地免征耕地占用税,其他公路建设用地是否免征耕地占用税,由省、自治区和直辖市人民政府决定。对西部地区内资鼓励类产业、外商投资鼓励类产业及优势产业的项目在投资总额内进口自用先进技术设备,除国家规定不予免税的商品外,免征关税和进口环节增值税。财政部、国家税务总局《关于落实振兴东北老工业基地企业所得税优惠政策的通知》(财税〔2004〕153号)规定,可在现行折旧年限基础上提高固定资产折旧率,按不高于40%的比例缩短折旧年限;可按不高于40%的比例缩短无形资产摊销年限等。

4. 政府提供除一般基础设施外的土地或货物、服务等支持政策

为招商引资,各级地方政府纷纷出台了多种优惠政策,包括土地出让金减免、按非市场化的土地价格优惠供应土地等。根据《中国加入工作组报告书》,中国的经济特区被WTO视为特殊经济区的一种。除了5个经济特区外,WTO还把中国14个沿海开放城市、6个沿长江开放城市、21个省会(首府)开放城市和13个内陆边境开放城市列入特殊经济区。中国政府承诺:(1)将在其关税领土内统一实施关税政策。中国将加强在特殊经济区和中国关税领土其他部分之间贸易的国内税、关税和非关税

措施的统一执行。国家有关税收的法律法规同样适用于经济特区。(2)对向位于特殊经济特区中的外商投资企业提供的任何优惠安排,均将在非歧视基础上提供。中国的上述承诺,意味着随着中国入世,中国经济特区必须实行统一的关税,但仍然可以提供一些优惠政策,经济特区不需要降低或取消优惠政策,而应把采取不具有专向性的优惠政策,公平地扩展到WTO各成员和国内各种类型的投资者。这些优惠政策,在中国发展外向型经济、出口创汇、引进先进技术、促进地区经济发展等方面起到了重要作用。中国政府曾经针对经济特区、高新技术开发区和西部开发等出台了一系列区域性优惠政策,如国务院《关于实施西部大开发若干政策的措施》《关于加快珠海国家高新技术产业开发区发展的若干规定》等。珠海市《关于加快珠海国家高新技术产业开发区发展的若干规定》列明,高新区内的企业均可享受园区内用地优惠,如高科技工业用地经市科委确定技术等级后,依据技术等级从高到低按工业用地标准分别减收50%、40%、25%、15%和10%的地价款。中国政府在制定相关政策时,应该避免制定具有法律专向性的补贴政策。

(二)间接的财政资助

间接的财政资助是指政府委托或者指示一个金融机构进行的资助,如国家政策性银行提供的无息或低息贷款等。1994年我国组建了三家政策性银行,即国家开发银行、中国进出口银行、中国农业发展银行。2015年3月,国务院明确将国家开发银行定位为开发性金融机构,从政策性银行序列中剥离。中国进出口银行、中国农业发展银行被进一步明确政策性银行的定位。政策性银行不以营利为目的,专门为贯彻、配合政府社会经济政策,在特定业务领域内,直接或间接地从事政策性融资活动,充当政府发展经济、促进社会进步、进行宏观经济管理的工具。该类补贴政策大多出现于国家宏观的产业指导政策文件中,如《"十五"工业结构调整规划纲要》、财政部、国家税务总局《关于落实振兴东北老工业基地企业所得税优惠政策的通知》、国务院《关于实施西部大开发若干政策措施的通知》等。

中国的实际情况是规定补贴的政策性文件多于法律法规,一项补贴政策经常涉及多种类型的补贴项目,而一项补贴项目又包含多种类型的财政支持。根据补贴政策的实施情况,可以认定其性质,是禁止性补贴还是可诉补贴。这就增加了中国应对反补贴调查的复杂性和难度。

二、中国补贴政策中被诉至 WTO 的禁止性补贴

上述中国补贴政策的分类,如果涉及出口补贴和进口替代补贴,都属于违反《SCM 协定》的禁止性补贴,自动被视为具有专向性。中国政府今后在制定政策时应当避免禁止性补贴。笔者专门梳理并归纳总结了中国被诉至 WTO 的补贴政策,虽然这些政策大多已被废止,但是梳理归纳这些政策对今后补贴政策的制定仍然具有借鉴作用。

(一)国产化与进口替代补贴

根据《中国加入工作组报告书》第 168 段,自加入时起,中国将取消所有属于《SCM 协定》3.1(b)条范围内的视使用国产货物替代进口货物情况而给予的补贴。

中国政府主要采用税收减免的方式实行国产化和进口替代政策,包括减免企业所得税、增值税全额抵扣、加速固定资产折旧等。例如,财政部、国家税务总局发布的《技术改造国产设备投资抵免企业所得税暂行办法》规定:从 1999 年起,凡符合国家产业政策的技术改造项目,其所需国产设备投资额的 40%,可以从购置设备当年比前一年新增的企业所得税中抵免。2000 年 1 月又发布财政部、国家税务总局《关于外商投资企业和外国企业购买国产设备投资抵免企业所得税有关问题的通知》(已废止),将免税范围扩大到外商投资企业和外国企业。此外,中国政府在制定产业发展计划或产业政策时,鼓励和引导企业积极采用国产设备,对达到国产化目标的项目,给予优惠政策,如国务院《关于鼓励生产和使用国产先进技术产品若干问题的通知》、国家计委《关于城市轨道交通设备国产化的实施意见》等。这些政策都存在不符合 WTO《SCM 协定》之处,现已经被取消。[①]

(二)出口补贴

出口补贴相较于进口替代补贴,形式更多样,被更频繁使用。在《SCM 协定》附件 1《出口补贴例示清单》中,列明了出口补贴的形式,主要可归纳为 5 类,包括:(1)直接的出口补助和奖励(a 项、b 项);(2)提供优惠的产品或服务(c 项、d 项);(3)直接税减免或超额抵扣(e 项、f 项);(4)与国内消费相比对出口产品的间接税超额减免(g 项、h 项、i 项);(5)优惠的出口信贷及担保和出口信保(j 项、k 项)。通过梳理中方被诉

---

① DS358 案,中美达成和解,专家组没有出具报告。

补贴项目时,笔者发现,在实践中以上几种形式在中国被诉至 WTO 的补贴项目中都存在。

1. 直接的出口补助和奖励

政府根据出口规模给予一定比例的资金支持,这种形式是最为直接和明显的,在被诉的案件中几乎都涉及了。通常,此类项目的比例较小(约占补贴金额的 3‰~8‰),相对金额不高。该类奖励和补助属于出口企业额外的直接所得,申请操作简便,标准明确,对企业来说颇具效果,但也最容易被指控和被认定为补贴。

(1) 政府奖励类出口补贴。美国、墨西哥和危地马拉分别诉中国出口补贴案中,被诉的金华市外向型经济发展文件规定,对出口额达到一定金额的生产型企业给予不同的奖励。在墨西哥诉中国纺织品和服装补贴案中,被诉的《阿克苏地区扶持外经贸企业发展奖励资金管理办法》规定,生产的纺织服装产品达到不同出口金额的,给予不同的奖励。在美国诉中国外贸转型升级示范基地和外贸公共服务平台案中,被诉的《关于印发大埔县加快陶瓷产业发展优惠办法的通知》(埔府办〔2012〕84号)规定,对年出口销售额达到一定额度且实现正增长的外贸转型升级基地内的陶瓷企业给予奖励。

(2) 政府补助类出口补贴。在美国诉中国风能设备补贴措施案中,被诉的财政部《关于印发〈风力发电设备产业化专项资金管理暂行办法〉的通知》(财建〔2008〕476号)规定,对满足支持条件企业的首 50 台风电机组,按 600 元/千瓦的标准予以补助。在美国诉中国汽车及汽车零部件补贴案中,已废止的商务部、发展改革委《国家汽车及零部件出口基地管理办法》(商产发〔2008〕330号)规定,出口基地位于东部地区的,其所在地政府专项用于支持公共服务平台建设等方面资金每年度不低于 1 亿元,东北老工业基地、中西部地区则每年度不低于 5 000 万元。

2. 提供优惠价格的产品或服务等

这类补贴一般表现为土地出让金和电价等公共产品的优惠,在中方被诉案件中并不常见。除了政府直接提供外,政府还会授权或委托公共机构提供。如在美国诉中国外贸转型升级示范基地和外贸公共服务平台案中,DOC 指控中国政府通过与公共服务平台签订协议向外贸示范基地企业提供优惠的公共服务。

在土地使用方面,包括低价或无偿获得土地、采取优惠价格租赁土地、优惠批准部分房地产开发用地等。如在墨西哥诉中国纺织品和服装补贴案中,被诉的《新疆阿克苏纺织工业城招商引资优惠政策(试行)》规定,若使用土地利用总体规划确定的城市建设用地范围内国有未利用地的工业项目,土地出让按工业用地出让最低价标准的50%执行。

在电价优惠方面,在前述墨西哥诉中国纺织品和服装补贴案中,被诉的《新疆阿克苏纺织工业城开发区招商引资优惠政策(试行)》同样规定,对投资规模大、科技含量高、产业关联性强且对县域经济拉动作用大的项目,在电价上采取"一事一议"的办法给予扶持。

在用水优惠方面,美国诉中国外贸转型升级示范基地和外贸公共服务平台案中,被诉的埔府办〔2012〕84号文《关于印发〈大埔县加快陶瓷产业发展优惠办法〉的通知》规定,新建陶瓷企业优先提供安装企业所需的用水设施服务,允许规模陶瓷企业依法申办取水。

3. 税费返还和免除减征

主要包括直接税减免或超额抵扣,以及与国内消费相比对出口产品的间接税超额减免。随着两税合一及对外商投资企业有关规定的修改,这类补贴已经不是很多。但是,因该类补贴与国家税法相关,而涉及税收的事项需要有授权才能决定,因此在部分地方依然存在一些该类型补贴,主要是以减免地方税的形式出现。此外,值得关注的是,美国擅长在多边争端和单边调查中同时协调发力,例如美国诉中国税收补贴案涉及的三类补贴项目在同期美国DOC发起的对华铜版纸产品的反倾销反补贴调查中也被重点关注。对于被诉至WTO的该类补贴政策,笔者将其归纳为三类:

(1)被诉至WTO前已经被废止的补贴政策。例如,在美国诉中国税收补贴案中,美国指控中国《关于鼓励外商投资的规定》中规定,产品出口企业和先进技术企业,除按照国家规定支付或者提取中方职工劳动保险、福利费用和住房补助基金外,免缴国家对职工福利的各项补贴。中国政府认为,企业交纳一定的金额用于职工工资中的物价补贴是在双轨制情况下的临时政策。随着中国经济发展变化,实践中早已不再实行该政策,且财政部也已于2001年废止该规定。

而对于美国诉中国税收补贴案中美方指控的出口荣誉收汇企业贷款优惠利率,中方认为实践中各商业银行在中国人民银行规定限度内自主决定利率,不存在优惠利率问题。且2007年3月8日,中国人民银行正式颁布废止此项措施的公告。因此,在第二次的磋商请求中,美国删去了对优惠贷款利率政策的起诉。

(2)企业所得税"两法"合并涉及的补贴政策。该类补贴政策涉及中国对符合国家政策的部分外资或者内资企业予以减免、返还所得税或者增值税的有关优惠政策。在美国诉中国税收补贴案中,中方认为,2008年颁布的《企业所得税法》本着两税合一的原则,取消了对外商投资企业的所得税减免及购买国产设备的所得税退税等优惠政策,且国务院有关部门也正着手制定该法的实施条例。然而,美国在第二次的磋商请求中不仅没有取消与此相关的起诉,反而将新的《企业所得税法》纳入起诉范围。

(3)其他税收优惠补贴政策。美国诉中国汽车及汽车零部件补贴案中,被诉的安徽省人民政府《关于加快我省装备制造业发展的若干意见》(皖政〔2007〕66号)规定,积极落实技术开发费用按当年实际发生额的150%税前列支、加速研发仪器和设备折旧、职工教育经费所得税前扣除等政策。墨西哥诉中国纺织品和服装补贴案中,被诉的新疆维吾尔自治区人民政府《关于加快自治区纺织业发展有关财税政策的通知》规定,对自治区内的纺织企业免征5年企业所得税地方分享部分;免征5年房产税和自用土地的城镇土地使用税等。美国诉中国外贸转型升级示范基地和外贸公共服务平台案中,被诉的温州市人民政府《关于促进外贸增长的若干意见》(温政发〔2012〕63号)规定,对出口额达到一定标准的外贸流通企业,当年出口额超上年出口额部分,按一定比例返还有关规费,产品属于高新及机电的加大扶持力度。

值得注意的是,上述案件中,美国诉中国外贸转型升级示范基地和外贸公共服务平台案涉及的项目与出口直接相关;而美国诉中国汽车及汽车零部件补贴案和墨西哥诉中国纺织品和服装补贴案涉及的项目与出口不直接相关,但如果出现出口等描述,就将被认定和出口直接挂钩,成为出口补贴。

4. 贴息贷款

该类补贴方式介于政府直接补助和政府提供信贷之间,但更偏重于政府直接补助。该类补贴方式因为易于量化、易于操作,被政府采用较多。在被诉的几个案例中,多数指控都涉及贴息贷款。

政府按照企业类别颁布补贴政策。例如,对于加工贸易企业,在美国、墨西哥和危地马拉分别诉中国出口补贴案中,被诉的金华市外向型经济发展文件规定,对加工贸易保证金按同期银行贷款基准利率的60%予以贴息。对于机电出口企业,在美国诉中国汽车及汽车零部件补贴案中,被诉的《关于"十一五"期间加快转变机电产品出口增长方式意见的通知》(国办发〔2006〕42号)规定,每年继续从中央外贸发展基金中安排一部分资金,主要用于支持机电出口产品技改贷款贴息等。对于列入国家重点技术改造项目计划的企业,在墨西哥诉中国纺织品和服装补贴案中,被诉的《关于修订〈国家重点技术改造项目管理办法〉和〈国家重点技术改造项目国债专项资金管理办法〉的通知》(国经贸投资〔2000〕822号)规定,能够享受贷款贴息支持。对于实施技术改造、技术创新和开发下游产品并获得金融机构贷款支持的自治区纺织企业,被诉的新疆维吾尔自治区人民政府《关于加快自治区纺织业发展有关财税政策的通知》规定,给予其贴息资金支持。对于使用市外贸发展专项资金贷款的企业,在美国诉中国外贸转型升级示范基地和外贸公共服务平台案中,被诉的龙华新区工业转型升级文件中规定,给予其利息的50%、不超过200万元、每年1次的贷款贴息。

5. 出口保险、贷款担保和出口信贷

按照《SCM协定》附件1《出口补贴例示清单》的规定,这类补贴有出口信贷、担保和出口保险,包括政府直接提供的优惠信贷,或要求有关机构提供的优惠担保或保险。因为此类补贴没有明确的判断标准,而且各成员方的出口信贷、担保和保险部门很多都具有政策倾向,很难在市场上找到可比的标准。根据WTO的专家组解释①,需要综合考量政府或政府指定部门提供的出口信贷、担保,保费是否能够弥补长期经营的成本,不能仅仅以单纯的财务或特定方法比较。这类项目形式更加复杂,认定难度更大。近年来,中方部分被诉案件中涉及该类项目,其中或者是指导性描述,或者是多数情况下直接规定补贴金额。以下是笔者列举的被诉案件涉及的该类项目。

(1)出口保险补贴政策。在美国、墨西哥和危地马拉分别诉中国出口补贴案中,被诉的《山东省2005年度鼓励外经贸发展的政策》规定,对企业参加出口信用保险提供资助,在享受国家出口信用扶持发展资金资助的基础上,再按实际支付保险费给予补贴10%。在美国、墨西哥和危地马拉分别诉中国出口补贴案中,被诉的金华市外向型经济发展的文件中规定,企业投保出口信用保险的,按其实际支付的出口信用保险费的50%予以补助。

---

① 参见美国陆地棉案,载 https://www.wto.org/english/res_e/booksp_e/analytic_index_e/subsidies_05_e.htm#annIB5,访问日期:2020年5月10日。

（2）贷款担保补贴政策。在美国诉中国汽车及汽车零部件补贴案中，安徽省人民政府《关于加快我省装备制造业发展的若干意见》规定，各级信用担保机构优先对省内装备制造企业提供贷款担保服务。在墨西哥诉中国纺织品和服装补贴案中，被诉的《成都农商行授信万贯3亿元》规定，成都农商银行彭州支行联合彭州市中小企业信用担保责任有限公司，以贷款担保的模式突破了中小企业融资的瓶颈问题，为园区的中小企业提供了总额高达3亿元的授信。

（3）出口信贷补贴政策。在美国诉中国汽车及汽车零部件补贴案中，安徽省人民政府《关于加快我省装备制造业发展的若干意见》规定，争取政策性银行、国有商业银行、股份制银行等金融机构加大对装备制造业企业的信贷投入。该类补贴项目中，政府要求金融机构支持出口。由于中国的银行多为国有银行，因此很可能被认定为公共机构。此外，如果给予担保或信贷保险，保费不能收回长期经营成本，即被视为出口补贴。

《中国入世议定书》第10.3条规定，中国应自加入时起取消属《SCM协定》第3条范围内的所有补贴。中央政府已经基本取消该类别补贴，各部委发布了一系列的决定，如财政部《关于公布废止和失效的财政规章和规范性文件目录的决定》（十三批次）、国家发展改革委《关于废止有关规章和规范性文件的决定》、国家税务总局《关于公布失效废止的税务部门规章和税收规范性文件目录的决定》、商务部《关于废止和修改部分规章和规范性文件的决定》等，但个别地方政府仍然存在此类补贴政策。

笔者认为，其他WTO成员提起的争端解决案件多针对具体的地方性补贴措施尤其是出口支持性措施，中央及地方各级政府应该尽快取消并避免出台新的《SCM协定》明确禁止的补贴，包括事实上的和法律上的出口补贴、视出口实绩给予的各种形式的税收优惠。此外，还应明确区分出口补贴和出口退税。出口退税是将出口产品在国内生产和流通环节所缴纳的间接税退还给出口企业，使出口商品以不含税的价格进入国际市场。出口退税制度是国际通行做法，为WTO所允许，但如果出口退税的金额超过该产品实际所含间接税金额，则构成禁止性补贴。

第二节　WTO其他成员的补贴政策

各成员方在不同经济发展时期均采取过不同的补贴政策以实现政策目标。笔者在反补贴调查时高度关注被调查成员方的补贴政策及其制定方法,一些成员方的产业政策以法律的形式出现,标准明晰,体现公平、透明和普惠的原则,把政府机关的自由裁量权最小化,并采用事后监管而非事前审批的管理模式,从表面形式上符合 WTO 的补贴纪律要求。笔者以美国、欧盟、日本、韩国的补贴政策为蓝本,总结归纳出可借鉴之处。

一、WTO 其他成员的补贴政策的借鉴

成员方的补贴政策取决于国家法律体系、国家治理体系、行政决策方式、管理模式等多种因素,不能直接照搬,但在当前一段时期,借鉴其他成员方产业政策的经验和做法,对中国制定符合国际规则的产业政策、促进产业转型升级、确保供给侧结构性改革成功以及营造宽松的外部环境具有重要的战略意义。

(一)法律授权明确、透明度高

以美国、欧盟为代表的其他成员方补贴项目大多以法律的形式出现,相应的法案包括补贴政策目标、立法说明、补贴金额、主管部门、补贴的申请标准和发放的程序、项目执行的评估报告等一整套文件。其优点在于通过法律授权强化补贴政策的效力,确保了补贴政策的连续性和稳定性;使补贴项目参与方的分工明确,避免政出多门或互相推诿的现象,使补贴政策的透明度更高,更易于为公众所了解;执行中透明度高,限制和约束主管部门的自由裁量权,提高行政效率,兼顾效率和公平,以确保政策目标的实现,对经济发展的推动作用明显。

(二)制定经济发展规划,注重经济发展和社会职能

以欧盟为例,2020 年 3 月 10 日,欧委会发布了新欧洲工业战略文件,提出新欧洲工业战略一揽子计划,包括充分使用贸易防御机制下的救济工具,具体计划包括:(1)2020 年 6 月,欧委会发布《应对外国补贴工具白皮书》填补监管制度空白,研究如何强化反补贴机制解决外国政府补贴在欧盟单一市场内造成的扭曲问题,并在 2021 年出台新工具的具体提案;(2)通过 WTO 等多双边渠道强化工业补贴规则;(3)推进采购市场对等开放,包括解决外国国有企业进入欧盟采购市场的准入问题;(4)强化贸易执行,设立专门的贸易监督官,致力于提高对欧盟贸易协定的遵守和执行力度,以解决欧洲产业在全球范围内面临的不公平竞争。欧盟新工业战略服务于新一届欧委会的整体政治目标,强调战略自主、公平竞争环境,在强化贸易救济保护工具、加严补贴规则等方面与其贸易政策保持一致,既有继承性又有新目标。欧盟将通过制定内部法律和倡导重构多边规则,内外结合、

多双边并举,以实现维护欧盟产业公平竞争环境的目标。

很多成员方政府都高度重视发挥补贴的刺激经济发展和提供公共产品等社会职能。产业补贴政策重点突出,除给予农产品、钢铁、纺织等传统产业部分补贴外,侧重对新能源、互联网信息产业、国防与航空航天等战略性高新技术产业的补贴,同时也为社会福利和公共基础设施提供补贴。如美国联邦政府对退休人员的药物补贴,是政府为鼓励企业为退休人员提供更多的处方药补贴,规定凡是加入该项目的企业,政府就向其提供相应的财政支持;养老金收益担保补贴,则是政府对企业向其员工支付养老金提供担保,在企业破产的情况下,由政府承担企业员工养老金的支付。这些补贴项目增加了社会福利,但其实质是政府帮助企业分担了本应由企业承担的雇用员工的成本。

(三)重视产学研一体化

一些成员方政府通常会成立国家创新基金,支持能够带来经济利益特别是提升制造业竞争力及生产力的科研项目,给予研发企业税收优惠及直接拨款,引导企业承担或参与重点领域、重大项目的研究和开发活动。如,美国和日本都规定,企业可以参与政府的共同研发计划,以政府委托合同的方式对企业给予补贴;企业也可以独立进行研发,政府直接以经费的形式补贴企业或将所订合同的一定金额转用于该企业,以协助该企业进行独立研发。此外,成员方政府还通过银行为私营企业的新产品和新工艺技术的研发提供长期低息贷款。如韩国政府曾规定,凡属于研究开发性质的项目,均可向韩国技术银行申请贷款。贷款到期后,有效益的项目要还贷,而失败的项目则可免除。

(四)军事和民用产业的技术一体化

一些成员方通过政府的国防和公共开支支持研究机构形成研究成果并无偿转移给私营企业,以促进军事工业和民用产业的融合,进而节省企业成本并提升企业在新兴领域的竞争力,进而推动了产业技术的革命性突破;同时在国防系统中植入这些新研发的工艺和技术,反哺国防建设,并形成有军、民双重生产能力的工业体系。如,美国利用军用飞机或太空发展计划,委托民间飞机制造者从事研发,累积制造飞机的相关技术及能力,以减少该民间飞机制造商将来从事新民航飞机的开发与制造时的研发支出;美国政府曾经向美国大型商用飞机产业提供大量且持续、系统的补贴,通过间接的渠道,经由美国国防部、美国太空总署的研发项目和税收体系流入相关企业。

（五）补贴设计复杂且手段隐蔽

从补贴的授予方式来看，以美国、欧盟为代表的成员方较少采用赠款、投股和贷款等直接补贴方式提供财政资助，而更倾向于实施间接补贴，通常采用税收优惠（包括税款递减企业负债、代缴税款企业留存和研发费用的税收抵免等）及发行债券的方式。如，美国以地方政府的名义为企业基建项目发行债券，该补贴方式较为隐蔽，在反补贴调查中，对调查机关对补贴项目的认定和补贴利益的计算造成很大困难。此外，美国政府还实施租税减免、专利权政策和优惠贷款等。

（六）推动政府为主导的官民协作

为了使产业和贸易政策更加符合产业整体利益和国家公共利益，一些成员方政府建立政府、公共部门和行业协会的协调机制，以增强政策的协调性和执行力。如，日本形成的以通产省主导、以产业界"自主调整"为基础、以"商人、学者、退休官员"为核心的智库委员会，共同搭建"官民协调体制"。又如，韩国政府为了推动官民合作开发项目，直接资助研究机构或企业从事研发，以实现战略性核心技术的移植和国产化，促进了韩国本土技术的发展。

（七）欧盟通过建立国家援助制度，实施补贴项目审查机制

欧盟的援助和竞争法律相互协调，确保欧盟内部各成员国援助政策的平衡及效率。如《欧盟运行条约》(the Treaty on the Functioning of the European Union, TFEU) 第 107 条规定了使用国家援助的限制性条件，以期促进在欧盟内部更加容易、透明且一致地使用国家援助。成员国以共同利益为目的申请地区发展、创新研发、环境保护等援助时，应向欧委会申报并得到许可。欧盟通过对成员国补贴政策的审查使之更符合 WTO 的合规性要求，制度的目的是为了减少各成员国财政补贴对贸易的扭曲，避免以国家援助为名扰乱市场、破坏公平竞争。美国也有类似的制度安排。

（八）补贴政策设计巧妙，规避 WTO 补贴纪律

以美国、欧盟为主的成员方政府深知补贴规则精髓，更知道如何利用现有 WTO 规则。从补贴的法律认定来看，政府为促进经济增长、稳定就业、加强环境保护等目的而实施的部分一般性产业补贴政策，很难被认定为禁止性补贴。由于其对符合条件的所有行业和企业开放，较难认定其具有专向性，也很难被认定为可诉补贴。即使在反补贴调查中被认定为可采取反补贴措施的补贴，在最终计算反补贴税率时也会被认定为微量补贴。欧盟强调其政策覆盖面广，具有中立性、普适性的特点，其研发资

助不直接体现在生产和贸易环节,对贸易不产生直接影响,同时又使产业普遍受益,因而不具有专向性,不违反《SCM协定》的规定。受资助方虽然在研发阶段受到支持,但其下一步的发展还是依赖于其自身的管理能力和市场认可才能胜出,进而获得融资和发展。又如,欧盟对农业补贴政策进行创新,以直接补贴为主,并把环境保护作为获得农业补贴的必要条件,形成以环境保护为核心的生态型农业补贴政策体系。

二、美国紧急状态下的补贴提供方式值得借鉴

2020年3月13日,因新冠肺炎疫情迅速蔓延,美国总统特朗普根据美国宪法、美国《国家紧急状态法》(National Emergencies Act, 50 U.S.C. 1601 et seq.)第201节、第301节及《社会保障法》(Social Security Act, 42 U.S.C. 1320 b-5)第1135节宣布全国进入紧急状态并出台一系列的紧急援助计划,表面上看是为了缓解疫情冲击,恢复秩序,但从补贴授予对象看,工业企业是其主要的救助对象,其实质是为了提升美国企业的整体竞争力,可谓抗疫和发展两不误。

(一)美国国家紧急状态下适用的法律

美国宣布进入紧急状态并采取一系列应对措施,意味着联邦政府可合法调集更多资源抗击疫情,使得联邦政府可为各州和地方政府提供更多援助,适用法律主要包括美国《国家紧急状态法》《公共卫生服务法》(Public Health Service Act, 42 U.S.C. ch 6A §201 et seq.)、《斯塔福德灾难与紧急援助法》(Robert T. Stafford Relief and Emergency Assistance Act, 42 U.S.C. 5121-5207)、《社会保障法》等。在短时间内能出台厚达几百页的法律文本,可见其政策储备充足,是借机打出早已备好的牌。

1. 1976年《国家紧急状态法》

1976年《国家紧急状态法》是一部框架性法律,赋予美国总统宣布国家进入紧急状态的权力,并明确了国会制衡机制,但该法只是对总统宣布紧急状态作了程序性规定,没有具体适用条件。根据该法,在国家紧急状态下,美国总统拥有至少136项法定紧急权力,涵盖从军事、土地使用到公共卫生和农业等多方面。2019年2月,特朗普曾在美墨边境墙建造资金不足时援引该法。

2. 1935年《社会保障法》

1935年《社会保障法》,是关于美国公共福利的法律。在总统根据《斯塔福德灾难与紧急援助法》或《国家紧急状态法》发出声明后,卫生与

公共服务部部长有权根据该法授权暂时豁免或修改联邦医疗保险(Medicare)①、医疗补助(Medicaid)②和儿童健康保险计划(Children's Health Insurance Program)等要求,豁免不在医保参保范围内的相关人士的付款限制,以及医生跨州执业等联邦强制性规定。

3. 1988年《斯塔福德灾难与紧急援助法》

1988年《斯塔福德灾难与紧急援助法》规定了政府应对重大灾难和紧急状态的主要机制,旨在用释放出的多余的联邦资金援助州和地方政府以救助生命、保护财产以及维护公共健康和安全。根据该法,美国总统可作出"紧急状态"和"重大灾难"两种声明,并在该法授权下,由联邦紧急事务管理局(Federal Emergency Management Agency)应对紧急状态或重大灾难。联邦紧急事务管理局是美国国土安全部的一个内部机构,在"灾害"期间可以系统地向州和地方政府提供应对灾难的援助,并协调国家的应对行动,包括调动联邦基金。此次新冠疫情在全美大暴发后,美国总统特朗普援引《斯塔福德灾难与紧急援助法》第501(b)条宣布全美进入"紧急状态",因此联邦紧急事务管理局可使用国会为救灾拨出的超过400亿美元的联邦资金,实施帮助建立医疗设施、运送患者等相关措施。

4. 1944年《公共卫生服务法》

《公共卫生服务法》于1944年7月1日正式生效,是美国公共卫生服务领域的基本法律。其第三部分的B项规定了联邦可以向州提供拨款援助;第三部分的G项是关于检验检疫的规定,规定美国卫生和公共服务部部长有责任出台一系列规定阻止可传播性的疾病进入国内和在州与州之间传播、扩散,有权拘留、逮捕、检查可能会引起病毒扩散的确诊病人。

(二)美国2万亿美元紧急援助计划政策要点

受制于"三权分立"体制,美国的法案必须得到国会两院批准,再由美国总统签署后才能成为法律。随着美国疫情的急速发展,美国参、众两院分别于2020年3月25日、27日投票通过金额高达2万亿美元的第三轮紧急援助计划。美国总统特朗普3月27日签署了该法案,使之正式成为法律。该法律被称为《冠状病毒援助、救济和经济安全法》(Coronavirus Aid, Relief, and Economic Security Act,以下简称《CARES

---

① 联邦医疗保险为65岁或以上民众和部分65岁以下的残障者、肾衰竭患者等民众设置的医疗保险计划。

② 儿童健康保险计划为低收入人群提供免费或低成本的医疗保险计划。

法案》)。

《CARES法案》是美国历史上规模最大的一揽子经济刺激计划,具体包括5 040亿美元企业拨款/贷款计划,5 300亿美元小型企业援救计划,1 000亿美元用于资助公共卫生服务机构,2 210亿美元的营业税削减,2 500亿美元的失业救助,对州和地方政府1 750亿美元的资助等。

1. 对个人的补助

(1)对低收入者的补助。对美国公民和绿卡持有者直接补助。单身者将获得1 200美元、已婚夫妇将获得2 400美元、17岁以下的孩子将获得500美元的补助。其中,年净收入在75 000—99 000美元的个人所获款项按照比例递减,而收入超过99 000美元的个人没有资格获得补助。[1]

(2)对失业者的补助。大幅提高失业补助,每周增加600美元的失业保险金,最长持续4个月。[2] 此外,还将实施一项新的大流行病失业援助计划,为那些因疫情而失业、部分失业或无法工作且没有资格享受传统福利的人提供失业救济,并将申领资格扩大到了数百万的独立承揽人和个体经营者,如优步(Uber)的兼职司机和亚马逊的快递员等。[3]

(3)对房屋抵押贷款人的保护和对租客的保护。该法案规定,因新冠疫情而面临财务困难的任何人,应获得联邦政府提供的最长60天的抵押贷款宽限,可以延长4个60天的期限。[4] 从3月18日起60天内,不得开展终止赎回业务。该法案还禁止因延迟付款而收取费用、罚款或额外利息等。[5]

此外,那些拥有联邦支持抵押贷款的房东也不能仅因租客未能在120天之内支付房租而驱逐租客,也不得因租客未交房租而收取费用或罚款。[6]

(4)学生暂停支付贷款利息。美国教育部规定,学生可以暂停学业贷款直至9月30日,无须支付罚息。[7]

---

[1] 参见《CARES法案》第2201、2020节个人补贴金额。
[2] 参见《CARES法案》第2104节紧急增加事业补偿金。
[3] 参见《CARES法案》第2102节流行病失业援助。
[4] 参见《CARES法案》第4023节联邦支持贷款下的多单元住宅的延期支付房贷。
[5] 参见《CARES法案》第4022节暂停终止抵押赎回权和消费者保护权利。
[6] 参见《CARES法案》第4024节临时暂停驱逐令。
[7] 参见《CARES法案》第3513节联邦学生贷款借款人临时援助。

2. 对大企业的贷款计划[①]

联邦政府提供不超过5 000亿美元的贷款、贷款担保和投资,为企业、州及地方政府提供流动性支持和补贴,包括:(1)对航空业的扶持。为客运航线提供不超过250亿美元的贷款和贷款担保,用于检查、维修、更换和检修服务,以及票务代理;为货运航线提供不超过40亿美元的贷款和贷款担保。(2)对维持国家安全的重点企业的扶持。对维持国家安全的重点企业补贴170亿美元,其中大部分资金将拨给波音公司。

此外,对美国联邦储备理事会项目提供不超过4 540亿美元的贷款和贷款担保用来支持企业、州和地方政府的流动性。

《CARES法案》规定,向上述企业提供贷款或贷款担保的限制条件是:(1)在企业还清贷款的1年内不得发放红利;(2)在3月24日至9月30日期间,企业的员工数量必须维持在90%;(3)该笔贷款的贷款期限不得超过5年。

其中对中型企业(500~10 000名员工的企业)以及非盈利性组织的贷款,在发放后的6个月内无须还款。但"总统、副总统、行政部门的负责人、国会议员及其配偶、子女、女婿或儿媳"拥有或部分拥有(拥有该企业20%及以上股权的)的企业禁止获得拨款。

3. 对小企业的援助

此次联邦政府为美国小型企业提供的援救金额达到了5 300亿美元。其中,对2020年9月30日财政年度的小企业的直接拨款达到了3 770亿美元,且该贷款可以延续至2021年9月30日[②]:(1)"小企业管理局—企业贷款项目账户"(Small Business Administration - Business Loans Program Account):由小企业管理局认证的贷款人如银行和信用合作社为小企业(员工小于500人的企业)发放约3 490亿美元的零利率贷款;(2)"小企业管理局—薪水和支出"(Small Business Administration-Salaries and Expenses):拨款6.75亿美元用来支付工资、奖金和福利;(3)"小企业管理局—监察长办公室"(Small Business Administration - Office of Inspector General):拨款2 500万美元用于监察长办公室的日常费用;(4)"小企业管理局—企业家发展项目"(Small Business Administration -- Entrepreneurial Development Programs),其中2.4亿美元用于"教育、培训

---

① 参见《CARES法案》第4003节紧急援助和纳税人保护。
② 参见《CARES法案》第1107节直接拨款。

和顾问"(Education, Training and Advising Grants),其余 2 500 万美元用于向资源合作人协会的拨款(Resource Partner Association Grants)。

向小企业提供零利息贷款的限制条件是:(1)在企业还清贷款的 1 年内不得发放红利;(2)在 2020 年 3 月 24 日至 9 月 30 日期间企业的员工数量必须维持在 90%;(3)该笔贷款期限不得超过 5 年。

4. 对航空业员工的扶持

对客运航线直接拨款 250 亿美元,对货运航线拨款 40 亿美元,对与航空业相关的餐饮、行李、票务及飞机保洁等行业承揽人拨款 30 亿美元,用于支付员工工资、薪水和福利费用。①

航空业获此扶持有一定的条件限制,比如联邦政府可以要求因运输量低或盈利少而被取消的航线恢复运营,尤其是为"有需求的小型和偏远社区以及需要保持良好运行的医疗保健和药品供应链(包括医疗设备和用品)"提供航空服务。到 9 月为止,禁止获得援助的公司休假、减薪或股票回购,以及向投资者发行股息,并规定了高管限制等制度。

5. 税收减免或递延

该法案出台了一系列企业税收救济措施以增加企业的流动性,帮助未盈利的企业渡过难关。例如,(1)员工留任税收抵免:符合法定条件且全职员工数不超过 100 人的雇主,可就其在 2020 年 3 月 13 日至 2020 年 12 月 31 日期间为每位员工所支付的薪资税享有税收抵免,抵免金额为每位员工可适用薪资(上限为 10 000 美元)的 50%②;(2)薪资税支付递延:雇主及个体经营者可延期支付自法案生效至 2020 年年底期间的应缴纳薪资税额,50%递延至 2021 年 12 月 31 日支付,剩余 50%递延至 2022 年 12 月 31 日支付③;(3)暂停对净营业亏损的限制:企业于 2018 年、2019 年和 2020 年产生的净营业亏损可向前结转 5 年抵减以前 5 个年度的应纳税所得额;(4)暂停对非公司纳税人营业亏损的限制:《国内税收法典》第 461(1)、(3)条对"超额营业亏损"的禁止将推迟至 2020 年 12 月 31 日之后再实行,这也意味着该限制将不会适用于 2018 年、2019 年和 2020 年。

6. 对医疗机构、医疗保健方面的援助

联邦政府对医疗机构、医疗保健提供了大量的援助。其中,1 000 亿

---

① 参见《CARES 法案》第 4112 节对航空业员工的扶持。
② 参见《CARES 法案》第 2301 节员工留任税收抵免。
③ 参见《CARES 法案》第 2302 节薪资税支付递延。

美元的"公共卫生和社会服务应急基金"(Public Health and Social Services Emergency Fund)用于应对国内外新冠疫情,用于购买医务人员的防护服、测试试剂、急救中心及其他必需品;用于增加劳动力及培训,急诊中心等。① 650 亿美元将用于医院,其余将流向医生、护士和供应商等。

7. 为州和地方政府提供的紧急援助

为州和地方政府提供了约 1 750 亿美元的紧急援助资金,其中有 1 500 亿美元用于援助州和地方政府,每个州将得到最少 15 亿美元的资金,剩余 250 亿美元的拨款将用于州的基础设施建设。

8. 食品援助

通过"商品援助计划"(Commodity Assistance Program)提供 4.5 亿美元用于紧急食品援助以应对新冠疫情,其中国务卿可以用最多 1 亿美元来分配商品。② 此外,还通过国内食品项目向"儿童营养项目"提供了 88 亿美元的补助,向"营养补充项目"提供了 158 亿美元的补助以应对新冠疫情。

9. 科研方面的资助③

联邦政府将对国家航空航天局拨款 6 000 万美元用于"安全、安保和任务服务"及应对新冠疫情④;将对国家科学基金拨款 7 500 万美元用于科研应对新冠疫情,并拿出额外 100 万美元用于科研奖励。⑤

10. 其他方面的援助

此外,《CARES 法案》还对法律服务公司⑥、国防⑦、演艺中心、美国驻外人士及难民⑧提供了补贴措施。

(三)美国这次紧急援助计划的主要特点

美国出台的紧急援助计划涉及很多补贴,意图通过短期刺激对中低阶层消费和中小微企业及受冲击最大的产业提供补贴扶持。笔者结合前期对美国反补贴调查的经验看,该计划延续了美国补贴政策一贯的风格,具体特点有:

---

① 参见《CARES 法案》公共卫生和社会服务应急基金秘书处部分。
② 参见《CARES 法案》商品援助计划部分。
③ 参见《CARES 法案》科技—国家航空航天局部分。
④ 参见《CARES 法案》安全、安保和任务服务—国家航空航天局部分。
⑤ 参见《CARES 法案》科研与科研相关的活动—国家科学基金部分。
⑥ 参见《CARES 法案》对法律服务公司的拨款部分。
⑦ 参见《CARES 法案》第 III 编。
⑧ 参见《CARES 法案》第 XI 编。

1. 法律授权明确、透明度高

该计划以法律的形式出现,包括立法说明对补贴项目和内容、负责部门、申请资格、审核及发放流程以及项目执行评估报告等一整套法律文件;颁布前均经过了听证会、议会辩论等程序。这种形式有利于补贴政策的透明和规范,提高补贴政策的稳定性、效力、执行力和可操作性。

2. 重点突出,兼具经济发展和社会职能

此轮2万亿美元的紧急援助计划直接针对新冠疫情对经济的冲击,侧重由因新冠疫情引起的个人收入减少、失业,受疫情影响较大的中小微企业、航空业及对维护国家安全至关重要的大型企业的补贴,以及对医疗机构及医疗等领域的补贴。美国联邦政府层级的补贴政策较为注重发挥社会职能,如免费检测新冠病毒、设置疫情期间带薪病假、扩大失业保险、提供紧急食品补助、提高失业者补助等措施。

3. 着力推进科技创新和技术突破

美国通常通过联邦政府的国防和公共开支支持各大研究所,建立起强大的政府研究开发体系和美国军事力量的绝对技术优势,研究成果转移给私营企业,促进军事工业和民用产业的融合,进而节省企业成本并提升企业竞争力,促进了一批重要新兴产业的形成和发展,打造了许多具有国际领导地位的大型企业。同时反哺满足潜在的国防需要,在国防系统中植入民用产品、工艺和技术,并形成有双重生产能力的工业体系,带动了产业技术的革命性突破,为美国保持在全球的经济优势提供了技术基础。如波音公司是美国航天航空制造业的巨头,是世界上最大的民用和军用飞机制造商之一,也是美国国家航空航天局的主要服务提供商,波音公司运营着航天飞机和国际空间站,美国对波音公司的补贴由来已久。据报道,此次以新冠疫情为名,美国政府又给波音公司提供了超过100亿美元的补贴。

4. 补贴手段灵活多样

此次紧急援助计划除了采用直接的资金转移如拨款和贷款等方式提供财政资助外,还采取了一系列税收减免或递延措施,如因新冠疫情而暂停营业的雇主可享有"员工留任税收抵免"、薪资税支付延期、暂停对净营业亏损的限制、暂停对非公司纳税人营业亏损的限制、加速替代性最低公司税抵免额的退还、放宽对经营性利息扣除的限制、额外折旧扣除可适用于"适格改善性财产"等。①

(四)对中国制定相关政策的启发

美国此次采取强力措施将重点放在稳定经济上,中国需密切关注其政策外溢的负面影响及中国各地针对新冠疫情实施补贴政策的合规性问题。美国作为《SCM 协定》的发起者,擅长运用补贴纪律规则,很难让他国抓住其违规的辫子,其产业补助在表面上符合 WTO 的公平、透明和普惠原则,授予标准明确,采用事后监管而非事前审批,可供借鉴。

1. 规范补贴政策、行政决策法制化

以立法形式强化补贴政策效力,明确规定包括补贴授予对象、条件和标准、补贴金额、补贴申请和发放流程等,使补贴发放更加完善、透明和具操作性。美国众多支持计划均包含如下核心条款:实质性审查和专业评估(包括标准、方法、程序)、司法救济方式(明确的法律责任、申报不实者的惩罚机制)、灵活的豁免机制(针对特定时期、基于特殊政策需求对某一类或某几类补贴的豁免程序),通过细化内容让参与方的职责分工更加明确,有利于部门协同,避免政出多门;有利于提高执行的透明度,易为公众所知。

2. 强调普遍适用性、淡化专向性

在财政补贴环节,发生在研究、分配和消费领域的补贴,由于对竞争关系不产生直接的影响,社会关注度低;而发生在生产和交换环节的补贴,则容易被认定为具有专向性。此轮援助中,除了对中小企业,对个人、紧急救援、医疗卫生等具有公共政策属性的领域进行补贴之外,美国联邦政府借用新冠疫情之名,对大企业进行援助,而这些补贴政策是在 WTO 项下可以被挑战的。

中国政府在提供补贴时可注重普遍适用性,减少对特定领域和地区的补贴,避免专向性,以减少成员方对中国补贴政策的诟病,以维持中国补贴政策的稳定性和有效性。补贴政策可更加侧重于基础学科研究、基础技术研发、高科技研发、文化创意、稳岗就业、职工培训、基础设施建设、公共服务、环境保护、落后地区发展、困难企业救助及中小企业发展等领域。

3. 增加间接补贴、用好间接性金融工具

除直接财政资金拨付和税收优惠等外,美国擅长运用债券、保险、目标价格、担保等金融工具,以多元化的方式间接提供补贴。针对应对新冠

---

① 参见《CARES 法案》第 C 次编商业条款部分。

疫情带来的州和地方政府债务市场的混乱,美联储推出货币市场共同基金流动性工具(Money Market Mutual Fund Liquidity Facility,MMLF)增加市政债货币市场流动性,以高级别资产(如商业票据)作为担保品,为符合资格的金融机构提供贷款。与此同时,美联储还扩大了该流动性工具担保品的范围,将市政短期债务(12个月以内)也纳入其中,这些金融工具的综合运用,有利于保障市场流动性。

4. 执行严格的补贴政策效果评估制度

判断一项补贴政策的效率和效果需要事后的综合评估,看该项政策是否实现既定的政策目标。美国政府对补贴政策的实施有非常严格的后续跟踪和绩效评估机制,这有利于政府机构对补贴的授予方式方法、补贴的"强度"和范围、补贴实施期限及时进行调整、修改和规范,进而优化政府的补贴政策,提升补贴效用。

中国有严格审计制度,但尚未建立有效的补贴效果评估机制,对补贴措施是否实现补贴政策目标缺乏精准有效的事中事后评估,应尽快建立相应的补贴政策评审制度,强化合规审查、补贴效果评估。

5. 执行上明确补贴标准和禁止事项,减少主观判断

补贴政策在执行上,一是明确设定补贴标准。限制和约束政府授予补贴的自由裁量权,提高政府部门的行政效率和执行力。补贴标准通常很具体,能够被衡量,如申请人条件与授予程序和金额、企业的职工人数、企业规模等。该做法增加了政策制定的透明度,确保市场参与者可预测到获得补贴的可能性及可获得补贴的金额。二是明确禁止事项内容。如禁止将拨款资金用于修建美墨边界墙;为了防止道德风险,还明确禁止联邦政府官员及其直系亲属从5 000亿美元的计划中获得资金。

格林斯潘曾撰文指出,"熊彼特1942年提出的'创造性破坏'是推动经济进步的主要动力,而制造更强大的机器、降低基本经济投入的成本、更高效地利用生产要素、降低交通成本才会促成这种力量"[1]。美国在对中国政府反补贴调查案中明确指出,中国政府通过五年规划对生产要素实施了补贴政策才使得经济获得了空前的成功。这也正是美方在多双边不断打压中国的重要原因。因此,研究和提升中国补贴政策制定的技巧,进一步提高补贴的功效,维持中国补贴政策的稳定和有效性是非常重要的。

---

[1] 参见〔美〕艾伦·格林斯潘、〔美〕阿德里安·伍尔德里奇:《繁荣与衰退——一部美国经济发展史》,束宇译,中信出版集团2019年版,引言第XIX页。

第三节　关于完善中国补贴政策的建议

各国政府均把补贴作为最重要的宏观经济调整手段之一,用以实现在生产、贸易、金融和环境保护等方面的战略目标,对经济、贸易、政治、社会福利都产生广泛而深刻的影响。因此,中国政府通过实施补贴政策提升科研创新能力、促进产业升级和产品更新换代,进而实现经济增长和社会发展目标是国家经济主权的体现,无可厚非,不应被指责和歧视。如张夏准教授指出,在17世纪英国追赶荷兰,19世纪美、德、法追赶英国,20世纪日本进入发达国家行列的过程中,关税保护和补贴政策都发挥了重要作用,发达国家现在指责发展中国家使用产业政策是一种过河拆桥的行为。① 由于补贴是产业政策的具体实施手段,所以本节内容,笔者从宏观上的产业政策的有效性入手,然后落脚在补贴这一具体措施如何推行和完善。早在20世纪90年代,《中国的产业政策——理论与实践》②一书即对产业政策有特别系统、深入的论述,认为产业政策是对市场机制的补充,财政政策和货币政策的作用是有限的,必须依靠产业政策增加供给。20年之后林毅夫教授撰文指出,当今很多的富裕国家也曾使用过广泛的政府干预来快速启动现代经济增长的过程。根据新结构经济学的观点,发展中国家要根据比较优势和要素禀赋,选择适合自己国家发展的道路,实施相应的产业政策,适当的政府干预能够起到积极作用。③ 但是很多学者也明确提出相反意见,如张维迎教授提出,补贴是对社会资源分配的扭曲,而产业政策注定会失败:一是由于人类认知能力的限制;二是因为激励机制扭曲。④ 产业政策会阻碍创新,误导企业家将资源用于不该投入的领域,也会造成企业家和政府官员的寻租行为。⑤ 日本通产省早在1993年就提醒中国政府,从日本的经验看,受西方影响较深的学者会激烈反对,他们认为产业政策是反对市场机制的。⑥ 也有学者对日本的产业政策进行系统研究后

---

① 参见林毅夫、张军、王勇、寇宗来主编:《产业政策总结、反思与展望》,北京大学出版社2018年版,第4页。
② 参见刘鹤、杨伟民:《中国的产业政策——理论与实践》,中国经济出版社1999年版。
③ 参见林毅夫:《繁荣的求索:发展中经济如何崛起》,张建华译,北京大学出版社2012年版,第75页。
④ 同上书,第21页。
⑤ 同上书,第25页。
⑥ 参见刘鹤、杨伟民:《中国的产业政策——理论与实践》,中国经济出版社1999年版,第94页。

得出的结论是:"总体上看是失败的,通产省神话破灭。"①有些 WTO 成员方也对补贴给社会生产和国际贸易带来的负面影响提出质疑,特别是中国密集遭受反补贴调查,这让中国补贴问题备受国际社会关注。中国国情具有特殊性,中国的改革和政策制定不能绝对化、片面化、简单化,"一刀切"就会犯错误这一观点。② 中国是世界第一大货物贸易国,中国的产业、贸易政策和补贴做法受到其他成员方的质疑和关注。中国政府如何最大限度地发挥产业政策这一中长期的国家战略发展规划的作用,使补贴发挥最大功效,同时如何在制定财税政策时对补贴授予方、补贴范围和金额及程序等因素加以谨慎合规的考虑和设计,是当务之急。

一、补贴政策合规的必要性

客观讲,中国的财政补贴政策经过近 30 年的市场导向改革,已逐步接近市场经济规律要求和被大多数国家认同的价值规则,但仍然不可避免地带有不同程度的传统计划经济体制的成分和色彩,同时存有 20 世纪初期发达国家的刺激经济模式和发展中国家传统发展模式的很多特征,也有不同于其他西方国家价值判断的社会主义市场经济特点。一方面,由于中国政府重视国有经济在国民经济中的主导地位,因此常常会对一些竞争力不强且效率低下的行业或企业提供财政支持,在实践中这些措施有时并未能有效改善国有企业的经营状况,提升行业的竞争力,反而造成了产能过剩并产生溢出效应。此外,对经济产业部门提供过多的财政支持还严重影响了国家对科教文卫、技术创新、环境保护、公益设施等其他方面的投入,造成了巨大的资源浪费,甚至出现了寻租现象。另一方面,自改革开放以来,中国政府从实际出发,根据本国国情和国际经济环境,积极扩大开放,大力吸引外资,推进外向型经济的发展。中央和地方政府采取一系列补贴政策吸引外资、扩大出口、推动经济发展。但是,彼时由于国门初开,中央和地方层面缺乏对法律和国际规则的理解,在发展冲动的驱使下,各级政府推出的种类繁多的补贴政策中,有不少效率低下,效果不彰,缺乏透明度。在一定程度上造成财政资源的浪费,扰乱了市场的竞争秩序,扭曲了资源配置。不但对内资企业不公平,还给出口企

---

① 林毅夫:《繁荣的求索:发展中经济如何崛起》,张建华译,北京大学出版社 2012 年版,第 21 页。
② 参见刘鹤、杨伟民:《中国的产业政策——理论与实践》,中国经济出版社 1999 年版,第 91 页。

业带来法律上的风险,使其遭受反补贴调查。由于反补贴调查是针对国家制度体系的调查,其影响力远非反倾销调查可比。事实上,其他成员对中国的反补贴调查已经对中国财税政策的制定乃至社会经济发展模式带来一定影响。笔者认为,中国的某些补贴政策确实存在需要完善之处,中国政府已经充分意识到补贴政策合规性的重要意义,并一直在进行努力和改革。其他成员对中国补贴政策的质疑,有很大原因是对中国经济运行和发展方式的曲解或误解。中国的宏观经济、国有企业、国有银行、利率机制、产业规划、土地和税收政策等一直是国外调查机关反补贴调查的重点,典型的如美国在裁决中采用外部基准的计算方法,主要源于不同经济政治体制和文化造成的思维方式上的差异,以及对中国经济运行机制的不认同。近年来,补贴政策更成为美国等西方发达国家成员在多边场合攻击中国体制和经济模式的借口。比如美国2018年7月在WTO总理事会上对中国经济模式进行指责,认为中国坚持国家主导、非市场导向、具有贸易破坏性的经济模式,扭曲市场的资源分配,对WTO基本原则漠视,给其他成员造成负担。这种指责断章取义,中国常驻WTO使团的张向晨大使已经作了回应。又如,2019年10月22日,美国彼得森国际经济研究所(PIIE)的学者查德·伯恩(Chad Bown)和美国外交关系协会专家詹妮弗·希尔曼(Jennifer Hillman)共同撰文,指出补贴问题正是引发此次中美贸易战的重要导火索之一,建议美、欧、日共同研究制定补贴规则。OECD于近期公布了一份关于全球铝业的研究报告,专门调研哪些国家对铝进行补贴及其程度,发现5家中国企业均获补贴。由此可以看出,无论是一些成员还是一些国际组织都对中国补贴情况予以关注。针对这一情况,笔者在第一版中提出,中国政府可以通过白皮书等方式加大对外宣传,有针对性地对中国相关经济政策进行澄清,帮助其他成员理解中国的产业政策,减少其对中国经济运行模式的误解,减轻由于美、欧、加等对中国频频发起反补贴调查而带来的负面影响。

当然,任何国家的政策都应符合自己的国策和国情。《SCM协定》在严格禁止出口补贴和进口替代补贴的同时,对可诉补贴的规定具有一定的灵活性。笔者认为,正是这种灵活性给中国政府根据WTO规则重新整合贸易和产业补贴政策提供了空间,在WTO补贴纪律允许的范围内按照中国发展的既定目标去调整和完善,打造合规、高效的补贴政策,让其真正发挥促进经济增长和增加社会福利的作用。

美国频繁发起的反补贴调查中极具针对性的甚至对中国的经济和政

治体制带有歧视性的认定方法,以及中美近3年的贸易摩擦谈判进程,让笔者认识到,仅在补贴政策形式上的调整很难满足欧美发达国家成员的诉求,也难以扭转频遭反补贴调查的态势。同时,如果我们的思想统一到中央关于全面深化改革和全面推进依法治国的战略部署上来,统一到党的十九大报告和政府工作报告中明确提出的"中国始终坚定支持多边贸易体制"的立场上来,统一到参与乃至引领全球治理体系改革的目标上来,补贴合规性的要求就变得意义重大。这是法治思维和依法行政能力的体现,也是进一步提升对外开放质量、实现本国经济和社会发展政策的重大目标。中国是世界第一大货物贸易国,中国的贸易政策受到各方的关注,任何禁止性补贴项目都很容易在WTO受到挑战。有关部门制定符合WTO规则的补贴政策是依法合规的要求,更是对出口企业和国家最大的负责。与WTO规则相抵触的各级补贴政策应该及时进行调整、修改和规范。

二、补贴政策调整的方向

中国的补贴政策首先要符合国际规则,符合WTO一般原则和《SCM协定》确立的补贴规则,这是中国入世所承诺的。WTO一般原则要求有:一是透明度原则,补贴政策需符合透明度原则,包括公开发布和履行通报义务[1];二是最惠国待遇原则,给予任何贸易伙伴的优惠待遇,都要平等地给予所有WTO成员方;三是国民待遇原则,对进口产品的待遇,不得低于给予国内同类产品的待遇;给予其他成员服务、服务提供者的待遇,在承诺范围内不得低于本国服务、服务提供者的待遇。笔者认为,中国应尽快厘清现有与上述WTO一般原则及《SCM协定》不一致的补贴政策,根据政府的宏观和微观经济政策目标,尽快梳理、规范并适度调整现有的不适宜的补贴政策。这不仅有利于中国的宏观调控、提高财政支出效率,有利于找准中国在多双边谈判的立场,而且可以避免其他WTO成员方对中国采取反补贴措施。

---

[1] 2010年10月,国务院发布《关于加强法治政府建设的意见》,要求除特殊例外,中央和省级政府各部门制定规章时应公开征求意见。2012年4月,国务院法制办发布《法律法规草案公开征求意见暂行办法》《关于部门规章草案公开征求意见相关事项的通知》。2015年3月,修正后的《立法法》要求,除经委员长会议决定不公开的,应将法律草案等向社会公开征求意见。2015年3月,国务院办公厅发布《关于做好与贸易有关的部门规章英文翻译工作的通知》,要求各部门负责翻译本部门制定的与贸易有关的规章,并在施行前或最晚不迟于90天内在部门网站上公开发布。

(1)搭建中国补贴法律制度体系,使行政决策法治化

笔者在2009年时曾建议:中央政府应该尽快梳理现有财税补贴政策。通过立法进一步划分中央和地方政府制定补贴的权力界限,明确补贴政策的相关法律程序,使得各级政府、政府各部门在制定和实施补贴政策时有法可依。避免违规越权出台补贴政策的情况,减少补贴政策的随意性、不稳定性。

针对上述建议,笔者认为可以分阶段实施:首先将补贴监管入法,制定与《反垄断法》效力层级相同的法律,对补贴制定程序、补贴形式、补贴内容进行规定,明确补贴审查主体;全面备案存量补贴,允许其在特定时间段内继续执行,并对补贴效果进行专业评估;结合对存量补贴的评估,出台针对不同产业、地区的补贴指导细则,并在此基础上建立申报和事前审批制度。

补贴政策涉及部门多,统筹协调也复杂,容易形成"九龙治水"的局面。应及时成立补贴政策颁布的审议机制。可以在中央政府层面设立补贴政策审议办公室,对现存的和拟制定的各级政府的补贴政策进行综合协调、评估和审查,弥补各部门制定政策的目标边界不清晰、原则和标准不统一、对合规性审查不严格、信息不对称等问题,也可以弥补个别机构人才储备不足、对国际事务不敏感等短板。这样可以提高制定补贴政策的水平,通过调整举措和白皮书等减少国际社会对中国补贴政策的质疑和压力。笔者在商务部工作时经常被指派去地方政府和企业宣讲WTO的补贴与反补贴规则,也经常回复一些地方同志的政策咨询,提供合规意见,这也说明地方政府在补贴政策的制订上急需指导。笔者多次建议相关部门应及时梳理补贴政策,一则是WTO规则的合规性要求;二则是为完善中国补贴政策,提升效率和公平,有效实现政策目标。就在笔者撰写本书之际,查阅资料时发现,刘鹤副总理早在1994年国务院讨论《90年代国家产业政策纲要》时就曾提出:建立国家产业政策审议制度;建立国家产业政策的监督、检查及评价制度。①

笔者欣喜地看到,相关部门已经在行动。2014年6月印发的国务院办公厅《关于进一步加强贸易政策合规工作的通知》(国办发〔2014〕29号),要求国务院各部门、地方各级人民政府及其部门出台的贸易政策应

---

① 参见刘鹤、杨伟民:《中国的产业政策——理论与实践》,中国经济出版社1999年版,第100页。

符合WTO规则和中国加入时的承诺。在具体程序上,可分为事前合规和事后合规。事前合规,是指国务院各部门应在拟定贸易政策的过程中进行合规性评估,并在正式发布时将政策文本抄送商务部世界贸易组织司(中国政府WTO通报咨询局)。国务院各部门拟定的贸易政策,在一些情形下,如政策制定部门认为有必要,应在按有关程序报送审查或自行发布之前,就是否合规征求商务部的意见。事后合规,是指商务部负责接受WTO成员对国务院各部门、地方各级人民政府及其部门制定的贸易政策提出的书面意见,对其进行合规分析判断并协调有关部门或地方政府做好相关后续工作。根据《关于进一步加强贸易政策合规工作的通知》,商务部制定了《贸易政策合规工作实施办法(试行)》(商务部公告〔2014〕第86号),进一步细化商务部进行合规工作的程序和时限要求等。目前,全国各省级政府均已出台具体落实办法,实现合规工作机制全覆盖。①

同时,笔者也看到,国务院《关于在市场体系建设中建立公平竞争审查制度的意见》及国家发改委、财政部等五部门联合发布的《公平竞争审查制度实施细则(暂行)》对影响生产经营成本标准的财政补贴及优惠政策有所涉及,注重补贴政策与公平竞争的协调是立法的进步。如果参考欧盟援助法的经验,笔者认为还应注意以下几个问题:一是上述文件性质为规范性文件,法律效力层级低,约束力不够;二是对补贴政策的审查标准多为原则性规定,难以进行实质审查;三是法律责任不明确,不利于有效执行;四是缺乏司法救济。

(2)处理好制度移植和制度创新的关系

中国加入WTO后的贸易体制以制度移植为主,具体包括贸易法律制度、贸易管理机构开始与国际接轨,贸易自由度增强等。但中国的制度移植仍表现为形式上和框架上的移植,以移植WTO和西方主要国家制度为主要途径,缺乏制度创新,没有深入分析研究并处理好制度移植与制度创新的关系,忽略了西方国家推动WTO贸易自由化的根本原因是国内建立了强大的企业、产业。未来,要更多考虑制度创新的问题,做好体制性改革与中国的政治、经济和法律的契合,建立起贸易和产业的协调机制。

---

① 参见商务部副部长王受文:《加强贸易政策合规,全面提升开放质量》,载https://baijiahao.baidu.com/s?id=1613719129577729246,访问日期:2020年2月8日。

(3)确定明确的补贴政策目标和范围

《SCM协定》补贴纪律将政府的研发补贴限定在产业研究和前竞争阶段。一项技术需要经历从基础技术研发、技术转移和产业化,到生产、销售和对外贸易多个环节。中国当前一些补贴政策指向生产和销售环节。笔者建议政府减少提供与生产环节直接挂钩的功能性补贴,可向前延伸到前端的研究环节,向后扩展到销售端。补贴政策要侧重于基础学科研究、基础技术研发、高科技研发、文化创意、稳岗就业、职工培训、基础设施建设、公共服务、环境保护、落后地区发展、困难企业救助以及中小企业发展等领域。由于基础研发需要长期投入大量的资金和人力,对企业来讲,负担较重,短期内获益不大。因此,需要国家投入。一旦取得技术突破,可以使很多产业受益。由政府对技术基础结构进行投资也是西方发达国家擅长使用的,具有公共产品性质及普惠性质。

目前中国现行法规和文件中的一些用语或表述容易引起其他成员方质疑,相关部门已经进行了清理和修改。例如,原科学技术部、财政部《关于科技型中小企业技术创新基金的暂行规定》中的鼓励并优先支持出口创汇的各类项目;《国家级火炬计划项目管理办法》中的"项目所采用的技术是先进和成熟的,且经过了产品(样品、样机)技术鉴定,已具备商品化生产的条件""促进我国高新技术成果商品化、产业化和国际化";《国家技术创新项目计划管理办法》中的"以市场为导向、以经济效益为中心、以增强企业技术创新能力和市场竞争力为目标,形成商品化、产业化生产"等。在制订政策时要体现中立性、公共政策概念,以免授人以柄。今后,中国要充分利用可诉补贴"不告不理"和需要原告方举证的特点,加大补贴的隐蔽性和申诉方举证的难度来应对其他成员方的反补贴指控。

(4)建立补贴政策审议机制,加强补贴政策的后续效果评估

通过对补贴政策的后续跟踪和绩效评估,才能判断补贴政策的效率和有效性,以及是否实现了既定的政策目标,适时对补贴的方式方法、补贴的力度和范围、补贴实施的期限进行相应的调整、修改和规范,优化政府补贴的实施方案。

笔者建议有关部门可以系统研究欧盟的援助法案以及美国联邦政府相关补贴实施法案,借鉴其核心条款,如实质性审查和专业评估(包括标准、方法、程序)、完善的司法救济(明确的法律责任、申报不实者的惩罚机制,比如欧盟要求补贴收益方退回所获收益)、灵活的豁免机制(需要

设计针对特定时期、基于特殊政策需求对某一类型或某几类型补贴的豁免程序)等。

三、补贴政策实施方式的调整建议

有效的财政补贴政策设计和实施是衡量政府政策制定水平的标准。中国的各类财政补助中,以针对特定企业、特定产业和特定地区的特定补贴对象为主,专向性强,而可普遍获得的补贴少;在补贴内容上,以扶强扶优为主。此外,已出台政策的补贴方法过于单一,多以直接的财政预算为主。① 鉴于此,需要调整政府运用补贴的思路。例如,从注重对部分企业、部分行业和部分地区加速发展的专向性支持,转向有效支持营造公平竞争环境;将支持方式,从以计划经济色彩较浓的行政性、指令性办法为主,转向以符合 WTO 规则的基金性、前移性支持为主。从长远考虑,积极寻求替代鼓励出口的补贴和其他生产补贴的合理措施,彻底解决现行补贴政策与《SCM 协定》以及《中国入世议定书》的不一致。

(一)避免禁止性补贴,避免"出口""进口替代"等字眼

《SCM 协定》规定,不得给予或维持禁止性补贴,禁止性补贴需立即撤销。中国政府在加入 WTO 时已承诺取消出口补贴。中央政府及地方政府应该取消包括事实上的和法律上的出口补贴,包括针对出口企业的所得税以及流转环节税的退抵减免、费用补贴、利润留成、加速折旧或科技费用补贴、贷款、贴息或购置土地优惠等政策。根据《中国加入工作组报告书》第 168 段的规定,自加入时起,中国将取消所有属《SCM 协定》第 3.1(b)条范围内的,视使用国产货物替代进口货物情况而给予的补贴。近年来,中国政府根据国际规则主动取消了出口补贴以及不适应经济发展和国际规则的一些过渡性政策,如外资税收优惠、风电设备补贴等。笔者认为,中国的一些补贴政策对经济发展和解决贫困发挥了积极作用,但有时因政策制定上缺乏技巧,在部分内容中出现了类似鼓励出口和进口替代补贴的表述,因而受到其他成员方挑战。虽然从财政支持的资金,或从企业的受益额来看,中国财政支持资金的金额都较小,但根据 WTO 规则,只要是禁止性补贴,就应该被取消,而与金额的多少无关。从这一点来看,目前阶段,出台禁止性补贴容易受到挑战,如墨西哥对中国补贴政

---

① 参见《铜版纸反补贴,美国的双重打击》,载 http://industry.yidaba.com/gongcheng/shichang/yuanliao/538292.shtml,访问日期:2007 年 9 月 25 日。

策的诉讼。这种多边场合的挑战使中国补贴政策受到国际社会的广泛关注,国际声誉受到影响。

(二)避免具有强制性和定向性的补贴政策

产业政策是中国进行结构调整、促进国民经济持续快速高效增长的重要手段。在计划经济时期,产业计划和产业政策是指导中国各类经济主体的重要方面。中国的产业政策种类繁多,有关于整体产业发展的,如《"十五"工业结构调整规划纲要》《外商投资产业指导目录》《政府工作报告》、若干个五年规划纲要及其相关的落实通知、国务院《关于发布实施〈促进产业结构调整暂行规定〉的决定》;也有针对个别产业和特定地区的,如《鼓励软件产业和集成电路产业发展的若干政策》《全国林纸一体化工程建设"十五"及 2010 年专项规划》《关于落实振兴东北老工业基地企业所得税优惠政策的通知》《关于实施西部大开发若干政策措施的通知》等。中国各级政府编制的政府发展规划报告成为 DOC 实施反补贴调查的证据材料。以五年发展规划报告为例,中国各级政府的五年发展规划是国民经济发展中的重要事件,为未来五年制定发展目标、规划发展方向。这些产业规划和政策性文件容易造成外界的过度解读,认为中国政府的发展规划和其他政策性文件具有强制力。如 DOC 认为,中国的五年发展规划鼓励发展的产业受到了政府重点扶植,获得了相应补贴,而这种补贴具有专向性。虽然中国政府一再强调,DOC 的这种推断是非常不合理的,也已经在反补贴应对过程中反复就此问题作出澄清,但某些发达国家成员对此仍存极大偏见。如美国针对中国的反补贴调查案中涉及钢铁制造业的就有 49 起,其目标直指钢铁产业发展规划和产业发展政策。从产业政策和规范性文件的制定角度讲,这应该引起中国政府相关部门足够的重视。

由于中国经济领域尚存计划经济的影子,中国产业发展规划中的一些用语也常被其他成员方调查机关认为具有指引性质,构成政府政策和指令,具有强制执行力。DOC 就认为,在中国,即使是商业银行也会根据产业政策或政府指令发放贷款,而完全忽视商业银行的市场竞争主体地位、应具有的独立性和对合理利润的追求。中国政府和企业在应对反补贴调查时,提交了大量的证据资料,解释说明中国的商业银行是市场竞争主体,具有独立性,是基于商业考虑进行贷款的审核和发放,其有严格的贷款发放标准和审批流程。但 DOC 对这些抗辩和证据选择性地视而不见,而紧盯中国政策性文件中的某些字眼和表述不放,特别强调中国

《商业银行法》第34条规定的"商业银行根据国民经济和社会发展的需要,在国家产业政策指导下开展贷款业务",认为商业银行信贷决策从法律上受到产业政策的约束,不具有真正的独立性,并根据外部基准作出裁决,导致被裁定较高的反补贴税率。《中国制造2025》中的某些表述也曾引起过发达国家成员的高度关注。

笔者建议,无论是中央政府的五年规划,还是地方政府发布的地方性文件,都要充分考虑开放经济条件下可能面临的国际规则风险。中国政府可以利用当前进行供给侧结构性改革之际,对政府制定的产业规划等进行规范,特别是关键性用语的使用。政府部门在报告、规划编制等工作中应开阔思维,注重措辞和表述,不要授人以柄。这样既能显示中国政府遵守国际规则的决心,又能提高有关部门对政策性文件表述的技巧,也顺势调整国内一些已过时的产业政策。

(三)强调普遍性,淡化或避免法律和地区专向性补贴

在财政补贴的环节上,发生在生产和交换环节的补贴,由于会对市场竞争产生直接影响,因而易被认定为具有专向性。而发生在研究、分配和消费领域的补贴,由于对竞争关系不产生直接的影响,因而不易被认定为具有专向性。前几年,中国对新能源车产业的消费者购车补贴,虽然在结算模式上由企业接受补贴,但由于其最终受益方是终端消费者,不与企业或产业挂钩,很难被认定为将补贴"授予一组企业或产业"。因此,笔者建议,中国政府在补贴的设定标准上,应将补贴设定为"普遍可获得",惠及市场的所有参与者,不会改变竞争的格局。政府制定的政策应中性、客观、没有倾向性,明确规定可获得补贴的标准,企业一旦满足条件则自动获得补贴,避免制定具有法律专向性的财政政策;颁布的政策应具有可预见性,能够被衡量(比如企业的职工人数、企业规模等),如申请人的条件与授予的程序和金额;政策应具有透明度,及时公布,市场参与者便可预测获得补贴的可能性和获得的金额;政策在实施过程中应得到严格执行。只有这样,此类补贴才不会被轻易认定为具有专向性。这不仅符合国际规则,更有利于减少行政机构的自由裁量权,杜绝在操作中的随意性,保证政策的执行,也避免了权力寻租。

关于地区专向性,在中国诉美国部分产品双反案中,专家组认为,由于中国政府是工业用地的最终所有人,在中国获得的土地使用权均构成财政资助。因此,若美国想通过证明财政资助的获得渠道受限制,来证明土地使用权具有地区专向性,则其必须证明其工业园区内所提供的土地

使用权不同于区域外所提供的土地使用权。专家组认为,可以通过证明工业园中所提供的土地使用权存在特殊的规则、单独的定价,或者其他能够区分这两者不同的要素,来证明存在单独的土地使用权制度。该案的结果是美国败诉。笔者认为,不能因专家组裁决结果对中方有利,而忽视一些地方政府的不合规行为,如未按时办理农用地转为工业用地的手续,未按照要求对土地进行正式评估等。笔者建议,中国各级政府有必要严格按照统一的土地政策,向企业提供所在辖区内的工业园区土地使用权,以避免引起其他 WTO 成员怀疑中国存在"单独的土地使用权制度",并因此在反补贴调查中认定中国提供的土地使用权具有地区专向性。

(四)减少直接补贴,增加间接补贴,用好税收优惠政策

直接补贴即政府通过政府贴息、政府补助以及政府研究与开发委托费的方式进行的补贴。税收优惠包括减免税、优惠税率、投资抵免等直接税收优惠,以及加速折旧、特定准备金、税收抵免等间接税收优惠。地方政府多采用直接补贴的形式。但直接补贴的形式特别容易被认定为可诉补贴或者禁止性补贴,从《SCM 协定》规定的补贴支持形式来看,除直接补贴以外,还有提供优惠服务或产品、优惠信贷担保和信保、价格支持或金融手段等间接的补贴形式。发达经济体和成员方采用的补贴形式特别多元化,擅长用间接补贴,包括发行政府债券、制定目标价格、保险等多种形式。例如,将对企业的贷款支持与保险相结合,由保险公司赔付企业坏账,只要保险公司能够自负盈亏,很难能认定为补贴。或者,在资产处置中,向政府提供未来缴纳赋税现金流作为抵押,并由政府增信以发行债券的方式筹资后组成基金,购买股权或参与破产企业重组等。

在美国对中国反补贴的项目中,仅有 4 起案件没有涉及税收优惠政策,特别是外商投资企业税收优惠政策。由于这些税收优惠政策大多集中于钢铁产业,导致中国的钢铁产品成为反补贴案件高发区,也容易让其他成员方推定中国各行各业都有税收优惠政策。笔者在 10 年前写道:中国现存的外商投资企业税收优惠政策是最易受到挑战的。第十届全国人民代表大会第五次会议通过了《企业所得税法》,该税法统一了内外资企

业的税率,并于 2008 年 1 月 1 日起施行。① 综上,笔者建议中国政府相关部门调整补贴政策方向、完善产业政策,由结构性的倾斜政策向功能性政策转变,由直接补贴向间接补贴转变,并调整投融资政策,从政府直接投资向培育创业投资机制转变。妥善处理补贴问题,不但可以保证补贴政策的有效实施,还可以防止其他成员方对中国采取反补贴措施,从而能在更大程度上发挥补贴的功效以维护国内产业的利益。

税收优惠政策,是各国和地区普遍采用的政府补贴形式。关于如何用好税收优惠政策,既能促进产业发展又不违反《SCM 协定》的要求,笔者借鉴其他国家和地区的税收制度,提出如下建议:

(1)健全税收的法治化,建立税收法定原则。中国的大多数法规、条例以授权的方式出现,缺乏稳定性。应采用税收法定原则进一步推进依法治税,提升税收立法层级。除了将主要税种由行政法规上升为法律外,对比较成熟的税收政策应以法律的形式公布。此外,明确划分各级政府的事权与支出责任,建立权责明晰的中央和地方财政关系。

(2)降低非税收入,提高透明度。财政收入包括税收收入和非税收入。中国的非税收入包括专项收入、行政事业性收费、罚没收入和其他收入,收费主体多元,名目多样且不透明。非税收入比重较大,地方自由裁量权较大,部分地方干扰企业正常经营,也容易造成寻租。中国应进一步推进税收的法律制度建设,尽量采取国际上的通行规则,体现税收的公平和效率原则,依法治税。

(五)建立贸易政策与产业政策的协调机制,发挥行业协会的作用

中国的贸易政策和产业政策分属于同级别的不同国家机关享有,彼此并没有法律上固定且有效的政策协调机制。可以借鉴美国的 USTR,在国务院内部建立政策协调办公室作为专门的贸易政策与产业政策协调机构,赋予其权力和责任,对贸易政策与产业政策进行协调。也可以借鉴日本的通产省,提升商务部的政策协调功能,推动本国产业发展,减少国际产业摩擦,提升中国在国际经济中的地位。

---

① 中国自 1994 年进行税收改革,统一了企业所得税和个人所得税,建立了中央和地方两级征管体系,又逐步统一了城乡税制和内外资企业所得税制。中国形成了以宪法为依据,包含单行的税收法律、法规和规章制度的多层次税收法律制度模式。中国目前的税收法律主要有《企业所得税法》《个人所得税法》《车船税法》《税收征收管理法》《烟叶税法》《船舶吨税法》《资源税法》。"增值税法"于 2019 年 11 月 27 日进入征求意见阶段,尚未成为正式法律。

此外,中国的贸易政策与产业政策协调的体制性问题突出表现在强制性制度变迁为主,缺乏诱导性制度变迁的问题,政府在信息、利益反馈和协调能力上不足。因此,政府需要大力培育诱导性变迁能力,培育代表个人、企业和产业等的多元化利益主体,增强政策协调的"自下而上"的参与性,培育以非政府组织、行业协会为主体的多元化政策协调机制,改善目前存在的制度不协调的问题。

(六)合理运用政府采购政策和保险补贴政策

政府采购是引导投资规模和方向的重要的政策工具,尤其是在国内实现技术突破生产出新产品的领域,采购决策通过价格、数量、标准和交货期等都对企业的预期收益有积极影响。如前所述,一些发达国家成员通过军事订单采购来支持民用生产,推动了企业发展,提高了其研发能力。中国应该借鉴这些成员的做法,在符合 WTO 原则的基础上,使企业通过获得政府采购,提高产品声誉、稳定销售,获得收益,进而推动民营企业发展。

采取不同形式鼓励各地开发保险创新产品和设计再保险制度,将财政资金的直接拨付转化为对企业风险防范的支持。

(七)大力发展政府产业引导基金,变政府补贴为市场化投资

政府产业引导基金是指由政府出资,吸引有关地方政府、金融、投资机构和社会资本,不以营利为目的,通过出资子基金、股权投资、融资担保等形式进行投资,支持企业发展的专项基金。在国外,政府产业引导基金是发展战略新兴产业过程中一种较为普遍的市场化融资机制和产业发展促进基金。

2015 年,《政府投资基金暂行管理办法》发布,对政府投资基金的设立、运作和风险控制、终止和退出、资产管理等方面进行了规范,并且规定设立基金可以采取公司制、有限合伙制和契约制等不同组织形式。《政府投资基金暂行管理办法》规定,政府投资基金由各级政府通过预算安排,以单独出资或与社会资本共同出资设立,采用股权投资等市场化方式,引导社会各类资本投资经济社会发展的重点领域和薄弱环节,支持相关产业和领域发展的资金。

从运作的理念来看,产业引导基金的模式从根本上改变了传统上政府通过行政措施实施的补贴政策,转化为更灵活、更市场化的投资,提高了政府政策的制定和实施的市场化程度。从融资操作来看,市场化的融资模式是政府产业引导基金获得融资的主要方式。从日常管理运作来

看,产业引导基金在子基金设立、投资管理、薪酬体系、信用担保、退出机制等方面都严格遵循市场化规律,要更好发挥产业引导基金在促进相关产业发展方面的作用。从市场退出来看,产业引导基金主要的退出机制包括公开上市、出售股权、公司回购、破产清算或到期清算等类型。

建立政府产业引导基金,通过发挥财政资金杠杆放大效应,引导社会资本投入,增加创业投资资本供给。发挥引导作用,实施市场化运作、专业化管理。深化投融资体制改革,培育和发展战略新兴产业,促进产业升级和经济结构调整。

在政府产业引导基金发展的过程中也出现了权责不明、政策性目标与商业性目标不协调、社会资本吸引不足等问题,应予以重视。

(八)加强产学研结合对前端技术进行研发

借鉴、效仿美国、韩国等国做法,由国家主导重大或关键、前端技术的研发,重视和加强产学研的结合,大力发展官民合作,鼓励建立独立实验室。政府加强投入力量的同时更多吸收民间资本、大专院校和科研机构的力量参与,对涉及国计民生、产业升级、高新科技等的前端技术进行研发,并将研究成果有效商业化,加以应用和推广,从而引导和促进国内产业的升级改造和健康发展。需要注意的一点是,产学研结合的研究成果应具有普惠性,受益面越广越好,进而规避补贴的专向性问题。

(九)研究建立符合中国国情的贸易调整援助制度

通常来说,贸易调整援助制度是由政府实施的,针对面对贸易政策变化,如取消或降低关税和非关税壁垒而短期遭遇困难的产业、企业或员工提供救助的一种法律制度。贸易调整援助制度的起源和发展来自于贸易自由化。第二次世界大战后,在关贸总协定的推动下,双边和多边贸易的兴起促使当时的发达国家政府关注到贸易所引起的产业萎缩和工人失业等问题。这些国家认识到,传统的福利政策并不能有针对性地解决开放市场之后一部分本国产业和劳动力所面临的实际问题。采取何种方式对受进口损害的产业和劳动者进行经济调整,成为这些发达国家贸易政策的议题之一。到目前为止,以美国、加拿大和日本为首的主要工业发达国家都建立了适应本国情况的贸易调整援助制度。该制度是一种政府产业补贴政策,但区别于一般的政府补贴。其主要有以下三个特点:一是制度针对的对象是受到政府贸易政策调整而遇到暂时困难的产业、企业或企业员工(有些国家的调整援助对象还包括农民)。产业或企业遭遇的困难不是正常市场竞争的结果,而是由于政府的政策变化如加入特定的自由贸易协议引起的。因此,政府对暂时困难的市场主体提供救助并不影响正常的市场竞争,相反,能够帮助市场主体尽快恢复竞争力,使其更好地参与市场竞争。二是救助的方式以技术性援助为主,如就业培训、技术和管理的升级换代等,同时侧重援助的调整功能,注重发挥市场主体的能动性。三是援助具有暂时性,着眼于缓解市场主体的短期压力和困难。

在新形势下,中国产业或企业因贸易政策变化而遭受的负面影响和压力逐渐增大。截至目前,中国已与25个国家和地区签署了17个自贸协定。此外,中美贸易争端对中国产业和企业的影响逐步显现。而中国此前主要通过"两反一保"保护国内产业,手段相对有限。因此,除了传统工具,笔者认为,还应该研究通过贸易调整援助等财政和金融工具,对弱势产业和受冲击的产业进行援助。特别是贸易调整援助能够很好地处理市场竞争和产业补贴的关系,对当前不适宜的补贴予以清理,通过贸易调整援助填补空白,继续对困难企业或弱势产业进行救助,实现相关产业政策目标。

当前中国的贸易调整援助制度尚处于探索阶段。2015年国务院发布的《关于加快实施自由贸易区战略的若干意见》(国发〔2015〕69号)明确提到"在减少政策扭曲、规范产业支持政策的基础上,借鉴有关国家实践经验,研究建立符合WTO规则和中国国情的贸易调整援助机制,对因关税减让而受到冲击的产业、企业和个人提供援助,提升其竞争力,促进产业调整"。2017年上海市商务委员会、中国(上海)自由贸易试验区管委会联合印发《中国(上海)自由贸易试验区贸易调整援助试点办法》,自2017年7月15日起,上海自贸试验区开始启动"贸易调整援助"试点工作。2019年8月26日,国务院发布了山东、江苏、广西、河北、云南和黑龙江等6个新设自由贸易试验区总体方案。其中,广西、云南、河北等地的自由贸易试验区总体方案都提及"研究开展贸易调整援助试点"。2019年11月19日,中共中央、国务院颁布《关于推进贸易高质量发展的指导意见》,其中第33项举措中就包括要"研究设立贸易调整援助制度"。笔者了解到,商务部也正在积极开展贸易调整援助的试点和制度设计工作。2020年2月21日,上海自贸试验区发布通知,接受企业申请贸易调整援助,开启了中国贸易调整援助实践的先河。

建立符合中国国情的贸易调整援助制度不可能一蹴而就,贸易调整援助毕竟是一项新的制度,可以在试点基础上从三个方面逐步推进:一是加快和推广试点经验,在总结试点经验的基础上做好制度设计;二是加快立法论证,使该制度尽快有法可依,包括考虑先制定与"两反一保"并行的国务院条例;三是积极探索资金来源,尝试设立贸易调整专项资金或者基金。

笔者在工作中通过反补贴调查案件发现,其他成员方在行政决策、行政管理、公共服务、财税政策等方面对中方有很多值得参考借鉴之处。中国政府应加强对其他成员方补贴政策的研究,进一步完善现有的行政管理制度,进一步提高政策制定水平。真正让市场在资源配置中起决定性作用,努力形成市场作用和政府作用有机统一、相互补充、相互协调、相互促进的格局,推动经济社会持续健康发展。

第十三章
发展中国家成员的特殊和差别待遇问题

《SCM 协议》第八部分专门就发展中国家成员的补贴与反补贴问题作出了特殊规定。明确对来自发展中国家成员的产品进行反补贴调查时,应给予特殊和差别待遇,这是反补贴调查机关在采取措施时必须考量的重要问题。在本章中,笔者从发展中国家成员的特殊和差别待遇的基本概念入手,回顾发展中国家成员的特殊和差别待遇问题的谈判历史,特别是东京回合中的规定,分析《SCM 协定》的相关规定,并指出了发展中国家成员所面临的困境,并对如何发展自身经济,提高国际地位给出建议。

第一节 WTO 关于"特殊和差别待遇"的规定

一、关于"发展中国家"与"特殊和差别待遇"的基本概念

(一)"发展中国家"的内涵

关于"发展中国家"(Developing Countries)的概念,一直以来各界并未达成一致,不同的国际组织对"发展中国家"的界定也存在不同见解。联合国与世界银行认为,应以每人平均国民所得(Per Capita Gross National Product)作为判断标准。根据联合国的分类,"发展中国家"可分为一般的发展中国家、最不发达国家[①](Least-Developed Countries)及经济转型国

---

① 最不发达国家是指经济状况较一般发展国家为差的国家。按联合国贸易和发展会议(UNCTAD)的标准,以 1968 年为基础,平均每人国内生产毛额(Per Capita Gross Domestic Product)未达 100 美元,或制造业占总 GDP 的比例未达 10%,或该国国民的识字率低于 20% 的国家。

家①(Transition Economies)。美国农业政策研究机构国际粮食和农业贸易政策理事会(IPC)提出了一种在 WTO 中按人均 GDP 对发展中国家进行分类的方法。② 也有学者主张以"综合性指标"作为判断的标准,如一国货币的实际购买力、实际生活质量指数(Physical Quality of Life Index),具体包括该国国民的识字率、平均寿命、婴儿死亡率等因素。2019 年美国在提案(WT/GC/W/757)③中试图用总量替换人均的概念,并列举了贸易、投资、国防等指标。在 GATT/WTO 体制中并未对"发展中国家"进行界定,GATT 最初使用的提法④是"经济只能维持在低生活水平并处于发展初期阶段的缔约方"。随后,在 1965 年增补的 GATT 第四部分⑤中使用了"欠发达缔约方"(Less-Developed Contracting Parties)的措辞,文本中也使用过"最不发达缔约方"(Least Developed Contracting Parties)的提法,但仍没有明确界定"发展中国家"。在 GATT 时期,缔约方可自行宣称具有发展中国家地位,只要其他缔约方不提出明确的反对意见即可。WTO 采用联合国的认定标准界定"最不发达国家"。关于"发展中国家",WTO 秘书处指出,就《WTO 协定》的内容而言,既无"发达国家"也无"发展中国家"的概念。成员可自行宣称是"发展中国家",但是,这并不能使其自动获得如普惠制等给予发展中国家的权利。如果其他成员方对此宣称提出质疑,则会引发旨在澄清成员地位的多双边谈判。因此,对那些在 WTO 成立后才加入进来的成员来说,是否属于

---

① 经济转型国家是指东欧的前共产主义国家,主要因其经济体制已由共产主义的中央计划经济体制转变为市场经济体制。

② IPC 具体建议将发展中国家分为三类:最不发达国家,低、中收入发展中国家和高、中收入发展中国家。(1)最不发达国家指其 GDP 人均收入在 900 美元以下、人力资源匮乏、经济脆弱;(2)低、中收入发展中国家指其 GDP 人均收入在 901 和 3035 美元之间;(3)高、中收入发展中国家则收入在 3035 美元和 9385 美元之间。每一组的国家应该根据各自能力在农业市场准入、国内支持和出口竞争上承担相应的承诺。载 www.agritrade.org,访问日期:2007 年 5 月 5 日。

③ WT/GC/W/757, AN UNDIFFERENTIATED WTO: SEIF-DECLARED DEVELOPMENT STATUS RISKS INSTITVTIONAL IRRELEVANCE COMMVNICATION FROM THE UNITED STATES, 15 January 2019.

④ GATT 1947, Art 18.GATT 1947 附件 I 关于第 18 条的注释和补充规定进一步指出,"在考虑一缔约方的经济是否'只能维持低生活水平'时,缔约方全体应考虑其经济的正常状况,而不得根据对该缔约方一种或几种主要出口产品暂时存在特别有利条件的特殊情况做出判断"。"'处于发展初级阶段'的措辞并不意味着仅适用于刚开始经济发展的缔约方,也适用于为纠正过分依赖初级生产而经济正处在工业化过程中的缔约方。"

⑤ 主要体现在第 36、37、38 条。

"发展中国家"并享受相关待遇取决于其在加入谈判中所达成的条件。① 因此,"发展中国家"是自宣的。也有学者认为"发展中国家"是动态的概念②,是可转换的,东京回合的"授权条款"③中的"毕业条款"表明发展中国家经过发展达到一定水平后,不能再被视作"发展中国家"对待,并且纵然经济再度恶化,也不能重新被视为"发展中国家"。《SCM协定》把"发展中国家"分为三类:(1)联合国确认的最不发达的国家,目前为48个;(2)在协定附件7中列举的按世界银行最新数据计算的20个年人均国民生产总值低于1 000美元的发展中国家④;(3)其他发展中国家。⑤《SCM协定》第8.2条关于经济发展的测算曾经使用"人均收入""人均家庭收入""人均国内生产总值"作为主要参考因素。《SCM协定》附件7也以人均国民生产总值作为重要依据之一。无论是GATT还是WTO,从未依据GDP等总量指标对成员方的权利与义务进行区分和界定。

笔者认为,改革开放以来,中国经济实现了飞跃发展,经济总量快速增长,2019年国内生产总值近百万亿元人民币。但由于中国有14亿人口,人均发展水平仍然较低,特别是城乡之间、区域之间发展不平衡且差距较大,中国仍然是一个发展中国家。2019年,按照现价美元估算,中国人均GDP大致相当于世界平均水平的90%。如果仅以中国经济和贸易总规模较大为理由,要求中国和美国实现关税绝对对等是不合理的,违背了WTO非歧视性原则。

---

① http://www.wto.org,访问日期:2006年5月5日。

② 参见赵维田:《对补贴要履行的三项义务——解读〈中国加入世贸组织议定书〉第10条》,载《国际贸易》2002年第9期。

③ Differential and More Favourable Treatment Reciprocity and Fuller Participation of Developing Countries Decision of 28 November 1979(人/4903)《有差别与更优惠待遇、对等以及发展中国家的充分参与》的通称,授权发达国家可违反最惠国待遇原则而仅给予发展中国家普惠制待遇。其中规定:"欠发达缔约方期望:它们所作的贡献或谈判减让的能力或者在GATT规定与程序下作出协调一致行动的能力,会随着它们经济的逐步发展和贸易地位的改善而得到增强,因此,它们期待着,在GATT权利与义务的框架里有机会得以更充分的参与"。美国等发达国家将此规定称为"毕业条款"。

④ 属于第二类的成员在年人均国民生产总值达到1 000美元后自动转变为第三类成员。这类国家包括:玻利维亚、喀麦隆、刚果(布)、科特迪瓦、多米尼加共和国、埃及、加纳、危地马拉、圭亚那、印度、印度尼西亚、肯尼亚、摩洛哥、尼加拉瓜、尼日利亚、巴基斯坦、菲律宾、塞内加尔、斯里兰卡和津巴布韦。

⑤ See Subsidies and Countervailing measures:Overview,http://www.wto.org/english/tratop_e/scm_e/subs_e.htm,访问日期:2006年2月21日。

(二)"特殊和差别待遇"的内涵

特殊和差别待遇(Special and Differential Treatment)是指对发展中国家成员的出口产品进入发达国家成员市场给予的优惠待遇,并且参加贸易谈判的发展中国家成员不需要提供与它们所接受的减让完全对等的互惠。根据特殊和差别待遇条款,发展中国家成员也可在分阶段实施新规则方面享受更长的时间优惠,规则要求其承担的义务也比较少。

GATT 对特殊和差别待遇的规定措辞比较模糊,大量使用"尽最大努力"等表述①,使条款缺乏强制约束力。② 这种先天"软法"(Soft Law)的特性与当时 GATT 体制法纪松弛的状况是分不开的③,这些情况造成 WTO 的规定先天不足,缺乏法律的严谨性。WTO 关于特殊和差别待遇条款的规定有一定程度的发展,在 GATT 最初的加强发展中国家缔约方市场准入和放宽纪律的基础上,又增加了过渡性条款和技术援助条款。

二、WTO 改革的主要分歧:"发展中国家成员"问题

WTO 成员中的 3/4 都属于发展中国家,发展中国家成员参与 WTO 的合意直接关系到 WTO 相关协定能否有效、顺利地实施和执行,关系到国际经贸秩序的健康发展。如何促进发展中国家成员参与全球自由贸易、融入到 WTO 多边贸易体系以促进经济发展,提高国民福利,这是 WTO 所关切的最重要的课题。美欧等发达经济体认为,发展中国家成员方的 GDP 总额、货物和服务贸易进出口总额等占全球比重迅速增加,应该改变"自我宣称"(self-claim)或"自我认定"的传统原则,重新对 WTO 成员方进行划分。近十年来,多哈回合规则停滞不前,发达国家成员与发展中国家成员在"特殊和差别待遇"的分歧居然成为 WTO 在改革方面的

---

① 还有"尽一切努力"(make every effort)、"应积极考虑"(give active consideration to)、"特别注意"(have special regard to)之类的措辞,以 GATT 1947 第 37 条为例:"发达缔约方应尽最大可能实施下列规定……对削减或取消欠发达缔约方目前或潜在具有特殊出口利益产品的壁垒给予最优先考虑……"

② 在 GATT 争端解决机制的实践中,涉及特殊和差别待遇条款的效力时,专家小组曾表明过这样的立场:这些条款并未为总协定的缔约方设定明确的、严格的法律义务,也很难认定发达缔约方在何种情形下会违反这些条款的规定。L/5011-27S/69, Report of the Panel adopted on 10 November 1980, para.2.28, p.13.

③ GATT 第 3 条没有明示关贸总协定作为一套法律规则。在很长一段时期内,人们都认为,GATT 条款不是法律(law)而只是一种"契约"(contract)。整个运作是"以权力为基础"(power-based),而非"以规则为基础"(rule-based)的。参见赵维田:《世贸组织(WTO)的法律制度》,吉林人民出版社 2000 年版,第 17 页。

主要矛盾之一。美国一直从自身利益出发,试图进一步维护其为主导的多边规则,近期其多次阻挠上诉机构大法官的遴选导致 DSB 面临停摆危机等状况即为例证。

随着中国经济的快速发展和出口的大幅增长,中国与其他 WTO 成员,包括发展中国家成员之间的贸易摩擦①数量也急剧增多。"中国威胁论""中国超级大国论"等言论直接危及中国与其他发展中国家成员的友好关系。但中国的立场始终不变,即从加入 WTO 起始终从发展中国家成员的立场出发,积极支持和维护发展中国家成员的利益,维护多边贸易规则,即使中国在加入 WTO 时已经放弃许多发展中国家成员享有的特殊和差别待遇。在近年达成的《贸易便利化协定》和《信息技术产品协定》谈判中,中国都做出了几乎与发达国家成员相同的承诺,表现出大国担当。中国政府多次表示"不回避应尽的国际责任",愿意在 WTO 中承担与中国自身经济发展水平和能力相适应的义务。中国在 2018 年 11 月发布《关于世贸组织改革的立场》,明确提出 WTO 改革应维护发展中成员的"特殊和差别待遇"。2019 年 2 月 15 日,中国、印度、南非、委内瑞拉联合提交文件《惠及发展中国家成员的特殊和差别待遇对于促进发展和确保包容的持续相关性》(WT/GC/W/765),反对美欧等发达经济体选择性地使用某些经济和贸易数据来误导国际社会。2019 年 2 月 28 日,中国等 4 国联合老挝、玻利维亚、肯尼亚、古巴、中非和巴基斯坦联署,共 10 个成员再次提交该文件(WT/GC/W/765/Rev.1)。2019 年 5 月 13 至 14 日,印度、中国等 23 个 WTO 发展中国家成员在新德里举行部长级会议,其中 17 国部长和高官发表《共同努力加强世贸组织推动发展和包容》成果文件,重申 WTO 在全球贸易规则制定和治理中的优先地位,呼吁维护 WTO 的核心价值和基本原则,确保 WTO 改革反映发展中国家成员的诉求。②

---

① 对中国采取反倾销措施、特殊保障措施的发展中国家成员主要有土耳其、印度、印度尼西亚、泰国、埃及、巴西、墨西哥、秘鲁和南非。

② 2019 年 2 月 28 日,WTO 召开总理事会,中国等发展中国家成员与美国围绕各自提交的文件展开了激烈辩论。此外,土耳其、东盟集团、非洲集团均在会上发言反对美国的提案。2019 年 7 月 10 日,非洲集团、印度等提案"通过包容性方式加强 WTO 透明度和通报",强调应优先考虑发达成员承诺而没有履行的四项义务通报。2019 年 7 月 22 日,印度、古巴、玻利维亚和 8 个非洲国家共同向 WTO 提交改革提案《加强 WTO 以促进发展与包容》。提出反对单边主义,坚决维护多边贸易体制。2019 年 10 月 15 日,52 个 WTO 成员(非洲集团 43 国、玻利维亚、柬埔寨、中国、古巴、印度、老挝、阿曼、巴基斯坦、委内瑞拉)向 WTO 总理事会第四次会议提交《关于"促进发展的特殊与差别待遇"联合声明》作为讨论资料。

美国在《2019年贸易政策议程和2018年年度报告》①中要求WTO改革。2019年1月16日,WTO散发了美国提交的《无差别的WTO:自我认定的发展地位威胁体制相关性》文件。② 该文件是美国近年来不断在多边场合指责包括中国在内的一些发展中国家成员"搭便车"情况的文字汇总,其目的性和指向性极强,即否定现有的发展中国家的"自我宣称"或者"自我认定"原则,认为这种方式已经不能适应世界经济形势,阻碍了WTO的发展和谈判进程,应该让发展中国家成员承担更多的国际责任。美国的这一立场也得到了欧盟等发达国家成员的呼应。然而,不同于发达成员方立场一致,发展中国家成员之间在这一问题上存在明显分歧。巴西改变一贯立场宣布放弃"特殊和差别待遇";新加坡通过承诺WTO贸易便利化协定生效后不寻求过渡期而实际放弃了"特殊和差别待遇";而韩国则宣布放弃了除农业领域以外的"特殊和差别待遇"。笔者认为,巴西的决定分化了发展中国家成员阵营,削弱了发展中国家成员在此轮谈判的影响力。

2019年2月15日,美国又向WTO总理事会提交了《总理事会决定草案:加强WTO谈判功能的程序》。该文件提出今后在WTO谈判中包括OECD国家、G20国家、世界银行认定的高收入国家、货物贸易总额占全球比例大于0.5%的国家,不应再享受"特殊和差别待遇"③。2019年7月26日,美国白宫官网发布的关于改革世贸组织中发展中国家地位的总统备忘录指出,WTO仍然依赖于发达国家和发展中国家这种过时的区分方法,使得一些成员利用"特殊和差别待遇"来获得不公平的优势,WTO改革应该改变这种做法。欧盟也在2018年发布的《WTO现代化》文件中指出,WTO现行体制缺乏效率。除就贸易便利化和出口竞争达成协议外,争端解决机制未能给规则带来任何重要改善,还允许超过2/3的成员享受特殊待遇,其中包括世界上最大的和最具活力的经济体。因此,应为发展中国家成员设置"毕业"条款,通过对发展中国家重新分类、结合实

---

① The President's 2019 Trade Policy Agenda and 2018 Annual Report of the President of the United States on the Trade Agreements Program.

② See An Undifferentiated WTO: Self-Declared Development Status Risks Institutional Irrelevance, WT/GC/W/757.

③ See WT/GC/W/764, Draft General Council Decision, Procedures to Strengthen the Negotiating Function of the WTO.

施相关援助、个案审议等政策工具逐步实现成员的对等待遇。① 2020年2月18日，在WTO对欧盟进行的第十四次贸易政策审议的第一天，中国驻WTO大使张向晨提出了五项关切，并对欧盟贸易政策正朝着"防御性"道路前进感到遗憾。张向晨大使指出：第一，经常使用贸易救济措施，其中一些是歧视性的；第二，引入有关外国投资审查的新规定，这可能导致滥用国家安全审查的风险增加，并导致对非欧盟国有公司的歧视；第三，在农业方面存在高关税和大量关税配额（Tariff-rate Quota，TRQs），市场准入几乎没有改善，农业补贴很高；第四，在其他国家采取非法措施同时阻碍WTO争端解决进程时，（欧盟）将其《执行条例》升级为制裁措施；第五，在欧盟和英国之间适当分配关税配额，以保护英国脱欧后成员国的市场准入权。张向晨大使亦表示，目前中方不能同意欧盟对于WTO危机根源的评估，即当前的WTO危机源于缺乏解决所谓的"非市场政策和实践"造成的扭曲规则。张向晨大使指出，这是"一种危险的误解，将导致WTO改革走向错误方向，并使WTO成员进一步分化。我们许多人认为，单边主义、贸易保护主义和贸易霸凌正在破坏基于规则的多边主义，并损害WTO组织的权威和信誉"②。

截至2019年12月31日，相关改革方案未有定论。美国在《2020年贸易政策议程和2019年年度报告》中又一次提议更新成员的特殊和差别待遇的界定，以便WTO反映当前的经济现实，并且其声称几个WTO成员方已经宣布放弃"特殊和差别待遇"③。因此，研究发展中国家成员的特殊和差别待遇的特点并在多边场合提出有说服力的提案是非常重要和急迫的。

第二节　关于发展中国家成员"特殊和差别待遇"的规定

自20世纪50年代后期，大量新兴独立国家涌现，发展中国家缔约方在国际经济贸易中的影响逐渐显现。GATT 1947第18条的修订及对发

---

① See WK 8329/2018 INIT, WTO-EU's proposals on WTO modernization.
② http://news.stcn.com/2020/0219/15649305.shtml，访问日期：2020年5月17日。
③ The President's 2020 Trade Policy Agenda and 2019 Annual Report of the President of the Trade Agreements Program, P14.

展中国家缔约方国际收支问题的考虑,标志着发展中国家缔约方的利益第一次受到国际社会的关注。《SCM 协定》基本继承了《东京守则》中关于"特殊和差别待遇"的规定,在加强发展中国家缔约方市场准入和放宽纪律的基础上,又增加了过渡性条款和技术援助条款。WTO 在其前言及相关协定中,承认发展中国家成员的特殊需要,并一再重申应重视促进发展中国家经济及权益,并给予弹性的规定。本节将对 GATT 和 WTO 协定中关于发展中国家成员"特殊和差别待遇"的规定进行详细介绍。

一、《东京守则》中关于发展中国家成员"特殊和差别待遇"的规定

GATT 1947 第四部分的增加使发展中国家缔约方的优惠待遇在法律上有了保证。1955 年,GATT 第 18 条首次纳入发展中国家条款,并明确提出"特殊和差别待遇"。

在发展中国家缔约方的共同努力下,东京回合谈判达成的重要成果之一"授权条款"为 GATT 项下普惠制的实施、发展中国家缔约方之间的优惠性协议安排,以及给发展中国家缔约方更优惠待遇提供了法律基础。此外,《东京守则》还认可对最不发达国家提供优惠性待遇安排的必要性。随后,1986 年《关于发起乌拉圭回合部长宣言》[①]又重申了对发展中国家缔约方采取差别和更优惠待遇的承诺,发达国家缔约方对发展中国家缔约方适用非互惠原则。[②]《东京守则》关于发展中国家缔约方的特殊和差别待遇,具体内容如下:

(1)非初级产品出口补贴的禁止性规定不适用于发展中国家缔约方,允许发展中国家缔约方采取有助于包括出口工业发展的措施和政策。[③] 但是,这种优惠待遇是附带条件的,要求不得对另一缔约方的贸易和生产造成损害,而且要求发展中国家缔约方在出口补贴的使用与其竞争和发展需要不一致时,承诺减少或消除出口补贴。另外,也没有明确"与一国的竞争和发展需要不一致"的适用标准,这使得发达国家缔约方有机会以一种武断的和单边的判断方式来歧视性地对待发展中国家缔

---

① 又称为埃特斯角宣言,Declaration at Punta del Este.
② 参见朱晓勤主编:《发展中国家与 WTO 法律制度研究》,北京大学出版社 2006 年版,第 18 页。
③ 参见《东京守则》第 14.2 条。

约方。①

(2)《东京守则》对发展中国家缔约方的"特殊和差别待遇"规定虽然比 GATT1947 有一定进步,但仍存在很多缺陷。例如,发展中国家缔约方在补贴谈判中要求的"特殊和差别待遇"并未完全纳入《东京守则》,初级产品出口补贴规则及国内补贴规则同等适用于发展中国家缔约方和发达国家缔约方,发展中国家缔约方在适用反补贴措施方面并无特殊和差别待遇,发展中国家缔约方的出口仍要受到相同程序下的反补贴税制约,并与发达国家缔约方的出口一样要经过损害标准测试。在磋商和争端解决方面,发展中国家缔约方也没享有任何"特殊和优惠待遇"。

二、《SCM 协定》中关于发展中国家成员"特殊和差别待遇"的规定

按照 WTO 秘书处的统计,就 WTO 框架下的多边贸易协定共计 530 页的《1994 年乌拉圭回合协定法》的文本而言,其中涉及发展中国家成员"特殊和差别待遇"的条款共计 145 条,其中有 107 条是在乌拉圭回合结束时达成的,22 条是专门适用于最不发达国家成员的,16 条属于《SCM 协定》项下。WTO 秘书处将这些条款依宗旨和目的分为六类:(1)增加发展中国家成员参加世界贸易的机会;(2)维护发展中国家成员利益(《SCM 协定》项下 2 条属于此类);(3)发展中国家成员在做出承诺、采取行动及运用政策工具方面具有灵活性(《SCM 协定》项下 8 条属于此类);(4)履行义务的过渡期规定(《SCM 协定》项下 6 条属于此类);(5)向发展中国家成员提供技术援助;(6)适用于最不发达国家的规定。②

《AD 协定》要求对发展中国家成员的特殊情况给予特别注意,并要求发达国家成员应在实施影响发展中国家成员根本利益的反倾销税之前,探讨补救的可能性③,但是,《AD 协定》并没有规定任何具有操作性的条款。与《AD 协定》相比,《SCM 协定》给发展中国家成员较多的关注,不仅在原则上承认补贴对于发展中国家成员实施经济发展计划起着相当重要的作用,还有具体的操作性条款规定了发展中国家成员的特殊和差别

---

① 参见甘瑛:《国际货物贸易中的补贴与反补贴法律问题研究》,法律出版社 2005 年版,第 285 页。

② 参见朱晓勤主编:《发展中国家与 WTO 法律制度研究》,北京大学出版社 2006 版,第 378 页。

③ 参见《AD 协定》第 15 条。

待遇。① 发达国家成员的经济发展历程表明,任何经济体,无论是发达国家成员还是发展中国家成员,均需要一定的支持政策和补贴手段来实现经济发展,中国也是如此。由于中国是 WTO 中最大的发展中国家成员,货物贸易总量已经居全球首位,且中国建立的中国特色的社会主义市场经济制度与西方发达国家成员的经济制度有较为明显的不同。这却成为美国等个别国家赤裸裸地指责中国,诟病中国产业政策的理由。

在中国入世谈判时,WTO 一些工作组成员担心,中国经济的自身特点及其在现行改革过程中存在造成某种程度的贸易扭曲补贴的可能性。这不仅影响对中国市场准入,还影响中国出口产品在其他 WTO 成员市场中的表现,强调应当严格遵守《SCM 协定》,一些成员认为中国不应该享有《SCM 协定》第 27 条的"特殊和差别待遇"。鉴于上述原因,中国政府在《中国入世议定书》②中承诺,保留《SCM 协定》第 27 条第 10 款、第 11 款、第 12 款和第 15 款权利的同时,中国将不再适用《SCM 协定》第 27 条第 8 款、第 9 款和第 13 款的规定。笔者认为,《SCM 协定》第 27 条的 15 个条款从发展中国家成员使用禁止性补贴、可诉补贴及被采取反补贴措施时的特殊和差别待遇三个方面做了规定,笔者从关于禁止性补贴的特殊待遇问题,发展中国家成员私有化计划或经济转型计划中的补贴,针对发展中国家成员采取的反补贴措施及针对发展中国家的特殊微量条款四个方面进行分析:

(一)关于禁止性补贴的特殊待遇问题

第 27.2 条至第 27.7 条③规定了发展中国家成员和最不发达国家成员受禁止性补贴约束的期限,目前该条款适用期已过,不再具有任何实际意义。《SCM 协定》第 3 条关于禁止性补贴的规定同样适用于发展中国家成员。

虽然发展中国家成员在禁止性补贴方面不再享有任何特殊和差别待遇,但因为经济现状和发展需要,在多哈规则谈判中,埃及、印度、肯尼亚和巴基斯坦四成员联合提案④建议澄清和改进《SCM 协定》第 27.5 条和第 27.6 条关于出口竞争力的问题。这些成员认为,由于现有的关于出口

---

① 参见《SCM 协定》第 8 部分第 27 条。
② 参见《中国加入世界贸易组织法律文件》,法律出版社 2002 年版,第 911—912 页。
③ 涉及两个案件:印度尼西亚汽车案,第 7.42—7.57 段和巴西航空器案第 4.159—4.218 段。
④ See TN/RL/GEN/136.

竞争力的条款没有考虑到临时性世界市场波动的影响,造成相关的数量标准存在偶然性和不合理性,而且现有规定也未授予发展中国家成员在产品失去出口竞争力时,重新给予出口补贴的权利。鉴于此,建议:在判断产品是否具有出口竞争力时不但要考察近两年内的世界市场份额,还要考察最近一段时期(5 年)内的平均市场份额;同时,如果一发展中国家成员在产品丧失出口竞争力时,该成员有权中止削减出口补贴或重新给予出口补贴,直至该产品重新具有出口竞争力。印度尼西亚、古巴、泰国、摩洛哥等发展中国家成员对该提案表示支持,印度尼西亚还建议作出进一步修改,规定必须满足最近三年的出口量保持绝对增长才能认定产品具有出口竞争力。

针对发展中国家成员的上述提案,发达国家成员表现消极。加拿大认为该提案缺乏充分的理由;澳大利亚希望提案方澄清该提案针对的发展中国家成员范围;美国、日本认为暂时停止削减出口补贴的规定缺乏可操作性,无法进行监督;挪威、澳大利亚希望提案方澄清重新给予出口补贴的理由,认为恢复出口补贴并不合适;欧盟虽然表示支持给予发展中国家成员特殊和差别待遇,但希望找出其他更为合适的替代方法。

印度在答复中表示,提案范围是针对《SCM 协定》附件 7 中所列举的发展中国家成员,因为其他发展中国家成员已经被要求在特定时间内取消出口补贴。对于加拿大的质疑,印度表示其提案不是反对确定出口竞争力,而是要求确定标准应更为客观合理,现有的 2 年评判时间过于短暂。

笔者认为,发展中国家成员的上述提案很难得到发达国家成员的完全支持,除非发展中国家成员放弃在其他方面的一些权利作为交换。发展中国家成员应该在规则谈判中根据自身利益提出实际困难并争取更多的发展空间。中国也应该注意与其他发展中国家成员协调立场,并维护自身利益。例如,中国虽然是发展中国家成员,但在签订《中国入世议定书》时,已经作出承诺放弃大部分的"特殊和差别待遇"。在多哈规则谈判中,如果其他与中国具有竞争关系的发展中成员方(如印度)获得更多的"特殊和差别待遇",无疑对中国是不利的。因此,中国的立场应是在谈判中在整体态度上支持发展中国家成员进一步获得特殊和差别待遇,但在个别条款上有保留地、适度地支持。

(二)发展中国家成员私有化计划或经济转型计划中的补贴

《SCM 协定》鼓励发展中国家成员实施私有化计划。《SCM 协定》第三部分关于可诉性补贴的规定不适用于"债务的直接免除及用于支付社会成本的无论何种形式的补贴,包括放弃政府税收和其他债务转移",只要该计划和涉及的补贴是在有效期限内给予的,已通知反补贴措施委员会,并且该计划使有关企业最终实现私有化。① 笔者认为,该条款设立的主要目的是使发展中国家成员尽快市场化,但发达国家成员似乎更希望借此改变一些发展中国家成员的意识形态。

《SCM 协定》第 29 条鼓励 WTO 成员方②从中央计划经济转型为市场、自由企业经济,在转型计划中使用禁止性补贴且已经向反补贴措施委员会通报的,应在《WTO 协定》生效之日起 7 年内逐步取消或使其符合禁止性补贴的规定,在此情况下不得适用第 4 条救济程序。在该期限内属于第 6 条第 1 款(d)项范围内的补贴计划不得根据第 7 条列为可诉补贴;对于其他可诉补贴,应适用于第 27.9 条的规定。另外,在特殊情况下,如果是转型过程所必需的,可允许这些成员方偏离其作出通知的禁止性补贴计划和相关时限。但是,该条款所指的 7 年实施期限已过期,已经不再适用。

(三)针对发展中国家成员采取的反补贴措施

根据《SCM 协定》第 27 条第 7 款的规定,在发展中国家成员出口补贴的逐步取消期限尚未到期,或尚未达到"毕业水平"(即特定产品已具有出口竞争力)的情况下(第 2 款至第 5 款的规定),其他国家不得使用《SCM 协定》第 4 条规定的禁止性补贴救济措施,只能适用第 7 条关于可诉性补贴的救济措施。

如果发展中国家成员提供可诉性补贴,第 27 条第 8 款和第 9 款提供了特殊处理方法,即第 7 条规定的可诉性补贴造成损害或严重侵害的情况下的救济方式,其他国家可以使用,但是必须受到第 27 条第 8 款和第 9 款的特别约束。换言之,在通常情况下,如果一成员方提供了第 6 条第 1 款规定范围内的补贴,就会被自动推定造成对其他成员方利益的严重侵害,但如果上述补贴的提供国是发展中国家成员,该自动推定不得适用。此时适用第 7 条的救济条件是:遭受损害的成员方必须证明补贴损害了其根据 GATT 1994 所得到的利益,即受损害方须证明有关的可诉性补贴造成下列情况之一:由于该补贴而造成 GATT 1994 项下的关税减让利

---

① 参见《SCM 协定》第 27.13 条。
② 虽然此处没有直接限定为发展中国家成员,但实际上转型国家大多为发展中国家。

益或其他利益的丧失或减损,从而取代或阻止另一成员方的产品进入实施补贴的发展中国家市场;或在进口成员方市场造成其国内产业的损害。而且该证明必须有关于第 6 条第 3 至 8 款规定的严重侵害影响的肯定性证据。①

(四)针对发展中国家成员的特殊微量条款

通常情况下,如补贴的金额不足从价金额的 1%(微量补贴)或者实际或潜在进口数量或损害可忽略不计的,调查机关应立即终止反补贴调查。② 但"可忽略不计"的进口量,《SCM 协定》并没有作出具体规定,各成员可自行规定。③《SCM 协定》规定如出现"可忽略不计"的情形,对发展中国家成员产品的反补贴调查应当立即终止:

(1)对所涉产品给予补贴的总体水平不超过按单位计算的价值的 2%。

(2)补贴进口产品的数量占进口成员同类产品总进口量的比例不足 4%,除非来自单个发展中国家成员的进口量份额虽不足总进口量的 4%,但这些成员的总进口量占进口成员同类产品总进口量的 9%以上。④

各成员方根据上述条文,相应作出规定。如欧盟⑤规定,发展中国家的受补贴进口数量如果低于欧盟同类产品总进口量的 4%应被视为"可忽略不计"从而不发起反补贴调查,除非从每一进口量低于 4%的发展中国家的累积进口量超过欧盟同类产品总进口量的 9%。但各成员方没有对"发展中国家成员使用禁止性补贴的特殊待遇""发展中国家成员经济转型计划或私有化计划中补贴"等条款作出相应规定。究其原因在于:其一,微量条款规则关系到反补贴调查程序,对案件的结果有实质影响。其二,其他大多为原则性条款,发展中国家成员在加入 WTO 时的承诺也不尽相同,无法统一到国内反补贴税法中。其三,有的条款适用于 DSU (《SCM 协定》第 27 条第 7 至 9 款的规定),不属于国内反补贴税法约束

---

① 参见甘瑛:《国际货物贸易中的补贴与反补贴法律问题研究》,法律出版社 2005 年版,第 291 页。

② 参见美国:19 U.S.C.Sec.1671(b)(4)。欧盟:Regulation(EC)NO.2026/97, art.14.5。值得注意的是,EC 反补贴税法要求这些微量条款适用于"调查"(investigation)终止,而不是针对"程序"(proceedings)的终止,这两个词的具体含义有待欧盟在司法实践中进行解释。

③ 参见《SCM 协定》第 11.9 条、第 15.3 条。

④ 参见《SCM 协定》第 27.10 条。

⑤ 19 U.S.C.的具体含义有待欧盟在司法实践中进行解释。巴西飞机出口融资计划案,WT/DS46/R(1999),第 14.5 段。

的对象。①

2020年2月10日,USTR在联邦纪事上发布公告,调整适用特殊微量条款的发展中国家成员名单②,不再包括印度、越南、巴西、泰国等成员。根据《SCM协定》,发展中国家成员在反补贴措施中享有特殊待遇。美国处理国际法与国内法的关系时,通过国内立法方式对国际条约进行转化和适用。因此国会在通过《1994年乌拉圭回合协定法》时接受该条款。为执行该立法,USTR在1998年6月2日根据相关授权,制定了适用特殊微量的发展中国家成员名单。USTR认为,由于该名单明显过时,有必要进行修改。

USTR提出重新确定发展中国家成员的标准如下:(1)GNI。世界银行根据GNI统计,将12 375美元作为收入高低的划分标准。USTR认为,由于该标准已被世界银行适用且直观可行,因此只有低于该标准的成员可以适用特殊微量条款。(2)占全球贸易份额。在1998年的旧名单分类中,USTR将占全球贸易份额2%作为确定标准。而新的标准中,USTR将份额调整为0.5%,如果等于和高于该比例,即被视为发达成员。根据该标准,巴西、印度、印尼、泰国、越南等都被排除名单之外。(3)其他指标。USTR在"其他"项下,将欧盟成员资格、已有和申请OECD成员资格、G20成员资格等国家也排除在名单之外。其原因如下:首先,USTR认为,能够成为欧盟成员国意味着该国的经济发展水平较高,且在反补贴调查中,多数情况下欧盟关税区是被视为整体来看待的,所有欧盟成员国都应被视为是发达国家成员。因此,根据该标准,保加利亚、罗马尼亚被排除在名单之外。其次,OECD本质上就是发达国家组织,因此作为OECD成员或申请加入OECD的成员国就意味着已经是发达国家。根据该标准,哥伦比亚、哥斯达黎加被排除在名单之外。再次,G20作为国际合作

---

① 参见甘瑛:《国际货物贸易中的补贴与反补贴法律问题研究》,法律出版社2005年版,第291—293页。

② 此次更新的名单包括44个最不发达国家和36个发展中国家。最不发达国家包括:阿富汗、安哥拉、孟加拉国、贝宁、布基纳法索、布隆迪、柬埔寨、中非、乍得、科特迪瓦、刚果民主共和国、吉布提、冈比亚、加纳、几内亚、几内亚比绍、海地、洪都拉斯、肯尼亚、老挝、莱索托、利比里亚、马达加斯加、马拉维、马里、毛里塔尼亚、莫桑比克、缅甸、尼泊尔、尼加拉瓜、尼日尔、阿尔及利亚、巴基斯坦、卢旺达、塞内加尔、塞拉利昂、所罗门群岛、坦桑尼亚、多哥、乌干达、瓦努阿图、也门、赞比亚、津巴布韦。发展中国家包括:玻利维亚、博茨瓦纳、佛得角、喀麦隆、古巴、多米尼加、厄瓜多尔、埃及、萨尔瓦多、埃斯瓦蒂尼、斐济、加蓬、格林纳达、危地马拉、圭亚那、牙买加、约旦、马尔代夫、毛里求斯、蒙古、摩洛哥、纳米比亚、巴布亚新几内亚、巴拉圭、秘鲁、菲律宾、圣卢西亚、圣文森特和格林纳丁斯、萨摩亚、斯里兰卡、苏里南、塔吉克斯坦、汤加、突尼斯、委内瑞拉。

论坛平台,代表了主要经济体,其经济总规模占全球经济和贸易的比重都较大,因此 G20 成员资格代表着已经是发达国家。根据该标准,阿根廷、巴西、印度、印尼、南非被排除在名单之外。最后,USTR 认为,在加入 WTO 的文件中,如一成员方自我宣称是发达国家,或没有自我认定为发展中国家,即默认这些成员为发达国家。根据该标准,阿尔巴尼亚、亚美尼亚、格鲁吉亚、哈萨克斯坦、摩尔多瓦、黑山、北马其顿被排除在名单之外。USTR 的标准没有纳入国民识字率等社会发展指标。对于最不发达国家的认定,USTR 没有更改认定标准,仍然以《SCM 协定》附件第 7(a)项为准,即联合国指定为最不发达国家的 WTO 成员(人均国民生产总值低于 1 000 美元)。

笔者认为,仅从反补贴调查实践的角度来说,微量补贴的认定对调查和措施的影响并不大。因为,美国对大多数发展中国家成员并未发起过反补贴调查,即使在发起过的反补贴调查中,微量适用 1% 或 2% 对最终征税措施影响不大。笔者认为,美国政府此举更多是落实其在多边关于发展中国家定义的主张,希望发展中国家承担更多国际义务,同时也预防印度、越南等国家提升制造业竞争力,而且此举根本是"项庄舞剑",针对中国,虽然中国不在 1998 年版的名单中,在反补贴调查中也从没享受过发展中国家成员应有的微量补贴待遇。在本章第一节"WTO 改革的主要分歧"部分的讨论中,笔者提到了美国的《总理事会决定草案:加强 WTO 谈判功能的程序》文件,此次认定的标准与该文件提出的标准如出一辙,只是在该文件的基础上略有新增。在多边层面,推动所有成员方形成一致意见,需要较长的时间去谈判和博弈。美国先在国内法层面提出其政治意愿,目的是为其下一步多边谈判奠定基础。以笔者多年的应对经验判断,美国始终雄心勃勃,一直是多双边、国际国内协同作战,所有行动目标集中且一致,具有高度一致性,绝不能单独地看待美国的任何一次行动。对任何美方的谈判对手来讲,政府机构各部门的协同作战能力无比重要。

第三节 发展中国家成员面临的困境和出路

一国对国际经济贸易的影响,主要取决于其参与国际贸易的程度。第二次世界大战后,部分发展中国家成员的迅速崛起和经济腾飞,为国际贸易和世界经济的发展注入了新的活力,并影响了第二次世界大战后美欧主导建立的国际政治和经济格局。近几年来以中国为代表的发展中国家成员占全球贸易的比重逐年上升,则更加证明发展中国家成员正以积极的态度和行动融入经济全球化。但是,现行国际贸易规则的制定权和主导权仍掌握在发达国家成员手中。发展中国家成员在提高国际经济贸易中的地位、增加规则制定话语权、真正享有多边框架下的待遇等方面仍存在困境,尚需付出巨大的努力。笔者将在本节中分析发展中国家成员面临的困境以及出路。

一、发展中国家成员面临的困境

如前所述,WTO考虑到了发展中国家成员的实际,规定了"特殊和差别待遇",但是名义上享有"特殊和差别待遇"的发展中国家成员在现实中仍然面临困境:

一是实际获得的优惠有限。经济全球化不等同于国际经济秩序合理化,经济全球化意味着世界大多数国家(地区)融入经济合作、科技交流、商品交换和国际竞争,而发达国家(地区)在全球化进程中居主导地位,起支配性作用。乌拉圭回合的实践表明,大多数发展中国家都选择了加入WTO,希望通过这个多边贸易体制,积极发挥自身的影响和作用,努力克服不利因素,通过调整经济结构,融合到自由化进程中,争取更多的发展机遇。尽管国际社会给予发展中国家(地区)一些特殊优惠待遇,但因其依附于原有的国际经济政治关系,并没有根本突破原有经济秩序的不平等实质,因而发展中国家(地区)获得的优惠必然是有限的。笔者认为,发达国家成员方先是通过"特殊和差别待遇"和过渡期的提法吸引发展中国家走到谈判桌来,放下处在不同发展期的顾虑。然后利用早期优势以及政策制定者优势为后来入局者设定了很多不合理的条款,发展中国家成员为了融入国际社会和推动国内改革需要加入这个"富人圈"而不得不作出妥协和让步。第九章第五节的案例就是最好的例证。根据《中国入世议定书》,中国的"基期综合支持总量"(BASE Total AMS)和"最终约束承诺水平"(Final Bound Commitment Levels)是零。也就是说,中国承诺的现行综合支持总量(Current Total AMS)是零。但中国政府提供市场价格支持的做法却违反了《农业协定》第3.2条、第6.3条及中国入世承诺。而最后竟然是有高额补贴的美国胜诉了。原中国常驻日内瓦联合国代表团副团长周小明在2019年11月中国国际进口博览会上接受采访时说:"2016年美国人均农业补贴分别是中国的70倍、印度的176倍、巴西的267倍。"这是因为美国在入世时给自己留下了巨大的补贴空间。

二是实质上的不平等。WTO 形式上是公平的,所有规则都是经过成员协商并通过的,而且无歧视地适用于全体成员,并考虑了发展中国家成员的特殊性,但实质上是不平等的。发达国家成员与发展中国家成员经济地位的不平等导致了其在国际组织中地位的非对等性。发展中国家成员是小国、弱国,其经济和政治影响是非常有限的,经常处于被动、从属和依附的地位。而发达国家成员凭借其雄厚的经济实力,拥有制定规则的话语权扩散其价值观念、意识形态、经济模式乃至政治模式,使自身利益最大化,在国际贸易谈判中牵制和胁迫发展中国家成员。此外,发展中国家成员与发达国家成员对规则的承受力是不一样的,对同一规则的理解也不尽相同。发展中国家成员对贸易规则的解读无法得到发达成员的认同,以致发展中国家成员长期以来只是与发达国家成员拥有形式上的同等权利。上述内容反映了 WTO 规则制定基础的不平等性。另外,虽然 WTO 采取一成员一票的投票机制,但由于发展中国家成员的利益不一,立场也就经常不一致,利益因其自身经济发展水平不同而各异,从而无法有效地形成合力同发达国家成员抗衡。WTO 的现有程序规则也缺乏真正的公平性,发展中国家成员多次在谈判中表达了对 GATT/WTO 长期以来存在的由少数发达国家成员垄断决策程序和决策结果的虚假民主的不满。在体制上,"一揽子"模式,也使发展中国家成员不能进行有选择的适用。

二、发展中国家成员改变困境的出路

2008 年金融危机以来,全球经济增速放缓,无论是发达国家成员还是发展中国家成员,都面临经济增长乏力的困境。各国和地区政府可以运用的财税政策和货币政策手段有限,无法系统性解决这一问题。反而出于自身经济利益或政治需要,纷纷筑起关税和非关税壁垒,阻止国外产品入境,导致贸易摩擦数量激增。发展中国家成员首当其冲,遭到的冲击尤为严重。如何破局?笔者认为,发展中国家成员要立足于本国国情,对本国和地区的资源禀赋有充分了解,并在此基础上建立适合本国和地区的发展战略,同时借鉴和吸取国际经验,更加积极活跃地参与国际贸易活动和多边框架内的活动,为自身争取更有利的地位和更多话语权。可以考虑采取以下措施:

1. 通过产业政策等手段建立比较优势产业,积极参与国际分工

无论是发展中国家成员还是发达国家成员,产业政策是发展本国和

地区经济的有效手段。从发达国家成员的发展进程看,在某些重要产业发展初期,政府的产业政策和扶持措施不可或缺,有助于打造具有竞争力的产业。当市场失灵时,运用政府这只手去引导资源配置,也曾发挥过重要作用。第二次世界大战后,亚洲经济"四小龙"以及中国经济建设的巨大成功,无不为其他发展中国家和地区成员提供了范例。因此,对于发展中国家成员和地区而言,由于财政手段有限,建立适合自身发展特点的、具有比较优势的产业政策制度体系尤为关键。

首先,确立比较优势产业并辅之以有效的产业政策可以更好地拉动本国和地区的经济发展,更有效地参与国际分工和国际贸易。

其次,培育一个有效、公平、透明、有序的市场竞争环境,实现经济社会全面、健康发展。秩序和法治具有规律性、确定性、一致性、延续性。秩序与经济发展之间存在内在的紧密联系。有效的秩序、透明的规则、公平的交易是经济发展的关键,充分有效地竞争会使市场作为一种资源配置方式更高效地发挥作用。

再次,建立一个产权明晰、公平竞争的市场法律体系。抓住体制改革和市场改革的机会释放活力,进一步解放生产力,吸引海外和私人投资,增加中小企业的活力,保持经济开放和公平竞争。

最后,在制度和组织层面松绑,去除妨碍劳动生产率提高的障碍。通过国内改革去除提高劳动生产率的障碍,去除决策中低效的组织。这些利益集团往往影响了收入的增长且效率的提高,值得发展中国家重视。笔者在负责对美取向性硅电钢和小汽车反补贴调查案时对这一点深有体会。英美发展过程中形成的"分利集团"主要集中在钢铁、汽车等传统行业。[①]

2. 积极扶持中小企业发展,培养国际竞争力的生力军

中小企业是一个国家经济发展中的毛细血管,对国家整体经济的健康至关重要,是国家经济活动的主要参与者。发展中国家成员应重视培育中小企业,创造有利的政策环境促进中小企业健康发展。而从各国实践看,为促进中小企业发展而实施的税收优惠或其他财政支持政策是被允许的(至少是宽容的),不会轻易招致其他成员的挑战。以新加坡为例,该国中小企业数量占全部企业数量的99.4%,雇佣员工有220万名,占比为67%,对GDP的贡献达48%。新加坡高度重视中小企业的发

---

① 参见〔美〕曼瑟·奥尔森:《国家的兴衰:经济增长、滞胀和社会僵化》,李增刚译,上海人民出版社2017年版,第236页。

展,由贸易与工业部下属的标新局(Spring Singapore)统一负责制定、实施和协调中小企业的发展扶持政策,为中小企业提供一站式和一揽子服务。其支持政策分为财政类和非财政类。财政类主要包括赠款、贷款、优惠券(性质类似赠款)和税收优惠,用于帮助中小企业提升研发能力、提高生产率、改进服务质量和标准、保护知识产权和进行市场开发等;非财政类支持包括提供市场信息、帮助开发新的商业机会、提供质优价廉的劳动力等。目的是通过种种措施,提升中小企业的竞争力,帮助中小企业更多参与国际分工。从而提升整个国家的竞争力和影响力。新加坡对中小企业的扶持措施具有法治化、透明度高和公平实施等特点。这样做既适应其国情,又不易遭受其他国家挑战。

3. 进一步加大国际组织人才培养力度,提高规则谈判的整体能力

发展中国家成员能力缺失在 WTO 中的主要表现为:一是发展中国家成员谈判能力不足;二是发展中国家政府机构层面的谈判能力不足;三是发展中国家社会层面的参与和支持谈判能力不足。总体看,发展中国家成员的谈判人员、预算资金和谈判技巧等不足的问题影响了其在贸易谈判中的地位,以致无法有效应对多边发展议题。发展议题的核心问题是谈判能力缺失,与贸易谈判权利义务相对平衡的能力建设存在能力赤字。[①]

张向晨大使的话一针见血地指出了发展中国家成员在应对国际规则谈判时存在的问题,由于缺乏规则制定和解释的主导权,对现行国际贸易规则的认知程度也远不如发达国家成员,发展中成员很难像发达国家成员那样,灵活巧妙地运用规则,甚至有效规避规则,以服务于自身利益。WTO 协定中有利于发展中国家成员的一些规则和条款,名义上虽有利于发展中国家成员,但实则并不为发展中国家成员所掌握,发展中国家成员很难实质性获利。因此,应加大国际组织人才,特别是 WTO 人才的培养力度,提高谈判水平和能力,相关部门应该有针对性地设置相关学科、培养专业人才,支持相关领域智库的建立,尽快改善专业人才日益紧缺的现象。

首先,通过 WTO 人才培养,扩大 WTO 人才储备数据库,使之能够更有效地服务于谈判和政策制定。WTO 人才是复合型人才,对人的综合能力和素质要求极高,不仅要对 WTO 的使命、运行机制、治理规则有全方位的了解,而且在语言、专业、逻辑、心理上均有很高的要求。发展中国家应

[①] 参见张向晨、徐清军、王金永:《WTO 改革应关注发展中成员的能力缺失问题》,载《国际经济评论》2019 年第 1 期。

加强法律、经济和外交人才队伍建设,培养语言能力和专业知识兼具的复合型人才。同时,通过参与国际组织的具体运作,更好地掌握国际组织中的游戏规则,扩大在国际组织中的影响力。

其次,政府要通过对 WTO 运行机制、人才选拔标准和程序,以及治理规则的了解,对人才培养的一般规律和特殊规律进行系统的研究。WTO 的职责之一是加强与发展中国家成员政府官员在处理国际贸易事物方面的能力。[①] 发展中国家成员政府可以借助 WTO 这一渠道,与 WTO 对接,参加培训,积极推介本国专家参与议题讨论,进一步增加在国际场合发声的机会。如在贸易救济领域,中国、巴西、印度等发展中国家成员均表现活跃,巴西更是在 WTO 培养和储备了大批人才,这些人知识结构合理,熟练掌握外语,外交经验丰富,能够很好地在多边场合维护本国利益。印度近年来主办的贸易救济论坛也有声有色,颇具影响力。中国在最近的 WTO 例会期间,承办了规则谈判的分论坛,也引起广泛关注。

最后,应在民间层面推动对包括 WTO 在内的国际组织的整体研究,并将研究成果及时转化成谈判策略或筹码。通过大学、智库等在国际场合发声,阐释本国发展理念和产业政策,推动国际上对本国的认知和理解。

4. 应进一步加强合作协调立场,共同努力维护自身发展空间和权利

发展中国家成员应摒弃成见,加强团结合作,积极主动出击,共同努力建立国际经济贸易新秩序和规则,争取获得经济、政治上的平等地位和更多的贸易机会。在 WTO 新的谈判中,发展中国家成员更应力争找到最大的利益契合点,形成合力,获得整体优势[②],争取修订不公平的条款与规则,改变某些规则片面适应发达成员标准的状况,获得更多的更具现实意义的特殊和优惠待遇。回顾以往的实践,不乏发展中国家成员联合应对发达国家成员的成功案例,如委内瑞拉和巴西联合起诉美国对进口汽油实施歧视性环保标准案;马来西亚、泰国、巴基斯坦和印度联合对美国禁止虾和虾制品措施申诉案;秘鲁和智利联合对欧盟扇贝贸易标识的申诉案等。

---

① 参见 https://www.wto.org/english/thewto_e/whatis_e/wto_dg_stat_e.htm,访问日期:2020 年 2 月 29 日。

② 个别发展中国家成员认为,近几年中国经济迅速发展,似乎可以列到发达国家行列,对中国有戒备之心,也有一些发达国家成员鼓吹"中国威胁论"等不利于中国发展的言论。中国政府应该加大宣传力度,正面引导国际舆论,特别是要向发展中国家宣传中国经济发展的共享特征,以缓解它们的危机感,减少国际贸易争端。

5. 在实践中应该灵活运用 WTO 赋予的各项权利和特殊及差别优惠待遇,积极有效地维护自身经济利益

WTO 的设立初衷是减少国际贸易壁垒,确保公平竞争环境,为经济增长和发展作出贡献。在乌拉圭回合谈判中,由于发展中国家成员参与多边贸易谈判程度的增加和集体谈判力量的加强,《建立 WTO 的协定》体现了发展中国家成员的要求。① 该协定开篇就提到了"进一步承认有必要作出积极的努力,以确保发展中国家,尤其是最不发达国家,在国际贸易增长中获得与其经济发展相应的份额"②。

委内瑞拉和巴西联合起诉美国对进口汽油实施歧视性环保标准案、巴西诉美国棉花补贴案的胜利,包括中国与美国在 WTO 争端解决机制项下的多起较量,都表明发展中国家成员运用规则维护自身利益的决心,运用争端解决机制技巧的日益娴熟,以及处理国际事务能力的提高。笔者对 1995 年至 2020 年 2 月间所有贸易救济调查立案(包括反倾销、反补贴、保障措施、特别保障措施在内的 6 400 多件)案件进行了统计,发展中国家成员发起的反倾销案件一直多于发达国家成员,全球 64%(十年前第一版中这个数字是 62%)的反倾销案件如前所述是由发展中国家成员发起的,达到了 3 400 余件。而反补贴调查则不同,在前述期间,所有成员发起的反补贴案件约为 540 件,而发展中国家成员发起了约 85 件,仅占全球反补贴案件的 16%。如同笔者十年前预见的那样,随着发展中国家成员对反补贴规则的不断了解,将如同反倾销调查一样,反补贴也会被广泛积极地应用,在 2018 年和 2019 年,发展中国家成员每年发起的反补贴调查数量分别达到了 10 余起。

6. 努力寻找突破口,发挥补贴政策功效

要积极研究服务贸易领域的救济规则,如在刚刚起步的金融领域建立除外商投资比例和审批约束壁垒等之外的救济手段,为今后在服务贸易领域的贸易战未雨绸缪,这是非常具有现实意义的。目前,发展中国家成员在服务贸易领域也不具有比较优势,在国际服务贸易体系下更尚未达成一致,发达国家成员不会主动提出去建立类似于紧急保障措施、《SCM 协定》等纪律约束规范,发展中国家成员应该利用这一时间差,更多地使用补贴政策去发展和强化第三产业,发挥其溢出效应,带动其他产业的发展,进而增强自身的国际竞争力。

---

① 参见张向晨:《发展中国家与 WTO 的政治经济关系》,法律出版社 2000 年版,第 92 页。
② Marrakesh Agreement Establishing the World Trade Organization, WTO Agreement.

7. 积极拓展双边或多边合作机制

由于发达国家与发展中国家成员的利益冲突加剧，特殊及差别优惠待遇是新一轮 WTO 改革议程的焦点，也曾是多哈谈判最难达成的一个议题。WTO 并没有明确定义"发展中国家"的标准，主要依据各个成员国或地区自行申报。这样一来，发达国家成员自然难以认同。USTR2020 年 2 月 10 日发布公告，将巴西、印度、印尼、马来西亚、泰国及越南等从发展中国家名单中剔除，不再适用 2% 微量补贴条款，也不再享有发展中国家成员的特殊与差别待遇。而发展中国家成员由于能力建设、制度建设等各方面与发达国家成员仍存在较大差距。因此，更需加强多双边合作，协调立场，共同推动 WTO 谈判朝着更符合发展中国家成员需要的方向发展。从乌拉圭回合谈判及多哈回合谈判来看，发展中国家成员通过组建谈判联盟更能够加重说话分量，提升话语权，形成的诸如 G20（WTO 框架下的 20 国农业谈判协调组）、G33（WTO 发展中国家农业议题 33 国协调组）等代表发展中国家成员的谈判联盟在谈判过程中使发展中国家成员拥有更多谈判筹码和更有机会实现利益诉求。

同时，在多边谈判陷入困境的情况下，发展中国家也要努力突围，积极拓展双边或多边合作机制。比如中国政府通过推进"一带一路"建设，向国际社会阐释新时期中国外交的新理念、新思想、新举措，如构建以合作共赢为核心的新型国际关系、共同打造人类命运共同体等。在以西方发达国家为核心的现有的世界经济贸易格局中，"一带一路"是近几年提出的最大程度体现发展中国家互利互助的区域性倡议。

8. 加强新兴服务行业应对国际化挑战的能力

发展中国家成员应当积极提升国内相关行业监管政策的透明度，加大对相关领域的培训及扶持力度，提前做好开放，对接国际投资者和竞争者的准备，要为国际化对接做好充足的准备，应对由于市场的进一步开放可能带来的竞争效应和负面冲击。

综上，随着经济全球化和各国相互依存关系的不断加深，各成员方之间的利益更加紧密，成员的兴衰关系到 WTO 的存亡，只有加强合作才能实现贸易自由化，实现 WTO 的目标。发展中国家成员努力实现自身发展的同时，在国际贸易领域居于主导地位的发达国家成员也应当达成共识：如果发展中国家成员在 WTO 内不能实现权利和义务的平衡，WTO 的权威性也将受到影响，最终将会影响 WTO 的整体发展目标，这无疑将损害每个成员方的利益。

结束语

笔者认为,补贴政策和反补贴措施是一个综合体,既是法律的,也是经济的和政治的。对补贴与反补贴法律制度的研究需要微观、宏观相结合,在对经济行为分析的基础上,以法律分析为主、政治学分析为辅,结合全球经济贸易背景与各国和地区政治、经济、政策的特点,分析各个发展阶段的主要矛盾及各国和地区选择的贸易政策导向,本书试图通过正确理解补贴与反补贴措施的政策性意义,客观判断规则背后的较量、博弈和妥协,而不仅仅就事论事,简单、孤立地考虑补贴与反补贴措施本身。

《SCM 协定》是博弈的产物,是一种国际协调机制,其最终形成是由于发达国家成员对经济危机的恐惧和发展中国家成员对经济发展的诉求所致。《SCM 协定》试图在兼顾成员发展诉求和对补贴进行规范的同时,维持一种平衡和公平,帮助成员避免在单方面改善经济条件过程中出现"囚徒困境",但由于成员的发展阶段和经济基础的不平等,必然导致利益难以平衡、平等流于形式,难以实现真正的公平。

因此,笔者对补贴与反补贴法律制度中的法律问题进行政策分析及评估,试图厘清在 WTO 和各成员方国内法律框架下补贴与反补贴法律制度体系的运作、决策模式及政策形成与发展等关键性问题,对补贴与反补贴法律制度持续发展的动力来源及走向作出判断。采用历史研究方法,通过回顾 WTO 补贴与反补贴规则的谈判历史、政策变迁,了解规则背后的成因及在国际经贸大格局下各成员之间的妥协、调和、博弈,更清楚、准确地认识补贴与反补贴规则的立法宗旨、发展进程及法律适用原则。

笔者认为,《SCM 协定》的发展取决于各成员方的政治意愿,只有达成了这种统一,才能实现"公平""自由"的良性互动,真正发挥国际法的作用,实现贸易平衡。对作为发展中国家成员的中国而言,对发达国家成员宣扬的经济理论和法律制度要加以客观、辩证的分析,要从自身的国情出发，取其长、避其短，不能完全采取"拿来主义"，应该根据中国的现实发展情况努力寻找突破重围的途径，要充分发挥补贴政策的功能和有效性，制定既符合国际规则又符合中国国情的产业政策，促进社会和经济的高质量发展。中国历来是公平贸易的推动者，积极参与谈判，一直为维护多边的平等和秩序而努力，特别是在全球经济下行、逆全球化、孤立主义和民粹主义抬头，地缘政治敏感而脆弱，国际局势异常复杂的情况下，妥善谨慎处理好与各国和地区的关系，为中国的发展创造相对稳定、和谐的外部环境，尤显得异常重要。

至本书完稿之日，新冠疫情肆虐全球，全球经济发展和贸易增长受到严重冲击，下滑不可避免。在这样的形势下，是高筑壁垒、以邻为壑，还是携手共进、共渡难关，是摆在各国政府面前的一道难题。2008年金融危机爆发之后盛行的贸易保护主义硝烟尚存，中国已成为贸易保护主义的最大受害国，但这并没有阻碍中国经济的持续发展。笔者相信，应对疫情所采取的经济措施是一面镜子，既能反映出各国政府治理模式的效益，又能及时对比和评估救市或经济刺激政策的有效性。对于中国而言，应对疫情代价沉重，但同样可以充满自信地向世界表明，中国方案已被实践证明可以为世界各国提供有益的经验。笔者坚信，这场疫情终将被战胜，人类社会将在不断学习和创新中进步和发展。人类在经受这般痛苦的磨砺后，一定会重新回到多边主义轨道，为实现全球共同发展、提升人类整体福祉而携手前行。

参考文献

一、著作及译著类

1. 刘勇:《WTO〈反倾销协定〉研究》,厦门大学出版社 2005 年版。
2. 〔德〕E.-U.彼德斯曼:《国际经济法的宪法功能与宪法问题》,何志鹏、孙璐、王彦志译,高等教育出版社 2004 年版。
3. 林燕萍:《贸易与国际竞争法》,上海人民出版社 2005 年版。
4. 〔美〕约翰·H.杰克逊:《GATT/WTO 法理与实践》,张玉卿、李成钢、杨国华等译,新华出版社 2002 年版。
5. 曹建明、贺小勇:《世界贸易组织》(第二版),法律出版社 2004 年版。
6. 陈百助、晏维龙:《国际贸易理论、政策与应用》,高等教育出版社 2006 年版。
7. 《马克思恩格斯选集》(第四卷),人民出版社 1972 年版。
8. 〔美〕科依勒·贝格威尔、〔美〕罗伯特·W.思泰格尔:《世界贸易体系经济学》,雷达、詹宏毅等译,中国人民大学出版社 2005 年版。
9. 〔美〕保罗·克鲁格曼:《克鲁格曼国际贸易新理论》,黄胜强译,中国社会科学出版社 2001 年版。
10. 何忠伟:《中国农业补贴政策效果与体系研究》,中国农业出版社 2005 年版。
11. 赵维田等:《WTO 的司法机制》,上海人民出版社 2004 年版。
12. 薛荣久、樊瑛等:《WTO 多哈回合与中国》,对外经济贸易大学出版社 2004 年版。
13. 叶全良、孟阳、田振花:《国际商务与反补贴》,人民出版社 2005 年版。
14. 段爱群:《法律较量与政策权衡——WTO 中补贴与反补贴规则的

实证分析》,经济科学出版社 2005 年版。

15. 张向晨:《发展中国家与 WTO 的政治经济关系》,法律出版社 2000 年版。

16. 〔美〕罗伯特·吉尔平:《国际关系政治经济学》,杨宇光等译,经济科学出版社 1989 年版。

17. 甘瑛:《国际货物贸易中的补贴与反补贴法律问题研究》,法律出版社 2005 年版。

18. 〔美〕布鲁斯.E.克拉伯:《美国对外贸易法和海关法》,蒋兆康、王洪波等译,黄胜强审定,法律出版社 2000 年版。

19. 王贵国:《世界贸易组织法》,法律出版社 2003 年版。

20. 李本:《补贴与反补贴制度分析》,北京大学出版社 2005 年版。

21. 余敏友等:《WTO 争端解决机制概论》,上海人民出版社 2001 年版。

22. 罗昌发:《美国贸易救济制度》,中国政法大学出版社 2003 年版。

23. 顾敏康:《WTO 反倾销法——蕴于实践的理论》,北京大学出版社 2005 年版。

24. 〔德〕彼得-拖比亚斯·施托尔、〔德〕弗兰克·朔尔科普夫:《世界贸易制度和世界贸易法》,南京大学中德法学研究所译,法律出版社 2004 年版。

25. 黄东黎:《国际贸易法:经济理论、法律及案例》,法律出版社 2003 年版。

26. 赵维田:《世贸组织(WTO)的法律制度》,吉林人民出版社 2000 年版。

27. 纪文华、姜丽勇:《WTO 争端解决规则与中国的实践》,北京大学出版社 2005 年版。

28. 蒲凌尘:《应诉欧共体反倾销律师业务》,法律出版社 2007 年版。

29. 孙南申:《WTO 体系下的司法审查制度》,法律出版社 2006 年版。

30. 陈明聪:《经济全球化趋势下反倾销的法律问题》,厦门大学出版社 2006 年版。

31. 龚红柳:《国际贸易行政案件司法解释关联精析》,法律出版社 2003 年版。

32. 段爱群:《论 WTO 中的财政补贴与我国的战略取向》,中国财政经济出版社 2003 年版。

33. 〔美〕约翰·H.杰克逊:《世界贸易体制——国际经济关系的法律与政策》,张乃根译,复旦大学出版社 2001 年版。

34. 龚宇:《WTO 农产品贸易法律制度研究》,厦门大学出版社 2005 年版。

35. 贺小勇:《国际贸易争端解决与中国对策研究——以 WTO 为视角》,法律出版社 2006 年版。

36. 程红星:《WTO 司法哲学的能动主义之维》,北京大学出版社 2006 年版。

37. 郭苏文:《制度质量视角的中国贸易政策研究》,经济科学出版社 2013 年版。

38. 〔美〕拉夫尔·戈莫里、〔美〕威廉·鲍莫尔:《全球贸易和国家利益冲突》,文爽、乔羽译,李婧校,中信出版集团 2018 年版。

39. 〔土〕丹尼·罗德里克:《贸易的真相:如何构建理性的世界经济》,卓贤译,中信出版集团 2018 年版。

40. 〔美〕曼瑟·奥尔森:《国家的兴衰:经济增长、滞胀和社会僵化》,李增刚译,上海人民出版社 2017 年版。

41. 〔美〕斯文·贝克特:《棉花帝国——一部资本主义全球史》,徐轶杰、杨燕译,民主与建设出版社 2019 年版。

42. 田玉红:《WTO 框架下中国贸易政策与产业政策的协调》,人民出版社 2009 年版。

43. 〔美〕戴维·哈维:《新帝国主义》,付克新译,吴默闻校,中国人民大学出版社 2019 年版。

44. 贺小勇:《中国产业政策与 WTO 规则协调研究》,北京大学出版社 2014 年版。

45. 韩秀云:《推开宏观之窗》(第三版),中信出版社 2011 年版。

46. 〔日〕神野直彦:《体制改革的政治经济学》,王美平译,米彦军、尹晓亮校,社会科学文献出版社 2013 年版。

47. 〔英〕彼得·特明、〔澳〕戴维·瓦因斯:《无霸主的世界经济:世界经济体系的崩溃和重建》,李丹莉、韩微、马春媛译,中信出版社 2019 年版。

48. 〔美〕艾伦·格林斯潘、〔美〕阿德里安·伍尔德里奇:《繁荣与衰退——一部美国经济发展史》,束宇译,中信出版集团 2019 年版。

49. 〔美〕罗伯特·阿特金森:《美国供给侧模式启示录:经济政策的

破解之道》,杨晓、魏宁译,中国人民大学出版社 2016 年版。

50. 黄东黎、何力:《反补贴法与国际贸易:以 WTO 主要成员方为例》,社会科学文献出版社 2013 年版。

51. 傅东辉:《论贸易救济——WTO 反倾销反补贴规则研究》,中国法制出版社 2015 年版。

52. 贾格迪什·巴格沃蒂:《贸易保护主义》,王世华等译,中国人民大学出版社 2010 年版。

53. 〔印〕考希克·巴苏:《信念共同体:法和经济学的新方法》,宣晓伟译,中信出版集团 2020 年版。

54. 〔英〕阿纳托尔·利文:《美国的正确与错误:民族主义视角》,孙晓坤译,中信出版集团 2017 年版。

55. 〔美〕迈克尔·佩蒂斯:《大失衡:贸易、冲突和世界经济的危险前路》,王璟译,译林出版社 2014 年版。

56. 〔美〕约瑟夫·E. 斯蒂格里茨:《全球化逆潮》,李扬、唐克、章添香等译,机械工业出版社 2019 年版。

57. 〔美〕道格拉斯·欧文:《贸易的冲突:美国贸易政策 200 年》,余江等译,中信出版社 2019 年版。

58. 刘鹤、杨伟民:《中国产业政策——理论与实践》,中国经济出版社 1999 年版。

59. 林毅夫:《繁荣的求索:发展中经济如何崛起》,张建华译,北京大学出版社 2012 年版。

60. 〔英〕大卫·李嘉图:《李嘉图著作和通信集(第五卷)》,〔英〕斯拉法主编,蔡受百译,商务印书馆 1983 年版。

61. 〔英〕卡尔·波兰尼:《大转型——我们时代的政治与经济起源》,冯钢、刘阳译,当代世界出版社 2020 年版。

62. 〔德〕弗里德里希·李斯特:《政治经济学的自然体系》,杨春学译,商务印书馆 1997 年版。

63. 〔美〕保罗·克鲁格曼:《克鲁格曼的预言:美国经济迷失的背后》,张碧琼等译,机械工业出版社 2008 年版。

二、编著类

1. 冯宗宪等主编:《国际贸易理论、政策与实务》,西安交通大学出版社 2004 年版。

2. 张玉卿主编:《WTO 新回合法律问题研究》,中国商务出版社 2004 年版。

3. 肖伟主编:《国际反倾销法律与实务(WTO 卷)》,知识产权出版社 2006 年版。

4. 杨鹏飞、洪民荣等编著:《WTO 法律规则与中国农业》,上海财经大学出版社 2000 年版。

5. 李双元、李先波主编:《世界贸易组织(WTO)法律问题专题研究》,中国方正出版社 2003 年版。

6. 李昌麒主编:《经济法学》(修订本),中国政法大学出版社 1999 年版。

7. 华静:《如何确定补贴的专向性》,载王琴华主编:《补贴与反补贴问题研究》,中国经济出版社 2002 年版。

8. 蒋新苗、屈广清主编:《世贸组织规则研究的理论与案例》,人民法院出版社 2004 年版。

9. 宋和平主编:《反倾销法律制度概论》(最新修订),中国检察出版社 2003 年版。

10. 朱晓勤主编:《发展中国家与 WTO 法律制度研究》,北京大学出版社 2006 年版。

11. 〔俄〕亚历山大·亚历山德罗维奇·登金主编:《2035 年的世界全球预测》,杨成、华盾译,时事出版社 2019 年版。

12. 〔法〕尤里·达杜什、〔尼日利〕奇都·奥萨奎编:《加入世界贸易组织和多边主义——世界贸易组织成立 20 年以来的案例研究和经验总结》,屠新泉、杨荣珍等译,对外经济贸易大学出版社 2016 年版。

13. 〔美〕保罗·克鲁格曼主编:《战略性贸易政策与新国际经济学》,海闻等译,中国人民大学出版社、北京大学出版社 2000 年版。

14. 张玉卿编著:《国际反倾销法律与实务》,中国对外经济贸易出版社 1993 年版。

15. 汪尧田、周汉民主编:《世界贸易组织总论》,上海远东出版社 1995 年版。

16. 刘鹤主编:《两次全球大危机的比较研究》,中国经济出版社 2013 年版。

17. 朱榄叶:《国际反补贴》,载曹建明、陈治东主编:《国际经济法专论》(第三卷第三编),法律出版社 2000 年版。

18. 邢厚媛主编:《中国加入 WTO 法律文件解读》,人民出版社 2002 年版。

19. 王传丽编著:《补贴与反补贴措施协定条文释义》,湖南科学技术出版社 2006 年版。

20. 林毅夫、张军、王勇、寇宗来主编:《产业政策总结、反思与展望》,北京大学出版社 2018 年版。

三、期刊类

1. 任勤:《贸易自由与贸易保护的相互博弈、制衡与兼容》,载《福建论坛》2005 年第 3 期。

2. 赵辉:《倾销产品对累积评估的影响》,载《产业损害业务研究》(商务部内部刊物)2005 年第 5 期。

3. 孙南申、彭岳:《中国反补贴规则与 SCM 规则的差异分析与冲突解决》,载《华东政法学院学报》2007 年第 2 期。

4. 刘超:《欧委会关于贸易救济措施法规修改的若干想法》,载《欧盟经贸研究》(商务部内部刊物)2006 年 7 月。

5. 胡建淼、邢益精:《公共利益的法理之维——公共利益概念透析》,载《法学》2004 年第 10 期。

6. 赵维田:《对补贴要履行的三项义务——解读〈中国加入世贸组织议定书〉第 10 条》,载《国际贸易》2002 年第 9 期。

7. 韩高举:《多哈农业框架协议与"新蓝箱"政策》,载《世界农业》2005 年第 7 期。

8. 郭建宇、武巧珍:《多哈回合谈判与中国农产品贸易》,载《中国合作经济》2005 年第 1 期。

9. 王建华、范荷芳:《美国对华反补贴政策的演变与内在动因分析》,载《国际贸易问题》2007 年第 11 期。

10. 林航、谢志忠:《全球化视角下国际贸易理论的历史演进》,载《华侨大学学报(哲学社会科学版)》2016 年第 6 期。

11. 孔祥俊:《WTO 对司法审查的要求及我国司法审查面临的任务和挑战》,载《法律适用(国家法官学院学报)》2001 年第 10 期。

12. 曾令良:《中国加入 WTO 及其司法审查制度的完善》,载《武汉大学学报(哲学社会科学版)》2001 年第 3 期。

13. 白云:《乌拉圭回合〈农业协定〉国内支持条款缺陷问题研究》,载

《时代法学》2006年第4期。

14. 武赟杰、杨荣珍:《基于WTO框架下的欧盟补贴政策研究》,载《国际贸易》2019年第10期。

15. 张向晨、徐清军、王金永:《WTO改革应关注发展中成员的能力缺失问题》,载《国际经济评论》2019年第1期。

16. 朱民:《特朗普的冲击:经济政策及全球影响》,载《债券》2017年第4期。

17. 易纲:《坚守币值稳定目标 实施稳健货币政策》,载《求是》2019年第23期。

18. 赵海乐:《竞争中立还是竞争礼让——美国对华反补贴中的国有企业歧视性待遇研究》,载《国际商务(对外经济贸易大学学报)》2016年第4期。

19. 毛志远:《美国TPP国企条款提案对投资国民待遇的减损》,载《国际经贸探索》2014年第1期。

20. 左大培:《对自由贸易的迷信》,载《经济管理文摘》2002年第7期。

21. 陈支农:《庇古与〈福利经济学〉》,载《财经政法资讯》2001年第2期。

四、文集类

1. 世界贸易组织编:《关贸总协定法律及实务指南》(上),北京大学国际组织研究中心组织翻译,世纪出版集团、上海人民出版社2004年版。

2. 中华人民共和国商务部条约法律司编著:《WTO争端解决会议材料》,2005年6月。

3. 博源基金会编:《中国未来十年的机遇与挑战》,中国经济出版社2013年版。

五、学位论文类

1. 郭策:《保障措施制度在GATT/WTO框架下的演进》,对外经济贸易大学2006年博士论文。

2. 李晓玲:《WTO框架下的农业补贴纪律》,华东政法大学2007年博士论文。

3. 费娇艳:《中国服务贸易补贴绩效评价及政策选择》,对外经济贸易大学 2018 年博士论文。

六、报纸类

1.《国际商报》2006 年 11 月 18 日,第 1 版。
2.《国际商报》2006 年 11 月 25 日,第 3 版。

七、中文网站类

1. 王健宇:《户外烧烤作证——国外对华第一起反补贴调查以终止调查结案》,载中国贸易救济信息网,访问日期:2007 年 2 月 8 日。

2. 赵维田:《论"不违反之诉"》,载 http://www.iolaw.org.cn/showscholar.asp? id=115,访问日期:2006 年 2 月 24 日。

3. 杨国华:《WTO 第一个非违反之诉案件——日本消费胶卷和相纸案》,载中华人民共和国商务部条法司网站,访问日期:2005 年 10 月 11 日。

4. 盛建明:《关于 WTO〈补贴与反补贴协议〉下补贴与损害之辨析》,载 http://www.huanzhonglaw.com/hzlaw/zl/fbt-llysw.htm,访问日期:2007 年 2 月 8 日。

5. 张晓君:《反倾销成案的哲学分析》,载西南政法大学国际法研究所网站(http://www.wtolaw.gov.cn),访问日期:2005 年 6 月 8 日。

6. 易强:《6 000 亿美元点火 多哈回合谈判可能复燃》,载中国经济网,访问日期:2006 年 10 月 5 日。

7. 郑富霖:《WTO 多哈回合复谈的制度性问题评析》,载 https://www.wtocenter.org.tw,访问日期:2006 年 4 月 3 日。

8. 张莫、徐岳:《中美商会发布年度白皮书:中国进入全球贸易潮流速度快》,载 http://jjckb.xinhuanet.com/gnyw/2007-04/27/content_47632.htm,访问日期:2007 年 4 月 30 日。

9. 赖平耀:《中国的对外贸易:绩效、问题及未来的政策选择》,载 http://old.iwep.org.cn/pdf/2005/zgdwmy.pdf,访问日期:2007 年 5 月 7 日。

10.《关于公布〈当前国家鼓励发展的环保产业设备(产品)目录〉(第一批)的通知》,载 http://www.gov.cn/gongbao/content/2000/content_60246.htm,访问日期:2007 年 5 月 1 日。

11. 国家主席习近平于 2017 年 1 月 18 日在联合国日内瓦总部发表了题为《共同构建人类命运共同体》的主旨演讲,载 http://politics.people.com.cn/

n1/2017/0119/c1001-29033860.html,访问日期:2017 年 1 月 19 日。

12. 王受文:《加强贸易政策合规,全面提升开放质量》,载 https://baijiahao.baidu.com/s?id=1613719129577729246,访问日期:2020 年 2 月 8 日。

13. 刘鹤:《坚持和完善社会主义基本经济制度》,载求是网(http://www.qstheory.cn/zdwz/2019-11/22/c_1125260223.htm),访问日期:2019 年 11 月 22 日。

14.《张向晨大使在 WTO 总理事会上反驳美国对中国经济模式的指责》,载新华社网站,访问日期:2018 年 7 月 29 日。

15.《进出口公平贸易法律法规汇编(中英文)》,载商务部贸易救济调查局网站(http://gpj.mofcom.gov.cn/aarticle/bi/bj/bk/201106/20110607607638.html),访问日期:2020 年 3 月 20 日。

八、英文案例类

1. Stainless steel wires (India, Korea) ,1998 O.J. (L189) 1

2. Polyethylene terephthalate (PET) film (India), O.J. (1999) L 316/1

3. Japan—Taxes on Alcoholic Beverages, DS8/10/11

4. Brazil — Export Financing Programme for Aircraft, DS46

5. India—Patent Protection for Pharmaceutical and Agricultual Chemical Products(Complaint by the United States) , DS50

6. Indonesia—Certain Measures Affecting the Automobile Industry, DS54/55/59/64

7. Guatemala—Anti-Dumping Investigation Regarding Portland Cement from Mexico, DS60

8. Canada—Measures Affecting the Export of Civilian Aircraft, DS70

9. Korea—Taxes on Alcoholic Beverages, DS75

10. United States—Tax Treatment for "Foreign Sales Corporations", DS108

11. Canada—Measures Affecting the Importation of Milk and the Exportation of Dairy Products, DS113

12. Thailand —Anti-Dumping Duties on Angles, Shapes and Sections of Iron or Non-Alloy Steel and H Beams from Poland, DS122

13. Australia—Subsidies Provided to Producers and Exporters of Auto-

motive Leather, DS126

14. United States—Imposition of Countervailing Duties on Certain Hot-Rolled Lead and Bismuth Carbon Steel Products Originating in the United Kingdom, DS138

15. Canada—Certain Measures the Automotive Industry, DS139/142

16. European Union (formerly EC)—Anti-Dumping Duties on Imports of Cotton-type Bed Linen from India, DS141

17. United States—Anti-Dumping Measures on Certain Hot-Rolled Steel Products from Japan, DS184

18. United States—Measures Treating Export Restraints as Subsidies, DS194

19. United States—Countervailing Measures Concerning Certain Products from the European Communities, DS212

20. United States—Countervailing Duties on Certain Corrosion-Resistant Carbon Steel Flat Products from Germany, DS213

21. European Communities—Anti-Dumping Duties on Malleable Cast Iron Tube or Pipe Fittings from Brazil, DS219

22. United States—Final Countervailing Duty Determination with Respect to Certain Softwood Lumber from Canada, DS257

23. U.S.—Final Dumping Determination on Softwood Lumber from Canada, DS264

24. United States—Subsidies on Upland Cotton, DS267

25. Korea—Measures Affecting Trade in Commercial Vessels, DS273

26. United States—Investigation of the International Trade Commission in Softwood Lumber from Canada, DS277

27. United States—Countervailing Duty Investigation on Dynamic Random Access Memory Semiconductors (DRAMs) from Korea, DS296

28. European Communities—Countervailing Measures on Dynamic Random Access Memory Chips from Korea, DS299

29. Korea—Anti-Dumping Duties on Imports of Certain Paper from Indonesia, DS312

30. European Communities and Certain Member States—Measures Affecting Trade in Large Civil Aircraft, DS316

31. United States—Measures Affecting Trade in Large Civil Aircraft, DS317

32. Japan—Countervailing Duties on Dynamic Random Access Memories from Korea, DS336

33. Mexico—Definitive Countervailing Measures on Olive Oil from the European Communities, DS341

34. China—Certain Measures Granting Refunds, Reductions or Exemptions from Taxes and Other Payments, DS358/DS359

35. China—Grants, Loans and Other Incentives, DS387/DS388/DS390

36. United States—Measures Affecting the Production and Sale of Clove Cigarettes, DS406

37. China—Countervailing and Anti-Dumping Duties on Grain Oriented Flat-rolled Electrical Steel from the United States, DS414

38. China—Measures Concerning Wind Power Equipment, DS419

39. China—Anti-Dumping and Countervailing Duty Measures on Broiler Products from the United States, DS427

40. United States—Countervailing Measures on Certain Hot-Rolled Carbon Steel Flat Products from India, DS436

41. United States—Countervailing Duty Measures on Certain Products from China, DS437

42. China—Anti-Dumping and Countervailing Duties on Certain Automobiles from the United States, DS440

43. China—Certain Measures Affecting the Automobile and Automobile-Parts Industries, DS450

44. China—Measures Relating to the Production and Exportation of Apparel and Textile Products, DS451

45. European Union—Countervailing Measures on Certain Polyethylene Terephthalate from Pakistan, DS486

46. China—Measures Related to Demonstration Bases and Common Service Platforms Programmes, DS489

九、外文著作类

1. John H. Jackson, William J. Davey, Alan O. Sykes, Jr., *Legal Problems of International economic Relations Cases, Materials and Text*, 4th ed., West Group, 1992.

2. WTO Secretariat, *Guide to the Uruguay Round Agreements*, Kluwer Law International, 1999.

3. Van Bael, Bellis, *Anti-Dumping and Other Trade Protection laws of the EC (I)*, Kluwer Law International, 2004.

4. Terence P. Stewart, Amy S. Dwyer, *Handbook on WTO Trade Remedy Disputes, the first six years (1995-2000)*, Transnational publishers, 2001.

5. Joseph E. Pattison, *Antidumping and Countervailing Duty Laws*, Thomson West, 2005.

6. May E. Footer, *An Institutional and Normative Analysis of the World Trade Organization*, Martinus Nijhoff Publishers, 2006.

7. Jeff Waincymer, *WTO Litigation Procedural Aspects of Formal Dispute Settlement*, Cameron May, 2002.

8. Mitsuo Matsushita, Thomas J. Schoenbaun, Petros. C. Mavroidis, *The World Trade Organization Law, Practice, and Policy*, Oxford University Press, 2003.

9. *The Anti-dumping Rules of the EC a Practical Guide*, October 1998.

10. *United States International Trade Commission, Antidumping and Countervailing Duty Handbook*, eleventh edition, January 2005.

11. Robert E. Hudec, "*Like Product*": *the Differences in Meaning in GATT Article I and III, Regulatory Barriers and The Principle of Non-discrimination in World Trade Law*, University of Michigan Press, 2000.

12. Gary N. Horlick, Geoffrey O. Oliver, *Antidumping and Countervailing Duty Law Provisions of the Omnibus Trade and Competitiveness Act of 1988*, 23 J. World Trade No.3 (1989).

13. Muller, Khan and Neumann, *EC Anti-Dumping Law-A Commentary on Regulation 384/96*, Wiley Publishing Press, 1998.

14. John H. Jackson, *The World Trading System: Law and Policy of International Economic Relations*, 2nd ed., the MIT Press, 1997.

15. Dr Konstantinos Adamantopoulos, Maria J. Pereyra-Friedrichsen, *EU Anti-Subsidy Law & Practice*, Palladian Law Publishing Ltd., 2004.

16. Mac Benitah, *The Law of Subsidies under the GATT/WTO System*, Kluwer Law International, 2001.

17. Ernst-Ulrich Petersmann, The *GATT/WTO Dispute Settlement System*:

International Law, *International Organizations and Dispute Settlement*, Kluwer Law International, 1997.

18. Terence P Stewart ed., *The GATT Uruguay Round: A Negotiating History (1986 - 1992)*, Vol. I: Commentary, Kluwer Law and Taxation Publishers, 1993.

19. Gustavo E. Luengo Hernandez de Madrid, *Regulation of Subsidies and State Aids in WTO and EC Law: Conflicts in International Trade Law*, Kluwer Law International, 2006.

十、外文编著类

1. Robert E. Hudec, *Essays On The Nature of International Trade Law*, Cameron May, 1999.

2. GATT, *GATT Activities in 1979 and Conclusion of the Tokyo Round Multilateral Trade Negotiations (1973-1979) 21*, 1980.

3. *Report of the Director General of GATT: The Tokyo Round of Multilateral Trade Negotiations*, April 1979.

4. WTO Secretariat, *Trading into the Future*, 2nd ed., 2001.

5. Council Regulation (EC) No.3284/94 of 22 Dec.1994, *Protection Against Subsidized Imports from Countries Not Members of the European Community*, Official Journal (1994) [1994 O.J.(L 349)22.].

6. Federico Ortino, Ernst-Ulrich Petersmann, *The WTO Dispute Settlement System 1995 - 2002*, Studies in Transnational Economic Law Volume 18, Kluwer Law International, 2004.

7. United States International Trade Commission, *Antidumping and Countervailing Duty Handbook*, II-33, eleventh edition, January 2005.

8. Marc Benitah, *The WTO Law of Subsidies: A Comprehensive Approach*, Kluwer Law International, 2019.

十一、外文论文类

1. Gavin Goh, "Retrospective Remedies in the WTO After Automotive Leather", Journal of International Economic Law, Vol.6, 2003.

2. Raj Bhala, "Rethinking Antidumping Law", George Washington Journal of International Law & Economics, 1995.

3. "Around the Globe", Washington Trade Daily, July 31, 2006.

4. Claus-Dieter Ehlermann, Lothar Ehring, "Decision-Making in the World Trade Organization: Is The Consensus Practice Of the World Trade Organization Adequate for Making, Revising and Implementing Rules on International Trade?", Journal of International Economic Law, March 2005.

5. "Governments Exploring How to Restart Doha Round Talks", Bridges Weekly Trade News Digest, Aug 2, 2006.

6. Pascal Lamy, "What Now, Trade Ministers?", International Herald Tribune, July 27, 2006.

7. Daniel Pruzin, Christopher S. Rugaber, "WTO's Doha Round Talks Collapse, As G-6 Ministerial Ends in Acrimony", WTO Reporter, July 25, 2006.

8. R. R. Rivers, J. D. Greenwald, "The Negotiation of A Code on Subsidies and Countervailing Measures: Bridging Fundamental Policy Differences", Law & Pol'y Int'l Bus., Nov.1979.

9. Steven R. Weisman, Alexei Barrionuevo, "Failure of Global Trade Talks Is Traced to the Power of Farmers", New York Times, July 27, 2006.

10. Marco M. Slotboom, "Subsidies in WTO law and in EC law: Broad and Narrow Definitions", Journal of World Trade, Law-economics-Public Policy, June 2002.

11. Debra P. Steger, "Appellate Body Jurisprudence Relating to Trade Remedies", Journal of World Trade 35(5):799-823, Kluwer Law International, 2001.

12. D.Palmeter, "A Commentary on the WTO Antidumping Code", The World Trading System, Volume II, Routledge Publishing, 1998.

13. Claus-Dieter Ehlermann, Nicolas Lockhart, "Standard of Review in WTO Law", J.Int, EC On.L491, Journal of International Economic Law, Oxford University Press, 2004.

14. Melaku Geboys Desta, "The Law of International Trade in Agricultural Products: from 1947 GATT to the WTO Agreement on Agriculture", Kluwer Law International, 2002.

15. John H. Jackson, "The Uruguay Round and the Launch of the WTO", in Terence P. Stewart etc. ed., The World Trade Organization: The Multilateral Trade Framework for the 21st Century and U. S. Implementing

Legislation, America Bar Association, 1996.

16. Daniel Pruzin, Christopher S. Rugaber, U. S., "Others Give Cold Shoulder to EU Plan for 'Early Harvest' Deal on Trade Facilitation", WTO Reporter, July 25, 2006.

17. BernardHoekman, Douglas Nelson, Subsidies, *Spillovers and Multilateral Cooperation*, RSCAS Working Papers 2020/12, European University Institute.

18. Chad P. Brown, Jennifer A Hillman, *WTO'ing a Resolution to the China Subsidy Problem*, Peterson Institute for International Economics, Working Paper No.19-17.

十二、外文网站类

1. http://www.agritrade.org (May 5, 2007)

2. http://www.wto.org/english/tratop_e/devel_e/dlwho_e.htm (May 5, 2007)

3. http://www.wto.org/english/tratop_e/scm_e/subs_e.htm, Subsidies and Countervailing Measures: Overview (Feb 21, 2007)

4. http://www.iht.com/articles/2006/07/27/opinion/edlamy.php (July 27, 2006)

5. http://www.wto.org/english/news_e/news06_e/tnc_dg_stat_24july06 m (July 24, 2006)

6. http://www.cbsa-asfc.gc.ca/sima/anti-dumping/ad1308f-e.html (Feb 15, 2007)

7. Jan Wouters and Dominic Coppens, "An Overvies of Agreement on Subsidies and Countervailing Measures-Including a Discussion of the Agreement on Agriculture", K. U. Leuven Faculty of Law, Working Paper No. 104, December 2006, http://www.law.kuleuven.be/iir/nl/wp/WP/WP104e.pdf (Nov 22, 2006), p.35.

8. Terms Related to US Trade Legislation, http://www.commercialdiplomacy.org/cd_dictionary/dictionary_legislation.htm.

9. https://www.congress.gov/112/plaws/publ99/PLAW-112publ99.pdf.

10. 19CFR § 351, https://www.ecfr.gov/cgi-bin/retrieveECFR? gp=&SID=b29422fd8c96f992f62f0be517bc421e&mc=true&r=PART&n=pt19.3.351.

11. 19CFR § 207, https://www.ecfr.gov/cgi-bin/text-idx? SID=c231a56-

e895e7ccd1390dc8ee67310bf&mc=true&node=pt19.3.207&rgn=div5.

12. CHAIRPERSON'S TEXTS 2007, Draft Consolidated Chair Texts of the AD and SCM Agreements, TN/RL/W/213, 30 November 2007, http://www.wto.org/english/tratop_e/rulesneg_e/rules_chair_text_nov07_e.htmRULES.

13. Pascal Lamy, What now, trade ministers? International Herald Tribune, http://www.iht.com/articles/2006/07/27/opinion/edlamyp.

14. http://www.wto.org/english/news_e/news06_e/tnc_dg_stat_24july06_e.htm.

15. https://www.commerce.gov/news/press-releases/2019/05/department-commerce-amends-countervailing-duty-process.

16. https://www.congress.gov/bill/115th-congress/house-bill/2039.

17. https://www.cbsa-asfc.gc.ca/sima-lmsi/menu-eng.html.

18. https://www.planningcommission.nic.in/aboutus/committee/wrkgrp12/wg_chem0203.pdf.

19. https://www.wto.org/english/res_e/booksp_e/analytic_index_e/subsidies_05_e.htm#annIB5.

20. Subsidies and Countervailing measures: Overview, http://www.wto.org/english/tratop_e/scm_e/subs_e.htm.

21. https://www.wto.org/english/thewto_e/whatis_e/wto_dg_stat_e.htm.

22. Regulation (EU) 2015/476 of the European Parliament and of the Council of 11 March 2015 on the measures that the Union may take following a report adopted by the WTO Dispute Settlement Body concerning anti-dumping and anti-subsidy matters. OJ L83, 27.3.2015, p.6-10, http://data.europa.eu/eli/reg/2015/476/oj.

23. Regulation (EU) 2016/1037 of the European Parliament and of the Council of 8 June 2016 on protection against subsidised imports from countries not members of the European Union, http://data.europa.eu/eli/reg/2016/1037/oj.

24. Regulation (EU) 2017/2321 of the European Parliament and of the Council of 12 December 2017 amending Regulation (EU) 2016/1036 on protection against dumped imports from countries not members of the European Union and Regulation (EU) 2016/1037 on protection against subsidised imports from countries not members of the European Union. OJ L338, 19.12.2017, p.1-7, http://data.europa.eu/eli/reg/2017/2321/oj.

图书在版编目(CIP)数据

规则与博弈：补贴与反补贴法律制度与实务／单一著.—北京：北京大学出版社，2021.1

ISBN 978-7-301-31679-5

Ⅰ.①规… Ⅱ.①单… Ⅲ.①世界贸易组织—补贴—贸易协定—研究 Ⅳ.①F743 ②F744

中国版本图书馆 CIP 数据核字（2020）第 185303 号

书　　　名	规则与博弈——补贴与反补贴法律制度与实务 GUIZE YU BOYI ——BUTIE YU FANBUTIE FALÜ ZHIDU YU SHIWU
著作责任者	单　一　著
责 任 编 辑	田　鹤
标 准 书 号	ISBN 978-7-301-31679-5
出 版 发 行	北京大学出版社
地　　　址	北京市海淀区成府路 205 号　100871
网　　　址	http://www.pup.cn　http://www.yandayuanzhao.com
电 子 信 箱	yandayuanzhao@163.com
新 浪 微 博	@北京大学出版社　@北大出版社燕大元照法律图书
电　　　话	邮购部 010-62752015　发行部 010-62750672 编辑部 010-62117788
印 刷 者	三河市北燕印装有限公司
经 销 者	新华书店
	650 毫米×980 毫米　16 开本　39.75 印张　647 千字 2021 年 1 月第 1 版　2021 年 10 月第 2 次印刷
定　　　价	128.00 元

未经许可，不得以任何方式复制或抄袭本书之部分或全部内容。
版权所有，侵权必究
举报电话：010-62752024　电子信箱：fd@pup.pku.edu.cn
图书如有印装质量问题，请与出版部联系，电话：010-62756370